Textbooks in Language Sciences

Editors: Stefan Müller, Antonio Machicao y Priemer
Editorial Board: Claude Hagège, Marianne Mithun, Anatol Stefanowitsch, Foong Ha Yap

In this series:

1. Müller, Stefan. Grammatical theory: From transformational grammar to constraint-based approaches.

2. Schäfer, Roland. Einführung in die grammatische Beschreibung des Deutschen.

3. Freitas, Maria João & Ana Lúcia Santos (eds.). Aquisição de língua materna e não materna: Questões gerais e dados do português.

4. Roussarie, Laurent. Sémantique formelle: Introduction à la grammaire de Montague.

5. Kroeger, Paul. Analyzing meaning: An introduction to semantics and pragmatics.

6. Ferreira, Marcelo. Curso de semântica formal.

7. Stefanowitsch, Anatol. Corpus linguistics: A guide to the methodology.

8. Müller, Stefan. 语法理论: 从转换语法到基于约束的理论.

9. Hejná, Míša & George Walkden. A history of English.

10. Kahane, Sylvain & Kim Gerdes. Syntaxe théorique et formelle. Vol. 1: Modélisation, unités, structures.

ISSN: 2364-6209

Syntaxe théorique et formelle

Volume 1 : Modélisation, unités, structures

Sylvain Kahane

Kim Gerdes

language
science
press

Sylvain Kahane & Kim Gerdes. 2022. *Syntaxe théorique et formelle: Volume 1 : Modélisation, unités, structures* (Textbooks in Language Sciences 10). Berlin: Language Science Press.

This title can be downloaded at:
http://langsci-press.org/catalog/book/241
© 2022, Sylvain Kahane & Kim Gerdes
Published under the Creative Commons Attribution 4.0 Licence (CC BY 4.0):
http://creativecommons.org/licenses/by/4.0/
ISBN: 978-3-96110-341-6 (Digital)
         978-3-98554-037-2 (Softcover)
ISSN: 2364-6209
DOI: 10.5281/zenodo.6446068
Source code available from www.github.com/langsci/241
Errata: paperhive.org/documents/remote?type=langsci&id=241

Cover and concept of design: Ulrike Harbort
Proofreading: Guillaume Jacques, Sebastian Nordhoff
Fonts: Libertinus, Arimo, DejaVu Sans Mono, Source Han Serif, Amiri, XITS Math
Typesetting software: XƎLATEX

Language Science Press
xHain
Grünberger Str. 16
10243 Berlin, Germany
http://langsci-press.org

Storage and cataloguing done by FU Berlin

À nos parents, qui nous ont donné le goût des belles architectures,

Ute et Hartwig Gerdes, Nicole et Daniel Kahane.

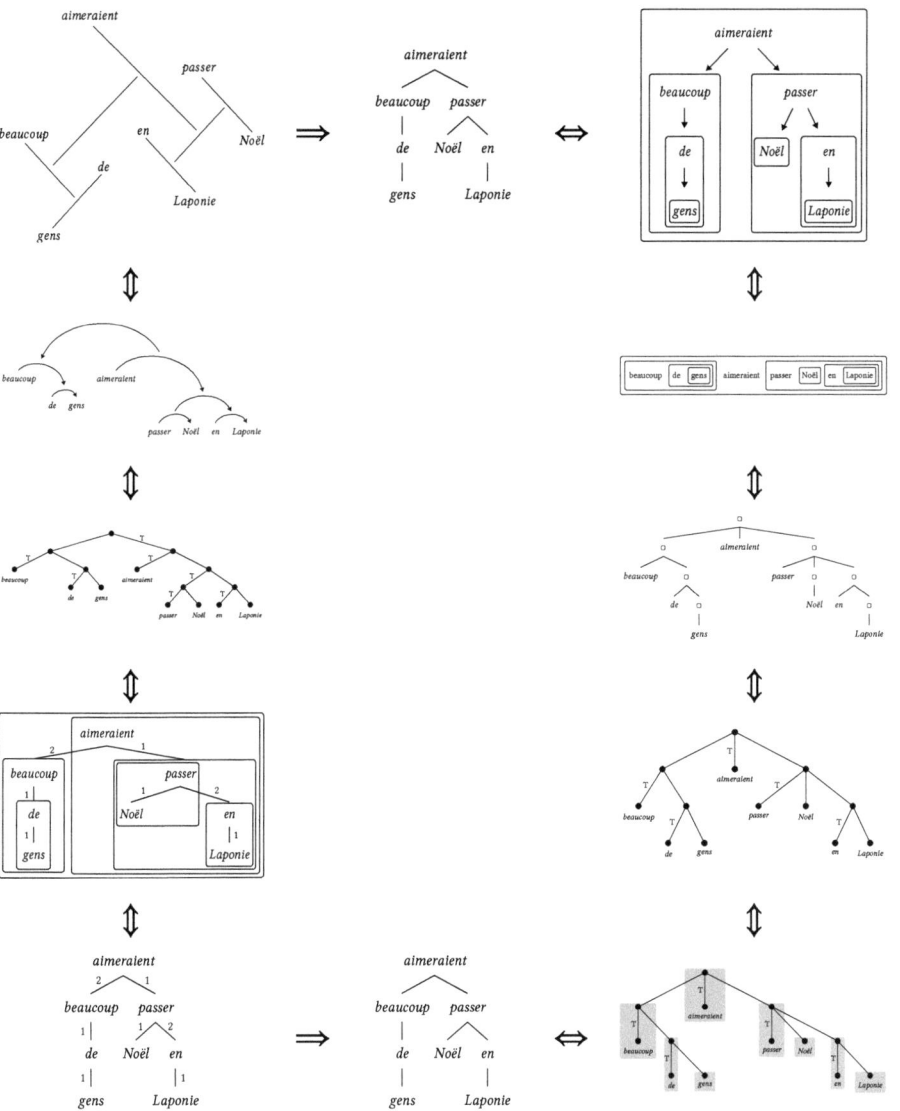

Différentes structures syntaxiques étudiées dans ce livre pour la phrase
Beaucoup de gens aimeraient passer Noël en Laponie.

Table des matières

Table des encadrés

1 Introduction

> DE LA SYNTAXE *Ou la manière de joindre ensemble les parties d'oraison* [= les parties du discours ou catégories lexicales] *selon leurs divers régimes.*
> Ces diverses parties font pour ainsi dire par rapport à une langue, ce que font les matériaux, par rapport à un édifice : quelque bien préparés qu'ils soient ils ne feront jamais un palais ou une maison, si on ne les place conformément aux règles de l'architecture. C'est donc la syntaxe qui donne la forme au langage, et c'est la partie la plus essentielle de la grammaire.
>
> Buffier (1709 : 294) [nous modernisons l'orthographe]

1.1 De quoi parle ce livre ?

En commençant cet ouvrage, nous souhaitions écrire un ouvrage d'introduction à la SYNTAXE DE DÉPENDANCE. La plupart des ouvrages récents en syntaxe s'appuient sur l'ANALYSE EN CONSTITUANTS qui a dominé la seconde moitié du 20e siècle. Et si les grammaires de dépendance ont connu un renouveau et un développement extraordinaire depuis le début du 21e siècle, jusqu'à supplanter quasi totalement les grammaires de constituants dans le domaine du traitement automatique des langues (TAL), elles ne sont encore que sporadiquement enseignées à l'université et l'unique ouvrage de référence reste souvent l'ouvrage fondateur de Lucien Tesnière publié en 1959. Les *Éléments de syntaxe structurale* de Tesnière sont un incontestable monument de la littérature scientifique en linguistique, dont on ne peut que recommander la lecture, mais cet ouvrage ne peut évidemment pas prendre en compte les développements importants qu'a connus le domaine depuis 60 ou 80 ans. (Tesnière est mort en 1954, il a été très malade après la guerre et ses idées ont peu évolué depuis l'édition de son polycopié *Esquisses de syntaxe structurale* distribué aux élèves de l'École normale d'institutrices de Montpellier en 1943 (et publié en 1953), voire de son article de 1934 *Comment construire une syntaxe.*)

Au final, le livre que vous avez entre les mains n'est pas un manuel sur la syntaxe de dépendance, dans le sens où il *ne* souhaite *pas* livrer de recettes qui permettront au lecteur d'*apprendre* à associer un arbre de dépendance à n'importe quel énoncé et de discuter les différentes analyses possibles d'une construction donnée *dans un cadre préconçu*. L'objectif de ce livre est au contraire de *s'interroger sur le cadre lui-même*, de mettre en question la validité d'une approche de la syntaxe en termes de dépendance et au-delà de cela de *définir les principes* mêmes qui doivent présider à une construction théorique en syntaxe.

Il en découle que cet ouvrage n'est pas vraiment un ouvrage d'introduction : même s'il tente d'élaborer son objet à partir de rien et qu'il est donc en théorie accessible sans pré-requis, cet ouvrage fait certainement appel à une *maîtrise du raisonnement scientifique* qui ne s'acquiert qu'avec l'expérience. On pourra comparer, toutes choses égales par ailleurs, une tentative de ce genre à celle du groupe de mathématiciens français rassemblés sous le pseudonyme de Nicolas Bourbaki qui rédigea un ouvrage de construction des mathématiques à partir de rien (le premier tome démarre par la construction de l'ensemble des nombres entiers à partir du seul ensemble vide). L'œuvre de Nicolas Bourbaki, si elle est élémentaire au sens premier du terme (comme le souligne son titre, *Éléments de mathématiques*), s'avère d'une lecture bien difficile pour des non-mathématiciens.

Ce livre n'est pas non plus vraiment un ouvrage d'introduction à la syntaxe de dépendance, puisqu'une grande partie de l'ouvrage est consacrée à *définir l'objet même d'un ouvrage de syntaxe* et que la dépendance n'y est introduite qu'après une discussion détaillée sur les *unités de base de la syntaxe*. De plus, une large place est faite aux autres *représentations possibles de l'organisation syntaxique* et à la comparaison entre les différents modes de représentation. Nous pensons notamment que ceux qui travaillent en syntaxe de constituants en apprendront beaucoup sur les représentations qu'ils ont l'habitude d'utiliser et sur les *choix qui président à de telles représentations*.

Nous allons préciser l'objectif de cet ouvrage. Avant cela, le lecteur qui n'est pas familier avec la notion d'arbre de dépendance pourra consulter l'encadré qui suit. Dans la suite de l'ouvrage nous mettrons souvent des portions de texte en exergue de cette façon.

Encadré 1.1 : Arbre de dépendance

Tout au long de cet ouvrage, nous proposerons de petits encadrés. Certains anticipent un peu sur la suite de l'ouvrage ; celui-ci permet à un lecteur totalement néophyte d'avoir une première idée de ce qu'est la SYNTAXE DE DÉPENDANCE. De manière générale, les encadrés contiennent des informations complémentaires, généralement plus techniques ou à visée historique, qui ne sont pas essentielles à la compréhension du texte principal.

L'arbre de dépendance est une représentation de la structure syntaxique devenue traditionnelle après la publication en 1959 de l'ouvrage de Lucien Tesnière, *Éléments de syntaxe structurale*, et les différents travaux qui ont suivi, notamment ceux des pragois autour de Petr Sgall, ceux des Russes autour d'Igor Mel'čuk, ainsi que des travaux en Allemagne, en Angleterre ou aux États-Unis (mais étonnamment aucun travail significatif en France jusqu'aux années 1990).

Dès le début de son ouvrage, Tesnière dit :

> « Tout mot qui fait partie d'une phrase cesse par lui-même d'être isolé comme dans le dictionnaire. Entre lui et ses voisins, l'esprit aperçoit des **connexions**, dont l'ensemble forme la charpente de la phrase. »

(Voir l'encadré 10.1 pour un *Historique des notions de dépendance et de tête*, où l'on verra que cette idée est déjà dans un article de l'*Encyclopédie* par Dumarsais en 1754 et que Tesnière a eu de nombreux prédécesseurs.) Tesnière ajoute ensuite que ces connexions sont orientées, liant un gouverneur à un dépendant, et forment ainsi une structure hiérarchique. C'est ce que Tesnière appelait un STEMMA et qu'on appelle aujourd'hui un ARBRE DE DÉPENDANCE (voir l'encadré 3.2 sur *Graphe et arbre*, ainsi que, pour les différences entre stemma et arbre de dépendance, lencadré 10.1 sur l'*Historique des notions de dépendance et de tête* et l'encadré 10.3 sur l'*Historique des représentations syntaxiques par des diagrammes en dépendance*). Considérons la phrase suivante que nous étudierons à nouveau dans le chapitre 10.

(1) *Beaucoup de gens aimeraient passer Noël en Laponie.*

L'arbre de dépendance de (1) est donné dans la figure 1.1.

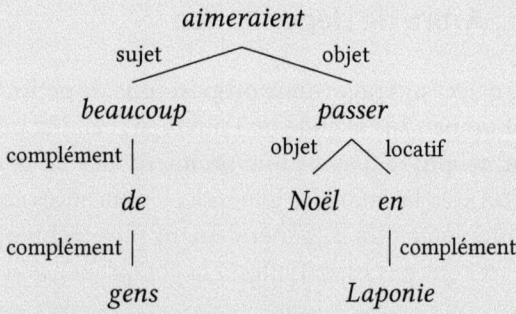

FIGURE 1.1 – Arbre de dépendance de (1)

Dans cette représentation, les mots dépendent les uns des autres. Le mot le plus important, le verbe principal, est *aimeraient*, qui occupe la racine de l'arbre et est placé tout en haut (l'arbre « pousse » à l'envers). Les dépendances sont étiquetées par des relations syntaxiques. Ainsi l'arbre nous dit que le sujet de *aimeraient* est le groupe *beaucoup de gens* et que le mot le plus important de ce groupe est *beaucoup*, qui se retrouve ainsi lié à *aimeraient*.

Nous ne justifierons pas ici cette représentation, dont on peut d'ailleurs contester certains choix. Cela sera très largement discuté dans cet ouvrage et en particulier dans le chapitre 10 sur *Tête et dépendance*. Il s'agit juste de donner un premier exemple en vue de la discussion qui va suivre.

1.2 Les questions qui nous préoccupent

En écrivant cet ouvrage, nous nous sommes posé un grand nombre de questions auxquelles il nous a semblé qu'il fallait répondre avant de pouvoir présenter de façon objective la syntaxe de dépendance.

— Est-il justifié de représenter la structure syntaxique par un arbre de dépendance ? Par une structure arborescente ? Par des dépendances ? Jusqu'à quel point une représentation basée sur la dépendance est-elle ou non équivalente à d'autres modes de représentation et notamment aux arbres de constituants ?

— Quel est le statut de la structure syntaxique ? Est-ce un objet de la langue ou bien un artefact de la modélisation des langues ? Quel rôle souhaite-t-on donner à de telles structures à l'intérieur du modèle d'une langue ?

— Les dépendances syntaxiques sont-elles entre les mots ? Quelles sont les unités minimales de la syntaxe ? Comment définir le mot et quel rôle joue-t-il dans la syntaxe s'il n'est pas l'unité minimale de la syntaxe ?

— Les dépendances syntaxiques s'arrêtent-elles à la frontière de la phrase ? La notion de phrase est-elle légitime ? Y a-t-il une unité maximale de la syntaxe ?

— De quelles propriétés des énoncés cherche-t-on à rendre compte par un arbre de dépendance ? De quelles propriétés ne rend-on pas compte ? Comment encoder les propriétés qui ne sont pas prises en compte par l'arbre de dépendance ? Quelles sont les autres structures que l'on peut associer à un énoncé ? Quels rapports y a-t-il entre les différentes représentations de la structure d'un énoncé ?

— Finalement, qu'appelle-t-on la syntaxe ? Et en quoi est-il possible ou non, nécessaire ou non, d'introduire une structure syntaxique pour rendre compte des propriétés syntaxiques d'un énoncé ? La modélisation du lien entre signifiant et signifié a-t-elle besoin d'une structure syntaxique intermédiaire ?

Toutes ces questions nous amèneront à commencer par rappeler les objectifs de notre discipline, la linguistique, et de sa sous-discipline, la syntaxe. Ces objectifs sont pour nous de *construire des modèles* des différentes langues du monde au sein d'un théorie de la langue. Notre première partie sera donc consacrée à définir les objectifs de la modélisation des langues et à montrer l'existence d'un ensemble de propriétés qui relèvent de ce que nous appelons la syntaxe.

On définit traditionnellement la syntaxe comme « l'étude de l'organisation des mots dans la phrase ». Une telle définition est problématique, puisqu'elle suppose que l'on peut définir les notions de mot et de phrase avant de définir ce qu'est la syntaxe. Dans cet ouvrage, la notion de mot ne sera définie qu'au début de la quatrième partie et l'unité maximale de la syntaxe ne sera discutée que dans la sixième et dernière partie de l'ouvrage. Ces parties se trouvent dans le volume 2 (en préparation).

Avant d'étudier l'organisation syntaxique, nous tenterons de *caractériser la syntaxe* et notamment les unités minimales de la syntaxe, que nous contrasterons avec les unités minimales de la morphologie et de la sémantique. Ce sera notre deuxième partie.

La troisième partie montrera comment définir une structure qui rend compte des principales propriétés syntaxiques des énoncés. Différentes structures seront présentées et la représentation par un arbre de dépendance sera particulièrement discutée.

Les trois parties suivantes s'apparentent davantage à un manuel traditionnel. Nous y présenterons différentes caractéristiques des langues et notamment du français et nous présenterons les structures qui en rendent le mieux compte. On notera néanmoins que les catégories syntaxiques et autres parties du discours, qui sont généralement introduites très tôt dans les ouvrages de syntaxe, ne seront réellement définies que dans les quatrième et cinquième parties (volume 2), quand la question de l'organisation des unités aura été largement discutée.

Nous précisons le plan de cet ouvrage dans la section 1.5.

1.3 À qui s'adresse cet ouvrage?

Cet ouvrage aborde la syntaxe comme une *composante d'un modèle linguistique*. L'idée même que la langue puisse être modélisée, comme peut l'être le mouvement des planètes ou le développement du fœtus, n'est pas nécessairement acceptée par tous ceux qui s'intéressent aux langues et prennent du plaisir à les apprendre ou les étudier. Cet ouvrage souhaite montrer qu'on peut dégager de manière méthodique les propriétés des langues, mettre de l'ordre dans la forêt vierge que constitue chaque langue et élaborer un objet théorique qui reproduise certaines propriétés d'un locuteur qui parle et que nous appelons un modèle d'une langue.

Il existe en linguistique, comme ailleurs en sciences humaines, des courants théoriques variés, plus ou moins d'accord entre eux. Cet ouvrage ne se situe pas précisément dans un courant dominant en linguistique, mais il puise largement dans le courant structuraliste qui s'est développé depuis un siècle, des travaux pionniers de Ferdinand de Saussure aux travaux actuels en linguistique formelle, en passant par les travaux précurseurs d'Otto Jespersen, ceux des distributionnalistes américains, Leonard Bloomfield en tête, et ceux de Lucien Tesnière et d'Igor Mel'čuk en syntaxe de dépendance. Les auteurs de ce livre ont une formation initiale en mathématiques et ont travaillé dans le domaine du traitement automatique des langues, des grammaires formelles et de la modélisation mathématique des langues et ils ont enseigné la linguistique à tous les niveaux universitaires. Bien que cet ouvrage ne traite pas directement de formalisation mathématique et d'implémentation informatique, il se place dans le cadre d'une *approche déductive de la langue* dont l'objectif est de construire des modèles qui peuvent être formalisés et implémentés pour simuler un locuteur humain. Ce n'est néanmoins pas l'objectif de ce livre de présenter des modèles de la langue ; ce livre se contente d'introduire, de la façon la plus rigoureuse possible, les notions nécessaires à l'étude de la syntaxe, en se concentrant sur les structures syntaxiques et non sur les règles de la grammaire.

Cet ouvrage a une visée à la fois *scientifique* et *pédagogique* : il a été élaboré avec l'objectif de fournir une base pour l'enseignement de la syntaxe à l'université et de présenter des notions fondamentales pour l'étude des langues, aussi diverses soient-elles. Nous espérons qu'il montre qu'il est utile d'enseigner la syntaxe pour comprendre le fonctionnement des langues et mieux les enseigner et les apprendre. Cet ouvrage souhaite également montrer que la syntaxe est un domaine de recherche vivant et que de nombreuses questions restent ouvertes, même pour des langues très étudiées comme le français.

Cet ouvrage écrit en français est évidemment destiné aux francophones et à ceux qui apprennent le français. Le français constituera donc la langue que nous étudierons par défaut. Bien que cet ouvrage ne soit pas une grammaire méthodique du français, il constitue une bonne introduction à la *syntaxe du français*. Mais il souhaite aussi fournir les outils nécessaires à l'étude d'autres langues, même très éloignées du français. À chaque fois que cela sera utile, nous montrerons le caractère exotique du français dans la *diversité des langues* et présenterons pour la notion étudiée un fonctionnement différent de celui du français dans une autre langue.

Encadré 1.2 : La syntaxe et les autres domaines de la linguistique

La syntaxe n'est qu'une partie d'un modèle linguistique, bien que dans beaucoup de théories linguistiques, elle occupe une place centrale ou même dominante par rapport aux autres domaines. Avant de préciser ce qu'est la syntaxe, nous allons situer celle-ci parmi les différents domaines de la linguistique. Nous allons le faire en répondant à différentes questions que l'on peut se poser concernant la langue.

Comment fonctionne l'esprit ? Comment fonctionne le raisonnement ? Comment les modéliser, les imiter ?

Ce genre de questions appartient à la PSYCHOLOGIE, la NEUROLOGIE, la LOGIQUE, l'INTELLIGENCE ARTIFICIELLE, mais on peut espérer que de nouvelles connaissances en linguistique éclaireront aussi ces sujets. En quelque sorte, la linguistique peut être considérée comme un sous-domaine de chacune des disciplines citées : elle couvre les questions liées à la langue qui se posent dans ces sciences. Parfois, on classe toute cette thématique sous le terme de SCIENCES COGNITIVES.

Que veut dire le dernier énoncé que j'ai entendu ? Comment ai-je pu en extraire le sens ? Comment combiner le sens des mots pour former le sens des énoncés ? Ou en quoi la phrase « *Paul et Marie portent un chapeau* » se distingue-t-elle de la phrase « *Paul et Marie portent une machine à laver* » ?

Ces questions caractérisent la SÉMANTIQUE. Même si elles ne relèvent pas directement de la syntaxe, nous les aborderons à plusieurs reprises, pour mieux délimiter la syntaxe, mais aussi parce que la syntaxe s'articule directement avec la sémantique.

Pourquoi dit-on telle ou telle phrase dans un contexte particulier ? Quelle est la signification d'un énoncé dans un contexte ? Dans des termes plus techniques : quel est le but de l'acte de langage et comment est-il poursuivi ? Concrètement : pourquoi doit-on donner à la question « *Vous avez l'heure ?* » la réponse « *Il est trois heures* » et pas la réponse « *Oui* » ?

Ces questions font partie de la PRAGMATIQUE et se situent au-delà de la sémantique. Nous n'y toucherons pas.

Dans quel ordre doit-on placer les mots ? Quand doit-on utiliser un verbe ou un nom ? A-t-on le droit de coordonner des pronoms interrogatifs ? Quel type de structure forment les mots assemblés en une phrase ?

Ces questions et beaucoup d'autres que nous étudions dans ce livre concernent la SYNTAXE.

Comment représenter et récupérer l'information sur le fonctionnement de chaque mot ? Pourquoi dit-on *une peur **bleue***, mais ***vert de peur*** ?

Ces informations sont dans le lexique. La LEXICOLOGIE est la science qui étudie le lexique. Nous aborderons ces questions dans la mesure où les particularités lexicales ont une influence sur la syntaxe et où la frontière entre les constructions syntaxiques et le lexique proprement dit est plus que mouvante. La question est discutée avec plus de détails dans la section suivante.

Comment sont formés les mots ? De quelles entités sont-ils formés ? Pourquoi peut-on dire *désespéré* et non *désattendu* ? Comment se forme la 2e personne singulier du passé simple pour le verbe AIMER ?

La MORPHOLOGIE tente de répondre à ces questions. Nous verrons qu'une partie de ces questions relèvent pour nous de la syntaxe (par exemple la conjugaison des verbes).

Quels sont les sons d'une langue ? Quelles sont les combinaisons possibles de ces sons ? Par exemple, pourquoi les Espagnols mettent-ils des *e* devant chaque mot dont l'équivalent français commence par *sp* comme *especial* ? Pourquoi les Français prononcent-ils *ze* au lieu de *the* quand ils parlent anglais ? Dans la phrase « *Le fromage, je n'aime vraiment pas* », pourquoi la mélodie monte-t-elle sur le mot *fromage* ? Comment est représentée la prononciation d'un mot dans le cerveau ?

La PHONOLOGIE s'interroge sur ces questions. Nous les aborderons dans la mesure où la structure phonologique des énoncés nous offre des indices sur la structure syntaxique des énoncés et où la langue parlée constitue, du notre point de vue, un bien meilleur sujet d'étude que la langue écrite.

Comment sont réellement formés les sons de la langue ? Comment se distingue un son [d] d'un son [z] ? Pourquoi y a-t-il une différence entre un son [k] prononcé devant [i] et un son [k] prononcé devant [u] ? Comment se distingue le son [a] de l'allemand du son [a] du français ?

S'il s'agit de répondre à ces questions en termes de fonctionnement de la langue et de l'humain produisant les sons, on se trouve dans la PHONÉTIQUE (ARTICULATOIRE), si c'est en termes purement techniques et physiques, c'est plutôt l'ACOUSTIQUE et le TRAITEMENT DU SIGNAL, un domaine relevant de la physique, qui sont concernés.

Il existe d'autres domaines en linguistique, notamment tout ce qui concerne la langue dans ses variations dans le temps et dans l'espace : sociolinguistique, géolinguistique, dialectologie, diachronie, origine du langage, génétique des langues, grammaticalisation, créolisation, productivité lexicale, acquisition de la langue par l'enfant, apprentissage d'une langue seconde. Il existe aussi de nombreux domaines d'application : le traitement automatique des langues ou TAL (traduction automatique, recherche d'information sur le web ou dans des bases de données, aide aux handicapés, synthèse de la parole) (voir la section 4.6 sur *Modélisation des langues et ordinateur*), l'enseignement de la langue (Français Langue Étrangère ou FLE pour les apprenants langue seconde, la didactique des langues pour les écoliers francophones), etc. Dans les champs interdisciplinaires, nous trouvons la psycholinguistique, la sociolinguistique, la neurolinguistique, la linguistique textuelle, la linguistique mathématique, etc.

1.4 Grammaire et lexique

Lorsqu'un locuteur veut énoncer une idée dans sa langue, il doit trouver dans son LEXIQUE les unités lexicales qui correspondent le mieux aux entités dont il veut parler. Mais, pour former la phrase, le locuteur a besoin d'autres éléments linguistiques qui sont contraints de diverses façons par la langue. L'étude de ces éléments et des contraintes que la langue impose à un locuteur s'appelle la GRAMMAIRE de cette langue.

En fait, la frontière entre lexique et grammaire n'a rien d'évident. La description d'une langue est la description de chacune des unités de la langue et de la façon dont elles se combinent. Parmi ces unités, on trouve des unités lexicales prototypiques comme CHEVAL ou MANGER, tandis que d'autres sont des unités grammaticales incontestables comme le temps imparfait (*Le cheval mangeait*) ou les différentes réalisations syntaxiques du pluriel (*Les chevaux mangeaient*). Mais d'autres unités, tout en partageant des propriétés avec les unités lexicales prototypiques ont aussi un fonctionnement grammatical, comme CHOSE ou FAIRE (*La **chose** que je préfère, c'est manger* ; *Ce que je préfère **faire**, c'est manger*). Inversement, des unités qui ont un fonctionnement a priori grammatical, comme la préposition À dans *Elle parle **à** Pierre*, auront un fonctionnement beaucoup plus lexical lorsqu'elles commutent avec d'autres unités : *Elle est **à** la maison, **dans** la maison, **devant** la maison, **derrière** la maison*, etc.

La distinction entre lexique est grammaire est orthogonale à la partition du modèle linguistique entre morphologie, syntaxe et sémantique. Toutes les unités, qu'elles soient lexicales ou grammaticales, possèdent une forme, un sens et une combinatoire qu'il faut décrire (voir la section 5.3 sur *Signifié, signifiant, syntactique*). La SYNTAXE est l'étude de la *combinatoire des unités lexicales et grammaticales* et tout particulièrement des combinaisons libres obéissant à des règles générales. La syntaxe se trouve à mi-chemin de la SÉMANTIQUE, qui s'intéresse au *sens* des unités lexicales et grammaticales et des énoncés qu'elles forment en se combinant, et de la MORPHOLOGIE, qui s'intéresse à la *forme* et la structure des unités que la syntaxe combine.

Encadré 1.3 : Notations

Nous notons nos *exemples linguistiques* en italiques. Pour les UNITÉS LEXICALES, nous utilisons des petites capitales. Lorsqu'il s'agit d'unités lexicales multi-mots comme ⌐POMME DE TERRE⌐, nous utilisons des balises angulaires. Les unités grammaticales sont quant à elles généralement désignées par des termes métalinguistiques : présent, singulier, féminin, etc. Le sens d'une unité lexicale ou d'une portion de texte est indiqué en guillemets simples : 'cheval', 'pomme de terre', 'le cheval mange'. La signification d'une unité grammaticale est également noté entre guillemets, mais en mettant le terme en petites capitales : 'SINGULIER'. On ne confondra pas le sens grammatical 'PRÉSENT' qui signifie 'ayant lieu maintenant' avec le sens lexical 'présent'.

Encadré 1.4 : Le lexique : un cabinet de curiosités

Bien que la syntaxe et la grammaire soient au centre de cet ouvrage, on ne peut pas ne pas évoquer la complexité lexicale dans un tel ouvrage. Nous allons en donner trois exemples.

Chaque verbe impose à ses compléments une construction particulière : *manger quelque chose, parler à quelqu'un **de** quelque chose, donner quelque chose à quelqu'un, compter **sur** quelqu'un, aller quelque part, poser quelque chose quelque part*, etc. Ces constructions se comptent en dizaines. Même lorsque ces constructions semblent similaires, comme *parler à quelqu'un* et *penser à quelqu'un*, elles peuvent différer par leur comportement : ainsi, *à Marie, je lui parle, j'y pense* ou *je pense à elle*, mais on ne pourra pas dire **je lui pense* ou *??je parle à elle* (pour l'utilisation des symboles * et *??*, voir la section 2.7 sur l'*Acceptabilité*). Dans certains cas, le verbe contraint tellement son complément que seules quelques formes sont acceptables. C'est le cas par exemple de la tournure verbale *y comprendre quelque chose*, qui n'est possible qu'avec les compléments suivants : *Je n'y* *comprends* **rien**, *Je n'y comprends pas* **grand-chose**, **Que** *puis-je y comprendre?*, *Y comprends-tu* **quelque chose**? et *J'y comprends* **que dalle**. Il est impossible d'avoir un groupe nominal référentiel comme complément : **J'y comprends une chose intéressante*. La liste des compléments possibles de cette acception de COMPRENDRE constitue ainsi un véritable cabinet de curiosités avec un pronom interrogatif (QUOI et sa forme atone *que*), un pronom négatif (RIEN), deux pronoms indéfinis – ⌜QUELQUE CHOSE⌝ qui n'est possible ici qu'avec l'interrogation et GRAND-CHOSE qui est toujours accompagné de la négation – et enfin ⌜QUE DALLE⌝. Notons que d'autres tournures verbales possèdent quasiment la même complémentation : *Ça ne rime à rien, Ça ne rime pas à grand-chose, À quoi ça rime?*, mais pas **Ça rime à une chose intéressante* ou **Ça rime à faire ça*.

Les exceptions lexicales sont encore plus nombreuses quand on se rapproche de la grammaire. Le français possède par exemple plusieurs éléments négatifs qui se construisent avec *ne* : *Je* **ne** *dors* **pas**, *Je* **ne** *dors* **plus**, *Je* **ne** *dors* **jamais**, *Je* **ne** *dors* **nulle part**, *Je* **ne** *mange* **rien**, *Je* **ne** *parle à* **personne**, *Je n'ai* **aucun** *problème*, *Je n'ai* **qu'**une idée. Chacun de ces éléments possède des propriétés syntaxiques différentes : par exemple JAMAIS peut être déplacé, mais pas PAS ou PLUS : **Jamais** *je ne dors* vs ***Plus** *je ne dors*. JAMAIS et PLUS peuvent être combinés, mais pas JAMAIS et PAS : **Jamais plus** *je ne dormirai*, *Je ne dormirai* **plus jamais** vs *Je ne dormirai **pas jamais**, *Je ne dormirai **jamais pas**. Notons encore que RIEN et PERSONNE se placent différemment par rapport au verbe : *Je n'ai vu* **personne**, *Je n'ai* **rien** *vu*. Sans aller plus loin, on aura compris que chacun de ces éléments négatifs nécessitera une étude séparée simplement pour déterminer ses propriétés combinatoires, c'est-à-dire sa « syntaxe ». Il en va de même de chacun des pronoms interrogatifs ou de chacun des pronoms relatifs et ainsi de la plupart des unités lexicales ayant un rôle grammatical.

Terminons par l'exemple des CONSTRUCTIONS, ainsi que l'on nomme les configurations qui possèdent un rôle grammatical. Il existe en français une construction très employée, le présentatif ⌜IL Y A ... QU-⌝, pratiquement obligatoire à l'oral lorsque le sujet est indéfini :

(2) a. ***Il y a** quelqu'un **qui** nous regarde depuis la fenêtre.*

     b. ***Il y a** mon frère **qui** doit venir.*

Le présentatif peut être combiné avec la restriction en ⌜NE ... QUE⌝ :

(3) *Il **n'y a que** mon frère **qui** doit venir.*

La combinaison du présentatif avec la restriction s'applique à des compléments indirects :

(4) a. *Il **n'y a qu'**à un endroit **qu'**on les trouve.*

b. *Il **n'y a qu'**à elle **que** je pense.*

alors que le présentatif seul ne le peut pas :

(5) a. * *Il **y a** à un endroit **qu'**on les trouve.*

b. * *Il **y a** à quelqu'un **que** je pense.*

Lorsque le présentatif s'applique à un complément avec possessif, on peut exprimer cette possession dans la forme même du présentatif :

(6) a. *Il **y a** mon frère **qui** doit venir.*

b. ***J'ai** mon frère **qui** doit venir.*

Enfin, la même configuration peut être utilisée pour introduire un complément de temps avec le sens 'depuis' :

(7) *Il **y a** une semaine **qu'**on ne s'est pas vu.*

Dans ce cas, elle possède une variante, mais celle-ci n'est possible que pour les compléments de temps :

(8) a. ***Ça fait** une semaine **qu'**on ne s'est pas vu.*

b. * ***Ça fait** des choses **que** j'ai achetées là-bas.*

Comme on le voit, on retrouve pour ces constructions de nombreuses *idiosyncrasies* qui justifient de leur donner une description détaillée, au même titre que les autres unités lexicales.

1.5 Le plan du livre

Ce livre est divisé en six parties que nous avons esquissées à la section 1.2 sur *Les questions qui nous préoccupent*. Les trois premières parties constituent le volume 1 et et les trois suivantes le volume 2. Nous allons préciser le plan du livre.

La première partie explique en quoi consiste une LANGUE et la MODÉLISATION de cette langue (chapitre 2) et quelles sont les caractéristiques du modèle linguistique que nous construisons (chapitre 4). Cette première partie permet donc de comprendre quel est le cadre théorique de cet ouvrage et avec quel objectif nous souhaitons mener notre étude de la langue et de sa syntaxe. La modélisation est illustrée par l'exemple de la production d'un énoncé (chapitre 3).

La deuxième partie pose la question des unités minimales de la langue (chapitre 5). Étudier la combinatoire des unités qui constituent les énoncés ne peut se faire qu'après avoir identifié les unités qui se combinent et notamment les unités minimales. Nous montrons qu'il est nécessaire de considérer trois types d'unités minimales : les MORPHÈMES ou unités minimales de forme (chapitre 6), les SÉMANTÈMES ou unités minimales de sens (chapitre 7) et les SYNTAXÈMES ou unités minimales de la syntaxe, c'est-à-dire de la combinatoire libre. La distinction de trois types d'unités résulte de la non-correspondance entre les unités de forme et de sens. Prenons un exemple :

(9) *Les étudiants m'ont donné un coup de main.*

Il y a dans cet énoncé plusieurs sémantèmes qui sont exprimés par une combinaison de morphèmes : *coup de main* bien sûr, qui ne signifie pas ici un coup de la main, mais aussi *étudiant*, qui combine le radical du verbe ÉTUDIER avec le morphème *-ant* ou encore le passé composé exprimé par le verbe AVOIR combiné avec le morphème de participe passé *-é*.

La troisième partie introduit les UNITÉS SYNTAXIQUES et la façon dont celles-ci se combinent pour former la STRUCTURE SYNTAXIQUE. On y définit la syntaxe comme l'étude des COMBINAISONS LIBRES d'unités et on caractérise plus précisément le syntaxème (chapitre 8). Nous montrons que les différentes fragmentations d'un énoncé en unités syntaxiques définissent un graphe que nous appelons la STRUCTURE DE CONNEXION et qui décrit les combinaisons entre syntaxèmes (chapitre 9). On peut en plus hiérarchiser cette structure en considérant la notion de TÊTE d'une unité syntaxique et obtenir ainsi une STRUCTURE DE DÉPENDANCE (chapitre 10). On montre comment représenter cette structure de manière plus ou moins équivalente par un ARBRE DE CONSTITUANTS (chapitre 11). On s'intéresse ensuite au lien d'une part entre la structure et le texte et d'autre part entre la structure syntaxique et le sens. Le premier cas concerne l' « ordre des mots », c'est-à-dire à la façon dont les syntaxèmes s'ordonnent les uns par rapport aux autres et se regroupent pour former des CONSTITUANTS TOPOLOGIQUES au sein de la STRUCTURE TOPOLOGIQUE (chapitre 12). Le deuxième cas concerne l'INTERFACE SÉMANTIQUE-SYNTAXE, c'est-à-dire à la façon dont les sémantèmes se combinent, ce que décrit la STRUCTURE SYNTAXIQUE PROFONDE, qui rend compte de la distinction entre ACTANT et MODIFIEUR et des restructurations parfois complexes entre la représentation sémantique et la structure syntaxique (chapitre 13).

Les trois parties suivantes présentent les trois grands domaines de la syntaxe, que nous appelons nanosyntaxe, microsyntaxe et macrosyntaxe, et les principales notions de la syntaxe sont présentées : le mot, les catégories flexionnelles, les catégories lexicales, les fonctions syntaxiques, la phrase. Les principales constructions sont également étudiées, et notamment les listes, l'extraction et l'organisation des énoncés autour d'un noyau.

La quatrième partie de ce livre est donc consacrée à la NANOSYNTAXE OU MORPHOSYNTAXE. Elle présente les combinaisons de SYNTAXÈMES possédant une très grande cohésion, dont les composantes sont indissociables et se situent à l'intérieur ou à la frontière des mots. Elle inclut la SYNTAXE FLEXIONNELLE et la syntaxe des PARTICULES, c'est-à-dire la syntaxe de tous les éléments qui sont des marqueurs grammaticaux et qui possèdent très peu d'indépendance syntaxique. Nous montrons en particulier que le MOT n'est qu'un degré particulier dans l'échelle de cohésion des combinaisons de syntaxèmes en unités syntaxiques, même s'il constitue une unité naturelle et l'unité qui a été privilégiée pour la transcription écrite de nombreuses langues (chapitre 14 du vol. 2). Nous terminons cette partie par une première classification des unités minimales de la syntaxe et introduisons les CATÉGORIES NANOSYNTAXIQUES (chapitre 15 du vol. 2).

La cinquième partie est consacrée à la MICROSYNTAXE, c'est-à-dire la syntaxe de rection : la RECTION se caractérise par une relation hiérarchique avec des contraintes de réalisation imposées par un gouverneur à ses dépendants. Elle constitue la syntaxe *par excellence*. Nous introduisons la SYNTAXE DE SURFACE et la distinction entre les propriétés fonctionnelles et catégorielles des éléments d'un énoncé. Nous étendons le classement des syntaxèmes à l'ensemble des unités syntaxiques et étudions les CATÉGORIES MICROSYNTAXIQUES et le rôle de la TRANSLATION (chapitre 16 du vol. 2). Le classement des syntagmes nous amène à introduire la notion de RELATION SYNTAXIQUE. Les différentes FONCTIONS SYNTAXIQUES que peut remplir une unité sont caractérisées et notamment la fonction *sujet*, qui pose problème, dès qu'on prend en compte les langues ergatives (chapitre 17 du vol. 2). Une attention particulière est portée aux LISTES OU ENTASSEMENTS PARADIGMATIQUES : nous regroupons sous ce terme différents phénomènes, allant de la coordination à la reformulation, où plusieurs éléments viennent occuper une même position régie (chapitre 18 du vol. 2). L'étude détaillée de l'EXTRACTION et du rôle complexe joué par des éléments tels que les pronoms relatifs constitue le dernier chapitre de cette partie (chapitre 19 du vol. 2).

La sixième partie est consacrée à la MACROSYNTAXE, c'est-à-dire l'étude de tout ce qui se situe au-delà de la microsyntaxe, notamment les éléments associés au noyau central de l'énoncé sans pour autant être régis. Nous y définissons l'UNITÉ ILLOCUTOIRE qui constitue l'unité minimale du discours et étudions son organisation interne en NOYAU (D'UN ÉNONCÉ) et ADNOYAUX. Nous montrons pourquoi la notion traditionnelle de PHRASE est problématique, notamment parce qu'il y a de la rection au-delà des limites de l'unité illocutoire et qu'à l'inverse des unités non régies peuvent venir s'insérer à l'intérieur d'une unité illocutoire (chapitre 20 du vol. 2).

Encadré 1.5 : Les termes *grammaire*, *syntaxe* et *topologie*

Le terme grec *grammatikē technē* (γραμματικὴ τέχνη) désignait « *l'art des lettres* », *lettre* dans le sens de « l'écrit » ; c'était donc l'étude de l'écrit (et l'étude de sa lecture). Elle s'est ensuite développée en science de l'interprétation des textes, ce que, aujourd'hui, on classe plutôt sous le terme de PHILOLOGIE et que l'on distingue de la GRAMMAIRE. Il y a 3000 ans, bien avant les Grecs, il existait déjà des études grammaticales (au sens moderne du terme) de langues telles que le sanskrit ou le chinois et au 5ᵉ siècle avant notre ère, le grand linguiste indien Pāṇini a développé une analyse systématique de la nanosyntaxe du sanskrit. Les *Institutiones grammaticae*, écrites au 6ᵉ siècle par le grammairien latin Priscien, auront une influence déterminante sur le développement de la grammaire en Europe. Beaucoup de termes grammaticaux encore en utilisation aujourd'hui proviennent de l'étude du latin, *lingua franca* jusqu'à la fin du moyen-âge.

Le terme *syntaxis* est également grec : il est composé de *syn* (συν) 'ensemble' *et de táxis* (τάξις) 'ordre, arrangement'. La SYNTAXE a désigné l'étude de l'ordre des mots, puis plus largement l'étude de l'organisation des mots dans la phrase. Le terme allemand pour syntaxe est *Satzlehre*, tout simplement la 'science de la phrase'. Dans la conception traditionnelle, l'analyse syntaxique est limitée d'un côté par le mot, et de l'autre par la phrase : les structures en deçà du mot ne font pas partie de la syntaxe, elles appartiennent à la morphologie ; le DISCOURS, l'enchaînement de plusieurs phrases, n'est pas le sujet de la syntaxe, mais de la linguistique des textes ou ANALYSE DU DISCOURS. Notre définition de la syntaxe ne présuppose ni la notion de mot, ni celle de phrase, et considère la MORPHOLOGIE comme l'étude de la *combinaison des signifiants des signes* (voir la section 5.3 sur *Signifié, signifiant, syntactique*).

Les termes *microsyntaxe* et *macrosyntaxe* ont été forgés en 1990 par les linguistes qui se sont intéressés aux productions orales spontanées (notamment à Aix-en-Provence autour de Claire Blanche-Benveniste et à Fribourg en Suisse autour d'Alain Berrendonner) et ont vu la difficulté que pouvait poser une segmentation en phrases comme à l'écrit. Sur le même modèle, nous proposons le terme *nanosyntaxe*, à la place du terme *morphosyntaxe*, pour compléter la partition de l'étude de la syntaxe. Nous introduisons le terme *syntaxème* pour nommer les *unités minimales* de la syntaxe, sur le même modèle que les termes *morphème* et *sémantème*, désignant respectivement les unités minimales de forme et de sens.

Dans l'usage du terme *syntaxe*, on est passé de l'étude de l'ordre des mots à, aujourd'hui, l'étude de la combinaison des syntaxèmes et aux structures hiérarchiques qui en résultent. Une des conséquences est qu'il fallait réintroduire un nouveau terme pour l'étude de l'*ordre des mots* et des syntaxèmes. Nous avons adopté le terme *topologie*, également d'origine grecque : la TOPOLOGIE est l'étude des *topos* (τόπος), c'est-à-dire l'étude des lieux. Le terme a été introduit au 19ᵉ siècle par les linguistes décrivant l'ordre des mots des langues germaniques à l'aide de gabarits de places : le *modèle topologique* de l'allemand décrit la façon dont la phrase allemande peut être décomposée en cinq *champs*, les deuxième et quatrième champs modélisant les positions réservées aux verbes (voir le chapitre 12 sur *La topologie*).

1.6 Commentaires sur le plan

Le plan de cet ouvrage amène plusieurs commentaires et permet déjà de se faire une idée des principaux partis pris.

On constatera tout d'abord que nous considérons trois structures « syntaxiques » – la structure topologique, la structure de dépendance de surface et la structure syntaxique profonde – là où la plupart des approches n'en considèrent qu'une : la structure syntagmatique ou analyse en constituants immédiats. Nous aurons plusieurs fois l'occasion de justifier le fait de séparer les informations qui peuvent l'être et donc de dissocier les différents modes d'organisation des différents types d'unités qui apparaissent dans un énoncé.

Autre point : nous donnons une place importante aux interfaces, c'est-à-dire à la correspondance entre les différents niveaux de représentation de l'énoncé. Ceci est principalement dû à notre objectif de modélisation : nous ne souhaitons pas seulement montrer comment un énoncé est structuré, mais aussi comment un locuteur produit ces différentes structures et quels rôles elles jouent dans la production des énoncés. Modéliser la langue, c'est pour nous modéliser comment une personne parle, c'est-à-dire comment elle produit des énoncés dans sa langue en fonction du message qu'elle souhaite communiquer.

La plupart des ouvrages de syntaxe et des cours de linguistique à l'université commencent par l'étude des catégories syntaxiques ou parties du discours, c'est-à-dire la caractérisation de ce qu'est un verbe, un nom, un adjectif, etc. Nous pensons pour notre part qu'une bonne définition des catégories syntaxiques ne peut se faire qu'après avoir dégagé la structure des énoncés et que la caractérisation des catégories repose sur l'analyse distributionnelle des unités syntaxiques à l'intérieur des combinaisons complexes dans lesquelles elles entrent. Autrement dit, on ne peut caractériser les catégories syntaxiques d'une langue par l'étude du simple enchaînement linéaire des unités dans la chaîne parlée : il faut prendre en compte les relations plus complexes qui lient les éléments d'un énoncé et dont l'ordre des mots en surface n'est qu'une projection. La description des liens syntaxiques est au cœur de la syntaxe de dépendance et elle occupe une place centrale dans ce livre. Les catégories syntaxiques sont définies en deux chapitres (15 et 16) distribués dans les parties consacrées à la nanosyntaxe et à la microsyntaxe.

Cette présentation assez systématique des notions utiles à la syntaxe nous a obligés à définir de nouveaux concepts ou à revoir certains concepts traditionnels. Selon les cas, nous avons décidé d'utiliser un terme déjà usuel dans un sens un peu différent ou bien nous avons forgé un nouveau terme. Parmi les néologismes que contient cet ouvrage, on notera le terme *syntaxème* utilisé pour nommer les unités minimales de la syntaxe (qui curieusement ne sont jamais nommées) et *nanosyntaxe* pour désigner la syntaxe des éléments qui possèdent peu d'autonomie syntaxique. Par ailleurs, d'autres termes peu fréquents dans les manuels de syntaxe occupent ici une position plus centrale, comme *sémantème*, *syntaxe profonde*, *topologie* ou *macrosyntaxe*.

Encadré 1.6 : Notions, termes, concepts et définitions

Nous allons illustrer la distinction entre notions, termes, concepts et définitions à partir d'un exemple. Considérons la DÉFINITION suivante :

(10)   Une *phrase* est un segment de texte qui se trouve entre deux ponctuations majeures successives.

Un TERME est introduit : *phrase*. Ce terme est associé à un CONCEPT. Le concept est un objet abstrait, conceptuel, qui n'est accessible qu'à travers la DÉFINITION qui le caractérise, à savoir, dans le cas de (10), « un segment de texte qui se trouve entre deux ponctuations majeures successives ». En associant ce terme et ce concept, nous construisons une notion. Une NOTION est donc un concept nommé et associé à un terme ou, inversement, un terme défini et associé à un concept.

La distinction entre le terme et le concept qui lui correspond est essentielle, puisqu'un même terme peut être associé par différents auteurs à différents concepts. Évidemment, une fois que nous avons associé le terme *phrase* à un concept, nous pouvons parler de « la notion de phrase », mais il faut être conscient qu'il s'agit d'un raccourci pour désigner « la notion que nous avons nommée *phrase* et qui ne doit pas être confondue avec une autre notion que d'autres ont pu également nommer *phrase* et qui peut à l'inverse avoir été nommée autrement par d'autres ».

Il y a plusieurs raisons pour lesquelles, en linguistique, la terminologie n'est pas bien stabilisée et un même terme tend à désigner des concepts divers. Une première raison est que beaucoup de ces termes (*mot, phrase, nom, adverbe, sujet*, etc.) s'appliquent à des notions qui sont enseignées dès l'école et reçoivent donc des définitions simplifiées et facilement accessibles, qui deviennent inopérantes lorsqu'un véritable cadre théorique est développé. Une deuxième raison est qu'il n'est pas possible de définir proprement de telles notions sans se doter d'un appareil conceptuel complexe et qu'il n'y a pas aujourd'hui de théorie consensuelle sur la nature de la langue et sur les primitives conceptuelles, c'est-à-dire les notions de base à partir desquels des notions plus complexes pourront être définies.

Dans cet ouvrage, nous allons nous attacher à introduire un appareillage théorique rigoureux. Nous introduirons un grand nombre de concepts auxquelles nous associerons bien sûr des termes. Nous avons fait le choix d'utiliser autant que possible les termes courants en linguistique, même lorsque nous décidions de définir une notion un peu différente de la tradition. C'est par exemple le choix que nous avons fait pour le terme *syntaxe*, auquel nous donnons une acception différente de la tradition. Lorsque nous avons introduit des concepts nouveaux, nous nous sommes permis d'utiliser un terme vacant s'il n'était pas trop éloigné : c'est ce que nous avons fait avec le terme *substantif*, qui désignait avant ce qu'on appelle aujourd'hui *nom* et que nous avons attribué à une notion du même ordre, mais différente de celle du nom (voir le chapitre 16 du vol. 2 sur *Les catégories microsyntaxiques*). Lorsqu'aucun terme ne se présentait, nous nous sommes résolus à forger un nouveau terme. Nous avons alors cherché à régulariser la terminologie. C'est ce qui nous a amené à introduire le terme *syntaxème* à côté des termes *morphème* et *sémantème*, ou à introduire le terme *nanosyntaxe* à côté des termes *microsyntaxe* et *macrosyntaxe*.

On peut être en désaccord avec la définition d'une notion. Il est important de voir que ce désaccord peut se situer à trois niveaux bien différents. Revenons sur la notion qui illustre cette section. On peut être en désaccord :

— au *niveau proprement définitionnel* : on peut considérer que notre définition n'en est pas vraiment une, car elle comprend des termes qui n'ont pas été eux-mêmes définis. Qu'appelle-t-on une ponctuation majeure ? Le point-virgule est-il une ponctuation majeure ? Qu'entend-on exactement par un segment de texte ? S'agit-il juste d'une chaîne de caractères ou bien la phrase est-elle un signe linguistique avec un sens associé au texte proprement dit ?

— au *niveau théorique ou conceptuel* : la notion définie est-elle intéressante d'un point de vue théorique ? Certainement pas si on n'élimine pas le cas des points qui suivent une abréviation, comme dans *George W. Bush*. Et au-delà, les unités définies par la ponctuation sont-elles bien des unités linguistiques pertinentes ?

— au *niveau purement terminologique* : est-ce bien à ce concept que l'on veut associer le terme *phrase* ? Ou inversement, est-ce bien par le terme *phrase* que l'on veut désigner ce concept ?

Les problèmes terminologiques sont secondaires : un mauvais choix de terme ne remet pas en cause une théorie. Mais ils peuvent être catastrophiques du point de vue pédagogique et rendre incompréhensible une construction théorique valable par ailleurs. Lorsqu'on introduit un concept, on a principalement deux options terminologiques : utiliser un terme existant, avec le risque que d'autres auteurs l'utilisent avec une acception différente (c'est le cas avec le terme *phrase*), ou bien forger un nouveau terme, avec le risque d'avoir des termes « barbares » et difficiles à mémoriser. On peut par exemple proposer d'appeler le concept défini en (10) *phrase graphique*. C'est ce que nous ferons dans la suite de l'ouvrage : une PHRASE GRAPHIQUE est une unité de l'écrit, un segment de texte qui se trouve entre deux ponctuations majeures successives. Les ponctuations majeures du français écrit sont le point (à l'exception des points utilisés dans les abréviations), le point d'interrogation, le point d'exclamation et les trois petits points. Le point virgule segmente une phrase en sous-phrases.

Les questions théoriques et conceptuelles sont les plus importantes : il est bien sûr crucial d'introduire les bons concepts. C'est l'ensemble des concepts introduits qui définit le CADRE THÉORIQUE à partir duquel un modèle d'une langue particulière pourra être élaboré. La notion de phrase que nous avons introduite est-elle vraiment la plus intéressante du point de vue linguistique ? Nous verrons que non, ne serait-ce que parce que l'écrit est une transcription de la langue et qu'une notion de l'ordre de la phrase existe indépendamment de la possibilité d'écrire ou pas (voir la section 2.2 sur les *Sons et textes*).

Les problèmes définitionnels sont immenses. En général, la définition d'une notion fait appel à d'autres notions. Il faut donc comprendre quels sont les concepts qui doivent être définis avant les autres. Dans notre exemple, nous avons défini la phrase à partir de la ponctuation. Mais comment un locuteur sait-il où mettre des ponctuations majeures quand il écrit ? Produit-on des unités de l'ordre de la phrase lorsqu'on parle ? Si oui, il existe une unité de l'ordre de la phrase plus fondamentale que celle que nous venons de définir et qui ne se définit pas en fonction de l'écrit et encore moins en fonction de la ponctuation. Si beaucoup d'ouvrages de linguistique commencent par la définition de la phrase, nous considérons pour notre part qu'il s'agit d'une notion complexe qui ne peut être définie qu'après avoir introduit la notion de COHÉSION SYNTAXIQUE. C'est la raison pour laquelle les notions proches de la phrase sont seulement discutées à la fin de cet ouvrage, dans la sixième et dernière partie. Nous verrons de ce point de vue que derrière la phrase graphique se cachent en fait deux types d'unités différentes, ce qui explique qu'il y a différentes façons de ponctuer une même production linguistique.

1.7 Présentation de l'ouvrage

Cet ouvrage est volontairement découpé en sections n'excédant généralement pas une page ou deux. Nous avons essayé de donner à chacune de ces sections autant d'autonomie que possible, de manière à rendre une lecture non linéaire de l'ouvrage aussi facile que possible. Il est néanmoins évident que ce livre a été organisé selon un ordre mûrement réfléchi et que de nombreuses sections ne peuvent être lues sans avoir lu avant les sections qui introduisent certaines notions préalables indispensables.

Certaines sections sont encadrées et présentées dans un style particulier. Ces *encadrés* sont des prolongements du texte principal de différentes natures. Nous avons cinq principaux types d'encadrés :

 des encadrés d'*éclairage*, prolongeant les points abordés dans le texte principal ;

 des encadrés *historiques*, sur l'origine de certains termes ou de certains concepts ;

 des encadrés *techniques*, présentant une élaboration de certaines notions, notamment du côté de la modélisation mathématique ;

 des encadrés de *typologie linguistique*, montrant diverses réalisations d'un phénomène ou d'une propriété au travers de la diversité des langues ;

 des encadrés sur le *français*, qui reste la langue privilégiée pour illustrer notre propos.

A ces encadrés qui figurent dans le corps du texte s'ajoutent encore quatre autres types d'encadrés placés en fin de chapitre :

   un encadré d'*exercices* ;

   un encadré contenant des *éléments de correction* de nos exercices ;

   un encadré de *lectures additionnelles*, comprenant en particulier les références citées au cours du chapitre ;

   un éventuel encadré de *citations originales*, lorsque nous avons cité des auteurs qui n'avaient pas écrit en français.

1.8 Remerciements

Nous remercions les collègues et doctorants qui ont lu des parties du manuscrit et nous ont fait des commentaires qui nous ont parfois amené à réécrire des parties importantes : Nicolas Mazziotta, Marie-Sophie Pausé, Paola Pietrandrea, Rafaël Poiret, ainsi que Guillaume Jacques, Jasmina Milićević, Sebastian Nordhoff et un relecteur anonyme.

Nous remercions nos étudiants de la licence de sciences du langage et du master TAL sur qui nous avons testé une grande partie du contenu de cet ouvrage et qui par leurs réactions parfois critiques nous ont permis d'améliorer grandement le texte et d'ajuster le plan de l'ouvrage.

Le contenu de cet ouvrage a fait l'objet de plusieurs articles et communications dans des colloques internationaux, notamment aux conférences bi-annuelles *MTT* (*Meaning-Text Theory*), créées en 2003 par Sylvain Kahane et Alexis Nasr, puis *Depling* (*Dependency Linguistics*) créée en 2011 par Kim Gerdes, Eva Hajičová et Leo Wanner. Nous remercions les collègues qui nous ont permis de développer nos idées en relisant et critiquant nos articles lors des soumissions ou en nous posant des questions lors des présentations.

Nous remercions également les auteurs qui nous ont précédés et dont la lecture nous a inspirés. Le travail scientifique est cumulatif et la part d'innovation est toujours plus faible qu'on ne le pense. Nous remercions en particulier Claire Blanche-Benveniste, José Deulofeu, François Lareau, Nicolas Mazziotta, Igor Mel'čuk, Tim Osborne, Paola Pietrandrea et Alain Polguère avec qui nous avons eu la chance de collaborer et de discuter différents points qui sont développés dans l'ouvrage.

Exercices

Exercice 1. Quelles sont, à côté de la syntaxe, les autres composantes d'un modèle linguistique ?

Exercice 2. Les notions de *syntaxe* et *grammaire* sont souvent confondues. Pouvez-vous donner un élément du modèle d'une langue qui relève de la grammaire mais pas de la syntaxe ? Et un élément qui relève de la syntaxe mais pas de la grammaire ?

Exercice 3. Qu'appelons-nous la topologie ? l'interface sémantique-syntaxe ? la nanosyntaxe ?

Exercice 4. Pourquoi pensons-nous qu'il est difficile de commencer un ouvrage de syntaxe en définissant les parties du discours ?

Exercice 5. De quel type est le premier encadré de cette introduction ? Que représente le symbole choisi ?

Exercice 6. Les mots *syntaxe* et *grammaire* ne sont pas seulement utilisés pour désigner les concepts considérés dans cet ouvrage.

    a. Distinguer les emplois du mot *grammaire* dans les phrases suivantes :

        (1) *Il ne parle pas vraiment le swahili, parce qu'il ne connaît que quelques mots et il ne connaît pas du tout la grammaire.*

        (2) *Ça ne se dit pas comme ça, j'ai regardé dans une grammaire.*

        (3) *Les grammaires de dépendance proposent un formalisme pour représenter les relations qu'entretiennent les mots entre eux.*

        (4) *C'est incroyable comment un bébé apprend vite la grammaire.*

        (5) *C'est parce que la grammaire est innée.*

        (6) *La grammaire française ne permet l'inversion du sujet que dans des cas très restreints.*

(7) *On vous enseigne de ne plus faire de fautes de grammaire.*

(8) *Les composants fondamentaux des systèmes d'information géographique se conjuguent dans une sorte de grammaire des formes géographiques.*

(9) *Le cinéma n'est pas une langue dont il suffirait d'apprendre la grammaire et le vocabulaire.*

(10) *La seule grande grammaire italienne disponible en français, celle de Jacqueline Brunet, est à juste titre descriptive (et non normative).*

(11) *Après tout, la rigueur de la pensée, on l'apprend avec la grammaire, la philosophie ...*

b. Distinguer les emplois du mot *syntaxe* dans les phrases suivantes :

(12) *Chaque moteur de recherche a sa propre syntaxe.*

(13) *Dans chacun des domaines de la linguistique (syntaxe, phonologie, morphologie et sémantique lexicale), nos connaissances ne sont ni activement apprises, ni données.*

(14) *Françoise Morvan s'efforce d'inventer une syntaxe française avec parfois des tournures bretonnes.*

(15) *J'ai déjà eu l'occasion d'attirer l'attention sur la multiplicité des coquilles, fautes de syntaxe, fautes d'orthographe que l'on trouve dans ce journal.*

(16) *Les rédacteurs du Nouvelliste ne maîtrisent qu'approximativement le français, ils se perdent dans la logique de la syntaxe et se noient dans l'abus de vocabulaire.*

(17) *J'ai essayé de trouver la bonne syntaxe pour le film.*

(18) *Du point de vue de la syntaxe, certaines évolutions sont visibles et prévisibles. Ainsi, le remplacement de "nous" par "on" avec un pluriel. "Mon fils et moi, on est allés au cinéma".*

(19) *Envoyez un SMS selon la syntaxe suivante : le mot-clé 'METEO' 'espace' puis le numéro du département dont vous souhaitez connaître la météo.*

Lectures additionnelles

Nous recommandons bien sûr la lecture de l'incontournable ouvrage de Lucien Tesnière (1959), *Éléments de syntaxe structurale*, et tout particulièrement la première partie. On pourra avant cela lire l'introduction écrite par Sylvain Kahane et Timothy Osborne pour la traduction anglaise de 2015.

En plus de cet ouvrage et de nombreux articles de recherche, quelques livres existent sur la syntaxe de dépendance : Richard Hudson a publié son introduction à la *Word Grammar* en 1984 et plus récemment, en 2006, *Language Networks : The New Word Grammar*. En 1986, est paru l'ouvrage *The meaning of the sentence in its semantic and pragmatic aspects* de Petr Sgall, Eva Hajičová et Jarmila Panevová sur le modèle pragois, qui a conduit au développement de la première banque d'arbre en dépendance, le *Prague Dependency Treebank* (Hajič 1998). Il a été suivi, en 1988, par *Dependency syntax : Theory and practice* d'Igor Mel'čuk, une œuvre fondatrice, mais qui est davantage dédiée à la présentation de la Théorie Sens-Texte, l'une des principales approches théoriques basées sur la syntaxe de dépendance, qu'à la définition de la dépendance. Le récent ouvrage d'*Introduction à la linguistique* d'Igor Mel'čuk et Jasmina Milićević (2014), et notamment le second tome consacré à la syntaxe, est à notre connaissance le premier manuel général de linguistique basé sur la dépendance et nous en recommandons la lecture. Notre ouvrage partage en grande partie le point de vue du livre de Mel'čuk et Milićević, mais s'en distingue par le fait qu'il ne souhaite pas se placer a priori dans un cadre théorique donné, mais propose de le construire de manière raisonnée. En chinois, Haitao Liu a présenté les grammaires de dépendance en 2009 dans son livre intitulé comme le livre d'Igor Mel'čuk, *Théorie et pratique de la grammaire de dépendance*. Récemment, en 2019, Timothy Osborne a publié une introduction à la syntaxe de dépendance intitulée *A Dependency Grammar of English : An introduction and beyond* qui propose de nombreuses analyses en dépendance, mais sans vraiment interroger les fondements de la syntaxe de dépendance.

Dans un cadre formel proche de la grammaire de dépendance, on trouve l'ouvrage de Joan Bresnan sur la *Lexical Functional Syntax* publié en 2001. On peut encore citer, l'ouvrage de Denis Costaouec et Françoise Guérin de 2007, *Syntaxe fonctionnelle : Théorie et exercices*, basé sur les travaux d'André Martinet, qui sans se placer réellement dans le cadre de la syntaxe de dépendance, a une approche constructiviste qui se rapproche de la nôtre.

Bresnan, Joan. 2001. *Lexical Functional Syntax*. Oxford : Blackwell.

Costaouec, Denis & Françoise Guérin. 2007. *Syntaxe fonctionnelle : Théorie et exercices*. Rennes : Presses Universitaires de Rennes.

Hudson, Richard. 1984. *Word grammar*. Oxford : Blackwell.

Hudson, Richard. 2006. *Language networks : The new word grammar*. Oxford : Oxford University Press.

Kahane, Sylvain & Timothy Osborne. 2015. Translators' introduction. In *Lucien Tesnière, Elements of structural syntax*, xxix-lxxiv. Amsterdam/ Philadelphia : John Benjamins.

Liu, Haitao. 2009. 依存语法的理论与实践. [Théorie et pratique de la grammaire de dépendance]. Beijing : Kexue chubanshe.

Mel'čuk, Igor. 1988. *Dependency syntax : Theory and practice*. Albany : State University of New York Press.

Mel'čuk, Igor & Jasmina Milićević. 2014. *Introduction à la linguistique*. 3 volumes. Paris : Hermann.

Osborne, Timothy. 2019. *A Dependency Grammar of English : An introduction and beyond*. Amsterdam/Philadelphia : John Benjamins.

Sgall, Petr, Eva Hajičová & Jarmila Panevová. 1986. *The meaning of the sentence in its semantic and pragmatic aspects*. Berlin/Heidelberg : Springer.

Tesnière, Lucien. 1953. *Esquisse d'une syntaxe structurale*. Paris : Klincksieck.

Tesnière, Lucien. 1959. *Éléments de syntaxe structurale*. Paris : Klincksieck.

Corrections des exercices

Corrigé 1. Les principales composantes d'un modèle linguistique sont la sémantique, la syntaxe, la morphologie et la phonologie. On peut ajouter à cela la pragmatique pour l'étude des liens entre le sens linguistique et les intentions du locuteur et la phonétique pour l'étude des liens entre les sons de la langue et le signal sonore.

Corrigé 2. La grammaire inclut toutes les composantes du modèle et donc aussi la sémantique et la morphologie. Chacune de ces composantes coupe à travers la grammaire et le lexique. L'étude des signifiés et des signifiants des unités grammaticales est donc de la grammaire sans être de la syntaxe. Par exemple, la comparaison des valeurs de l'imparfait et du passé composé est de la grammaire sans être de la syntaxe, de même que l'étude de la formation des noms dérivés de verbes comme REMPLACEMENT, ATTERRISSAGE ou RÉALISATION. La syntaxe s'intéresse uniquement à la combinatoire des unités. Ce qui relève de la syntaxe sans être véritablement de la grammaire est l'étude de la combinatoire des unités lexicales ou de la structure syntaxique interne des locutions. Les exemples d'idiosyncrasies lexicales décrites dans l'encadré 1.4 sur le cabinet de curiosité relève davantage du lexique que de la grammaire, tout en étant clairement de la syntaxe.

Dans cet ouvrage, nous nous intéressons à la partie grammaticale de la syntaxe (ou, autrement dit, à la partie syntaxique de la grammaire).

Corrigé 3. Les notions de topologie, d'interface sémantique-syntaxe et de nanosyntaxe sont étudiées en détail dans cet ouvrage. Mais il peut être bon de fixer les termes dès maintenant. La topologie est l'étude de l'interface entre hiérarchie syntaxique et ordre linéaire des mots. L'interface sémantique-syntaxe est, comme son nom l'indique l'étude de la correspondance entre sémantique et syntaxe, c'est-à-dire entre représentation sémantique et organisation hiérarchique. La nanosyntaxe est la partie de la syntaxe qui s'intéresse aux combinaisons d'unités linguistiques les plus cohésives, celles de l'ordre du mot. Voir les sections 1.5–1.6.

Corrigé 4. Il est difficile de commencer cet ouvrage de syntaxe en définissant les parties du discours parce que la définition des parties du discours repose sur une définition préalable de la structure syntaxique (voir la section 1.6).

Corrigé 5. L'encadré 1.1 est un encadré d'éclairage. Le symbole utilisé est une loupe.

Corrigé 6. Comme tous les termes linguistiques, *grammaire* et *syntaxe* peuvent désigner un domaine de la linguistique (4, 5, 7, 11, 13, 15, 16, 18) ou la grammaire ou la syntaxe d'une langue en particulier (1, 6, 14). Par extension, on parle aussi de la grammaire ou syntaxe de systèmes sémiotiques autres que la langue (8, 9, 12, 17, 19). Dans *grammaire de dépendance* (3), le terme désigne un modèle linguistique complet, plutôt que la seule grammaire. On utilise aussi le mot *grammaire* pour désigner un livre de grammaire (2, 10).

Première partie

Modéliser la langue

Présentation

Cette première partie est consacrée à la modélisation des langues en général. Elle est divisée en trois chapitres. Le chapitre 2 essaye de définir la langue, notre objet d'étude, et précise les caractéristiques que nous retenons dans notre modélisation. Le chapitre 3 montre à travers l'étude de la production d'un énoncé où se situent la syntaxe et la grammaire dans un modèle complet de la langue. Le chapitre 4 caractérise le type de modèles que nous adoptons dans cet ouvrage.

2 La langue : L'objet d'étude de la linguistique

2.1 Parler une langue

Pour comprendre ce qu'est une langue, il faut comprendre à quoi elle sert. Savoir *utiliser une langue*, c'est être capable de parler dans cette langue et de comprendre ceux qui nous parlent. *Parler une langue*, c'est être capable de verbaliser n'importe quelle idée, c'est-à-dire *transformer un sens en un son* dont notre interlocuteur pourra lui-même extraire un sens (voir dans l'encadré qui suit le schéma proposé par Saussure). Si le sens de départ – celui pensé par le locuteur – et le sens d'arrivée – celui construit par le destinataire – sont suffisamment proches, alors, la *communication* peut être considérée comme réussie.

La LANGUE est donc avant tout un objet qui se trouve dans le *cerveau* des locuteurs et que l'on peut modéliser par une *correspondance entre des sens et des sons*. Plus exactement, nous modélisons la langue par une correspondance entre des représentations sémantiques et des textes. Dans la suite, nous utiliserons le terme TEXTE pour désigner les productions langagières qu'elles soient orales, écrites ou gestuelles. Ce terme a l'avantage de ne pas présupposer quelle est la nature du médium utilisé pour communiquer. Il a également l'avantage sur le terme *son* de renvoyer à une représentation du son et non au son lui-même. Un texte sonore est ainsi la représentation que nous avons du son dans notre cerveau lorsque nous produisons des sons afin de communiquer. L'étude même de la représentation du son – la PHONOLOGIE – ne sera abordée que dans la mesure où elle interfère avec la syntaxe. Nous nous intéressons à la modélisation du mécanisme cognitif (situé dans le cerveau) et nous laissons de côté le mécanisme physique qui permet la production du son à partir du texte (cela concerne la PHONÉTIQUE ARTICULATOIRE), ainsi que le mécanisme auditif qui permet le décodage du son.

Considérer que la langue est une correspondance, c'est faire abstraction des mécanismes propres à la production ou la compréhension d'un texte. Le locuteur utilise la correspondance du sens vers le texte, tandis que le destinataire effectue le chemin inverse. Nous supposons implicitement que les deux directions, sens vers texte et texte vers sens, utilisent le même ensemble de connaissances et un mécanisme commun, qui constituent la langue proprement dite.

Encadré 2.1 : La langue comme correspondance sens-texte

On trouve déjà dans le *Cours de linguistique générale* de Ferdinand de Saussure, publié en 1916, la conception de la langue comme un objet qui fait se correspondre des sens et des « sons ». Voici ce qu'il écrit :

> « Pour trouver dans l'ensemble du langage la sphère qui correspond à la langue, il faut se placer devant l'acte individuel qui permet de reconstituer le circuit de la parole. Cet acte suppose au moins deux individus ; c'est le minimum exigible pour que le circuit soit complet. Soient donc deux personnes A et B, qui s'entretiennent :

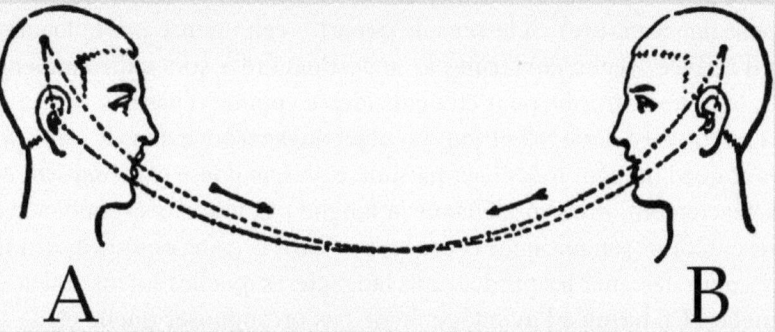

> Le point de départ du circuit est dans le cerveau de l'une, par exemple A, où les faits de conscience, que nous appellerons concepts, se trouvent associés aux représentations des signes linguistiques ou images acoustiques servant à leur expression. Supposons qu'un concept donné déclenche dans le cerveau une image acoustique correspondante : c'est un phénomène entièrement *psychique*, suivi à son tour d'un procès *physiologique* : le cerveau transmet aux organes de la phonation une impulsion corrélative à l'image ; puis les ondes sonores se propagent de la bouche de A à l'oreille de B : procès purement *physique*. Ensuite, le circuit se prolonge en B dans un ordre inverse : de l'oreille au cerveau, transmission physiologique de l'image acoustique ; **dans le cerveau, association psychique de cette image**

psychique avec le concept correspondant. Si B parle à son tour ce nouvel acte suivra – de son cerveau à celui de A – exactement la même marche que le premier et passera par les mêmes phases successives. » (de Saussure 1916 : 27–28) [c'est nous qui soulignons en gras]

Saussure insiste, quelques lignes plus loin, sur le fait que l'association entre sens et son qui a lieu dans le cerveau ne se fait pas avec le son lui-même, mais avec une représentation de ce son dans le cerveau, que Saussure nomme l'*image acoustique* :

> « [Il faut] distinguer les parties physiques (ondes sonores) des physiologiques (phonation et audition) et psychiques (images verbales et concepts). Il est en effet capital de remarquer que l'image verbale ne se confond pas avec le son lui-même et qu'elle est psychique au même titre que le concept qui lui est associé. » (de Saussure 1916 : 28–29)

Leonard Bloomfield (1933 : 27), le père de la linguistique américaine, va dans le même sens :

> « On produit de nombreuses sortes de bruits vocaux dont on utilise la variété : sous certains types de stimuli, on produit certains sons vocaux et nos compagnons, entendant les mêmes sons, font la réponse appropriée. Pour le dire brièvement, dans la parole humaine, des sons différents ont des sens différents. *Étudier la coordination de certains sons avec certains sens, c'est étudier la langue.* » [nous soulignons] (Voir les *Citations originales* en fin de chapitre.)

Le fait de considérer que l'objet d'étude de la linguistique est de modéliser la correspondance sens-son décrite par Saussure (et appelée par lui association concept-image acoustique) peut être imputé à Žolkovskij et Mel'čuk qui posent en 1967 à Moscou les bases de la Théorie Sens-Texte, dont le nom même est tout à fait explicite sur ce point. Dans tous ses ouvrages et notamment dans son cours au Collège de France en 1997 intitulé *Vers une linguistique Sens-Texte*, Igor Mel'čuk pose qu'un modèle d'une langue est une correspondance multivoque entre un ensemble de sens et un ensemble de textes, où les textes désignent les images acoustiques des phrases de la langue. Le caractère multivoque est dû au fait qu'un même sens peut être exprimé par différents textes (qui sont alors des « paraphrases » les uns des autres) et qu'un texte peut avoir plusieurs sens (c'est-à-dire être sémantiquement ambigu).

Cette conception de la langue comme une correspondance sens-son est maintenant partagée par la plupart des théories, y compris par la Grammaire générative de Noam Chomsky, qui pose, depuis le *programme minimaliste* élaboré dans les années 1990 (voir Chomsky 1995), qu'un modèle linguistique doit relier sens et sons.

2.2 Sons et textes

Il n'est jamais inutile de rappeler que les langues sont avant tout orales (ou gestuelles comme les langues des signes) et que l'écrit n'est qu'une TRANSCRIPTION, nécessairement imparfaite et partielle, des productions orales, même s'il tend à avoir son autonomie et à acquérir sa propre codification. D'après Leonard Bloomfield (1933), « L'écrit n'est pas la langue, mais simplement une façon d'enregistrer la langue au moyen de marques visibles. Une langue est la même quel que soit le système d'écriture utilisé pour l'enregistrer, exactement comme une personne est la même quelle que soit la façon dont on prend son image. » (Nous traduisons en français toutes les citations. Voir les *Citations originales* en fin de chapitre.) La même idée est reprise par H. A. Gleason (1955) : « Une langue écrite est typiquement un reflet, indépendant sous quelques aspects seulement, des langues parlées. En tant qu'image de la parole réelle, elle est inévitablement imparfaite et incomplète. [...] La linguistique doit commencer par une étude approfondie de la langue parlée avant d'étudier la langue écrite. C'est vrai pour des langues avec une longue tradition écrite, comme l'anglais, autant que pour les langues de tribus isolées qui n'ont jamais envisagé la possibilité d'une écriture. » Cent ans avant (dans son ouvrage sur la langue kavi publié en 1836), le philosophe et linguiste Wilhelm von Humboldt écrivait que « la langue, comprise dans son essence réelle, est quelque chose de constant et à la fois, à tout moment, quelque chose de passager. Même sa conservation par l'écriture n'est jamais autre chose qu'un stockage ressemblant à une momie, qui nécessite qu'on cherche à s'imaginer à nouveau le discours vivant. » Cette primauté de l'oralité est constitutive des sciences du langage et la distingue fondamentalement des lettres et de la philologie (l'étude des textes écrits). Les scientifiques n'en ont néanmoins réellement pris conscience qu'au début du vingtième siècle avec les possibilités nouvelles que donnait l'enregistrement des sons et l'intérêt croissant pour les langues sans tradition écrite et notamment les langues amérindiennes ; la linguistique s'était jusque-là, à l'exception des travaux des missionnaires qui avaient pour mission d'enseigner la Bible dans des langues inconnues, essentiellement développée par l'étude de langues mortes dont on ne conservait que des traces écrites que l'on souhaitait déchiffrer.

Certaines caractéristiques essentielles des langues sont dues au fait que ce sont des modes de communication oraux. La principale de ces caractéristiques est que la communication orale impose une production linéaire : la CHAÎNE PARLÉE est *unidimensionnelle.* Les sons doivent être produits les uns à la suite des autres. L'écrit n'imposerait pas cela. La communication écrite fait d'ailleurs un grand usage de schémas bidimensionnels souvent complexes et la présentation globale d'un texte écrit (titres, paragraphes, encadrés, etc.) joue un rôle non négligeable. Néanmoins, l'écrit traditionnel, et parce qu'il est au départ une transcription de l'oral, a une organisation linéaire, les mots devant se lire à la suite les uns des autres. On notera qu'aujourd'hui, avec l'internet, les textes contiennent une multitude de liens vers d'autres textes et qu'une production textuelle faite de plusieurs pages web n'est plus totalement linéaire : il a une structure en réseau et on parle alors d'HYPERTEXTE. Cette organisation, qui permet différents parcours du texte, existe déjà en partie dans les écrits traditionnels par la présence de notes ou d'encadrés.

Les langues des signes n'ont pas les mêmes contraintes de linéarité, puisque les gestes peuvent se développer dans toutes les dimensions de l'espace et différentes parties du corps être utilisées simultanément (mains, position de la tête, regard, orientation du buste, etc.). Il y a néanmoins une contrainte temporelle dans la communication qui veut qu'il y ait une certaine séquentialité des signes.

Le caractère linéaire de la chaîne parlée est lui-même en partie contourné par l'utilisation de la PROSODIE : les locuteurs ajoutent à la suite des sons distinctifs élémentaires qu'ils produisent – les PHONÈMES – de l'information en modulant leur mélodie et en jouant sur l'intensité du signal et la durée des phonèmes. Ceci permet non seulement de communiquer certaines émotions, mais aussi de structurer la chaîne parlée en faisant apparaître des regroupements ou des changements de plan. On retrouve à l'écrit une transcription de la prosodie par la PONCTUATION (point, virgule, :, ?, !). On peut imaginer qu'un langage purement écrit aurait développé un tout autre système et on voit que la ponctuation n'est rien d'autre qu'un marquage partiel et imparfait de la prosodie. On notera que, avec le récent développement du dialogue par écrit, le système de ponctuation s'est enrichi des smileys, émojis et autres émoticônes (☺, ☻, et plein d'autres).

Nous aurons plusieurs fois l'occasion dans cet ouvrage de montrer que les faits de langue se comprennent bien mieux lorsqu'on se place du côté de l'oral et que notre objet d'étude est d'abord la langue parlée, même si, par commodité, dans un ouvrage écrit, il est souvent plus facile de donner des exemples écrits.

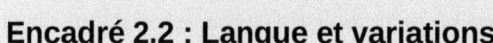

Encadré 2.2 : Langue et variations

On observe de nombreuses variations entre locuteurs d'une même langue : accent, choix lexicaux, constructions grammaticales, etc. Ces variations sont dues à de multiples facteurs : le degré d'apprentissage de la langue, l'époque à laquelle vit le locuteur, le lieu où il vit, le contexte social dans lequel il s'exprime (la famille, le travail, la radio ...), etc. Ainsi l'allemand est pris entre deux langues très proches, le néerlandais et le suisse allemand et on observe un continuum de variétés d'allemand lorsqu'on se rapproche de ces deux zones linguistiques. Pour le français, on observe également des différences de parlers suivant les régions, entre le nord et le sud de la France (le système phonologique, notamment, est différent), mais aussi entre la France, la Belgique, la Suisse, le Québec ou les pays francophones d'Afrique. Et à chaque fois, on observe un continuum de parler entre divers extrêmes. Il en va de même pour l'évolution des langues : la limite entre le latin et les langues romanes d'aujourd'hui (italien, espagnol, catalan, français, roumain, corse, etc.) n'est pas une frontière tranchée : le latin a évolué de génération en génération jusqu'à perdre ses désinences casuelles (qu'on ne retrouve dans aucune des langues romanes), puis divers groupes de locuteurs du haut-latin se sont retrouvés isolés au Moyen-Age et ont développés les dialectes que sont nos langues d'aujourd'hui. Le français, ancienne langue d'oïl, a subi l'influence de locuteurs d'origine germanique et la syntaxe de l'ancien français est beaucoup plus proche de celle des langues germaniques d'aujourd'hui (allemand, néerlandais, scandinave) que du latin classique. La situation est identique partout. Si l'on appelle chinois aussi bien le chinois classique que le mandarin actuel, ces langues n'en sont pas moins éloignés que le latin et l'italien. Il existe d'ailleurs aujourd'hui en Chine plusieurs langues différentes, qui bien que partageant la même écriture, sont plus différentes entre elles que ne le sont les langues romanes entre elles (notamment le cantonais et le mandarin).

D'une certaine façon, ces variations ne nous intéressent pas : nous décrivons un système unique, celui d'un locuteur donné à un moment donné ou au moins la langue d'un groupe de locuteurs qui communiquent usuellement entre eux. Ce qui nous intéresse avant tout, c'est la cohérence interne de ce système. Néanmoins, les variations possibles de ce système peuvent parfois nous intéresser : elles nous permettent en particulier de comprendre certaines « bizarreries » du système qu'on ne saurait expliquer sans prendre en compte le fait qu'il s'agit d'un système en évolution. Par exemple, la non-correspondance entre les unités de forme et les unités de sens (question que nous développerons en long et en large dans la partie II consacrée aux *Unités de la langue*) ne peut s'expliquer sans prendre en compte comment de nouveaux termes sont créés par les locuteurs et comment d'autres disparaissent. Il faut d'ailleurs distinguer deux types de changements dans les langues : les changements lexicaux et les changements grammaticaux. Tout locuteur modifie constamment son vocabulaire, acquérant de nouvelles unités lexicales et cessant d'en utiliser certaines. Par contre, il est peu probable qu'une fois l'enfance passée et l'acquisition complète de la grammaire effectuée des changements se produisent dans le système grammatical. Il est plus raisonnable de penser que les changements grammaticaux ont lieu lors du passage de relais d'une génération à l'autre : pour une raison ou une autre, l'apprenant va faire une analyse différente des productions langagières de ses « instructeurs » et construire une grammaire différente de la leur. Le cas le plus radical est celui d'un groupe d'apprenants d'une autre langue maternelle qui va projeter sur la langue qu'il apprend des constructions de sa langue maternelle. Les langues romanes et tout particulièrement l'ancien français sont ainsi des formes du latin dont une partie de l'évolution est due à l'assimilation d'apprenants de langue germanique.

2.3 Sens et intention communicative

Notre définition de la langue n'est compréhensible que si on s'entend quelque peu sur ce qu'est le sens. Pour cela nous allons partir de la définition que donne Leonard Bloomfield dans *Language*, son ouvrage fondateur de 1933.

Pour Bloomfield, il y a ACTE DE LANGAGE lorsque Jill a faim, qu'elle voit une pomme dans un arbre et qu'au lieu de grimper dans l'arbre la cueillir, elle produit un son avec son larynx, sa langue et ses lèvres et que c'est Jack qui cueille la pomme et la lui apporte. Autrement dit, face à un stimulus S (Jill a faim et voit une pomme), il y a deux voies pour arriver à la réaction R :

— la voie directe S → R, où Jill grimpe dans l'arbre,

— et la voie indirecte S → r - - s → R, où une réaction linguistique r se substitue à la réaction mécanique de Jill et où le stimulus s qu'elle provoque donne la réaction R chez Jack.

Reprenons la citation de Bloomfield, donnée dans l'encadré 2.1 sur *La langue comme correspondance sens-texte*, sous ce nouvel éclairage :

> « On produit de nombreuses sortes de bruit vocaux dont on utilise la variété : sous certains types de stimuli, on produit certains sons vocaux et nos compagnons, entendant les mêmes sons, font la réponse appropriée. Pour le dire brièvement, dans la parole humaine, des sons différents ont des sens différents. Étudier la coordination de certains sons avec certains sens, c'est étudier la langue. » (Bloomfield 1933 : 27)

Jusque-là, nous sommes parfaitement d'accord. Reste à définir le sens :

> « En produisant une forme linguistique, un locuteur incite son interlocuteur à répondre à une situation ; cette situation et la réponse qu'elle déclenche sont le *sens linguistique* de la forme. Nous supposons que chaque forme linguistique a un sens constant et défini, différent du sens de n'importe quelle autre forme linguistique de la même langue. » (Bloomfield 1933 : 165)

Là, nous ne sommes plus en accord. Nous pensons qu'il faut absolument séparer la situation du sens linguistique. Dans la même situation, Jill peut produire des énoncés de sens différents comme « *Pourrais-tu me cueillir cette pomme ?* » ou « *Apporte-moi cette pomme !* » ou des énoncés moins coercitifs comme « *J'ai faim.* » ou « *Regarde cette belle pomme !* », qui peuvent néanmoins amener la même réaction de Jack. Inversement, dans une tout autre situation, par exemple face à une nature morte dans un musée, Marie peut dire à Pierre « *Regarde cette belle pomme !* » et cet énoncé a, pour notre définition du sens, le même sens que l'énoncé « *Regarde cette belle pomme !* » de Jill, qui procédait pourtant d'intentions complètement différentes.

Autrement dit, nous distinguons clairement trois objets :

— le CONTEXTE D'ÉNONCIATION, c'est-à-dire les caractéristiques extérieures de la situation où est produit l'énoncé : qui parle à qui ?, où et quand ?, dans quelles circonstances ?, etc.

— les INTENTIONS COMMUNICATIVES du locuteur, c'est-à-dire les buts que se fixe le locuteur, les informations qu'il souhaite communiquer sur tel ou tel objet dans le contexte, etc.

— le SENS LINGUISTIQUE de l'énoncé, c'est-à-dire, indépendamment du contexte et des intentions du locuteur, le contenu de son message, les éléments de sens qu'il a choisi pour communiquer l'information, désigner tel objet, etc. Le sens linguistique, tel que nous l'envisageons, est très proche du texte, puisqu'il contient déjà les sens des différentes unités du texte.

La phase d'élaboration du contenu d'un message, c'est-à-dire le passage d'intentions communicatives dans un contexte donné à un sens linguistique s'appelle la PLANIFICATION du message. On considère généralement que l'étude de la planification ne relève pas de la linguistique et que cette étape reste relativement indépendante du langage, dans la mesure où toutes les langues permettent d'exprimer à peu près tous les sens (comme le montre l'absence d'obstacles majeurs à la traduction d'une langue à l'autre, sauf lorsqu'il s'agit de concepts absents d'une culture à l'autre). Laurence Danlos (1987), l'une des pionnières de la génération automatique de textes, propose d'appeler la planification le *Quoi dire*, qu'elle oppose au *Comment le dire*, qui constitue la langue proprement dite.

Nous savons bien sûr que la planification est en partie guidée par le stock lexical que chaque langue propose et nous allons voir un peu plus loin (section 2.5) que la planification joue quand même un rôle dans l'organisation des énoncés et la syntaxe, même si dans cet ouvrage nous étudierons essentiellement le passage du sens au texte. L'étude même des sens linguistiques – la SÉMANTIQUE – ne sera abordée que dans la mesure où elle interfère avec la syntaxe.

Encadré 2.3 : Mots et pensée

La question se pose de savoir si on peut penser sans mots, c'est-à-dire si on peut manipuler des concepts sans les verbaliser, même dans sa tête. Nous pensons que oui. Le bricoleur qui répare son moteur pense à toutes les pièces du moteur qu'il manipule sans avoir nécessairement une idée de comment les appeler et il effectue un grand nombre d'actions bien réfléchies qu'il aurait bien du mal à expliquer en mots. Plus on va vers une pensée abstraite, plus on pourrait penser que les sens doivent se confondre avec les mots. Pourtant, le mathématicien qui fait une démonstration n'a pas toujours les mots pour exprimer les concepts qu'il manipule et une part de son activité est justement d'isoler ces concepts et de leur donner des noms : ensemble, fonction, continuité, etc. Ici il est clair que le concept précède dans la pensée le terme qui lui correspond. Nous faisons l'hypothèse qu'il existe une forme abstraite de pensée sans mots et que la langue est l'ensemble des connaissances qui nous permet d'exprimer cette pensée. Cette hypothèse reste aujourd'hui plus ou moins invérifiable et est controversée. Pour une discussion très lisible de ces idées, voir l'ouvrage de Steven Pinker (1996) sur *Comment fonctionne l'esprit*.

Encadré 2.4 : Sens lexicaux et traduction

L'existence d'une pensée en dehors de la langue (discutée dans l'encadré précédent) pourrait laisser penser qu'il existe une représentation du sens indépendante d'une langue en particulier. Une représentation sémantique commune à plusieurs langues est appelée une INTERLINGUA. Si une telle représentation peut être considérée dans le cadre d'une application particulière, nous pensons qu'un tel objet ne peut représenter le sens linguistique au sens où nous l'entendons ici, mais doit nécessairement se situer a un niveau plus profond, entre le sens linguistique et l'intention communicative (voir la section 2.3 sur *Sens et intention communicative*). En effet, chaque langue a son propre ensemble ensemble de sens exprimables ; les sens exprimables par des mots simples varient d'une langue à l'autre, ce qui élimine tout espoir de traduction exacte. Par exemple, l'anglais possède une unité lexicale MELON qui dénote aussi bien le melon que la pastèque et le français ne possède pas d'équivalent. Le verbe ESPERAR de l'espagnol couvre à la fois les sens 'espérer' et 'attendre' du français et il existe un continuum entre les deux sens : ESPERAR ne sera donc pas ambigu mais « sous-spécifié » en ce qui concerne le degré de joie et de certitude qu'a la personne qui « *espera* ». À l'inverse, le verbe AIMER couvre ce que l'anglais exprime avec LOVE et LIKE, car encore une fois, les locuteurs du français considère un continuum entre ces sens. Il existe aussi des sens lexicaux propres à une langue : par exemple, le nom allemand SCHADEN-FREUNDE désigne la joie que procure le dépit mérité des autres et n'a pas d'équivalent en français, bien que le concept puisse être universellement compréhensible. De la même façon, un verbe français comme s'ACCOU-DER n'aura pas de meilleur équivalent dans beaucoup d'autres langues (par exemple en anglais ou en allemand) qu'une traduction littérale de 's'appuyer sur les coudes'.

2.4 Langue, linguistique et modélisation

Nous allons définir un certain nombre de termes dont nous aurons besoin et que nous avons déjà commencé à utiliser.

Définition 2.1 : locuteur, sujet parlant, destinataire, interlocuteur

Un LOCUTEUR ou SUJET PARLANT est quelqu'un qui parle, c'est-à-dire quelqu'un qui cherche à communiquer avec d'autres gens en produisant des paroles ou un texte écrit. Il s'adresse à des DESTINATAIRES OU INTERLOCUTEURS.

Définition 2.2 : langue

Une LANGUE est un système de signes conventionnels partagés par un certain nombre de personnes et qui leur permet de communiquer entre elles. Ces signes s'assemblent pour former des mots, des phrases et des discours. Une langue est à la fois un *objet individuel* – c'est l'ensemble des connaissances stockées dans notre cerveau qui nous permettent de parler (dans cette langue) – et un *objet collectif* et *social*, puisque ces connaissances sont partagées par un certain nombre de personnes, qui sont les locuteurs de cette langue.

Définition 2.3 : faculté langagière, langue

La FACULTÉ LANGAGIÈRE est l'aptitude que nous avons à apprendre et utiliser les langues. Le cerveau est l'organe de la faculté langagière (avec le système phonatoire que le cerveau commande pour produire des sons). Lorsqu'on parle de LA LANGUE, et non plus d'une langue particulière, on fait généralement référence à la faculté langagière et ce qu'elle va imposer comme traits communs à l'ensemble des langues possibles.

Définition 2.4 : linguistique

La LINGUISTIQUE est la science qui étudie les langues du monde. Comme beaucoup de scientifiques, nous considérons que la linguistique inclut l'étude de la faculté langagière, c'est-à-dire l'étude de la production langagière et de l'apprentissage d'une langue par l'enfant. La linguistique est alors quasiment une branche de la psychologie.

La linguistique produit des MODÈLES DES LANGUES et de la faculté langagière. Ces modèles doivent être capables de simuler un ACTE DE LANGAGE, c'est-à-dire la façon dont un locuteur produit un texte à partir d'un sens qu'il veut exprimer et la façon dont son interlocuteur reconstruit un sens à partir de ce texte.

Tout modèle se situe dans un CADRE THÉORIQUE. Décider que la langue est une correspondance est un choix théorique. Décider ce qui est mis en correspondance par la langue, c'est-à-dire ce que sont la représentation sémantique et le texte relève aussi de choix théoriques. C'est le cadre théorique qui caractérise notamment l'objet d'étude. Pour reprendre une formule de Saussure (1916 : 23) devenue fameuse, « Bien loin que l'objet précède le point de vue, on dirait que c'est le point de vue qui crée l'objet. ».

🔍

Encadré 2.5 : Langue et parole, compétence et performance

Saussure oppose deux notions fondamentales qu'il nomme LANGUE et PAROLE :

> « Entre tous les individus ainsi reliés par le langage, il s'établira une sorte de moyenne : tous reproduiront, – non exactement, mais approximativement – les mêmes signes unis aux mêmes concepts. [...]
> La langue n'est pas une fonction du sujet parlant, elle est le produit que l'individu enregistre passivement. [...] Elle est la partie sociale du langage, extérieure à l'individu, qui à lui seul ne peut ni la créer ni la modifier ; elle n'existe qu'en vertu d'une sorte de contrat passé entre les membres de la communauté. [...]

La parole est au contraire un acte individuel de volonté et d'intelligence, dans lequel il convient de distinguer :

1° les combinaisons par lesquelles le sujet parlant utilise le code de la langue en vue d'exprimer sa pensée personnelle ;

2° le mécanisme psycho-physique qui lui permet d'extérioriser ces combinaisons. »

(de Saussure 1916 : 29-31)

La parole, au sens de Saussure, couvre deux notions qu'il convient de séparer. Nous préférons parler de PRODUCTIONS LANGAGIÈRES pour la première notion, c'est-à-dire les énoncés réellement produits par des sujets parlants, tandis qu'on préférera appeler la deuxième notion la FACULTÉ LANGAGIÈRE. Alors que la parole est un objet individuel, la LANGUE est un objet social par excellence, mais c'est aussi la trace qu'a imprimée cet objet dans le cerveau de chacun de nous, objet collectif, donc, qui n'existe que par la somme de ses traces individuelles.

L'opposition entre compétence et performance proposée par Chomsky (1965) nous renvoie à l'opposition entre langue et parole, mais il convient de les distinguer : la compétence ne se confond pas avec la langue, ni la performance avec la parole. La COMPÉTENCE désigne notre compétence passive à savoir utiliser la langue, mais aussi à l'acquérir. Elle se divise en une compétence innée, qui peut se confondre avec la faculté langagière, et une compétence acquise, qui peut se confondre avec la langue en tant que trace individuelle d'une langue dans notre cerveau.

La PERFORMANCE est l'usage proprement dit de la langue. La PAROLE est le produit de la compétence et de la performance : nous avons la compétence de produire des énoncés supposément parfaits, mais divers facteurs (notre état émotionnel, des éléments qui vont nous distraire, la recherche d'un message approprié, etc.) vont faire que notre énoncé ne sera pas aussi parfait qu'il aurait pu l'être. Ceux qui veulent décrire la langue, comme nous, vont essayer de séparer ce qui relève d'un MANQUE DE COMPÉTENCE de ce qui relève d'une ERREUR DE PERFORMANCE. La chose est loin d'être évidente, notamment lorsqu'on touche aux LIMITATIONS MÉMORIELLES. Par exemple, Chomsky a beaucoup insisté sur le caractère RÉCURSIF de la langue : une proposition peut contenir une proposition subordonnée (*La personne [que le chien a mordu] est à l'hôpital*) et un tel enchâssement peut être itéré (*La personne [que le chien [auquel le garçon*

> *a donné un os] a mordu] est à l'hôpital*). Mais cette dernière phrase est
> difficilement compréhensible et une insertion de plus dépasse nos capaci-
> tés d'analyse en situation de communication ordinaire (*La personne que le
> chien auquel le garçon qui habite au coin de la rue a donné un os a mordu
> est à l'hôpital*). Défaut de compétence ou de performance ? (Voir Exercice
> 3.)

2.5 La planification

Nous voudrions montrer ici que la planification (voir définition dans la section 2.3 sur *Sens et intention communicative*) peut avoir des incidences non négli-
geables sur la nature du texte produit et que dans l'absolu il faut l'inclure dans
notre objet d'étude. En particulier, on ne peut pas en général considérer que le
locuteur construit le contenu de son message avant de le transformer en un texte,
c'est-à-dire qu'il planifie complètement avant de produire un énoncé. Les choses
ne se passent généralement pas comme ça et le locuteur élabore le contenu de son
message au fur et à mesure de l'énonciation. Les productions orales présentent
en particulier de nombreux indices de la planification en cours. (C'est moins net
à l'écrit, puisque le scripteur à la possibilité de revenir en arrière pour corriger
sa production.) Comme le dit Claire Blanche-Benveniste (1990 : 17) :

> « Lorsque nous produisons des discours non préparés, nous les composons
> au fur et à mesure de leur production, en laissant des traces de cette pro-
> duction. [...] L'étude de ces traces est en elle-même un sujet d'observation ;
> on y voit la production de langage en train de se faire. [...] Une observation
> attentive permet de voir comment nous procédons, quelles unités nous utili-
> sons pour faire avancer nos discours, quelles tenues en mémoire nous avons,
> à la fois pour les morceaux déjà énoncés et pour ceux que nous projetons
> d'énoncer. On peut ainsi observer comment se fait la mise au point des syn-
> tagmes, la recherche des « bonnes dénominations », et le travail constant
> d'évaluation que nous faisons sur nos propres discours. »

Nous allons montrer trois phénomènes qui illustrent l'influence de la planification sur la structure de l'énoncé. Les exemples qui suivent sont des retrans-
criptions fidèles de productions orales attestées ; dans ces transcriptions figurent
absolument tous les mots prononcés par le locuteur, y compris les bribes et répé-
titions dues aux hésitations du locuteur.

Les premiers indices de la planification en cours sont les nombreuses amorces
que le locuteur fait et auxquelles il renonce momentanément ou définitivement.

Dans l'exemple suivant, la locutrice semble ne pas trouver tout de suite la bonne formulation; elle hésite et répète *les* pour se donner du temps, amorce la production de *les capitales*, mais s'y prend quand même à deux fois pour finalement proposer une reformulation par *les grandes villes* :

(1)   *et je voulais pas aller à Addis Abeba puisque **les les les les c- les capitales les grandes villes** ne me disaient rien du tout*

À chaque fois, on obtient une BRIBE, c'est-à-dire un segment inachevé qui est ensuite corrigé par le locuteur. La disposition suivante du texte, dite ANALYSE EN GRILLE, permet de mettre en évidence l'ENTASSEMENT (voir le chapitre 18 du vol. 2) dans la même position syntaxique de la bribe et du segment qui vient la remplacer :

(2)   et je voulais pas aller à AA puisque │ **les**
                                              │ **les**
                                              │ **les**
                                                │ **les c-**
                                              │ **les capitales**
                                              │ **les grandes villes**   ne me disaient
                                                                     rien du tout

Plus étonnant est le phénomène de la GREFFE bien étudié par José Deulofeu (voir le chapitre 20 du vol. 2). L'exemple suivant en fourni deux :

(3)   *on avait critiqué le le journal de **je crois que c'était le Provençal** on l'avait critiqué par rapport à **ou le Méridional** par rapport à la mort de **comment il s'appelle** pas Coluche l'autre*

À deux reprises, ici, le locuteur ne trouve pas le nom qu'il cherche et il vient greffer un énoncé qui pourrait fonctionner comme un énoncé autonome et qui est ici inséré dans l'énoncé principal dont il assure la complétion. Nous reprenons le texte précédent en le disposant selon les principes de l'analyse en grille et en indiquant les greffes en gras.

(4)   on avait critiqué│le
                        │le journal de
                        │je crois que c'était│le Provençal
       on l'avait critiqué│par rapport à
                                  │ou le Méridional
          │par rapport à la mort de│comment il s'appelle
                                          │pas Coluche
                                          │l'autre

On notera que la première greffe s'entrelace avec l'énoncé principal, ce qui semble montrer que le locuteur poursuit en parallèle la planification de son énoncé principal et de la greffe. On voit à nouveau ici un fonctionnement par entassement de segments similaires ou identiques (*on avait critiqué le journal - on l'avait critiqué, par rapport à - par rapport à*).

Un dernier phénomène illustre bien le fait que la planification a lieu en même temps que l'énonciation : les parenthèses. On appelle PARENTHÈSE tout énoncé qui vient s'insérer dans l'énoncé principal et qui est marqué par un changement de registre (une modification de l'intonation) qui le détache nettement de l'énoncé principal. Dans le texte suivant, nous avons indiqué les parenthèses entre parenthèses et nous avons directement disposé le texte en grille :

(5)   donc pour essayer un petit peu de sortir cette personne de la misère (car c'est vraiment un petit peu semblable aux Misérables de Victor-Hugo)

   nous essayons tant bien que mal de lui faire comprendre que **sa cabane**

   dans quelques années (entre parenthèses, elle a 79 ans)
   quand elle aura | des difficultés (ce qu'on espère pas)
   | des difficultés à se déplacer ou à évoluer (c'est-à-dire qu'il y a énormément d'escaliers à monter pour arriver à sa cabane)

   donc le jour | où elle ne pourra plus se déplacer
   | ou qu'elle sera malade un petit peu plus sévèrement,
   on essaye de lui faire comprendre qu'elle ne pourra plus vivre dans cette cabane

On peut résumer le contenu de ce texte ainsi : comme cette personne a 79 ans et qu'il y a énormément d'escaliers pour arriver à sa misérable cabane, il faut lui faire comprendre qu'elle ne pourra plus y vivre dans quelques années. On voit que deux informations essentielles ('elle a 79 ans' et 'il y a énormément d'escaliers') ont été ajoutées à la volée, ce qui a finalement obligé le locuteur à abandonner sa première proposition (*sa cabane*, en gras dans le texte, est le sujet d'un verbe originalement planifié qui ne vient jamais) et à reprendre par une proposition équivalente (*nous essayons tant bien que mal de lui faire comprendre que sa cabane → on essaye de lui faire comprendre qu'elle ne pourra plus vivre dans cette cabane*). Il est probable qu'à la première lecture (qui aurait normalement dû être une écoute) de ce texte, vous ne vous êtes pas rendu compte que la première proposition avait été laissée inachevée : ceci montre le caractère très naturel de

telles constructions et le fait que le destinataire est habitué à « corriger » les
« erreurs » dues à la planification.

Les linguistes considèrent généralement que la planification est hors de leur
objet d'étude et que la langue constitue uniquement le passage du contenu du
message, c'est-à-dire le sens, à un énoncé. Les exemples précédents montrent que
la planification, ou plutôt les problèmes de planification, laisse de nombreuses
traces en surface et qu'il est donc difficile d'en faire abstraction, surtout si on étudie les productions orales. À l'écrit, par contre, les défauts de planification sont
gommés par les passages successifs du rédacteur et la possibilité d'interrompre la
rédaction pendant la planification. Ceci est encore une raison de préférer l'étude
de l'oral à celle de l'écrit, car on trouve à l'oral davantage d'indices de la façon
dont les locuteurs « travaillent », alors que les corrections successives sont invisibles à l'écrit.

2.6 Corpus et élicitation

Il existe deux moyens d'obtenir des faits de langue pour le linguiste. Le premier est de collecter des textes déjà produits. Un ensemble de textes est appelé
un CORPUS. Le plus grand corpus disponible est le web et les moteurs de recherche
constituent un assez bon moyen de récolter les données que l'on cherche, même
s'il faut savoir trier ces données selon le type de page (site d'information, blog,
forum, chat, etc.) et le type d'auteur (locuteur natif, génération automatique, traduction automatique, etc.). Il existe des corpus plus spécialisés, comme les bi-
bliothèques numériques d'ouvrages classiques, les archives des grands journaux,
les encyclopédies en ligne ou les revues scientifiques. Les linguistes constituent
des corpus pour leur besoin, notamment des corpus de productions orales dont
les textes sont minutieusement retranscrits à l'écrit (nous en avons donné des
exemples dans la section précédente). Certains de ces corpus concernent des
populations particulières : enfants en phase d'acquisition, apprenants d'une seconde langue, aphasiques, etc. Tous ces paramètres constituent le GENRE de la production textuelle. Un bon corpus doit comporter ce type d'informations, qu'on
appelle les MÉTADONNÉES, c'est-à-dire les données qui concernent le corpus et se
trouvent à côté des données proprement dites. En plus des métadonnées, certains
corpus sont agrémentés d'annotations diverses permettant une meilleure étude
des structures des énoncés (voir l'encadré 12.5 sur *Format tabulaire et treebanks*).
On trouve également des corpus comprenant des textes en différentes langues
alignés (qu'on appelle corpus multilingues parallèles ou bitextes) très utiles pour
développer des modèles pour la traduction.

Le deuxième moyen d'étude est l'ÉLICITATION. Il s'agit de construire artificiellement des énoncés et d'en faire juger l'ACCEPTABILITÉ par des locuteurs natifs, ce qui amène les informateurs a une forme d'INTROSPECTION, puisqu'ils doivent s'imaginer dans la situation de produire cet énoncé. Une forme moins guidée d'élicitation consiste à amener l'informateur dans une situation où il produira par lui-même les formes recherchées. L'élicitation permet de tester toutes les variantes imaginables d'un phénomène et surout de vérifier les limites d'un phénomène en produisant des énoncés jugés inacceptables. Une autre raison qui peut justifier le recours à l'élicitation est que, sur corpus, on rencontre beaucoup d'erreurs de performance, qui font que certains énoncés seraient jugés inacceptables même par ceux qui les ont produits. Il est donc nécessaire de garder un esprit critique et de savoir filtrer les résultats. A contrario, le danger de l'élicitation est de passer à côté de formes très naturelles que le linguiste n'aurait pas anticipées et d'avoir une sur-représentation dans les données de structures attendues par le linguiste.

Un énoncé produit dans des conditions normales de production est dit ATTESTÉ, par opposition à un énoncé CONSTRUIT par le linguiste. Même si nous ne rejetons pas l'élicitation et l'appel au jugement introspectif des locuteurs, nous considérons que l'étude des corpus reste le meilleur moyen d'accéder aux données et d'éviter de passer à côté de phénomènes importants.

2.7 Acceptabilité

2.7.1 Degrés d'acceptabilite

Parmi toutes les phrases bizarres qu'un linguiste rencontre ou construit, il est souvent difficile de classer les phrases en bonnes et mauvaises. On constate plutôt une gradation de « qualité » qu'un jugement binaire en bon et mauvais.

Considérons les énoncés construits suivants :

(6) a. *C'est un film que je sais que tu n'hésiteras pas une seconde à regarder.*

 b. *C'est un film que je me demande quand tu regarderas.*

 c. *C'est un film que je ne sais pas si tu accepteras que je regarde.*

 d. *C'est un film que je me demande jusqu'où tu es prêt à regarder.*

 e. *C'est un film que je dormais quand tu regardais.*

On ressent facilement que la phrase (A) est meilleure que la phrase (B), qui elle-même est meilleure que (C). On constate que la phrase (E) est clairement inacceptable, tandis qu'on peut se demander si (D) l'est ou pas. Il est d'usage de noter l'ACCEPTABILITÉ des énoncés par des symboles allant de l'absence de symbole signifiant l'acceptabilité au symbole * signifiant l'inacceptabilité, en passant par les symboles ? (léger doute), ?? (doute sérieux) et ?* (inacceptabilité probable). Pour nos exemples, nous aurions donc :

(7) a. *C'est un film que je sais que tu n'hésiteras pas une seconde à regarder.*

   b. ? *C'est un film que je me demande quand tu regarderas.*

   c. ?? *C'est un film que je ne sais pas si tu accepteras que je regarde.*

   d. ?* *C'est un film que je me demande jusqu'où tu es prêt à regarder.*

   e. * *C'est un film que je dormais quand tu regardais.*

Les marques d'acceptabilité ne sont pas absolues et doivent plutôt être interprétées comme relatives (c'est-à-dire qu'un énoncé marqué ?? est plus acceptable qu'un énoncé marqué ?*).

2.7.2 Acceptabilité et grammaticalité

Lorsqu'on étudie la syntaxe, il est important de faire abstraction des problèmes qui viennent de la sémantique. Comparons les deux énoncés suivants :

(8) a. *D'élégants chevaux blancs courent librement.*

   b. *D'incolores idées vertes dorment furieusement.*

Évidemment, l'énoncé (8b), traduit d'un célèbre exemple de Noam Chomsky (*Colorless green ideas sleep furiously*), est plus que bizarre et il est difficile de trouver un contexte, autre que poétique, où cet énoncé aurait un sens approprié. Pourtant d'un strict point de vue syntaxique, l'énoncé (8b) est identique à (8a) et peut être jugé comme tout à fait GRAMMATICAL.

Voici un autre exemple (attesté) d'une phrase grammaticale, mais incompréhensible, car trop complexe et appartenant à un langage de spécialité dont le vocabulaire nous est inhabituel :

(9) *À mon avis, à l'exception de l'effet des éventuels redressements que j'aurais pu juger nécessaires si j'avais pu m'assurer de l'intégralité des produits dont il est question au paragraphe précédent, ces états financiers présentent fidèlement, à tous égards importants, la situation financière de la société au 31 décembre 1996 ainsi que les résultats de son exploitation et l'évolution de sa situation financière pour la période de douze mois terminée à cette date selon les principes comptables généralement reconnus. [actuaries.org]*

Lorsqu'un énoncé est grammatical, mais jugé INAPPROPRIÉ, nous utilisons le symbole #. Ainsi en réponse à la question « *Qui a mangé les framboises ?* », la réponse suivante sera jugée inappropriée :

(10) #*C'est les framboises que Pierre a mangées.*

Autre exemple : quand on parle des expressions figées, on peut relever que ⌜BRISER LA GLACE⌝ (au sens de 'dissiper la gêne') se passive, mais pas ⌜PERDRE LES PÉDALES⌝ (au sens de 'perdre le contrôle de soi-même') :

(11) a. *Marie a brisé la glace.*

   b. *La glace a été brisée par Marie*

   c. *Marie a perdu les pédales.*

   d. # *Les pédales ont été perdues par Marie.*

Cette dernière phrase est grammaticale, mais elle a perdu le sens figé (la seule lecture possible est littérale : on parle vraiment de pédales et d'une perte) et elle n'a donc plus le sens approprié.

Enfin, lorsqu'une combinaison morphologique est jugée inappropriée, car absente du stock lexical actuel, nous utilisons le symbole ° : °*tournement*, °*bravitude*, °*aspire-poussière*, °*loup-chien*, etc.

2.8 Parler et comprendre

Si les textes (oraux ou écrits) sont le principal moyen d'accès à la langue, il ne faut pas oublier que la description des textes n'est pas notre finalité. Un texte est une production langagière et c'est bien la production du texte elle-même qui, derrière le texte, nous intéresse.

Une langue est une correspondance entre sens et textes et donc modéliser la langue ce n'est pas seulement modéliser les textes de cette langue, mais modéliser la correspondance entre les textes et leurs sens. Or il y a deux façons d'effectuer cette correspondance : soit on passe du sens au texte, c'est-à-dire qu'on parle, soit on passe du texte au sens et l'on est dans une situation d'analyse et de décodage du texte.

La plupart des études partent des textes et donc modélisent la langue dans le sens de l'ANALYSE. Nous pensons, à la suite de Lucien Tesnière et d'Igor Mel'čuk (voir l'encadré 5.3 sur *Signifié ou exprimende*), qu'il est préférable d'étudier la production et de travailler dans le sens de la SYNTHÈSE (on parle encore de GÉNÉRATION DE TEXTES quand la production est automatisée). Ceci peut paraître parfois délicat, car pour étudier la production, il faut partir d'une intention communicative et donc commencer par construire un sens. Mais c'est le seul moyen de comprendre quelles sont les contraintes qui s'exercent sur le locuteur et modèlent la langue. Nous allons illustrer notre propos en étudiant un exemple de production dans le chapitre suivant.

Exercices

Exercice 1. S'intéresse-t-on aux variations individuelles entre locuteurs d'une même langue ?

Exercice 2. Le symbole ?* veut-il dire qu'on ne croit pas que la phrase est agrammaticale ?

Exercice 3. Nous avons terminé l'encadré 2.5 en nous demandant si le fait que la phrase « *La personne que le chien auquel le garçon qui habite au coin de la rue a donné un os a mordu est à l'hôpital.* » était incompréhensible mettait en évidence un problème de compétence ou de performance. Quel élément de réponse peut-on apporter ?

Exercice 4. Quel phénomène intéressant observe-t-on dans les énoncés suivants du point de vue de la planification ?
   (1) *mais voilà ça c'est une sorte de mélange très très très étrange et qui moi me je sais pas pourquoi me renverse littéralement*
   (2) *vous allez passer devant la poste qui sera à votre droite et un peu plus loin euh je sais pas à quel niveau c'est exactement Habitat et euh la Chambre de de Commerce à votre gauche*

Exercice 5. La société humaine repose sur la croyance. Cette idée est très bien développée dans *Sapiens : Une brève histoire de l'humanité* de Yuval Noah Harari (2014). La question dépasse très largement la croyance religieuse. Notre société fonctionne car nous, humains, croyons en un même système de lois, nous croyons dans les valeurs de notre société, comme l'éducation ou la solidarité, nous croyons en la valeur de l'argent, alors même qu'il peut s'agir d'un simple bout de papier imprimé ou d'un nombre dans la mémoire d'un ordinateur de notre banque. En quoi la notion de croyance (ainsi définie) concerne la linguistique et la langue ?

Lectures additionnelles

Les ouvrages de Ferdinand de Saussure (1916) et de Leonard Bloomfield (1933) sont des monuments de la linguistique, dont la lecture reste toujours incontournable. Le livre de Wilhelm von Humboldt de 1836 est un ouvrage précurseur, mais difficile à lire aujourd'hui. La lecture des ouvrages de Claire Blanche-Benveniste, notamment ceux de 1990 et 2000, est une excellente plongée dans les données véritablement attestées et ce qu'elles révèlent sur la syntaxe du français parlé et de la langue en général. Le livre de Henry A. Gleason (1955) est une introduction très pédagogique aux bases de la linguistique et de la syntaxe, qui a étonnamment peu vieilli. Le cours donné par Igor Mel'čuk au collège de France complétera les ouvrages de ce linguiste déjà mentionné dans l'*Avant Propos*. Les lecteurs intéressés par l'histoire des sciences pourront consulter les premiers travaux sur la Théorie Sens-Texte de Žolkovskij et Mel'čuk de 1967, traduits en français en 1970. Les bases de la génération automatique de textes sont développées dans l'ouvrage fondateur de Laurence Danlos (1987). Nous avons également mentionné les ouvrages de Steven Pinker (1996) et de Yuval Noah Harari (2014), qui ne concernent pas directement notre sujet, mais s'inscrivent dans une approche scientifique des sciences humaines que nous suivons.

Blanche-Benveniste, Claire. 1990. *Le français parlé : Études grammaticales*. Paris : Editions du CNRS.
Blanche-Benveniste, Claire. 2000. *Approche de la langue parlée en français*. Paris : Ophrys.
Bloomfield, Leonard. 1933. *Language*. New York : Henry Holt.

Danlos, Laurence. 1987. *Génération automatique de textes en langues naturelles*. Paris : Masson.

de Saussure, Ferdinand. 1916. *Cours de linguistique générale*. Paris : Payot.

Gleason, Henry A. 1955. *An introduction to descriptive linguistics*. New York : Holt, Rinehart & Wilston.

Harari, Yuval Noah. 2014. *Sapiens : A brief history of humankind*. London : Harvill Secker. [Traduction française : *Sapiens : Une brève histoire de l'humanité*, 2015, Paris : Albin Michel.]

Mel'čuk, Igor. 1997. *Vers une linguistique Sens-Texte*. Paris : Collège de France.

Pinker, Steven. 1996. *How the mind works*. New York : W. W. Norton & Company. [Traduction française : *Comment fonctionne l'esprit*, 2000, Paris : Odile Jacob.]

von Humboldt, Wilhelm. 1836. *Über die Verschiedenheit des menschlichen Sprachbaus und seinen Einfluss auf die geistige Entwicklung des Menschengeschlechts*. Berlin : Königliche Akademie der Wissenschaften. [Traduction française par Pierre Caussat : *Introduction à l'œuvre sur le kavi et autres essais*, 1974, Paris : Éditions du Seuil.]

Žolkovskij, Aleksandr & Igor Mel'čuk. 1967. O semanticeskom sinteze. *Problemy Kybernetiki [Problèmes de Cybernétique]* 19. 177-238. [Traduction française : Sur la synthèse sémantique (de textes), 1970, *T.A. Information* 2, 1–85.]

Citations originales

Citations de la section 2.1.

Man utters many kinds of vocal noise and make use of the variety : under certain types of stimuli he produces certain vocal sounds and his fellows, hearing the same sounds, make the appropriate response. To put it briefly, in human speech, different sounds have different meanings. To study this co-ordination of certain sounds with certain meanings is to study language. (Bloomfield 1933 : 27)

Citations de la section 2.2.

Writing is not language, but merely a way of recording language by means of visible marks. [...] A language is the same no matter what system of writing may be used to record it, just as a person is the same no matter how you take his picture.   (Bloomfield 1933)

A written language is typically a reflection, independent in only limited ways, of spoken languages. As a picture of actual speech, it is inevitably imperfect and incomplete. [...] Linguistics must start with thorough investigation of spoken language before it proceeds to study written language. This is true for language with long histories of written literature, such as English, no less than those of isolated tribes which have never known of the possibility of writing.
(Gleason 1955)

Die Sprache, in ihrem wirklichen Wesen aufgefasst, ist etwas beständig und in jedem Augenblicke Vorübergehendes. Selbst ihre Erhaltung durch die Schrift ist immer nur eine unvollständige, mumienartige Aufbewahrung, die es doch erst wieder bedarf, dass man dabei den lebendigen Vortrag zu versinnlichen sucht.
(von Humboldt 1836)

Citations de la section 2.3.

By uttering a linguistic form, a speaker prompts his bearers to respond to a situation; this situation and the response to it are the linguistic meaning of the form. We assume that each linguistic form has a constant and defining meaning, different from the meaning of any other linguistic form in the same language.
(Bloomfield 1933 : 165)

Corrections des exercices

Corrigé 1. Certains linguistes s'intéressent beaucoup aux variations individuelles, notamment les chercheurs en acquisition des langues ou en socio-linguistique. Mais dans cet ouvrage, nous ne nous y intéresserons pas vraiment : nous voulons modéliser un système linguistique particulier et pas les variations entre deux systèmes. Qui plus est, nous privilégierons dans notre étude les règles qui sont communes au plus grand nombre de locuteurs. Et en même temps, nous savons qu'il existe des variations et nous voulons que le système que nous proposons soit capable de les saisir.

Corrigé 2. Non, $^{?*}$ signifie qu'on n'est pas complètement sûr que la phrase soit grammaticale. Voir la section 2.7.

Corrigé 3. Précisons pour commencer que le problème ne se situe pas du côté de la compréhension. Le problème n'est pas que cette phrase ne sera pas comprise, le problème est qu'elle ne pourra pas être produite par un locuteur dans une situation normale de communication. Pour la produire, nous avons fait un travail de linguiste et pas de locuteur ordinaire, en appliquant des insertions successives de relatives. À partir de là, nous considérons que les locuteurs n'ont pas la compétence de produire de tels énoncés et que cela n'a rien à voir avec la performance. Mais on peut aussi estimer (comme Noam Chomsky) que cette limitation n'est pas à proprement parler une propriété de la langue et qu'elle relève d'une modélisation des capacités cognitives en général. Si le modèle linguistique est combiné avec un tel modèle, on peut ne pas tenir compte des limitations mémorielles dans la modélisation des langues. Quoi qu'il en soit, il faut, à notre avis, les prendre en compte quelque part dans un modèle de la compétence.

Corrigé 4. Ces deux énoncés présentent une parenthèse (*je sais pas pourquoi* dans le premier et *je sais pas à quel niveau c'est exactement* dans le second). Il s'agit d'un énoncé syntaxiquement indépendant à l'intérieur d'un autre énoncé. Cela illustre la capacité du locuteur à commenter ce qu'il dit (comme si quelqu'un d'autre venait interrompre son propos) sans pour autant perdre le fil de ce qu'il dit.

Corrigé 5. Toute langue repose sur un système de conventions que les locuteurs doivent accepter. De la même façon que nous acceptons qu'un billet de 20€ a pour tous nos condisciples deux fois plus de valeur qu'un billet de 10€, nous acceptons que le texte *un chien* désignera bien un chien pour nos condisciples. L'apprentissage d'une langue repose donc sur la croyance que les conventions linguistiques seront acceptées par nos condisciples. Pour qu'une langue existe, il faut qu'un groupe d'humains accepte de croire au système de conventions qu'elle suppose. On peut citer de Saussure (1916 : 31) : « [La langue] est la partie sociale du langage, extérieure à l'individu, qui à lui seul ne peut ni la créer ni la modifier ; elle n'existe qu'en vertu d'une sorte de contrat passé entre les membres de la communauté. » On considère généralement qu'il existe deux types d'entités : les entités objectives, qui appartiennent au monde réel, et les entités subjectives, que je crée dans mon cerveau. Il existe en fait un troisième type d'entités, qu'Harari appelle les ENTITÉS INTER-SUBJECTIVES, et qui n'existent qu'à travers un accord entre les individus d'une communauté : Zeus, l'euro (la monnaie), la France, Google (la société) ou encore la langue française. Toutes ces choses n'existent que parce que les humains pensent qu'elles existent. Si les humains disparaissent, ces choses disparaîtront avec eux.

3 Produire un énoncé : La syntaxe mise en évidence par un exemple

3.1 Analyse et synthèse

Ce chapitre est entièrement consacré à l'étude de la production d'un énoncé ou plus exactement à la production d'une famille d'énoncés concurrents exprimant plus ou moins le même sens. Il est habituel de commencer l'étude d'une langue en analysant les textes (éventuellement oraux) produits dans cette langue. L'étude procède alors dans le sens de l'ANALYSE, c'est-à-dire du texte vers le sens. Nous pensons, à la suite de Lucien Tesnière et d'Igor Mel'čuk, qu'il est préférable d'étudier la langue dans le sens de la SYNTHÈSE, c'est-à-dire du sens vers le texte.

Pour comprendre le fonctionnement de la langue, il est donc nécessaire d'étudier la façon dont un énoncé est produit par un locuteur et les opérations qui conduisent à la production de cet énoncé. Nous mettrons en évidence un ensemble de contraintes auxquelles doit obéir le locuteur lors de l'énonciation et qui constitue la grammaire de la langue. Parmi ces contraintes, nous verrons que la langue nous impose une structuration hiérarchique qui constitue le cœur de la syntaxe.

Encadré 3.1 : Les observables : textes et sens

Un modèle se construit à partir d'OBSERVABLES, puisqu'il modélise le fonctionnement de quelque chose de réel, que l'on peut observer. Néanmoins, un modèle est amené à faire des hypothèses sur la façon dont ces observables sont produits et à construire ainsi un certain nombre d'objets qui ne sont pas observables.

Pour ce qui est de la langue, deux choses sont réellement observables : les textes et les sens. Pour les textes, c'est assez évident, même si la question de savoir quelle est la représentation d'un texte dans notre cerveau reste un problème. Pour les sens, c'est plus complexe : on ne peut pas observer le sens en tant que tel, mais on peut s'assurer qu'un texte est compréhensible et qu'il est compris. L'un des outils d'observation est la paraphrase : on peut demander à un locuteur de reformuler un texte ou lui demander si deux textes ont le même sens. On peut ainsi considérer, à la suite d'Igor Mel'čuk (1988 : 52), que « avoir le même sens » est un observable et *définir le sens* comme un invariant de paraphrases, c'est-à-dire comme ce qui est commun à tous les textes qui ont le même sens.

Nous faisons l'hypothèse qu'il y a entre le sens et le texte un niveau d'organisation syntaxique. Cette organisation n'est pas directement observable. Dans la suite, nous serons amenés à construire un grand nombre d'objets linguistiques et notamment des représentations syntaxiques. Il s'agit de *constructions théoriques* et de rien d'autre. On ne prouve leur « existence » qu'à l'intérieur d'une théorie. Elles existent dans le modèle, mais cela ne prouve pas qu'elles existent dans l'objet réel que nous modélisons. On ne peut pas réfuter directement leur existence. On ne peut que réfuter l'adéquation du modèle avec l'objet modélisé. Néanmoins, si le modèle est adéquat et suffisamment économique, alors les objets construits par le modèle acquièrent une part de réalité, deviennent plus tangibles.

3.2 Partir d'un sens

Considérons un locuteur du français qui veut exprimer un certain sens que nous allons essayer de décrire sans le verbaliser directement par une phrase. Ce sens concerne une personne x appelée Ali et un événement e concernant x. Cet événement est une maladie et la durée de cette maladie est de deux semaines. Nous pouvons représenter ce sens par la « formule » de la figure 3.1.

$$x : \text{'Ali'}$$
$$e : \text{'malade'}(x)$$
$$\text{'durer'}(e, \text{'2 semaines'})$$

FIGURE 3.1 – Description formelle d'un sens

Dans cette représentation, il y a quatre éléments de sens considérés : 'Ali', 'malade', 'durer' et '2 semaines'. Ce dernier élément est en fait la combinaison de deux sens : l'unité de temps 'semaine' et le prédicat 'deux' qui quantifie le temps selon cette unité. Ces éléments de sens sont des sens de mots du français. Ils peuvent être exprimés de façons variées : par exemple, le sens 'durer' peut aussi bien être exprimé par le nom DURÉE que le verbe DURER ou encore la préposition PENDANT comme nous le verrons plus loin. Remarquons que nous distinguons les UNITÉS LEXICALES, notées en majuscule (DURÉE), de leur sens, noté entre guillemets simples ('durer'). Un sens exprimable par une unité lexicale est appelé un SENS LEXICAL. On utilise parfois le terme *sémantème* pour désigner un sens lexical, mais nous réserverons ce terme pour des signes linguistiques élémentaires (voir le chapitre 7).

Certains sens lexicaux fonctionnent comme des PRÉDICATS et possèdent des ARGUMENTS : le sens 'malade' possède toujours un argument (quelqu'un *est malade*), le sens 'durer' possède deux arguments (quelque chose *dure* quelque temps). Le sens 'Ali', quant à lui, renvoie à une entité du monde (ou plus exactement à la représentation mentale qu'en a le locuteur) et n'a pas d'argument. Dans la formule ci-dessus, les variables x et e nous ont servi à indiquer que certains sens étaient arguments d'autres : x désigne le sens 'Ali' et 'malade'(x) signifie que l'élément désigné par x est l'argument de 'malade'.

Définition 3.1 : structure prédicative, contenu informationnel

L'ensemble des sens lexicaux (et grammaticaux) avec leur structure argumentale constituent la STRUCTURE PRÉDICATIVE d'un énoncé. La structure prédicative exprime le CONTENU INFORMATIONNEL de l'énoncé.

Nous nous contenterons de cette définition sommaire de la structure prédicative (voir compléments dans l'encadré 3.3 sur *Les composantes du sens*). Une définition plus précise sera donnée au chapitre 13 sur *La structure syntaxique profonde*.

Nous avons présenté la structure prédicative par une FORMULE, mais on peut aussi la représenter par un GRAPHE (voir l'encadré 3.2 qui suit) que nous appelons le GRAPHE SÉMANTIQUE. Le graphe sémantique correspondant à la formule de la figure 3.1 est donné dans la figure 3.2. Les nœuds du graphe sémantique sont les sens lexicaux 'Ali', 'malade', 'durer', 'semaine' et 'deux' et les arêtes représentent les RELATIONS PRÉDICAT-ARGUMENT. Les arêtes sont matérialisées par des flèches. Les arêtes sont étiquetées par des chiffres permettant de distinguer les différents arguments d'un prédicat : 1 pour le premier argument, 2 pour le deuxième, etc.

L'ordre dans lequel les arguments sont numérotés est l'ORDRE DE SAILLANCE, dont nous reparlerons au chapitre 17 du vol. 2 sur *Les relations syntaxiques*.

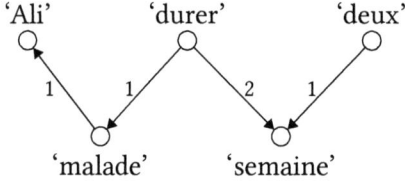

FIGURE 3.2 – Graphe sémantique

Encadré 3.2 : Graphe et arbre

Graphe et arbre sont des structures mathématiques très utilisées en sciences. Elles sont utilisées en linguistique pour la représentation du sens et de la structure syntaxique.

Un GRAPHE est une structure liant ensemble des éléments. Les éléments sont appelés les NŒUDS du graphe et les liens les ARÊTES. Un graphe est dit CONNEXE lorsque pour chaque couple de nœuds du graphe, il existe un ensemble d'arêtes formant un chemin connectant un nœud à l'autre.

FIGURE 3.3 – Graphe connexe   FIGURE 3.4 – Graphe non connexe

Un graphe est dit ACYCLIQUE s'il n'existe aucun chemin partant d'un nœud et revenant à ce nœud sans emprunter deux fois la même arête.

FIGURE 3.5 – Graphe acyclique   FIGURE 3.6 – Graphe avec cycle

Un ARBRE est un graphe connexe et acyclique dont un nœud, qu'on appelle la RACINE, est pointé. Cela revient à orienter les arêtes à partir de ce point. On peut donc aussi définir un arbre comme un cas particulier de graphe orienté.

Un GRAPHE ORIENTÉ est un graphe dont les arêtes sont orientées, c'est-à-dire distinguent un nœud SOURCE et un nœud CIBLE de l'arête. On représente généralement l'orientation par une flèche allant de la source à la cible.

Un ARBRE est donc aussi un graphe orienté connexe pour lequel chaque nœud est la cible d'une et une seule arête, à l'exception d'un nœud, la RACINE de l'arbre. Tout nœud autre que la racine de l'arbre possède ainsi un GOUVERNEUR qui est l'unique nœud qui le prend pour cible. On représente traditionnellement les arbres « à l'envers » avec la racine en haut. Les nœuds qui ne sont le gouverneur d'aucun nœud, c'est-à-dire qui n'ont pas de DÉPENDANTS, sont appelés les FEUILLES de l'arbre. Un chemin orienté allant de la racine ou d'un nœud intérieur à une feuille est appelé une BRANCHE. Du fait que, par convention, chaque arête est toujours orientée vers le bas (la cible est en dessous de la source), il n'est pas nécessaire d'utiliser une deuxième convention et d'indiquer l'orientation par une flèche.

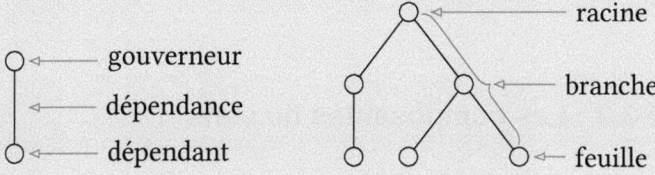

FIGURE 3.7 – Dépendance et branche

La structure syntaxique d'une phrase est généralement représentée par un arbre dont les nœuds sont les unités lexicales.

Notons encore qu'il existe une notion d'acyclicité plus restrictive pour les graphes orientés : un graphe orienté est dit ACYCLIQUE s'il n'existe aucun chemin orienté permettant de partir d'un nœud et, en se déplaçant de source en cible, de revenir au même nœud.

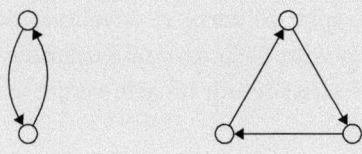

FIGURE 3.8 – Graphes avec cycle orienté

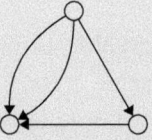

FIGURE 3.9 – Graphe sans cycle orienté

La *structure prédicative* d'un énoncé peut être formalisée par un *graphe orienté connexe et acyclique* (encore appelé DAG, de l'anglais *directed acyclic graph*) dont les nœuds sont les sens lexicaux et grammaticaux et les arêtes sont les dépendances sémantiques ou relations prédicat-argument entre ces sens. Le graphe de la figure 3.9 est un dag.

Encadré 3.3 : Les composantes du sens

Nous avons déjà expliqué, dans la section 2.3 sur *Sens et intention communicative,* la distinction que nous faisons entre le SENS LINGUISTIQUE et les INTENTIONS COMMUNICATIVES du locuteur. Reste à savoir, bien que cette question dépasse le cadre de cet ouvrage consacré à la syntaxe, comment modéliser le sens linguistique. Comme nous l'avons dit dans la section 3.2 *Partir d'un sens*, nous pensons que la structure prédicative exprime le CONTENU INFORMATIONNEL, qui n'est qu'une partie du sens linguistique : il s'agit de l'*information pure* contenue dans le message – quels sont les *sens de base* que nous souhaitons utiliser et comment ils se *combinent*.

Au contenu informationnel s'ajoutent au moins quatre autres types de contenus :

— La STRUCTURE COMMUNICATIVE, dont nous discuterons plus loin dans ce chapitre, indique ce qui est réellement informatif pour le destinataire, c'est-à-dire ce qu'on suppose qu'il sait déjà, ce qu'on souhaite souligner ou au contraire mettre en arrière-plan, etc. On appelle aussi cette structure l'EMBALLAGE DE L'INFORMATION, de l'anglais *information packaging*. Le terme le plus employé actuellement est *structure informationnelle*, de l'anglais *information structure*, mais nous éviterons absolument ce terme qui est une source de confusion évidente avec le terme *contenu informationnel*.

— La STRUCTURE RHÉTORIQUE indique le style (familier, poétique, humoristique, etc.) avec laquelle l'information sera communiquée (voir section suivante).

— La STRUCTURE ÉMOTIONNELLE indique quelles sont les émotions liées à cette information. Elle a surtout un impact sur la prosodie, mais peut influencer certains choix lexicaux (des termes injurieux par exemple).

— Par ailleurs, le contenu informationnel ne nous informe que si nous pouvons l'ancrer dans la réalité (ou plus exactement la représentation du monde que les interlocuteurs construisent dans leur cerveau à partir de la réalité), c'est-à-dire si on peut décider, par exemple, si 'Ali' renvoie à un objet du monde que nous connaissons déjà ou pas et si oui lequel. Les liens entre le contenu informationnel et le monde (ou plus précisément le CONTEXTE D'ÉNONCIATION, c'est-à-dire la partie du monde concernée par l'énonciation) constituent la STRUCTURE RÉFÉRENTIELLE. La référence joue surtout un rôle dans la planification et le choix de l'information permettant de s'assurer que l'interlocuteur identifiera le bon référent, mais une fois le message élaboré, la structure référentielle a peu d'incidence sur la réalisation du message. Ce qui compte surtout, c'est si le locuteur présente l'information comme nouvelle ou non et ceci appartient à la structure communicative.

Ce découpage du sens (à l'exception de la structure émotionnelle) et la représentation du contenu informationnel par un graphe sémantique ont été proposés par Žolkovskij et Mel'čuk en 1967 dans leur introduction à la Théorie Sens-Texte.

Notons encore qu'il existe des relations d'équivalence entre les structures prédicatives : une configuration de sens lexicaux peut être remplacée par un seul sens ou une autre configuration sans modifier le sens global. Un sens lexical peut être ainsi décomposé à la manière de ce que l'on fait quand on donne une définition d'un des sens d'un mot dans un dictionnaire. On peut considérer, à la suite d'Anna Wierzbicka (1980), qu'il existe un ensemble d'unités minimales de sens à partir desquelles peuvent être définis tous les autres sens lexicaux. (De tels ensembles contenant une cinquantaine de sens minimaux ont été proposés.) Un contenu informationnel correspond ainsi à un ensemble de structures prédicatives équivalentes, dont les sens lexicaux sont plus ou moins décomposés.

3.3 Choisir des unités lexicales

Comment peut-on exprimer en français le sens que nous avons considéré (celui des figures 3.1 et 3.2) ? Nous allons nous intéresser à deux formulations possibles de ce sens, suffisamment différentes pour illustrer notre propos.

(1)   a. *La maladie d'Ali a duré deux semaines.*

        b. *Ali a été malade pendant deux semaines.*

L'analyse de la production de ces deux énoncés va nous permettre de mettre en évidence de nombreuses règles de grammaire, appartenant à la langue en général ou spécifiques au français.

La première chose qui va déterminer la nature du texte que nous produisons est la façon dont nous réalisons chacun des éléments de sens du message que nous souhaitons communiquer. Pour simplifier, nous considérons que chaque sens va être réalisé par une unité lexicale : par exemple, 'malade' peut être réalisé par l'adjectif MALADE ou le nom MALADIE ; 'durer' peut être réalisé par le nom DURÉE, le verbe DURER ou les prépositions DURANT OU PENDANT.

Comment se font les CHOIX LEXICAUX ? Les choix lexicaux dépendent bien sûr du sens que l'on veut exprimer : par exemple, pour parler de l'ingestion d'un aliment, on devra choisir entre BOIRE et MANGER selon la nature de cet aliment, mais aussi entre MANGER, DÉGUSTER ou DÉVORER selon la façon dont on l'a ingéré ou encore entre MANGER et BOUFFER selon la familiarité avec laquelle nous avons l'habitude de nous adresser à notre interlocuteur. Cependant, la subtilité du sens que nous voulons exprimer n'est pas le seul facteur qui contraint les choix lexicaux. Il existe d'autres contraintes qui relèvent de la grammaire et dont nous allons parler maintenant.

Encadré 3.4 : Les quatre moyens d'expression du langage

Lorsque nous parlons, nous avons quatre moyens à notre disposition pour exprimer du sens.

— Le premier moyen, ce sont les *mots* ou plus exactement les *unités lexicales et grammaticales* (voir la partie II consacrée aux *Unités de la langue*).

— Le deuxième moyen, c'est la façon de combiner les mots et en particulier l'*ordre* dans lequel nous les mettons : « *Ali regarde Zoé*» ne veut pas dire la même chose que « *Zoé regarde Ali* ». Plus subtilement, « *À Paris, Ali travaille le lundi* » n'est pas exactement synonyme de « *Le lundi, Ali travaille à Paris* » (le premier énoncé n'implique pas qu'Ali travaille tous les lundis, ni qu'il est à Paris tous les lundis où il travaille).

— Le troisième moyen d'expression du langage est la *prosodie*. La séquence *tu viens* peut être prononcée de bien des façons et avoir autant de sens différents. Prononcée avec une voix forte et autoritaire et un accent montant sur la première syllabe, ce sera un ordre : « *TU VIENS!* ». Prononcée d'une voix suave avec une courbe mélodique montante, ce sera une question ou une invitation : « *Tu viens?* ». Prononcée d'une voix neutre avec une courbe mélodique descendante, ce sera une simple constatation : « *Tu viens.* ». Cet élément de sens, que l'on appelle la MODALITÉ ÉNONCIATIVE et que nous n'avions pas fait figurer dans notre représentation sémantique, est en fait encore plus important que les sens lexicaux.

— Le quatrième moyen à notre disposition dépasse le simple usage de la voix. Une énonciation en face à face s'accompagne toujours de *mimiques faciales* et de *gestes* divers. Ceux-ci sont beaucoup plus codifiés et beaucoup plus riches qu'on ne le pense généralement. Ils vont accompagner la parole et parfois se combiner avec elle. Ainsi

> « *Ton pull* » suivi d'un geste avec le pouce levé est un énoncé équivalent à « *Ton pull est vraiment super* ». Et une moue désapprobatrice en prononçant « *Jean?* » en dira beaucoup plus qu'un long discours sur la confiance qu'on met en Jean.

3.4 Contraintes syntaxiques sur les choix lexicaux

À peu près n'importe quel énoncé en français possède un verbe principal et ce verbe est conjugué (à l'indicatif). Cela signifie que l'un des sens de notre message devra être lexicalisé par un verbe, par exemple 'durer' par DURER. L'autre possibilité est de lexicaliser 'malade' par un verbe, mais comme il n'existe pas de verbe °MALADER en français, nous lexicalisons 'malade' par un adjectif et nous en faisons une tournure verbale ÊTRE MALADE grâce au verbe ÊTRE. Le verbe ÊTRE n'a donc aucune contribution sémantique ici ; il a juste un rôle grammatical, qui est d'assurer que l'élément principal de la phrase est bien un verbe et donc de faire d'un adjectif l'équivalent d'un verbe. Ce rôle très particulier du verbe ÊTRE lui vaut le nom de COPULE. On dira que la copule TRANSLATE un adjectif en verbe. (La TRANSLATION sera présentée dans le chapitre 16 du vol. 2 sur les *Catégories microsyntaxiques*.)

Une fois choisi l'élément principal de la phrase, les éléments lexicaux choisis ensuite se voient imposer un certain nombre de choses, à commencer par leur PARTIE DU DISCOURS (les principales parties du discours du français sont nom, verbe, adjectif et adverbe). L'élément principal de la phrase est un verbe conjugué comme on vient de le dire (ceci sera justifié dans le chapitre 10 consacré au choix de la tête d'une unité). Les éléments qui vont dépendre de ce verbe devront ensuite être soit des noms, soit des adverbes selon la relation qu'ils entretiennent avec ce verbe (ou être translatés pour remplir la position d'un nom ou d'un adverbe).

Commençons par le cas de la phrase (1a) (*La maladie d'Ali a duré deux semaines*) dont le verbe principal est DURER : le sens 'malade', qui est le premier argument du sens 'durer' devra être réalisé par un nom comme sujet de DURER. La lexicalisation de 'malade' par un nom donne ainsi MALADIE. Le sens 'semaine' sera également réalisé par un nom, qui sera un complément direct du verbe. Nous discuterons, dans le chapitre 17 du vol. 2 sur les *Relations syntaxiques*, de ces compléments de mesure qui ressemblent à des compléments d'objet directs, mais n'en possèdent pas toutes les bonnes propriétés.

Le cas de la phrase (1b) (*Ali a été malade pendant deux semaines*) est plus complexe. Son élément principal est la tournure verbale ÊTRE MALADE. L'unique argument de 'malade' est 'Ali', qui sera donc réalisé comme sujet de la tournure verbale par le nom ALI. Le sens 'durer' est lui aussi directement lié à 'malade' et devra donc être réalisé comme un dépendant direct de la tournure verbale. Mais contrairement aux cas précédents, 'durer' n'est pas un argument de l'élément principal : c'est même l'inverse, c'est lui qui prend l'élément principal comme argument sémantique. Dans un tel cas, l'élément de sens doit être réalisé par un groupe adverbial. C'est ainsi que le sens 'durer' peut être réalisé par la préposition PENDANT. Le deuxième argument de 'durer' est réalisé par un nom, qui est le complément de la préposition. La préposition et son complément, *pendant deux semaines*, forment un groupe de distribution équivalente à un adverbe (comme *longtemps* par exemple).

Encadré 3.5 : Règles et exceptions

La plupart des règles ont des exceptions. C'est le cas de la règle qui veut que l'élément principal d'une phrase soit un verbe conjugué. Il existe en effet quelques éléments lexicaux particuliers qui ne sont pas des verbes, mais ont la propriété de pouvoir être l'élément principal d'une phrase, comme l'adverbe HEUREUSEMENT ou le bizarre BONJOUR :

(2)   a. *Heureusement qu'il y en a* !

      b. *Sinon, bonjour le chômage des linguistes.*

Par ailleurs, il existe des contextes où la règle ne s'applique pas, notamment en réponse à une question (*Tu viens à la fac demain ? Oui à 10h pour le cours de syntaxe*) ou encore pour les titres (*Nouvel incident diplomatique entre la France et l'Allemagne*). Cela ne signifie pas que la règle est fausse, mais qu'il faut bien préciser quand elle s'applique. Quant aux exceptions, il faut les *lister* et inclure ces éléments dans une classe particulière d'éléments que nous appelons les prédicatifs et les locutifs (voir le chapitre 16 du vol. 2 sur les *Catégories microsyntaxiques*).

3.5 Structure hiérarchique

Lors du passage du sens au texte, tout se passe comme si on suspendait le graphe sémantique par l'un de ses nœuds dont on décide de faire le verbe principal de l'énoncé et qu'on parcourait le graphe à partir de ce nœud pour les autres lexicalisations. Nous pouvons illustrer cela par les schémas des figures 3.10 et 3.11 : à gauche nous représentons le graphe sémantique suspendu par un de ses nœuds (visé ici par une grosse flèche blanche) et à droite nous avons la structure hiérarchique correspondante où les sens lexicaux ont été lexicalisés. La double flèche entre le graphe sémantique et l'arbre syntaxique indique qu'ils se correspondent.

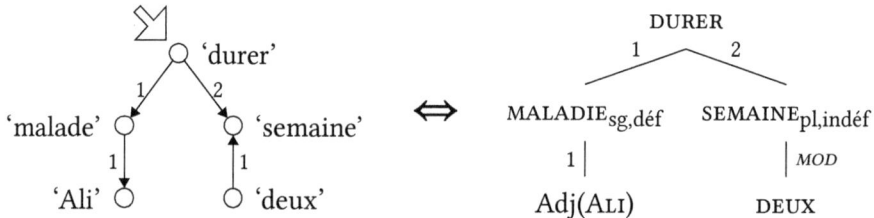

FIGURE 3.10 – Hiérarchisation à partir de 'durer'

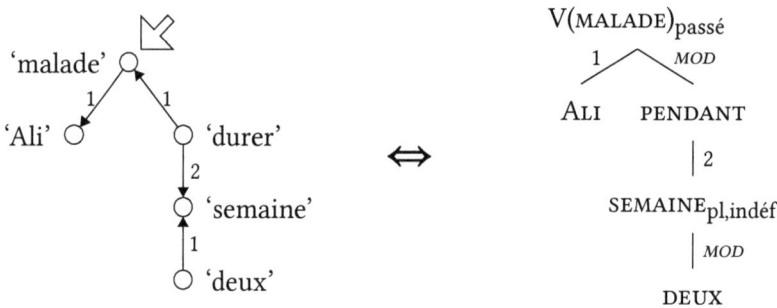

FIGURE 3.11 – Hiérarchisation à partir de 'malade'

La structure que nous obtenons s'appelle un ARBRE DE DÉPENDANCE SYNTAXIQUE PROFOND (voir le chapitre 13 entièrement consacré à *La syntaxe profonde*). Chaque nœud de l'arbre est occupé par une unité lexicale correspondant à un sens. D'autres sens (non considérés ici) donnent des éléments grammaticaux qui vont se combiner aux unités lexicales : temps pour les verbes (présent, passé, etc.), nombre (singulier, pluriel) et définitude (défini, indéfini) pour les noms. Le nœud au sommet est appelé la RACINE de l'arbre (voir l'encadré 3.2 sur *Graphe et arbre*). Tous les nœuds à l'exception de la racine dépendent d'un autre nœud appelé leur GOUVERNEUR (syntaxique profond). À l'inverse, les nœuds qui dépendent d'un autre nœud en sont appelés les DÉPENDANTS (syntaxiques profonds). Le lien entre deux nœuds est appelé une DÉPENDANCE (syntaxique profonde).

Chaque dépendance est étiquetée en fonction de son parcours : les relations sémantiques qui ont été parcourues du prédicat vers l'argument (c'est-à-dire dans le sens de la flèche) donnent une DÉPENDANCE SYNTAXIQUE ACTANCIELLE (que nous numérotons comme la dépendance sémantique correspondante) (figure 3.12), tandis que les relations sémantiques qui ont été parcourues à contre-courant donnent une DÉPENDANCE SYNTAXIQUE MODIFICATIVE (étiquetée *MOD*) (figure 3.13).

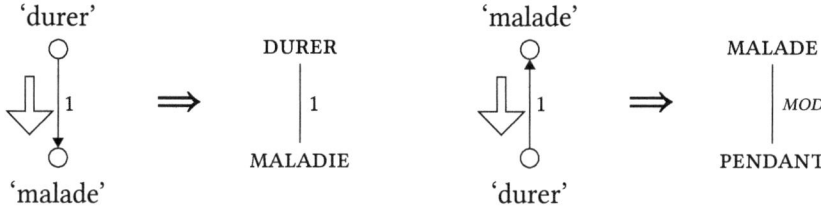

FIGURE 3.12 – Dépendance actancielle   FIGURE 3.13 – Dépendance modificative

Comme nous l'avons expliqué dans la section précédente, chaque unité lexicale se voit imposer sa partie du discours par son gouverneur, la racine étant un verbe conjugué. Ainsi dans la phrase (1a), ALI, qui dépend du nom MALADIE, devrait être réalisé par un adjectif, ce que nous indiquons par la notation Adj(ALI). C'est la préposition DE qui assurera cette translation de nom en adjectif (*la maladie d'Ali*) et permettra à ALI d'être complément du nom. De la même façon, la notation V(MALADE) indique que MALADE occupe une position où un verbe est attendu et c'est la copule ÊTRE qui assurera la translation d'adjectif en verbe.

Encadré 3.6 : Du sens au texte : de 3D à 1D

Nous avons mentionné, dans la section 2.2 *Sons et textes*, le caractère unidimensionnel de la chaîne parlée. Le sens lui est localisé dans notre cerveau : un certain nombre de zones de notre cerveau s'activent simultanément (ou les unes après les autres) et se mettent en réseau : le sens est donc fondamentalement un objet au moins tridimensionnel (quadridimensionnel si l'on prend en compte la dimension temporelle et le caractère dynamique de la construction du sens). Le passage du sens au texte s'accompagne donc d'une réduction de dimensionnalité, un passage de la dimension 3 à la dimension 1, une suite ordonnée d'unités élémentaires. Il semble que la langue effectue ce changement de dimension en deux étapes :

— le passage de la dimension 3 à la dimension 2 est une HIÉRARCHISATION du sens, le passage d'un graphe à un arbre ;

— le passage de la dimension 2 à la dimension 1 est la LINÉARISATION de cet arbre.

La phase de hiérarchisation s'accompagne d'une phase de « lexicalisation », c'est-à-dire de choix de signes linguistiques élémentaires, des unités lexicales et des unités grammaticales, qui se contraignent les unes les autres. La phase de linéarisation s'accompagne d'une « morphologisation » des signes, c'est-à-dire de combinaison des signifiants selon des règles morpho-phonologiques propres à chaque langue. Une telle architecture est à la base de la Théorie Sens-Texte, que nous évoquerons dans l'encadré 4.6 éponyme.

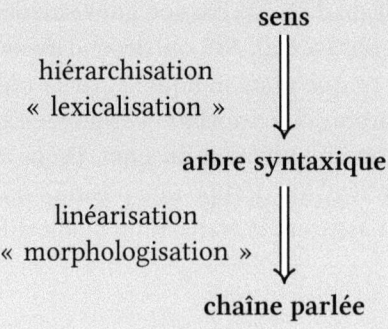

FIGURE 3.14 – Les deux étapes du passage du sens au texte

3.6 Ce que la langue nous force à dire

En produisant les phrases (1a) et (1b) (section 3.3), nous avons exprimé plus que le sens de départ. Celui-ci ne contenait pas d'information temporelle sur le moment de la maladie d'Ali, mais nous avions besoin d'une telle information pour conjuguer le verbe principal. C'est la *grammaire* du français qui nous *contraint*, en nous obligeant à ajouter une désinence au verbe principal de la phrase, à situer l'événement dont nous voulons parler par rapport au moment où nous parlons. Nous devons décider si la maladie a eu lieu avant maintenant (*Ali a été malade pendant deux semaines*) ou si l'événement aura lieu après maintenant (*Ali sera malade pendant deux semaines*) ou encore s'il est en cours (*Ali est malade depuis deux semaines*).

De même, en français, on ne peut pas lexicaliser un sens par un nom sans préciser le nombre (*Ali a mangé **une** pomme* vs *Ali a mangé **des** pommes*) et sans préciser si la chose est déjà connue ou non (*Ali a mangé **la** pomme* vs *Ali a mangé **une** pomme*) (voir le chapitre 15 du vol. 2). C'est l'une des raisons pour lesquelles nos deux phrases de départ, (1a–b), ne sont pas parfaitement synonymes, puisque, dans a, 'malade' est lexicalisé par un nom et est donc accompagné d'un article défini, lequel présuppose que la maladie d'Ali est connue des interlocuteurs au moment où la phrase est prononcée, ce qui n'est pas le cas en b.

En conclusion, il n'est pas possible en français de communiquer uniquement notre sens de départ ! Nous devons y ajouter des informations et en particulier situer le fait dont nous parlons (la maladie d'Ali) dans le temps.

Encadré 3.7 : Les sens grammaticaux

Dans un article de 1959 sur la traduction, le grand linguiste d'origine russe Roman Jakobson remarque que « Les langues diffèrent essentiellement par ce qu'elles *doivent* communiquer et pas par ce qu'elles *peuvent* communiquer. » Il explique par exemple que la traduction de la phrase anglaise *I hired a worker* en russe nécessiterait deux informations supplémentaires : le verbe en russe devra indiquer si l'embauche a été complétée ou pas, tandis que le nom en russe devra indiquer le genre et donc s'il s'agit d'un travailleur ou d'une travailleuse. À l'inverse, la phrase russe n'aura pas à choisir entre article défini ou indéfini (*une* ou *la travailleuse*), ni entre les temps verbaux *hired* vs *have hired*. Sur cette nécessité de faire des choix dès qu'il s'agit de catégories grammaticales obligatoires, Jakobson renvoie à Franz Boas (1938 : 132) : « Nous devons choisir parmi ces aspects, et l'un ou l'autre doit être choisi. »

Il existe quantités de sens plus ou moins curieux qui sont ainsi imposés par la grammaire d'une langue. Par exemple, il existe une langue amérindienne, le nootka, parlée sur l'île de Vancouver au Canada, où le verbe s'« accorde » avec son sujet en fonction de particularités physiques du référent sujet ; on doit nécessairement choisir entre l'une des sept possibilités suivantes : normal, trop gros, trop petit, borgne, bossu, boiteux, gaucher (Sapir 1915, Mel'čuk 1993–2000). On ne peut donc pas dire ce que fait une personne donnée sans dire si cette personne est normale ou si elle est affublée d'une des six particularités physiques retenues par la grammaire de cette langue.

Si la nature des sens qui sont grammaticalement exprimés au travers des langues du monde est assez vaste, elle est quand même assez homogène. D'une part, il s'agit généralement de sens abstraits ayant une *importance cognitive fondamentale* et qui ont de surcroît une importance culturelle énorme, puisqu'ils apparaissent dans pratiquement chaque phrase et donc modèlent la pensée des locuteurs à chaque instant. D'autre part, ces sens s'associent naturellement à certaines parties du discours : les langues ont ainsi généralement une classe d'éléments lexicaux qui varient en temps et/ou aspect et désignent des procès (et correspondent grosso modo à nos verbes) et une classe d'éléments lexicaux qui varient en nombre et désignent des entités (et correspondent à nos noms).

On trouvera dans le volume 2 du *Cours de morphologie générale* d'Igor Mel'čuk (1993–2000) une typologie de tous les sens qui doivent être exprimés obligatoirement dans une langue au moins. Nous donnons ici l'exemple du RESPECT en japonais.

Un Japonais ne peut pas dire « *Pierre est malade* » sans préciser deux choses qui, au premier abord, peuvent sembler étonnantes à un locuteur du français :

— est-ce que Pierre est quelqu'un de respectable ou non ?

— est-ce que la personne à qui je parle est quelqu'un de respectable ou non ?

Ces deux informations doivent obligatoirement figurer dans le choix lexical de l'adjectif et la conjugaison de la copule :

(3)   a. ピエールさんは御病気です。
         Pieru-**san**-wa **go**-byoki **desu**.

       b. ピエールは病気です。
         Pieru-wa byoki **desu**.

       c. ピエールさんは御病気だ。
         Pieru-**san**-wa **go**-byoki **da**.

       d. ピエールは病気だ。
         Pieru-wa byoki **da**.

La respectabilité envers Pierre est exprimée par le suffixe SAN et par le choix d'une forme polie GO-BYOKI de l'adjectif 'malade'. La respectabilité envers l'interlocuteur est exprimée par la forme polie de la copule, *desu*, opposée à la forme neutre *da*. Ces deux marques de respectabilité sont indépendantes, ce qui nous donne quatre formes possibles.

La respectabilité envers l'interlocuteur peut être comparée au *vouvoiement* en français. Mais alors que le choix entre *tu* et *vous* se limite au cas, évitable, où l'on interpelle directement son interlocuteur, le choix entre la forme verbale respectueuse et la forme familière se pose pour chaque phrase en japonais.

3.7 Choisir le verbe principal

Nous savons que la structure syntaxique est une structure hiérarchique et que la construction de cette structure commence par le choix d'un élément sémantique pour être la racine de l'arbre syntaxique et donc le verbe principal de l'énoncé produit. Le choix de l'élément principal de la phrase peut être guidé par les choix lexicaux (quel sens lexical peut donner un verbe) ou grammaticaux (sur quel sens lexical veut-on ou peut-on ajouter tel ou tel sens grammatical). Mais ce choix est avant tout guidé par ce dont on est en train de parler et ce qu'on veut dire. Ainsi le même message, selon que nous sommes en train de parler d'Ali ou de sa maladie sera exprimé différemment : si l'on est en train de parler d'Ali et que l'information nouvelle que l'on veut communiquer est sa maladie, on choisira plutôt (1b) (*Ali a été malade pendant deux semaines*), alors que si l'on est en train de parler de sa maladie et que l'information nouvelle que l'on veut communiquer est seulement sa durée, on peut préférer (1a) (*La maladie d'Ali a duré deux semaines*) ou encore un énoncé comme «*Ça fait deux semaine qu'Ali est malade.* ». Le verbe principal de la phrase est ainsi généralement l'élément central du RHÈME, c'est-à-dire la partie du sens que l'on souhaite prioritairement communiquer, tandis que le sujet du verbe principal est généralement le THÈME, c'est-à-dire ce dont on parle, ce sur quoi porte le rhème. L'indication des rhème et thème ne fait pas partie du contenu informationnel, représenté par la structure prédicative, mais dépend de la façon dont on communique le contenu informationnel, ce que nous avons appelé la STRUCTURE COMMUNICATIVE (voir l'encadré 3.3 sur *Les composantes du sens*). Formellement, la délimitation des thème et rhème se surajoute à la structure prédicative en indiquant quelle zone constitue le rhème et quelle autre le thème.

3.8 Les contraintes de la grammaire

Reprenons rapidement la liste des contraintes qui nous ont été imposées lors de la production de nos deux phrases. La principale contrainte est la structure hiérarchique de l'énoncé. De cette contrainte majeure découlent des contraintes sur les parties du discours des unités lexicales choisies : la racine de l'arbre syntaxique devra être un verbe, les actants d'un verbe des noms, les modifieurs d'un verbe des adverbes et les dépendants d'un nom des adjectifs (pour les notions d'actant et de modifieur, voir le chapitre 13 sur la *Syntaxe profonde*). Ainsi les sens 'malade' et 'durer' peuvent recevoir différentes lexicalisations (MALADE vs MALADIE, DURER vs PENDANT), mais ces différents choix ne sont pas totalement indépendants : il serait par exemple difficile de faire une phrase naturelle avec les unités lexicales MALADE et DURER exprimant notre sens de départ. (On peut en faisant deux phrases : « *Pierre a été malade. Ça a duré deux semaines.* ».)

Quand les unités lexicales n'appartiennent pas à la partie du discours attendue, d'autres unités lexicales sont introduites, comme la copule ÊTRE ou la préposition DE, pour « masquer » le mauvais choix catégoriel. En fonction de leur partie du discours, les unités lexicales se voient assigner des unités grammaticales, telles que le temps pour les verbes et le nombre et la définitude pour les noms. Il existe encore d'autres contraintes. Par exemple, en français, un verbe conjugué, à l'exception de l'impératif, doit toujours avoir un sujet et ce sujet devra se placer devant lui (il existe quelques cas où le sujet peut être « inversé », mais pas ici). Enfin, le verbe devra s'accorder avec son sujet. De même, le nom devra avoir un déterminant (article ou autre) exprimant la définitude, accordé en nombre avec le nom placé avant lui. Ces différentes contraintes – la nature de l'élément principal d'une phrase, la partie du discours des dépendants, les unités grammaticales obligatoires comme la conjugaison pour les verbes ou l'article pour les noms, l'accord, le placement des mots les uns par rapport aux autres –, sont des RÈGLES GRAMMATICALES du français. La GRAMMAIRE d'une langue, ce sont toutes les contraintes que nous impose cette langue quand nous parlons.

L'expression même des contraintes grammaticales repose sur les « connexions » entre différentes parties de l'énoncé. Ces connexions constituent, comme nous le verrons, le squelette des RELATIONS SYNTAXIQUES entre les mots, les groupes de mots, mais aussi des unités plus petites que les mots. En mettant en évidence les contraintes que ces unités, que nous appellerons les UNITÉS SYNTAXIQUES, s'imposent les unes aux autres, nous avons mis en évidence l'existence d'une STRUCTURE SYNTAXIQUE. L'étude de cette structure, qui modélise la façon dont les signes linguistiques se combinent les uns avec les autres, constitue l'objet central de la SYNTAXE et donc de cet ouvrage.

Encadré 3.8 : D'où viennent les règles de la grammaire ?

D'où viennent ces règles ? Ces règles n'ont pas été inventées par des grammairiens ; elles existent depuis beaucoup plus longtemps que les grammairiens et elles sont pour la plupart indépendantes d'eux. Aussi le terme *régularité* correspondrait-il peut-être mieux que *règle* au caractère naturel de ces contraintes imposées par la grammaire de la langue. Le linguiste cherche juste à décrire la grammaire qu'utilisent naturellement les locuteurs natifs d'une langue.

Il nous faut quand même dire quelques mots de la GRAMMAIRE NORMATIVE, élaborée par les « grammairiens » et dont l'objectif est de prescrire le « bon » usage du français. L'institutionnalisation de la normativité n'est pas universelle, mais plutôt une particularité française. Dans des traditions différentes, en Allemagne ou aux États-Unis par exemple, on considère davantage qu'en France qu'un locuteur natif sait parler sa langue : on n'enseigne que très peu de grammaire à l'école et il n'y a pas d'Académie nationale chargée de protéger la langue.

Quel est le bon français ?

La distinction entre grammaire descriptive et grammaire normative est importante quand on tente de répondre à la question suivante : la phrase suivante est-elle grammaticale ?

(4)   *Après qu'il se soit assis, elle s'est mise à parler.*

La réponse est non selon les grammaires normatives qui estiment que APRÈS QUE doit être suivi de l'indicatif, et oui, si on se base sur une grammaire descriptive, étant donné qu'il s'agit d'un énoncé contenant des structures attestées régulièrement. Une grammaire descriptive nous informera qu'en français contemporain, la conjonction APRÈS QUE est suivie soit de l'indicatif, soit du subjonctif. La description tentera peut-être d'expliquer quand on utilise l'un ou l'autre. De plus, elle notera probablement que l'utilisation de l'indicatif a un caractère plus écrit à cause de la prescription de la grammaire normative.

Pour la grammaire normative seule l'utilisation de l'indicatif est correcte. Pour ce jugement, les grammaires normatives se basent sur :

— un certain conservatisme : « ce qui est vieux est meilleur » ;

— et sur un certain élitisme : « la langue des riches, puissants et instruits est meilleure ».

La linguistique ne s'intéresse pas à ces jugements esthétiques. Les règles linguistiques sont toujours descriptives et jamais prescriptives.

Quand les grammairiens ont gagné

La grammaire normative peut avoir une influence sur le comportement linguistique des locuteurs d'une langue. En effet, une prescription peut être acceptée par la langue et donc entrer dans les régularités de la langue. Dans ce cas-là, la linguistique s'intéresse bien entendu à cette régularité.

Un exemple de ce phénomène concerne l'accord au masculin. Aujourd'hui, les francophones accordent naturellement au masculin des éléments coordonnés composés de noms de genre différent. On dit donc :

(5)   *Arrivèrent alors un homme et cinquante femmes très **élégants**.*

et non :

(6)   **Arrivèrent alors un homme et cinquante femmes très **élégantes**.*

si on veut qualifier les 51 personnes d'élégantes. Mais cette règle est une invention machiste en correspondance avec la pensée de l'époque où la règle a été prescrite : « [La hiérarchie entre le masculin et le féminin] remonte au XVIIe siècle lorsqu'en 1647 le célèbre grammairien Vaugelas déclare que « *la forme masculine a prépondérance sur le féminin, parce que plus noble* ». Dorénavant, il faudra écrire : « *Les légumes et les fleurs sont frais* » et faire en sorte que l'adjectif s'accorde au masculin, contrairement à l'usage de l'époque qui l'aurait accordé au féminin. En effet, au Moyen Âge, on pouvait écrire correctement, comme Racine au XVIIe siècle : « *Ces trois jours et ces trois nuits entières* » - l'adjectif « *entières* » renvoyant alors à « *nuits* » autant qu'à « *jours* ». » (Agnès Callamard (1998), « Droits de l'homme » ou « droits humains » ?, Le sexisme à fleur de mots »)

Exercices

Exercice 1.   Chercher des couples de paraphrases dont les verbes principaux correspondent à des sens différents (comme dans l'exemple (1) où les verbes principaux de notre couple de paraphrase correspondent aux sens 'durer' vs 'malade'). On pourra ensuite proposer la structure prédicative commune à ce couple de paraphrase, puis les structures syntaxiques profondes des deux phrases proposées.

Exercice 2.   Quels sont les quatre moyens d'expression du langage ? (Le premier étant les mots.)

Exercice 3.   Expliquez en quoi la phrase « *Excellent, ce café !* » dévie des règles générales du français et proposez une description.

Exercice 4. Quel problème pose la traduction de *son sac* en anglais ? Qu'est-ce que cela illustre comme différence grammaticale entre les deux langues ?

Exercice 5. Pour vous rendre compte de la complexité du choix entre l'article défini et l'article indéfini, essayez d'expliquer (de manière claire et compréhensible pour un apprenant du français, japonais par exemple) quand il faut dire « *Où puis-je trouver les toilettes ?* » et quand faut-il choisir l'article indéfini « *Où puis-je trouver des toilettes ?* ».

Exercice 6. Il ne faut pas croire que le système de politesse du français est beaucoup plus simple que celui du japonais. Essayez d'expliquer (de manière claire et compréhensible pour un apprenant du français par exemple)

— quand et avec qui on peut utiliser les verbes BOUFFER, MANGER ou DÎNER pour parler d'une personne en train de prendre son repas du soir ?

— quelles sont les règles (tutoiement, utilisation du nom/prénom) dans la situation suivante : un professeur tutoie normalement sa collègue, Mme Marie Dupont. Maintenant, il la présente et s'adresse à elle devant un groupe d'étudiants.

Lectures additionnelles

Si l'on est intéressé par l'inventaire des significations morphologiques que les langues nous obligent à communiquer, on pourra consulter le deuxième volume du monumental *Cours de morphologie générale* d'Igor Mel'čuk (1993–2000). Pour l'étude des sens lexicaux, nous recommandons la lecture d'Anna Wierzbička (1980). La citation de Jakobson (1959) de l'encadré 3.7 est extraite d'un article très lisible. On peut aussi lire le très bon article publié dans le New York Times Magazine par Guy Deutscher (2010).

L'article d'Edward Sapir sur le nootka se trouve dans sa sélection d'écrits rassemblée en 1973. Les autres sujets abordés dans ce chapitre seront largement développés dans la suite de l'ouvrage.

Boas, Franz. 1938. Language. In Franz Boas (éd.), *General anthropology*, 124-145. Boston : D. C. Heath & Company.

Deutscher, Guy. 2010. Does your language shape how you think? *New York Times Magazine* du 26 août. http://www.nytimes.com/2010/08/29/magazine/29language-t.html.

Jakobson, Roman. 1959. On linguistic aspects of translation. *On Translation* 3. 30-39.

Mel'čuk, Igor. 1993–2000. *Cours de morphologie générale.* 5 volumes. Montréal/Paris : Presses de l'Université de Montréal/CNRS Éditions.

Sapir, Edward. 1973. *Selected writings of Edward Sapir in language, culture and personality.* David G. Mandelbaum (éd.). Berkeley : University of California Press.

Wierzbička, Anna. 1980. *Lingua mentalis : The semantics of natural language.* Sydney/New York : Academic Press.

Citations originales

Citations de l'encadré 3.7.

Languages differ essentially in *what* they must convey and not in *what* they may convey.   (Jakobson 1959)

We have to choose between these aspects, and one or the other must be chosen.   (Boas 1938 : 132)

Corrections des exercices

Corrigé 1. Il existe de nombreux exemples. Nous en proposons deux :

(1) a. *Ali pleure parce que Zoé est partie.*

    b. *Le départ de Zoé a fait pleurer Ali.*

(2) a. *Les Chinois consomment de plus en plus de viande.*

    b. *La consommation de viande des Chinois a augmenté.*

Pour la représentation sémantique et les représentations syntaxiques profondes, voir le chapitre 13 sur la *Syntaxe profonde*. Vous pouvez néanmoins vous essayer dès maintenant à proposer des représentations pour les exemples ci-dessus.

Corrigé 2. Voir l'encadré 3.4.

Corrigé 3. Nous avons dit que le français demandait que la racine de l'arbre soit un verbe, mais il est également possible que ce soit un adjectif. Dans ce cas, l'argument de l'adjectif ne peut pas être réalisé comme sujet : pour qu'il le soit, il faut ajouter la copule (*ce café **est** excellent*), qui devient la tête syntaxique. Il est néanmoins possible d'ajouter l'argument de l'adjectif comme un élément détaché (voir l'encadré 13.2 sur *Structure communicative et syntaxe profonde*).

Corrigé 4. Le français *son sac* peut être traduit en anglais par *his bag* ou *her bag* selon que le propriétaire est un homme ou une femme. Cela illustre le fait que le nom en français a la catégorie du genre et que le déterminant possessif doit s'accorder en genre avec le nom qu'il détermine (*son sac* vs *sa valise*), alors que l'anglais, qui n'a pas de genre nominal, distingue pour les référents d'un pronom possessif s'il s'agit d'un non humain (*its*), d'un humain féminin (*her*) ou d'un humain masculin (*his*). Le français n'exprime pas cette information. Une langue peut exprimer les deux informations en même temps, comme l'allemand (*sein Koffer, ihr Koffer, seine Tasche, ihre Tasche*, où *Koffer* est un nom masculin qui signifie 'valise', *Tasche* un nom féminin qui signifie 'sac', *sein* signifie 'his' et *ihr* signifie 'her').

Corrigé 5. L'article défini présuppose qu'il existe des toilettes : on l'emploie quand on sait qu'on est dans un endroit où il y a des toilettes. Au contraire, on préfère utiliser l'indéfini quand on n'est pas sûr qu'il y ait des toilettes à proximité ou qu'on pense qu'il peut y en avoir plusieurs.

Corrigé 6. Cette situation est complexe puisqu'on s'adresse simultanément à Marie Dupont et aux étudiants, ce qui peut nous amener à vouvoyer Marie Dupont, alors qu'on la tutoie dans d'autres conditions.

4 La modélisation : Préciser l'objectif de notre étude

4.1 Définition

Ce chapitre tente de caractériser ce qu'est un modèle linguistique et précise le type de modélisation dans lequel s'inscrit notre présentation de la syntaxe. Il n'est pas essentiel à la lecture de la suite de l'ouvrage, mais permet de lever certains présupposés méthodologiques.

> **Définition 4.1 : modèle, cadre théorique**
>
> Nous appelons MODÈLE un objet construit par le scientifique afin de *simuler les propriétés de l'objet d'étude*. L'objet d'étude est déterminé par le CADRE THÉORIQUE.

Notre position théorique est de considérer que nos objets d'étude sont les langues vues comme des correspondances entre sens et textes. Ce que nous entendons par sens et textes est également déterminé par le cadre théorique (voir les sections 2.2 sur *Sons et textes* et 2.3 sur *Sens et intention communicative*). Le sens est représenté dans le modèle par un objet du modèle que nous appelons la REPRÉSENTATION SÉMANTIQUE. Un modèle, dans ce cadre théorique, devra donc être capable de construire pour chaque représentation sémantique tous les textes correspondants et pour chaque texte toutes les représentations sémantiques correspondantes.

Un modèle permet de faire des PRÉDICTIONS : par exemple, pour un sens, ou plus exactement pour une représentation sémantique, qu'on n'a jamais envisagé avant, on doit être capable de construire les textes qui lui correspondent. Il en découle qu'un modèle est FALSIFIABLE : on peut évaluer si les prédictions du modèle correspondent à notre cadre théorique et dire par exemple si tel texte ne peut pas correspondre à tel sens et si un texte donné ne peut correspondre à aucun sens et n'est donc pas un texte de la langue. On peut ainsi construire un contre-exemple, c'est-à-dire une association sens-texte qui n'est pas prédite par le modèle, mais qui appartient à notre objet d'étude, ou, inversement, une association prédite par le modèle, mais qui n'appartient pas à la langue (telle que nous l'envisageons dans notre cadre théorique). L'ADÉQUATION du modèle aux données est sa capacité à faire de bonnes prédictions.

Il faut distinguer la FALSIFIABILITÉ d'un *modèle* et la RÉFUTABILITÉ de la *théorie* dans laquelle se situe ce modèle. Il relève des choix théoriques de prendre en compte ou pas tel ou tel phénomène, comme par exemple les limitations mémorielles ou les erreurs de performance (voir la section 2.5 sur *Langue et parole, compétence et performance*). On peut réfuter le choix théorique de prendre ou non en compte de tels phénomènes. Mais une fois le choix théorique fait, le modèle doit s'y conformer. Évidemment, la frontière entre théorie et modèle est mouvante et il est tentant d'adapter la théorie aux résultats du modèle. (Voir compléments dans le corrigé de l'exercice 2.)

La PORTÉE du modèle mesure l'ambition théorique du modèle. Par exemple, un modèle qui ne prend pas en compte la sémantique aura une portée moins grande qu'un modèle proposant une représentation du sens. La portée peut également concerner les données : un modèle qui prend en compte les erreurs de performance aura une portée plus grande qu'un modèle qui se limite aux productions idéales du locuteur.

La COUVERTURE du modèle est l'ensemble des données de l'objet d'étude qui ont été décrites par le modèle. Plus sa couverture est grande, meilleur est le modèle.

L'ÉCONOMIE du modèle mesure la quantité de paramètres nécessaires à la modélisation d'un phénomène. Plus un modèle est économique, meilleur il est. Ceci repose sur l'idée qu'il y a une certaine économie dans les organismes naturels et que par le biais de la sélection naturelle les systèmes les moins économiques tendent à être éliminés.

La FLEXIBILITÉ du modèle est sa capacité à être adapté à un grand nombre d'objets par la modification d'un minimum de paramètres. Dans le cas des langues naturelles, il s'agit de pouvoir rendre compte des variations dialectales entre locuteurs, ainsi que des variations entre les différents états de langue d'un même locuteur au cours de l'apprentissage.

Encadré 4.1 : Modèle d'une langue ou modèle de la langue

Chaque langue du monde est un objet d'étude et notre objectif premier est de construire des modèles pour chaque langue. Il y a néanmoins quelque chose de commun dans le fonctionnement des différentes langues et l'on peut, lorsqu'on a étudié suffisamment de langues particulières, être tenté d'extraire ce noyau commun que l'on peut appeler LA LANGUE ou la FACULTÉ LANGAGIÈRE. Les propriétés communes à toutes langues sont dites UNIVERSELLES.

Certains linguistes, comme Noam Chomsky, pensent qu'il existe une grammaire commune à toutes les langues qu'on appelle la GRAMMAIRE UNIVERSELLE et que cette grammaire est innée. Il est en effet assez légitime de penser que, de même que nos mains et nos pieds se sont spécialisés pour réaliser des tâches particulières, une partie de notre cerveau, qui est l'organe du langage, doit s'être spécialisé pour cette tâche. On va alors chercher, dans l'élaboration du modèle, à bien distinguer PRINCIPES et PARAMÈTRES : les principes sont les universaux innés de la langue que chaque être humain va paramétrer lors de l'acquisition de sa langue. Ces paramètres constituent les IDIOSYNCRASIES de chaque langue. Le terme vient du grec *idios* 'propre' et *synkrasis* 'constitution'. En médecine ou en psychologie, le terme réfère souvent à un comportement propre à une personne, une réaction qui diffère de personne à personne. En linguistique, on s'intéresse peu aux spécificités langagières d'une personne, mais on s'intéresse aux spécificités d'une langue par rapport à la (faculté humaine de) langue. L'opposition entre principes et paramètres évoque une machine générique qui n'est pas construite différemment pour chaque utilisateur, mais qui permet à l'utilisateur quelques ajustements personnels. Comme pour une machine, ces ajustements personnels – les paramètres – ne sont pas libres et sont interdépendants : on ne peut choisir que certaines valeurs et le choix d'une valeur peut limiter les choix dont on dispose pour une autre valeur.

Une modélisation d'une langue est meilleure quand elle permet facilement le paramétrage d'un sous-langage, d'un dialecte ou d'un registre de langue : on aspire à une analyse du français où un petit changement dans les paramètres – un « paramétrage » – nous donne les grammaires du français écrit journalistique comme de l'oral de conversation, du port de Marseille comme de la banlieue parisienne, et même les différences d'acceptation individuelle. Un tel modèle est meilleur qu'un modèle où ces variantes du français nécessitent des descriptions tout à fait distinctes.

Encadré 4.2 : Propriétés universelles et spécificités du français

Nous allons donner quelques propriétés universelles des langues, que nous contrasterons avec des propriétés spécifiques d'une langue, ici le français, puisque c'est la langue d'écriture de ce livre.

— Chaque langue parlée a un système phonologique avec un nombre fini de phonèmes. Mais le français a des voyelles nasales (*en, on, in*) que la majorité des langues ne possèdent pas.

— Toutes les langues ont des syllabes, c'est-à-dire que les locuteurs coarticulent certains sons. Le français permet l'enchaînement de trois consonnes, comme à l'initiale du mot *structur*e, mais d'autres langues ne le permettent pas, comme par exemple le japonais ou le yoruba (une langue très diffusée en Afrique de l'Ouest).

— Toutes les langues ont une structure syntaxique hiérarchique. Le français possède des mots, les pronoms relatifs, qui peuvent à la fois marquer la subordination et jouer un rôle dans la subordonnée (par exemple dans *la personne à **laquelle** je parle*, LAQUELLE est à la fois un subordonnant et un pronom complément de la préposition À), mais la majorité des langues n'ont aucun mot comme ça.

— Si une langue distingue singulier et pluriel pour les objets non animés, alors elle fait aussi cette distinction pour les objets animés, tandis que l'inverse n'est pas vrai. Il existe des langues qui possèdent un pluriel grammatical seulement pour les objets animés, comme le japonais.

— Le fait de posséder un système flexionnel, comme la conjugaison des verbes en français ou la déclinaison des noms en latin, n'est pas universel. En effet, le chinois n'a de flexion pour aucune classe de mots.

Quels paramétrages sont possibles? Beaucoup de langues, mais pas toutes, obligent le locuteur à indiquer s'il parle d'une seule ou de plusieurs entités, mais aucune langue n'oblige le locuteur à indiquer la couleur de l'entité décrite. Dans aucune langue, le sens d'un mot ne dépend de la position *absolue* de ce mot dans la phrase (début, 2e place, 3e place, etc.) et il est probable que les humains sont incapables d'apprendre une telle langue pourtant imaginable (en français, on a quelque chose qui s'apparente à ça avec la différence d'interprétation qu'il y a pour certains adjectifs entre la position *relative* de l'adjectif par rapport au nom : *un grand savant* vs *un savant grand, un jeune marié* vs *un marié jeune*). Un enfant qui apprend à parler n'est donc pas obligé de peser toutes les possibilités théoriques qu'offre la communication dans l'absolu, mais il doit seulement « paramétrer » les choix qui lui sont offerts. La question de savoir quelles sont les contraintes innées qui président à ces choix reste un important sujet de recherche en linguistique.

4.2 Modélisation et théorie

Pour mieux comprendre ce qu'est la modélisation, nous allons faire un parallèle avec la physique.

4.2.1 Un exemple de modélisation en physique

Tout le monde peut observer les marées au bord de l'océan et les décrire. On verra ainsi que les marées respectent un cycle régulier d'un peu plus de 12 heures entre deux marées hautes, ainsi qu'un cycle d'environ 14 jours entre deux grandes marées et encore un cycle annuel pour l'amplitude des grandes marées, le sommet étant atteint pour les marées d'équinoxe deux fois par an. On pourra ainsi relever très précisément chaque jour l'heure des marées et leur hauteur (leur coefficient) et noter que ces hauteurs varient selon une courbe plus ou moins sinusoïdale. Jusque-là, on a *décrit* le phénomène des marées, mais on ne l'a pas modélisé. Si la description est suffisamment poussée et qu'on dispose de beaucoup de données, on pourra, par des méthodes statistiques, *prédire* le moment et la hauteur des marées suivantes.

On peut pousser la description jusqu'à noter une certaine corrélation entre les mouvements de la mer et les mouvements respectifs de la terre, de la lune et du soleil (la terre fait un tour sur elle-même en 24 heures, la lune fait le tour de la terre en 28 jours et la terre fait le tour du soleil en un an). Dès que l'on applique la théorie de la gravitation de Newton et que l'on considère que la lune comme le soleil attirent suffisamment les mers pour les faire bouger par rapport à la croûte terrestre, on obtient un nouveau modèle des marées. Ce modèle permet non seulement de prédire les dates et hauteurs des marées des années à l'avance, mais il permet aussi d'*expliquer* le phénomène des marées et de comprendre la superposition des trois rythmes sinusoïdaux.

4.2.2 La modélisation de la langue

Considérons maintenant la langue. Tout le monde peut observer des productions langagières et les décrire. On peut compter les occurrences de chaque mot, regarder dans quels contextes elles apparaissent, avec quels autres mots avant et après, etc. On peut même noter des corrélations complexes comme la forme du verbe et la présence de tel ou tel pronom à tel endroit. Si on a pris soin de noter les circonstances dans lesquelles le texte a été énoncé, on peut pousser la description jusqu'à faire des corrélations entre le contexte d'énonciation et le texte produit. On obtient ainsi une DESCRIPTION qui, combinée avec un modèle statistique, peut avoir une bonne VALEUR PRÉDICTIVE. Certains parlent de MODÈLES DESCRIPTIFS et de MODÈLES PRÉDICTIFS, mais, de notre point de vue, la modélisation commence réellement lorsqu'on se place dans un certain cadre théorique et que l'on fait des hypothèses sur le fonctionnement de la langue. On parle alors vraiment de MODÈLE (THÉORIQUE). Celui-ci sera d'autant meilleur qu'il aura une VALEUR EXPLICATIVE, c'est-à-dire qu'il nous permettra de comprendre non seulement comment nous construisons nos énoncés, mais aussi pourquoi nous devons respecter ce type de contraintes, comment nous apprenons à parler, pourquoi nous faisons tel lapsus, etc. On obtient ainsi un MODÈLE EXPLICATIF.

4.2.3 Du modèle à la théorie

On peut pousser encore plus loin la comparaison entre physique et linguistique. Le phénomène des marées n'est pas seulement une application de la théorie de la gravitation. L'histoire de la pomme de Newton est plaisante, mais il est clair qu'elle n'a été qu'un déclencheur. Newton ne cherchait pas à résoudre le problème de la chute des pommes, mais souhaitait surtout comprendre l'origine du mouvement des planètes et le phénomène des marées et c'est l'observation de ces phénomènes qui lui a permis d'élaborer et de valider la théorie de la gravitation. Dès qu'on fait l'hypothèse que les masses s'attirent, tous ces problèmes – la pomme, les planètes et les marées – trouvent une solution simple. C'est ce qu'on appelle un RAISONNEMENT PAR ABDUCTION, où on pose une hypothèse A, car elle est l'explication la plus simple à une observation C. C'est par l'observation des marées et de la chute des pommes qu'on peut émettre l'hypothèse que les masses s'attirent.

Il en va exactement de même pour la théorie linguistique : ce sont tous les phénomènes observés dans les langues qui nous permettent d'élaborer, par abduction, une théorie linguistique. C'est de cette façon que, dans le chapitre 3 *Produire un énoncé*, nous avons été amenés à faire l'hypothèse qu'il existe une structure syntaxique hiérarchique sous-jacente aux énoncés, sur laquelle s'appuient les contraintes linguistiques. Nous allons illustrer à nouveau ce point dans l'encadré qui suit sur les phénomènes d'accord.

Encadré 4.3 : Un exemple – l'accord – de la description à l'explication

Nous allons illustrer notre propos précédent par un exemple, celui des règles d'accord.

Étape 1. Description de la concordance des formes du nom et du verbe.

On peut remarquer, en français, que la forme du verbe varie en fonction du sujet : *Marie dort* vs *Marie et Pierre dorment, Marie finit de manger* vs *Marie et Pierre finissent de manger*, etc. On poussera la description jusqu'à noter que les segments qui peuvent aller dans l'environnement __ *dort* et __ *finit de manger* sont les mêmes (*Marie, elle, mon amie, la dame*, etc.) et donner un nom à cette classe : les groupes nominaux singuliers.

Étape 2. Énoncer la règle d'accord

Voici la règle : en français, il y a deux nombres – singulier et pluriel – et le verbe conjugué s'accorde en nombre avec son sujet. Cette règle paraît élémentaire (il y en a des plus complexes comme la règle d'accord du participe passé en français), mais elle ne l'est pas tant, car elle suppose que l'on sait définir le sujet d'un verbe et le reconnaître. L'histoire de la linguistique montre que ce ne fut pas chose facile et que définir correctement la notion de sujet, c'est déjà élaborer un début de théorie syntaxique. Modéliser cette règle, par exemple pour implémenter un correcteur automatique capable d'assurer l'accord du verbe avec le sujet, est encore une autre affaire. Aujourd'hui les correcteurs grammaticaux ne sont généralement pas capables de retrouver les sujets des deux verbes de la phrase « **La pièce** dans laquelle veulent jouer les enfants **est** trop petite » (et ils le seraient encore moins s'il y avait une faute d'orthographe).

Étape 3. Pourquoi il y a des règles d'accord dans les langues.

Pour aller vers un modèle explicatif de la règle d'accord, il faut comprendre quel est son rôle dans le système. Les règles d'accord servent à marquer les relations entre les mots de manière à aider le destinataire à reconstruire la structure de l'énoncé et son sens. L'accord est donc une des façons de marquer la relation entre deux mots. Pour mieux comprendre où se situe l'accord dans le système de la langue, voyons quels sont les différents moyens à notre disposition pour marquer une relation :

1. Une *marque* qui dépend de la nature de la relation : c'est la *rection.* Il peut s'agir d'un CAS, c'est-à-dire d'une marque sur le dépendant, comme en latin (*Petrus* 'Pierre' → *Petri canis* 'le chien **de**.Pierre'), d'une préposition, c'est-à-dire d'un mot, comme en français (*le chien de Pierre*) ou d'une marque sur le gouverneur comme en wolof (*xaj bi* 'le chien', litt. chien le → *xaju Peer bi* 'le chien.**de** Pierre').

2. Une *marque d'accord* : cette marque peut se trouver sur le dépendant et reprendre une caractéristique du gouverneur (accord de l'adjectif avec le nom) ou l'inverse (accord du verbe avec son sujet).

3. Un *ordre fixe* : la position du dépendant par rapport au gouverneur est très contrainte. Par exemple, en anglais, un adjectif précède le nom dont il dépend et l'objet direct suit le verbe dont il dépend.

4. La *prosodie* : dans la phrase ambiguë *Pierre regarde la fille avec un télescope*, le groupe prépositionnel *avec un télescope* peut dépendre

> de *regarde* ou de *la fille.* Un contour prosodique regroupant *la fille*
> *avec un télescope* désambiguïsera la phrase.
>
> Les différentes techniques peuvent se combiner, comme en français où
> le sujet possède une position contrainte (devant le verbe en général), dé-
> clenche un accord du verbe et est fléchi en cas lorsqu'il s'agit d'un pronom
> (comme l'illustre les variations de forme du pronom dans *il dort, Marie **le***
> *regarde, Marie **lui** parle*).
>
> Présenter l'accord comme nous venons de le faire, c'est prendre une po-
> sition théorique : nous considérons que les mots se connectent entre eux
> et forment une structure hiérarchique et que les phénomènes d'accord en
> découlent normalement. De la même façon, la théorie de la gravitation fait
> l'hypothèse que les masses s'attirent et montre que les marées découlent
> naturellement de cette hypothèse.

4.3 Modèle déclaratif

Comme nous l'avons dit, un modèle linguistique doit être capable d'associer
une représentation sémantique à des textes et vice versa. On distingue dans le
modèle l'ensemble des *connaissances* nécessaires pour effectuer cette association
de la PROCÉDURE qui permet d'activer ces connaissances et de réaliser l'association. Un modèle qui sépare connaissances et procédure est dit DÉCLARATIF. Sinon
le modèle est dit PROCÉDURAL. On appelle généralement GRAMMAIRE FORMELLE
un modèle déclaratif d'une langue. Le terme *grammaire* employé comme ceci inclut la description du lexique de la langue (et ne correspond donc pas à l'emploi
que nous faisons de ce terme dans cet ouvrage).

Supposer que les langues possèdent des modèles déclaratifs est une hypothèse
forte et difficile à vérifier. Elle repose sur l'idée que les connaissances qui permettent de parler une langue et de la comprendre sont peu ou prou les mêmes.
Une grammaire commune à la production et à l'analyse est dite RÉVERSIBLE. On
aura ensuite des procédures distinctes pour la production et l'analyse. La procédure d'analyse est plus tolérante, puisque les locuteurs comprennent des énoncés
qu'ils ne seraient pas capables de produire ; les contraintes de la grammaire devront donc être relâchées en analyse.

Un modèle déclaratif est normalement un MODÈLE DE LA COMPÉTENCE. En effet,
les erreurs de performance doivent être imputées à des problèmes rencontrés lors

de l'activation des connaissances. Néanmoins, opter pour un modèle déclaratif et une séparation entre connaissances et procédures ne signifie pas que nous rejetons la procédure hors du modèle. Notre modèle de la compétence doit être inclus dans un modèle complet de la langue prenant en compte la mise en œuvre du modèle déclaratif. Ce modèle complet est un MODÈLE DE LA PERFORMANCE.

Encadré 4.4 : Modèles génératif, équatif et transductif

Noam Chomsky a révolutionné la linguistique en 1957 dans son ouvrage *Syntactic structures* en définissant son objet d'étude comme un problème mathématique. Il pose qu'une langue est l'ensemble potentiellement infini des phrases grammaticales de cette langue et qu'une grammaire est un système mathématique comportant un nombre fini de règles capable de générer l'ensemble des phrases grammaticales d'une langue. Ce courant sera appelé la GRAMMAIRE GÉNÉRATIVE. Plus tard, Chomsky renoncera à la présentation générative de la langue, mais on continuera d'appeler son école de pensée la *grammaire générative*, ce qui prête souvent à confusion. La naissance de la Grammaire générative a coïncidé avec la naissance de la cybernétique et de l'informatique théorique et les deux mouvements se sont fortement influencés, langues naturelles et langages de programmation ayant été vus comme des objets de natures similaires.

Dans sa version initiale, la Grammaire générative ne traite pas le sens, considéré comme difficilement accessible. Les phrases, notamment dans les versions formalisées du modèle, sont traitées comme de simples suites de caractères, c'est-à-dire, pour reprendre notre terminologie, uniquement des textes. La grammaire ne se fixe alors comme principal objectif que de générer les textes d'une langue. En fait les grammaires proposées par Chomsky offrent une analyse syntaxique des phrases et définissent donc, indirectement, une correspondance entre textes et représentations syntaxiques (voir l'encadré 12.19 sur les *Grammaires de réécriture*). D'autres chercheurs ont proposé, comme Aravind Joshi en 1975, des GRAMMAIRES D'ARBRES permettant de générer simultanément une phrase et sa représentation syntaxique (voir l'encadré 13.3 sur *Lexique syntaxique et interface sémantique-syntaxe*), construisant ainsi les premières grammaires de correspondance génératives.

Une GRAMMAIRE DE CORRESPONDANCE est une grammaire définissant la *correspondance entre deux ensembles de structures*, par exemple des représentations sémantiques et des textes (voir l'encadré 4.6 sur *La Théorie Sens-Texte*). On peut utiliser trois types de procédures pour définir une correspondance avec une grammaire de correspondance : procédure générative, équative ou transductive. Une PROCÉDURE GÉNÉRATIVE est une procédure qui va générer la correspondance, c'est-à-dire l'ensemble des couples en correspondance ; au lieu de générer uniquement un texte, la grammaire génère simultanément le texte et son sens. Une PROCÉDURE ÉQUATIVE est une procédure qui va vérifier pour chaque couple de structures qu'on lui proposera si ces structures se correspondent ; cela suppose qu'on fournisse un texte et un sens et la procédure permettra de vérifier que ce texte et ce sens peuvent être associés par la grammaire. Une PROCÉDURE TRANSDUCTIVE est une procédure qui à chaque fois qu'on lui propose une structure est capable de construire toutes les structures qui lui correspondent ; dans ce cas, on fournit soit un texte, soit un sens et la procédure construit les sens correspondant au texte ou les textes correspondant au sens. Dans le chapitre 3, nous avons adopté une procédure transductive pour associer un graphe sémantique à des arbres syntaxiques.

Ces trois types de procédure peuvent être utilisés pour présenter une même grammaire. Ce qui distingue ces trois procédures est le nombre de structures au départ : 0, 1 ou 2. Dans tous les cas, on a un couple de structures à l'arrivée. Dans la procédure générative, on part de rien et on génère simultanément les deux structures en correspondance. Dans les procédures transductives, on a une structure au départ et on produit l'autre. Dans la procédure équative, on a les deux structures dès le départ et on vérifie qu'elles se correspondent. Nous schématisons ci-dessous les trois procédures. Supposons qu'on veuille associer des graphes sémantiques, représentés par des ☆, à des arbres syntaxiques, représentés par des △. Ce qui distingue les trois procédures, ce sont les structures données au départ : nous les schématisons en noir, tandis que les structures à construire par la procédure sont en blanc.

(1)   procédure générative : ☆ ⇔ △

(2)   procédures transductives : ★ ⇒ △ ou ☆ ⇐ ▲

(3)   procédure équative : ★ ⇔ ▲

Pour des raisons historiques que nous venons de rappeler, la procédure générative est souvent privilégiée. La procédure équative est généralement la procédure la plus élégante pour présenter un modèle déclaratif et elle tend à se généraliser sous le nom de GRAMMAIRES DE CONTRAINTES. Mais des trois procédures, c'est la procédure transductive qui est descriptivement la plus pertinente, car c'est ce type de procédure que les locuteurs utilisent quand ils parlent : ils doivent à partir d'un sens lui faire correspondre un texte et, à l'inverse, quand ils écoutent quelqu'un qui parle, ils partent d'un texte et doivent lui donner un sens.

4.4 Modèle symbolique

Une des propriétés remarquables des langues est l'utilisation d'un petit nombre de sons – les phonèmes – pour construire les signifiants de tous les mots de la langue. Cela met en évidence notre capacité à catégoriser, c'est-à-dire à identifier, dans la multitude de signaux de parole auxquels nous sommes confrontés lors de l'apprentissage de notre langue, un nombre fini de SYMBOLES, c'est-à-dire d'éléments qui ont une portée symbolique et qui possèdent une valeur d'interprétation. Plus généralement, on peut penser que les fonctions supérieures du cerveau, celles qui sont liées à la cognition et à la pensée consciente, se caractérisent par la capacité à catégoriser et à manipuler des symboles.

On appelle MODÈLE SYMBOLIQUE ou MODÈLE DISCRET ou encore MODÈLE ALGÉBRIQUE un système basé uniquement sur la *manipulation algébrique* d'un *nombre fini* de *symboles*. Par manipulation algébrique, on entend des opérations mathématiques permettant de combiner des configurations de symboles pour créer de nouvelles configurations (voir encadré ci-dessous sur le calcul symbolique). Un modèle qui ne « discrétise » pas est dit CONTINU. La question se pose de savoir si un modèle linguistique doit ou non être symbolique. Les arguments contre les modèles symboliques sont assez nombreux :

— l'acceptabilité des énoncés n'est pas binaire : il semble y avoir un continuum entre les énoncés acceptables et les énoncés inacceptables ;

— les catégories syntaxiques sont assez floues ; on trouve de nombreux éléments à la frontière de plusieurs catégories ;

— les unités lexicales sont généralement polysémiques et il est difficile de déterminer combien de sens peut avoir exactement une unité lexicale ;

— la prosodie, qui joue un rôle non négligeable dans l'expression du langage, semble difficilement catégorisable (même si la ponctuation est une forme de catégorisation de certains contours prosodiques).

Malgré cela, on arrive à fournir des modèles symboliques des langues assez satisfaisants et la plupart des modèles théoriques sont basés sur des règles manipulant des symboles.

On peut rendre compte des différents niveaux d'acceptabilité en modifiant un peu un modèle symbolique. Deux directions au moins ont été envisagées. La première, exploitée par la Théorie de l'Optimalité de Alan Prince et Paul Smolensky (1993), consiste à traiter les règles comme des contraintes éventuellement violables. De plus, les contraintes peuvent être rangées par ordre d'importance. Plus un énoncé viole de contraintes et plus ces contraintes sont importantes, moins il est acceptable.

L'autre direction consiste à pondérer les règles. On peut alors associer un score à chaque énoncé en fonction des règles qui ont permis de le produire. Cette technique est surtout utilisée en analyse pour désambiguïser : lorsque plusieurs analyses sont possibles pour un énoncé, on privilégie celle qui a le meilleur score. Des grammaires de ce type sont généralement construites en pondérant les règles selon leur probabilité d'apparition dans un corpus syntaxiquement annoté calculée à partir d'une analyse statistique de leurs occurrences. On obtient ainsi un MODÈLE STOCHASTIQUE, dont la base reste un modèle symbolique.

Nous montrerons dans cet ouvrage les différents problèmes que pose l'identification des unités d'une langue et leur catégorisation.

Encadré 4.5 : Calcul symbolique et grammaires catégorielles

Le premier linguiste mathématicien à montrer qu'on pouvait vérifier la bonne formation d'une phrase par un CALCUL SYMBOLIQUE est probablement le polonais Kazimierz Ajduckiewicz en 1935. Voici son idée. Pour montrer que « *Pierre dort* » est une phrase, nous allons associer à chaque mot une catégorie complexe :

— *Pierre* forme à lui seul un groupe nominal, nous lui associons la valeur GN ;

— *dort* peut former une phrase P à condition qu'on le combine avec un GN : nous lui associons la valeur $\frac{P}{GN}$.

Nous pouvons maintenant calculer la valeur associée à *Pierre dort* :

(4) *Pierre   dort*
     GN   · $\dfrac{P}{GN}$ = P

Cette valeur est calculée en combinant les catégories associées à chaque mot et en simplifiant comme on le fait avec des fractions ordinaires. L'analyse d'une phrase devient un CALCUL ALGÉBRIQUE similaire au calcul numérique ($a \times b/a = b$).

Nous avons construit un début de grammaire capable de vérifier que chaque verbe conjugué a un sujet. Une grammaire associant ainsi des catégories complexes à chaque mot est appelée une GRAMMAIRE CATÉGORIELLE. Il s'agit du premier exemple de GRAMMAIRE FORMELLE connu.

Ce calcul a été ensuite repris par Yehoshua Bar-Hillel en 1953, qui a montré que si l'on veut modéliser les contraintes d'ordre, il fallait distinguer ce qu'on combine à droite de ce qu'on combine à gauche. On va donc associer à *dort* la catégorie GN\P (qui se lit « GN sous P ») indiquant que le GN avec lequel le verbe doit se combiner pour former une P doit se trouver à gauche. Analysons *Pierre mange une banane* avec cette grammaire. Les mots de cette phrase ont les catégories *Pierre* := GN, *banane* := D\GN, *une* := D et *mange* := (GN\P)/GN. Le calcul est le suivant :

(5) *Pierre   mange   une   banane*
     GN   · (GN\P)/GN ·   D · D\GN
     ──────────────────────────────────
     GN   · (GN\P)/GN ·   GN
     ──────────────────────────────────
     GN   ·   GN\P
     ──────────────────────────────────
                    P

Le diagramme est à lire en partant du haut. On associe une catégorie à chaque mot de la phrase. Les catégories D et D\GN associées à *une* et *banane* peuvent se combiner pour donner GN, qui peut ensuite se combiner avec (GN\P)/GN pour donner GN\P, puis avec le GN associé à *Pierre* pour donner P. Cette séquence de mots est bien reconnue comme une phrase par notre grammaire. De plus, la structure du calcul est un arbre (figure 4.1) que l'on peut interpréter comme la structure syntaxique de la phrase.

Joachim Lambek a montré en 1958 que la règle de combinaison des catégories pouvait être interprétée comme une inférence logique. On peut en effet voir GN\P comme une implication GN → P à interpréter comme « si on me donne un GN à gauche, je formerai un P ». La règle de combinaison devient alors : « de GN et de GN → P, je déduis P », ce qui n'est autre que le *modus ponens*, la règle de déduction de base de la logique (« de p et de $p → q$, je déduis q »). L'analyse d'une phrase devient maintenant un CALCUL LOGIQUE. Le calcul devient une *preuve* que la suite de mots considérée au départ est bien une phrase. Il est intéressant de remarquer que la logique ainsi construite diffère de la logique classique, puisqu'elle est *sensible aux ressources* (donner deux GN n'est pas équivalent à en donner un seul) *et à l'ordre* (GN → P et P ← GN ne se comportent pas pareil, l'un attend un GN avant et l'autre après). Une telle logique, appelée LOGIQUE LINÉAIRE, a des applications dans des domaines très éloignés de la linguistique et notamment en robotique où les actions doivent être effectuées dans un ordre bien précis.

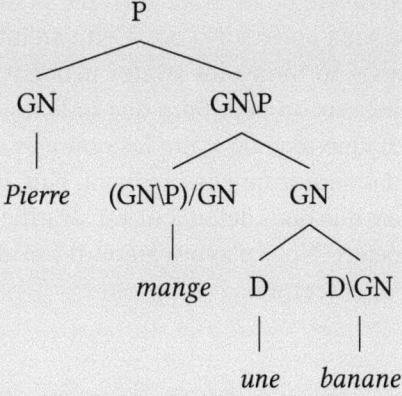

FIGURE 4.1 – Arbre de constituants correspondant au calcul (5)

Dans l'encadré 12.12 sur les *Grammaires de réécriture*, nous présenterons un autre exemple de grammaire formelle qui a marqué la deuxième moitié du 20ᵉ siècle : les grammaires de réécriture hors-contexte introduites par Noam Chomsky en 1957.

4.5 Modularité et stratification

Un MODULE est un sous-système du modèle suffisamment autonome pour effectuer seul une partie des calculs nécessaires à la production d'un énoncé. Les travaux en neurologie semblent accréditer l'idée que le cerveau possède un fonctionnement modulaire et que, lors de la production d'un énoncé, différentes aires cérébrales sont sollicitées avec des tâches différentes. Néanmoins les connaissances sur l'architecture du cerveau sont encore insuffisantes pour que se dégage une vision claire des différents modules que devrait avoir un modèle linguistique et sur la façon dont ces modules coopèrent.

Dans la suite de cet ouvrage, nous montrerons qu'il existe plusieurs types d'unités linguistiques et plusieurs modes d'organisation de ces unités. Une architecture possible est alors de considérer que chaque niveau d'organisation fournit une STRATE et que le passage du sens au texte se fait en plusieurs modules qui permettent de passer d'une strate à l'autre, l'un à la suite de l'autre. Un modèle de ce type est dit STRATIFICATIONNEL. La façon la plus simple d'utiliser un modèle stratificationnel est d'avoir une séquence de modules qui fonctionnent *à la suite l'un de l'autre* : un premier module prend en entrée le sens et fournit au deuxième module une structure complète de la strate suivante et ainsi de suite. Une telle architecture est dite LINÉAIRE ou en PIPELINE. Cette architecture s'oppose à une ARCHITECTURE DISTRIBUÉE où toutes les strates peuvent communiquer. Même dans une architecture linéaire, on peut faire que tous les modules fonctionnent simultanément et que chaque module traite les données que lui fournissent les autres modules *au fur et à mesure* qu'elles arrivent. Une telle procédure est dite INCRÉMENTALE. Le modèle que nous défendons est stratifié, modulaire, incrémental et en grande partie linéaire. Nous n'avons aujourd'hui aucun moyen de valider ou d'invalider une telle architecture.

Encadré 4.6 : La Théorie Sens-Texte

La *Théorie Sens-Texte* est la théorie qui a le plus fortement inspiré les auteurs de cet ouvrage. Il s'agit d'un modèle développé autour d'Igor Mel'čuk à partir de 1965, d'abord en Union Soviétique, puis au Canada et en Europe. Ce modèle est fortement stratifié : il suppose l'existence de 5 niveaux de représentation intermédiaires entre le sens et le texte, soit 7 niveaux en tout. Le système est divisé en 6 modules permettant de passer d'un niveau à l'autre. Il s'agit d'une architecture linéaire que nous présentons dans la figure 4.2.

sens = représentation sémantique

↕

représentation syntaxique profonde

↕

représentation syntaxique de surface

↕

représentation morphologique profonde

↕

représentation morphologique de surface

↕

représentation phonologique profonde

↕

texte = représentation phonologique de surface

FIGURE 4.2 – Architecture stratifiée d'un modèle Sens-Texte

Chaque ⇔ représente un module effectuant la correspondance entre deux niveaux de représentation adjacents. On trouvera une présentation et une justification de cette architecture dans le cours donné par Igor Mel'čuk en 1997 au Collège de France, *Vers une linguistique Sens-Texte*, disponible en ligne.

Dans cet ouvrage, nous présentons les quatre niveaux supérieurs de représentation. Notre présentation peut être assez différente de celles que l'on trouve dans les travaux d'Igor Mel'čuk. Notre objectif est de justifier toutes les structures que nous introduirons, quitte parfois à remettre en question le statut ou la nature des représentations utilisées en Théorie Sens-Texte ou dans d'autres théories comparables, notamment la *Lexical Functional Grammar* (LFG) de Joan Bresnan et Ronald Kaplan, qui possède également une architecture stratificationnelle (voir Bresnan 2001).

4.6 Modélisation des langues et ordinateur

Le développement « à la main » d'un modèle linguistique est un travail considérable. Un dictionnaire de français courant possède 60 000 mots et l'on évalue à près d'un million le nombre d'unités lexicales si l'on y inclut les expressions figées et que l'on compte les différentes acceptions de chaque lexème. Le lexique des constructions grammaticales est encore mal connu et certainement sous-évalué. La combinatoire de n'importe quelle description sérieuse d'un phénomène grammatical est tellement importante qu'il est difficile de voir la description dans son ensemble. L'ordinateur est alors le seul moyen pour combler cette difficulté. Les ordinateurs possèdent aujourd'hui des capacités de calcul suffisantes pour tester la plupart des modèles imaginables (et théoriquement raisonnables).

La validation des théories linguistiques n'est pas le seul intérêt de l'implémentation des modèles : le développement de modèles informatiques possède un réel intérêt économique, puisque la langue est au centre de toutes les activités sociales humaines. Le développement de modèles informatiques et de ressources formelles telles que lexiques, grammaires ou corpus annotés s'appelle la LINGUISTIQUE COMPUTATIONNELLE. La linguistique computationnelle est incluse dans le domaine plus vaste du TRAITEMENT AUTOMATIQUE DES LANGUES ou TAL, qui s'intéresse également à toutes les applications que l'on peut développer à partir de tels modèles. Les applications industrielles du TAL constituent l'INGÉNIERIE LINGUISTIQUE. Le TAL ne nécessite pas toujours de grandes connaissances en linguistique et certaines méthodes de traitement du langage n'ont pas grand-chose à voir avec la modélisation des langues. Par exemple, pour décider en quelle langue est une page sur la Toile, le moyen le plus simple et le plus performant est de regarder la fréquence des séquences de trois lettres et de comparer avec les statistiques pour les langues que l'on souhaite reconnaître. Nul besoin de lexique et encore moins de connaissances en grammaire.

Pour la TRADUCTION AUTOMATIQUE, le domaine phare du TAL, on a d'abord essayé de procéder comme le font les humains : analyser le texte source pour en dégager le sens, puis reformuler ce sens dans la langue cible. La Théorie Sens-Texte, présentée dans l'encadré 4.6 qui précède, a été initialement développée pour faire de la traduction automatique. Les traducteurs automatiques sont devenus très performants ces dernières années et pourtant ils ne cherchent plus à analyser et comprendre le texte qu'ils traduisent. La traduction repose sur de très grands corpus de textes déjà traduits. On dispose donc de corpus bilingues, avec des textes de la langue source alignés avec des textes de la langue cible. Pour traduire une phrase, on va s'appuyer sur les fragments de la phrase qui se trouvent dans le corpus bilingue pour les remplacer par un fragment correspondant dans la langue cible. Plus on a de textes déjà traduits, meilleur sera le traducteur automatique. Les traducteurs se sont améliorés dernièrement en utilisant des vecteurs de mots et des techniques d'apprentissage profond basées sur les réseaux de neurones (voir l'encadré 4.7 qui suit sur les *Vecteurs de mots*), techniques qui sont à l'origine du bond fantastique fait par l'INTELLIGENCE ARTIFICIELLE (ou IA) ces dernières années.

De la même manière qu'on entraîne un modèle de langue sur un grand corpus, il est imaginable de faire une étude statistique sur les marées des cent dernières années et d'en déduire de bonnes prédictions sur les marées à venir. Une telle « modélisation » ne nous avance pas dans la compréhension du phénomène des marées et du rôle de la gravitation (voir la section 4.2 sur *Modélisation et théorie*). Les progrès considérables en TAL dûs aux architectures neuronales suggèrent que cette analogie avec la physique pourrait être trompeuse : on ne peut peut-être pas s'attendre à une modélisation en linguistique qui ressemble à la simplicité de la physique newtonienne. Les langues sont des systèmes complexes avec d'innombrables exceptions (voir l'encadré 1.4 sur *Le lexique : un cabinet de curiosités*) et les modèles informatiques peinent à en dégager les grands principes, comme nous le faisons dans cet ouvrage. Les modèles les plus efficaces pour les applications informatiques ne sont généralement pas les modèles les plus satisfaisants du point de vue de leur explicativité. De plus, ces modèles contiennent des biais qu'il est parfois difficile de contrôler en l'absence d'une lisibilité des propriétés du modèle. On peut facilement mettre en évidence ce genre de biais par l'expérience suivante : on traduit automatiquement à partir d'une langue qui n'a pas de genre dans les pronoms (ici le turc) vers une langue qui en a (ici l'anglais) :

(6) a. *O bir hemşire.* ⟹ *She is a nurse.*
     b. *O bir doctor.* ⟹ *He is a doctor.*

Sans surprise, parce que le modèle est statistique, il va reproduire les biais de genre existant dans les textes sur lesquels il s'est entraîné : s'il y est davantage question d'infirmières que d'infirmiers et de docteurs hommes que de docteures femmes, on obtient le résultat en (6). Ce biais qui a fait l'objet de nombreuses discussions sur les réseaux sociaux a été maintenant pris en compte, mais il y en a évidemment d'autres bien plus pernicieux qui restent cachés. Tout un champ de recherche sur les préjugés et l'équité dans l'Intelligence Artificielle s'est développé ces dernières années. Il est clair que les applications de l'IA au langage naturel ont besoin, comme pour les autres domaines d'application (on peut penser aux voitures à conduite autonome), de systèmes explicables et interprétables avant d'être lancés dans la nature.

Disons, en conclusion, que la meilleure compréhension du fonctionnement du langage devrait permettre de faire encore progresser le TAL et que, à l'inverse, l'étude des modèles informatiques les plus performants peut donner des intuitions sur le fonctionnement du langage. L'idée générale qui se dégage des modèles informatiques actuels est que les modèles symboliques reposant sur des catégories bien délimitées atteignent rapidement leur limite et que la langue possède de nombreux phénomènes graduels, qui ne peuvent être saisis que par des modèles quantitatifs manipulant un très grand nombre de paramètres.

Encadré 4.7 : Les vecteurs de mots et l'analyse distributionnelle

L'utilisation de vecteurs de mots a permis de faire progresser de manière très significative les modèles et outils en traitement automatique des langues (TAL). L'idée est d'associer à chaque mot un point dans un espace qui rende compte du fonctionnement de ce mot et de telle façon que la distance entre les points rende compte de leur similarité de fonctionnement : plus les points sont proches, plus on suppose que les mots sont similaires. Reste à savoir comment modéliser le fonctionnement d'un mot. La modélisation repose sur une hypothèse distributionnelle : le fonctionnement d'un mot se déduit de sa DISTRIBUTION, c'est-à-dire des mots qui se trouve en sa compagnie, ce que John R. Firth (1957 : 11) a résumé en une phrase devenue célèbre : « You shall know a word by the company it keeps ! » (On reconnaît un mot à ses fréquentations !). Firth fait lui-même référence aux travaux de Ludwig Wittgenstein (1953 : 80, 109) et aux citations suivantes : « Le sens d'un mot réside dans son utilisation dans la langue. [...] On ne peut pas deviner comment fonctionne un mot. Il faut regarder son utilisation et en tirer des leçons. ».

Nous allons esquisser la mise en pratique de cette idée. On démarre avec un très grand corpus, généralement de plusieurs milliards de mots. Les vecteurs que nous calculons sont représentatifs de la distribution des mots dans ce corpus. Plus le corpus est grand, plus on aura d'informations sur la distribution de chaque mot, sur les contextes dans lesquels il peut apparaître. Pour commencer, on se fixe une taille de contexte, par exemple deux mots avant deux mots après, et on liste tous les contextes possibles de tous les mots. Dans la phrase « *J'ai compris que notre vie ne ressem-blait à aucune autre vie sur terre.* », le mot *vie* apparaît dans les contextes (*que, notre, ne, ressemblait*) et (*aucune, autre, sur, terre*). On liste alors tous les contextes possibles dans le corpus et on associe ensuite à chaque mot une liste de nombres représentant chacun l'affinité du mot avec un des contextes du corpus. Il y a différentes façons de calculer cette affinité : cela peut être le nombre de fois où le mot apparaît dans le contexte di-visé par le nombre de fois où le contexte apparaît dans le corpus et le nombre de fois où le mot apparaît dans le corpus (c'est ce qu'on appelle l'INFORMATION MUTUELLE, qui tient compte du fait que les choses plus fréquentes ont forcément plus de chances d'apparaître ensemble). Cette grande liste de nombre peut être interprétée comme un vecteur ou un point dans un espace multi-dimensionnel. Deux mots qui ont tendance à apparaître dans les mêmes contextes devraient donc être plus proches que des mots qui ont des distributions antinomiques. L'idée est intéressante, mais ne fonctionne pas telle quelle : les vecteurs obtenus sont bien trop grands (l'espace a trop de dimensions) et ils sont trop disparates : des mots au fonctionnement similaire peuvent très bien ne pas être apparus dans les mêmes contextes. Il va donc falloir réduire les dimensions de l'espace et prendre en compte une autre propriété : deux mots ne sont pas seule-ment similaires s'ils sont proches des mêmes mots, ils sont également si-milaires s'ils sont proches de mots qui sont eux-mêmes similaires, lesquels sont similaires s'ils sont proches de mots similaires, et ainsi de suite. Il va donc falloir itérer le processus que nous venons de décrire, pour prendre en compte la similarité des contextes. Il existe différentes méthodes pour contrôler le nombre de dimensions et assurer la convergence vers une so-lution satisfaisante. Le résultat est appelé un PLONGEMENT LEXICAL (angl. *word embedding*), puisque on « plonge » l'ensemble des mots d'un corpus dans un espace vectoriel. Le domaine a explosé en 2013 quand une équipe de Google dirigée par Tomáš Mikolov, un jeune informaticien tchèque, a proposé le plongement lexical word2vec, en utilisant des méthodes ba-sées sur des réseaux de neurones et l'apprentissage profond (angl. *deep learning*) et que les possibilités offertes par ces vecteurs ont été mises en évidence.

Une fois qu'on a plongement lexical, on peut tout simplement rempla-cer les mots par les vecteurs qui leur correspondent. Les systèmes de traitement automatique du texte vont donc travailler avec des vecteurs, c'est-à-dire des tableaux de nombres, au lieu de travailler avec les mots eux-mêmes, c'est-à-dire avec des symboles, les lettres de l'alphabet. Avant l'introduction des plongements de mots, on enrichissait les systèmes de TAL en injectant des connaissances sur les mots, comme la catégorie syntaxique du mot (nom, verbe, etc.). Ceci devient superflu, car le vecteur de mot contient cette information distributionnelle : si deux mots ont la même catégorie, c'est qu'il partage des propriétés distributionnelles et leurs vecteurs devraient donc avoir certaines similarités.

Dans cet ouvrage, nous aurons constamment recours à l'ANALYSE DISTRIBUTIONNELLE : nous considérons que le fonctionnement d'une unité du langage est fonction des unités avec lesquelles elle peut se combiner. L'objectif principal de cet ouvrage est d'étudier les combinaisons entre les unités du langage, les mots, mais aussi des unités plus petites ou plus grandes que les mots, et de montrer que ces combinaisons font partie d'un système structuré dont nous souhaitons dégager les propriétés.

Exercices

Exercice 1. Notre approche de la modélisation de la langue est volontairement réductrice. En envisageant notre objet d'étude, la langue, comme une correspondance entre sens et textes, qu'est-ce que nous négligeons et ne modéliserons pas ?

Exercice 2. Quelle différence de statut faisons-nous entre le sens et la représentation sémantique ?

Exercice 3. Quelle est la différence entre falsifiabilité et réfutabilité ?

Exercice 4. Que seraient des modèles respectivement descriptif, prédictif et explicatif du réchauffement climatique ?

Exercice 5. Nous avons discuté de la règle d'accord du verbe avec son sujet et du fait que cette règle reposait sur une définition préalable du sujet. Comment définiriez-vous le sujet syntaxique pour le français ?

Exercice 6. L'énoncé *La plupart sont verts* remet-il en cause la règle d'accord en nombre du verbe avec son sujet ? Comment résoudre le problème ?

Exercice 7. Le français possède deux genres (on dit *le soleil* et *la lune* ou *une* armoire et *un* tabouret), l'allemand en possède trois (féminin, masculin et neutre), l'anglais aucun (on a juste un marquage du sexe dans les pronoms), les langues bantoues peuvent avoir jusqu'à une vingtaine de classes nominales différentes. Ce phénomène est facile à décrire, mais qu'est-ce qu'un modèle explicatif pourrait en dire ? Pourquoi les langues peuvent avoir ou ne pas avoir des classes nominales ? Alors qu'avoir des classes nominales semble complexifier le système linguistique, pourquoi tant de langues choisissent-elles de développer et de maintenir une telle propriété ?

Exercice 8. Pourquoi le fait qu'on puisse distinguer une question d'une assertion par la seule prosodie (une intonation montante pour « *Tu viens ?* » et descendante pour « *Tu viens.* ») met-il en défaut une architecture linéaire comme celle de la Théorie Sens-Texte ?

Lectures additionnelles

Sur la distinction entre falsifiabilité et réfutabilité, on pourra lire l'article d'Imre Lakatos, de 1968, qui fait lui-même référence aux débats entre Popper et Kuhn suite à la réfutation de la théorie de la gravitation de Newton et à sa résolution par la théorie de la relativité d'Einstein.

La distinction entre modèle et théorie est discutée dans le premier ouvrage de Noam Chomsky de 1957, dont la lecture est incontournable si l'on veut comprendre pourquoi cette publication a marqué un basculement de la linguistique dans le domaine des sciences. Pour Chomsky, une théorie donne un formalisme grammatical et les modèles sont les grammaires particulières que l'on peut définir avec ce formalisme.

Le raisonnement par abduction a été dégagé par le philosophe américain, Charles S. Peirce (1839–1914). En 1903, il en donne la formulation suivante : « The surprising fact, C, is observed ; But if A were true, C would be a matter of course ; Hence, there is reason to suspect that A is true. ».

La Théorie Sens-Texte est présentée dans la plupart des ouvrages d'Igor Mel'čuk. Voir les ouvrages dont nous avons déjà parlé dans les trois précédents chapitres.

Chomsky, Noam. 1957. *Syntactic structures*. Cambridge : MIT Press. [Traduction française de M. Bradeau : *Structures syntaxiques*, 1969, Paris : Éditions du Seuil.]

Lakatos, Imre. 1968. Criticism and the methodology of scientific research programmes. *Proceedings of the Aristotelian Society* 69. 149-186. DOI : 10.1093/aristotelian/69.1.149.

Peirce, Charles S. 1903. *Harvard lectures on pragmatism, Collected Papers*, t. 5. paragraphes 188–189. Cambridge : Harvard University Press.

Citations originales

Citations de l'encadré 4.7.

Die Bedeutung eines Wortes ist sein Gebrauch in der Sprache. [...] Wie ein Wort funktioniert kann man nicht erraten. Man muss seine Anwendung ansehen und daraus lernen.

(Wittgenstein 1953 : 80, 109)

Corrections des exercices

Corrigé 1. En modélisant la langue comme une correspondance entre sens et textes, nous laissons de côté plusieurs choses.

Premièrement, nous ne prenons pas en compte ce qui se passe avant la production d'un sens. Quels sont par exemple les processus mis en jeu lorsqu'on me pose une question et que je formule une réponse ? Ceci relève pour nous de l'étude du raisonnement et dépasse notre étude. Nous ne nous intéresserons pas à la façon dont les sens sont construits. Nous nous intéressons seulement aux contraintes que la langue impose à la construction du sens et aux sens qui peuvent être réalisés par des énoncés d'une langue donnée. Nous ne modélisons pas la planification ou l'interprétation des énoncés, lesquels mettent en jeu notre connaissance du monde et de la situation d'énonciation.

Deuxièmement, nous ne prenons pas en compte la situation d'énonciation : quel est le contexte dans lequel un énoncé est produit ? Nous nous intéressons aux énoncés pour eux-mêmes. Ils ont été produits certes pour des raisons particulières, mais tant que ceci n'a pas d'impact sur la nature des énoncés nous n'en tenons pas compte. Nous n'étudions pas les interactions entre les interlocuteurs et notamment le fait que ceux-ci co-construisent un univers de discours qui repose sur un SAVOIR PARTAGÉ (angl. *common ground*, litt. terrain commun).

Troisièmement, nous ne prenons pas en compte ce qui se passe après la production d'un texte. Pour nous le texte est un objet qui est avant tout dans le cerveau du locuteur. Il en produit ensuite une image sonore (ou graphique ou gestuelle). La façon dont le son est produit à partir de la représentation qu'en a le locuteur concerne la phonétique et notamment la phonétique articulatoire et fait intervenir d'autres sciences que la linguistique, comme la biologie et la physique.

Quatrièmement, nous n'étudions pas la façon dont la correspondance est réalisée, comment le locuteur passe d'un sens à un texte quand il parle et comment il construit un sens quand il décode un texte. En particulier, le fait que le sens est généralement construit en même temps qu'il est encodé sous forme de texte n'est pas pris en compte tant que cela n'a pas d'incidence sur la forme du texte lui-même. Voir néanmoins les cas évoqués à la section 2.5 sur *La planification*.

Cinquièmement, nous n'étudions pas les variations du modèle, notamment au cours de l'acquisition du langage. Comment le modèle s'élabore-t-il dans notre cerveau au cours du développement du locuteur ? Nous étudions un état de langue, une photo prise à un moment donné, tout en sachant que cet état est instable, que le contact avec de nouveaux énoncés peut faire évoluer le système. Comme on le verra, notre définition de la structure syntaxique, largement basée sur une analyse distributionnelle, permet de prendre en compte les évolutions du modèle. En effet, si de nouveaux énoncés sont pris en compte, la distribution des unités évolue en conséquence et la structure peut changer. Ce point ne sera néanmoins pas réellement traité dans la suite.

Tout en restant dans le cadre d'une correspondance sens-texte, il peut être nécessaire d'enrichir le modèle pour prendre en compte certaines productions, comme les jeux de mots ou l'ironie, où un texte peut être à double sens. Voici par exemple deux textes de Raymond Devos qui nécessite une double représentation sémantique :

   (i) *Un jardinier qui sabote une pelouse est un assassin en herbe.*

   (ii) *Je commande un demi, j'en bois la moitié, il ne m'en restait plus.*

Corrigé 2.   Tout énoncé linguistique a un sens. Le sens appartient à la langue. La représentation sémantique appartient au modèle de la langue et modélise le sens.

Corrigé 3.   La falsifiabilité est une propriété des modèles. Lorsqu'un modèle est faux (c'est-à-dire qu'il fait une mauvaise prédiction), on peut essayer de le réparer en changeant des paramètres. La réfutabilité est une propriété des théories. Pour réfuter une théorie, il faut montrer que tous les modèles qu'elle propose sont faux, ce qui est très difficile, voire impossible. La réfutabilité d'une théorie se fait donc généralement en proposant une nouvelle théorie dont l'un des modèles prend mieux en compte les données qui posent problème à la théorie précédente.

Corrigé 4. Un modèle descriptif du réchauffement climatique serait une description des relevés de températures en divers point du globe dans les années ou les siècles qui précèdent qui montrerait une augmentation globale de la température. Une analyse statistique des variations de température permettrait de faire des prédictions sur l'évolution de la température dans les années ou siècles à venir (en considérant qu'il n'y a pas de changement drastique dans le comportement des humains). Un modèle explicatif tenterait de rechercher les causes des variations de température et de corréler ces variations avec un certain nombre de paramètres, comme la consommation d'énergie fossile par les humains, le taux de CO_2 dans l'air, etc. Le modèle permet alors d'affiner la prédiction en fonction de l'évolution de ces paramètres et donc de prédire que la température augmentera encore plus vite si la consommation d'énergie augmente.

Corrigé 5. La notion de sujet syntaxique sera définie dans le chapitre 17 du vol. 2. L'accord du verbe est une des propriétés définitoires du sujet en français, avec la position privilégiée avant le verbe ou l'emploi de pronoms comme *il* ou *on.*

Corrigé 6. *La plupart* est utilisé en français comme pronom pluriel masculin ou féminin. Il s'agit d'une forme figée, d'un sémantème (voir le chapitre 7), où *la* n'est plus un marqueur du singulier féminin. Il suffit donc de déclarer *la plupart* comme un pronom pluriel dont le genre dépend de son antécédent pour assurer l'accord selon les règles habituelles.

Corrigé 7. L'origine des genres en français (et dans les autres langues indo-européennes) est un marquage des sexes pour les noms d'êtres sexués qui s'est propagé à tous les noms par régularisation du système. Pour la plupart des noms, il n'a aucune signification (même si des études montrent que l'existence des genres a une influence sur la représentation mentale et que les locuteurs d'une langue où *mort* est féminin comme le français personnifieront plus naturellement la mort par une femme que par un homme à l'inverse des locuteurs d'une langue comme l'allemand où *Tod* 'mort' est masculin). Devoir apprendre des genres pour des noms où cela n'a pas de sens a un coût cognitif. Mais les genres vont permettre de renforcer le marquage des relations syntaxiques au travers des accords en genre. Nous avons vu que l'accord est un des moyens de marquer l'existence d'une relation syntaxique, voire la nature de cette relation (l'accord du verbe avec son sujet permet de caractériser cet élément en tant que sujet).

Corrigé 8. L'interrogation réalisée par la seule prosodie est un exemple d'un sens qui est réalisé directement au niveau phonologique sans aucune incidence sur la syntaxe. La description de cette construction peut être faite par une correspondance directe entre sémantique et phonologie, alors qu'un modèle en pipeline obligerait à passer par la syntaxe et donc à introduire un élément fictif au niveau syntaxique.

Deuxième partie

Les unités de la langue : Les trois composantes du signe linguistique

Présentation

Cette deuxième partie s'intéresse à la délimitation des unités de la langue – les signes linguistiques – selon leur forme, leur combinatoire et leur sens. Le chapitre 5 présente rapidement pourquoi nous considérons trois types d'unité. Le chapitre 6 présente l'identification des signes linguistiques et plus particulièrement les unités minimales de forme, les morphèmes, et les contrastent avec les unités minimales pour la combinatoire libre, les syntaxèmes. Le chapitre 7 présente les unités minimales de sens, les sémantèmes, et les contrastent également avec les syntaxèmes.

5 Trois types d'unités : Morphème, syntaxème, sémantème

5.1 Introduction

« De même que le jeu d'échecs est tout entier dans la combinaison des différentes pièces, de même la langue a le caractère d'un système basé complètement sur l'opposition de ses unités concrètes. On ne peut ni se dispenser de les connaître, ni faire un pas sans recourir à elles ; et pourtant leur délimitation est un problème si délicat qu'on se demande si elles sont réellement données. »   (de Saussure 1916 : 149)

Notre objectif est d'étudier la structure de la langue. Nous verrons dans la troisième partie de l'ouvrage que, contrairement à ce qu'affirme Saussure dans la citation qui précède, on peut en grande partie *s'abstraire de la question des unités* lorsqu'on définit la structure syntaxique. Ce qui nous intéresse, ce sont les combinaisons entre les unités et non les unités elles-mêmes. Néanmoins, pour pouvoir parler des combinaisons d'unités, il nous faut dire avant un mot des unités. Nous profiterons de cette discussion sur les unités pour montrer que les unités de la langue, que l'on appelle des SIGNES LINGUISTIQUES, peuvent être appréhendées selon *trois points de vue* – morphologique, syntaxique et sémantique – et groupées en différents ensembles de signes selon chacun de ces points de vue. Nous nous attarderons en particulier sur la question des *unités minimales*. Cette question n'est pas fondamentale pour étudier la structure, mais elle n'est pas inutile non plus et elle a l'avantage de pointer les différences entre morphologie, syntaxe et sémantique.

5.2 Double articulation du langage

« L'intention et la capacité de signification [...] sont constitutives du son articulé ; et on ne peut rien proposer d'autre pour le distinguer d'une part du cri animal et d'autre part du son musical. »   (von Humboldt 1836 : 60)

Considérons la situation suivante : un acteur vient de faire une performance et vous souhaitez le féliciter, c'est-à-dire lui communiquer le plaisir que vous a procuré sa performance. Vous avez plusieurs moyens à votre disposition et notamment applaudir ou crier « *Bravo!* ». Chacune de ces deux réalisations possède une SIGNIFICATION du type 'je te félicite', exprimant que celui qui en fait la réalisation souhaite féliciter celui à qui il l'adresse. Chacune des deux réalisations possède une FORME spécifique : l'applaudissement se réalise en frappant les deux mains à plat l'une sur l'autre et « *Bravo!* » se réalise en produisant une séquence sonore particulière. Cette association entre une forme et une signification est appelée un SIGNE. Ces deux actes de communication sont des signes CONVEN-TIONNELS : la forme de ce signe obéit à une convention que s'est fixé un groupe particulier de personnes et qui leur sert à communiquer. De plus, la relation entre leur signification et leur forme est ARBITRAIRE : on pourrait tout aussi bien féliciter quelqu'un en levant les bras et en agitant les mains comme le font les sourds en langue des signes, ou bien prononcer une autre séquence sonore, comme le font par exemple les Chinois qui crient « *Hao!* » pour communiquer leur appréciation. Inversement, frapper dans ses mains ou crier *bravo* pourraient tout aussi bien signifier autre chose que 'je te félicite'.

Au delà de leurs points communs, ces deux signes présentent des différences importantes qui tiennent à la DOUBLE ARTICULATION du langage (voir l'encadré 5.1 sur l'origine du terme). La PREMIÈRE ARTICULATION s'illustre par le fait que le signe *bravo* peut être combiné à d'autres signes pour former des énoncés plus complexes : « *Bravo pour ton excellente prestation!* », « *Alors là, excuse-moi, mais je ne te dis pas bravo pour ce que tu viens de faire.* ». En prenant la question à l'envers, on peut remarquer que la plupart des énoncés de la langue peuvent être décomposés en signes plus élémentaires et que la signification de ces énoncés est la combinaison des significations des signes élémentaires qui les composent. Rien de tel avec l'applaudissement, qui ne peut pas être combiné avec un autre signe du même type pour exprimer une signification nouvelle.

La DEUXIÈME ARTICULATION tient au fait que la substance sonore des signes d'une langue peut être décomposée en la combinaison d'un tout petit nombre de sons élémentaires. Dans le signifiant de *bravo*, tout locuteur du français reconnaît cinq sons et chacun de ces cinq sons peut être permuté avec un autre son du français pour donner des mots (potentiels) différents du français : *travo, blavo, brivo, brako, brava*. Dans toutes les langues du monde, il existe un ensemble fini de quelques dizaines de sons élémentaires qui permettent de construire les signifiants de tous les énoncés de cette langue.

Les unités de première articulation et leurs combinaisons sont les SIGNES LIN-GUISTIQUES. Les unités de deuxième articulation, les *segments sonores minimaux,* sont les PHONÈMES. L'étude des phonèmes en tant que telle est en dehors du champ de cet ouvrage, bien que le SYSTÈME PHONOLOGIQUE d'une langue présente des similitudes structurelles avec le système des signes de la langue et que les outils d'investigation des deux systèmes soient en partie similaires.

Encadré 5.1 : Découverte de la double articulation

L'histoire de la mise en évidence de la double articulation du langage est celle de l'*invention de l'écriture*. Les étapes de l'invention de l'écriture peuvent être tracées ainsi : d'abord, les hommes ont créé des PICTOGRAMMES isolés symbolisant par exemple la fécondité ou la chasse, puis des IDÉOGRAMMES associés aux signes linguistiques et combinés pour faire des textes (comme les hiéroglyphes de l'égyptien ancien ou les sinogrammes du chinois classique), puis une ÉCRITURE SYLLABAIRE avec un symbole par syllabe, et enfin un ÉCRITURE ALPHABÉTIQUE avec optimalement une lettre par son (comme en phénicien, puis en grec ancien). On peut dire avec certitude que les savants qui ont élaboré les premières écritures alphabétiques il y a plus de 6000 ans avaient compris la double articulation du langage.

L'existence de deux niveaux d'articulation est clairement dégagée par Ferdinand de Saussure (1916 : 26) :

> « En latin *articulus* signifie « membre, partie, subdivision dans une suite de choses » ; en matière de langage, l'articulation peut désigner ou bien la subdivision de la chaîne parlée en syllabes, ou bien la subdivision de la chaîne des significations en unités significatives. »

On doit le terme de *double articulation* à André Martinet (1960 : 13–14) :

> « La **première articulation** du langage est celle selon laquelle tout fait d'expérience à transmettre, tout besoin qu'on désire faire connaître à autrui s'analyse en une suite d'unités douées chacune d'une forme vocale et d'un sens. Si je souffre de douleurs à la tête, je puis manifester la chose par des cris. Ceux-ci peuvent être involontaires ; dans ce cas ils relèvent de la physiologie. Ils peuvent être plus ou moins voulus et destinés à faire connaître mes souffrances à mon entourage. Mais cela ne suffit pas à en faire une communication

linguistique. Chaque cri est inanalysable et correspond à l'ensemble, inanalysé, de la sensation douloureuse. Tout autre est la situation si je prononce la phrase *j'ai mal à la tête*. Ici, il n'est aucune des six unités successives *j', ai, mal, à, la, tête* qui corresponde à ce que ma douleur a de spécifique. Chacune d'entre elle peut se retrouver dans de tout autres contextes pour communiquer d'autres faits d'expérience : *mal*, par exemple, dans *il fait le mal*, et *tête* dans *il s'est mis à leur tête*. [...] Chacune de ces unités de première articulation présente, nous l'avons vu, un sens et une forme vocale (ou phonique). Elle ne saurait être analysée en unités successives plus petites douées de sens. L'ensemble *tête* veut dire 'tête' et l'on ne peut attribuer à *tê-* ou à *-te* des sens distincts dont la somme serait équivalente à 'tête'. Mais la forme vocale est, elle, analysable en une succession d'unités dont chacune contribue à distinguer *tête*, par exemple, d'autres unités comme *bête, tante* ou *terre*. C'est ce qu'on désignera comme la **deuxième articulation** du langage. Dans le cas de *tête*, ces unités sont au nombre de trois ; nous pouvons les représenter au moyen des lettres t e t, placées par convention entre barres obliques, donc /tet/. »

Si nous reprenons à notre compte la double articulation telle que présentée par Martinet, nous voudrions ajouter une remarque sur ce qui est désigné ici par « cri ». Il est admis aujourd'hui qu'un cri de douleur comme « *Aïe !* » est bien un mot du français. Un Allemand ne dira pas « *Aïe !* », mais « *Au !* », (prononcé a-ou) et un Anglais « *Ouch !* » (prononcé a-outch). Ces signes linguistiques ont une combinatoire beaucoup plus limitée que la plupart des autres signes de la langue (voir la section sur les *Locutifs et interjections* du chapitre 16 du vol. 2), mais ils n'en sont pas moins analysés de façon comparable et « *Aïe !* » n'a pas la même signification que « *Aïaïaïe !* » (prononcé [a-ja-jaj]).

5.3 Signifié, syntactique, signifiant

Définition 5.1 : signe linguistique, signifié, signifiant

Les unités de première articulation, qui sont les portions de texte porteuses de signification, sont appelées les SIGNES LINGUISTIQUES. (Rappelons que nous désignons par *texte* aussi bien des textes écrits que des productions orales ou gestuelles.) La *signification* portée par un signe est appelée son SIGNIFIÉ. La *forme* d'un signe linguistique, en général un segment de texte, est appelée son SIGNIFIANT.

Les signes linguistiques se distinguent des signes de la plupart des autres systèmes sémiotiques par le fait qu'ils peuvent *se combiner entre eux pour former de nouveaux signes* qui expriment en général des sens qui ne peuvent être exprimés par aucun signe élémentaire. Les signes linguistiques ont donc un potentiel combinatoire qui fait qu'ils possèdent une *troisième composante*. Cette troisième composante n'est pas réductible aux deux autres. Par exemple, les noms, lorsqu'ils se combinent à un article, déclenchent un accord en genre de cet article : **une** chaise, **un** fauteuil, **un** tabouret, **une** table, etc. Rien, ni dans la forme du nom, ni dans son sens, ne permet en général de prévoir quel sera cet accord – féminin ou masculin. Le locuteur ne peut utiliser correctement un nom en français que s'il a appris cette information en plus du signifiant et du signifié du nom.

Définition 5.2 : syntactique, combinatoire

Le signe linguistique possède donc une troisième composante, appelée son SYNTACTIQUE, qui contrôle sa COMBINATOIRE et qui n'est réductible ni aux propriétés du signifiant, ni à celles du signifié :

$$\text{signe} = \langle \text{ signifié, syntactique, signifiant } \rangle$$

Nous aurons l'occasion de décrire en détail le syntactique des signes. Celui-ci comprend plus d'informations qu'on ne le pense en général. Il comprend d'abord ce qu'on appelle la CATÉGORIE SYNTAXIQUE du signe. Pour un lexème, il s'agit de la PARTIE DU DISCOURS (verbe, nom, adjectif, etc.), mais aussi d'un certain nombre de traits qui contrôlent entre autres la combinatoire flexionnelle (comme le GROUPE DE CONJUGAISON pour les verbes) ou l'accord (comme le GENRE des noms). Le syntactique contient également la VALENCE, c'est-à-dire la *liste des compléments régis* par le signe avec le RÉGIME qui leur est imposé, c'est-à-dire les contraintes sur la nature du complément, sa place par rapport au gouverneur et les marques qui doivent l'accompagner (cas, préposition, etc.) (voir les sections 10.7 sur *Distribution et valence* et 10.12 sur *Tête interne et rection*). Enfin, le syntactique comprend la description de la COOCCURRENCE LEXICALE RESTREINTE, c'est-à-dire toutes les combinaisons qui sont lexicalement contraintes (par exemple le fait que *amoureux* s'intensifie par *follement*, *blessé* par *grièvement*, *malade* par *gravement* et *improbable* par *hautement*) (voir la section 7.8 sur *Collocation et choix lié*).

L'étude des signes linguistiques, en raison de leurs trois composantes, relève de trois disciplines différentes : l'étude des signifiés relève de la SÉMANTIQUE, l'étude du syntactique est le domaine de la SYNTAXE et l'étude des signifiants de la MORPHOLOGIE.

Encadré 5.2 : Le signe linguistique

La notion moderne de **signe linguistique** est généralement attribuée à de Saussure (1916 : 98) :

> « Le signe linguistique unit non une chose et un nom, mais un concept et une image acoustique. Cette dernière n'est pas le son matériel, chose purement physique, mais l'empreinte psychique de ce son, la représentation que nous en donne le témoignage de nos sens ; elle est sensorielle, et s'il nous arrive de l'appeler « matérielle », c'est seulement dans ce sens et par opposition à l'autre terme de l'association, le concept, généralement plus abstrait. [...] Nous proposons de conserver le mot *signe* pour désigner le total, et de remplacer *concept* et *image acoustique* respectivement par *signifié* et *signifiant* ; ces derniers termes ont l'avantage de marquer l'opposition qui les sépare soit entre eux, soit du total dont ils font partie. »

Saussure n'indique pas clairement s'il appelle signe linguistique n'importe quel segment de texte possédant un sens, comme nous le faisons dans cet ouvrage, ou si le terme s'applique uniquement aux unités minimales. Le paragraphe suivant sur l'**arbitraire du signe** concerne clairement les signes minimaux, appelés chez nous les morphèmes :

> « Le lien unissant le signifiant au signifié est arbitraire, ou encore, puisque nous entendons par signe le total résultant de l'association d'un signifiant à un signifié, nous pouvons dire plus simplement : *le signe linguistique est arbitraire*. [...] Le mot *arbitraire* appelle aussi une remarque. Il ne doit pas donner l'idée que le signifiant dépend du libre choix du sujet parlant [...] ; nous voulons dire qu'il est *immotivé*, c'est-à-dire arbitraire par rapport au signifié, avec lequel il n'a aucune attache naturelle dans la réalité. »   (de Saussure 1916 : 101)

Chez Saussure, le signe linguistique est un élément à deux faces, signifié et signifiant. La troisième composante du signe, son **syntactique**, n'est pas explicitement considérée. Mel'čuk (1993–2000) est probablement un des premiers à insister sur la nécessité de cette composante dans la définition du signe linguistique.

Encadré 5.3 : Signifié ou exprimende

La terminologie usuellement utilisée pour désigner la forme et le contenu d'un signe linguistique – *signifiant* et *signifié* – véhicule une certaine conception du signe. Le signe est vu comme quelque chose qui signifie, c'est-à-dire quelque chose dont on saisit le signifiant pour accéder à son signifié. C'est une vision du rôle du signe que conteste vivement Lucien Tesnière (1959 : 36) :

> « Lorsque nous parlons, notre intention n'est pas de trouver après coup un sens à une suite de phonèmes qui lui préexistent, mais bien de donner une forme sensible aisément transmissible à une pensée qui lui préexiste et en est la seule raison d'être. En d'autres termes, le télégraphe est là pour transmettre les dépêches, non les dépêches pour faire fonctionner le télégraphe. »

Cela conduit Tesnière à inverser le point de vue et, pour mettre la terminologie en conformité avec la nécessité de partir du sens, à proposer de nommer EXPRIMENDE le contenu du signe et EXPRIMÉ la forme du signe. On souligne ainsi que le signe sert à *exprimer* une pensée et non pas à donner sens à une forme. Bien que tout à fait sensible aux arguments de Tesnière (voir l'encadré 2.8 *Parler et comprendre*), nous continuerons à utiliser la terminologie de Saussure, qui est aujourd'hui universellement adoptée.

5.4 Sémantème, syntaxème, morphème

Le fait que le signe ait trois composantes implique qu'il y a trois façons de l'appréhender et autant de façons de définir les signes minimaux : les signes minimaux du point de vue du *sens* seront appelés les SÉMANTÈMES, les signes minimaux du point de vue de la *combinatoire* les SYNTAXÈMES et les signes minimaux du point de vue de la *forme* les MORPHÈMES.

Le grand problème de la caractérisation des signes minimaux vient de la *non-correspondance* entre les unités minimales de forme et les unités minimales de sens. Par exemple, dans *Aya dort à poings fermés*, le segment *à poings fermés* est une unité minimale de sens exprimant l'intensification du verbe DORMIR. Ce segment correspond à un choix unique et indivisible du locuteur et pourtant cette unité est construite en utilisant d'autres unités dont on peut entrapercevoir la contribution, puisqu'il s'agit d'un emploi métaphorique figé de la combinaison libre *à poings fermés* 'en ayant les poings fermés'. Un autre exemple : le mot *décapsuleur* désigne un type particulier d'objet et est donc un choix unique et indivisible fait pour désigner un tel objet. Ce mot n'en est pas moins l'assemblage de trois unités, *dé+capsul+eur*, que l'on retrouve dans d'autres mots (***capsule***, ***décapsuler***, ***détacher***, ***démineur***, *broyeur*, etc.). Les signes ⌜À POINGS FERMÉS⌝ ou DECAPSULEUR sont des SÉMANTÈMES. Les composantes *dé-*, *capsule* et *-eur* de *décapsuleur* sont des MORPHÈMES : il s'agit bien de signes, car on peut leur attribuer une signification et déterminer leur contribution au sens de *décapsuleur*, et il s'agit de signes minimaux, car on ne peut les décomposer à nouveau en des formes qui possèdent une signification.

Cette non-correspondance entre unités minimales de sens et de forme vaut aussi pour les unités minimales de combinatoire. Si un sémantème comme DÉCAPSULEUR se comporte comme un nom simple – par exemple BOL ou COUTEAU –, un sémantème comme ⌜AVOIR LES PIEDS SUR TERRE⌝ (au sens de 'avoir le sens des réalités') ne se comporte pas comme un verbe simple, mais plutôt comme une combinaison libre du verbe AVOIR avec des compléments – par exemple *avoir les mains sur la table*. Le verbe AVOIR se conjugue de la même façon dans les deux cas, il se combine de la même façon avec la négation, etc. Ceci a notamment pour conséquence que le sémantème est séparable : *Il n'a vraiment pas **les pieds sur terre***. Ainsi le composant AVOIR du sémantème ⌜AVOIR LES PIEDS SUR TERRE⌝ est-il du point de vue de sa combinatoire le même verbe AVOIR que celui qui s'utilise librement dans *avoir les mains sur la table*. C'est une telle unité que nous appelons un SYNTAXÈME. Les autres composantes du sémantème ⌜AVOIR LES PIEDS SUR TERRE⌝ sont aussi des syntaxèmes : LE, PIED, SUR, TERRE, ainsi que les syntaxèmes flexionnels de pluriel sur le nom et l'article.

Par contre, le morphème *capsule* de DÉCAPSULEUR n'est pas un syntaxème : *capsule* dans DÉCAPSULEUR n'a plus la combinatoire d'un nom. C'est *décapsuleur* comme un tout qui rentre dans des combinaisons et, par exemple, qui impose les accord en genre (*un décapsuleur blanc* vs *une capsule blanche*).

5.5 L'identification des unités de la langue

Dans toute description analytique d'une chose, qu'il s'agisse d'un être vivant ou d'une machine, on cherche à identifier les *parties constituantes*. Pour qu'une partie de la chose soit reconnue comme un constituant, on doit pouvoir identifier sa contribution au tout. On doit pouvoir en *délimiter les contours* (le signifiant), en *déterminer les possibilités de combinaison avec les autres éléments du système* (le syntactique) et en *identifier la contribution au fonctionnement général du système* (le signifié). Il n'est réellement intéressant d'isoler un constituant que si l'on peut l'extraire pour le réutiliser ailleurs. Ceci est particulièrement vrai pour les signes de la langue. Ceux-ci ne deviennent identifiables que s'ils sont *utilisés plusieurs fois dans des contextes différents* et que *dans ces mêmes contextes d'autres signes sont utilisés*. On peut alors les extraire pour les recombiner autrement et c'est ce qui fait l'infinie richesse de la langue.

Classifier les différents morceaux en fonction des éléments qui peuvent les remplacer (les RAPPORTS PARADIGMATIQUES) et des éléments avec lesquels ils peuvent se combiner (les RAPPORTS SYNTAGMATIQUES) s'appelle l'ANALYSE DIS-TRIBUTIONNELLE (voir l'encadré 4.7 sur *Les vecteurs de mots et l'analyse distri-butionnelle*, où nous avons déjà discuté cette notion sous un autre angle ; voir l'encadré 6.1 sur *La quatrième proportionnelle* pour les notions de *rapports para-digmatique* et *syntagmatique*). La technique qui consiste à remplacer un segment

par un autre pour voir s'il s'agit d'un signe s'appelle le Principe de commutation. Un ensemble de segments qui peuvent commuter les uns avec les autres
s'appelle un paradigme de commutation.

L'analyse distributionnelle s'est d'abord intéressée aux unités minimales de
forme, en délaissant volontairement le sens (voir l'encadré qui suit) et sans clairement distinguer le syntactique du signifiant. Nous appliquerons pour notre part
l'analyse distributionnelle aux trois composantes du signe linguistique. Nous
considérons en particulier que *le sens est un observable* dans la mesure où il est
possible d'une part d'observer dans quel contexte d'énonciation un énoncé est
produit et donc de faire des hypothèses sur les intentions du locuteurs qui le produit. Et d'autre part, de demander à un locuteur quels sont les énoncés qu'il aurait
été possible de produire pour obtenir le même résultat, c'est-à-dire les énoncés
qui possèdent le *même sens* (voir l'encadré 3.1 sur *Les observables : textes et sens*).

Les deux chapitres suivants seront consacrés aux deux types extrêmes de
signes minimaux : les morphèmes et les sémantèmes. Les syntaxèmes seront introduits aussi dans cette partie, mais leur étude approfondie aura lieu dans la
partie III.

Encadré 5.4 : Structuralisme et distributionnalisme

L'identification des phonèmes et des signes linguistiques d'une langue
ne va pas de soi. Le courant structuraliste, qui s'est développé à la suite
de la publication du *Cours de linguistique générale* de Ferdinand de Saussure, propose de prendre comme seule base d'analyse l' « observable » de
la langue, c'est-à-dire les énoncés produits par les locuteurs ou acceptables
pour eux, et élabore un certain nombre de méthodes basées sur la manipulation de ces énoncés. Suivant la tradition de la psychologie behavio-
riste, le sens des énoncés, considéré comme non observable par essence,
est utilisé aussi peu que possible : la langue, comme d'autres comporte-
ments (angl. *behaviors*) humains, est analysée de l'extérieur, sans faire
d'hypothèse a priori sur ce qui peut se passer dans le cerveau du locuteur.

Le stade le plus abouti de cette approche basée uniquement sur l'observation des énoncés a été atteint pas l'école distributionnaliste, dont les
principaux acteurs ont été Leonard Bloomfield, Edward Sapir, Benjamin L.
Whorf, Charles F. Hockett et Zelig Harris. Ce courant est né de l'étude des
langues amérindiennes, langues essentiellement orales et en voie de dispa-

rition pour la plupart, pour lesquelles il n'y avait ni écriture, ni description préalable d'aucune sorte. La simple transcription des énoncés produits par les locuteurs nécessitait d'établir très rapidement une liste de phonèmes et une segmentation en morphèmes et en mots quelque peu raisonnable.

L'influence du distributionnalisme s'est estompée dans les années 1960 avec l'émergence de la « nouvelle syntaxe » de Noam Chomsky. En pointant les limites de l'analyse de corpus pour la compréhension du fonctionnement de la langue, il rétablit l'élicitation et l'introspection (voir l'encadré 2.6 sur *Corpus et élicitation*) comme méthodologie acceptable pour la linguistique, faisant ainsi perdre à la syntaxe sa base empirique. Seuls les besoins du traitement automatique de la langue et la numérisation des textes pour le web depuis les années 1990 ont poussé les syntacticiens à se réintéresser à l'adaptation de leurs analyses aux données observables.

Exercices

Exercice 1. Lorsqu'un professeur veut faire taire un élève, il a plusieurs possibilités à sa disposition : il peut (1) dire « *Taisez-vous!* » ou (2) « *Chut!* », ou (3) produire un son particulier « *Tttt* » avec les lèvres en avant et un claquement de langue à l'avant du palais, ou encore (4) lever l'index ou (5) jeter un regard accusateur. De ces cinq stratégies, lesquelles utilisent des signes ? Lesquels sont des signes linguistiques ? Lesquels ne vérifient pas la double articulation ?

Exercice 2. Qu'est-ce qui distingue un idéogramme d'une lettre de l'alphabet ?

Exercice 3. Quelles sont les trois composantes du signe linguistique ?

Exercice 4. Pourquoi distinguons-nous trois types d'unités minimales ?

Exercice 5. Quel est le principe de base de l'analyse distributionnelle ?

Lectures additionnelles

Le livre de lexicologie d'Alain Polguère (2003) est un bon complément à notre ouvrage de syntaxe. On y trouvera une introduction à la fois simple et riche du signe linguistique et une présentation de la structure du lexique et du sens lexical. L'encyclopédie des sciences du langage d'Oswald Ducrot et Jean-Marie Schaeffer (1995) est un ouvrage que nous recommandons particulièrement, notamment le chapitre consacré au « Signe » (p. 253 à 256), qui situe le système linguistique parmi les systèmes sémiotiques en général.

Nous avons déjà parlé des ouvrages de de Saussure (1916), Bloomfield (1933) et von Humboldt (1836) au chapitre 2. Concernant les distributionnalistes, on pourra consulter les ouvrages d'Edward Sapir (1921), Charles F. Hockett (1958) et de Zelig Harris (1951). Nous avons déjà parlé d'Edward Sapir au chapitre 3 et nous reparlerons dans les chapitre 8 et chapitre 11 de Charles F. Hockett, dont nous recommandons particulièrement la lecture.

Ducrot, Oswald & Jean-Marie Schaeffer. 1995. *Nouveau dictionnaire encyclopédique des sciences du langage.* Paris : Éditions du Seuil.

Harris, Zellig S. 1951. *Methods in structural linguistics.* Chicago : University of Chicago Press.

Hockett, Charles F. 1958. *A course in modern linguistics.* New York : The Macmillan Company.

Polguère, Alain. 2003. *Lexicologie et sémantique lexicales : Notions fondamentales.* Montréal : Presses de l'Université de Montréal.

Sapir, Edward. 1921. *Language : An introduction to the study of speech.* New York : Harcourt, Brace & Co. [Traduction française de Solange-Marie Guillemen : *Le langage : Introduction à l'étude de la parole*, 1967, Paris : Payot.]

Citations originales

Citations de la section 5.2.

> Die Absicht und die Fähigkeit zur Bedeutsamkeit [...] macht allein den artikulierten Laut aus, und es lässt sich nichts andres angeben, um seinen Unterschied auf der einen Seite vom tierischen Geschrei, auf der anderen vom musikalischen Ton zu bezeichnen.
>
> (von Humboldt 1836 : 60)

Corrections des exercices

Corrigé 1.   Tous sont des signes associant un signifiant vocal ou gestuel à une signification dont l'intention est de faire taire un élève. La question est de savoir où l'on fixe les limites de la langue. Chacun des cinq signes s'éloigne un peu plus du noyau central du français. Les deux premiers, « *Taisez-vous*! » et « *Chut*! », vérifient la double articulation et se décomposent en phonèmes. Néanmoins CHUT n'a pas de combinatoire syntaxique (voir la section sur les *Locutifs et interjections* du chapitre 16 du vol. 2). Le signe TTT (dont on ne sait pas très bien comment l'orthographier) appartient à un sous-système hors du système phonologique du français. On peut considérer qu'il appartient quand même au français (il ne sera pas compris par des locuteurs de certaines langues) et constitue donc un signe linguistique. Le doigt levé est aussi un signe conventionnel, comme le sont les applaudissements. Même si l'étude des langues vocales comme le français se concentre généralement sur les productions vocales, force est d'admettre que la communication langagière repose aussi sur des gestes et que, dans la mesure où un geste est conventionnel et peut s'insérer dans un énoncé verbal, il est proche d'un signe linguistique. Pour finir, le regard accusateur est probablement plus conventionnel qu'on ne le pense a priori : pas sûr que le même regard soit interprété de la même façon dans une autre communauté.

Corrigé 2.   Un idéogramme correspond à un morphème, alors qu'une lettre de l'alphabet est la transcription d'un phonème.

Corrigé 3.   Voir la section 5.3 *Signifié, syntactique, signifiant*.

Corrigé 4.   À chacune des trois composantes du signe correspond un découpage particulier. Voir la section 5.4 *Sémantème, syntaxème, morphème*.

Corrigé 5.   Le principe de base de l'analyse distributionnelle est le Principe de commutation, comme nous allons le voir au chapitre suivant.

6 Morphèmes et syntaxèmes : Unités de forme *vs* unités de combinatoire

6.1 Principe de commutation

Le Principe de commutation est le principe de base de l'*analyse distribution-nelle* (voir la section 5.5 sur *L'identification des unités de la langue*). Il consiste à utiliser la commutation comme mode de décomposition des signes linguistiques.

Définition 6.1 : commutation, environnement

Une COMMUTATION est le remplacement d'un segment de texte par un autre. Par exemple, on peut passer de *construction* à *destruction* en commutant *con-* /kɔ̃-/ avec *de-* /de-/. Une commutation a toujours lieu dans un ENVIRONNEMENT donné : ici l'environnement considéré est ⎯*struction*.

La commutation d'un élément permet de dissocier cet élément de son environnement. La commutation précédente permet de postuler la décomposition suivante : *construction* = *con* + *struction*.

Définition 6.2 : concaténation

L'opération de combinaison des signifiants la plus élémentaire, consistant à la simple juxtaposition des signifiants l'un à côté de l'autre, est appelée la CONCATÉNATION. Pour noter la concaténation, nous utilisons le symbole +, dont nous limiterons ensuite l'usage aux concaténations de segments qui ne sont pas réellement des signes linguistiques.

Nous nous limitons pour l'instant à la combinaison des signifiants par concaténation (les signifiants sont collés les uns à la suite des autres), mais on verra par la suite qu'il existe des signes qui ont des signifiants discontinus et d'autres dont les signifiants fonctionnent comme des opérateurs (voir l'alternance dans la section 6.12 sur *Amalgame, alternance et mégamorphe* et la troncation dans l'encadré 6.12 sur *Syntaxème zéro et troncation en français*).

6.2 Commutation et exclusion mutuelle

Pour considérer qu'il y a vraiment commutation, il faut remplir une condition supplémentaire qu'on appelle l'EXCLUSION MUTUELLE. Considérons des énoncés comme *Pierre vient demain* et *Pierre vient en voiture*. On ne veut pas dire ici que *demain* et *en voiture* commutent dans l'environnement « *Pierre vient __* », car les deux compléments sont cumulables (*Pierre vient en voiture demain*) et qu'aucun n'est obligatoire (*Pierre vient*). Il est donc clair que *demain* et *en voiture* n'occupent pas à proprement parler la même place et ne se remplacent pas l'un l'autre.

Définition 6.3 : commutation (avec exclusion mutuelle)

Nous dirons donc que deux signes A et B COMMUTENT dans l'environnement X__Y s'ils *peuvent se remplacer* l'un l'autre et qu'en plus ils *s'excluent* l'un l'autre, c'est-à-dire que XAY et XBY sont acceptables et que XABY et XBAY sont inacceptables.

Par exemple, A = *pas* et B = *jamais* commutent dans l'environnement *Pierre ne vient __ en voiture*. Ou encore A = *-ait* et B = *-era* commutent dans l'environnement *chant__*.

L'exclusion mutuelle joue un grand rôle théorique, car elle permet de postuler des positions structurales : deux éléments qui s'excluent mutuellement occupent généralement la même POSITION STRUCTURALE, puisqu'ils se « remplacent » l'un l'autre. Lorsque la structure s'entend en termes de combinaisons libres, nous parlerons de STRUCTURE SYNTAXIQUE et POSITIONS SYNTAXIQUES (voir le chapitre 10). Lorsque la structure s'entend en termes de précédence et de contiguïté, c'est-à-dire d'ordre linéaire, nous parlerons de STRUCTURE TOPOLOGIQUE et POSITIONS TOPOLOGIQUES (voir le chapitre 12).

Définition 6.4 : paradigme de commutation

Un ensemble de signes qui peuvent commuter les uns avec les autres est appelé un PARADIGME DE COMMUTATION.

Une position structurale est caractérisée par le paradigme des éléments qui peuvent occuper cette position.

Définition 6.5 : paire minimale

Un couple d'exemples qui se caractérise par une commutation minimale est appelé une PAIRE MINIMALE.

Par exemple, u = *Pierre ne vient pas en voiture* et v = *Pierre ne vient jamais en voiture* constituent une paire minimale : on passe de u à v par la commutation de *pas* et *jamais* et cette commutation est minimale, car on ne pourrait faire une commutation raisonnable sur un segment plus petit que *pas* ou *jamais*. Le couple *chantait* vs *chantera* n'est pas une paire minimale, car il possible de faire une commutation sur un segment plus petit et de mettre en rapport *chantait* avec *chanterait* et *chanterait* avec *chantera*.

6.3 Décomposition propre des signes

Le fait qu'une commutation soit possible n'assure pas que les unités dégagées soient des signes linguistiques ; il faut pour cela des conditions supplémentaires. Si la commutation entre *con-* et *de-* dans la paire minimale *construction* vs *destruction* est linguistiquement intéressante, c'est parce que *construction* et *destruction* sont deux signes sémantiquement liés et qu'on peut postuler que la commutation de *con-* et *de-* au niveau des signifiants est corrélée au changement de sens au niveau des signifiés. L'existence d'autres paires comme *constitution* et *destitution* et donc d'une décomposition potentielle *con + stitution* permet de renforcer le statut de *con-* /kɔ̃-/ comme unité de la langue. Mais pour que *con-* soit réellement considéré comme le signifiant d'un signe, il aurait fallu que sa contribution sémantique soit équivalente dans *construction* et *constitution*, ce qui n'est pas la cas.

Nous allons ajouter une condition qui assure qu'un segment mis à jour par une commutation possède un signifié et définir un *Principe de commutation enrichi* qui prend en compte le signe dans sa globalité, signifié et syntactique compris.

Définition 6.6 : décomposition propre

Le signe X SE DÉCOMPOSE PROPREMENT en A + B si X = A + B, s'il existe des segments A' et B' tels A + B', A' + B et A' + B' soient des signes et si A + B est à A' + B ce que A + B' est à A' + B' (ou, ce qui revient plus ou moins au même, si A + B est à A + B' ce que A' + B est à A' + B').

Définition 6.7 : opération de combinaison propre

Nous notons ⊞ l'OPÉRATION DE COMBINAISON PROPRE. La notation « X = A ⊞ B » signifie donc que X *se décompose proprement* en A et B.

Quand nous exigeons que A + B soit à A' + B ce que A + B' est à A' + B', nous mesurons aussi bien la *différence de signifiants* entre A + B et A' + B que la *différence de syntactiques ou de signifiés*.

Prenons quelques exemples. Le signe X = *un chat* se décompose proprement en A ⊞ B avec A = *un* et B = *chat*. On peut en effet faire commuter A avec A' = *le* et B avec B' = *chien*; les quatre combinaisons sont des signes (*un chat, le chat, le chien, un chien*) et *un chat* est à *le chat* ce que *un chien* est à *le chien*. Ou encore *un chat* est à *un chien* ce que *le chat* est à *le chien*.

Le signe X = *avançait* se décompose proprement en A ⊞ B avec A = *avanç-* et B = *-ait*. On peut en effet faire commuter A avec A' = *recul-* et B avec B' = *-era*; les quatre combinaisons sont des signes (*avançait, avancera, reculait, reculera*) et *avançait* est à *avancera* ce que *reculait* est à *reculera*.

Le signe X = *broyeur* se décompose proprement en A ⊞ B avec A = *broy-* et B = *-eur*. On peut en effet faire commuter A avec A' = *compress-* et B avec B' = *-ons*; les quatre combinaisons sont des signes (*broyeur, broyons, compresseur, compressons*) et *broyeur* est à *broyons* ce que *compresseur* est à *compressons*.

Un cas particulier important est celui où A existe en tant que signe autonome et l'on peut donc prendre pour B' un segment vide. On a alors :

Définition 6.8 : décomposition propre

Le signe X SE DÉCOMPOSE PROPREMENT en A + B si X = A + B, si A est un signe et s'il existe un autre signe A' tel que A' + B soit un signe et que A + B soit à A' + B ce que A est à A' (ou, ce qui revient plus ou moins au même, que A + B soit à A ce que A' + B est à A').

Ainsi le signe X = *facilement* se décompose proprement en A ⊞ B avec A = *facile* et B = *-ment*, puisqu'on peut faire commuter A avec A' = *utile* et que *facilement* est à *facile* ce que *utilement* est à *utile*.

On peut représenter l'application du Principe de commutation enrichi par un RECTANGLE ANALOGIQUE. Les quatre combinaisons A + B, A + B', A' + B et A' + B' occupent les quatre coins du rectangle et les côtés opposés du rectangle indiquent des rapports de proportionnalité équivalents :

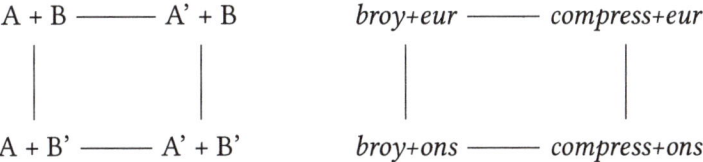

FIGURE 6.1 – Rectangle analogique

Définition 6.9 : diagrammaticité

Un signe linguistique qui se décompose proprement est dit DIAGRAMMA-TIQUE.

On peut voir la diagrammaticité comme la possibilité d'être décomposé par un diagramme tel qu'un rectangle analogique. Un signe diagrammatique est nécessairement construit à partir d'autres signes et sa constructionalité est *visible* (ICONIQUE dirait le logicien américain Charles S. Peirce, qui est à l'origine d'une grande partie de la terminologie utilisée aujourd'hui en sémiotique et notamment du terme *diagramme*).

Lorsqu'un signe X se décompose proprement en A ⊞ B, on peut attribuer des sens à A et B de telle façon que le sens de X se calcule de manière *relativement compositionnelle* à partir des sens de A et de B. On en déduit que :

Définition 6.10 : signe linguistique

Si le signe X se décompose proprement en A ⊞ B, alors A et B peuvent être considérés comme des SIGNES LINGUISTIQUES.

En effet, comme la commutation est propre, on peut considérer que la contribution de A est la même dans A + B et A + B' et évaluer cette contribution, notamment lorsqu'on connaît déjà le sens de B et B'.

Les *composants* d'une décomposition propre *ne préexistent pas* nécessairement à la décomposition. C'est parce qu'une décomposition potentielle vérifie le Principe de commutation enrichi que cette décomposition est propre et que les composants peuvent être reconnus comme des signes. Prenons l'exemple de *broyeur*. Pour l'apprenant du français, le signe *-eur* ne préexiste pas à la décomposition de mots du type *broyeur* et *compresseur*. C'est parce qu'un *broyeur* est à *broyons* ce qu'un *compresseur* est à *compressons* que l'on peut décomposer *broyeur* et donner un sens à *-eur* (un X-*eur* est une machine qui sert à X-*er*) et considérer que *broyeur* = *broy* ⊞ *eur* (voir discussion dans l'encadré 6.1 sur *La quatrième proportionnelle*).

La conséquence de la remarque précédente est que les signes ne sont pas des éléments donnés a priori, des briques qui préexisteraient à la construction des énoncés. C'est au contraire des énoncés auxquels nous sommes confrontés que nous extrayons ces briques, que nous pouvons ensuite assembler autrement pour construire de nouveaux énoncés.

Attention : *on ne confondra pas la diagrammaticité avec la compositionnalité.* Nous donnerons au terme *compositionnalité* une acception beaucoup plus restrictive (voir la section 7.3 *Chaque sémantème suppose un choix*). La diagrammaticité est une notion un peu floue et graduelle, comme l'est la notion de décomposition propre. Le sens que nous attribuons à un signe comme *-eur* est vague. Un compresseur n'est pas n'importe quel appareil qui sert à compresser (un compresseur compresse de l'air et pas autre chose) et c'est en ce sens que la combinaison *compress* ⊞ *eur* n'est pas stricto sensu *compositionnelle*. La diagrammaticité est une forme *faible* de la compositionnalité.

Encadré 6.1 : La quatrième proportionnelle

L'énonciation du *Principe de commutation enrichi* est postérieure aux travaux de Saussure. Mais elle est sous-jacente à la notion fondamentale de RAPPORTS ASSOCIATIFS, que de Saussure (1916 : 177, 179) oppose aux RAPPORTS SYNTAGMATIQUES, et que l'on nomme aujourd'hui, à la suite de Louis Hjelmslev (1964) et de Roman Jakobson (1959), les RAPPORTS PARA-DIGMATIQUES :

> « En dehors du discours, les mots offrant quelque chose de commun s'associent dans la mémoire, et il se forme ainsi des groupes au sein desquels règnent des rapports très divers. Ainsi le mot *enseignement* fera surgir inconsciemment devant l'esprit une foule d'autres mots (*enseigner, renseigner*, etc., ou bien *armement, changement*, etc., ou bien *éducation, apprentissage*) ; par un côté ou un autre, tous ont quelque chose de commun entre eux. [...]
>
> Le rapport syntagmatique est *in praesentia* ; il repose sur deux ou plusieurs termes également présents dans une série effective. Au contraire le rapport associatif unit des termes *in absentia* dans une série mnémonique. [...]
>
> Quand quelqu'un dit *marchons*!, il pense inconsciemment à divers groupes d'associations à l'intersection desquels se trouve le syntagme *marchons*! Celui-ci figure d'une part dans la série *marche*! *marchez*!, et c'est l'opposition de *marchons*! avec ces formes qui détermine le choix ; d'autre part, *marchons*! évoque la série *montons*! *mangeons*! etc., au sein de laquelle il est choisi par le même procédé ; dans chaque série, on sait ce qu'il faut faire varier pour obtenir la différenciation propre à l'unité cherchée. »

Bien qu'il n'ait pas explicitement introduit le RECTANGLE ANALOGIQUE (que certains attribuent au typologue Joseph Greenberg), de Saussure (1916 : 228, 231) montre le rôle de la QUATRIÈME PROPORTIONNELLE dans la construction de nouvelles unités significatives :

> « Toute création analogique peut être représentée comme une opération analogue au calcul de la quatrième proportionnelle. [...] *Magasi-*

nier n'a pas été engendré par *magasin* ; il a été formé sur le modèle de *prisonnier : prison*, etc. [...] Pour former *indécorable*, nul besoin d'en extraire les éléments (*in-décor-able*) ; il suffit de prendre l'ensemble et de le placer dans l'équation :

pardonner : impardonnable, etc., = *décorer : x.*
x = indécorable. [...]

Sur le modèle de *pension : pensionnaire*, *réaction : réactionnaire*, etc., quelqu'un peut créer *interventionnaire* ou *répressionnaire*, signifiant « qui est pour l'intervention », « pour la répression » :

réaction : réactionnaire = répression : x.
x = répressionnaire. [...]

À tout instant on rencontre des combinaisons sans lendemain que la langue n'adoptera probablement pas. Le langage des enfants en regorge, parce qu'ils connaissent mal l'usage et n'y sont pas encore asservis ; ils disent *viendre* pour *venir*, *mouru* pour *mort*, etc. Toutes ces innovations sont en soi parfaitement régulières ; elles s'expliquent de la même façon que celles que la langue a acceptées ; ainsi *viendre* repose sur la proportion :

éteindrai : éteindre = viendrai : x.
x = viendre. »

Il est important de noter qu'il y a chez Saussure une très grande réticence à considérer les éléments qui commutent comme des signes : « Pour former *indécorable*, nul besoin d'en extraire les éléments (*in-décor-able*) ». Comme il le montre, il n'est effectivement pas nécessaire d'extraire les composants pour expliquer la formation de nouvelles unités significatives. Aujourd'hui encore une telle décomposition (et la notion de *morphème* qui en découle) est mise en question. La décomposition des signes en signes non autonomisables (c'est-à-dire qui ne peuvent être prononcés seuls et être interprétés seuls) est d'une certaine façon une abstraction, bien utile cependant pour la modélisation des langues. Ce ne sont pas des observables au sens strict, mais des constructions théoriques.

6.4 Quasi-signes

Si nous reprenons notre exemple initial, on peut placer les mots *construction,*
destruction, constitution et *destitution* aux quatre coins d'un rectangle, mais il n'y
a pas de rapports de proportionnalité entre les côtés de ce rectangle : *construction*
n'est pas à *destruction* ce que *constitution* est à *destitution*. En fait, il ne semble
pas qu'il existe de paire qui permette de former un rectangle analogique avec la
paire *construction-destruction*, il n'existe pas d'éléments A' et B' qui permettent de
valider une décomposition propre de *con + struction*. La combinaison *con + struc-*
tion est donc peu diagrammatique. La diagrammaticité est une notion graduelle
et on peut dire que la combinaison *con + stitution* est encore moins diagrammatique, car il y a peu de rapport de sens entre *constitution* et les autres mots
en *-stitution* (*destitution, institution, restitution, prostitution*). Pour les formes qui
interviennent dans une décomposition impropre, comme *struction* ou *stitution*,
nous introduisons le terme *quasi-signe*.

Définition 6.11 : quasi-signe

Un QUASI-SIGNE est un segment qui apparaît dans un paradigme de
commutation, mais pour lequel la commutation n'est pas (suffisamment)
propre. Le quasi-signe possède un signifiant clair, délimité par le Principe
de commutation, mais ne possède pas de signifié à proprement parler.

Le symbole + de concaténation, lorsqu'il est utilisé en opposition à l'opération
⊞, désigne la combinaison impropre entre des quasi-signes.

La décomposition des signes lorsqu'elle est peu diagrammatique est probablement peu visible au locuteur ordinaire, car elle ne joue pas de rôle en synchronie.
Elle permet seulement d'avoir des intuitions sur la parenté et l'origine des mots.
Par exemple, il est peu visible que *arriver* et *dériver* sont des mots construits avec
les éléments *a-, dé-* et *rive*, sur le même schéma que *aborder* ou *atterrir* ou que *dé-*
placer ou *déterrer*. Le Principe de commutation enrichi s'applique mal à nouveau :
si on considère A = *a-*, A' = *dé-*, B = *riv(er)* et B' = *port(er)*, et qu'on les combine,
on obtient bien quatre signes *arriver, dériver, apporter, déporter*, mais *arriver* n'est
pas exactement à *dériver* ce que *apporter* est à *déporter*. Il y a néanmoins entre
arriver et *apporter* ou entre *dériver* et *déporter* ou encore entre *arriver* et *dériver*
des liens sémantiques. Ces liens permettent d'entrevoir derrière les sens réels de
arriver et *dériver* des lectures « compositionnelles » de *a- + riv(er)* 's'approcher

de la rive' et de *dé-* + *riv(er)* 's'éloigner de la rive'. Les affixes *a-* et *dé-* s'utilisent pour qualifier des mouvements dans un sens ou un autre (de même que dans les prépositions *à* et *de* qui sont aussi les marqueurs de tels mouvements : *il part à la plage, il part **de** la plage*). En conclusion, la décomposition de *arriv(er)* en *a-* + *riv(er)* ne donne pas une combinaison propre, mais elle garde une certaine réalité en synchronie par la proximité des formes *a-* et *riv(er)* avec d'autres formes qui interviennent dans des signes sémantiquement liés.

6.5 Combinaison libre

Nous avons défini le Principe de commutation enrichi à partir d'une commutation sur chacune des deux parties de la combinaison A + B (commutation de A' avec A, commutation de B' avec B). Bien entendu, plus le paradigme de commutation est important, plus la combinaison est considérée comme régulière. Nous allons maintenant voir à quelle condition une combinaison relève de la syntaxe.

Si l'on considère le mot *blessure*, on voit que *bless-* commute proprement avec *brûl-, griff-, piqu-, égratign-, cass-, fêl-, ...* et que par ailleurs *-ure* commute proprement avec *-ons, -ez, ais, -a, ...* et que toutes les combinaisons deux à deux sont valides (*brûlez, griffais, ...*).

Venons-en au point qui nous intéresse : la combinaison *bless ⊞ ure* est pourtant bien différente de la combinaison *bless ⊞ ons*. Comment caractériser cette différence ?

Les signes qui commutent proprement avec *bless-* dans *blessons* sont les mêmes que ceux qui commutent avec *bless-* dans *blessez* ou *blessais*. Il s'agit d'une classe que l'on va d'ailleurs retrouver dans de nombreux environnements : la classe des verbes. Rien de cela avec *blessure* : les éléments qui commutent avec *bless-* dans *blessure* forment une classe atypique qui contient un certain nombre de verbes, mais aussi des quasi-signes comme *struct-* ou *fract-*. Autrement dit, aucun autre signe n'a la même distribution que *-ure*.

Définition 6.12 : distribution

Nous appelons DISTRIBUTION d'un signe l'*ensemble des environnements* dans lequel ce signe peut apparaître.

> **Définition 6.13 : famille d'environnements**
>
> Plus généralement, un *ensemble d'environnements compatibles* avec un ensemble donné de *signes* est appelée une FAMILLE D'ENVIRONNEMENTS. La distribution d'un signe est donc la famille d'environnements de ce signe.

La notion de distribution n'est pas univoque : elle dépend de la *taille des environnements* considérés et de la *nature des environnements* considérés. Nous nous intéressons ici à des environnements étroits, de l'ordre du mot. Nous élargirons l'empan de nos environnements dans le chapitre 16 du vol. 2 sur les *Catégories microsyntaxiques*. Par ailleurs, nous ne considérons pour l'instant que la dimension linéaire du texte. Nous verrons dans la partie 3 comment définir une structure syntaxique et c'est sur les environnements structurels que nous appliquerons notre analyse distributionnelle du chapitre 16 du vol. 2. Autrement dit, nos environnements seront des portions de la structure et non des segments de texte.

Revenons à la distribution de *-ure*. Cette distribution n'est pas déductible simplement des distributions d'autres signes, par exemple par l'intersection ou la réunion de familles d'environnements d'autres signes (voir l'encadré 6.3 sur la *Théorie des ensembles*; nous pouvons nous contenter pour l'instant d'une compréhension superficielle des notions d'*union* et d'*intersection*). Nous dirons que la distribution de *-ure* est IRRÉGULIÈRE.

Dire que la distribution de *-ure* est irrégulière revient à dire que la classe des signes qui peuvent se combiner avec *-ure* est irrégulière. On peut alors inverser le point de vue et voir *-ure* comme un environnement.

> **Définition 6.14 : classe distributionnelle**
>
> Un *ensemble de signes compatibles* avec un ensemble donné d'*environnements* est appelé une CLASSE DISTRIBUTIONNELLE.

Nous allons maintenant introduire des notions qui seront centrales dans notre définition de la syntaxe et qui nous permettrons de distinguer une combinaison de signes que nous considérons comme syntaxique d'une combinaison qui ne l'est pas, comme *bless* ⊞ *ure*.

Définition 6.15 : commutation libre

On dit que A COMMUTE LIBREMENT dans la combinaison propre A ⊞ B si la classe des signes qui *commutent proprement* avec A est assez **régulière** et peut notamment se déduire des classes de signes qui commutent avec A dans d'autres combinaisons.

Dans l'énoncé *Le chat avançait*, les quatre sous-segments *le, chat, avanç-, -ait* commutent librement dans leur environnement. Chaque segment est le signifiant d'un signe comme le montre les commutations propres suivantes :

(1) *le   chat   avanç- -ait*
     un   chien   grogn- -e
     mon garçon chant- -era
     ce   public march- -a

Ces commutations sont libres, car chaque élément que nous avons introduit possède à peu près la même distribution que ceux avec lesquels il commute. En particulier, toutes les combinaisons qui résultent des commutations considérées sont valides : *le public grogne, ce garçon avancera, mon chat chanta,* etc.

Définition 6.16 : combinaison libre, combinaison liée

On dit que A et B SE COMBINENT LIBREMENT si A et B *commutent librement* dans la combinaison propre A ⊞ B. Sinonla combinaison A ⊞ B est dite liée.

Définition 6.17 : opération de combinaison libre

La notation « X = A ⊕ B » signifie que X est le résultat de la combinaison libre de A et B. On appelle cette opération ⊕ l'OPÉRATION DE COMBINAISON LIBRE.

La combinaison *bless* ⊕ *ons* est libre, tandis que la combinaison *bless* ⊞ *ure* est propre, mais liée.

> **Définition 6.18 : unité syntaxique**
>
> Un *signe linguistique* qui *commute librement* avec son environnement est appelé une UNITÉ SYNTAXIQUE.

Voir le chapitre 8 pour une définition plus précise de l'unité syntaxique.

Encadré 6.2 : Liberté de combinaison et opposition parole-langue

L'opposition entre combinaison libre et liée marque la frontière entre ce que Saussure nomme la langue et la parole. Les *combinaisons libres* font partie de la PAROLE, c'est-à-dire des productions que chaque locuteur est libre de créer à sa guise. Les *combinaisons liées*, au contraire, font partie de la LANGUE, c'est-à-dire des connaissances partagées par les locuteurs d'une même langue et qui constituent leur stock lexical. Saussure (1916 : 172) ne dit pas autre chose dans l'extrait suivant (même si la notion de combinaison libre et liée n'est pas définie formellement) :

> « *Le propre de la parole, c'est la liberté des combinaisons.* [C'est nous qui soulignons]
>
> On rencontre d'abord un grand nombre d'expressions qui appartiennent à la langue ; ce sont les locutions toutes faites, auxquelles l'usage interdit de rien changer, même si on peut distinguer, à la réflexion, des parties significatives. [...]
>
> Mais ce n'est pas tout ; il faut attribuer à la langue, non à la parole, tous les types de syntagmes construits sur des formes régulières. [...] Quand un mot comme *indécorable* surgit dans la parole, il suppose un type déterminé, et celui-ci à son tour n'est possible que par le souvenir d'un nombre suffisant de mots semblables appartenant à la langue (*impardonnable, intolérable, infatigable,* etc.). Il en est exactement de même des phrases et des groupes de mots établis sur des patrons réguliers ; des combinaisons comme *la terre tourne, que vous*

dit-il? etc., répondent à des types généraux, qui ont à leur tour leur support dans la langue sous forme de souvenirs concrets.

Mais il faut reconnaître que dans le domaine du syntagme, il n'y a pas de limite tranchée entre le fait de langue, marque de l'usage collectif, et le fait de parole, qui dépend de la liberté individuelle. Dans une foule de cas, il est difficile de classer une combinaison d'unités, parce que l'un et l'autre facteurs ont concouru à la produire, et dans des proportions qu'il est impossible de déterminer »

Encadré 6.3 : Théorie des ensembles

Pour mieux comprendre la suite, il ne sera pas inutile de rappeler les bases de la THÉORIE DES ENSEMBLES. Un ENSEMBLE est composé d'objets qui sont appelés ses ÉLÉMENTS. Par exemple, l'alphabet latin moderne est un ensemble comportant 26 éléments, que l'on appelle des lettres.

La relation qui lie un élément avec l'ensemble qui le contient est appelée la relation d'APPARTENANCE et est notée ∈. Par exemple, le lexème MANGER appartient à l'ensemble V des verbes du français :

(2) MANGER ∈ V.

On peut définir un ensemble de deux façons :

— soit en EXTENSION, en donnant la liste de ses éléments entre accolades : V = { MANGER, CHANTER, DORMIR, LIRE, ... };

— soit en INTENSION, par une définition formelle comme une formule ou une opération : par exemple, V est l'ensemble des lexèmes qui peuvent se combiner avec les syntaxèmes flexionnels de temps.

Il existe un unique ENSEMBLE VIDE, noté ∅, qui est donc le seul ensemble sans éléments.

On définit une relation entre les ensembles appelée l'INCLUSION et notée ⊆. L'ensemble B est dit *inclus* dans l'ensemble A (et on note B ⊆ A) si tous les éléments de B sont dans A. On dit encore que B est un SOUS-ENSEMBLE de A ou une PARTIE de A.

L'inclusion est une RELATION D'ORDRE (voir l'encadré 10.12 *Dépendance, dominance et transitivité* pour une définition formelle) sur les ensembles, similaire à la relation d'ordre $\leq$ sur les nombres (d'où la notation $\subseteq$). Dire « $B \subseteq A$ » revient à dire que B est plus petit que A pour la relation d'inclusion. Néanmoins contrairement à la relation $\leq$, l'inclusion est un ordre PARTIEL, puisque deux ensembles peuvent ne pas être ordonnés l'un par rapport à l'autre, notamment lorsqu'ils sont disjoints (c'est-à-dire n'ont pas d'éléments en commun).

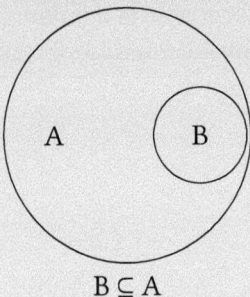

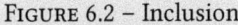

$B \subseteq A$

FIGURE 6.2 – Inclusion

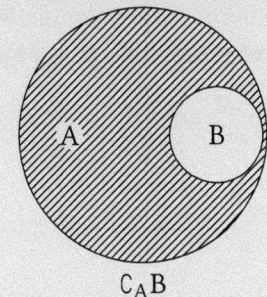

$C_A B$

FIGURE 6.3 – Complémentaire

À tout ensemble B inclus dans A, on peut associer le COMPLÉMENTAIRE $C_A B$ de B dans A.

À tout ensemble E, on peut associer l'ENSEMBLE DES PARTIES de E, noté 2^E ou $\mathcal{P}(E)$, avec un $\mathcal{P}$ comme *partie*. La notation 2^E repose sur le fait que si E a n éléments, alors 2^E a 2^n éléments.

Les ensembles $\emptyset$ et E sont respectivement le PLUS PETIT et le PLUS GRAND ÉLÉMENT de 2^E pour l'inclusion.

On ne confondra pas l'élément x de E avec le SINGLETON $\{ x \}$, qui est un élément de 2^E.

On peut définir sur 2^E deux opérations binaires, l'union et l'intersection. L'UNION de A et B, notée $A \cup B$, est l'ensemble qui contient à la fois les éléments de A et ceux de B, tandis que l'INTERSECTION de A et B, notée $A \cap B$, est l'ensemble des éléments communs à A et B. On peut visualiser ces ensembles sur les schémas suivants :

A ∪ B

FIGURE 6.4 – Union

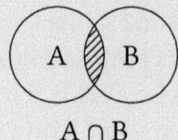

A ∩ B

FIGURE 6.5 – Intersection

L'ensemble 2^E muni des opérations binaires ∩ et ∪ et de la relation d'ordre ⊆ possède d'excellentes propriétés similaires à celles de l'ensemble des nombres naturels muni des opérations + et × et de la relation ≤. En un sens, ces opérations et relations « structurent » l'ensemble 2^E ; une telle structure est appelée une STRUCTURE ALGÉBRIQUE.

Encadré 6.4 : Dualité

L'analyse distributionnelle consiste à classer les éléments en fonction de leur distribution dans des combinaisons avec d'autres éléments. La principale difficulté de l'analyse distributionnelle est que tout est interdépendant et que les éléments servent à se classifier les uns les autres. Il existe ainsi une véritable symétrie entre classes distributionnelles et familles d'environnement. Ce type de symétrie est appelé en mathématique la DUALITÉ. Le DUAL d'une classe distributionnelle est la famille des environnements compatibles avec les éléments de la classe et le DUAL d'une famille d'environnements est la classe distributionnelle des éléments compatibles avec les environnements de la famille. Autrement dit, si A est une classe distributionnelle, **dual(A) = famille(A)** = "l'ensemble des environnement compatibles avec A" et, si A est une famille d'environnements, **dual(A) = classe(A)** = "l'ensemble des signes compatibles avec A".

Le schéma suivant illustre la dualité. La dualité lie des OBJETS à des PROPRIÉTÉS : dans notre cas, les objets sont les signes et les propriétés les environnements (plus exactement, la propriété est la compatibilité avec un environnement). Les propriétés définissent des classes d'objets, tandis que les objets définissent des familles de propriétés. Mais le procédé est totalement symétrique et on peut très bien considérer les propriétés comme nos objets et les objets comme leurs propriétés : dans ce cas, les « propriétés » d'une propriété donnée sont les objets compatibles avec elle.

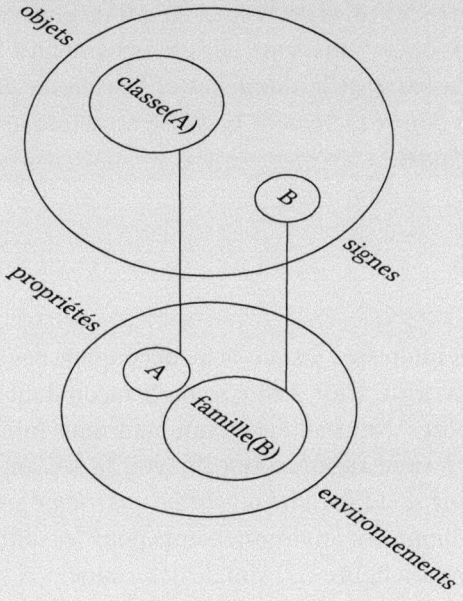

FIGURE 6.6 – Dualité entre objets/signes et propriétés/environnements

Si A est une classe distributionnelle ou une famille d'environnements, dual(dual(A)) = A. La fonction « dual » associe donc une classe à chaque famille, laquelle est elle-même associée à cette classe. On en déduit qu'il y a exactement autant de classes distributionnelles que de familles d'environnements.

De plus, la fonction « dual » possède une excellente propriété qui est de *préserver la structure algébrique* définie par les opérations ∩ et ∪ et la relation d'ordre ⊆, puisque dans les deux cas (que A et B soient des classes ou des environnements), on a :

1. si A ⊆ B, alors dual(B) ⊆ dual(A) ; autrement dit, plus on considère d'environnements, moins il y a de signes compatibles.

2. dual(A ∪ B) = dual(A) ∩ dual(B) ; autrement dit, les signes compatibles avec à la fois les environnements dans A et ceux dans B sont, sans surprise, les signes qui sont à la fois compatibles avec A et compatibles avec B.

3. dual(A ∩ B) = dual(A) ∪ dual(B).

La dualité inverse les rôles de ∩ et ∪, ce qui ne change rien à la structure, car ces deux opérations sont elles-mêmes duales l'une de l'autre. L'ensemble des classes distributionnelles et l'ensemble des familles d'environnements ont donc exactement la même structure algébrique et sont le *miroir l'un de l'autre.*

6.6 Signème

Nous nous sommes intéressés jusque-là au découpage des signes linguistiques selon l'AXE SYNTAGMATIQUE, c'est-à-dire selon la façon dont ils se combinent ou peuvent être décomposés. Nous allons maintenant nous intéresser à la délimitation des signes selon l'AXE PARADIGMATIQUE (voir la section 5.5 sur *L'identification des unités de la langue* et l'encadré 6.1 sur *La quatrième proportionnelle*). Nous regardons ici le paradigme des environnements pour les différentes occurrences d'une même forme (voir la figure 6.7) afin de déterminer s'il s'agit des signifiants d'un même signe ou pas.

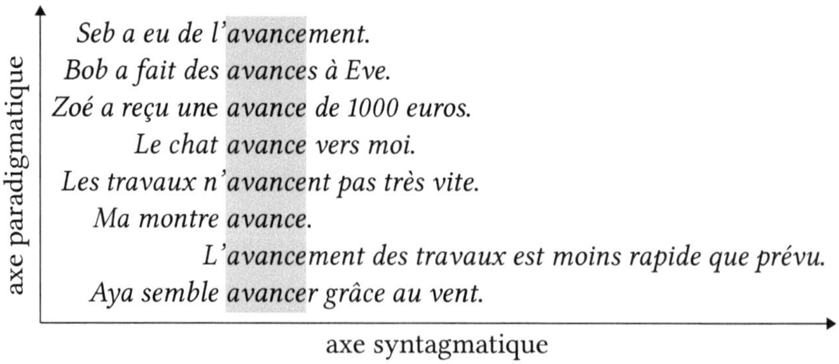

Seb a eu de l'avancement.
Bob a fait des avances à Eve.
Zoé a reçu une avance de 1000 euros.
Le chat avance vers moi.
Les travaux n'avancent pas très vite.
Ma montre avance.
L'avancement des travaux est moins rapide que prévu.
Aya semble avancer grâce au vent.

axe syntagmatique

FIGURE 6.7 – Découpage de /avãs-/ selon les axes paradigmatique et syntagmatique

Considérons par exemple le segment /avãs-/ de *Le chat avançait*. On va retrouver le même segment /avãs-/ dans des énoncés tel que *Nous avançons grâce au vent* et *L'âne ne veut plus avancer*. On peut considérer qu'il s'agit du même signe, car sa forme est identique (l'alternance orthographique *c* vs *ç* n'est pas pertinente, la forme orale est identique) et que sa contribution sémantique est identique : 'avancer' signifie ici 'se déplacer vers l'avant'.

Considérons maintenant d'autres occurrences de /avãs-/ dans d'autres environnements. Dans les énoncés *Ma montre avance* ou *Les travaux n'avancent pas très vite*, nous n'avons plus affaire au même signe /avãs-/, car le sens n'est plus 'se déplacer vers l'avant'. On peut néanmoins considérer qu'il s'agit, d'un certain point de vue, du même segment, car même si le sens est différent, il reste lié au premier sens que nous avons considéré. Il s'agit d'acceptions métaphoriques : lorsque ma montre avance, c'est comme si l'aiguille avançait plus vite que le temps ; lorsque les travaux avancent, ils se rapprochent de leur achèvement. De plus, la forme du signe est exactement la même et sa combinatoire assez similaire : *avanç-* se combine toujours avec *-ait* (*Ma montre avançait*), mais par contre elle n'accepte plus de complément locatif (*L'âne avançait vers moi ; #Ma montre avance vers moi*). Bien qu'il s'agisse de trois signes différents (puisque les signifiés sont différents), nous considérons pourtant qu'ils appartiennent à une même unité, qu'on nomme généralement le verbe AVANCER.

On retrouve encore le même segment /avãs/ dans des énoncés tels que *Pierre est en avance*, *Pierre a reçu une avance de 1000 euros*, *Pierre a fait des avances à Marie*. Ici le sens de /avãs/ est différent, mais surtout sa combinatoire est très différente : ce n'est plus un verbe et il ne peut plus se combiner avec un segment tel que *-ait*. La forme est néanmoins identique et la parenté de sens non négligeable. Dans *L'avancement des travaux est moins rapide que prévu* ou *Pierre a eu de l'avancement*, /avãs/ est encore un signe (*avancement* est à *avancer* ce que *changement* est à *changer*), mais sa combinatoire est encore différente puisqu'il est indissociable de *-ment*.

Tout locuteur du français voit un lien entre toutes les occurrences d'/avãs/ que nous avons considérées. Nous considérons donc que, d'un certain point de vue (et d'un certain point de vue seulement), il s'agit toujours du même objet : un tel objet est appelé un signème.

Définition 6.19 : signème

Un SIGNÈME est un *ensemble de signes ou de quasi-signes* de *même forme* et de *sens apparentés*. (Nous considérerons des signèmes de signes de formes différentes à la section 6.11 sur l'*Allomorphie*.)

On peut repérer à l'intérieur d'un signème des sous-ensembles de signes qui ont une distribution comparable. À l'intérieur du signème /avãs/, on repère ainsi trois (sous-)signèmes : le verbe AVANCER, le nom AVANCE et le radical *avance-* de AVANCEMENT.

Encadré 6.5 : Racine et signème

Jusqu'où pousser la recherche des segments communs ? Il y a dans les mots *commerce* et *marchand* des segments comparables (/mɛrs/ pour *commerce* et /marʃ/ pour *marchand*) qui découlent de fait de la même RACINE indo-européenne /mɛrk/, que l'on retrouve non altérée dans *mercantile* ou *mercato*. Néanmoins, il est probable que les locuteurs ordinaires du français (c'est-à-dire qui ne sont pas entraînés à analyser leur langue) n'auront pas remarqué cela, malgré la forte parenté sémantique de ces mots.

Qu'est-ce qui distingue racines et morphèmes ?

Si nous reconnaissons dans *avancement* le même signème /avãs/ que dans *avançons*, c'est parce que *avancement* est à *avançons* ce que *changement* est à *changeons*. Rien de tel pour *commerce* et *marchand* où il n'y a aucune paire analogue. La mise en évidence d'un segment commun ne relève pas de la grammaire du locuteur et de sa connaissance *de* la langue, mais d'une connaissance *sur* la langue. Le *signème* appartient à l'étude SYNCHRONIQUE de la langue, la *racine* à l'étude DIACHRONIQUE de la langue et à l'ÉTYMOLOGIE (l'étude de l'origine des mots). L'opposition entre SYNCHRONIE et DIACHRONIE a été posée par Ferdinand de Saussure ; la synchronie considère un *état de langue* à un moment donné, tandis que la diachronie étudie les *variations* (du grec *dia-* 'à travers') entre différents état de langue selon l'axe temporel (*chronos*).

Donnons deux autres exemples : *avance, avant* et *avantage* ont aussi une racine commune, comme le suggère les proximités de forme et de sens, mais on ne peut parler d'un même signème, puisqu'aucun des liens qui unissent ces mots n'a d'analogue en français. *État* et *constater* ont également une racine commune : la parenté de sens apparaît quand on pense à la synonymie entre *constater* et *faire état* et la parenté de forme devient évidente quand on pense qu'un autre sens de *état* se dit en anglais *state* (et que l'on a noté qu'il existe d'autres paires en français où un /s/ s'est effacé : *été-estival, hôpital-hospitalier*).

6.7 Signèmes minimaux : morphème et syntaxème

Si nous considérons maintenant le signème /avãs/, nous voyons qu'il n'est possible de décomposer aucun de ses éléments en deux signes linguistiques. On peut éventuellement essayer avec un segment /avã/ que l'on trouve dans *La plage est **avant** le village*, mais on ne voit pas comment la composition du sens de cet /avã/ avec un éventuel signe /s/ pourrait donner le signe *avanç-* /avãs-/. Proposer un signe /s/ n'aurait de sens qu'au cas où pour un autre signe X au moins, l'ajout d'un /s/ créait le sens 'se déplacer dans la direction X', c'est à dire si /avã/ et /s/ se combinaient proprement. Le signème /avãs/ est donc indécomposable.

Définition 6.20 : morphème

Un MORPHÈME est un signème dont aucun signe n'est décomposable proprement.

Les morphèmes sont donc les signèmes minimaux du point de vue de l'opération de combinaison propre ⊞. Nous pouvons considérer de même les signèmes minimaux du point de vue de la combinaison libre ⊕, que nous appelons les syntaxèmes.

Définition 6.21 : syntaxème

Un SYNTAXÈME est un signème de signes de la même classe distributionnelle dont certains se combinent librement et dont aucun n'est une combinaison libre de signes.

Les morphèmes sont les *unités minimales de la morphologie* et les syntaxèmes
sont les *unités minimales de la syntaxe*. La définition des syntaxèmes sera précisée
dans le chapitre 8.

Reprenons l'exemple du signème /avãs/ : il s'agit d'un morphème, puisqu'aucun de ses éléments n'est décomposable proprement. Il contient deux syntaxèmes
que sont AVANCER et AVANCE. Enfin, AVANCEMENT est un syntaxème, puisqu'aucune de ses acceptions n'est décomposable librement (seul un petit nombre de
morphèmes verbaux permettent la combinaison avec *-ment*). Il est néanmoins
décomposable proprement et contient une occurrence du morphème /avãs/.

Encadré 6.6 : Les termes *morphème* et autres *X-èmes*

La première étude des règles morphologiques d'une langue remonte à
2500 ans au moins. Il s'agit de l'extraordinaire description du sanskrit vé-
dique faite par le linguiste indien Pāṇini, qui comprend une description
des morphèmes du sanskrit et des règles de combinaison (particulièrement complexes) de leurs signifiants. Les termes *morphème* et *phonème*
sont introduits dans les années 1880 par le linguiste polonais Baudouin de
Courtenay. La définition formelle des morphèmes et le Principe de commutation doivent beaucoup aux travaux des distributionnalistes américains sur les langues amérindiennes (voir l'encadré 5.4 sur *Structuralisme
et distributionnalisme*).

Les termes en *-ème* vont foisonner au cours du 20e siècle. Les termes
lexème et *grammème* sont couramment utilisés pour désigner respectivement les unités du lexique et celles de la grammaire. Nous introduisons *syntaxème* pour désigner les unités minimales de la syntaxe, qu'elles
soient lexicales comme le *lexème* ou grammaticales comme le *grammème*.

Le terme *syntaxème* (ou la variante *syntactème*) a été utilisé marginalement par quelques auteurs, mais ne s'est jamais imposé, d'autant que c'est le mot qui est généralement considéré comme l'unité minimale de la syntaxe (contrairement au point de vue défendu ici qui considère qu'il s'agit du syntaxème). Le terme *sémantème*, que nous utiliserons pour désigner les unités minimales de la sémantique, est beaucoup plus courant et a été utilisé par Charles Bally ou Igor Mel'čuk pour désigner les sens lexicaux. Nous lui donnons un sens un peu différent en l'utilisant pour désigner des signes (et pas seulement des signifiés) (voir le chapitre 7 sur *Sémantèmes et syntaxèmes*). Tous les termes que nous venons de mentionner (*morphème, lexème, grammème, syntaxème, sémantème*) désignent, dans l'acception dans laquelle nous les utilisons, des ensembles de signes. Pour finir, nous introduisons le terme *signème* pour désigner tout ensemble de signes d'un de ces types.

6.8 Lexème, flexion et grammème

On distingue deux principaux types de syntaxèmes : les syntaxèmes lexicaux ou lexèmes et les syntaxèmes flexionnels ou grammèmes.

— AVANCER est un SYNTAXÈME LEXICAL OU LEXÈME : il appartient à une classe distributionnelle OUVERTE de syntaxèmes, c'est-à-dire qu'il peut commuter avec un très grand nombre de syntaxèmes, potentiellement illimité (cet ensemble est celui des verbes). De plus, ses sens sont assez précis pour être paraphrasés. Par exemple, dans l'énoncé *Le chat avançait*, AVANCER signifie 'se déplacer vers l'avant' et il commute avec sa définition : *Le chat se déplaçait vers l'avant* est une paraphrase de *Le chat avançait*.

— *-ait* est une DÉSINENCE. Il s'agit d'une combinaison de plusieurs syntaxèmes, qui comprend notamment la combinaison libre d'un temps (l'imparfait) et d'un accord en nombre et personne. Les syntaxèmes qui composent une désinence s'appellent des SYNTAXÈMES FLEXIONNELS OU GRAMMÈMES. Désinences et syntaxèmes flexionnels appartiennent à des classes distributionnelles FERMÉES d'éléments, c'est-à-dire qu'ils commutent avec un nombre restreint d'éléments similaires dont on peut faire la liste exhaustive ; il y a par exemple 48 désinences possibles pour un verbe du français : 6 formes pour chacun des 6 « temps » simples (présent, imparfait, futur, conditionnel, passé simple, subjonctif), 3 formes pour l'impératif, 4 formes pour chacun des deux participes, auxquelles il faut encore ajouter la forme infinitive (48 = 6 × 6 + 3 + 2 × 4 + 1). Les grammèmes expriment des significations grammaticales qui ne peuvent être paraphrasées facilement.

Lexème verbal et désinence ne peuvent pas être utilisés de manière AUTONOME. Le lexème et sa désinence sont INDISSOCIABLES l'un de l'autre : une désinence verbale ne s'utilise pas sans une base verbale et un lexème verbal ne s'utilise pas sans désinence (voir l'encadré 6.11 sur *Syntaxème zéro et troncation en français* pour la question des désinences nulles). Ils ne sont donc pas AUTONOMISABLES (voir la discussion sur autonomisabilité et indissociabilité dans la section 9.8 sur l'*Unité syntaxique autonomisable*). Ceci nous amène à la définition du mot, sur laquelle nous reviendrons au chapitre 14 du vol. 2 : un MOT est grosso modo un signe linguistique autonomisable minimal, c'est-dire dont les parties sont indissociables et donc non-autonomisables. L'opération de combinaison d'un lexème avec ses désinences est appelée la FLEXION. Cette opération, qui pour nous relève de la syntaxe, puisqu'il s'agit d'une combinaison libre, doit être distinguée des opérations de combinaison de morphèmes sous-lexicaux (voir la section 6.10 sur *Dérivation et composition*). Un mot comportant un lexème L et un de ses désinence est appelé une FORME FLÉCHIE de L.

Du fait que les lexèmes verbaux ne sont pas autonomisables, il est d'usage de les nommer par l'une de leurs formes fléchies. L'usage en français est d'utiliser la forme infinitive. Cet usage est purement conventionnel (et pédagogiquement assez mauvais, puisque le radical de l'infinitif n'est généralement pas le radical de base ; voir l'encadré 6.11 sur *Syntaxème zéro et troncation en français* pour la chute des consonnes finales) ; par exemple en grammaire latine, il est d'usage de nommer un lexème verbal par la forme de la 1ère personne du singulier du présent (lat. AMO 'aimer', litt. *j'aime*) et en grammaire arabe par la forme de la 3ème personne du singulier du passé (ar. KATABA 'écrire', litt. *il a écrit*). Pour éviter toute confusion entre le lexème et la forme infinitive, nous notons le premier en petites majuscules, AVANCER, et la deuxième en italique, *avancer*. Les syntaxèmes flexionnels sont désignés par des termes métalinguistiques : présent, pluriel, etc. La forme *avancer* est la combinaison de AVANCER et de l'infinitif :

(3) *avancer* = AVANCER ⊕ infinitif.

6.9 Signème libérable, radical, affixe

Nous allons caractériser les occurrences des morphèmes au sein des lexèmes, c'est-à-dire les MORPHÈMES SOUS-LEXICAUX. Un lexème qui peut être décomposé en plusieurs morphèmes est dit COMPLEXE.

Définition 6.22 : morphème libérable, morphème lexical

Un signème est dit LIBÉRABLE s'il existe des environnements dans lesquels ce signème commute librement. Un MORPHÈME LIBÉRABLE est donc un morphème qui inclut un syntaxème. Ce syntaxème est généralement un lexème et un morphème libérable et on parle donc plus simplement de MORPHÈME LEXICAL.

La « libérabilité » est utilisée pour classifier les morphèmes constitutifs d'un lexème complexe. Si l'on considère le syntaxème *brûlure*, qui se décompose en *brûl⊞ure*, on constate que *brûl-* est libérable, puisqu'il commute librement dans *nous brûlons*, mais *-ure* n'est pas libérable, puisqu'il n'existe aucun environnement où *-ure* commute librement.

Définition 6.23 : radical, affixe, préfixe, suffixe

Un morphème, lorsqu'il est l'unique morphème lexical d'un lexème, est appelé le RADICAL du lexème. Un morphème non lexical est appelé un AFFIXE. Lorsqu'il précède le radical, il s'agit d'un PRÉFIXE et, lorsqu'il le suit, il s'agit d'un SUFFIXE.

Voir également le cas des infixes dans l'encadré 8.6 sur les *Syntaxèmes discontinus*. Un autre cas encore est celui des lexèmes construits uniquement avec des morphèmes non libérables. En français, un certain nombre de lexèmes, appelés composés savants, sont construits avec deux morphèmes (originalement lexicaux) empruntés au grec ancien (dont certains sont devenus libérables) : *sismo ⊞ graphe, sismo ⊞ logue, grapho ⊞ logue, géo ⊞ graphe, géo ⊞ thermie, thermo ⊞ mètre, métro ⊞ nome*, etc. De tels morphèmes, dont le statut est intermédiaire entre affixe et radical, sont appelés des CONFIXES, car ils doivent être associés par paire pour former un lexème.

Il faut noter que les termes de *libre* et de *libérable* sont définis ici par des critères purement distributionnels et recouvrent donc des notions syntaxiques. Ils ne doivent pas être confondus avec un autre emploi du terme *libre* (angl. *free form*) dû à Bloomfield (1933 : §11.5) qui est proche de ce que nous avons appelé l'autonomisabilité et qui conduit à appeler *forme liée* (angl. *bound form*) tout affixe. Dans notre terminologie, au contraire, les *syntaxèmes flexionnels*, bien qu'étant des affixes, se combinent librement par définition et sont parfaitement *libérables*. Par contre, ils ne sont *pas autonomisables*, puisqu'ils sont indissociables de lexèmes.

Les notions de radical et d'affixe doivent être étendues par analogie. Ainsi, un quasi-morphème comme *struct-*, bien que non libérable, est également considéré comme un élément lexical et comme le radical de *structure* et de *construction*, car il commute avec des morphèmes lexicaux.

A l'inverse, certains préfixes du français présentent un cas limite d'affixe, puisqu'ils appartiennent à des morphèmes prépositionnels comme le *en* de il **en**terre ou le *sur* de il **sur**estime. On considère quand même qu'il s'agit d'affixes, car les prépositions simples forment une classe fermée et sont donc moins lexicales que les morphèmes qui ont des emplois en tant que syntaxèmes appartenant à des classes ouvertes. De plus, la classe distributionnelle des préfixes du français contient quand même une bonne proportion de morphèmes non libérables, comme *con-* ou *in-*, et qui commutent avec les autres (**com**prendre vs **sur**prendre, **in**estimable vs **sur**estimer).

6.10 Dérivation et composition

La plupart des lexèmes complexes du français sont construits avec un radical et un certain nombre d'affixes. Par exemple, le lexème *détournement* est construit avec le radical *tourn-*, le préfixe *dé-* et le suffixe *-ment*. Les lexèmes complexes comportant un unique morphème lexical sont appelés des DÉRIVÉS MORPHOLOGIQUES. L'opération qui consiste à ajouter un affixe à un lexème pour former un nouveau lexème est appelée la DÉRIVATION MORPHOLOGIQUE.

Il existe aussi des lexèmes construits avec plusieurs morphèmes lexicaux, comme *soutien-gorge* ou *bonhomme* : de tels syntaxèmes sont appelés des COMPOSÉS MORPHOLOGIQUES. L'opération qui consiste à combiner deux lexèmes pour former un nouveau syntaxème est appelée la COMPOSITION MORPHOLOGIQUE. Un composé peut être la source d'une dérivation comme dans *bonhommie*.

On peut associer à un lexème complexe une structure morphologique en regardant les portions du lexème qui sont libérables. Une UNITÉ MORPHOLOGIQUE est soit un morphème, soit une portion libérable d'un lexème. Les unités morphologiques de *détournement* sont les morphèmes *dé-*, *tourn-* et *-ment* et les combinaisons *détourn-* (*il **détourn**ait*) et *détournement*. Par contre °*tournement* n'est pas libérable. On en déduit une STRUCTURE MORPHOLOGIQUE que nous pouvons représenter dans ce cas par un parenthésage : *détournement* = (*dé*⊞*tourn*)⊞*ment*. Ceci induit un CHEMIN DÉRIVATIONNEL menant du radical du lexème au lexème complet par combinaisons successives de morphèmes. Pour *détournement*, le chemin est *tourn(er)* → *détourn(er)* → *détournement* et pas *tourn(er)* → °*tournement* → *détournement*. Cela signifie que, dans la façon dont est perçu le lexème *détournement*, c'est *dé-* qui s'affixe d'abord à *tourn-*, puis *-ment* au tout.

L'étude des *morphèmes sous-lexicaux*, c'est-à-dire des occurrences d'un morphème à l'intérieur d'un lexème, ne relève pas de la syntaxe et est donc hors de la visée de cet ouvrage. Une telle étude concerne la construction des lexèmes, c'est-à-dire la MORPHOLOGIE CONSTRUCTIONNELLE et la LEXICOLOGIE. Cette notion est néanmoins essentielle à la compréhension de ce que sont les syntaxèmes et de ce qui les différencie des occurrences liées des morphèmes.

Encadré 6.7 : « Syntaxe » des morphèmes sous-lexicaux

Lorsqu'on parle de syntaxe, on parle normalement de combinatoire libre (voir la section 8.4 sur *Syntaxe et morphologie*) et lorsqu'on parle de combinatoire libre, on parle de combinaisons qui sont faites par le locuteur au moment de la production d'un nouvel énoncé (voir l'encadré 6.2 sur *Liberté de combinaison et opposition parole/langue*). La combinatoire des sous-morphèmes relève au contraire de la structure d'unités déjà construites et stockées dans le lexique mental du locuteur (même s'il existe la possibilité de construire de nouvelles unités lors de la production avec les constructions productives). Il en découle que l'histoire constructionnelle de ces unités se fait sur un temps beaucoup plus long, bien qu'il en reste des traces en synchronie (par la commutation propre avec d'autres morphèmes). On peut alors se poser la question suivante : la structure des combinaisons de sous-morphèmes est-elle ou non de la même nature que celle des syntaxèmes ?

Nous étudierons en détail la structure des combinaisons syntaxiques dans la partie III, dont c'est le sujet central. Les outils que nous introduirons peuvent aussi s'appliquer à la description des combinaisons morphologiques. Nous opposerons en particulier deux approches principales de la structure syntaxique, la syntaxe de dépendance et la syntaxe de constituants. La principale différence entre les deux approches repose sur ce qu'elles encodent prioritairement (voir l'encadré 11.7 *Dépendance et constituance se complètent*). Les structures de constituants permettent d'encoder naturellement l'ordre dans lequel les combinaisons ont lieu et c'est ce que nous avons utilisé pour présenter l'analyse de *détournement*, car nous voulions indiquer que lors de l'histoire dérivationnelle de ce mot, *tourn-* s'est d'abord combiné avec *dé-*, puis *-ment*. Ils existent des cas où l'histoire dérivationnelle n'est pas aussi claire en synchronie. Tel est le cas par exemple de *châtaigneraie, pommeraie* ou *orangeraie*. Il s'agit a priori du suffixe *-aie* qui appliqué à un nom d'arbre désigne un groupe d'arbres, comme dans *chênaie* 'groupe de chênes' ou *peupleraie* 'groupe de peupliers', avec en plus une alternance *-ier* /je/ → *-er* /ʁ/. On aurait donc *châtaigneraie* = (*châtaigne*⊞*ier*)⊞*aie*. Mais on peut aussi analyser ces dérivations comme le résultat direct de l'application du suffixe *-eraie*, lequel suffixe se rencontre dans *chêneraie* 'groupe de chênes' (lexème considéré comme fautif mais largement attesté). On peut représenter cette ambiguïté en utilisant une représentation non parenthésée de la dérivation (*châtaigneraie* = *châtaigne*⊞*ier*⊞*aie*), qui s'apparente alors à une structure de dépendance, puisqu'on n'indique que *-ier* se combine aussi bien avec *châtaigne* que *-aie* sans spécifier quelle combinaison a lieu en premier.

Encadré 6.8 : Sémantique des morphèmes sous-lexicaux

Le fait qu'un affixe soit toujours un morphème non libérable influe sur la nature même de son sens : l'affixe ne peut jamais être « isolé » et son sens ne peut pas être saisi de manière autonome. Le sens d'un affixe n'apparaît que dans la *relation entre deux lexèmes* : le sens de *-ure* naît de la relation entre BLESSURE et BLESSER. Ainsi le sens d'un tel morphème est nécessairement de nature *opératoire* : il n'est exprimable que dans la relation entre deux sens. Le sens de *-ure* est le sens de l'opération qui permet de construire 'blessure' à partir de 'blesser' et d'autres paires du même type : une X-ure est le résultat obtenu en X-ant quelqu'un ou quelque chose.

Il existe aussi des morphèmes, comme le *-aume* de *royaume*, qui n'apparaissent que dans un seul lexème dont la diagrammaticité est suffisamment claire pour qu'on attribue un sens au morphème : le fait que le lien sémantique entre *royaume* et *roi* soit assez simple (un royaume est un territoire sous la tutelle d'un roi) et que la paire *roi-royaume* soit parallèle à d'autres paires comme *prince-principauté* ou *duc-duché*, permet de définir facilement le sens (opératoire) de *-aume*. Par contre, *fur*, qui est pourtant un mot, mais qui n'apparaît que dans *au fur et à mesure* n'a plus de sens accessible en français contemporain, car la construction dans laquelle il entre est isolée et qu'il n'y a jamais de commutation possible sur *fur*. De même, beaucoup de locuteurs du français vont utiliser une locution comme *être dans le collimateur* sans avoir aucune idée de ce qu'est un collimateur (voir l'encadré 8.1 sur *Le collimateur et la sellette* pour d'autres exemples).

Encadré 6.9 : À la limite entre morphème sous-lexical et syntaxème flexionnel

La notion de commutation libre est GRADUELLE et il est parfois difficile pour certains morphèmes de les situer entre morphème sous-lexical et syntaxème (flexionnel). Le cas du morphème *-ment* qui transforme un adjectif en adverbe est un cas intéressant de morphème qui ne commute pas librement, mais s'en approche néanmoins. Dans de nombreux cas, le changement de partie du discours opéré par *-ment* ne s'accompagne d'aucun changement de sens, ce qui signifie que la commutation est propre : cf. le passage de *un départ rapide* à *partir rapidement* ou de *une réflexion intense* à *réfléchir intensément*. Mais la dérivation en *-ment* n'est pas systématiquement possible : cf. *une réflexion poussée/élaborée* vs **réfléchir poussément/ élaborément, un départ inattendu* vs **partir inattendument*. Même des adjectifs très courant comme GROS n'ont pas d'adverbe correspondant : *faire une grosse erreur* vs **se tromper grossement*. Certains adverbes en *-ment* sont fort peu diagrammatiques et ne peuvent pas être décomposés proprement, comme *vraiment, carrément* ou *vertement*. En conséquence, la classe des éléments qui se combine avec -*ment* comporte pas mal d'irrégularités et est par exemple différente de la classe des adjectifs qui se combinent avec *de façon*, puisqu'on a *de façon poussée, élaborée* ou *inattendue* et pas *de façon verte*. On peut également noter quelques irrégularités morphologiques (voir la section 6.11 sur l'*Allomorphie*) dans la combinaison de -*ment* et d'un adjectif, toutefois la combinaison libre des verbes avec leur flexion comprend davantage encore d'idiosyncrasies, donc les arguments purement morphologiques ne permettent pas de décider s'il s'agit de combinaison libre ou non.

Un autre cas discutable est le « genre » des noms. Le genre des noms ne doit pas être confondu avec le genre des adjectifs. Le genre des adjectifs est un syntaxème flexionnel qui se combine librement avec l'adjectif. Il n'a aucune contribution sémantique et sert seulement à mieux marquer la dépendance entre le nom et l'adjectif qui le qualifie (ce rôle syntaxique constitue la signification du syntaxème flexionnel). Certains noms varient apparemment en genre comme *lion* vs *lionne*, *acteur* vs *actrice* ou *prince* vs *princesse*. Mais dans ce cas, l'opposition est sémantique et marque une opposition de sexe : la lionne est la femelle du lion. Elle peut s'accompagner d'une variation de sens plus importante, puisque par exemple un prince est toujours le fils d'un roi, tandis qu'une princesse peut être la fille d'un roi ou la femme d'un prince. De même, un lion et une lionne possèdent des différences morphologiques suffisamment importantes, comme la crinière, pour qu'il soit bizarre de dire qu'une lionne est un lion femelle. De plus, cette alternance de genre est assez capricieuse avec de nombreux noms dons le genre est fixe (*grenouille, girafe, chacal, moustique,* etc.), même si l'alternance de sexe reste signifiante et plusieurs cas où deux formes sans liens morphologiques existent (*poule* et *coq* ou *jument* et *étalon*). Citons encore les nombreux trous que des néologismes comme *auteure* ou *professeure* peinent encore à combler. Il y a donc toutes les raisons de considérer le /ɛs/ de /prɛ̃sɛs/ *princesse* comme un morphème sous-lexical plutôt qu'un syntaxème flexionnel.

6.11 Allomorphie

Nous n'avons jusque-là considéré que des signèmes dont tous les éléments ont le même signifiant. Il y a néanmoins de bonnes raisons d'élargir la notion de signème et d'accepter des alternances de formes. Ainsi là où le verbe AVANCER présente une seule forme /avãs-/, le verbe ALLER présente quatre formes : /v/- dans *tu vas*, /al/- dans *nous **all**ons*, /i/- dans *nous **i**rons*, /aj/- dans *qu'il **aille***. On veut pourtant regrouper ces formes parce que ***all**+ons* est à *avanç+ons* ce que *i+rons* est à *avance+rons*. Nous dirons que *all-* et *i-* sont des allomorphes.

Définition 6.24 : allomorphie

Pour que les signes A_1 et A_2 soient des ALLOMORPHES, il faut que A_1 et A_2 aient des signifiants différents, mais qu'il existe un signe A' et un certain nombre de signes B et B' tels que A_1+B soit à A_2+B' ce que A'+B est à A'+B'. (Cette condition est nécessaire, mais pas suffisante, comme nous allons le voir.)

Cette propriété est bien vérifiée par notre premier exemple : A_1 = *al-*, A_2 = *i-*, A' = *avanç-*, B = *-ons*, B' = *-rons* et A_1+B = *allons* est à A_2+B' = *irons* ce que A'+B = *avançons* est à A'+B' = *avancerons*. Deux allomorphes sont donc des signes différents, puisqu'ils ont des signifiants différents, mais ils se comportent ensemble comme s'ils formaient un unique signe, puisqu'ils commutent avec un même signe A'. On traduit cela en demandant qu'ils commutent proprement avec un tel signe dans un certain nombre d'environnements.

La notion d'allomorphie nous permet d'étendre la notion de morphème.

Définition 6.25 : morphème polymorphique

Un MORPHÈME POLYMORPHIQUE est la réunion de plusieurs « morphèmes » de formes différentes qui sont des allomorphes les uns des autres.

La première propriété que nous avons donnée pour définir l'allomorphie n'est pas suffisante. Une autre propriété nécessaire pour être des allomorphes est de se ressembler. Il y a en fait deux types de ressemblance possibles et ainsi deux notions d'allomorphie : l'une, syntaxique, est une allomorphie au sein d'un syntaxème, basée sur une similarité de syntactique ; l'autre, morphologique, est une allomorphie au sein d'un morphème, basée sur la similarité des formes.

Définition 6.26 : allomorphie syntaxique

Les signes A_1 et A_2 sont des ALLOMORPHES (SYNTAXIQUES) si A_1 et A_2 ont des formes différentes, mais des sens identiques et s'il existe un syntaxème A' dont l'ensemble des contextes possibles réunit les contextes possibles de A_1 et A_2.

Le cas de ALLER vu précédemment illustre l'allomorphie syntaxique. La réunion des paradigmes de flexion des différents allomorphes de ALLER comprend une quarantaine formes et est équivalente au paradigme de flexion de n'importe quel verbe.

Un autre exemple d'allomorphie syntaxique est l'alternance des formes /ɛ/ vs /j/ pour l'imparfait (*je chantais* vs *nous chantions*. En effet, ces deux formes ont exactement les mêmes sens et elles possèdent, à elles deux, la même extension que le syntaxème zéro du présent ou que le syntaxème /ʁ/ du futur.

Le deuxième cas d'allormorphie nous concerne moins, car il ne relève pas de la syntaxe.

Définition 6.27 : allomorphie morphologique

Les signes A_1 et A_2 sont des ALLOMORPHES (MORPHOLOGIQUES) si A_1 et A_2 ont des formes différentes mais similaires, des sens apparentés et s'il existe des signes A', B et B' tels que A_1+B soit à A_2+B' ce que A'+B est à A'+B'.

Dans le cas de l'allomorphie morphologique, il n'y a plus identité de sens et la combinatoire est généralement très différente : il faut donc que A_1 et A_2 possèdent une proximité formelle suffisante pour qu'on considère qu'ils sont parents. Par exemple, *écriv-* et *écrit-* sont des allomorphes, car *écrit+ure* est à *écriv+ons* ce que *sculpt+ure* est à *sculpt+ons* et /ekʁit/ et /ekʁiv/ sont formellement proches. La différence de forme peut être plus importante si elle se retrouve plusieurs fois : *construct-* et *construis-* sont des allomorphes, car *construction* est à *construisons* ce que *instruction* est à *instruisons* ou ce que *destruction* est à *détruisons*.

Par contre, même si *coup* est à *frapp+ons* ce que *gifle* est à *gifl+ons*, on ne dira pas que *coup* est un allomorphe de *frapp-*. Il y a là une trop grande distance formelle. On dira plutôt qu'il y a SUPPLÉTION et que *coup* est un SUPPLÉTIF de *frapp-*.

En général, les allomorphes d'un signème sont en DISTRIBUTION COMPLÉMEN-TAIRE, c'est-à-dire que leurs environnements respectifs sont incompatibles (voir la notion de *complémentaire* en *Théorie des ensembles* dans l'encadré 6.3). Mais il existe aussi des cas d'alternance de forme dans un même environnement. Par exemple le verbe BALAYER possède deux allomorphes /balɛ/ et /balɛj/ qui peuvent alterner avec certaines désinences : *ils balaient* vs *ils balayent*.

Encadré 6.10 : Alternance vocalique en français : allomorphie ou alternance phonologique ?

Identifier le nombre d'allomorphes d'un morphème ne va pas nécessairement de soi. Ainsi le verbe CÉDER alterne apparemment deux formes : *céd-* [sed] dans *nous cédons* et *cèd-* [sɛd] dans *il cède*. Si [e] et [ɛ] peuvent être distinctifs dans les syllabes ouvertes (CV) finales (cf. l'opposition entre *été* /ete/ vs *était* /etɛ/ en français parisien), ils se neutralisent dans les autres positions et forment ce qu'on appelle un archiphonème, que nous noterons /E/ : en syllabe fermée (CVC), /E/ est prononcé [ɛ] et, en syllabe ouverte non finale, il est prononcé /e/. Ainsi l'alternance relève complètement de la phonologie du français et CÉDER possède donc un unique morphe /cEd/. La situation est différente pour APPELER qui présente une ALTERNANCE entre *appell-* /apɛl/ dans *il appelle* et *appel-* /apəl/ dans *nous appelons* : ici l'alternance n'a plus de motivation phonologique en français contemporain et il y a bien allomorphie. Le fait que la distribution des deux allomorphes de APPELER soit identique à celle des deux prononciations de CÉDER laisse supposer que cette allomorphie résulte d'une alternance phonologique aujourd'hui morte, du même type que celle bien vivante de CÉDER. Une allomorphie de même distribution (et de même origine) se trouve avec les verbes MOURIR ou POUVOIR (*il **meur**t* vs *nous **mour**ons, il **peu**t* vs *nous **pouv**ons*). Nous verrons, dans l'encadré 6.12 sur *Syntaxème zéro et troncation en français*, un autre cas à la frontière de l'allomorphie avec les verbes dit du 2ème groupe.

6.12 Amalgame, alternance, mégamorphe et morphe

Nous avons fait jusque-là comme si les signifiants se combinaient de manière CONCATÉNATIVE, c'est-à-dire en s'enchaînant les uns à la suite des autres. Il existe certaines situations où il est difficile de trouver la limite entre un lexème et sa désinence. Par exemple, la forme verbale [*nous*] *sommes* entre dans le paradigme des formes du verbe ÊTRE et se décompose normalement en un radical du lexème ÊTRE et une désinence. Les formes en *-mes* de la 1ère personne du pluriel ne se rencontrent plus qu'au passé simple (*nous chant+â+mes*) et de surcroît aucune autre forme de ÊTRE n'a le radical *som-*. Il s'agit donc, pour *sommes*, d'une forme amalgamée exprimant conjointement le lexème ÊTRE et sa désinence.

Définition 6.28 : amalgame, mégamorphe fort, cumulativité

Une combinaison de syntaxèmes dont le signifiant est indécomposable est appelée un AMALGAME OU MÉGAMORPHE FORT. Les syntaxèmes au sein d'un amalgame sont réalisés de manière CUMULATIVE.

Même des syntaxèmes normalement réalisés par des mots séparés peuvent s'amalgamer, comme *au* /o/ en distribution complémentaire avec *à la* /ala/. Les désinences, c'est-à-dire les combinaisons de syntaxèmes flexionnels, sont souvent des mégamorphes forts : par exemple, si on considère que l'accord verbal *-ons* /ɔ̃/ combine un accord en personne (1ère personne) et un accord en nombre (pluriel) (voir discussion sur ce point dans la section sur les *Catégories flexion-nelles abstraites* dans le chapitre 15 du vol. 2), cette combinaison est un méga-morphe fort.

Un signe tel que *chevaux* /ʃəvo/ pose un problème un peu différent. Ici le Prin-cipe de commutation s'applique à l'ensemble du signe, signifiant compris : *che-vaux* est à *cheval* ce que *animaux* est à *animal*. Il n'est néanmoins pas satisfaisant de décomposer *chevaux* en *chev+aux*, car les dérivés de *cheval/chevaux* prennent *cheval* comme base : *chevalin*, *chevalier* ou *chevaleresque*. Même chose pour les dérivés d'autres lexèmes en *-al/-aux* : **animal**ité, **métal**lique, **canal**iser, etc. Il faut donc considérer que le radical du lexème CHEVAL est *cheval* et que le plu-riel est réalisé par une ALTERNANCE /al/ ⇒ /o/. Le signifiant de cet allomorphe (syntaxique) du pluriel est ainsi traité comme une *opération* qui transforme le segment terminal du radical /al/ en /o/. En conséquence, le signifiant du pluriel ne peut donc pas être séparé du signifiant lexical dans la forme /ʃəvo/ et cette forme est ainsi NON SEGMENTABLE, bien qu'elle soit obtenue par la *combinaison régulière* du signifiant lexical et d'une alternance.

Définition 6.29 : mégamorphe faible

Un signe dont le signifiant est décomposable sans être segmentable est appelé un MÉGAMORPHE FAIBLE.

Nous avons distingué les signèmes indécomposables, que sont les morphèmes, des signes non segmentables, que l'on appelle généralement les morphes.

Définition 6.30 : morphe

Un signe non segmentable est appelé un MORPHE. Un morphe est soit un allomorphe d'un morphème, soit un mégamorphe fort ou faible.

Encadré 6.11 : Irrégularité et fréquence

Pourquoi les formes verbales du présent sont plus irrégulières que celle des autres temps ? Pourquoi les participes passés sont plus irréguliers que les participes présents ? Pourquoi les formes des verbes très utilisées comme ÊTRE, AVOIR ou ALLER sont plus irrégulières que les autres ? Parce que les formes les moins courantes sont construites par analogie par les locuteurs et sont donc régulières, alors que les formes très courantes sont apprises dans leur globalité. Dans ces formes qui ne sont plus décomposées (ou plutôt qui ne sont pas composées au moment de leur utilisation), les signifiés des syntaxèmes tendent à se fusionner. Ceci est vrai dans toutes les langues flexionnelles : l'irrégularité la plus grande concerne toujours les mots les plus courants. Diachroniquement, les hausses et baisses de fréquences d'un mot sont souvent suivies d'une acquisition ou d'une perte d'irrégularité. Cette répartition des irrégularités est un argument en faveur de la fréquence d'usage en tant que variable dans la description linguistique.

6.13 Syntaxème zéro

Le cas des syntaxèmes zéro est bien illustré avec la conjugaison du français : lorsqu'on considère les quatre formes suivantes du verbe AVANCER à la 1ère personne du pluriel, [*nous*] *avançons, avancerons, avancions, avancerions*, on voit que le morphème d'accord *-ons* est obligatoire et que les morphèmes *-er-* et *-i-* peuvent s'intercaler et eux seuls. Dans *nous avançons*, l'absence de ces morphèmes indique que le procès exprimé par le verbe AVANCER a lieu au moment de l'énonciation (pour une description détaillée des syntaxèmes de temps du français on consultera la section sur le *Temps verbal* au chapitre 15 du vol. 2). La forme *avançons* **s'oppose** aux autres formes – *avancerons, avancions, avancerions* – qui expriment nécessairement le fait que le procès **n'a pas** lieu au moment de l'énonciation et ont donc un sens incompatible avec celui de *avançons*. L'absence de *-er-* et *-i-* est donc signifiante.

Définition 6.31 : syntaxème zéro

Lorsque l'*absence* d'un syntaxème est *signifiante*, on peut postuler la présence d'un SYNTAXÈME ZÉRO, c'est-à-dire un syntaxème dont la réalisation morphologique est *nulle*. Un syntaxème zéro est noté ∅ dans les analyses morphologiques.

Les syntaxèmes zéro sont des objets abstraits introduits par les linguistes pour modéliser le caractère obligatoire d'un autre syntaxème. C'est parce que le pluriel doit obligatoirement être marqué sur les noms en anglais, la plupart du temps par *-s*, et que donc le singulier est marqué par l'absence de ce syntaxème, que l'on peut dire que le singulier des noms en anglais est marqué par un syntaxème zéro. Dans l'exemple suivant, la première ligne donne le mot anglais décomposé au niveau morphologique et la deuxième ligne sa GLOSE, indiquant les syntaxèmes en jeu :

(4) *cat-∅*   *cat-s*
     chat-SG   chat-PL

Les syntaxèmes zéro appartiennent généralement à un PARADIGME FERMÉ, condition propice à ce que *l'absence soit signifiante*. Ce sont donc essentiellement des *syntaxèmes flexionnels*. (Voir un contre-exemple dans l'exercice 12 en fin de chapitre.)

On peut contraster le cas des syntaxèmes zéro avec celui, plus habituel, illustré par la paire *nous avançons* vs *nous avançons vite*. Ici l'absence de *vite* n'est pas signifiante et le sens 'nous avançons' n'est pas incompatible avec le sens 'vite'. Le syntagme *nous avançons* est simplement *moins spécifié* que *nous avançons vite*. Le cas des syntaxèmes zéro est différent : on ne peut pas dire que *nous avançons* est moins spécifié que *nous avancions* ou *nous avancerons*.

Nous ne parlerons pas de *morphème zéro* comme c'est souvent l'usage. Nous allons même plus loin : la notion de *morphème zéro* n'existe pas, car un syntaxème zéro n'a pas de réalisation phonologique et morphologique. C'est justement l'absence de morphème qui est signifiante. Si le syntaxème zéro possède un signifié similaire à ceux des éléments avec lesquels il « commute », il ne possède pas de signifiant morphologique. On peut voir le syntaxème zéro comme un demi-signe dont le signifiant serait purement syntaxique, purement combinatoire (voir la section 7.11 sur *Syntaxème et faisceau de signes*, où la notion de demi-signe est développée). La notion de zéro est une notion purement syntaxique, qui met généralement en jeu une catégorie flexionnelle, c'est-à-dire un paradigme fermé de signes qui commutent librement.

On fera attention à ne pas confondre *syntaxème zéro* et *syntaxème vide*. Nous utilisons le terme *vide* pour les signes sémantiquement vides, c'est-à-dire qui n'ont pas de contribution sémantique propre, ce qui est la situation inverse de celle des syntaxèmes zéro (voir la section 7.4 sur le *Syntaxème vide*). Néanmoins, nous reprenons pour les syntaxèmes zéro la notation traditionnelle ∅. Ce symbole, qui désigne l'ensemble vide en mathématique (voir l'encadré 6.3 sur la *Théorie des ensembles*), exprime bien le fait que la position « occupée » par le syntaxème zéro reste vide.

Encadré 6.12 : Syntaxème zéro et troncation en français

Accord en genre des adjectifs

L'accord des adjectifs en français à l'écrit présente un cas de syntaxème zéro. L'adjectif possède quatre formes : *vert, verte, verts, vertes*. On voit, sur ces formes écrites, que les deux segments *-e* et *-s* peuvent s'ajouter au lexème *vert-*. Comme le fait d'ajouter ou de ne pas ajouter ces morphèmes est une décision obligatoire, l'absence de ces morphèmes est signifiante. On est donc conduit, pour l'analyse des formes écrites, à introduire deux syntaxèmes zéro et d'avoir ainsi un système avec deux oppositions : $\emptyset_1$ vs *-e* correspondant à l'opposition masculin vs féminin, $\emptyset_2$ vs *-s* correspondant à l'opposition singulier vs pluriel.

L'étude des formes orales des adjectifs présente un paysage un peu plus complexe : en effet, si l'on regarde les formes /vɛʁ/ vs /vɛʁt/ (*vert* vs *verte* à l'écrit), on voit que le féminin fait apparaître le phonème /t/, lequel segment sonore, dans une application simple et simpliste du Principe de commutation, pourrait être considéré comme le signifiant du féminin. De même, les formes /blã/ vs /blãʃ/, /gʁi/ vs /gʁiz/, /gʁo/ vs /gʁos/, /gʁã/ vs /gʁãd/ (*blanc(he), gris(e), gros(se), grand(e)*) devraient nous amener à considérer que le féminin est successivement exprimé par /ʃ/, /z/, /s/, /d/. Or les mêmes segments apparaissent dans les dérivés **blanch**eur, **grisaille**, **grosse**ur ou **grand**eur et font donc partie du signifiant du radical qui sert à les former. Il paraît donc plus judicieux de considérer que ces consonnes finales font partie du signifiant du lexème adjectival et que le masculin se réalise par une TRONCATION de la consonne finale du radical. On peut considérer que la troncation fait partie du signifiant du syntaxème masculin ou bien considérer qu'elle résulte d'une propriété du radical. Nous préférons de loin la deuxième solution, qui peut être modélisée de la façon suivante : le radical de ces adjectifs possède une consonne finale qui chute en l'absence d'un support vocalique. Ceci nous amène à considérer que le masculin est exprimé par un syntaxème zéro et le féminin par une voyelle (muette). Le féminin des adjectifs serait dont un syntaxème de signifiant /-ə/ (e muet), modélisation qui est à l'origine de nos conventions orthographiques.

Conjugaison des verbes

Un autre cas intéressant de troncation est celui des verbes du 2ème groupe qui alternent deux formes : *sali-* dans *il salit* et *saliss-* dans *nous salissons*. Les dérivés, comme *salissure* ou *polissage*, sont construits sur la forme longue. La forme courte est utilisée pour trois formes du présent (*je salis, tu salis, il salit*), le participe passé (*sali*), l'infinitif (*salir*), le futur (*nous salirons*) et le conditionnel (*nous salirions*). On peut faire ici la même analyse que pour la flexion de l'adjectif (/vɛʁ/ vs /vɛʁt/) et considérer que, en l'absence d'une voyelle de soutien, la consonne finale du radical verbal tombe : les flexions singulier du présent et du participe passé ont donc un signifiant zéro, tandis celle de la 3ème personne du pluriel du présent (*ils salissent*) ou celles du subjonctif (*qu'il salisse*) ont un signifiant -/ə/ qui maintiendra la consonne finale. Futur et conditionnel sont exprimés par un même morphème consonantique, -/ʁ/- qui ne permet pas non plus à la consonne finale du radical de se maintenir. On en conclut que le verbe SALIR possède un morphe unique, /sali(s)-/, dont la consonne finale chute en l'absence d'un voyelle de soutien. Comme le signifiant unique de SALIR n'est pas complètement prononcé dans la forme infinitive (*salir*), il serait pédagogiquement plus judicieux de présenter les verbes dans une forme où le lexème apparaît dans sa forme complète (par exemple à l'imparfait qui est la forme la plus régulière des verbes français : *il salissait*).

On retrouve une conjugaison similaire pour des verbes dit du 3ème groupe comme ÉCRIRE ou CONSTRUIRE : *il écrit* vs *il écrivait, il construit* vs *il construisait*, mais avec des consonnes finales du radical différentes (/v/ et /z/ au lieu de /s/) et une orthographe différente de l'infinitif peu justifiée (*écrire* vs *salir*). Ces verbes présentent néanmoins des différences de conjugaison au participe passé (*la lettre est finie* vs *la lettre est écrite*) et au passé simple (*il salit* vs *il écrivit*). D'autres verbes du français possèdent également une consonne finale qui chute devant un morphème zéro (*il vit* vs *il vivait, il part* vs *il partait, il dort* vs *il dormait*), mais qui se maintient devant le syntaxème du futur -/ʁ/- (*vivre, nous vivrons*), éventuellement grâce à une voyelle épenthétique (*partir, nous partirons*).

6.14 Syntaxème et morphologie

Cet ouvrage s'intéresse peu aux morphèmes, c'est-à-dire aux unités minimales de forme. Nous nous intéressons à la combinatoire des unités et donc aux unités minimales du point de vue de la combinatoire (libre), ce qui nous a amené à introduire la notion de *syntaxème*. Les syntaxèmes tendent à être aussi des unités minimales de forme, notamment les syntaxèmes flexionnels, ce qui entraîne généralement une confusion entre les notions de *morphème* et de *syntaxème*, accentuée par le fait que la troisième composante du signe, le syntactique, n'est généralement pas considérée. Nous nous intéressons à la MORPHOLOGIE, c'est-à-dire à l'étude de la combinatoire des signifiants, lorsqu'il s'agit de la combinaison de syntaxèmes. Nous avons introduit dans ce chapitre plusieurs notions qui relèvent directement de la morphologie, comme l'amalgame, l'alternance et la troncation. Nous en reparlerons dans l'encadré sur les *Langues isolantes, agglutinantes et flexionnelles* du chapitre 15 du vol. 2.

On notera pour conclure que nous avons très peu parlé de la notion de *mot* et qu'elle n'a pas été utilisée dans la définition des syntaxèmes ou des morphèmes. La notion de *mot* ne sera définie qu'à la section sur le *Mot* du chapitre 14 du vol. 2. L'ensemble de la partie IV est consacrée à la NANOSYNTAXE, c'est-à-dire à l'étude des combinaisons de syntaxèmes particulièrement cohésives, appelée traditionnellement *morphologie flexionnelle*.

Exercices

Exercice 1.
   a. Montrer que la décomposition *nation* + *al* est propre.
   b. Pourquoi la décomposition *idé(e)* + *al* est-elle moins diagrammatique ?

Exercice 2.
   a. En 2002, Michel Tournier a écrit un livre intitulé « *Journal extime* ». De quelle façon ce titre joue-t-il sur les morphèmes ? Même question avec « *Œuvres anthumes* » d'Alphonse Allais, sous-titre d'un ouvrage de 1893.

   b. Et en utilisant ci-dessus l'expression « *jouer sur les morphèmes* »,
   sur quoi joue-t-on ?

Exercice 3.   Montrer que le suffixe *-eur* qui associe à un verbe X un nom
désignant celui qui X-e (le marcheur est celui qui marche) n'est pas un
syntaxème flexionnel.

Exercice 4.   Quelle est, en français contemporain, la particularité des
formes verbales *ci-**git**, j'ai **ouï** dire, **oyez** bonnes gens* ?

Exercice 5.   Soit le corpus de swahili suivant. Il s'agit de formes verbales
qui forment à elles seules des phrases du swahili. En considérant que ces
formes sont des combinaisons libres, déterminer les différent syntaxèmes
qui les composent et en déduire un tableau de conjugaison du swahili.
Pour extraire chacun des syntaxèmes, on commencera par repérer des
paires minimales et les commutations associées.

(1)	*atanipenda*	'il m'aimera'
(2)	*atampenda*	'il l'aimera'
(3)	*atawapenda*	'il les aimera'
(4)	*nitampenda*	'je l'aimerai'
(5)	*utanipenda*	'tu m'aimeras'
(6)	*tutampenda*	'nous l'aimerons'
(7)	*nitakupenda*	'je t'aimerai'
(8)	*atanipiga*	'il me battra'
(9)	*atampiga*	'il le battra'
(10)	*nitawapenda*	'je les aimerai'
(11)	*amenipiga*	'il m'a battu'
(12)	*amempiga*	'il l'a battu'
(13)	*alikupiga*	'il te battait'
(14)	*amekupiga*	'il t'a battu'
(15)	*atakupenda*	'il t'aimera'
(16)	*atatupenda*	'il nous aimera'
(17)	*alimpiga*	'il le battait'
(18)	*utampenda*	'tu l'aimeras'
(19)	*watampenda*	'ils l'aimeront'

(20)	*atakupiga*	'il te battra'
(21)	*ananipiga*	'il me bat'
(22)	*anampiga*	'il le bat'
(23)	*unamsumbua*	'tu l'ennuies'
(24)	*atakusumbua*	'il t'ennuiera'
(25)	*alinipiga*	'il me battait'
(26)	*anakupiga*	'il te bat'
(27)	*tunakulipa*	'nous te payons'
(28)	*wametulipa*	'ils nous ont payés'

Exercice 6. Décomposer le plus long mot du français, *anticonstitutionnellement*, en morphèmes. Indiquer par des parenthésages dans quel ordre les morphèmes en question peuvent se combiner. Étudier la diagrammaticité des différentes combinaisons.

Exercice 7. Montrer que le *-ible* de *lisible* est un allomorphe du *-able* de *adaptable*.

Exercice 8. Quel est le signifiant du morphème dérivationnel dans le mot *définition* ? Comparer avec *compression* et *constitution*.

Exercice 9. Pourquoi peut-on parler d'allomorphie plutôt que de supplétion dans la relation entre les radicaux *exprim(er)* et *express(ion)* ?

Exercice 10. Pourquoi considère-t-on que le présent de l'indicatif est réalisé par un syntaxème zéro en français ?

Exercice 11. On s'intéresse aux alternances de radical dans la conjugaison.

    a. Montrer que chacun des verbes AIMER, RIGOLER et PLEURER alterne deux formes orales du radical.

    b. Quelles sont les conditions qui contrôlent la distribution des deux formes des radicaux de ces verbes ? Montrer que ces alternances sont entièrement déterminées par la phonologie du français.

c. Comparer leur distribution avec celle des formes des verbes APPE-
LER et MOURIR. Pourquoi s'agit-il d'allomorphie dans ce cas?

Exercice 12. Que peut-on dire des radicaux du verbe AVOIR au présent
de l'indicatif? On pourra en particulier comparer ces formes à celles de
ALLER au même temps, ainsi qu'aux formes du futur de n'importe quelle
verbe du français.

Lectures additionnelles

On peut faire remonter l'analyse morphologique aux tout premiers ouvrages en linguistique et les notions de radical et d'affixe sont déjà bien
établies dans l'antiquité. L'intérêt pour la morphologie a été renouvelé au
20ᵉ siècle par l'étude de nouvelles langues et notamment les langues amérindiennes. Le livre d'Edward Sapir (1921) est probablement l'ouvrage le
plus marquant de cette époque.

La notion unificatrice de *morphème* est introduite dans Bloomfield
(1933) au chapitre 10. La morphologie est traitée aux chapitres 14 et 15.
On trouvera notamment la description des formes du masculin des adjectifs français par troncation des formes du féminin. On pourra également
consulter un article de Joseph H. Greenberg de 1954 qui propose une étude
quantitative des constructions morphologiques dans 8 langues différentes
et qui présente une définition du morphème et une classification des opérations morphologiques similaire à la nôtre.

La *morphologie morphématique* a été en partie rejetée au profit d'une
morphologie lexématique (voir Beard 1995 et Fradin 2003 pour une dé-
fense de la morphologie lexématique et Haspelmath & Sims 2013 pour
une comparaison des deux approches). Si nous avons maintenu la notion
de *morphème* dans notre présentation, nous le distinguons du *syntaxème*,
dont nous faisons l'unité minimale de combinaison libre. La notion de
syntaxème étend la notion de *lexème* en évitant d'introduire une frontière
entre les unités du lexique et de la grammaire. Comme dans la morpho-

logie lexématique, nous rejetons l'idée de *morphème zéro*, lui substituant la notion de *syntaxème zéro*, c'est-à-dire d'unité syntaxique qui n'a pas de réalisation phonologique et qui donc précisément ne correspond pas à un morphème. Concerant les zéros, on pourra consulter l'ouvrage d'Alain Lemaréchal de 1997 consacré aux unités de ce type.

L'opération de *combinaison libre* ⊕ est introduite par Igor Mel'čuk qui nomme cette opération l'*union linguistique*. Elle apparaît dans la plupart de ses ouvrages. Néanmoins, il n'en donne pas, à notre connaissance, de définition et la considère plutôt comme une primitive linguistique. Par ailleurs, il ne l'oppose pas, comme nous, à l'opération ⊞ de combinaison propre, elle même opposée à l'opération + de combinaison impropre.

La notion de *liberté* telle que nous l'avons introduite peut être attribuée à André Martinet (1985), qui n'en donne pas de définition satisfaisante à notre avis, mais considère que « Les deux monèmes /dòn-/ et /-é/ de *don-nait* sont des monèmes libres parce que *donnait* ne se comporte exactement, dans ses rapports avec le contexte, comme aucun monème unique de la langue. » (p. 34) Il n'y a pas néanmoins chez Martinet de distinction entre syntaxème et sémantème : son « synthème », dont il dit qu'il « se comporte vis-à-vis des autres monèmes de la chaîne comme un monème unique » (p. 37) (ce qui le rapprocherait du syntaxème), doit au final être rapproché de notre sémantème, puisqu'il se présente comme un « choix unique » (p. 36) (voir le chapitre 7 sur *Sémantèmes et syntaxèmes*).

Denis Apothéloz (2002) propose une présentation très claire de la construction des lexèmes du français. L'émergence de l'unité morphologique *-eraie* évoquée dans l'encadré 6.7 sur les morphèmes sous-lexicaux y est expliquée. On pourra également consulter le fascicule de Joëlle Gardes-Tamine (1990) pour une introduction à la morphologie. Pour une présentation monumentale de la morphologie, on consultera les 5 volumes du *Cours de morphologie générale* d'Igor Mel'čuk (1993–2000). Le volume 4 présente les morphèmes, l'alternance et la distinction entre *mégamorphes forts* et *faibles*. Enfin l'ouvrage de Martin Haspelmath et Andrea D. Sims (2013) est une présentation simple et assez complète de la morphologie. La notion de *morphe* est développée dans Haspelmath (2020).

Apothéloz, Denis. 2002. *La construction du lexique français*. Paris : Ophrys.

Beard, Robert. 1995. *Lexeme-morpheme base morphology : A theory of inflection and word formation.* Albany : State University of New York Press.

Bloomfield, Leonard. 1933. *Language.* New York : Henry Holt.

Fradin, Bernard. 2003. *Nouvelles approches en morphologie.* Paris : Presses universitaires de France.

Gardes-Tamine, Joëlle. 1990. *La grammaire : Phonologie, morphologie, lexicologie.* Paris : Armand Colin.

Greenberg, Joseph H. 1954. A quantitative approach to the morphological typology of language. In R. F. Spencer (éd.), *Method and perspective in anthropology : Papers in honor of Wilson D. Wallis*, 192-220. Minneapolis : University of Minnesota Press. Reprinted in *International Journal of American Linguistics*, 26(3), 1960, 178-194.

Haspelmath, Martin. 2020. The morph as a minimal linguistic form. *Morphology* 30(2). 117-134.

Haspelmath, Martin & Andrea D. Sims. 2013. *Understanding morphology.* Londres : Routledge.

Lemaréchal, Alain. 1997. *Zéro(s).* Paris : Presses Universitaires de France.

Martinet, André. 1985. *Syntaxe générale.* Paris : Armand Colin.

Mel'čuk, Igor. 1993–2000. *Cours de morphologie générale.* 5 volumes. Montréal/Paris : Presses de l'Université de Montréal/CNRS Éditions.

Sapir, Edward. 1921. *Language : An introduction to the study of speech.* New York : Harcourt, Brace & Co. [Traduction française de Solange-Marie Guillemen : *Le langage : Introduction à l'étude de la parole*, 1967, Paris : Payot.]

Corrections des exercices

Corrigé 1.

a. La décomposition est propre, car *national* est à *nation* ce que *régional* est à *région*.

b. *Idéal* n'est pas à *idée* ce que *national* est à *nation.* On ne voit pas très bien le lien sémantique entre *idée* et *idéal* et ce que pourrait être la contribution de -*al* dans *idéal.*

Corrigé 2.

a. Le mot *extime* a été créé à partir d'*intime* et du couple *intérieur-extérieur* en appliquant la quatrième de proportionnel de Saussure. Une telle création joue sur les morphèmes en imposant une décomposition *in+time* et donc une analyse en deux morphèmes de *intime* que les locuteurs ne font normalement pas. Même chose avec *anthume* créé à partir de *posthume* et du couple *antérieur-postérieur.*

b. Nous jouons avec l'expression « jouer sur les mots ». Cette expression est une expression figée (voir la section 7.6 sur le *Phrasème*). La commutation de *mots* par *morphèmes* est normalement illégitime et provoque un défigement de l'expression et donc un jeu sur les mots.

Corrigé 3. La combinatoire du suffixe -*eur* est irrégulière et imprévisible : certains verbes n'ont pas de dérivé en -*eur* (°*aimeur,* °*arriveur*), d'autres ont des dérivés avec des sens très spécifiques (*rongeur* désigne un type d'animal, *descendeur* s'utilise pour un skieur spécialiste de l'épreuve de descente, etc.). À l'inverse un lexème en -*eur* comme *auteur* n'est pas dérivé d'un verbe.

Corrigé 4. Les formes sont figées et il n'y a plus de combinaison libre du lexème verbal et de sa désinence. Nous ne sommes plus capable de conjuguer ces verbes. Quel était l'infinitif de *git* ? (*gésir* !)

Corrigé 5. La décomposition en syntaxèmes repose sur l'hypothèse qu'une *différence de forme correspond à une différence de sens* ou de signification (Principe de commutation). Par exemple, pour (1) et (2), on suppose que la différence de forme (-*ni*- vs -*m*-) correspond à la différence de sens entre les énoncés, c'est-à-dire à un indice objet $1^{\text{ère}}$ personne du singulier vs $3^{\text{ème}}$ personne du singulier (il est préférable de parler ici d'indice pronominal plutôt que de pronom ; voir la notion d'indice pronominal dans l'encadré *Pronoms ou syntaxèmes flexionnels ?* du chapitre 14 du vol. 2).

De même, pour (8) et (11), la différence de forme -*ta*- vs -*me*- correspond a priori au passage du futur au passé ou accompli. (La traduction en français est forcément approximative et ne permet pas de savoir quel est précisément le sens des syntaxèmes. En tout cas, il est clair que parler de passé composé pour (11) n'aurait aucun sens, car si la forme est complexe en français, elle ne l'est pas en swahili.) En continuant à procéder ainsi, on vérifiera que la conjugaison du swahili est extrêmement régulière pour les formes considérées ici. Les formes verbales du swahili se composent ainsi de quatre syntaxèmes : indice sujet ⊕ temps ⊕ indice objet ⊕ radical verbal.

Corrigé 6. *anticonstitutionnellement* = [*anti* ⊞ ([(*con* + *stitu*) ⊞ *tion*] ⊞ *el*)] ⊞ *ment*. La décomposition de *constitu* en *con* + *stitu* est impropre, comme discuté dans la section 6.4.

Corrigé 7. *lisible* est à *lisons* ce que *adaptable* est à *adaptons*. On en déduit directement que *lisible* = *lis* ⊞ *ible*, *adaptable* = *adapt* ⊞ *able* et -*ible* et -*able* sont des allomorphes.

Corrigé 8. Le radical du verbe DÉFINIR est *définiss*- /definis/, donc le suffixe de *définition* est -*ion* /jɔ̃/. Le suffixe est le même dans *compression*. Par contre, le suffixe de *constitution* est -*tion* /sjɔ̃/, puisque le radical du verbe CONSTITUER est *constitu*-.

Corrigé 9. Il existe tout une série de verbes en X-*primer* qui donnent un nom dérivé en X-*pression* : *comprimer, déprimer, exprimer, opprimer, réprimer, supprimer*. Ceci permet de postuler que le quasi-morphème -*prim*- a un allomorphe -*press*-.

Corrigé 10. Une forme verbale comme *chantons* /ʃɑ̃tɔ̃/ s'oppose à *chantions* /ʃɑ̃tjɔ̃/ ou *chanterons* /ʃɑ̃tʁɔ̃/. Nous sommes dans un paradigme fermé de syntaxèmes et l'absence des syntaxèmes /j/ ou /ʁ/ est signifiante. Le présent de l'indicatif est donc une unité syntaxique sans réalisation phonologique, c'est-à-dire un syntaxème zéro. Dans le mesure où les syntaxèmes /j/ ou /ʁ/ ne s'excluent pas mutuellement et peuvent être combinés dans la forme *chanterions* /ʃɑ̃tʁjɔ̃/, on peut faire l'hypothèse qu'ils appartiennent à deux paradigmes différents et s'opposent chacun à un syntaxème zéro, dont le présent de l'indicatif serait la combinaison (voir discussion au chapitre 15 du vol. 2).

Corrigé 11. Tous ces verbes ont une alternance vocalique : *j'aime* [ʒɛm] vs *nous aimons* [nuzemɔ̃] (voir aussi *je cède* [ʒəsɛd] vs *nous cédons* [nusedɔ̃]), *je rigole* [ʒəʁigɔl] vs *nous rigolons* [nuʁigolɔ̃], *je pleure* [ʒəplœʁ] vs *nous pleurons* [nupløʁɔ̃], *j'appelle* [ʒapɛl] vs *nous appelons* [nuzapəlɔ̃], *je meurs* [ʒəmœʁ] vs *nous mourons* [numuʁɔ̃]. Ces alternances ont la même distribution : un radical est utilisé devant un zéro et l'autre devant une voyelle. Pour les trois premiers verbes, il s'agit d'une alternance phonologiquement contrôlée entre [ɛ] vs [e], [ɔ] vs [o] et [œ] vs [ø] selon que le phonème (ou l'archiphonème) est dans une syllabe fermée (CVC) ou ouverte (CV) (voir l'encadré 6.10 *Alternance vocalique en français : allomorphie ou alternance phonologique ?*). Pour les deux derniers verbes, l'alternance a certainement une origine phonologique, mais elle est aujourd'hui réalisée par deux phonèmes bien distincts ([ɛ] vs [ə] et [œ] vs [u]) et il s'agit donc d'allomorphie.

Corrigé 12. Les formes du verbe AVOIR au présent de l'indicatif sont *ai* /ɛ/, *as* /a/, *a* /a/, *avons* /avɔ̃/, *avez* /ave/, *ont* /ɔ̃/. L'alignement avec les formes de ALLER (*vais* /vɛ/, *vas* /va/, *va* /va/, *allons* /alɔ̃/, *allez* /ale/, *vont* /vɔ̃/) permet de décomposer ces formes et de postuler pour AVOIR un radical zéro et un radical /av/, pour ALLER les radicaux /v/ et /al/ et pour les accords les morphes /ɛ/, /a/, /a/, /ɔ̃/, /e/ et /ɔ̃/, également présents au futur. Cette décomposition est évidemment discutable, car les morphèmes d'accord au présent de l'indicatif ont des formes différentes pour le reste des verbes du français. Si l'on accepte cette décomposition, AVOIR est un exemple de *lexème zéro.*

7 Sémantèmes et syntaxèmes : Unités de sens *vs* unités de combinatoire

7.1 Arbitraire du sémantème

L'étude des sémantèmes est une question de *sémantique* qui dépasse les objectifs de ce livre. Mais, pour bien comprendre ce que sont les syntaxèmes, il nous semble utile de clarifier d'abord ce que sont les sémantèmes. Comme nous le verrons dans ce chapitre, l'extension des syntaxèmes, qu'elle soit prise dans sa dimension syntagmatique ou paradigmatique, est généralement comprise entre celle des morphèmes et celle des sémantèmes (voir notamment l'encadré 7.7 sur les *Extensions paradigmatique et syntagmatique*).

Notre définition des unités sémantiques est plus restrictive que celle des signes linguistiques. Revenons sur notre définition des signes donnée à la section 6.3 sur la *Décomposition propre des signes*. Nous avons vu que le signe *broyeur* se décompose proprement en *broy* ⊞ *eur*, car *broyeur* est à *broyer* ce que *compresseur* est à *compresser*. Les composantes *broy-* et *-eur* de *broyeur* peuvent donc se voir attribuer une contribution sémantique propre et sont ainsi des signes au sens plein du terme. Mais malgré cela, *broyeur* n'est pas compositionnel (voir définition dans la section suivante). Il y a quelque chose d'*arbitraire* dans le signe *broyeur*, tant au niveau du signifiant que du signifié. Au niveau du signifiant, pourquoi utilise-t-on *broyeur* pour un appareil qui sert à broyer et pas *laveur* pour une machine qui sert à laver ? Au niveau du signifié, on ne désigne pas par *broyeur* n'importe quel appareil qui sert à broyer : un hachoir à viande, qui broie plus qu'il ne hache, s'appellera toujours un hachoir.

Ce qui est vrai pour *broyeur* l'est aussi pour des combinaisons syntaxiques, comme *machine à laver*. La combinaison *machine à laver* peut paraître plus libre que *broyeur*, pourtant lorsqu'on fait des commutations sur *machine* ou *laver*, on obtient des combinaisons comme *appareil à laver* ou *machine à broyer* dont la nature est différente de celle de *machine à laver*. Une machine à laver n'est pas n'importe quelle machine qui sert à laver : *machine à laver* désigne un type particulier d'appareil ménager servant à laver le linge. On n'appellera pas *machine à laver* la machine qui sert à laver les voitures dans les stations services. Il y a donc quelque chose d'*arbitraire* dans la relation entre le sens 'appareil ménager servant à laver le linge' et le signifiant *machine à laver*.

Les unités telles que *broyeur* ou *machine à laver* dont on peut deviner en partie le sens à partir du sens de leurs composants sont dites TRANSPARENTES. Les signes qui composent un signe complexe transparent ne sont pas pour autant nécessairement des unités sémantiques. Lorsqu'on parle de transparence, on raisonne dans le sens de l'analyse, du décodage des unités. Pour bien comprendre la spécificité des unités sémantiques parmi les signes linguistiques, il faut se placer dans le sens de la *synthèse*, de la production d'un énoncé à partir d'un sens.

7.2 Chaque sémantème suppose un choix

Nous proposons de caractériser les unités sémantiques à partir de la notion de CHOIX introduite par André Martinet. Voici ce qu'il en dit dans le chapitre intitulé ***Chaque unité suppose un choix*** de ses *Eléments de linguistique générale* (1960 : 26) :

> « Soit un énoncé comme *c'est une bonne bière* /s et ün bòn bier/. [...] Si nous sommes à même de dire quelque chose sur les latitudes combinatoires de /bòn/, c'est que ce segment de l'énoncé a été reconnu comme représentant une unité particulière distincte de /ün/ et de /bier/. Pour arriver à ce résultat, il a fallu constater que /bòn/, dans ce contexte, correspondait à un **choix** spécifique entre un certain nombre d'épithètes possibles ; la comparaison d'autres énoncés français a montré que dans les contextes où figure /bɔn/ on trouve aussi /ekselɑ̃t/ (*excellente*), /mòvez/ (*mauvaise*), etc. Ceci indique que le locuteur a, plus ou moins consciemment, écarté tous les compétiteurs qui auraient pu figurer entre /ûn/ et /bier/, mais qui ne se trouvaient pas convenir en l'occurrence. Dire de l'auditeur qu'il comprend le français implique qu'il identifie par expérience les choix successifs qu'a dû faire le locuteur, qu'il reconnaît /bòn/ comme un choix distinct de /ün/ et de celui de /bier/, et qu'il n'est pas exclu que le choix de /bòn/ au lieu de /mòvez/ influence son comportement. »

Prenons l'exemple de l'énoncé *Pierre mange une pomme de terre*. Dans cet énoncé, les mots *pomme*, *de* et *terre* sont des signes linguistiques, mais aucun d'eux ne résulte d'un choix propre.

Définition 7.1 : choix

Par CHOIX, nous entendons les choix lexicaux et grammaticaux que fait le locuteur lorsqu'il cherche à *exprimer un sens* qu'il veut communiquer.

Lorsque le locuteur produit *pomme de terre*, *pomme* n'a pas été choisi par opposition à *poire* ou *banane*, *de* n'a pas été choisi par opposition à *à* ou *dans*, et *terre* n'a pas été choisi par opposition à *eau* ou *feu*. C'est bien *pomme de terre* dans son intégralité qui a été choisi par opposition à *carotte, chou-fleur* ou *haricot vert*. Ainsi *pomme de terre, carotte, chou-fleur* et *haricot vert* forment un PARADIGME DE CHOIX ou SYSTÈME D'OPPOSITION et chacun de ces choix est INDIVISIBLE. Il en résulte que *pomme de terre* est ici une unité sémantique et les segments qui la composent n'en sont pas (dans cet énoncé).

Définition 7.2 : unité sémantique

Nous appelons UNITÉ SÉMANTIQUE tout signe qui résulte d'un ou plusieurs choix du locuteur.

Il existe des signes comme *machine* dans *machine à laver* qui ne forment pas une unité sémantique, mais seulement une composante d'une unité sémantique. Il existe aussi des signes comme les syntaxèmes d'accord en genre des adjectifs avec le nom ou le syntaxème d'infinitif qui ont une signification purement grammaticale et ne sont donc ni des unités sémantiques, ni même des composantes d'une unité sémantique. De tels signes ne résultent pas de choix du locuteur ; ils sont entièrement requis par la grammaire de la langue. Nous développons ce point dans la section 7.4 sur le *Syntaxème vide*.

Définition 7.3 : sémantème

Nous appelons SÉMANTÈME tout signe qui résulte d'un *choix indivisible*. Les sémantèmes sont les *unités sémantiques minimales* : ils ne peuvent pas être décomposés en deux unités sémantiques.

Comme *pomme de terre* est une unité sémantique, mais que ses composantes *pomme, de* et *terre* n'en sont pas, il en résulte que *pomme de terre* est un sémantème. Il en va de même pour *broyeur* ou *machine à laver*.

Définition 7.4 : compositionnalité

Une unité sémantique qui peut être décomposée en deux unités sémantiques est dite COMPOSITIONNELLE.

Par exemple, une unité comme *livre de syntaxe* est compositionnelle. Ici *livre* et
syntaxe sont choisis librement et peuvent commuter avec des quasi-synonymes
comme *bouquin* ou *grammaire* (*un bouquin de syntaxe, un livre de* grammaire)
sans que la variation de sens soit plus importante que la variation de sens qui
existe ailleurs entre *livre* et *bouquin* ou entre *syntaxe* et *grammaire* (par exemple
dans *j'ai acheté un livre/bouquin* ou *j'aime la syntaxe/grammaire*).

7.3 Motivation du signe

Un sémantème qui est composé de plusieurs signes est dit COMPLEXE (voir la
section 6.9 sur *Signème libérable, radical, affixe*). L'existence de sémantèmes complexes, comme *broyeur* ou *machine à laver*, complexifie le système linguistique,
puisqu'il n'y a plus correspondance systématique entre les segments minimaux
du point de vue du sens (les sémantèmes) et les segments minimaux du point de
vue de la forme (les morphèmes). Mais d'un autre côté, l'utilisation de sémantèmes complexes offre une certaine économie en réduisant le caractère *arbitraire*
du lien entre la forme et le sens. Cette relative MOTIVATION du signifiant des
sémantèmes complexes a été bien dégagée par de Saussure (1916 : 180) :

> « Le principe fondamental de l'arbitraire du signe n'empêche pas de distin-
> guer dans chaque langue ce qui est radicalement arbitraire, c'est-à-dire im-
> motivé, de ce qui ne l'est que relativement. Une partie seulement des signes
> est absolument arbitraire ; chez d'autres intervient un phénomène qui per-
> met de reconnaître des degrés dans l'arbitraire sans le supprimer : *le signe
> peut être relativement motivé*.
>
> Ainsi *vingt* est immotivé, mais *dix-neuf* ne l'est pas au même degré, parce
> qu'il évoque des termes dont il se compose et d'autres qui lui sont associés,
> par exemple *dix, neuf, vingt-neuf, dix-huit, soixante-dix*, etc. ; pris séparé-
> ment *dix* et *neuf* sont sur le même pied que *vingt*, mais *dix-neuf* présente
> un cas de motivation relative. Il en est de même de *poirier*, qui rappelle le
> mot simple *poire* et dont le suffixe *-ier* fait penser à *cerisier, pommier*, etc. ;
> pour *frêne, chêne*, etc., rien de semblable. »

Le fait que les sémantèmes complexes soient en partie motivés n'enlève pas totalement le caractère arbitraire de la combinaison de morphèmes qui est retenue parmi toutes celles possibles. Ainsi pour *machine à laver*, les Québécois disent *laveuse* et les Français disent aussi *lave-linge*, mais à côté de *aspirateur*, nous n'avons ni *machine à aspirer*, ni *aspire-poussière*. On peut aussi noter que les sémantèmes choisis pour désigner un même objet peuvent exprimer des points de vue différents sur cet objet, comme l'illustre les « synonymes » *téléski*, *remonte-pente* et *tire-fesse* : le même appareil est présenté successivement comme un appareil qui permet de se déplacer avec ses skis, comme un appareil qui permet de se déplacer vers le haut et comme un appareil qui permet de se déplacer par une traction au niveau des fesses. À l'inverse, des quasi « paraphrases » comme *ventilateur* et *moulin à vent* désignent des objets très différents. C'est ce côté *arbitraire du choix* de la combinaison retenue parmi tous les possibles qui manifeste le *caractère figé* des sémantèmes.

La motivation ou transparence doit être distinguée de la diagrammaticité (voir la section 6.3 sur la *Décomposition propre des signes*). Il s'agit en quelque sorte du point de vue inverse.

Définition 7.5 : transparence

Une combinaison AB est TRANSPARENTE si les sens de A et B permettent d'avoir une idée du sens de AB.

La transparence permet donc de dire quelque chose de AB à partir de A et de B. Pour la diagrammaticité, c'est l'inverse : la combinaison AB est *diagrammatique* si A et B commutent suffisamment proprement dans la combinaison AB pour qu'on puisse attribuer des sens à A et B. Bien qu'indépendantes, les deux notions sont liées. La diagrammaticité de BROYEUR et COMPRESSEUR permet d'attribuer un sens au suffixe *-eur*. Et comme ce suffixe a acquis un sens, les sémantèmes complexes BROY+EUR et COMPRESS+EUR en deviennent transparents. On comprend mieux la différence entre ces notions quand on considère un suffixe rare comme celui de ROYAUME. Ce sémantème est assez diagrammatique, car il entre dans un paradigme avec *principauté* ou *duché* et on peut donc voir qu'il est la combinaison de *roi* (ou plus exactement de son allomorphe *roy-* que l'on trouve aussi dans *royal*) et *-aume* et attribuer un sens au suffixe *-aume*, mais il n'est pas très transparent, car le suffixe *-aume* n'apparaît pas ailleurs et son sens ne préexiste pas à la connaissance du sens de *royaume*. À l'inverse, une locution comme ⌜LEVER LE COUDE⌝ 'boire de l'alcool' est assez motivée (et donc en partie transparente), puisque pour boire il faut lever le coude, mais elle n'est pas du tout diagrammatique, car la connaissance du sens de la locution ne permet pas d'attribuer des parties de ce sens aux composantes de la locution. On peut encore noter que les locuteurs tendent à produire de la diagrammaticité et à projeter des parties du sens d'une locution sur les syntaxèmes qui la composent. C'est pas exemple ce qu'on observe avec une locution comme ⌜PRENDRE LE TAUREAU PAR LES CORNES⌝ 'commencer à résoudre un problème', où TAUREAU peut s'attribuer le sens 'problème' comme dans l'exemple suivant : *La ministre de l'Emploi, Monica De Coninck, a manifestement décidé de prendre* le taureau de l'emploi des quinquas *par les cornes* (lesoir.be). Cette diagrammatisation peut aller jusqu'à rendre l'expression compositionnelle, comme *poser un lapin* 'ne pas se rendre à un rendez-vous', où LAPIN est aujourd'hui devenu un sémantème indépendant (*C'est le deuxième lapin de la semaine !*) signifiant 'rendez-vous auquel on ne s'est pas rendu'.

7.4 Syntaxème vide

> **Définition 7.6 : syntaxème vide**
>
> Un SYNTAXÈME VIDE est un syntaxème sans contribution sémantique, qui n'a pas fait l'objet d'un choix, mais a été imposé par la grammaire de la langue. Un tel syntaxème ne fait donc pas partie d'un sémantème.

Les grammèmes d'accord en genre présentent un cas intéressant de syntaxèmes vides. Dans le syntagme *la petite fille* /lapətitfij/, l'article et l'adjectif s'accordent en genre avec le nom fille. Ces accords, /-a/ pour l'article et /-ə/ pour l'adjectif (c'est-à-dire l'absence de troncation de la consonne finale de l'adjectif, voir l'encadré 6.12 sur *Syntaxème zéro et troncation en français*), sont des syntaxèmes flexionnels, que nous appelons des GRAMMÈMES D'ACCORD. Ces grammèmes ne sont pas des sémantèmes : ils n'expriment pas un choix et ont uniquement un rôle syntaxique de marquage de la dépendance entre deux mots. En français, il existe deux syntaxèmes flexionnels de genre, le féminin et le masculin. Ils se combinent avec les grammèmes de nombre et sont spécifiques aux adjoints du nom, c'est-à-dire les adjectifs et les déterminants. Le signifié des grammèmes d'accord est une signification grammaticale qui n'est pas porteuse de sens. Les grammèmes d'accord sont des syntaxèmes vides. (Voir néanmoins le cas d'accord entre grammèmes dans l'encadré qui suit.)

Rappelons au passage que le genre est un *trait catégoriel* du nom qui contrôle sa combinatoire et la nature des syntaxèmes d'accord en genre sur certains éléments avec lesquels il se combine (les adjectifs, les déterminants et les participes) (voir le chapitre 15 du vol. 2 sur les *Catégories nanosyntaxiques*). Certains noms possèdent une alternance de « sexe » réalisée par un affixe dérivationnel, qui n'est pas un syntaxème (voir l'encadré 6.7 sur les signes *À la limite entre morphème sous-lexical et syntaxème flexionnel*).

La notion de signe vide terme a été introduite par Lucien Tesnière qui parle de *mot vide* (1959 : Chapitre 28 – Mots pleins et mots vides) :

« 1. – Il y a deux espèces de mots essentiels, les mots **pleins** et les mots **vides**.

2. – Les mots **pleins** sont ceux qui sont **chargés d'une fonction sémantique**, c'est-à-dire ceux dont la forme est associée directement à une idée, qu'elle a pour fonction de représenter et d'évoquer. [...]

3. – Les mots **vides** sont ceux qui ne sont pas chargés d'une fonction sé-mantique. Ce sont de simples **outils grammaticaux** ([Note] Damourette et Pichon disent très heureusement des « struments », d'autres ont proposé « mots-charnières ».) dont le rôle est uniquement d'indiquer, de préciser ou de transformer la catégorie des mots pleins et de régler leurs rapports entre eux. »

Parmi les syntaxèmes vides, outre les grammèmes d'accord, on considère :

— les *explétifs* comme le sujet ɪʟ de *il pleut*, qui n'a pas de contribution séman-tique et sert uniquement à remplir la contrainte syntaxique de présence d'un sujet ;

— les *translatifs purs* (voir la section sur *La translation syntaxique* au cha-pitre 16 du vol. 2) comme la conjonction de subordination ǫᴜᴇ dans *je sais que tu viens* : ce syntaxème sert uniquement à permettre à un verbe d'oc-cuper une position syntaxique où un substantif est attendu ; les pronoms relatifs, comme le ǫᴜᴇ de *le livre que je lis*, sont aussi d'une certaine façon des syntaxèmes vides, comme on le verra dans le chapitre 19 du vol. 2 sur l'extraction ;

— les syntaxèmes marquant les *régimes*, comme le À de *je parle à quelqu'un*, sont aussi généralement considérés comme des syntaxèmes vides, même si ce cas est plus discutable (voir l'encadré qui suit).

Encadré 7.1 : Constructions verbales et accords : signes vides ?

Dans *Pierre parle à Marie*, nous considérons que la préposition À n'est pas une unité sémantique, mais qu'elle fait partie du *régime* imposé par PARLER. Autrement dit, la préposition À ne constitue pas un choix séparé de celui de PARLER : plus exactement, le choix fait ici est celui d'une acception particulière de PARLER qui se construit avec un complément d'objet indirect introduit par À, le verbe et sa construction formant un tout indissociable.

La version extrême de cette position est de considérer que À est un signe vide, c'est-à-dire sans contribution sémantique (voir la section précédente). La position inverse est au contraire de considérer que le PARLER de *Pierre parle à Marie* est le même que le PARLER de *Pierre parle en dormant* ou *Pierre parle anglais* et que la nuance de sens qu'il y a entre ces trois occurrences de PARLER est due à la *construction* avec laquelle PARLER se combine. Autrement dit, lorsque *Pierre parle à Marie*, le sens sous-jacent qui est que 'Pierre s'adresse à Marie' vient davantage de la construction « X V à Y », dans laquelle s'ADRESSER, PARLER, TÉLÉPHONER ou ÉCRIRE peuvent occuper la position V, que du verbe qui occupe cette position. Bien sûr, cette construction signifiant en elle-même 's'adresser à quelqu'un' n'est compatible qu'avec des verbes du type s'ADRESSER et il est donc difficile de savoir d'où vient exactement la contribution sémantique. En admettant que le lexème PARLER se combine avec sa construction , il n'en reste pas moins que cette combinaison est *liée* : par exemple, si on reprend les trois verbes ÉCRIRE, PARLER et TÉLÉPHONER qui se combinent tous avec « X V à Y », on voit qu'on peut dire *parler anglais*, mais pas **téléphoner anglais*, ni **écrire anglais* (on dit *écrire en anglais*). On peut dire *écrire quelque chose à quelqu'un*, mais pas *parler quelque chose à quelqu'un*. Par contre, on peut *parler de quelque chose*, mais pas **écrire de quelque chose* ou **téléphoner de quelque chose*. Donc les V qui se combinent avec une construction donnée ne commutent pas librement avec d'autres V.

En conclusion, il peut être envisageable de considérer la construction du verbe comme un signe à part entière. On peut même considérer que cette construction est elle-même la combinaison de plusieurs signes, chacun correspondant à la relation entre le verbe et un de ses actants (voir le chapitre 17 du vol. 2 sur les *Relations syntaxiques*). La préposition ne serait donc pas ici un mot vide, mais le signifiant d'un signe indiquant une relation de destinataire entre l'action décrite par le verbe et son dépendant : dans *Pierre parle à Marie*, Pierre parle – il profère des paroles – et Marie en est le destinataire. Néanmoins la combinaison entre le verbe et sa construction est une combinaison liée : le paradigme des lexèmes appelant une construction donnée n'est pas régulier et, inversement, pour un lexème donné, le paradigme des constructions dans lesquels il entre est restreint et peu prévisible. (Voir la section 7.8 sur *Collocation et choix liés* pour les combinaisons liées de deux sémantèmes.)

Nous avons vu que les syntaxèmes d'accord en genre sont des syntaxèmes vides. Un exemple comme *Les animaux boivent* /**lez**anim**o**bwa**v**/, opposé à *L'animal boit* /lanimalbwa/, est plus problématique. Il y a bien ici une unité sémantique de pluriel, mais il y a trois syntaxèmes exprimant le pluriel /-ez/, /-o/ et /-ə/, associés respectivement à l'article, au nom et au verbe (c'est la désinence /-ə/ qui empêche la chute de la consonne finale du radical : voir l'encadré 6.12 sur *Syntaxème zéro et troncation en français*). Un linguiste comme Martinet considère que ces trois syntaxèmes forment un même sémantème possédant un *signifiant discontinu*, tandis qu'un linguiste comme Mel'čuk, considère 1) que l'un des trois syntaxèmes est un sémantème et que les deux autres sont des *syntaxèmes d'accord*, et 2) que c'est le pluriel sur le nom qui est un sémantème. L'analyse de Mel'čuk est motivée par le fait que le sens du sémantème de pluriel porte effectivement sur le nom et permet de décider si le nom désigne un seul référent ou plusieurs. Par ailleurs, il existe des noms qui requièrent essentiellement le singulier, comme EAU, CHOCOLAT ou PEUR, et d'autres toujours le pluriel, comme RILLETTES ou FIANÇAILLES, et on voit dans de tels cas que le nom forme un phrasème (voir définition à la section 7.6 qui suit) avec le nombre et que c'est lui qui va déclencher l'accord des autres éléments lexicaux. Mais l'on pourrait rétorquer que la plupart des déterminants portent intrinsèquement un nombre. Une troisième proposition serait donc de considérer que c'est le déterminant qui porte réellement le nombre soit dans son sens lexical, comme pour DEUX, soit sous la forme d'un grammème de nombre qui se combine avec le déterminant proprement dit, comme pour l'article. Cette option est renforcée par le fait que le nombre n'est généralement marqué à l'oral que sur l'article (*Les vaches broutent* /levaʃbrut/, opposé à *La vache broute* /lavaʃbrut/). Pour conclure, nous dirons que les trois analyses s'accordent de toute façon sur le fait qu'il y a un sémantème et plusieurs syntaxèmes. Reste la question de savoir si ce sémantème correspond à l'un de ces syntaxèmes ou à leur combinaison, question dont il n'est pas sure qu'elle soit pertinente.

7.5 Décomposition en sémantèmes

La première étape dans l'analyse sémantique d'un énoncé est d'en repérer les sémantèmes. Considérons l'énoncé :

(1)   *La moutarde me monte au nez.*

La production de cet énoncé, dont le sens est à peu près 'je sens la colère monter en moi', suppose quatre choix. Cet énoncé contient donc quatre sémantèmes. Nous incitons le lecteur à arrêter un instant sa lecture et à chercher quelles sont ces quatre unités sémantiques.

La première est *me*, choisie par opposition à *te, lui*, etc. Plus exactement, il s'agit du lexème MOI, la forme clitique *me* étant imposée par le prédicat verbal qui réalise son premier actant comme objet indirect. Dans une paraphrase comme *Je commence à être en colère*, MOI sera réalisé par la forme sujet *je*. La deuxième unité sémantique est la locution *la moutarde mont- au nez*, que nous notons ⌐LA MOUTARDE MONTER AU NEZ⌐, signifiant 'sentir la colère monter en soi'. Comme dans le cas de *pomme de terre*, aucun des syntaxèmes qui composent cette locution ne peut être commuté individuellement : *#Le wasabi me monte au nez, #La moutarde me grimpe au nez, #La moutarde me monte aux yeux*. Aucune de ces phrases n'évoque la colère ou alors par un jeu de mots qui permet au locuteur de faire le lien avec *La moutarde me monte au nez*. Le choix de *la moutarde mont- au nez* est un choix unique et indivisible. La troisième unité sémantique est le présent, réalisé par *-e* (un syntaxème zéro à l'oral) et choisi par opposition à l'imparfait ou au futur (*La moutarde me montait au nez, La moutarde me montera au nez*). La quatrième unité sémantique est non segmentale : c'est la déclarativité. Notre énoncé s'oppose ainsi à *La moutarde me monte-t-elle au nez ?* La déclarativité s'exprime ici par l'utilisation d'une proposition avec un verbe à l'indicatif et

une courbe intonative descendante en fin de phrase, typique des énoncés déclaratifs (transcrit à l'écrit par l'utilisation du point final « . » par opposition à « ? »
ou « ! »).

Nous étudierons la façon dont les sémantèmes se combinent dans le chapitre 13
sur la *Structure syntaxique profonde*. On peut aussi consulter le chapitre 3 où
nous avons montré comment *Produire un énoncé* à partir d'une représentation
sémantique.

Encadré 7.2 : Pronoms

Les PRONOMS sont un autre type d'unité que l'on tend à opposer aux
lexèmes pleins (voir la section 7.4 sur le *Syntaxème vide*). La plupart des
pronoms sont bien des unités ayant une réelle contribution sémantique,
mais ils contrastent effectivement avec des sémantèmes comme ARBRE,
VOIR, ROUGE ou DANS. La plus grande partie des sémantèmes ont un SENS
DÉNOTATIONNEL : ils dénotent certaines entités ou situations du monde,
c'est-à-dire que leur sens sélectionne intrinsèquement une partie des entités ou situations envisageables dans le ou les mondes imaginaires que
nous construisons avec nos discours. On peut ainsi parmi les entités du
monde identifier un sous-ensemble d'entités que l'on peut dénommer des
arbres ou que l'on peut considérer comme *rouge*. De la même façon, parmi
les situations mettant en jeu deux entités X et Y, on peut distinguer celles
où X *voit* Y ou celles ou X est *dans* Y et cette décision est indépendante de
la situation d'énonciation, c'est-à-dire de qui parle à qui, où et quand.

Cette « dénotationalité » contraste avec la propriété des pronoms,
comme CELUI-CI, L'AUTRE, ÇA, MOI ou ICI. Les pronoms sont des unités
qui permettent également de sélectionner une partie des entités ou des
situations envisageables, mais cette sélection dépend complètement de
la situation d'énonciation. Il n'y a pas d'entité du monde dont on puisse
dire qu'elle est intrinsèquement *l'autre, ça, ici* ou *moi* : 'moi' est celui qui
énonce (*Regarde-**moi**!*), 'ici' est le lieu où a lieu l'énonciation (***Ici**, il fait
plus chaud qu'à Paris.*), 'ça' est quelque chose que l'on montre (*Prends
ça!*) ou dont on a parlé (*Ça m'a plu.*) et 'l'autre' se définit par rapport à
un 'celui-là' déjà identifié (*Je vais plutôt prendre **l'autre**.*).

On distingue deux fonctions pour les pronoms. Un pronom est dit DÉICTIQUE si la ou les entités auxquelles il réfère peuvent être déterminées par la situation d'énonciation, indépendamment du discours qui entoure l'énonciation du pronom : MOI, TOI, ICI ou DEMAIN sont typiquement des déictiques ou CELUI-CI quand il s'agit d'une chose que l'on désigne de la main. Un pronom est dit ANAPHORIQUE si la ou les entités auxquelles il réfère sont déterminées par le renvoi à une portion antérieure du discours, que l'on appelle l'ANTÉCÉDENT du pronom. Dans les exemples suivants, le pronom anaphorique est en gras et son antécédent souligné :

(2)   a. *Pierre a pris <u>un livre</u>. **Il** était sur la table.*

   b. *Pierre a pris <u>le livre</u> **qui** était sur la table.*

   c. *<u>Pierre est allé en vacances à la montagne.</u> **Ça** lui a plu.*

On ajoute encore dans la catégorie des pronoms d'autres éléments qui n'ont pas de sens dénotationnel : les pronoms interrogatifs comme *qui* (***Qui** a parlé à Marie? Pierre, je crois.*) ou les pronoms négatifs comme *rien* (*Il n'a **rien** vu*).

Les fonctions anaphorique et déictique ne sont pas la spécificité des pronoms :

(3)   a. *Prends **ce livre**!*

   b. *Pierre a pris <u>un livre</u>. **Ce livre** était sur la table.*

   c. *<u>Pierre a fait le tour du monde.</u> **Le voyage** lui a plu.*

Les pronoms partagent beaucoup de propriétés avec les déterminants et un même lexème possède souvent une acception qui est déterminant (***Plusieurs personnes** sont venues*) et une autre qui est pronom (***Plusieurs** sont venus*). La particularité des pronoms est de pouvoir référer sans s'appuyer sur un nom, contrairement aux déterminants qui doivent se combiner avec un nom. (Voir aussi la possibilité de traiter le pronom et le déterminant comme un même syntaxème à la section 10.18 *Déterminant comme tête?*).

Pour les éléments qui ont spécifiquement une valeur anaphorique (ou déictique) mais qui ne reprennent pas un nom, on parle de PROFORME. Les verbes peuvent avoir des proformes, mais cela reste marginal dans la diversité des langues; citons le verbe modal DO pour l'anglais :

(4) a. *Do you plan to come with us?*

'Prévois-tu de venir avec nous?'

b. *Yes, I **do**.*

'Oui, je le prévois', litt. 'Oui, je fais'.

7.6 Phrasème

Comme nous l'avons vu pour *broyeur* ou *machine à laver*, il est assez courant qu'un sémantème soit réalisé par une combinaison de morphèmes. Il s'agit même de la majorité des sémantèmes.

Définition 7.7 : sémantème complexe

Un sémantème composé de plusieurs morphèmes est appelé un SÉMAN-TÈME COMPLEXE.

Un sémantème commute généralement librement avec son contexte (voir le cas particulier des collocations dans la section 7.8 *Collocation et choix lié*). Il s'agit donc soit d'un syntaxème, soit d'une combinaison de syntaxèmes.

Définition 7.8 : phrasème, locution, expression figée ou idiomatique

Un sémantème qui est la combinaison de plusieurs syntaxèmes est appelé un PHRASÈME. Les phrasèmes sont encore appelés des LOCUTIONS ou des EXPRESSIONS FIGÉES dans la tradition grammaticale française et des EXPRESSIONS IDIOMATIQUES (angl. *idioms*) dans la tradition anglo-saxonne. Les délimiteurs ⌜...⌝ servent à indiquer qu'une combinaison de syntaxèmes forme un phrasème.

On distingue parmi les sémantèmes complexes ceux qui sont des syntaxèmes, comme les lexèmes complexes BLESSURE, ASPIRATEUR ou CONSTRUCTION, et ceux qui sont des combinaisons de syntaxèmes, comme les phrasèmes ⌜SE RETOUR-

NER DANS SA TOMBE⌐ ou ⌐TIRÉ PAR LES CHEVEUX⌐. Les signes qui composent ces deux types de sémantèmes complexes sont de nature différente. Les signes lexicaux qui apparaissent dans un lexème complexe, comme *bless-* dans BLESSURE ou *aspir-* dans ASPIRATEUR, sont des lexèmes qui ont perdu leur combinatoire (*bless-* et *aspir-* ne se comportent plus comme les verbes BLESS(ER) et ASPIR(ER) dans ce contexte), mais ont en grande partie conservé leur sens : ce sont des LEXÈMES DÉSYNTACTISÉS. À l'inverse, les lexèmes qui apparaissent dans les phrasèmes conservent leur combinatoire syntaxique, mais sont dépossédés de leur contribution sémantique usuelle : ce sont des LEXÈMES DÉSÉMANTISÉS.

Les phrasèmes sont par définition des sémantèmes et font donc l'objet d'un choix indivisible. Il n'y a donc pas de paradigme de choix sur les syntaxèmes qui les composent. C'est ce qu'on nomme le FIGEMENT ou la LEXICALISATION de la combinaison. Une expression figée a *perdu sa compositionnalité*.

Certains phrasèmes sont POLYMORPHES : c'est bien sûr le cas lorsque les morphèmes sont eux-mêmes polymorphes comme ⌐S'EN ALLER⌐, où le réfléchi (noté SE) comme ALLER ont de nombreux allomorphes : *je **m'en** vais, nous **nous en** irons*, etc. Mais il y a aussi des phrasèmes qui ne s'expriment pas de manière univoque par une seule combinaison de lexèmes : c'est le cas par exemple de ⌐CHIER/FAIRE DANS SON FROC/PANTALON⌐ 'manifester une peur intense' avec deux alternances possibles et donc quatre formes en tout.

7.7 Lexie et grammie

De même que parmi les syntaxèmes nous avons distingué les lexèmes et les grammèmes, nous distinguons parmi les sémantèmes les lexies et les grammies.

Définition 7.9 : unité lexicale, lexie

Un sémantème qui commute avec des lexèmes, comme ⌐SE RETOURNER DANS SA TOMBE⌐, est appelé une UNITÉ LEXICALE ou LEXIE.

Nous distinguons très nettement les termes *lexème* et *lexie*. En général, un lexème possède plusieurs ACCEPTIONS qui constituent autant de lexies (voir la section 7.9 sur la *Délimitation paradigmatique des sémantèmes*). Un lexème peut aussi être partie d'un phrasème et ce sont alors les acceptions de ce phrasème qui constituent des lexies. La lexie est ainsi l'unité de nature lexicale minimale du point de vue de son signifié, tandis que le lexème est l'unité de nature lexicale minimale du point de vue de son syntactique.

Définition 7.10 : unité grammaticale, grammie

Nous appellerons UNITÉ GRAMMATICALE ou GRAMMIE tout sémantème qui commute avec des syntaxèmes flexionnels ou grammèmes.

Il peut s'agir d'acceptions de syntaxèmes flexionnels, mais aussi de combinaisons de grammèmes comme le conditionnel ⌐*-r-* + *-i-*⌐ (dans *Nous aimerions vous rencontrer*) ou de combinaison d'un grammème et d'un lexème comme le passé composé ⌐AVOIR$_{\text{présent}}$ + V$_{\text{part-passé}}$⌐.

Certaines lexies ont plutôt un rôle structurel et ne commutent pas vraiment avec des lexèmes ou des grammèmes, comme le « cliveur » ⌐C'EST ... QU-⌐ (*C'est Pierre **qui** viendra, C'est à Pierre **que** je l'ai dit*) ou le présentatif ⌐IL Y A ... QUI⌐ (*Il y a quelqu'un **qui** a sonné, Il y a ma voiture **qui** est en panne*). Ces lexies contrôlent la construction de la proposition et on leur donne parfois le nom de *constructions de phrase*. Nous les appellerons des SÉMANTÈMES CONSTRUCTIONNELS.

Encadré 7.3 : Verbes supports et unités grammaticales

Les grammies marquant des rôles syntaxiques sont souvent en concurrences avec des CONSTRUCTIONS À VERBES SUPPORTS. On appelle VERBE SUPPORT un verbe qui n'a *pas de contribution sémantique propre* et joue essentiellement un rôle syntaxique en permettant à un nom prédicatif d'occuper une position verbale. (Les verbes supports sont appelés *light verbs* 'verbes légers' dans la littérature anglo-saxonne.)

Par exemple, pour exprimer le sens 'gifler', on a le choix entre le verbe GIFLER et une construction à verbe support avec le nom GIFLE. Dans les deux cas, trois diathèses sont possibles (la notion de *diathèse* sera étudiée à la section 13.2 sur *Argument, actant et modifieur*) :

(5)	a.	actif	*Marie gifle Pierre*	*Marie **donne** une gifle à Pierre*
	b.	passif avec agent	*Marie **est** giflée par Pierre*	*Marie **reçoit** une gifle de Pierre*
	c.	passif sans agent	*Marie **se fait** gifler*	*Marie **se prend** une gifle*

Le verbe support n'est pas sémantiquement vide : dans l'action de gifler, il y a bien un donneur et un receveur et les verbes DONNER, RECEVOIR ou PRENDRE sont sémantiquement motivés et ce sont des sémantèmes. Néanmoins, la contribution des verbes supports consiste essentiellement à attribuer les rôles sémantiques aux différents participants comme le font les VOIX (voir définition dans la section 13.2) : l'actif, le passif (ÊTRE + V$^{\text{participe\_passé}}$) et le passif sans agent (SE FAIRE + V^{infinitif}). C'est ce qui nous autorise à dire que les verbes supports n'ont pas de contribution sémantique propre.

Les verbes supports sont un cas particulier de *translatif* (voir la section sur *La translation syntaxique* du chapitre 16 du vol. 2) et un cas particulier de *collocatif* (voir la section 7.8 qui suit).

7.8 Collocation et choix liés

Si l'unité sémantique AB est une *combinaison libre* A⊕B, cela signifie que A et B sont nécessairement des unités sémantiques choisies indépendamment l'une de l'autre, dans des paradigmes de choix indépendants, et donc que l'unité AB est compositionnelle. Si l'unité sémantique AB est une *combinaison liée* A + B, il est possible que A et B soient tout de même des unités sémantiques, c'est-à-dire que A et B résultent de *choix distincts*. Néanmoins, dans ce cas, comme nous allons le voir, les choix de A et B ne peuvent pas être totalement indépendants.

Définition 7.11 : collocation, semi-phrasème

Une COLLOCATION ou SEMI-PHRASÈME est une combinaison non libre de deux unités sémantiques.

Dans l'énoncé *Pierre a peur*, le choix de PEUR s'oppose à ceux de FAIM, FROID ou ENVIE, tandis que le choix de AVOIR s'oppose à ceux de PRENDRE ou FAIRE. Le Principe de commutation s'applique et la commutation est propre. On a bien deux unités sémantiques. Par contre, PEUR ne peut pas commuter dans cet énoncé avec ses quasi-synonymes CRAINTE ou EFFROI et à la place de *avoir crainte* ou de *avoir effroi*, on dira plutôt *craindre* ou *être effrayé*. De son côté, le verbe AVOIR ne peut pas commuter ici avec un autre verbe que PRENDRE ou FAIRE. La combinaison n'est donc pas libre.

Définition 7.12 : semi-figement

Dans une collocation, les deux choix ne peuvent être libres et indépendants, sinon la combinaison serait nécessairement libre. Il s'agit de choix liés. C'est pourquoi une collocation est dite SEMI-FIGÉE.

Plus exactement, une collocation est toujours *asymétrique* : l'un des choix est dépendant de l'autre. Par exemple, dans AVOIR PEUR, c'est PEUR qui est *choisi librement*, tandis qu'AVOIR est choisi pour permettre à PEUR de jouer un rôle verbal (c'est un verbe support ; voir l'encadré 7.3 qui précède) et ce *choix* est *dépendant* de PEUR, dans le sens où un autre nom de sentiment entraînerait un choix différent.

Définition 7.13 : base, collocatif

Le sémantème qui est choisi librement est appelé la BASE de la collocation. Le sémantème dont le choix dépend de la base est appelé un COLLOCATIF de cette base. On reconnaît un collocatif au fait qu'il ne peut pas se combiner avec certains sémantèmes qui peuvent commuter avec sa base dans d'autres contextes et qui sont pourtant sémantiquement proches.

Le Tableau 7.1 met en parallèle les choix contraints par PEUR et COLÈRE pour l'expression d'un certain nombre de sens très généraux comme 'causer', 'commencer' ou 'intense'. (Une case vide indique l'absence de collocatif pour exprimer ce sens avec cette lexie.)

TABLE 7.1 – Collocatifs pour PEUR et COLÈRE

	PEUR	COLÈRE
'éprouver'	*avoir peur*	*être en colère*
'commencer à éprouver'	*prendre peur*	*se mettre en colère*
'causer'	*faire peur à qqn*	*mettre qqn en colère provoquer la colère de qqn*
'manifester (par un symptôme)'	*trembler de peur,* ⌐*faire dans son froc*⌐, *être paralysé (par la peur)*	*suffoquer de colère, bouillir (de colère)*
'éprouver intensément'	*avoir une peur bleue, être vert/mort de peur*	*être dans une colère noire, être rouge de colère*
'éprouver faiblement'	*avoir une petite peur*	—
'décharger'	*se libérer de sa peur*	*passer sa colère sur qqn*
'qui ne se manifeste pas'	—	*colère sourde/rentrée*
'qui n'est pas contrôlé'	*peur panique*	*colère aveugle*

On peut constater que les choix possibles sont très différents. On aura noté en particulier le choix totalement arbitraire des adjectifs de couleur, *bleu* et *vert* pour la peur, *rouge* et *noir* pour la colère. Et si on peut avoir *une peur bleue*, on ne peut être ᵗᵗ*bleu de peur*. On doit être *vert de peur*, mais on n'aura pas ᵗᵗ*une peur verte*. Le fait qu'aucun de ces sémantèmes ne peut se combiner à la fois avec PEUR et COLÈRE montre bien qu'il s'agit de collocatifs.

Si la collocation partage avec le phrasème le caractère arbitraire de son signifiant, une collocation A + B se distingue d'un phrasème par la possibilité de commutation sur le collocatif (comme on l'a vu ci-dessus pour *avoir peur*) et par la possibilité de modifier indépendamment A et B (cf. **ne pas avoir** *peur* vs *avoir* **une belle peur**). La transparence sémantique ne permet pas par contre de les distinguer. Comparons par exemple les expressions *noyer le poisson* et *avoir les boules* : à première vue, aucune des deux expressions n'est très transparente, si l'on s'en tient au sens usuel des différents lexèmes qu'elles contiennent. Pourtant, alors que la première ne permet aucune commutation propre, la deuxième permet des commutations propres sur AVOIR : *foutre les boules à qqn, C'est les boules!*,

Putain, les boules!. Comme par ailleurs, *les boules* ne permet pas de commutation de *les* dans ce contexte (*#avoir la boule*, *#avoir des boules*), on en déduit que ⌜LES BOULES⌝ est un sémantème et que AVOIR est un collocatif (un verbe support pour être plus précis). Au final, *avoir les boules* apparaît comme une semi-phrasème, tandis que ⌜NOYER LE POISSON⌝ est vraiment un phrasème.

Nous avons évoqué, dans l'encadré 7.1 *Constructions verbales et accords : signes vides?*, le cas des régimes qui forment aussi des combinaisons liées. Nous distinguons néanmoins le cas des régimes de celui des collocations discuté ici car les régimes constituent des « choix » obligatoires (un lexème ne s'utilise pas sans une construction particulière), alors que le choix d'un collocatif reste toujours optionnel et constitue en cela un véritable choix.

Encadré 7.4 : Fonctions lexicales

Le collocatif étant *choisi en fonction* de la base, on peut modéliser les collocations par des *fonctions*, au sens mathématique du terme, appelées FONCTIONS LEXICALES par Igor Mel'čuk qui les a découvertes à la fin des années 1950 lorsqu'il participait aux premières recherches en traduction automatique en Union Soviétique. À chaque sens qui s'exprime par des collocatifs, on fait correspondre une fonction lexicale qui associe à chaque unité lexicale les collocatifs exprimant ce sens. Le tableau de la section qui précède en est un bon exemple : au sens 'qui n'est pas contrôlée' correspond par exemple une fonction lexicale qui associe *panique* à PEUR et *aveugle* à COLÈRE.

On peut voir une fonction lexicale comme une sorte d'unité lexicale dont le signifiant varierait en fonction du contexte, une sorte de supersignème ; on aurait ainsi une *unité lexicale abstraite* signifiant 'qui n'est pas contrôlé' et qui prendrait la valeur *panique* dans un certain contexte, *aveugle* dans un autre ou encore *innocente* en combinaison avec JOIE.

Les collocations n'étant pas prédictibles, elles doivent être listées une à une dans le modèle d'une langue. La liste des collocatifs d'un sémantème s'appelle sa COMBINATOIRE LEXICALE RESTREINTE. La collocation (en tant que phénomène de co-location) peut être appeler, de façon plus précise, la COOCCURRENCE LEXICALE RESTREINTE, terme exprimant le fait que la cooccurrence de deux unités lexicales est soumise à des *restrictions de sélection*.

La combinatoire lexicale restreinte d'une lexie fait partie de son *syntactique*, les autres éléments du syntactique contrôlant sa combinatoire libre et son régime (voir la section 5.3 sur *Signifé, signifiant, syntactique*). Les collocations constituent ainsi une part très importante de la description du lexique d'une langue. Les dictionnaires monolingues usuels ne font pas une description systématique des collocatifs. Les dictionnaires bilingues en listent généralement davantage du fait qu'un collocatif ne peut pas être traduit indépendamment de sa base. Igor Mel'čuk et son ancien étudiant Alain Polguère ont développé d'importantes bases lexicales pour le français où les collocatifs de chaque entrée lexicale sont décrits à l'aide de fonctions lexicales.

Encadré 7.5 : Collocations morphologiques

Nous avons considéré que les combinaisons propres mais liées étaient des collocations dès qu'elles mettaient en jeu des unités syntaxiques. Ces combinaisons comportent deux unités sémantiques : la base, choisie librement, et le collocatif, dont le choix est contraint par celui de la base.

On est en droit de se demander si les combinaisons propres au sein d'un syntaxème complexe ne sont pas aussi des collocations. Pourquoi des combinaisons très diagrammatiques comme *rapide+ment*, *défend+able*, *guitar+iste* ou *fragil+is(er)* ne feraient pas aussi l'objet de deux choix : le choix, libre, du radical, puis le choix contraint par le radical du suffixe adéquat.

C'est fort probable que dans certains cas les choses se passent effectivement comme cela. Des erreurs de production, comme le fameux *bravitude* prononcé par Ségolène Royal alors candidate à la présidence de la République française, tend à prouver que les dérivés de ce type sont parfois construit au moment de la production, avec les écarts à la norme que cela peut entraîner.

7.9 Délimitation paradigmatique des sémantèmes

Nous nous sommes intéressés jusque-là au découpage de la chaîne parlée en sémantèmes, c'est-à-dire à la délimitation des sémantèmes selon l'axe syntagmatique. Intéressons-nous maintenant au découpage selon l'axe paradigmatique (voir la section 6.6 sur le *Signème*). Il s'agit de savoir quand deux occurrences d'un même segment de texte appartiennent ou non au même sémantème.

La délimitation des sémantèmes sur l'axe paradigmatique est une question qui dépasse largement le cadre de notre ouvrage et qui est relativement indépendante des questions qui nous intéressent. Nous allons simplement montrer que les principes que nous avons introduits pour la délimitation syntagmatique des unités (Principe de commutation, paradigme de choix) permettent aussi une décomposition paradigmatique, ce qui revient à distinguer différentes acceptions d'une même forme.

Nous considérons que deux occurrences de la même forme appartiennent au même sémantème si on peut leur attribuer un *même sens*, si elles appartiennent au *même paradigme de choix* (c'est-à-dire que les éléments qui peuvent commuter avec elles soient les mêmes) et si elles ont une *combinatoire similaire* (et notamment si elles ont les mêmes collocatifs).

Prenons l'exemple du lexème BUREAU. Il possède au moins quatre acceptions bien séparées (que nous numéroterons de 1 à 4 pour les différencier) :

— Dans l'énoncé *Le livre est sur le bureau*, le choix de BUREAU1 s'oppose à ceux de TABLE ou CHAISE ; BUREAU1 dénote un artefact et plus précisément un meuble.

— Dans l'énoncé *Pierre est dans le bureau*, le choix de BUREAU2 s'oppose à ceux de CHAMBRE ou CUISINE ; BUREAU2 dénote un lieu et plus précisément une pièce d'habitation.

— Dans l'énoncé *Pierre est au bureau*, le choix de BUREAU3 s'oppose à ceux de MAISON, ÉCOLE ou TOILETTES ; BUREAU3 dénote une activité (et se construit avec le verbe support ÊTRE).

— Dans l'énoncé *Le bureau s'est rassemblé à nouveau*, le choix de BUREAU4 s'oppose à ceux de ÉQUIPE, DIRECTION ou STAFF ; BUREAU4 dénote un groupe de personnes.

Comme on le voit, les différents acceptions de BUREAU appartiennent à des classes sémantiques assez différentes, même s'il s'agit quand même en un certain sens de la même unité BUREAU dont les différents sens sont liés : un bureau2 contient un bureau1, l'activité bureau3 s'exerce dans un bureau2 et un bureau4 est un groupe de personnes qui se rassemblent dans un bureau2. Chaque acception possède sa combinatoire propre et nous les avons d'ailleurs présentées dans des environnements qui permettent de les discriminer : *être sur, être dans, être à, se rassembler*.

Un autre exemple est fourni par les cinq acceptions suivantes de TOURNER :

— TOURNER1 est lié à TOUR (*tourner1 autour de X ~ faire le tour de X*) et à CONTOURNER et son dérivé CONTOURNEMENT ;

— TOURNER2 est lié à TOURNURE (*ça va mal tourner2 ~ ça prend mauvaise tournure*) ;

— TOURNER3 est lié à TOURNAGE (*tourner3 un film ~ le tournage d'un film*) ;

— TOURNER4 (*le lait tourne*) ne possède aucun dérivé et ni *tour*, ni °*tournement*, ni *tournure*, ni *tournage* ne pourra désigner l'action de tourner du lait.

— TOURNER5 (*L'usine tourne à plein régime*) ne possède aucun dérivé non plus et le collocatif *à plein régime* lui est spécifique.

Comme on le voit les dérivations et les collocations ont suffi à elles seules à séparer ces différentes acceptions de TOURNER. Si on reprend l'exemple de PEUR et de ses intensifieurs, on peut distinguer deux acceptions :

(6) a. *Il a une peur bleue des araignées.*

 b. *Tu m'as fait une belle peur. Je ne t'avais pas vu.*

(7) a. ?? *Il a une belle peur des araignées.*

 b. ?? *Tu m'as fait une peur bleue. Je ne t'avais pas vu.*

La première acception est une disposition psychique (la peur des araignées), tandis que le deuxième est un sentiment (causé par la surprise). Comme on le voit, ces deux acceptions n'acceptent pas les mêmes intensifieurs, ce qui permet de les distinguer.

Le découpage (selon l'axe paradigmatique) d'un morphème ou d'un syntaxème en sémantèmes donne ce qu'on appelle les acceptions d'une unité.

> **Définition 7.14 : acception**
>
> Les ACCEPTIONS d'un signème sont des sous-ensembles regroupant des signes de même sens et même distribution. Autrement dit, un signème est découpé en acceptions selon les différents sémantèmes dont il est une composante.

Les acceptions d'un syntaxème contiennent aussi des SIGNES DÉSÉMANTISÉS qui sont des composantes de sémantèmes complexes. Par exemple, on peut ajouter aux acceptions déjà données des lexèmes BUREAU et TOURNER leurs occurrences dans les locutions ⌜BUREAU DE TABAC⌝ ou ⌜TOURNER LA PAGE⌝ 'faire le choix d'oublier un événement malencontreux'.

Encadré 7.6 : L'axe paradigmatique

Il y a deux façons duales d'envisager l'axe paradigmatique (la notion de *dualité* a été formellement définie dans l'encadré 6.4 *Dualité*).

La première est de considérer l'ensemble des éléments qui peuvent commuter en un point de la chaîne parlée. Autrement dit, on fixe un certain environnement textuel ou structurel qui définit une certaine position structurale et on regarde le paradigme des éléments qui peuvent commuter dans cette position. C'est le point de vue adopté par Saussure lorsqu'il définit les rapports associatifs (voir l'encadré 6.1 sur *La quatrième proportionnelle*), même si la définition de Saussure est plus large et inclut aussi des éléments qui ne peuvent pas occuper la même position, mais peuvent se remplacer au travers d'une restructuration complète de l'énoncé (comme DURER et PENDANT dans l'exemple du chapitre 3 : *Zoé a été malade **pendant** deux semaines* vs *La maladie de Zoé a **duré** deux semaines*).

La deuxième consiste non pas à fixer l'environnement, mais à fixer un élément et à regarder le paradigme des environnements dans lequel il peut se trouver (voir l'encadré 4.7 sur *Les vecteurs de mots et l'analyse distributionnelle*). C'est ce que nous faisons ici lorsque nous découpons un signème en syntaxème ou en sémantème. Découper en syntaxèmes selon l'axe paradigmatique, c'est regarder les différents environnements possibles d'une forme et découper l'ensemble des signes ayant cette forme pour signifiant selon les environnements dans lesquels ils peuvent apparaître. C'est ainsi qu'on distinguera *avance* lorsqu'il est une occurrence du nom et *avance* lorsqu'il est une occurrence du verbe. Et c'est ainsi que nous définirons au chapitre 16 du vol. 2 les catégories du nom et du verbe.

7.10 Dimension sémiotique du découpage

Nous avons présenté deux axes de découpage, les axes syntagmatique et paradigmatique. Il existe un *troisième axe*, que nous appelons l'axe sémiotique, à la suite de Louis Hjelmslev (1964 : 66).

Définition 7.15 : axe sémiotique

L'AXE SÉMIOTIQUE est la dimension qui relie le sens au texte, le contenu à son expression, le signifié au signifiant.

Parler d'un axe sémiotique, c'est donner une certaine épaisseur à la relation entre le sens et le texte. Le signifié et le signifiant ne se conçoivent pas comme les deux faces d'une feuille, car le signe ne peut pas être seulement considéré dans les relations que ses seuls signifié et signifiant entretiennent avec les signifiés et signifiants d'autres signes. On doit aussi considérer ses relations syntaxiques avec d'autres signes, lesquelles ne sont pas déductibles des relations au niveau des signifiés et des signifiants.

Comme nous l'avons déjà remarqué, les découpages en unités minimales sont différents selon que l'on considère les signifiants, les syntactiques ou les signifiés, ce qui nous donne respectivement les morphèmes, les syntaxèmes et les sémantèmes. On peut voir l'ensemble des productions d'une langue comme un *espace à trois dimensions* : il s'agit d'un fil (la dimension syntagmatique) qui s'enroule sur lui-même à chaque fois qu'il rencontre une nouvelle occurrence d'un signème (la dimension paradigmatique) et qui est composé de strates diverses (la dimension sémiotique). Décrire une langue, c'est d'abord *découper l'espace* tridimensionnel des productions de cette langue en unités minimales, puis étudier la façon dont ces unités sont liées entre elles.

Prenons l'exemple du morphème *vis-* dont les principales acceptions sont le nom VIS 'tige filetée en hélice', les verbes VISSER 'mettre une vis', DÉVISSER1 'enlever une vis' et DÉVISSER2 'lâcher prise et tomber' (*L'alpiniste a dévissé*), le nom VISSAGE 'fait de visser1', l'adjectif VISSÉ (*Il est vissé sur sa chaise toute la journée*) et la locution ⌜SERRER LA VIS⌝ 'donner moins de liberté' (*Ses parents ont décidé de lui serrer la vis depuis qu'il a des mauvaises notes*). Dans VIS et VISSER, le morphème *vis-* est un syntaxème. Il s'agit de deux syntaxèmes différents, puisque leurs distributions sont totalement différentes. Lorsque *vis-* est une composante de la locution ⌜SERRER LA VIS⌝, il appartient au syntaxème qu'est le nom VIS, dont il est une autre acception ; il s'agit d'un signe *désémantisé*, puisqu'il n'a plus de signifié propre. Le signe DÉVISSER1 est très diagrammatique (*dévisser* est à *visser*1 ce que *démonter* est à *monter*), de même que VISSAGE (un *vissage* est à *visser*1 ce qu'un *montage* est à *monter*) : les occurrences du morphème *vis-* y sont donc des signes, mais ce ne sont plus des syntaxèmes, puisqu'ils n'ont plus de combinatoire libre. Le syntaxème VISSER y a été *désyntactisé*. Le signe DÉVISSER2 est peu diagrammatique (il entretient simplement une relation métaphorique avec DÉVISSER1 et le préfixe *dé-* n'y est pas vraiment motivé, même si l'on a des cohyponymes comme *déraper* ou *dégringoler*). Le signe VISSÉ est à peine plus diagrammatique. Les occurrences de *vis-* dans ces deux derniers sémantèmes sont donc des quasi-signes : le syntaxème VISSER y a été à la fois *désyntactisé* et *désémantisé*.

Il y a donc parmi les sept acceptions considérées du morphème *vis-* deux quasi-signes (dans DÉVISSER2 et VISSÉ) et cinq signes dont deux sémantèmes (VIS, VIS-SER), deux lexèmes désyntactisés (lorsqu'il est une composante des sémantèmes DÉVISSER1 et VISSAGE) et un lexème désémantisé (lorsqu'il est une composante de ⌜SERRER LA VIS⌝). La figure 7.1 récapitule cela en montrant les différences entre morphème, syntaxème et sémantème. Chaque ligne correspond à un sémantème, l'acception de *vis-* étant entourée d'une bulle. Les syntaxèmes sont indiqués par des rectangles pleins et le morphème *vis-* par un rectangle en pointillé

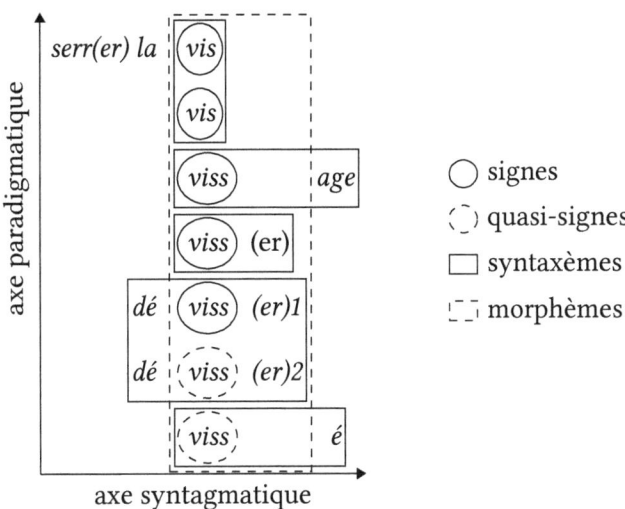

FIGURE 7.1 – Découpage paradigmatique du morphème *vis-*

Encadré 7.7 : Extensions paradigmatique et syntagmatique

Un signème est un ensemble de signes. On peut mesurer l'extension du signème dans deux dimensions : syntagmatique et paradigmatique. (Voir la section 7.11 qui suit pour la troisième dimension, la dimension sémiotique.)

L'EXTENSION SYNTAGMATIQUE du signème est la portion de texte que couvre le signème, c'est-à-dire l'empan de ses signifiants. Nous notons ‖ <signème> ‖ l'extension syntagmatique d'un signème <signème>. Par exemple, ‖ DÉVISSER ‖, l'extension syntagmatique du verbe DÉVISSER, est égale à *déviss-* /devis/. De ce point de vue, les morphèmes sont les signèmes qui ont les extensions syntagmatiques les plus courtes, puisque ce sont les unités de forme minimales. L'extension syntagmatique d'un morphème est toujours contenue dans celle d'un syntaxème (à l'exception des amalgames), qui est elle-même contenue dans celle d'un sémantème. Nous pouvons résumer cela par la formule suivante :

(8)   ‖ <morphème> ‖ ⊆ ‖ <syntaxème> ‖ ⊆ ‖ <sémantème> ‖

(Nous utilisons le signe d'inclusion ⊆, introduit dans l'encadré 6.3 sur la *Théorie des ensembles*, car l'extension syntagmatique d'un signème est vue comme une partie du texte.) Par exemple :

(9)   ‖ *vis-* ‖ ⊆ ‖ DÉVISSER ‖ et ‖ VIS ‖ ⊆ ‖ ⌜SERRER LA VIS⌝ ‖

L'EXTENSION PARADIGMATIQUE du signème est l'ensemble de ses occurrences possibles, c'est-à-dire l'ensemble des signes et quasi-signes qu'il contient. (Chaque signifié différent du signème donne un signe différent et chaque présence dans un sémantème différent donne un quasi-signe différent.) Nous notons [<signème>] l'extension paradigmatique d'un signème <signème>. Par exemple, [*vis-*], l'extension paradigmatique du morphème *vis-*, contient les signifiés 'vis', 'visser1', 'visser2', ⌜serrer la vis⌝', etc. L'extension paradigmatique d'un sémantème est contenue dans celle d'une combinaison particulière de syntaxèmes, qui est elle-même contenue dans celle d'une combinaison particulière de morphèmes (à l'exception des cas, assez courants, d'allomorphie ; voir la section 6.11). Nous pouvons résumer cela par la formule suivante :

(10) [<sémantème>] ⊆ [<syntaxème>] ⊆ [<morphème>]

Par exemple :

(11) [⌜SERRER LA VIS⌝] ⊆ [VIS$_{\text{syntaxème}}$] ⊆ [*vis-*]

7.11 Syntaxème et faisceau de signes

Les ensembles de signes qui forment les syntaxèmes possèdent une propriété remarquable qui justifie d'en faire des unités linguistiques à part entière. Il existe, entre les signifiés et les signifiants des signes qui appartiennent à un même syntaxème, une forme d'indépendance : chaque association entre un sens particulier et une forme particulière du syntaxème est possible et forme un signe.

Définition 7.16 : faisceau de signes

Le syntaxème est ainsi un FAISCEAU DE SIGNES, dont les deux faces, le signifié et le signifiant, sont *indépendantes* : chaque sens peut se combiner avec n'importe quelle forme et chaque forme avec n'importe quel sens.

Prenons l'exemple du verbe ALLER qui est à la *polymorphique* — /v/, /al/, /i/, /aj/ — et *polysémique* : 'se déplacer' (*il va quelque part*), 'se sentir' (*comment allez-vous ?*), 'FUTUR' (*il va partir*), etc., acceptions auxquelles il faut encore ajouter toutes les participations à un phrasème, comme dans ⌜ALLER AU CHARBON⌝ ou ⌜ALLER SE FAIRE CUIRE UN ŒUF⌝. On peut représenter l'association libre entre les sens et les formes de ALLER sous la forme d'un faisceau au centre duquel nous plaçons le nom du syntaxème (voir la figure 7.2). Un signe est l'association d'une des formes avec un des sens, tandis que le signème est la réunion de tous ces signes. Le signe de la figure 7.3 est l'occurrence de ALLER qu'on trouve dans « *il ira quelque part.* ».

La symétrie entre sens et forme n'est pas complète. Le locuteur fait le choix d'un sens et ce choix peut se porter sur n'importe lequel des signifiés du syntaxème. Mais le « choix » du signifiant n'en est pas un : il est *totalement imposé par l'environnement*, c'est-à-dire par les choix adjacents du locuteur. Dans le cas de ALLER, le « choix » du signifiant est conditionné par la flexion et donc par le choix du temps et celui du sujet via l'accord.

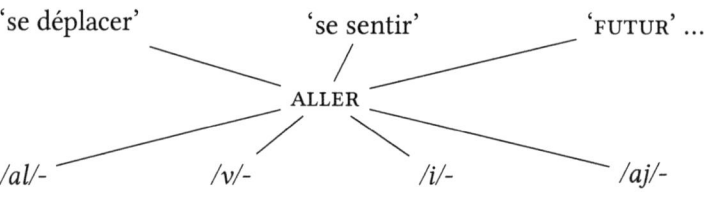

FIGURE 7.2 – Signème

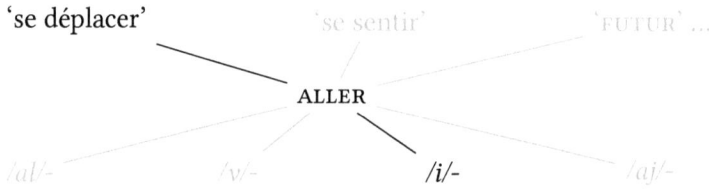

FIGURE 7.3 – Signe

On peut découper le signème selon les formes ou selons les sens. Le choix d'une forme particulière nous donne un morphe, c'est-à-dire un des allomorphes du lexème ALLER (voir la figure 7.4). Le choix d'un sens particulier nous donne une acception du lexème ALLER (voir la figure 7.5).

FIGURE 7.4 – (Allo)morphe

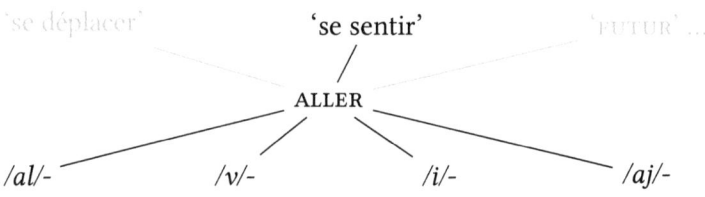

FIGURE 7.5 – Acception

Il devient alors possible de voir le syntaxème comme un niveau d'articulation entre sens et forme. On peut ainsi scinder la correspondance sens-forme en deux modules et voir les sémantèmes et les morphèmes comme les éléments respectifs de ces deux modules. En d'autres termes, on peut voir les morphes et morphèmes comme des (ensembles de) DEMI-SIGNES DE SURFACE dont le signifié est un élément abstrait (représenté par le nom de lexème ALLER dans nos figures) (voir la figure 7.6). Ce même élément abstrait sert de signifiant aux DEMI-SIGNES PROFONDS que sont les sémantèmes (voir la figure 7.7). Travailler avec des demi-signes est particulièrement intéressant quand on considère des locutions : on peut en effet considérer que le signifiant de sémantèmes complexes comme ⌐AVOIR LES PIEDS SUR TERRE⌐ ou comme le passé composé sont des configurations de syntaxèmes.

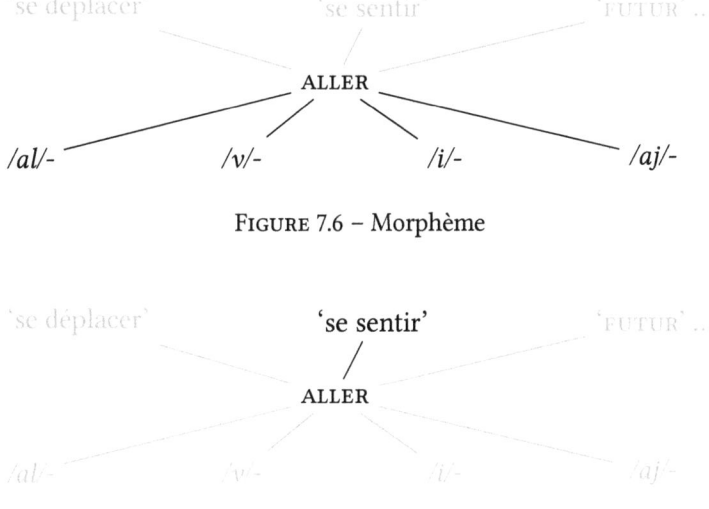

FIGURE 7.6 – Morphème

FIGURE 7.7 – Sémantème

Encadré 7.8 : Signèmes et signes : unités de la langue et unités de la parole

Depuis les travaux de Saussure, la quasi-totalité des ouvrages de linguistique considèrent que les unités de la langue sont des signes (voir l'opposition langue vs parole dans l'encadré 2.5 sur *Langue et parole, compétence et performance*). Ce n'est pas notre cas. Nous considérons que les unités de la langue, celles qui sont dans notre cerveau, sont plutôt des signèmes, c'est-à-dire des *faisceaux de correspondances entre sens et formes*. Lorsqu'un locuteur produit un énoncé, il choisit de tels faisceaux qu'il assemble. Un signème donné est choisi parce que l'un des sens du signème est un sens que le locuteur veut exprimer. Par exemple, si le locuteur veut parler d'un de ses prochains déplacements, il pourra choisir le faisceau AL-LER et produire un énoncé comme « *Je vais à Paris la semaine prochaine.* » Le choix de la forme *v-* du faisceau lui est imposé par le contexte : ce sont les sens 'moi' réalisé par *je* et 'PRÉSENT' qui vont sélectionner l'allomorphe *v-* parmi les différents morphes de ALLER. Ce « choix » du signifiant est totalement indépendant du sens par lequel le locuteur a sélectionné le signème ALLER.

On peut donc dire que ce ne sont pas les signes qui sont organisés en faisceaux, mais *les faisceaux* qui *se réalisent par des signes en parole*. Lorsqu'un signème est utilisé dans un énoncé, c'est forcément qu'il a été choisi pour un de ses sens et qu'il est réalisé sous une de ses formes. Donc, dans un énoncé, le signème apparaît sous la forme d'un signe. Selon nous, c'est bien un signème qui a été sélectionné dans notre cerveau et c'est par l'intermédiaire de ce faisceau qu'un signe a été réalisé. En reprenant la terminologie saussurienne, on peut dire que les *signèmes* sont les *unités de la langue* et les *signes* les *unités de la parole*.

Il faut aussi noter que les signes sont quasiment des observables : on peut dans un texte repérer leur signifiant et mesurer leur contribution sémantique. Les signèmes, eux, sont des constructions théoriques. Leur existence ne peut être prouvée qu'au sein du modèle (tant qu'on n'a pas les moyens de les observer au sein du cerveau).

7.12 Autonomie de la syntaxe et de la sémantique

Nous allons conclure ce chapitre en soulignant un point fondamental concernant les unités sémantiques et la syntaxe : le comportement des syntaxèmes (c'est-à-dire leur combinatoire libre avec d'autres syntaxèmes, leur placement ou leur schéma prosodique) dépend assez peu des unités sémantiques auxquelles ils appartiennent. Par exemple, si l'on prend les occurrences de PRENDRE dans n'importe quel phrasème dont il est la tête (⌜PRENDRE LES JAMBES À SON COU⌝, ⌜PRENDRE SON PIED⌝, ⌜S'EN PRENDRE PLEIN LA GUEULE⌝, etc.), PRENDRE y conserve ses propriétés habituelles de verbe, prend une flexion verbale, et peut-être modifié par les mêmes types d'éléments (adverbes, etc.). Ses compléments ne peuvent pas être modifiés (c'est l'effet du figement), mais ils se placent comme des compléments libres et obéissent aux mêmes règles de phonétisation (prosodie comprise).

En général, les phrasèmes ont tendance à avoir une combinatoire plus restreinte et à supporter moins facilement les manipulations que les combinaisons libres, mais ce n'est pas une règle. Par exemple, si on compare le sémantème ⌜BRISER LA GLACE⌝ 'dissiper la gêne' avec la combinaison libre BRISER ⊕ GLACE, on voit que les deux combinaisons acceptent d'entrer dans des constructions analogues : négation (*Pierre n'a pas brisé la glace*), clivage du sujet (*C'est Pierre qui a brisé la glace le premier*) ou passif (*La glace a été brisée*). Par contre, le clivage de l'objet (*C'est la glace que Pierre a brisé*) n'est possible qu'avec la combinaison libre, c'est-à-dire quand l'objet est une unité sémantique. Le comportement des phrasèmes dépend donc fortement du comportement des syntaxèmes qui les composent, alors que celui des syntaxèmes est relativement indépendant du fait qu'ils forment un sémantème ou sont seulement une composante d'un phrasème.

Morphèmes et sémantèmes structurent le lexique de la langue : ce sont respectivement les plus petites et les plus grandes unités minimales de première articulation. Cependant, le fait que les unités minimales du point de vue du signifiant (les morphèmes) ne correspondent pas aux unités minimales du point de vue du signifié (les sémantèmes) entraîne que ni les unes, ni les autres ne sont les unités de la syntaxe. Nous allons donc pouvoir maintenant présenter les unités de la syntaxe et cette mise au point sur morphèmes et sémantèmes permettra, nous l'espérons, de bien comprendre ce qui est et n'est pas une unité de la syntaxe.

Exercices

Exercice 1. Étudier le caractère motivé ou non des signifiants des signes désignant les nombres de *dix* à *vingt*.

Exercice 2. Alors que la grammaire normative indique que le verbe PAL-LIER doit être utilisé transitivement (*pallier un problème*), de nombreux locuteurs produisent aujourd'hui *pallier à un problème*. Qu'est-ce qui peut expliquer que la construction de ce verbe change de cette façon ? Qu'est-ce qui permet qu'une construction puisse changer ?

Exercice 3. L'énoncé « *Si j'étais toi, je demanderais à **ma** mère.* » est ambigu : *ma mère* peut référer à la mère du locuteur ou à celle de l'interlocuteur. Cela remet-il en question une analyse purement déictique du pronom MOI ? Quelle solution proposer ?

Exercice 4.

   a. Montrer que *grièvement blessé* est une collocation.

   b. L'adverbe *grièvement* joue un rôle d'intensifieur auprès de *blessé*. Chercher d'autres exemples d'intensifieurs exprimés par un collocatif pour des adjectifs, mais aussi pour des verbes et des noms.

Exercice 5. Identifier les phrasèmes et les collocations des phrases suivantes :

   (1) *L'agent de police dormait à poings fermés.*

   (2) *Il est allé faire la sieste sur la plage.*

   (3) *Je ne peux pas le piffrer.*

   (4) *Il a je ne sais quelle idée en tête.*

Exercice 6. Déterminer parmi les occurrences suivantes du lexème TABLE différentes acceptions. Pour chacune d'elle vous indiquerez si elle appartient à un phrasème ou à une collocation.

   (1) *Cette table a un pied central.*

   (2) *On passera à table à midi.*

   (3) *Tu as intérêt à te mettre à table rapidement si tu ne veux pas te retrouver en tôle.*

   (4) *Consulter la table des matières en début d'ouvrage.*

   (5) *On vous a réservé la meilleure table.*

   (6) *Le résultat est dans la table de la page précédente.*

Exercice 7. Un syntaxème comme BLANC peut être utilisé dans la formation de différentes expressions : *voter blanc, blanc comme un linge, blanc
comme neige, blanchir le linge, blanchisserie.* Quelles composantes du signe
sont affectées dans ces différents emplois ?

Lectures additionnelles

Le *sémantème*, appelé *monème* par André Martinet (1960), est défini
dans ses *Éléments de linguistique générale*, dont on consultera les sections
1 à 19 du chapitre 1 et le chapitre 4. Les notions introduites par Martinet
sont également présentées dans l'ouvrage de Denis Cosatouec et Françoise Guérin (2007). Le chapitre sur *Les unités significatives* de l'encyclopédie d'Oswald Ducrot et Jean-Marie Schaeffer (1995) complètera cette
lecture.

La syntaxe des *locutions* est étudiée en détail dans la thèse de Marie-
Sophie Pausé (2017). La distinction entre *transparence* et *diagrammati-
cité* (appelée *analycité*) est bien dégagée dans un article de Marie Helena
Svensson de 2008.

Le *découpage paradigmatique* en unités lexicales ainsi que les *collocations* sont très bien présentés dans l'ouvrage de lexicologie d'Alain Polguère (2003). Voir également l'*Introduction à la lexicologie explicative et
combinatoire* de 1995, co-écrite avec Igor Mel'čuk, pour une introduction
plus technique aux *fonctions lexicales*, ainsi que le *Lexique actif du français*
de 2007 pour des exemples d'entrées lexicales avec leurs collocatifs. Les
collocations morphologiques sont présentées dans un article de David Beck
de 2019.

La notion de *faisceau de signes* est introduite dans le premier tome du
Cours de Morphologie Générale d'Igor Mel'čuk (1993–2000) (déjà discuté au
chapitre 5) lors de la description des grammèmes (p. 278), mais n'est pas
exploitée pour les syntaxèmes en général. Les grammèmes chez Mel'čuk
n'ont d'ailleurs pas un statut de signe linguistique.

Beck, David. 2019. Phraseology in morphology : It's a sign ! *Linguistica Atlantica* 37(2). 1-19.

Costaouec, Denis & Françoise Guérin. 2007. *Syntaxe fonctionnelle : Théorie et exercices.* Rennes : Presses Universitaires de Rennes.

Ducrot, Oswald & Jean-Marie Schaeffer. 1995. *Nouveau dictionnaire encyclopédique des sciences du langage.* Paris : Éditions du Seuil.

Hjelmslev, Louis T. 1964. *Omkring sprogteoriens grundlæggelse.* Copenhague : B. Lunos. [Traduction française : *Prolégomènes à une théorie du langage*, 1968, Paris : Éditions de Minuit.]

Martinet, André. 1960. *Éléments de linguistique générale.* (édition revue, corrigée et étendue en 1980). Paris : Armand Colin.

Mel'čuk, Igor, André Clas & Alain Polguère. 1995. *Introduction à la lexicologie explicative et combinatoire.* Paris : De Boeck Supérieur.

Mel'čuk, Igor & Alain Polguère. 2007. *Lexique actif du français : L'apprentissage du vocabulaire fondé sur 20 000 dérivations sémantiques et collocations du français.* Paris : De Boeck.

Pausé, Marie-Sophie. 2017. *Structure lexico-syntaxique des locutions du français et incidences sur leur combinatoire.* Université de Lorraine. (Thèse de doctorat).

Polguère, Alain. 2003. *Lexicologie et sémantique lexicales : Notions fondamentales.* Montréal : Presses de l'Université de Montréal.

Svensson, Maria Helena. 2008. A very complex criterion of fixedness : Non-compositionality. In Sylviane Granger & Fanny Meunier (éd.), *Phraseology : An interdisciplinary perspective*, 81-93. Amsterdam/Philadelphia : John Benjamins.

Corrections des exercices

Corrigé 1. Les nombres *dix-sept*, *dix-huit* et *dix-neuf* sont construits selon la syntaxe régulière des nombres (comme *cent vingt-huit* par exemple). On peut donc considérer qu'ils sont compositionnels. Les nombres *onze*, *douze, treize, quatorze, quinze, seize* ne sont pas décomposables en synchronie, même s'ils possèdent tous une terminaison en *-ze* et un radical en partie transparent. Ils sont donc assez motivés. Les signifants des nombres *dix* et *vingt* sont eux totalement arbitraires.

Corrigé 2. Il semble que le verbe PALLIER ait changé de construction en raison de sa proximité sémantique avec REMÉDIER ou ⌜S'ATTAQUER⌝ qui se construisent avec X V *à* Y. Le fait qu'un verbe puisse changer de construction montre bien qu'il y a une certaine indépendance de la construction par rapport au lexème lui-même. Voir l'encadré 7.1 *Constructions verbales et accords : signes vides*?.

Corrigé 3. Le pronom MOI ne réfère pas forcément au locuteur à proprement parler, mais à celui à qui on attribue les paroles. C'est le cas avec le discours rapporté : *Zoé m'a dit : « Je viendrai »*. C'est aussi le cas ici, où il y a un transfert du 'toi' au 'moi'.

Corrigé 4. L'adverbe GRIÈVEMENT ne peut modifier que l'adjectif BLESSÉ. BLESSÉ garde son sens usuel et GRIÈVEMENT fonctionne comme un intensifieur. L'absence de commutation possible sur BLESSÉ montre que GRIÈVEMENT est un collocatif. Le choix de BLESSÉ est libre et le choix de GRIÈVEMENT est dépendant de ce premier choix. Les intensifieurs sont les plus productifs des collocatifs. En voici quelques uns : *gravement malade, con comme un balai, armé jusqu'aux dents, aimer à la folie, applaudir des deux mains, craindre comme la peste, grand ami, gros fumeur, augmentation substantielle, catastrophe épouvantable, désaccord profond, bataille sans merci, forme olympique*, etc.

Corrigé 5.

Une expression comme *agent de police* en (1) se situe à la frontière entre collocation et phrasème. On peut la considérer comme une collocation non standard de base POLICE, le collocatif AGENT désignant l'un des types de fonctionnaire travaillant à la police. Néanmoins, POLICE parait peu modifiable et il est loin d'être certain que AGENT soit choisi à partir du choix initial de POLICE. (Le problème est encore compliqué ici par le fait qu'il y a une autre acception de AGENT qui à elle seule veut dire 'agent de police'.) ⌜À POINGS FERMÉS⌝ est également un phrasème et ce phrasème est un collocatif de DORMIR marquant l'intensification.

En (2), *faire la sieste* est un exemple typique de construction à verbe support, où la base SIESTE est un nom prédicatif et le collocatif FAIRE n'a pas de contribution propre. Il y a une autre collocation moins évidente qui est *sur la plage*. En effet, la préposition locative SUR n'est pas totalement prédictible : on peut dire *à/sur la plage*, mais, par exemple, on doit dire *à/dans la campagne* et seulement *dans la forêt*. On considère donc que les prépositions locatives sont des collocatifs dont le choix est restreint par le nom qui suit.

En (3), le verbe PIFFRER ne s'utilise que précédé de POUVOIR (**je ne le piffre pas*) et dans un contexte négatif (**je peux le piffrer*). Par contre, différentes réalisation de la négation sont possibles : *je n'ai jamais pu le piffrer* ; *personne ne peut le piffrer*. On a donc un phrasème que nous notons ⌜(NE PAS) POUVOIR PIFFRER⌝ (la parenthèse indique qu'une autre négation peut remplacer NE PAS).

En (4), comme dans les cas précédent, on voit si des commutations sont possibles. On remarque d'abord que le déterminant de IDÉE peut être changé : *avoir une idée en tête*. De plus, IDÉE peut commuter avec d'autres noms : *avoir un problème/une musique en tête*. Ou même un pronom : *avoir quelque chose en tête*. Il nous reste donc l'expression *avoir N en tête*. Or on peut encore commuter le verbe : *on m'a **mis** cette idée en tête*, ***avec** ça en tête*, etc. Au final, on a un phrasème ⌜EN TÊTE⌝ dont AVOIR est un collocatif (un verbe support). Quant au déterminant *je ne sais quel*, il appartient à un paradigme de pronom : *je ne sais qui/quoi/où/comment*. L'élément *je ne sais* possède lui-même une certaine variabilité : *on ne sait quel, Dieu sait quel*. Au final, on considérera quand même que ⌜JE NE SAIS QUEL⌝ est un phrasème, mais cet exemple montre qu'il y a plusieurs degrés de décompositionnalité et que la frontière entre phrasème et syntagme compositionnel n'est pas parfaitement nette.

Corrigé 6. Le lexème TABLE est un sémantème dans les exemples (1), (5) et (6). Il s'agit de trois acceptions différentes, puisque TABLE désigne un meuble en 1, un lieu gastronomique en 5 et un type de diagramme en (6). En (2), on a une locution ⌜À TABLE⌝, comme le montre l'absence de commutation possible sur TABLE. Par contre, PASSER, qui peut commuter avec ⌜SE

METTRE⌉ ou ÊTRE, est un collocatif de ⌈À TABLE⌉. En (3), la commutation de ⌈SE METTRE⌉ avec ÊTRE n'est plus possible et ⌈SE METTRE À TABLE⌉ forme une locution signifiant 'passer des aveux'. En (4), ⌈TABLE DES MATIÈRES⌉ est également un phrasème. En (5), TABLE est la base de deux collocations : RÉSERVER est un collocatif exprimant une étape préliminaire à l'utilisation de la table, tandis que BON (ici sous la forme superlative *meilleur*) est un collocatif intensifiant la qualité de la table. En (6), TABLE est associé au collocatif DANS, qui est une préposition exprimant la localisation. On notera que les autres acceptions de TABLE, utilisées en (1) et (5), ne pourraient pas s'utiliser avec cette préposition.

Corrigé 7. Dans *voter blanc*, BLANC est un collocatif de VOTER. Dans ce contexte, BLANC signifie 'en mettant un bulletin blanc'. Dans *blanc comme un linge*, c'est ⌈COMME UN LINGE⌉ qui est un collocatif de BLANC, mais BLANC a une acception particulière 'qui manifeste un sentiment de peur ou de colère'. Par contre, ⌈BLANC COMME NEIGE⌉ est un phrasème, car BLANC seul ne peut avoir le sens 'sans aucune preuve à charge'; BLANC y est donc désémantisé, puisque le sens est porté par la locution complète. Dans BLANCHIR, le radical /blãʃ/ est le même morphème que le syntaxème BLANC, mais cette acception n'a plus du tout le même syntactique (il s'agit d'un conversion de nom en verbe) et son signifié est également modifié et est devenu 'laver à haute température pour rendre blanc et pur'. BLAN-CHISSERIE est construit à partir de BLANCHIR, mais le signe a subi une nouvelle désyntactisation et désémantisation, puisque même si BLANCHISSE-RIE est assez diagrammatique, il n'est pas compositionnel pour autant.

Troisième partie

Structures syntaxiques et topologique : Comment les unités se combinent

Présentation

Cette troisième partie est consacrée à la façon dont les signes linguistiques se combinent pour former des syntagmes et aux structures qui en découlent. Le chapitre 8, où nous donnons notre définition de la syntaxe, est consacré à distinguer l'unité minimale de la syntaxe, le syntaxème, du syntagme. Le chapitre 9 introduit la structure de connexion en montrant comment la combinaison des unités syntaxiques définit un ensemble de connexions qui forment la charpente de la structure syntaxique. Le chapitre 10 montre que cette structure est hiérarchique en introduisant les notions de tête et de dépendance. Le chapitre 11 étudie les équivalences et différences entre les structure de dépendance, qui mettent en avant les relations syntagmatiques entre unités, et les arbres de constituants, qui mettent en avant les relations d'enchâssement entre les unités. Le chapitre 12 étudie l'ordre des mots et la façon dont les syntaxèmes se regroupent lorsqu'ils sont dans l'ordre linéaire, définissant ainsi ce que nous appelons la structure topologique. Le chapitre 13 présente la structure qui rend compte de la combinaison des sémantèmes et étudie les distorsions entre cette structure et les structures qui rendent compte de la combinaison des syntaxèmes.

8 Syntaxèmes et syntagmes : La délimitation des unités minimales de la syntaxe

8.1 Syntaxème, morphème et sémantème

Nous avons donné une première définition du syntaxème dans la partie II. L'objectif de ce chapitre est de donner une définition plus précise du syntaxème, de préciser la frontière entre le syntaxème et le syntagme, qui est une combinaison de syntaxèmes, et de donner une définition de ce que nous appelons la syntaxe.

Rappelons que nous appelons *morphèmes* les signes minimaux du point de vue de la forme (chapitre 6) et *sémantèmes* les signes minimaux du point de vue du sens (chapitre 7). D'où vient la nécessité de considérer, en plus de ces deux unités, les unités que nous appelons les *syntaxèmes* ?

Le signe idéal est un *sémantème simple*, c'est-à-dire une unité minimale de forme et de sens, un sémantème qui est aussi un morphème. (Nous devrions dire « un sémantème qui est une acception d'un morphème », car la quasi-totalité des morphèmes ont plusieurs acceptions.) Comme on l'a vu au chapitre 7, il n'y a pas de correspondance entre unités minimales de sens et unités minimales de forme et un grand nombre de sémantèmes sont complexes, c'est-à-dire sont la combinaison de plusieurs morphèmes. Il convient néanmoins de distinguer, parmi les sémantèmes complexes, ceux qui se comportent comme des sémantèmes simples et ceux qui se comportent plutôt comme une combinaison de sémantèmes simples. Ce sont les premiers que nous appelons des syntaxèmes.

Nous avons déjà donné, dans le chapitre 5, l'exemple des sémantèmes DÉCAPSULEUR et ⌜AVOIR LES PIEDS SUR TERRE⌝. Les deux sont composés de plusieurs morphèmes, mais, alors que DÉCAPSULEUR se comporte comme un sémantème simple – comme BOL ou COUTEAU –, ⌜AVOIR LES PIEDS SUR TERRE⌝ ne se comporte pas comme un verbe simple. En fait, ⌜AVOIR LES PIEDS SUR TERRE⌝ se comporte comme la combinaison libre *avoir les mains sur la table* et est construit de manière *analogue* à cette expression par la combinaison du verbe AVOIR et de compléments avec lesquels il s'est figé sémantiquement. À l'inverse, DÉCAPSULEUR n'est pas construit de manière analogue à une expression libre.

8.2 Analogie structurelle

La notion d'analogie (structurelle) joue un rôle central dans la définition des unités syntaxiques. Voici comment nous la définissons.

> **Définition 8.1 : analogie (structurelle)**
>
> Une combinaison de signes A+B est dite (STRUCTURELLEMENT) ANALOGUE à une combinaison A'+B' si A a une distribution équivalente à A', B à B' et A+B à A'+B'.

Cette définition va être illustrée dans la section 8.3. Donnons avant cela quelques autres définitions basées sur l'analogie, à commencer par la définition du syntagme.

> **Définition 8.2 : syntagme**
>
> Un SYNTAGME est une combinaison de signes *structurellement analogue* à une *combinaison libre*.

En incluant les combinaisons *analogues* à des combinaisons libres, nous incluons les constructions figées, c'est-à-dire la possibilité qu'un syntagme ne soit pas une combinaison libre, mais se comporte syntaxiquement comme une combinaison libre.

Les syntagmes sont des combinaisons régulières de signes du point de vue de leur *syntactique* (voir la section 5.3 sur *Signifié, syntactique, signifiant*). Autrement dit, A+B forme un syntagme si le syntactique de A+B se calcule de manière régulière à partir des syntactiques de A et de B. Mais la combinaison des signifiants de A et B peut être irrégulière (par exemple être un amalgame comme *au* = *à* ⊕ *le* ou *viens* = VENIR ⊕ indicatif ⊕ présent ⊕ 2 ⊕ singulier) ou la combinaison des signifiés de A et B peut être irrégulière (lorsque A+B est une locution).

La notion de syntaxème peut maintenant être définie de manière plus rigoureuse.

Par définition, tout syntagme X est une combinaison A+B qui est libre ou analogue à une combinaison libre. On peut donc décomposer X en deux signes A et B et une telle DÉCOMPOSITION est dite SYNTAXIQUE. Nous opposons une telle décomposition à une DÉCOMPOSITION MORPHOLOGIQUE, qui serait une décomposition en morphèmes reposant uniquement sur la commutation propre.

La décomposition syntaxique peut être appliquée récursivement. Si les signes A et B sont à nouveau des syntagmes, on pourra les décomposer en deux signes et ainsi de suite, jusqu'à ce qu'on arrive à des signes qui ne peuvent plus être décomposés selon ce principe. C'est ce que nous appelons des SYNTAXÈMES.

Toute combinaison de deux syntaxèmes est un syntagme et tout syntagme est une combinaison de plusieurs syntaxèmes. Plus généralement :

Définition 8.3 : unité syntaxique

Les UNITÉS SYNTAXIQUES sont *les signes qui commutent librement* dans leur contexte ou qui sont analogues à de tels signes.

Une unité syntaxique est soit un *syntagme*, soit un *syntaxème*. Et donc :

Définition 8.4 : syntaxème

Les SYNTAXÈMES sont donc les *unités syntaxiques minimales*. Un syntaxème est *indécomposable en deux unités syntaxiques*.

Encadré 8.1 : Le collimateur et la sellette

En général, tout syntaxème commute librement dans certains environnements, mais il existe des cas extrêmes comme FUR, qui n'apparaît que dans le phrasème ⌜AU FUR ET À MESURE⌝. Le fait que *au fur* soit assez clairement analogue à une combinaison libre, en raison notamment de la coordination avec *à mesure*, amène à considérer *fur* comme un syntaxème. Les éléments lexicaux qui ne s'utilisent plus (guère) que dans des phrasèmes sont quand même assez nombreux : (*être*) *aux* **aguets**, (*avancer*) *à la queue* **leu leu**, *à l'***instar** *de*, (*utiliser qqch*) *à bon/mauvais* **escient**, (*poser* une question) à brûle-**pourpoint**, (rouler) à toute **blinde**, (aller) au diable **vauvert**, (avoir qqn) dans le **collimateur**, de plein **gré**, (coeur) battre la **chamade**, faire de la **charpie** (de qqch), de **bric** et de **broc**, de **guingois**, de **traviole**, en **catimini**, en **filigrane**, mettre la **sourdine**, en un **tourne-main**, en **vrac**, et tout le **bastringue**, manger à tous les **râteliers**, (mettre qqn) sur la **sellette**, passer au **crible**, prendre la poudre d'**escampette**, sans coup **férir**, sans **encombre**, se faire du **mouron** (pour qqn), s'en soucier comme d'une **guigne**, sonner le **glas** (de qqch), tailler des **croupières** (à qqn), (mettre) en **exergue**, tous **azimuts**, etc.

8.3 Syntagme ou syntaxème ?

Nous allons mettre en pratique nos définitions en étudiant des unités qui sont à la limite entre syntagme et syntaxème.

Commençons en comparant les expressions verbales figées ⌜S'EN ALLER⌝ et ⌜S'ENFUIR⌝. Dans, les deux expressions, le morphème *en* est à l'origine la cliticisation d'un complément délocatif du type *de quelque part : fuir de quelque part* → *en fuir*. Il n'y a pas de différence au niveau du figement sémantique entre ces deux expressions. Pourtant elles sont orthographiées différemment et à juste titre. La question est de savoir si les combinaisons *en + aller* et *en + fuir* se comportent comme un verbe simple ou comme une combinaison libre clitique EN ⊕ Verbe du genre *en partir* (*partir de quelque part*). Nous allons appliquer la définition de l'analogie structurelle (section 8.2) avec A = A' = *en*, B = *fuir/aller* et B' = *partir*. Il faut chercher les situations où le clitique EN ne se comporte pas de la même façon qu'un préfixe *en-*. Il n'y en a que deux : la combinaison avec un auxiliaire qui viendra séparer le clitique et le verbe (*j'**en** suis **parti***) et l'impératif qui inverse l'ordre (*Pars-en!*). On voit que pour ⌜S'ENFUIR⌝, *en-* se comporte bien comme un affixe en restant solidaire du radical (*je me suis enfui* ; *Enfuis-toi!*), mais que ⌜S'EN ALLER⌝ se comporte encore comme une combinaison EN ⊕ Verbe (*je m'en suis allé* ; *Va-t-en!*). On note quand même que la forme *je m'en suis allé* apparaît comme très soutenue (voire archaïque) et que, dans un style relâché, on pourra avoir ?*je me suis en allé*, les locuteurs évitant au final de produire l'une ou l'autre des formes. En conclusion, *enfuir* est un seul syntaxème, tandis qu'*en aller* est encore la combinaison de deux syntaxèmes, c'est-à-dire un syntagme.

Un autre exemple est celui de BONHOMME et ⌜BONNE FEMME⌝. Ici, on a deux combinaisons Adjectif + Nom qui se sont figées. Les conventions orthographiques veulent qu'on écrive BONHOMME en un seul mot, bien que pour son pluriel *bonshommes*, il soit possible de faire la liaison (/bɔ̃zɔm/), tandis que ⌐BONNE FEMME⌐ s'écrit en deux mots. Voyons comme précédemment si cette différence d'orthographe est bien motivée. Il s'agit donc de savoir si ces deux sémantèmes se comportent comme un nom simple ou comme une combinaison libre Adjectif ⊕ Nom telle que *bonne orange*. Cela ne sera possible que s'il existe une différence distributionnelle entre le nom et la combinaison Adjectif ⊕ Nom. Une telle différence existe bien : le déterminant indéfini pluriel DES possède une forme faible *de* qui s'utilise devant un adjectif, tandis que la forme *des* est obligatoire devant un nom (*Pierre a acheté **des** oranges* vs *Pierre a acheté **de** bonnes oranges*). Or l'énoncé *#Pierre a rencontré de bonnes femmes* est impossible avec ⌐BONNE FEMME⌐ (l'énoncé n'est pas non plus agrammatical, car il est possible avec la combinaison libre BON ⊕ FEMME, mais a alors un autre sens que celui attendu). Le sémantème ⌐BONNE FEMME⌐ n'a donc pas la distribution d'une combinaison libre Adjectif ⊕ Nom, mais celle d'un nom simple. Si l'on tient compte de cette différence distributionnelle, il s'agit donc d'un syntaxème. Cette propriété est confirmée par la combinaison avec un lexème comme MINI qui a la propriété de s'accoler au nom : ainsi on peut dire *une bonne mini voiture*, mais pas **une mini bonne voiture*. À l'inverse, on dira sans problème *une mini bonne femme*.

Encadré 8.2 : À chacun son syntagme

La notion et le terme de *syntagme* sont empruntés à Saussure qui n'en donne pas de définition formelle. Voici comment il introduit le syntagme :

« Dans le discours, les mots contractent entre eux, en vertu de leur enchaînement, des rapports fondés sur le caractère linéaire de la langue, qui exclut la possibilité de prononcer deux éléments à la fois. Ceux-ci se rangent les uns à la suite des autres sur la chaîne de la parole. Ces combinaisons qui ont pour support l'étendue peuvent être appelées *syntagmes*. Le syntagme se compose donc toujours de deux ou plusieurs unités consécutives (par exemple : *re-lire ; contre tous ; la vie humaine ; Dieu est bon ; s'il fait beau temps, nous sortirons*, etc.). Placé dans un syntagme, un terme n'acquiert sa valeur que parce qu'il est opposé à ce qui précède ou ce qui suit, ou à tous les deux. » (de Saussure 1916 : 170)

Il est difficile de savoir ce que recouvrait exactement la notion de syntagme dans l'esprit de Saussure. Tout au plus pouvons-nous dire que les exemples donnés ici par Saussure sont compatibles avec notre définition. L'exemple *re-lire* mérite une discussion, car il est à la limite de ce que nous appelons un syntagme. Le morphème *re-* est souvent considéré comme un préfixe (ce que laisse notamment supposer la convention orthographique qui le lie au verbe qui suit). Pourtant, à la différence des préfixes usuels, *re-* se compose très librement avec les verbes, à tel point qu'on est en droit d'en faire un syntaxème. On peut notamment le combiner avec des phrasèmes (${}^?$*il a renoyé le poisson*; ${}^?$*il a repris le taureau par les cornes*), le dupliquer (*rerefaire, rerelire*) et on trouve des erreurs de production comme *Je revais lui dire* au lieu de *Je vais lui redire*, qui laisse penser qu'il est quasiment un clitique préverbal.

L'extrait suivant montre clairement que Saussure inclut dans sa définition du syntagme la combinaison entre un lexème et sa flexion, ce qui est aussi notre cas puisqu'il s'agit d'une combinaison libre (voir Partie IV pour plus de détails) :

> « Quand quelqu'un dit *marchons*!, il pense inconsciemment à divers groupes d'associations à l'intersection desquels se trouve le syntagme *marchons*! Celui-ci figure d'une part dans la série *marche*! *marchez*!, et c'est l'opposition de *marchons*! avec ces formes qui détermine le choix; d'autre part, *marchons*! évoque la série *montons*! *mangeons*! etc., au sein de laquelle il est choisi par le même procédé ; dans chaque série, on sait ce qu'il faut faire varier pour obtenir la différenciation propre à l'unité cherchée. » (de Saussure 1916 : 179)

Enfin, contrairement à notre définition, Saussure inclut dans sa définition du syntagme certains faits de morphologie constructionnelle, lorsque ceux-ci relèvent de la parole (c'est-à-dire lorsque les productions font preuve, selon les termes mêmes de Saussure, d'une certaine « liberté de combinaison ») :

> « Le propre de la parole, c'est *la liberté des combinaisons*. [nous soulignons]
>
> On rencontre d'abord un grand nombre d'expressions qui appartiennent à la langue ; ce sont les locutions toutes faites, auxquelles l'usage interdit de rien changer, même si on peut distinguer, à la

réflexion, des parties significatives.

[...] Mais ce n'est pas tout ; il faut attribuer à la langue, non à la parole, tous les types de syntagmes construits sur des formes régulières. [...] Quand un mot comme *indécorable* surgit dans la parole, il suppose un type déterminé, et celui-ci à son tour n'est possible que par le souvenir d'un nombre suffisant de mots semblables appartenant à la langue (*impardonnable, intolérable, infatigable*, etc.). Il en est exactement de même des phrases et des groupes de mots établis sur des patrons réguliers ; des combinaisons comme *la terre tourne, que vous dit-il* ? etc., répondent à des types généraux, qui ont à leur tour leur support dans la langue sous forme de souvenirs concrets.

Mais il faut reconnaître que dans le domaine du syntagme, il n'y a pas de limite tranchée entre le fait de langue, marque de l'usage collectif, et le fait de parole, qui dépend de la liberté individuelle. Dans une foule de cas, il est difficile de classer une combinaison d'unités, parce que l'un et l'autre facteurs ont concouru à la produire, et dans des proportions qu'il est impossible de déterminer. »
(de Saussure 1916 : 172)

Notre notion de syntagme, même si elle est plus restrictive que celle de Saussure, couvre davantage de signes que d'autres usages du terme *syntagme* et notamment celui qui est fait par les grammaires dites syntagmatiques. Pour ce concept-là, nous préférons utiliser le terme de *constituant* (voir la section 9.17 sur l'*Analyse en constituants immédiats* et le chapitre 11 sur *Constituance et dépendance*). Notons que, d'une part, nous considérons que l'unité de base de la syntaxe est le syntaxème et nous appelons bien syntagme toute combinaison de syntaxèmes et non de mots. Ainsi considérons-nous qu'un mot comme *avançait* qui combine librement au moins deux syntaxèmes est un syntagme. Par contre, le signe *indécorable* est selon notre définition un syntaxème complexe, et non un syntagme. D'autre part, nous ne considérons pas, à la différence de l'école anglo-saxonne (qui utilise le terme anglais *phrase*, traduit en français par *syntagme*) qu'un syntagme doive être saturé, c'est-à-dire contenir tous les dépendants de chaque portion du syntagme. Ainsi dans *Pierre doit chercher sa montre*, nous considérons que *doit chercher* est un syntagme au même titre que *chercher sa montre* ou *Pierre doit*. Ce point sera largement précisé dans le chapitre 9 sur *La connexion syntaxique* qui suit.

8.4 Syntaxe et morphologie

Nous pouvons maintenant définir ce que nous entendons par syntaxe.

Définition 8.5 : syntaxe

La SYNTAXE est l'*étude des combinaisons libres de signes linguistiques* et des combinaisons analogues à celles-ci.

Notre définition se distingue des définitions traditionnelles qui voient la syntaxe comme l'étude de l'organisation des mots dans la phrase. Notre définition ne présuppose ni la délimitation préalable d'une unité minimale de la syntaxe (que serait par exemple le mot), ni la délimitation d'une unité maximale de la syntaxe (que serait la phrase). Notre définition induit une unité minimale de la syntaxe, le syntaxème, que nous définissons en même temps que la syntaxe. La question d'une unité maximale est beaucoup plus complexe et sera abordée dans la partie VI du volume 2. Notre définition peut être rapprochée de celle d'André Martinet dans son ouvrage de 1985 intitulé *Syntaxe générale*, où la syntaxe est vue comme « l'étude des combinaisons des unités significatives d'une langue » tout en précisant immédiatement que « la syntaxe n'opère pas avec des unités lexicales particulières, mais avec des classes de telles unités » (p. 17), ce qui revient bien à ne considérer que des combinaisons libres. La définition d'André Martinet néanmoins ne considère pas, contrairement à nous, qu'il puisse y avoir de la syntaxe dans la combinaison des syntaxèmes au sein d'un sémantème, c'est-à-dire dans les combinaisons qui ne sont pas libres, mais seulement analogues à des combinaisons libres.

La FLEXION (voir la section 6.8 sur *Lexème, flexion et grammème*), qui est de la combinatoire *libre* de lexèmes et de grammèmes, relève, avec notre définition, avant tout de la syntaxe : il s'agit d'une composante de la syntaxe que nous appelons la SYNTAXE FLEXIONNELLE, et qui est une grande partie de ce que nous appelons la NANOSYNTAXE, qui sera étudiée dans la partie IV. Ceci nous distingue de la grammaire traditionnelle qui considère que l'étude des combinaisons au sein du mot relève avant tout de la morphologie. La syntaxe flexionnelle est souvent vue comme relevant à la fois de la morphologie et de la syntaxe ; ce qui lui vaut alors le nom de *morphosyntaxe*.

Pour nous, la MORPHOLOGIE est l'*étude des formes*, c'est-à-dire des *signifiants* des signes linguistiques. On peut parler de *morphologie flexionnelle*, mais cela ne concerne alors, selon notre terminologie, que l'étude des combinaisons des *signifiants* de grammèmes entre eux et avec les lexèmes. L'étude de la formation des lexèmes complexes est généralement appelée la MORPHOLOGIE CONSTRUCTIONNELLE et est une branche de la LEXICOLOGIE..

8.5 Ce que la syntaxe n'est pas

La syntaxe est traditionnellement définie comme « l'étude de l'organisation des mots au sein de la phrase ». Notre définition de la syntaxe s'éloigne de cette définition traditionnelle pour trois raisons.

Premièrement, nous considérons, à la suite de Lucien Tesnière, qu'il existe plusieurs types d'organisation des mots dans la phrase et en particulier une *organisation hiérarchique* et une *organisation linéaire*. C'est la seule organisation hiérarchique que nous appelons *syntaxe*. L'organisation linéaire relève d'une étude différente que nous appelons la *topologie* (chapitre 12).

Deuxièmement, nous considérons qu'il n'est pas possible de définir le mot avant de définir la notion de combinaison libre. C'est pourquoi notre définition de la syntaxe repose sur la notion de combinaison libre, plus primitive à notre sens que celle de mot. Il en découle naturellement que l'unité minimale de la syntaxe est défini en termes de combinaison libre : c'est ce que nous avons appelé le syntaxème. Le *mot* n'est donc *pas l'unité minimale de la syntaxe* pour nous.

Le syntaxème est une unité plus petite ou égale au mot (voir néanmoins l'encadré 8.7 sur les *Syntaxèmes séparables*). Il s'ensuit que le mot sera défini comme une combinaison de syntaxèmes possédant un niveau de cohésion particulier (chapitre 14 du vol. 2). (Bien que nous ne l'avons pas encore défini formellement, nous nous permettons de parler de mot depuis le début de cet ouvrage, puisque tous nos lecteurs en ont une connaissance intuitive qui est suffisante pour l'instant.)

Troisièmement, nous considérons qu'il est difficile de définir les limites maximales de la syntaxe et de déterminer une unité maximale de la syntaxe. Le terme *phrase* est attaché à différentes notions, notamment celle de *phrase graphique* à l'écrit (voir la discussion dans l'encadré 1.6 sur *Notions, termes, concepts et définitions*), qui ne sont pas nécessairement pertinentes. Quoiqu'il en soit, le concept de *phrase* ne peut être défini avant d'avoir défini l'objet de la syntaxe. Nous mènerons la discussion sur les limites maximales de la syntaxe dans le chapitre 20 du vol. 2, à la toute fin de cet ouvrage.

Encadré 8.3 : Historique de la notion de syntaxe

L'idée que la syntaxe est avant tout l'étude des combinaisons n'est pas nouvelle. Dans sa *Grammaire française sur un plan nouveau, avec un Traité de la prononciation des e et un Abrégé des règles de la poésie française* publiée en 1709, le jésuite *Claude Buffier* propose la définition suivante (p. 50) : « La manière de construire un mot avec un autre mot, par rapport à ses diverses terminaisons selon les règles de la Grammaire, s'appelle la syntaxe. » (Nous modernisons l'orthographe.) Le chapitre sur la syntaxe du même ouvrage (p. 294) est intitulé « DE LA SYNTAXE Ou la manière de joindre ensemble les parties d'oraison [= parties du discours] selon leurs divers régimes » et commence par : « Ces diverses parties font pour ainsi dire, par rapport à une langue, ce que font les matériaux par rapport à un édifice : quelque bien préparés qu'ils soient, ils ne feront jamais un palais ou une maison, si on ne les place conformément aux règles de l'architecture. »

Dans l'article « Construction » publié en 1754 dans l'*Encyclopédie* de Diderot et D'Alembert, *Dumarsais* sépare clairement la syntaxe des questions d'ordre linéaire : « Je crois qu'on ne doit pas confondre *construction* avec syntaxe. *Construction* ne présente que l'idée de combinaison et d'arrangement. Cicéron a dit selon trois combinaisons différentes, *accepi litteras tuas, tuas accepi litteras,* et *litteras accepi tuas* : il y a là trois *constructions,* puisqu'il y a trois différents arrangements de mots ; cependant il n'y a qu'une syntaxe ; car dans chacune de ces *constructions* il y a les mêmes signes des rapports que les mots ont entre eux, ainsi ces rapports sont les mêmes dans chacune de ces phrases. »

La stricte séparation de l'ordre structural et de l'ordre linéaire est constitutive de la syntaxe de *Lucien Tesnière* qui écrit (1959, chapitres 4–7) : « L'ordre structural des mots est celui selon lequel s'établissent les connexions. [...] Toute la syntaxe structurale repose sur les rapports qui existent entre l'ordre structural et l'ordre linéaire. [...] Parler une langue, c'est en transformer l'ordre structural en ordre linéaire, et inversement comprendre une langue, c'est en transformer l'ordre linéaire en ordre structural. [...] Il y a donc antinomie entre l'ordre structural, qui est à plusieurs dimensions (réduites à deux dans le stemma) et l'ordre linéaire, qui est à une dimension. Cette antinomie est la « quadrature du cercle » du langage. Sa résolution est la condition *sine qua non* de la parole. »

8.6 Dimension paradigmatique du syntaxème

Comme nous l'avons fait pour les morphèmes, nous regroupons au sein d'un syntaxème différentes occurrences de signes. Pour le morphème, nous avions regroupé tous les signes d'une certaine forme (modulo l'allomorphie, voir la section 6.11) qui possédaient une proximité sémantique. Pour le regroupement au sein du syntaxème, nous exigeons que leur distribution syntaxique soit similaire. Notre définition du syntaxème reste de ce point de vue un peu floue : si l'on prend en compte l'ensemble du syntactique, notre regroupement se limitera quasiment uniquement aux signes qui appartiennent à un même sémantème (c'est la position d'Igor Mel'čuk pour qui tout lexème à une acception unique). Nous ne voulons pas pour notre part regrouper uniquement les signes dont le syntactique est absolument identique, mais plutôt ceux dont les syntactiques possèdent un certain recouvrement. Si l'on reprend, l'exemple de *avanc-* (voir la section 6.6 sur le *Signème*), nous regrouperons au sein d'un même syntaxème les occurrences qui se combinent avec une désinence verbale et constituent le lexème verbal AVANCER et celles qui se combinent avec une désinence nominale et constitue le lexème nominal AVANCE.

Définition 8.6 : extension paradigmatique du syntaxème

Un SYNTAXÈME est un signème dont les signes sont minimaux pour la décomposition syntaxique et possèdent un syntactique similaire.

Encadré 8.4 : Constructions N *de* N : syntaxèmes ou syntagmes ?

L'exemple le plus emblématique en français de constructions à la frontière de la morphologie et de la syntaxe est certainement la combinaison de deux noms (N) par la préposition *de*.

Tout d'abord, il existe des combinaisons libres N *de* N comme *livre de syntaxe*, dont les composantes commutent librement : *livre/bouquin/cahier … de syntaxe/sémantique/géographie …* Or de telles combinaisons sont très cohésives et quasiment inséparables : *un livre de syntaxe intéressant* vs *?? un livre intéressant de syntaxe* (voir l'encadré 12.19 sur la *Topologie du groupe substantival en français*). Il résulte de cela qu'il n'y a pas de différences de comportement notables entre un N simple et une combinaison libre N *de* N.

Le problème est donc que si l'on considère un sémantème de la forme N *de* N, comme ⌜POMME DE TERRE⌝, il est difficile de dire s'il se comporte comme un N simple (et est un syntaxème complexe) ou s'il se comporte comme une combinaison libre N *de* N (et est un phrasème). Un tel sémantème n'est absolument pas séparable : *une pomme de terre germée* vs **une pomme germée de terre*. Le pluriel n'étant pas prononcé en français (sauf liaison qui ne peut avoir lieu avec *de*), même si les conventions orthographiques veulent que le *-s* aille sur *pomme*, on ne peut pas considérer cela comme une différence linguistiquement pertinente avec les noms simples. On peut contraster cette situation avec celle de l'italien. En italien, les pluriels se prononcent : les noms masculins en *-o* ont un pluriel en *-i*. On peut donc s'assurer que le sémantème *pomodoro*, littéralement *pomo d'oro* 'pomme d'or', signifiant 'tomate', dont le pluriel est *pomodori* (et pas *pomidoro*) est un syntaxème.

La construction N *à* Vinf est un autre procédé, clairement syntaxique à la base, qui tend aujourd'hui à ne donner que des formes lexicalisées et donc à se morphologiser. La liste des N *à* Vinf est assez longue, mais ne semble plus permettre de combinaisons libres : *poêle à frire, fer à repasser, fer à friser, planche à découper, table à repasser, machine à laver, machine à calculer, graisse à traire*, etc. Il reste néanmoins des combinaisons libres du type *problème/question/… à résoudre/traiter/reprendre ….*

8.7 Lexème syntagmatique

Il existe une famille de lexèmes qui tout en étant bien des syntaxèmes, c'est-à-dire en n'étant analogue à aucune combinaison libre, laisse apparaître une structure syntagmatique figée. Il s'agit de lexèmes comme *un lave-linge, un rendez-vous, (une idée) à la mors-moi le nœud, un je-m'en-foutiste, je ne sais quelle (idée), il enterre, il atterrit, une bonne femme, parce que,* etc. Dans chacun de ces lexèmes, on reconnaît la structure d'un syntagme (*lave le linge, je m'en fous, en terre, à terre,* etc.), mais le lexème n'est pas analogue à ce syntagme, car il ne possède pas la distribution du syntagme libre. Nous appelons de tels syntaxèmes des *lexèmes syntagmatiques* (ou des *syntagmes lexématisés*).

Définition 8.7 : lexème syntagmatique

Un LEXÈME SYNTAGMATIQUE est une combinaison A+B qui n'est analogue à aucun syntagme, mais qui est la version figée d'un syntagme A⊕B ; autrement dit, il existe des combinaisons libres A'⊕B', où A et A' comme B et B' sont de distributions équivalentes, mais A+B et A'⊕B' ne le sont pas.

Les signes lexicaux d'un lexème syntagmatique sont très proches de lexèmes, car ils ont conservé leur signifiant, une grande partie de leur signifié et une partie de leur syntactique : dans *lave-vaisselle,* la proximité du signe *vaisselle* avec le lexème VAISSELLE est très importante, puisque, au niveau sémantique, il est bien question de laver la vaisselle et que la combinaison entre *lave* et *vaisselle* s'apparente à la combinaison du verbe avec son objet. Lorsque l'un des éléments correspond à un lexème plus grammatical comme *en* dans *en+terr(er)*, la combinaison syntaxique devient moins prégnante. Et l'est plus du tout quand la combinaison n'est plus transparente et ne respecte plus la syntaxe du français contemporain comme dans *ce+pendant*.

Il existe également des cas limites de combinaisons totalement atypiques, comme *à qui mieux mieux, au petit bonheur la chance* ou *cucul la praline,* qui semblent n'obéir à aucun des procédés de construction de la syntaxe ou de la morphologie ou encore des combinaisons qui attestent de constructions syntaxiques disparues comme l'ordre objet-verbe possible en ancien français : *maintenir, ce faisant, tambour battant, sans coup férir, il faut raison garder.*

Encadré 8.5 : Constructions N N : syntaxèmes ou syntagmes ?

Un autre exemple de constructions à la frontière de la morphologie et de la syntaxe est celui des combinaisons N N de deux noms. D'un côté, il existe des combinaisons nettement liées comme la *construction N N coordonnée*, qui associe deux N de manière assez symétrique : *un chien-loup, un enseignant-chercheur, une moisonneuse-batteuse, un hôtel-restaurant, une fille-mère, un enfant-martyr*, etc. Ces combinaisons sont bien liées : si on a un *canapé-lit*, on n'a pas un °*fauteuil-lit* ou un °*canapé-couchette*; si on a la *physique-chimie*, on n'a pas la °*chimie-physique*. De l'autre côté, il existe des combinaisons parfaitement libres, comme la *construction N N nominative*, qui associe un grand nombre de noms communs avec n'importe quel nom propre : *le docteur Mabuse, le général Lee, les frères Coen, l'avenue Victor Hugo, la bibliothèque François Mitterrand, les usines Renault, la station Châtelet, l'affaire Dreyfus*, jusqu'à des constructions où le nom propre désigne une époque comme *une table Louis XV*. Certaines paraissent plus figées : à côté de *la région Auvergne*, on n'a pas **le département Cantal* ou **la ville Saint-Flour*. On peut encore rapprocher des constructions nominatives des combinaisons libres similaires comme un *bébé phoque* ou une *mère kangourou*.

Entre les deux, on trouve d'autres constructions N N plus ou moins libres. Commençons par la *construction N N modificative*, qui apparaît comme la réduction d'une construction N Prép N : *un accès pompiers, une borne incendie, une manif étudiants, un fauteuil relax* (= pour la relaxation), *des pommes vapeur, un steak frites, un coin fumeurs*. Dans cette construction asymétrique, l'un des deux noms va potentiellement pouvoir se libérer : par exemple, à côté de **accès pompiers**, on trouvera **accès handicapés**, **accès** *visiteurs*, **accès** *personnel* (= du personnel) et donc le nom *accès* devient ainsi un nom N1 susceptible de régir un N2 nu, et ce régime est également possible pour des noms sémantiquement similaires comme *entrée* ou *porte*. De même, des noms comme *espace* ou *coin* régissent potentiellement un N2 nu : **coin** *repas*, **espace** *repos*, **coin** *fumeurs*, **espace** *enfants*, **coin** *télé*, etc. Avec ces N1 recteurs, le choix de N2 devient libre.

Il y aussi des cas où, à l'inverse, avec certains N2, le choix du N1 devient libre : par exemple à côté d'*accès* **handicapés**, on a aussi *un fauteuil han-dicapés, une rampe* **handicapés**, *un ascenseur* **handicapés**, etc. Le N2 se comporte ainsi comme un modifieur pouvant modifier librement un nom, à l'image des adjectifs qualificatifs. Il s'agit d'un phénomène de lexicalisa-tion limité à un N2 particulier, comme *maison* dans *une confiture* **maison** ou *une tarte aux pommes* **maison**, qui ne se propage pas à d'autres noms de la classe sémantique d'origine de N2 ; on n'a pas, par exemple, *une confiture usine* ou *une tarte aux pommes boulangerie*.

Les constructions N N coordonnées ne sont pas toujours symétriques : *un poisson-chat* est un poisson qui a l'allure d'un chat et pas l'inverse. Fonctionnent de manière similaire *un requin-marteau, une guerre éclair, une justice escargot* ou *un discours fleuve*. Il nous semble qu'elles relèvent du même procédé de construction que les autres N N coordonnées, avec pour seule différence un usage métaphorique de N2 : un discours fleuve est un discours au sens propre et un fleuve au sens figuré. Dans les *construc-tions N N coordonnées asymétriques*, N2 peut devenir un modifieur assez libre : *satellite/avion* **espion**, *personnage/situation* **clé**, *maison/grammaire* **jouet**, *un livre/film* **culte/phare/événement**.

Parmi les constructions qui deviennent totalement productives, outre la construction N N nominative dont nous avons parlé au début, citons la construction qui associe deux aliments, notamment viande ⊕ légume, qui est un cas particulier de la construction N⊕N modificative : *une saucisse frites, un steak salade, une truite pommes vapeur, un côte de porc haricots verts*. On a aussi *un œuf mayonnaise* ou *un steak sauce au poivre* ou même *un steak sauce poivre*, illustrant la récursivité. Les ingrédients sont des N2 assez productifs ; mais si on a *une crêpe chocolat* ou *une gaufre confiture*, on n'aura pas *un gâteau pommes* ou *une glace fraise*. Par contre avec le doublement de l'ingrédient, on a naturellement *une glace vanille-fraise* ou même des combinaisons très complexes (et très naturelles) comme *une glace deux boules citron vert-chololat amer*, où les N modifieurs sont eux-mêmes modifiés. Les matériaux, comme les ingrédients, s'utilisent assez librement comme modifieurs : *une peinture métal, une montre or, une toi-ture ardoise, une finition bois, un revêtement pierre*. Comme pour les in-grédients, on ne dira pas *un pantalon coton*, mais on aura *un pantalon lin-coton*.

Que conclure de tout ça ? Lorsqu'une combinaison N⊕N est libre, il s'agit soit d'une construction particulière, soit d'un N1 particulier (qui est devenu recteur), soit d'un N2 particulier (qui est devenu un modifieur de nom). Lorsque N2 devient un modifieur complètement libre, comme *une fenêtre **standard**, un cas **limite*** ou *une chaise **marron***, il tend à passer dans la catégorie adjectivale même s'il reste invariable : il peut alors s'employer avec la fonction d'attribut et être modifié par un adverbe (*cette fenêtre est parfaitement standard, ce cas est très limite, cette chaise est complètement marron*).

En conclusion, la combinaison N+N doit-elle être toujours considérée comme un syntagme ? S'il existe indéniablement des combinaisons libres N⊕N, d'autres combinaisons N+N, comme *chien-loup*, ne le sont pas et il n'est pas certain qu'elles puissent être considérées comme analogues à des combinaisons libres. Dans la mesure où les combinaisons liées N+N sont des constructions avec des sémantiques associées à la combinaison assez différentes des combinaisons N⊕N, on est en droit de considérer qu'il s'agit dans ce cas d'un procédé morphologique – la composition nominale – et que le résultat est un lexème syntagmatique. Comme pour les constructions N *de* N, l'absence de différence de comportement entre un N simple et une combinaison libre N⊕N ne permet pas de trancher de façon définitive le cas des combinaisons liées N+N.

8.8 Construction syntagmatique isolée

Un syntagme est par définition analogue à une combinaison libre. Il existe néanmoins quelques cas de combinaisons de sémantèmes qui ne sont pas analogues à des combinaisons libres, au sens strict où nous avons défini l'analogie, mais que nous voulons néanmoins considérer comme des syntagmes. Le français en offre un bel exemple avec les adjectifs utilisés comme compléments de verbe, comme dans l'énoncé (1).

(1)   *Cette valise **pèse lourd**.*

Il ne s'agit pas d'une combinaison libre, puisqu'aucun adjectif ne peut commuter avec LOURD, même pas LÉGER. Les combinaisons du type PESER + LOURD sont très irrégulières et toujours liées : *coûter cher, parler fort, sonner creux, chanter juste, s'habiller jeune, voter utile*, etc. Il s'agit donc d'une construction qui n'est directement analogue à aucune combinaison libre du français. Il existe des combinaisons libres Verbe ⊕ Adjectif du type *Cette valise **paraît lourde***, mais elles sont d'un autre type, puisque l'adjectif est un attribut du nom qui s'accorde avec le nom. La combinaison PESER + LOURD est pourtant bien un syntagme. Si l'adjectif LOURD dans (1) ne peut commuter avec un autre adjectif, il peut commuter avec divers groupes nominaux, qui eux commutent librement : *Cette valise pèse trente kilos, Cette valise pèse un sacré poids,* etc. Il s'agit bien d'une commutation car les deux compléments s'excluent mutuellement : **Cette valise pèse lourd trente kilos.* Même si la combinaison PESER + LOURD est liée, LOURD commute proprement avec les groupes nominaux. Le sens de la combinaison PESER + LOURD est compositionnel et il s'agit bien d'une combinaison de deux sémantèmes choisis séparément (même si les deux choix sont liés). Par ailleurs, PESER et LOURD peuvent être séparés et surtout ils peuvent être modifiés indépendamment l'un de l'autre : *Cette valise **ne pèse pas** lourd, Cette valise pèse **plus lourd que prévu**.* Le comportement de la combinaison PESER + LOURD est donc analogue à celui des combinaisons libres et non à celui des syntaxèmes, qui même lorsqu'ils sont complexes, ne peuvent être modifiés que comme un tout.

Nous ajoutons donc à notre définition du syntagme l'extension suivante :

Définition 8.8 : syntagme lié

Toute *combinaison de deux sémantèmes* est un syntagme, même si cette combinaison est liée et n'est analogue à aucune combinaison libre.

8.9 Inséparabilité linéaire

L'inséparabilité linéaire est certainement la propriété la plus remarquable des syntaxèmes. Elle est souvent utilisée comme propriété définitoire, notamment lorsque les syntaxèmes sont définis à partir des mots.

Définition 8.9 : séparabilité (linéaire)

Une combinaison A+B est (LINÉAIREMENT) SÉPARABLE s'il existe une classe non fermée de syntaxèmes qui peuvent venir s'intercaler entre A et B sans changer la nature de la combinaison entre A et B.

L'inséparabilité linéaire des syntaxèmes ne peut pas être démontrée (elle peut bien sûr être vérifiée pour les langues déjà décrites, mais pas pour la totalité des syntaxèmes de la totalité des langues). Elle peut simplement être constatée (voir néanmoins les cas limite dans l'encadré 8.6 qui suit). Elle découle très logiquement du fait qu'il n'y a aucune raison qu'un élément vienne séparer un syntaxème. Ce qui devrait donc nous surprendre n'est pas qu'un syntaxème soit inséparable, mais plutôt qu'un sémantème soit séparable ; par exemple, qu'un phrasème comme ⌐NOYER LE POISSON¬ puisse être séparable : dans *Pierre noyait toujours le poisson*, la désinence *-ait* et l'adverbe *toujours* se sont intercalés. Ceci montre le caractère particulier des phrasèmes : l'ensemble forme une unité sémantique, mais seule une partie, ici le verbe NOYER, est syntaxiquement accessible et donc les syntaxèmes qui se combinent avec ⌐NOYER LE POISSON¬ vont en fait se combiner au seul verbe NOYER et se positionner par rapport à lui seul.

C'est le caractère inséparable et l'absence d'indépendance de ses composantes qui rend le syntaxème complexe assez différent d'un phrasème. Il faut néanmoins se souvenir que l'inséparabilité n'est pas un critère pour identifier les syntaxèmes : il s'agit d'un indice soit de figement, soit de cohésion syntaxique. (La cohésion syntaxique et les syntagmes inséparables sont étudiés dans le volume 2, dans la partie IV consacrée à la *Nanosyntaxe*.)

Encadré 8.6 : Syntaxèmes discontinus

Des langues comme le français pourraient laisser penser que les syntaxèmes se combinent par *concaténation*, c'est-à-dire s'accolent toujours les uns derrière les autres ou éventuellement se fusionnent (voir la section 6.12 sur *Amalgame, alternance et mégamorphe*). Mais, il existe des langues où les syntaxèmes se combinent en s'imbriquant davantage. Tel est le cas des langues sémitiques ou des langues austronésiennes.

Infixes (en arabe)

En arabe, la plupart des verbes possèdent un radical formé de 3 consonnes, tandis que la flexion verbale vient compléter ce radical discontinu. Considérons le paradigme :

(2) a. *kataba zajdun*
       'Zayd a écrit'

     b. *jaktubu zajdun*
       'Zayd écrit'

     c. *kutiba kitābun*
       'un livre a été écrit'

     d. *ʔakala zajdun*
       'Zayd a mangé'

     e. *jaʔkulu zajdun*
       'Zayd mange'

     f. *ʔukila tuffāḥatun*
       'une pomme a été mangée'.

On en déduit que les verbes sont к_т_в_ 'écrire' et ʔ_к_ʟ_ 'manger', tandis que les amas flexionnels sont *_a_a_a* = actif.passé.3.sg, *ja__u_u* = actif.présent.3.sg et *_u_i_a* = passif.passé.3.sg.

De tels exemples ne remettent pas en cause le caractère inséparable des syntaxèmes. De tels syntaxèmes sont bien *discontinus*, mais les éléments qui viennent s'intercaler entre les différentes parties du lexème sont des syntaxèmes flexionnels, c'est-à-dire des éléments appartenant à une classe fermée et indissociables du lexème. (Nous ne parlons de séparabilité que lorsqu'il y a insertion possible d'une classe non fermée d'éléments.) Ces affixes qui s'insèrent dans le radical sont appelés des ɪɴꜰɪxᴇs, par opposition aux *préfixes* et suffixes qui se placent avant ou après le radical (voir la section 6.9 sur *Signème libérable, radical, affixe*).

Tmèse (en anglais)

Notons encore l'importance de restreindre, dans la définition de la séparabilité, l'élément intercalaire à une classe non fermée. En anglais britannique oral, l'insertion d'un syntaxème comme *fucking* (*a fucking dog* 'un putain de chien') est possible à l'intérieur de mots, aux frontières de morphèmes (*un-fucking-believable* 'complètement incroyable') ou bien devant la syllabe accentuée (*abso-fucking-lutely* 'absolument'). Une telle division de syntaxèmes, appelée une ᴛᴍèsᴇ, est très restreinte lexicalement, et ne met pas en cause l'inséparabilité linéaire du syntaxème.

Encadré 8.7 : Syntaxèmes séparables ?

Certains sémantèmes séparables possèdent une syntaxe suffisamment particulière pour ne pas être analogue à une combinaison libre et être éventuellement déclarés comme des exemples de syntaxèmes séparables. Si de tels éléments existent, ils restent extrêmement marginaux.

L'exemple qui se rapprocherait le plus d'une telle situation est celui des verbes à particule de l'anglais, de l'allemand et des langues germaniques en général.

Verbes à particules (dans les langues germaniques)

Les verbes à particules de l'allemand ont été longtemps décrits comme des verbes à préfixe séparable. Nous allons commencer par regarder les verbes à particule de l'anglais avant de présenter ceux de l'allemand.

Les verbes à particule de l'anglais (appelés généralement *phrasal verbs*, littéralement 'verbes syntagmatiques') sont les tournures verbales du type : *pick up* 'ramasser', *go on* 'continuer', *take off* 'enlever', *figure out* 'arriver à comprendre', etc. Une grande partie de ces tournures sont figées. Si elles l'étaient toutes, ceci fournirait un parfait exemple de syntaxèmes séparables, puisque le complément d'objet peut parfois se placer entre le verbe et la particule : *I **picked** it **up*** 'je l'ai ramassé', *they had to **take** his leg **off*** 'on a dû l'amputer d'une jambe'. Néanmoins, une partie des verbes à particule sont clairement des syntagmes et donc par analogie tous le sont. Il s'agit des combinaisons d'un verbe de déplacement et d'une *particule directionnelle* : *go/walk/swim/crawl/drive/pull/put ... in/out/up/down/through...* litt. 'aller/marcher/nager/ramper/conduire/-tirer/mettre ... dans/hors/vers le haut/vers le bas/à travers ...' mais qu'on traduirait plutôt en français par *entrer/sortir/monter/descendre/traverser ... à pied/à la nage/à quatre pattes/en voiture/en tirant ...*). Ici, même si certaines combinaisons peuvent se figer (et devenir ainsi polysémiques) comme *go on*, toutes les combinaisons sont à peu près possibles et la commutation est bien libre.

Dans la tradition allemande, les verbes du même type sont écrits en un seul mot à l'infinitif : *hineingehen, herauslaufen, durchschwimmen, **hoch-***

ziehen ... Ces formes sont bien pourtant des combinaisons libres de particules (*hinein/heraus/**hoch**/unter/durch* ... 'dans / hors / **vers le haut** / vers le bas / à travers / ...') avec des verbes simples (*gehen/laufen/schwimmen/kriechen/fahren/**ziehen**/stellen* ... 'aller/marcher/nager/ramper/-conduire/**tirer**/mettre ... '). À l'infinitif, la particule précède toujours directement l'infinitif, ce qui pourrait expliquer la convention orthographique. (À noter toutefois que, dans les constructions appelées *Zwischenstellung*, l'auxiliaire s'interpose entre la particule et le verbe en présence d'un verbe modal comme dans : *Er kam, weil er das Boot **hoch** hat **ziehen** wollen* 'Il est venu parce qu'il a voulu monter le bateau en le tirant'.) Dans les formes finies, l'ordre des mots ressemble plus à celui de l'anglais et la particule peut être très éloignée du lexème verbal : *Er **zieht** das Boot **hoch***, litt. 'Il **tire** le bateau **vers le haut**', c'est-à-dire 'Il hisse le bateau'. (Nous développons dans l'encadré 12.25 sur la *Structure topologique de l'allemand* la description du placement du verbe et de la particule en allemand.)

Notons encore que les particules peuvent se figer totalement et devenir alors un vrai préfixe comme dans *unterstellen*, litt. sous-poser 'laisser entendre', *übersetzen*, litt. à travers-mettre 'traduire'. Cette construction n'est plus analogue à une combinaison libre, puisque le préfixe n'est plus séparable et il s'agit bien alors d'un lexème (complexe) : *Er **unterstellt** mir ein Rassist zu sein* 'Il laisse entendre que je suis raciste' et *Er **übersetzt** den Artikel ins Französische* 'Il traduit l'article en français'. Ces verbes possèdent toujours une acception compositionnelle avec l'ordre habituel : *Er **stellt** das Auto **unter**.* litt. 'Il pose la voiture dessous', c'est-à-dire 'Il met la voiture à l'abri'; *Sie **setzte** mit dem Schiff **über**.* litt. 'Elle met avec le bateau à travers', c'est-à-dire 'Elle a traversé en bateau'.

Négation double (en français)

La négation *ne ... pas* du français est également un candidat intéressant au titre de syntaxème séparable. Le français exprime en effet par deux mots un sens que la majorité des langues expriment par un seul mot; par exemple, *Je **ne** comprends **pas*** se dit **No entiendo** en espagnol, *Ich verstehe* **nicht** en allemand, *wŏ **bù** dŏng* en chinois, etc. Pourtant, on considère qu'il s'agit de deux syntaxèmes, car NE ou PAS peuvent fonctionner seul (*Je peux **pas** venir, **Pas** de ça ici, Je **ne** peux accepter ça, Je **ne** saurais* *trop vous conseiller de ...*) et que NE peut être associé à d'autres éléments, comme PLUS, PERSONNE, RIEN ou JAMAIS, ce qui signifie que PAS commute librement ici, même si le paradigme est fermé.

Accord

Certains linguistes, comme Zelig Harris ou André Martinet, considèrent des séquences d'accords (comme les trois pluriels dans *les animaux boivent*) comme un seul morphème séparable. Nous avons dit dans l'encadré 7.1 « *Constructions verbales et accords : signes vides ?* » qu'ils nous semblaient effectivement judicieux de considérer la séquence comme l'expression d'un unique sémantème, c'est-à-dire d'un unique choix du locuteur, mais de considérer quand même chaque accord comme un syntaxème flexionnel séparé. Ceci est justifié par le fait qu'il n'y a pas nécessité à ce que les différents syntaxèmes commandés par le sémantème en question soient toujours présents ensemble. Considérer de tels objets comme des syntaxèmes reviendrait non seulement à considérer des syntaxèmes séparables, mais qui plus est des syntaxèmes à géométrie variable possédant selon les contextes un, deux, trois ou davantage encore de morceaux.

Corrélatifs (en français)

Il existe en français des phrasèmes dit corrélatifs, car composés de deux éléments corrélés et se comportant de manière similaire. Un premier exemple est ⌜CI ... ÇA⌝ comme dans *Fais pas ci! Fais pas ça!* ou *un coup comme ci, un coup comme ça*. Ce sémantème a la particularité d'imposer le dédoublement de l'élément avec lequel il se combine, chacune de ses parties se combinant avec l'un des deux éléments dédoublés. Comme chacune de ses parties se comporte comme un pronom usuel (par exemple comme ÇA), on est en droit de considérer qu'il s'agit de deux syntaxèmes et pas d'un seul. Néanmoins les deux parties de ⌜CI ... ÇA⌝ ne se combinent pas syntaxiquement entre elles et il ne s'agit donc pas non plus d'un syntagme, ce qui est assez exceptionnel pour un phrasème.

Un autre exemple de corrélatif est celui de ⌜PLUS ... PLUS ...⌝ : *Plus il mange, plus il grossit*. À la différence de ⌜CI ... ÇA⌝, les deux composantes de ⌜PLUS ... PLUS ...⌝ se comportent de manière assez atypiques, même si d'autres adverbes peuvent venir dans cette position (*Quelquefois il mange*; *Toujours il grossit*), ce qui pourrait lui valoir le statut de syntaxème séparable. Ce qui nous fait quand même pencher pour le considérer comme un syntagme est que ses composantes, les deux PLUS, possèdent encore certaines propriétés du comparatif PLUS : certes ils n'occupent pas la position du comparatif (*Il mange plus* vs **Plus il mange*), mais ils peuvent commuter avec MOINS (*Plus il mange, moins il a d'énergie*; *Moins il mange, plus il est irritable*) et ils acceptent encore des formes supplétives avec certains adjectifs (*Plus le vin vieillit, **meilleur** il est* vs *Plus le vin vieillit, **plus** il est **bon***).

Exercices

Exercice 1. Montrer qu'il n'y a pas a priori de combinaisons libres structurellement analogues à *haut de gamme* dans *des chaussures haut de gamme*? Quelle conséquence pour le statut de *des chaussures haut de gamme*?

Exercice 2. Quel problème posent des expressions comme (*mener une affaire*) *tambour battant* ou *sans coup férir*?

Exercice 3. Pour les paires suivantes, discuter s'il vous paraît justifié ou non d'écrire chaque signe en un ou deux mots, sachant qu'un syntaxème s'écrit normalement en un mot, mais pas un syntagme comportant plusieurs lexèmes :

    a. *s'en aller* vs *s'enfuir;*

    b. *parce que* vs *puisque;*

    c. *à côté* vs *autour;*

    d. *bonne femme* vs *bonhomme;*

    e. *autre chose* vs *autrefois.*

Exercice 4. Est-ce que *homme-grenouille* est un syntaxème ou un syntagme ?

Exercice 5. Est-ce que *il* et *dort* dans *il dort* sont considérés comme linéairement séparable ?

Lectures additionnelles

On ne peut pas dire qu'il y ait de consensus actuel sur la question de la frontière entre syntaxe et morphologie. Le fait de considérer la morphologie comme l'étude des formes, et pas seulement l'étude des mots, reprend l'architecture de la Théorie Sens-Texte d'Igor Mel'čuk (voir son livre de 1988 ou celui de 2014 avec Jasmina Milićević). Mel'čuk considère néanmoins, à la suite de Tesnière, que le mot est l'unité minimale de la syntaxe, même si, dans les représentations syntaxiques qu'il propose, les mots sont décomposés en syntaxèmes.

Le livre de Charles Hockett de 1958 reste un des plus bel ouvrage de cette époque. Ici, c'est le morphème qui est considéré comme l'unité minimale de l' « analyse grammaticale ». Le mot est défini dans un deuxième temps comme dans notre approche. Hockett ne dégage pas le concept de syntaxème, mais s'en approche en donnant une grande importance aux paradigmes syntaxiques.

Les travaux en Grammaire générative et Syntaxe X-barre considèrent que la flexion relève de la syntaxe (notamment en traitant la phrase comme un constituant IP, *Inflection Phrase*), mais généralement sans que la notion de syntaxème soit posée. Les syntaxèmes flexionnels sont traités comme des traits syntaxiques. Voir par exemple l'article de Stephen Anderson (1982).

La morphologie lexématique est présentée dans le traité de morphologie de Bernard Fradin (2003). Les combinaisons N+N y sont étudiées (p. 201).

Les combinaisons figées Verbe-Adjectif, comme *peser lourd* ou *sonner creux* sont étudiées par Pierre Le Goffic (1993 : 367).

Pour ceux qui s'intéressent à la négation double, on pourra consulter le travail d'Otto Jespersen (1917) et les travaux ultérieurs qui y font référence en tant que CYCLE DE JESPERSEN : au cours de l'évolution d'une langue, la négation tend à s'affaiblir, puis à être doublée par un autre syntaxème qui finit par supplanter le syntaxème initial et ainsi de suite.

Anderson, Stephen. 1982. Where's morphology ? *Linguistic Inquiry* 13. 571-612.

Fradin, Bernard. 2003. *Nouvelles approches en morphologie.* Paris : Presses universitaires de France.

Hockett, Charles F. 1958. *A course in modern linguistics.* New York : The Macmillan Company.

Jespersen, Otto. 1917. *Negation in English and other languages.* Copenhague : B. Lunos.

Le Goffic, Pierre. 1993. *Grammaire de la phrase française.* Paris : Hachette.

Mel'čuk, Igor. 1993–2000. *Cours de morphologie générale.* 5 volumes. Montréal/Paris : Presses de l'Université de Montréal/CNRS Éditions.

Mel'čuk, Igor & Jasmina Milićević. 2014. *Introduction à la linguistique.* 3 volumes. Paris : Hermann.

Corrections des exercices

Corrigé 1. Dans *haut de gamme, haut* est un nom (*le haut de la gamme*). Il s'agit donc d'une construction « N *de* N » qui se comporte comme le N2 d'une construction N N coordonnée asymétrique, c'est-à-dire des N2 tels que *culte* ou *jouet*. De tels N2 sont lexicalisés et se situent à la frontière entre nom et adjectif. Ceci nous amène à considérer *haut de gamme* dans cet emploi de modifieur comme un lexème syntagmatique (voir la section 8.7 éponyme).

Corrigé 2. Les expressions *tambour battant* et *sans coup férir* datent d'une époque où les compléments pouvaient être placés devant le verbe. Si ces constructions sont clairement d'origine syntaxique, elles ne sont plus au-jourd'hui analogues à aucune construction libre du français et doivent donc être considérées comme des lexèmes syntagmatiques (voir la section 8.7 éponyme).

Corrigé 3.

a. *enfuir* est un lexème syntagmatique, mais *en aller* a encore des propriétés syntaxiques (voir la section 8.3 *Syntagme ou syntaxème?* pour les détails).

b. *parce que* est l'exemple type d'un lexème syntagmatique dont l'orthographe n'est pas motivé. L'origine de l'expression est *par ce que* et *parce* n'est pas un lexème du français. À l'inverse, *puisque* est dans le paradigme de *alors que, bien que* ou *lorsque* où un adverbe se combine avec la conjonction *que*. Néanmoins, la très faible diagrammaticité de la combinaison *puis + que* et la prononciation particulière de *puis* [pɥis] dans *puisque* justifient de ne pas décomposer en synchronie.

c. Les combinaisons entre une préposition et un nom sans déterminant, comme *à côté*, sont à la limite entre syntagme et lexème syntagmatique, car d'un côté la combinaison entre une préposition et un nom est généralement libre, mais il n'existe pas de combinaison libre avec la préposition *à* lorsque le nom est sans déterminant. Dans le cas *autour*, il s'agit plus clairement d'un syntagme, puisque le déterminant est présent et donc la convention orthographique est peu motivée.

d. *bonhomme* et *bonne femme* sont tous les deux des lexèmes syntagmatiques (voir la section 8.3 *Syntagme ou syntaxème?*).

e. On est ici face à des constructions qui sont clairement d'origine syntaxique, mais qui sont devenues irrégulières aujourd'hui en raison de l'absence d'article. Il est néanmoins clair que la combinatoire de *autrefois* est déterminée par le nom temporel *fois* (voir le chapitre 16 du vol. 2), ce qui justifierait de l'orthographier *autre fois*.

Corrigé 4.   Comme nous avons pu le voir dans l'encadré 8.5 sur les *Constructions N N*, les N+N coordonnés asymétriques peuvent parfois être libres (*satellite espion, film culte*), donc on pourrait considérer que *homme-grenouille* est un syntagme, car analogue à une construction libre. On est néanmoins dans une zone intermédiaire et on peut considérer que ces constructions sont avant tout des composés morphologiques dont certains éléments se sont libérés, comme *espion* ou *culte*.

Corrigé 5.   Les seuls syntaxèmes qui peuvent s'intercaler entre *il* et *dort* sont des clitiques (*il **n'y** dort pas*). Il n'y donc pas de classe ouverte de syntaxèmes qui peuvent venir séparer ces deux mots, qui sont donc considérés comme linéairement inséparables, selon notre définition donnée dans la section 8.9 sur l'*Inséparabilité linéaire*.

9 La connexion syntaxique : Décrire les combinaisons entre unités syntaxiques

9.1 Structure syntaxique

Nous savons que les signes linguistiques se combinent pour former des signes linguistiques plus étendus. Nous souhaitons maintenant comprendre comment s'organisent les combinaisons entre signes et quelle structure forme l'ensemble des combinaisons. Une telle structure est ce que nous appelons une STRUCTURE SYNTAXIQUE.

Nous concevons la structure syntaxique comme un *objet mathématique*, une structure au sens mathématique du terme (voir le chapitre 4 sur *La modélisation*). En représentant la façon dont les signes linguistiques se combinent, la structure permet de mettre en évidence les principales *contraintes* qui régissent ces combinaisons. La structure sert donc de base à l'écriture d'un modèle de la grammaire de la langue.

Notre conception de ce qu'est une structure syntaxique est *axiomatique*. La langue obéit à un grand nombre de contraintes syntaxiques, dont une partie reste à découvrir. Lorsque nous proposons *une* structure syntaxique, c'est toujours une modélisation partielle de ces contraintes, qui fonctionnent comme autant d'axiomes de base de la modélisation. On peut pour différentes raisons réduire volontairement le nombre de contraintes prises en compte, notamment pour des raisons pédagogiques ou pratiques. Nous n'hésiterons donc pas par la suite à présenter différentes représentations syntaxiques d'un même énoncé. (Voir notamment la section 9.14 sur *Critères et définition de la structures de connexion*.)

Dans ce chapitre, nous présenterons une première structure syntaxique qui rend essentiellement compte d'une contrainte, la possibilité pour une portion de l'énoncé de former une *unité autonome*. Nous appellerons cette structure la *structure de connexion*. Dans le chapitre 10, nous prendrons en compte des contraintes supplémentaires et définirons la *structure de dépendance*.

Insistons aussi sur le fait qu'une structure syntaxique modélise des contraintes syntaxiques qui apparaissent à l'*observation des énoncés* qu'un locuteur a produit et peut produire, mais ne découlent, en aucun cas, de l'observation du mécanisme de production en tant que tel, lequel est enfoui dans le cerveau et encore en grande partie inobservable aujourd'hui. Si tout un chacun est autorisé à penser que la structuration syntaxique est une propriété fondamentale de la langue vue comme correspondance entre sens et textes, ce n'est dans l'état actuel des connaissances qu'une hypothèse à vérifier.

9.2 Justifier la structure syntaxique

Rappelons le type d'arguments que nous avons introduits dans le chapitre 3 pour justifier l'introduction d'une structure syntaxique. Nous avons montré qu'il existait des contraintes sur la production d'un énoncé et qu'on pouvait à juste titre considérer que ces contraintes s'appliquaient de façon hiérarchique, chaque choix à son tour imposant des contraintes sur les choix suivants. Donnons un nouvel exemple :

(1) a. *La France produit du lait.*
     b. *la production laitière de la France*
     c. *la production française de lait*

Ces trois syntagmes expriment les mêmes sens avec les mêmes relations sémantiques : un prédicat binaire, 'produire', exprimable par le verbe PRODUIRE ou le nom PRODUCTION, et deux éléments de sens, 'la France' et 'lait', qui remplissent les rôles d'agent (celui qui produit) et de patient (ce qui est produit) de ce prédicat, ce qu'on peut schématiser comme suit (voir le chapitre 13 pour plus de détails) :

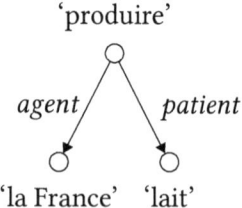

FIGURE 9.1 – Représentation sémantique de (1)

Le sens 'la France' est réalisé par un groupe substantival sujet quand 'produire' est réalisé par un verbe (*la France produit*). (Nous appelons *groupe substantival* ce que l'on nomme traditionnellement un groupe nominal. La distinction que nous faisons entre substantif et nom sera justifiée dans la section sur *Substantifs et noms* du chapitre 16 du vol. 2.). Quand 'produire' est réalisé par un nom, alors les choses se passent différemment : 'la France' peut être réalisé par un adjectif (*la production **française***) et s'il est réalisé par un groupe substantival, il doit être précédé de la préposition DE (*la production **de** la France*) ; de même, 'lait' peut être réalisé par un adjectif (*la production **laitière***) et s'il est réalisé par un nom, il doit être précédé de la préposition DE (*la production **de** lait*). C'est cela que nous entendons par des contraintes syntaxiques : les catégories des éléments lexicaux (verbe, nom, adjectif, ...) qui se combinent ensemble sont corrélées, les choix lexicaux d'éléments liés entre eux se contraignent les uns les autres. Un verbe comme PRODUIRE va exiger la réalisation de l'agent et du patient par des noms, un nom comme PRODUCTION va exiger la réalisation de l'agent et du patient par des adjectifs ou par des noms translatés en adjectifs par la préposition *de* (voir la section 3.4 sur les *Contraintes syntaxiques sur les choix lexicaux*).

Encadré 9.1 : Faut-il définir la structure syntaxique ?

Ce chapitre et les suivants sont consacrés à la définition de la structure syntaxique. Il est néanmoins légitime de se demander si la structure syntaxique doit être définie et si elle doit l'être par une *méthode déductive* comme nous allons le faire.

Un linguiste comme Lucien Tesnière est un *mentaliste*. Pour lui, la structure syntaxique est un produit de l'esprit (« l'esprit aperçoit des connexions », voir citation plus complète à la section 9.5). La définition de la structure syntaxique relève donc de l'observation de ce qu'il y a dans la tête du locuteur. Le problème est que nous ne voyons pas dans la tête des locuteurs et que même les plus fins des outils d'imagerie cérébrale d'aujourd'hui ne permettent pas d'observer s'il y a des arbres syntaxiques dans la tête des locuteurs lorsqu'ils produisent ou entendent un énoncé. Certains linguistes vous diront qu'ils voient les arbres dans leur tête quand ils parlent et que si vous étiez un aussi bon linguiste qu'eux vous les verriez aussi (nous ne donnerons pas de noms ☺). On peut leur répondre que c'est probablement le linguiste en eux qui voit des arbres et non le locuteur et que le fait qu'il pense voir des arbres quand il parle ne prouve pas grand-chose.

A contrario, notre méthode n'est pas basée sur l'observation de ce qu'il y a dans la tête des locuteurs, mais sur l'observation des énoncés et de leurs propriétés. Notre méthode est *déductive* dans le sens où nous déduisons la structure syntaxique d'un énoncé à partir d'un certain nombre de propriétés de l'énoncé que nous observons. Chacune des propriétés considérées doit être caractérisée par un certain nombre de critères à remplir. Si un énoncé ou une portion donnée de l'énoncé ne remplit pas les critères demandés, alors la propriété n'est pas vérifiée. Ainsi chaque propriété peut être falsifiée et la construction de la structure syntaxique peut être reproduite par un autre linguiste (voir le chapitre 4 sur *La modélisation*).

Il est à noter que les mentalistes aussi énoncent des propriétés des structures qu'ils considèrent. Mais ces propriétés ne servent pas à définir les structures qu'ils proposent. Tout se passe comme si les structures préexistaient et qu'ils en observaient les propriétés. Autrement dit, s'il advient que l'une des structures qu'ils proposent ne vérifie pas les propriétés énoncées, ce n'est pas la structure qui en est défaut, ce sont les propriétés qui sont à revoir. Ainsi, pour chaque nouvelle construction, une structure d'un type différent peut être proposée et les propriétés générales des structures peuvent être revues. En un sens, nous aussi nous sommes susceptibles, face à une nouvelle construction, de proposer une structure d'un type différent. Mais cela sera justifié par le fait que la nouvelle construction étudiée présente des propriétés jamais rencontrées jusque-là et que pour en rendre compte il est nécessaire d'introduire un nouveau type d'éléments dans la structure syntaxique.

Il existe une troisième façon de définir la structure syntaxique, qui est celle, nous semble-t-il, défendue par Noam Chomsky : la structure syntaxique n'a pas à être justifiée a priori. Elle l'est *a posteriori*, par l'écriture d'une grammaire formelle. C'est la possibilité de pouvoir écrire une grammaire basée sur les structures considérées et qui *génère* toutes les phrases de la langue qui justifie le bien fondé de la structure retenue, quand ce n'est pas la grammaire formelle elle-même qui génère les structures syntaxiques. Ainsi les ouvrages de Grammaire générative ne justifient-ils jamais vraiment le fait que la structure syntaxique soit représentée par un arbre de constituants, comme si cela ne relevait pas d'un choix du linguiste modélisateur. Il serait pourtant naïf de penser que c'est le formalisme qui décide de lui-même le type de structures qu'il produit. C'est bien là un choix fait a priori par le linguiste lorsqu'il construit ou choisit le formalisme dans laquelle il écrira sa grammaire.

Malgré cette dernière remarque, nous ne sommes pas en réel désaccord avec la dernière approche présentée. D'une part, le choix de la structure dépend évidemment de la grammaire que l'on souhaite écrire. En un sens, définir une structure syntaxique qui rende compte d'un certain nombre de propriétés, c'est se garantir que la grammaire que nous écrirons rendra bien compte de ces propriétés. Les deux points de vue ne se contredisent donc pas. D'autre part, certains choix de structure apparaissent finalement sans importance lorsqu'on écrit la grammaire formelle et c'est l'économie du système (c'est-à-dire la possibilité d'écrire une grammaire plus simple) qui permettra de décider entre deux options de représentation. De ce point de vue, le choix de la structure perd de son importance, dans la mesure où elle n'est qu'un support à la véritable modélisation qui est effectuée par l'écriture d'une grammaire.

9.3 Nature de la structure

Il a été souvent postulé que la structure syntaxique est un *arbre*, arbre de dépendance (voir le chapitre 10) ou arbre de constituants (voir le chapitre 11). L'arbre est la plus simple des structures hiérarchiques : dans un arbre chaque élément de la structure, chaque nœud pour être plus précis, dépend d'un autre nœud à l'exception d'un seul qui domine tous les autres et qu'on appelle la *racine* (voir l'encadré 3.2 sur *Graphe et arbre*). La plupart, si ce n'est la totalité, des travaux qui postulent que la structure syntaxique est un arbre le justifient par des propriétés de la structure d'arbre et pas par des propriétés de la syntaxe des langues. Si l'on présuppose que la structure syntaxique est un arbre et que l'on fixe des critères pour définir un arbre, on obtiendra forcément un arbre. Ceci ne prouve pas pour autant que la structure syntaxique soit bien un arbre, ni même qu'il existe réellement une structure simple qui représente l'organisation syntaxique des signes linguistiques.

Dans la suite, *nous éviterons tout présupposé sur la nature générale de la structure*. Nous verrons que différents principes de modélisation amènent à des résultats différents. Et que si certaines solutions sont naturellement proches d'un arbre, certains indices laissent à penser que la structure est plus complexe. Si la structure est globalement *hiérarchique* (comme nous l'avons défendu dans le chapitre 3 et comme nous le défendrons avec plus de détails dans le chapitre 10), elle n'est pas nécessairement complètement hiérarchique et nous soutiendrons que certaines constructions peuvent ne pas l'être. De plus, supposer que la structure est un arbre, c'est supposer en particulier que les *relations* se font nécessairement *deux à deux*, ce qui ne va pas toujours de soi. Enfin, même si une structure d'arbre était avérée, celle-ci ne suffirait pas à encoder tous les types de relations syntaxiques qui existent et la plupart des approches utilisent des moyens additionnels qui ajoutent plus ou moins explicitement de la structure à l'arbre : structure complexe des nœuds de l'arbre, structure des étiquettes catégorielles des nœuds, liens additionnels entre nœuds (par exemple par la co-indexation des nœuds), etc. Nous essayerons pour notre part de *rendre explicite la totalité de la structure*.

Encadré 9.2 : Calculer la structure syntaxique d'un énoncé

Le fait d'associer une structure syntaxique à un énoncé est une préoccupation ancienne, que l'on peut probablement faire remonter aux tous premiers linguistes et notamment au grammairien indien antique Pāṇini. Saussure, le père de la linguistique contemporaine, n'utilise pourtant pas le terme *structure* dans cette acception précise. Les *structuralistes*, qui le suivent, s'intéresseront davantage à la structure de la langue en tant que système qu'à la structure particulière des énoncés. Cette différence de point de vue est bien exposée par Émile Benveniste :

> « Quand les linguistes ont commencé, à l'instar de F. de Saussure, à envisager la langue en elle-même et pour elle-même, ils ont reconnu ce principe qui allait devenir le principe fondamental de la linguistique moderne, que la langue forme un *système*. Ceci vaut pour toute langue, quelle que soit la culture où elle est en usage, à quelque état historique que nous la prenions. De la base au sommet, depuis les sons jusqu'aux formes d'expression les plus complexes, la langue est un arrangement systématique de parties. Elle se compose d'éléments formels articulés en combinaisons variables, d'après certains principes de *structure*. Voilà le second terme clé de la linguistique, la structure. On entend d'abord par là la structure du système linguistique, dévoilée progressivement à partir de cette observation qu'une

langue ne comporte jamais qu'un nombre réduit d'éléments de base, mais que ces éléments, peu nombreux en eux-mêmes, se prêtent à un grand nombre de combinaisons. On ne les atteint même qu'au sein de ces combinaisons. Or **l'analyse méthodique conduit à reconnaître qu'une langue ne retient jamais qu'une petite partie des combinaisons, fort nombreuses en théorie, qui résulteraient de ces éléments minimaux assemblés.** Cette restriction dessine certaines configurations spécifiques, variables selon les systèmes linguistiques envisagés. C'est là d'abord **ce qu'on entend par structure : des types particuliers de relations articulant les unités d'un certain niveau.** » (Benveniste 1962 : 371, nous soulignons en gras)

Les restrictions qu'une langue impose à la combinatoire des éléments minimaux dont Benveniste parle ici, ne sont pas de nature sémantique (une combinaison qui ne fait pas de sens), mais de nature structurelle : c'est la langue en elle-même, pas le monde dont on parle, qui impose et interdit certaines structures.

On trouve bien avant les travaux de Saussure des descriptions détaillées de structures linguistiques, notamment dans les grammaires destinées à l'enseignement des langues. Nous en discutons dans l'encadré 10.1 où nous présenterons un *Historique des notions de dépendance et de tête.* Si l'on trouve de nombreuses descriptions détaillées de structures syntaxiques dans les grammaires du 18e siècle, il semble que ce ne soit qu'au milieu du 19e siècle que les linguistes commencent à développer des modèles de représentation de la structure syntaxique à l'aide de diagrammes. Ces premiers modèles, comme ceux pour l'anglais américain de Frederick A. P. Barnard de 1836, pour l'anglais britannique de Stephen W. Clark de 1847 ou pour l'allemand de Franz Kern de 1883, sont développés à des fins pédagogiques pour décrire diverses constructions d'une langue particulière (nous y reviendrons dans l'encadré 10.3 consacré à l'*Historique des représentations syntaxiques par des diagrammes en dépendance* et l'encadré 11.8 consacré à l'*Historique des représentations syntaxiques par des diagrammes en constituants*). Il faudra attendre le 20e siècle pour que des modèles similaires servent de bases à des théories de linguistique générale appliquées à plusieurs langues, comme dans les travaux de Lucien Tesnière.

Parallèlement, s'est développée, à partir des travaux du philosophe polonais Kaziemierz Ajdukiewicz (un article fameux de 1935 intitulé *Die syn-*

taktische Konnexität), puis de Yehoshua Bar-Hillel et Zelig Harris dans les années 1950, l'idée qu'on pouvait écrire un système de règles formelles permettant de vérifier qu'une suite de mots est un énoncé bien formé (voir l'encadré 4.5 *Calcul symbolique et grammaires catégorielles*). Les deux courants vont converger avec les travaux de Noam Chomsky (1957), qui le premier considère qu'un énoncé est bien formé si on peut lui associer une structure syntaxique et propose un système de règles pour calculer de telles structures. Les travaux de Chomsky vont avoir une influence considérable. Néanmoins nous pensons qu'ils ont aussi entraîné une grande partie de la communauté linguistique dans une mauvaise direction en se basant trop fortement sur une représentation de la structure syntaxique insatisfaisante (l'*Analyse en constituants immédiats*, voir la section 9.17), en prenant trop tardivement en compte la représentation du sens et en négligeant l'importance des idiosyncrasies lexicales.

9.4 Structure syntaxique et structure topologique

Les travaux de Lucien Tesnière ont mis en évidence deux niveaux d'organisation, qu'il appelle l'ordre linéaire et l'ordre structural. L'ORDRE LINÉAIRE, à prendre ici au sens d'organisation séquentielle, est le fait que les mots se suivent les uns les autres, formant une « ligne ». L'ordre linéaire est donc cette relation de contiguïté et précédence qui existe entre les mots sur l'axe syntagmatique :

— les mots ne se chevauchent pas (SEGMENTABILITÉ) ;

— les mots sont à côté d'autres mots (CONTIGUÏTÉ) ;

— les mots sont avant d'autres mots (PRÉCÉDENCE (LINÉAIRE)).

La segmentabilité ne va pas tout a fait de soi : elle revient à considérer que lorsqu'il y a amalgame de deux signes, comme dans *au* (à+le) ou *du* (de+le), il n'y a bien qu'un mot. (Voir aussi l'encadré 12.1 sur *Les exceptions à la segmentabilité*.) La contiguïté, comme la précédence, suppose la segmentabilité (quand deux éléments sont au même endroit, nous pouvons parler d'amalgame ou de chevauchement, mais pas de contiguïté). Par contre, contiguïté et précédence sont des notions indépendantes. Dans *Lise a fini*, *Lise* précède *fini*, mais n'est pas contigu. La combinaison de la précédence et de la contiguïté s'appelle la PRÉCÉDENCE IMMÉDIATE.

Être contigu n'implique pas qu'on soit en relation « structurale ». Prenons un exemple :

(2)   *Le chat de Marie dort sur le canapé.*

Les mots *Marie* et *dort* se succèdent, mais n'entretiennent pas de relation sémantique directe : c'est le chat qui dort et non Marie. D'un point de vue syntaxique, le mot *Marie* ne se combine donc pas avec le mot *dort*, mais avec *le chat* via la préposition *de*, exprimant que le chat appartient à Marie. C'est le résultat de cette combinaison, *le chat de Marie*, si ce n'est *le chat* seul, qui se combine avec *dort*. Ce sont les combinaisons à ce niveau que veut saisir l'ORDRE STRUCTURAL.

Définition 9.1 : structure syntaxique, structure topologique

Dans la suite, nous utiliserons le terme STRUCTURE SYNTAXIQUE pour parler de l'ordre structural au sens de Tesnière, c'est-à-dire la façon dont les signes se combinent indépendamment de l'ordre linéaire. Et nous appellerons STRUCTURE TOPOLOGIQUE la structure obtenue lorsqu'on analyse la relation entre l'ordre structural et l'ordre linéaire.

La structure topologique sera présentée au chapitre 12.

Encadré 9.3 : De la non-séparation des ordres au mouvement

L'approche dominante au 20e siècle, l'*Analyse en Constituants Immédiats* (voir la section 9.17 éponyme), inspirée par les travaux de Bloomfield, des distributionnalistes, puis de Chomsky, ne repose pas sur une séparation préalable des ordres linéaire et structural. La combinaison des signes est envisagée comme étant à la fois linéaire et structurale. Une telle approche mène immanquablement à postuler des positions « vides » et des mouvements. Expliquons-nous à partir d'un exemple :

(3) *À qui veux-tu que je parle ?*

Il est clair que *à qui* se combine avec *je parle*, de la même façon que *à Marie* se combine avec *je parle* dans *Tu veux que je parle à Marie* : c'est le verbe PARLER (et non le verbe VOULOIR) qui permet la présence d'un complément du type *à Marie* ou *à qui*. Le problème est que *à qui* n'est pas contigu à *je parle* : comment rendre compte alors du fait que ces deux éléments se combinent si l'on ne s'autorise pas à considérer des relations indépendamment de l'ordre linéaire ? Une solution a été proposée dans les années 1960 : *à qui* se combine avec *je parle* avant de se déplacer en tête de la phrase. Selon Chomsky, il y a donc un MOUVEMENT qui s'opère à l'intérieur de la structure d'une position syntaxique vers une autre. (Une position syntaxique est une position dans la structure syntaxique, peu importe comment celle-ci est définie ; dans le cas de l'analyse chomskienne, il s'agit d'un nœud de l'arbre de constituants.) La position initiale de *à qui*, celle qu'il occupait quand il s'est combiné avec *je parle*, est laissée vide : c'est une POSITION VIDE, où ne subsiste tout au plus qu'une TRACE laissée par l'élément déplacé. La relation entre les deux positions est indiquée par une CO-INDEXATION : chaque position syntaxique reçoit un indice et deux positions qui correspondent au même élément ont un indice identique. Cette analyse est généralement représentée comme ci-dessous, ε représentant la trace laissée dans la position vide et i l'indice commun aux deux positions en relation :

(4) [*À qui*]$_i$ *veux-tu que* [*je parle* ε_i] ?

De nombreux phénomènes syntaxiques ont été analysés en ces termes dans les années 1960 et 1970 et la terminologie utilisée encore aujourd'hui s'en ressent. Ainsi le phénomène mis en évidence par la phrase (3) est appelé une EXTRACTION : *à qui* a été « extrait » de la proposition subordonnée. Dans une phrase telle *Pierre **lui** a parlé*, on parle de montée du clitique (angl. *clitic climbing*), car le clitique *lui* « monte » sur l'auxiliaire. Dans une phrase comme *Mary gave **him** a book* 'Marie **lui** a donné un livre', on parle de *dative-shift*, car le complément au datif (le *to him* 'à lui' de la supposée source *Mary gave a book **to him***) « change » de place (ang. *to shift*). Enfin quand l'ordre devient trop complexe pour être décrit par le simple mouvement d'un élément, on parle de *scrambling*, terme qui évoque du mouvement dans tous les sens (cf. angl. *scrambled eggs* 'œufs brouillés').

9.5 La connexion : première approche

La connexion est pour nous la première des notions syntaxiques. Cette notion est *élémentaire*, au sens où elle peut être appréhendée avec un minimum de notions linguistiques préalables, avant des notions plus complexes telles que celles de *dépendance* ou de *constituant*. Dire que la notion de *connexion* est élémentaire ne signifie pas qu'elle est simple à comprendre. Il s'agit d'une notion assez abstraite que nous définirons en plusieurs étapes. Nous allons donner une première définition, que nous expliciterons dans la section 9.12 sur *La connexion et ses instances*.

Définition 9.2 : connexion (syntaxique)

Il y a CONNEXION (SYNTAXIQUE) dès que deux éléments se combinent pour former un syntagme. Nous verrons que la connexion est une forme d'*abstraction* sur la notion de combinaison. Une connexion peut être réalisée par différentes *combinaisons équivalentes*.

La notion de connexion est due à Lucien Tesnière, qui à défaut d'en donner une caractérisation, lui attribue un rôle central dans le fonctionnement de la langue. Tesnière défend le fait que la connexion est un élément à part entière de la phrase. Au premier chapitre de son ouvrage posthume de 1959, *Éléments de syntaxe structurale*, on trouve :

> « Il est indispensable que [les connexions] soient aperçues par l'esprit, sans quoi la phrase ne serait pas intelligible. Quand je dis : *Alfred parle*, je n'entends pas dire d'une part qu' « il y a un homme qui s'appelle Alfred » et d'autre part que « quelqu'un parle », mais j'entends dire tout à la fois que « Alfred fait l'action de parler » et que « celui qui parle est Alfred ».
>
> Il résulte de ce qui précède qu'une phrase du type *Alfred parle* n'est pas composée de **deux** éléments 1° *Alfred*, 2° *parle*, mais bien de **trois** éléments, 1° *Alfred*, 2° *parle* et la connexion qui les unit et sans laquelle il n'y aurait pas de phrase. »

Avant cela, il introduit la connexion en ces termes :

> « Tout mot qui fait partie d'une phrase cesse par lui-même d'être isolé comme dans le dictionnaire. Entre lui et ses voisins, l'esprit aperçoit des **connexions**, dont l'ensemble forme la charpente de la phrase. [...] Comprendre une phrase, c'est saisir l'ensemble des connexions qui en unissent les différents mots. »

Nous prenons totalement à notre compte cette citation de Tesnière, à un point près, le rôle prédominant donné au mot. Comme nous l'avons déjà dit, nous ne considérons pas que le mot soit l'unité minimale de la syntaxe. Reconnaître des mots, c'est déjà connecter entre eux des syntaxèmes. Et inversement, des unités plus large que le mot peuvent être combinées entre elles et les connexions peuvent donc être réalisées entre différents types d'unités.

Une remarque terminologique : Tesnière ajoute que la connexion est hiérarchisée, unissant un gouverneur à un dépendant (un *subordonné* dans ses termes). De nos jours, une relation hiérarchisée de ce type est appelée une *dépendance*. Pour notre part, nous distinguons la connexion (non hiérarchisée a priori, éventuellement hiérarchisable) de la DÉPENDANCE (une *connexion hiérarchisée*), contrairement à Tesnière pour qui une connexion ne saurait être que hiérarchisée. Par ailleurs, Tesnière oppose la connexion à d'autres types de combinaisons comme la jonction ou la translation. Pour nous, la connexion décrit tout type de combinaison syntaxique.

9.6 Unité syntaxique

Nous avons appelé *syntagme* toute combinaison de *syntaxèmes*. Une *unité syntaxique* est soit un syntaxème, soit un syntagme (voir la section 8.2 sur l'*Analogie structurelle*).

Définir la connexion, c'est d'abord décider quelles portions d'un texte forment une unité syntaxique. Rappelons la définition d'une unité syntaxique.

Définition 9.3 : unité syntaxique

Une UNITÉ SYNTAXIQUE est :

— une portion de l'énoncé qui forme un *signe linguistique*

— et qui *commute librement* dans l'énoncé ou qui est analogue à une telle unité.

Une unité syntaxique possède donc un signifiant qui est généralement une portion de l'énoncé et un signifié qui est le sens que l'on peut attribuer à cette portion.

Il peut s'agir d'une *portion discontinue* de l'énoncé, même si une majorité d'unités syntaxiques sont des portions continues de l'énoncé. Par exemple, *le chien* est considéré comme une sous-unité syntaxique de *le petit chien*, car la suppression de *petit* ne modifie pas l'interprétation de *le ⊕ chien*. De même, *le livre est sur la table* est une sous-unité syntaxique de *le livre de syntaxe est sur la table*.

Par contre, il s'agit d'une *portion connexe* de l'énoncé du point de vue de la combinaison des signes, c'est-à-dire qu'à l'intérieur du syntagme toutes les sous-unités se sont combinées ensemble, directement ou indirectement. Si l'on reprend notre exemple *le livre de syntaxe est sur la table*, le segment *syntaxe est sur la table* n'est pas un syntagme car *syntaxe* seul ne peut se combiner avec *est sur la table* (c'est le livre qui est sur la table).

Il se peut que le signifiant d'une unité syntaxique ne soit pas une portion délimitable de l'énoncé, notamment lorsqu'il y a en jeu un amalgame (*au* = *à+le*) ou un syntaxème zéro (voir l'encadré 6.12 sur *Syntaxème zéro et troncation en français*).

En l'absence de figement sémantique, une unité syntaxique prise isolément ou dans un autre contexte doit posséder le *même sens* que celui qu'elle a dans le contexte de l'énoncé. Prenons un exemple : *Pierre a bu une bouteille de vodka entière*. On peut extraire le segment *vodka entière* et trouver éventuellement un sens à ce segment hors contexte (*la vodka entière est meilleure pour la santé*). Néanmoins quel que soit le sens qu'on lui donne, il n'a pas cette contribution dans l'énoncé considéré et n'est donc pas une unité syntaxique de cet énoncé. Par contre, *une bouteille entière* est bien une unité syntaxique de l'énoncé. Elle commute librement avec le reste de l'énoncé et peut par exemple être remplacée par *une demi-bouteille* ou *une grande quantité* (*Pierre a bu une demi-bouteille de vodka*; *Pierre a bu une grande quantité de vodka*).

Dans la délimitation des unités syntaxiques, il est essentiel de savoir détecter quand une unité syntaxique garde le même sens après effacement ou insertion d'une autre unité. Nous verrons que c'est ni toujours facile, ni bien formalisable et des différences dans l'analyse d'un énoncé peuvent venir d'un simple désaccord sur le statut d'un segment comme unité syntaxique. Les exemples suivants illustrent cette difficulté.

(5) a. *Jean-Claude déteste le coca éventé.*

  b. *Jean-Claude n'aime pas le café.*

Nous considérons que le segment *Jean-Claude déteste le coca* est bien une unité syntaxique de l'énoncé (5a), car il possède la même interprétation sans ou avec le mot *éventé*, bien qu'il soit possible que Jean-Claude aime le coca avec bulles. Le problème vient du fait que *le coca éventé* dénote une partie seulement de ce que dénote *le coca*. Pareillement, on considère que la négation intervient dans l'énoncé (5b) sans que le reste de l'énoncé ne change d'interprétation. On veut dire par là que le sens de *Jean-Claude aime le café* reste inchangé quand cette proposition est niée : la phrase *Jean-Claude n'aime pas le café* est synonyme de *il est faux que Jean-Claude aime le café* et le sens de l'énoncé (5b) ou de sa paraphrase est bien obtenu par la composition du sens de *Jean-Claude aime le café* et de la négation (*ne...pas* ou *il est faux que*).

Nous allons continuer à préciser la définition des unités syntaxiques et donner quelques-unes de leurs propriétés caractéristiques.

9.7 Test de commutation

La COMMUTATION avec d'autres segments est un bon critère pour voir si l'on a affaire à une unité syntaxique, puisque les unités syntaxiques, par définition, commutent librement dans leur contexte (commutation qui, rappelons-le, doit préserver le sens du contexte) (voir la section 6.2 sur *Commutation et exclusion mutuelle*).

Définition 9.4 : Test de commutation

TEST DE COMMUTATION. Une unité syntaxique appartient à un paradigme d'unités syntaxiques de même distribution. Si le segment A commute avec un segment qui est clairement une unité syntaxique, alors A est potentiellement une unité syntaxique.

En particulier, le fait de pouvoir remplacer une portion de l'énoncé par un mot est un bon indice du fait qu'il s'agit d'une unité syntaxique, puisque le mot est une unité syntaxique. Un test courant, appelé TEST DE PRONOMINALISATION, est de vérifier la commutation avec un pronom : tout segment qui commute avec un pronom est une unité syntaxique. Ce test permet en plus de caractériser certains types d'unités selon les pronoms avec lesquels elles commutent. Nous y reviendrons dans la section 11.8 sur *Les tests de constituance*.

Considérons l'énoncé suivant et demandons-nous quels sont les segments de deux mots qui forment une unité syntaxique :

(6)   *Cet étudiant veut acheter un livre de syntaxe.*

Cet énoncé contient quatre segments de deux mots qui commutent avec un mot :

(7)   <u>*Cet étudiant*</u> <u>*veut acheter*</u> <u>*un livre*</u> <u>*de syntaxe*</u>
     Il   *achète*   *celui*   *neuf*

Chacun de ces segments est bien une unité syntaxique. Attention, le Test de commutation ne suffit pas pour décider qu'un segment est une unité syntaxique : par exemple, *acheter un* peut commuter avec *parler* et donne une phrase acceptable (*Il veut parler livre de syntaxe*, au sens de *Il aime parler politique*), mais *acheter un* n'est pas clairement une unité syntaxique de cet énoncé, car on ne peut pas l'utiliser isolément, ni l'utiliser dans un autre type de contexte.

Une unité syntaxique ne commute pas toujours avec un mot. Si l'on prend l'énoncé *Cet étudiant possède un très vieux livre*, on ne peut pas remplacer l'unité syntaxique *vieux livre* par un seul mot, car il n'existe pas de mot qui puisse se combiner à la fois avec *un, très* et le verbe *possède*.

Définition 9.5 : paradigme de commutation, classe distributionnelle

Une unité syntaxique dans un contexte donné appartient à un paradigme d'unités qui peuvent commuter avec elle et qu'on appelle son PARADIGME DE COMMUTATION. Les unités qui peuvent occuper les mêmes positions et appartiennent donc aux mêmes paradigmes de commutation forment une CLASSE DISTRIBUTIONNELLE.

Comme on le verra dans la suite, il existe un nombre restreint de grandes classes distributionnelles et le repérage de la classe distributionnelle d'une portion d'énoncé est un critère pour décider s'il s'agit d'une unité syntaxique.

Un exemple intéressant et problématique est le cas du syntagme *le petit livre*. Ici les trois fragments envisageables – *le livre, petit livre* et *le petit* – sont tous acceptables. Mais le fragment *le petit* est-il réellement une sous-unité syntaxique de *le petit livre*? (Nous parlons de l'unité *le petit* où *petit* est bien un adjectif comme dans *Je n'aime pas le grand livre, je prends le petit.*) La réponse est plutôt non et c'est la distribution de ce fragment qui est en jeu : *le petit* existe bien comme unité syntaxique du français, mais cette unité n'a pas la même distribution que le fragment *le petit* dans *le petit livre*, même si elle paraît avoir à peu près le même sens. En effet, l'unité syntaxique *le petit* a une distribution de groupe substantival : *Le petit est sur la table, Je préfère le petit.* Il commute alors avec des pronoms comme *il, ça* et d'autres groupes substantivaux comme *ce truc,* ce qu'il ne peut pas faire lorsqu'il se combine avec *livre* dans *le petit livre.* Notons au passage que le fait que les adjectifs puissent former des groupes substantivaux avec un déterminant est une propriété spécifique du français, que ne possède pas par exemple l'anglais (*the little* ne peut pas être utilisé sans nom), sur laquelle nous reviendrons dans le chapitre 10 et notamment l'encadré 10.19 sur la *Co-occupation.*

9.8 Unité syntaxique autonomisable

Nous avons plusieurs fois considéré une portion d'énoncé isolément pour décider s'il s'agit d'une unité syntaxique. C'est l'AUTONOMISABILITÉ ILLOCUTOIRE.

Définition 9.6 : autonomisabilité illocutoire, énoncé autonome

Un signe linguistique est dit ILLOCUTOIREMENT AUTONOMISABLE s'il peut être muni d'une prosodie appropriée et *former un énoncé autonome,* tel que « *Demain.* » ou « *Un chat!* ». Un ÉNONCÉ AUTONOME est un signe linguistique qui forme à lui seul un *tour de parole complet* d'un locuteur.

On considère en particulier que la réponse à une question est un énoncé autonome, même si à proprement parler celle-ci ne forme une unité sémantique complète qu'avec la question. On aura ainsi comme énoncés autonomes : (*Combien sont-ils?*) **Deux**; (*Comment est-elle?*) **Plutôt sympa**; (*Quel est son métier?*) **Professeure**.

Toutes les unités syntaxiques ne sont pas illocutoirement autonomisables, mais un grand nombre le sont et notamment les propositions, groupes substantivaux, groupes prépositionnels, groupes adjectivaux, etc.

Définition 9.7 : Test d'automisabilité illocutoire

TEST D'AUTOMISABILITÉ ILLOCUTOIRE. Toute portion (continue ou non) d'un énoncé qui est illocutoirement autonomisable, c'est-à-dire qui peut *former un énoncé autonome* sans modification de sens, est une *unité syntaxique.*

Il s'agit d'un *critère suffisant* pour être une unité syntaxique, mais pas nécessaire. Ce que de nombreux linguistes appellent le groupe verbal (voir l'encadré 11.11 éponyme) forme une unité syntaxique, mais n'est en général pas illocutoirement autonomisable. Par exemple, si l'on reprend l'exemple de la section 9.7, *cet étudiant, un livre* ou *de syntaxe* sont illocutoirement autonomisables (*C'est un livre de quoi ? **De syntaxe***), mais pas *veut acheter* ou *veut acheter un livre de syntaxe* ou *veut*, que nous classons pourtant intuitivement parmi les unités syntaxiques.

Pour inclure ces dernières unités, on peut relâcher le Critère d'autonomisabilité et considérer non seulement les unités qui peuvent former un tour de parole, mais aussi celles qui peuvent former une *unité prosodique* dans un tour de parole.

Définition 9.8 : Test d'automisabilité prosodique

TEST D'AUTOMISABILITÉ PROSODIQUE. Tout segment d'un énoncé qui est prosodiquement autonomisable, c'est-à-dire qui peut *former une unité prosodique* sans que cela modifie le sens de l'énoncé, est une unité syntaxique.

Ce test repose sur la définition préalable des unités prosodiques, ce qui n'est pas sans poser problème. Nous nous contenterons d'une notion intuitive de cohésion prosodique, basée sur la perception d'une coupure mélodique marquée ou non par une pause. Les FRONTIÈRES PROSODIQUES sont essentiellement marquées en français par l'*allongement* de la dernière syllabe (la dernière voyelle est tenue plus longtemps qu'ailleurs), des *variations* importantes de la *fréquence fondamentale* et pour les frontières majeures des *pauses*, c'est-à-dire une interruption du son de l'ordre du dixième de seconde au moins.

Le Critère d'autonomisabilité prosodique ne demande pas que le segment considéré forme une unité prosodique effective de l'énoncé, mais que l'énoncé ou une partie puisse être prononcé avec une prosodie telle que le segment forme un groupe prosodique (sans changer le contenu informationnel ; voir la section 3.2 *Partir d'un sens*). On peut donc se baser sur une prosodie suffisamment « propre » pour que les groupes prosodiques soient clairement marqués par des coupures appuyées et que leur définition ne pose pas de problèmes. On voit que ce critère résout le problème des formes verbales finies et des différentes unités qui commencent par une forme verbale finie. En effet, on peut facilement marquer une frontière prosodique entre *cet étudiant* et *veut* et grouper *veut* avec *acheter* ou *acheter un livre* . Voir l'exemple (8a), où les symboles | marque les frontières prosodiques et les segments entre les | forment des unités prosodiques. À l'inverse, (8b) illustre un cas de prosodie agrammaticale, car *de syntaxe est* ne peut pas former une unité prosodique dans cet énoncé.

(8) a. *Cet étudiant | veut acheter | un livre de syntaxe.*

  b. * *Le livre | de syntaxe est | sur la table.*

Le Critère d'autonomisabilité prosodique repose sur l'hypothèse que les groupes prosodiques sont nécessairement des unités syntaxiques. Ceci est en grande partie vrai, mais quelques problèmes arrivent. En particulier, les clitiques, qui sont des mots non accentués qui ne peuvent former à eux seuls une unité prosodique, peuvent s'accoler à des mots auxquels ils ne sont pas syntaxiquement liés (voir le chapitre 14 du vol. 2). Le meilleur exemple en français est la conjonction de subordination *que* dans un exemple comme *je pense | qu'hier | il n'est pas venu*. En effet, *qu'hier* forme un groupe prosodique, mais pas une unité syntaxique : comme nous le verrons plus tard, la conjonction de subordination *que* se combine avec la construction verbale pour former une proposition subordonnée et pas avec le complément de temps *hier*. En anglais, le marqueur du génitif saxon *'s* peut s'accoler à un groupe substantival assez complexe et il formera avec le denier mot de ce segment un groupe prosodique même si ce n'est pas avec lui seul qu'il se combine syntaxiquement : *the king | of England's | grandmother* 'la grand-mère du roi d'Angleterre'. En effet, le syntaxème *'s* se combine syntaxiquement avec *the king* qui est le nom principal du groupe substantival *the king of England*. En dehors de tels cas, le critère semble valable.

On aura noté que l'autonomisabilité illocutoire et l'autonomisabilité prosodique sont de bons indices pour identifier les unités syntaxiques, mais ce ne sont en aucun cas des propriétés nécessaires. En particulier, les unités syntaxiques en deçà du mot, et notamment les syntaxèmes flexionnels, ne vérifient pas du tout ce type de propriétés comme on le verra dans la partie IV. Dans le chapitre 14 du vol. 2 consacré aux *Mots*, nous introduirons la notion d'*autonomisabilité faible* qui nous permettra de caractériser les mots. Dans la suite, nous travaillerons avec les unités autonomisables et inclurons les mots, même si certains mots comme les articles, les prépositions ou les conjonctions ne sont autonomisables ni illocutoirement, ni prosodiquement.

La définition des unités syntaxiques sera précisée à plusieurs reprises dans la suite : ici même, dans la section 9.13 sur les *Tests pour la connexion*, dans les chapitres suivants où nous enrichirons notre bagage conceptuel avec les notions de *dépendance* (chapitre 10), de *constituants syntaxiques majeurs* (chapitre 11) et de *constituants topologiques* (chapitre 12), mais aussi dans les parties suivantes, où nous étudierons en détail les unités syntaxiques des différents niveaux de cohésion syntaxique (nanosyntaxe, microsyntaxe et macrosyntaxe).

9.9 Combinaison syntaxique

Nous avons défini les unités syntaxiques en nous basant sur la notion de *combinaison libre* (introduite dans la section 6.5 éponyme) et sur la notion d'*analogie structurelle* (introduite dans la section 8.2). Certaines combinaisons d'unités syntaxiques peuvent ne pas être libres, mais seulement analogues à une combinaison libre.

Définition 9.9 : combinaison syntaxique

La combinaison entre A et B est appelée une COMBINAISON SYNTAXIQUE si A, B et AB sont des unités syntaxiques. Nous permettrons de noter une telle combinaison A ⊕ B, même si une combinaison syntaxique n'est pas nécessairement libre.

Le terme de *combinaison syntaxique* désigne l'opération qui associe A, B et AB, contrairement au terme de *syntagme*, qui désigne AB, le résultat de la combinaison.

Rappelons quels sont les exemples de combinaison syntaxiques qui ne sont pas libres. Cela concerne trois types de syntames : les combinaisons de syntaxèmes au sein d'un phrasème (voir la section 7.6 éponyme), les collocations, c'est-à-dire la combinaison liée entre une base et un collocatif (Voir la section 7.8 sur *Collocation et choix liés*), et enfin des constructions telles que *peser lourd* ou *sentir mauvais*, où un élément atypique occupe une position actancielle (voir la section 8.8 sur une *Construction syntagmatique isolée*).

Nous allons voir les problèmes que pose la représentation des combinaisons syntaxiques, ce qui va nous amener naturellement à la notion de *connexion*.

9.10 Représenter les combinaisons

Nous allons voir qu'il y a deux façons de représenter une combinaison syntaxique et que ces deux modes de représentation amène à des approches différentes.

Supposons que A et B soient deux unités syntaxiques qui se combinent, comme par exemple, A = *cet étudiant veut acheter* et B = *un livre de syntaxe*. Nous proposons deux façons de représenter la *combinaison* A ⊕ B entre A et B. À gauche de la figure 9.2, la combinaison est représentée par une *bulle* qui entoure les deux éléments qui se combinent. À droite, la combinaison est représentée par un *trait* qui lie les deux éléments qui se combinent. C'est équivalent, il s'agit juste de conventions de représentation différentes. Néanmoins, les deux conventions sont utilisées par des théories différentes et conduisent généralement à des analyses différentes, comme nous allons le voir.

FIGURE 9.2 – Deux façons de représenter la combinaison A ⊕ B

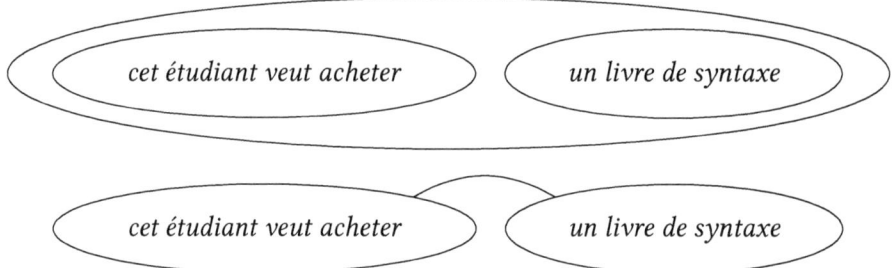

FIGURE 9.3 – Deux représentations pour *cet étudiant veut acheter* ⊕ *un livre de syntaxe*

9.11 Composition et décomposition

Raisonner en termes de *composition*, c'est avoir une *approche ascendante* (angl. *bottom-up*) de la combinaison : les éléments se combinent pour former des unités de plus en plus grosses.

À l'inverse, la *décomposition* est une approche *descendante* (angl. *top-down*). On part d'une unité qu'on estime complexe, comme la phrase (à supposer qu'on sache la définir), et on décompose en morceaux de plus en plus petits. Autrement dit, si U = A ⊕ B, on peut soit dire que A et B se combinent pour former U (vision ascendante), soit dire que U se décompose en A et B (vision descendante).

Raisonner en termes de composition n'est pas complètement équivalent à raisonner en termes de décomposition. En effet, dire que A et B se combinent, revient à postuler une connexion entre A et B, mais n'oblige pas vraiment à considérer le tout que forment A et B ensemble. La décomposition, elle, oblige par
essence à considérer le tout, dont on part pour trouver les parties. La distinction
apparaît plus clairement lorsqu'on considère trois éléments A, B et C, où B se
combine à la fois avec A et C (comme dans *Marie regarde Pierre* avec A = *Marie*,
B = *regarde*, C = *Pierre*). En termes de composition, on peut représenter la chose
de l'une des deux façons proposées dans la figure 9.4. La première représentation,
avec des bulles qui s'enchevêtrent, n'est pas usuelle et nous l'éviterons.

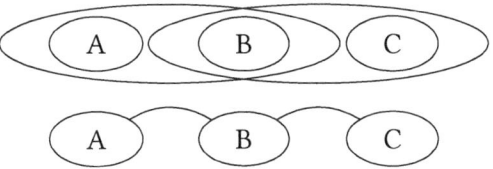

FIGURE 9.4 – Deux façons de représenter le même ensemble de combinaisons

Si l'on raisonne en termes de décomposition, on partira du tout U que forment
A, B et C (U = ABC). On aura alors trois façons de décomposer U : (1) une décomposition ternaire U = A $\oplus$ B $\oplus$ C ; (2) une décomposition binaire U = A $\oplus$ BC ; et
(3) une décomposition binaire U = AB $\oplus$ C. Voir la figure 9.5.

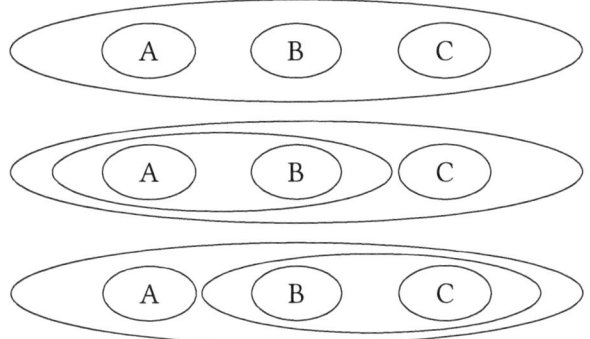

FIGURE 9.5 – Les trois seules façons de décomposer ABC : A $\oplus$ B $\oplus$ C,
AB $\oplus$ C et A $\oplus$ BC

Aucune des trois décompositions n'est équivalente à l'ensemble de combinaisons que nous voulons considérer. Décomposer en trois ne permet pas d'indiquer
que c'est bien B qui se combine avec A et C, mais que A et C ne se combinent pas

directement. Décomposer en deux, par exemple en A ⊕ BC, ne permet pas d'indiquer que c'est avant tout B qui se combine avec A. Décomposer en deux suppose en fait d'ordonner les deux connexions, A ⊕ B et B ⊕ C : par exemple, on combine d'abord B avec C, puis le tout avec A. C'est ce qu'on appelle la STRATIFICATION (nous y reviendrons dans la section 11.9 sur l'*Arbre de constituants binaire*). Si la décomposition binaire a au moins l'avantage de montrer qu'il y a bien deux combinaisons binaires et pas une combinaison ternaire, elle ne permet pas de rendre compte que ces deux combinaisons sont indépendantes et qu'il n'y a pas emboîtement de l'une dans l'autre. Raisonner en termes de décomposition oblige à stratifier, c'est-à-dire à ordonner les connexions. C'est une information supplémentaire dont l'utilité est discutable. À l'inverse, on a perdu de l'information par rapport à l'analyse de la figure 9.4, puisque si on a toujours deux connexions, les combinaisons qui leur correspondent sont moins fines : A est combiné avec BC ou AB avec C, au lieu d'avoir des combinaisons A ⊕ B et B ⊕ C.

L'analyse descendante de la structure syntaxique a engendré l'analyse en constituants immédiats (voir la section 9.17 éponyme). Dans cet ouvrage, nous privilégions une analyse ascendante, tout en exploitant les avantages d'une analyse descendante (voir la section 11.15 *Combiner les méthodes ascendante et descendante*).

9.12 La connexion et ses instances

Nous avons vu dans la section 9.10 *Représenter les combinaisons* qu'on pouvait représenter la combinaison de deux unités syntaxiques par un lien entre ces deux unités. Imaginons que l'on veuille représenter toutes les combinaisons possibles entre toutes les unités syntaxiques d'un énoncé comme *Cet étudiant veut acheter un livre de syntaxe*. C'est possible, mais pas nécessaire. Une telle représentation serait très redondante, parce que certaines *combinaisons* sont fondamentalement *équivalentes* et qu'en donner une permet d'avoir les autres. Expliquons-nous.

On peut décomposer notre phrase en *cet étudiant veut acheter* ⊕ *un livre de syntaxe*, ce qui revient à dire que A = *cet étudiant veut acheter* et B = *un livre de syntaxe* sont deux unités syntaxiques qui se combinent pour donner la phrase complète. Mais *acheter un livre de syntaxe* est aussi une unité syntaxique de la phrase que l'on peut décomposer en *acheter* ⊕ *un livre de syntaxe*. De même, *cet étudiant veut acheter un livre* est une unité syntaxique de la phrase décomposable en *cet étudiant veut acheter* ⊕ *un livre*. En un sens, ces combinaisons correspondent à une seule et même connexion qui est celle du verbe *acheter* avec son complément d'objet direct. Nous dirons donc que ces combinaisons sont *équivalentes* et qu'elles sont des *instances* d'une seule et *même connexion* (voir la figure 9.6).

FIGURE 9.6 – Combinaisons équivalentes

Nous pouvons reprendre la définition de la connexion donnée dans la section 9.5 *La connexion : première approche* en la précisant un peu.

Définition 9.10 : connexion (syntaxique)

Une CONNEXION SYNTAXIQUE représente un *ensemble de combinaisons syntaxiques équivalentes.* Il s'agit d'une « abstraction » de la notion de combinaison.

Intuitivement, deux combinaisons A ⊕ B et A' ⊕ B' sont *équivalentes* si elles ont une partie commune, c'est-à-dire si A et A' ont une partie commune, ainsi que B et B', et si ces parties communes se combinent pour former un syntagme. Par exemple, *acheter ⊕ un livre de syntaxe* et *cet étudiant veut acheter ⊕ un livre* sont équivalentes, car les unités *acheter* et *un livre* sont communes aux deux combinaisons et qu'elles se combinent pour former le syntagme *acheter un livre.* Nous donnons une définition plus formelle de l'équivalence entre combinaisons dans l'encadré 9.4 qui suit.

D'aucuns pourraient considérer qu'il aurait été beaucoup plus simple de définir la connexion comme une relation entre les mots et donc de ne regarder que les combinaisons de deux mots. C'est ce qui est habituellement fait dans les présentations de la syntaxe de dépendance. Deux raisons nous ont amenés à procéder autrement. La première raison est que nous ne souhaitons pas présupposer que les connexions ont lieu entre les mots, parce que cela nous oblige à une définition préalable des mots, ce qui n'a rien de trivial, et que, par ailleurs, nous pensons que certaines connexions ne se réalisent pas entre les mots. La deuxième raison est que nous pensons que la connexion est fondamentalement une *classe d'équivalence de combinaisons* (voir une définition plus précise de cette notion dans l'encadré 9.4 qui suit) et que voir la connexion comme opérant seulement au niveau des mots est une vue parcellaire. On peut très bien envisager la connexion à d'autres niveaux de GRANULARITÉ, au niveau plus fin des syntaxèmes, comme à un niveau plus grossier (par exemple *un livre ⊕ de syntaxe*), voire comme les analyses en constituants immédiats, au niveau des constituants (voir le chapitre 11).

Un arbre de dépendance et un arbre de constituants peuvent très bien représenter exactement les mêmes connexions, mais ils le font avec des instances différentes : un arbre de dépendance traditionnel représente les connexions par des combinaisons entre mots, tandis qu'un arbre de constituants représente les connexions par des combinaisons de constituants.

Notre définition permet d'appréhender plus clairement une question que l'on se pose généralement lorsqu'on aborde la syntaxe de dépendance (et que nous nous sommes posés en commençant la rédaction de cet ouvrage) : « Les dépendances syntaxiques ont-elles réellement lieu entre les mots ? ». Nous pensons qu'on ne peut pas et qu'on ne doit pas répondre à cette question. Cette question n'a pas lieu d'être et c'est ce que montre notre définition de la connexion et celle de la dépendance qui en découle. Une connexion ne lie pas plus deux mots qu'elle ne lie toutes les unités plus larges qui incluent ces deux mots, tout comme elle peut lier des unités qui se trouvent en deçà du mot. Tout au plus peut-on se demander si les instances minimales des connexions lient des mots, mais la réponse à cette question varie selon les connexions et selon les critères définitionnels des unités syntaxiques choisis. Autrement dit, le fait que l'instance minimale d'une connexion lie deux mots n'est pas vraiment une propriété de la connexion en soi, mais bien davantage une conséquence des critères retenus pour définir les unités syntaxiques en général, lesquels critères sont ajustables et en partie indépendants des critères qui permettent de postuler une connexion donnée.

Encadré 9.4 : Définition formelle de la connexion

Nous définissons toute connexion comme un ensemble de combinaisons équivalentes. Nous allons donner une définition un peu plus formelle de l'équivalence entre deux combinaisons.

Une combinaison A ⊕ B est PLUS FINE qu'une combinaison A' ⊕ B' si A est inclus dans A' et B est inclus dans B'. Par exemple, la combinaison *veut acheter* ⊕ *un livre* est plus fine que la combinaison *veut acheter* ⊕ *un livre de syntaxe*.

Deux combinaisons sont ÉQUIVALENTES s'il existe une combinaison plus fine que les deux à la fois. Par exemple, *acheter* ⊕ *un livre de syntaxe* et *cet étudiant veut acheter* ⊕ *un livre* sont équivalentes car la combinaison *acheter* ⊕ *un livre* est plus fine que les deux.

Dès qu'on a une RELATION D'ÉQUIVALENCE sur un ensemble, on peut considérer les objets à l'équivalence près. Une relation d'équivalence PARTITIONNE l'ensemble des objets en CLASSES D'ÉQUIVALENCE. Donnons un exemple classique, celui des nombres rationnels. Les nombres rationnels sont les nombres qui peuvent s'écrire à l'aide d'une fraction comme 3/4 ou 257/23. Les fractions 3/4 ou 75/100 sont deux fractions différentes qui représentent le même nombre rationnel. Elles sont donc équivalentes de ce point de vue. Un nombre rationnel correspond ainsi à une classe d'équivalence de fractions et il peut s'écrire d'une infinité de façons. De la même façon, les combinaisons sont les instances des connexions et une connexion peut être représentée par des combinaisons mettant en jeu des unités plus ou moins grandes.

On peut maintenant définir la connexion à partir de la relation d'équivalence que nous venons de définir sur les combinaisons. De même qu'un nombre rationnel est une classe d'équivalence de fractions, une CONNEXION est une *classe d'équivalence de combinaisons*. Cette courte définition cache, on l'a compris, une opération d'abstraction complexe.

Notons que la relation de finesse entre les combinaisons est une relation d'ordre partielle sur les combinaisons et que l'équivalence entre combinaisons est une relation d'équivalence au sens mathématique du terme. Une relation d'équivalence est une relation qui est à la fois réflexive, symétrique et transitive. Ces notions sont définies dans l'encadré 10.12 sur *Dépendance, dominance et transitivité*.

9.13 Tests pour la connexion

Les notions de connexion et d'unité syntaxique sont intimement liées. Dire qu'il y a une connexion entre les unités syntaxiques A et B revient à dire que AB ou BA forme une unité syntaxique. Les tests pour la connexion sont donc des tests pour vérifier qu'une portion d'un énoncé forme une unité syntaxique.

Nous avons donné trois tests pour décider si un segment de texte est une unité syntaxique :

— le Test de commutation (section 9.7)

— le Test d'autonomisabilité illocutoire (section 9.8)

— le Test d'autonomisabilité prosodique (section 9.8)

Certains de ces tests sont suffisants (pour être une unité syntaxique) sans être pour autant nécessaires. C'est le cas des tests d'autonomisabilité Nous verrons dans le chapitre 11 d'autres tests suffisants pour caractériser une unité syntaxique, qui ne s'appliquent qu'à un sous-groupe d'unités syntaxiques, comme les constituants majeurs (voir la section 11.8 sur les *Tests de constituance*).

Nous allons donner ici deux tests qui ne permettent pas de caractériser les unités syntaxiques, mais qui peuvent servir d'indices. Ces tests sont basés sur l'*ordre linéaire* entre les unités syntaxiques, qu'on appelle généralement l'ordre des mots (nous consacrons notre chapitre 12 à l'ordre linéaire). Les principes généraux sont que l'ordre des unités syntaxiques dépend fortement des connexions : les unités syntaxiques qui sont connectées tendent à se *placer les unes par rapport aux autres* et *les unes à côté des autres*. Ceci nous donne deux tests.

Définition 9.11 : Test de déplacement

TEST DE DÉPLACEMENT. Plus les placements des unités syntaxiques A et de B sont dépendants l'un de l'autre, plus il y a des chances que A et B soient connectés.

Définition 9.12 : Test d'insertion

TEST D'INSERTION. Si on ne peut pas insérer entre A et B d'unité qui ne soit pas connectée à A ou B, alors A et B sont probablement connectés.

Les énoncés des tests que nous avons donnés sont très généraux. Ils vont trouver des déclinaisons particulières selon les langues étudiées et les constructions concernées.

En français, l'usage le plus courant du Test de déplacement concerne les dépendants du nom, qui, à l'exception de certains adjectifs, se placent tous à droite du nom dont ils dépendent. Nous allons donner deux illustrations. La première concerne les propositions :

(9)   a. *Pierre a acheté une glace à la boulangerie.*

      b. *Pierre a acheté une glace à la fraise.*

Dans les deux exemples, on a un groupe prépositionnel B introduit par *à* (*à la boulangerie* et *à la fraise*) dont on cherche à savoir s'il est connecté à A = *une glace*. La permutation de A et B offre immédiatement une réponse :

(10) a. *Pierre a acheté **à la boulangerie** une glace.*

  b. * *Pierre a acheté **à la fraise** une glace.*

La permutation est possible dans le premier cas, donc *à la boulangerie* ne dépend pas de *une glace*. Par contre, elle est impossible dans le deuxième cas, ce qui indique que *à la fraise* dépend bien de *une glace*. (Nous utilisons ici une autre propriété, spécifique au français, qui est que l'ordre des compléments à droite du verbe est relativement libre. Le même test serait plus difficile à appliquer dans une langue comme l'anglais où l'objet ne peut pas être facilement séparé du verbe.)

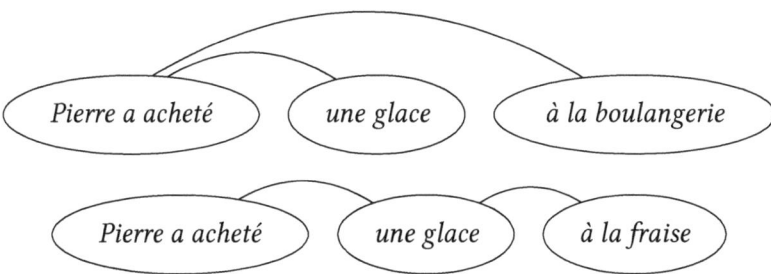

FIGURE 9.7 – Structures syntaxiques pour (10a) et (10b)

Le Test de déplacement est particulièrement utile pour déterminer les dépendances au sein du groupe substantival (où les tests de pronominalisation ou de clivage ne peuvent pas être utilisés ; voir le chapitre 11 pour la présentation de ces tests). Considérons l'exemple suivant (extrait de l'article *Seine* de la Wikipédia) :

(11) *La faible déclivité de la vallée de la Seine en Ile-de-France a causé la formation de multiples et profonds méandres.*

On a ici trois segments prépositionnels, *de la vallée*, *de la Seine* et *en Ile-de-France*, dont on doit déterminer le gouverneur. Le Test de déplacement donne :

(12) a. * *la faible déclivité **de la Seine** de la vallée en Ile-de-France*

  b. *la faible déclivité **en Ile-de-France** de la vallée de la Seine*

La non-déplaçabilité du segment *de la Seine* indique qu'il est bien connecté au segment *de la vallée*. À l'inverse la déplaçabilité de *en Ile-de-France* indique qu'il n'en dépend pas. Cela nous donne les connexions de la figure 9.8.

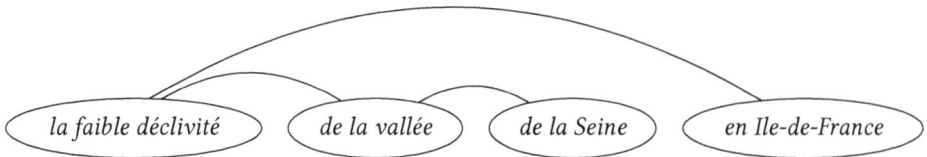

FIGURE 9.8 – Rattachement des segments prépositionnels de (11)

Le Test d'insertion peut être appliqué à notre premier exemple. Prenons un circonstanciel comme *l'autre jour*, qui dépend du verbe, mais ne se connecte pas avec les unités A et B que nous considérons. On a :

(13)   a.   *Pierre a acheté une glace **l'autre jour** à la boulangerie.*

      b.   [?]* *Pierre a acheté une glace **l'autre jour** à la fraise.*

(Des énoncés tels que (13) sont tout à fait possibles avec une prosodie appropriée, où le segment *à la fraise* est détaché. Mais ils ne pourraient être produits à l'écrit sans une ponctuation marquant le détachement.) Le fait que *l'autre jour* peut être inséré entre A et B dans le premier cas et pas dans le deuxième indique que A et B sont connectés dans le premier cas et pas dans le deuxième.

De même, dans notre deuxième exemple, on peut vérifier que *en Ile-de-France* ne peut pas être déplacé entre A = *de la vallée* et B = *de la Seine*, et donc que A et B sont connectés :

(14)   * *la faible déclivité de la vallée **en Ile-de-France** de la Seine*

Le Test d'insertion est un cas particulier de la propriété de projectivité que nous présentons dans la section 12.7 *Projectivité et dépendance projective*. Cela revient à dire que certains liens de connexion ne peuvent pas se couper et que la configuration ci-dessous n'est pas possible.

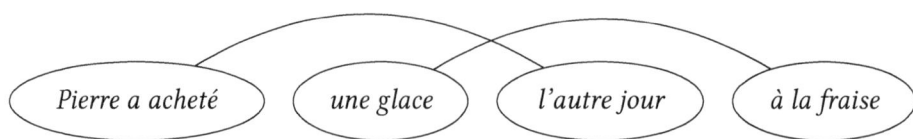

FIGURE 9.9 – Configuration rejetée par le Test d'insertion

Les deux tests que nous venons d'énoncer, le Test de déplacement et le Test d'insertion, sont des tests qui s'appliquent seulement à certaines connexions et qui dépendent de propriétés générales de la langue et de propriétés particulières de certaines constructions. Par exemple, si le Test d'insertion s'applique bien à la connexion entre un nom et un complément de nom en français, il n'en sera pas de même dans des langues qui acceptent plus facilement des configurations non projectives ou pour d'autres constructions du français (voir l'encadré 12.22 sur la *Non-projectivité en français*).

Encadré 9.5 : Connexion ternaire

Notre définition de la connexion présuppose que toute *connexion* est *binaire*, c'est-à-dire que les unités syntaxiques se combinent deux par deux. Ceci revient à supposer qu'on peut décomposer toute unité en deux morceaux. Nous n'avons pas vraiment d'exemples où une unité ne peut pas être décomposée en deux et nous n'introduirons donc pas, dans cet ouvrage, de CONNEXION TERNAIRE, c'est-à-dire de connexion liant trois éléments. Nous aimerions néanmoins souligner qu'il est possible de considérer des connexions ternaires et que cela a déjà été fait par différents auteurs.

Les connexions ternaires sont généralement introduites pour modéliser le fait qu'un élément grammatical marque la connexion entre deux éléments lexicaux. Par exemple, dans *Ali parle à Zoé*, la préposition À marque la combinaison entre le verbe PARLER et le substantif ZOÉ. On peut donc adopter la représentation de la figure 9.10, où *à* est placé sur le lien entre *parle* et *Zoé*. Il s'agit bien d'une connexion ternaire liant directement *parle*, *à* et *Zoé*.

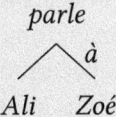

FIGURE 9.10 – Arbre de dépendance avec une connexion ternaire

Le fait d'utiliser un lien ternaire ne permet pas d'indiquer si parmi la combinaison des trois éléments, il y a des combinaisons deux à deux possibles et, par exemple, si *parle à* ou *à Zoé* sont des combinaisons acceptables. L'objectif de ce type de représentation est généralement plus sémantique que syntaxique, en montrant qu'il y a une relation sémantique entre PARLER et ZOÉ qui est marquée syntaxiquement par la préposition sémantiquement vide À. On peut aussi voir ce genre de représentation comme une superposition d'une structure syntaxique de surface et d'une structure syntaxique profonde (voir le traitement de la préposition À dans le premier exemple du chapitre 13 sur la *Syntaxe profonde*, figure 13.1).

Nous verrons, dans l'encadré 10.3 sur l'*Historique des représentations syntaxiques par des diagrammes en dépendance*, un exemple de connexion ternaire pour la coordination proposé par Lucien Tesnière dans son article de 1934, où la conjonction de coordination *et* est placée sur le lien entre deux conjoints. Cette analyse sera rediscutée dans l'encadré 11.13 *Deux types d'arbres de constituants*, puis dans le chapitre 18 du vol. 2 sur les *Listes* et le cas particulier de la coordination.

9.14 Structures de connexion

La STRUCTURE DE CONNEXION d'un énoncé est une structure contenant toutes les connexions présentes dans l'énoncé. Une représentation qui contiendrait toutes les instances de chaque connexion serait illisible. En pratique, on choisit, pour représenter la structure de connexion, une instance de chaque connexion. Le choix se porte généralement sur l'instance la plus fine, mais il possible, pour des raisons pédagogique par exemple, de proposer une structure de connexion plus grossière. De plus, la finesse de la structure de connexion dépend directement des critères pris en compte pour définir les connexions. Nous détaillerons ce point dans l'encadré 9.6 qui suit.

Nous proposons pour la phrase (6) la structure de connexion de la figure 9.11. Par soucis de simplicité, nous ne considérons pas les connexions à l'intérieur des mots. Toutes les connexions sont représentées par leur instance minimale. Les unités qui entre dans ces combinaisons sont représentées par des bulles et les connexions par des liens entre les bulles. On peut ainsi voir dans cette structure une combinaison *cet* ⊕ *étudiant* et une combinaison *cet étudiant* ⊕ *veut*, mais on n'a pas de combinaison *cet* ⊕ *veut* ou *étudiant* ⊕ *veut*, puisque ni *cet veut*, ni *étudiant veut* ne sont des unités syntaxiques acceptables.

Deux remarques s'imposent concernant notre structure de connexion.

Premièrement, *la structure de connexion permet de récupérer toutes les unités syntaxiques de la phrase*. Les unités sont les *portions connexes* de la structure, c'est-à-dire les morceaux de la structure formés de bouts reliés entre eux (voir

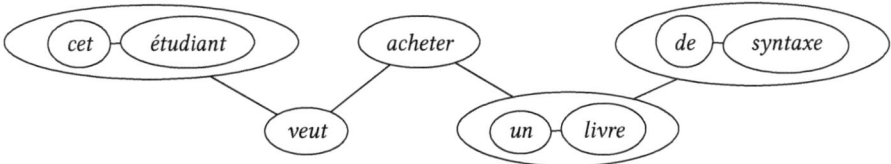

FIGURE 9.11 – Structure de connexion pour (6)

l'encadré 3.2 sur *Graphe et arbre* pour une définition de la *connexité*). On peut induire toutes les unités de la structure de connexion en imaginant qu'on a des ciseaux et qu'on coupe des connexions pour ne garder que des bouts connexes de la structure. Il est ainsi possible de récupérer l'unité *cet étudiant veut* en coupant le lien entre *veut* et le reste de la structure. Mais on ne peut pas récupérer d'unité *étudiant veut*, car si on coupe le lien entre *cet* et *étudiant*, on perd aussi la bulle qu'ils forment ensemble et donc le lien avec *veut*.

La conséquence de cette première remarque et qu'on a une parfaite dualité entre la structure de connexion et l'ensemble des unités syntaxiques d'une phrase (la notion de *dualité* a été formellement définie dans l'encadré 6.4 éponyme). Nous venons de montrer qu'on peut récupérer toutes les unités à partir de la structure de connexion. Mais à l'inverse, nous n'avons besoin que de l'ensemble des unités pour définir l'ensemble des combinaisons et donc la structure de connexion. Ceci n'est vrai que tant qu'on ne considère comme combinaison que les combinaisons A ⊕ B où A, B et AB sont des unités syntaxiques.

Deuxièmement, la structure de connexion permet de récupérer toutes les combinaisons. C'est une conséquence immédiate de la première remarque, puisque les combinaisons sont définies à partir des unités. Il résulte de cette deuxième remarque que *tout lien de connexion doit être vu comme représentant un ensemble de combinaisons*. Il s'agit de toutes les combinaisons A ⊕ B avec des unités A et B qui se trouvent de part et d'autre du lien de connexion et qui sont liées par ce lien de connexion. Par exemple, si on prend le lien entre *acheter* et *un livre* dans la figure 9.11, ce lien lie en fait, d'un coté, les unités *acheter*, *veut acheter* et *cet étudiant veut acheter* et, de l'autre, les unités *un livre* et *un livre de syntaxe*. Le lien correspond donc bien à un ensemble de combinaisons, dont nous avons déjà donné une représentation dans la figure 9.6.

Encadré 9.6 : Critères et finesse de la structures de connexion

La FINESSE d'une analyse peut dépendre de deux choses. Elle peut dépendre de la *granularité* de l'analyse, c'est-à-dire de la taille des éléments pris en compte (voir la section 9.12 sur la *La connexion et ses instances*) ou elle peut dépendre des *critères* pris en compte pour définir la structure. Nous allons nous intéresser à ce deuxième point.

Considérons l'exemple suivant :

(15) *Marie regardait Pierre.*

Cet énoncé contient, en plus des mots, les deux segments autonomisables *Marie regardait* et *regardait Pierre* et on a donc les combinaisons *Marie* ⊕ *regardait* et *regardait* ⊕ *Pierre*. Si l'on s'en tient aux unités syntaxiques autonomisables, on ne peut pas raffiner davantage ces connexions, mais on peut essayer en appliquant d'autres critères. La forme verbale *regardait* peut être décomposée en *regard-* ⊕ *-ait*, c'est-à-dire la combinaison d'un lexème et de sa désinence. Les deux signes sont indissociables l'un de l'autre, donc on ne peut pas espérer former des unités autonomisables avec seulement l'un ou l'autre. En revanche, on peut voir que la commutation de *-ait* avec d'autres flexions verbales n'a aucune incidence sur la possibilité de combiner la forme verbale avec l'objet *Pierre*, alors que la commutation de *regard-* avec d'autres lexèmes verbaux (*parl-* ou *rigol-* par exemple) rend cette combinaison impossible. On en déduit que c'est *regard-* qui se combine avec *Pierre*, car c'est lui qui contrôle la possibilité de se combiner ou pas avec *Pierre*.

Inversement, la commutation de *regard-* avec d'autres lexèmes verbaux ne change rien à la combinaison avec le sujet *Marie*, alors que la combinaison de *-ait* avec d'autres désinences, comme l'infinitif ou l'impératif, bloque la combinaison avec le sujet. On en déduit que c'est *-ait* qui se combine avec *Marie*. Le critère que nous venons d'utiliser pour raffiner la connexion s'appelle le *Critère distributionnel sans effacement*, que nous présenterons à la section 10.9, dédiée à ce critère.

Nous donnons dans les figures 9.12 et 9.13 deux structures de connexion différentes pour la phrase (15). Dans les deux cas, nous considérons la même granularité pour les unités syntaxiques, c'est-à-dire les quatre unités considérées (*Marie, regard-, -ait* et *Pierre*). La différence de finesse pour les connexions tient à la différence de critères pris en compte. Dans la structure de la première figure, nous utilisons les unités syntaxiques comme seul élément pour déterminer les combinaisons. Dans la structure de la deuxième figure, nous ajoutons le Critère distributionnel sans effacement. La deuxième structure affine les connexions de la première structure en proposant des instances plus fines des connexions.

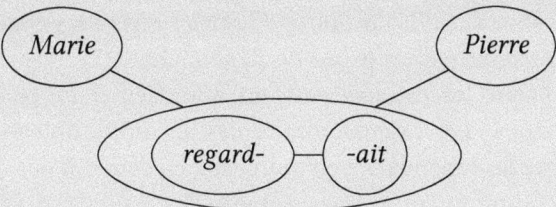

FIGURE 9.12 – Structure de connexion basée sur les unités syntaxiques pour (15)

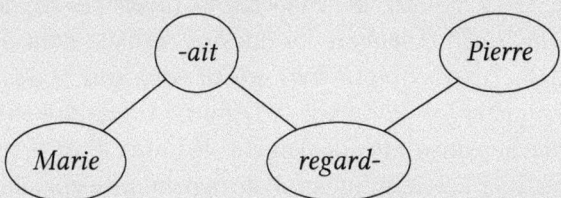

FIGURE 9.13 – Structure de connexion avec critère distributionnel pour (15)

Le critère distributionnel permet de postuler les combinaisons *Marie* ⊕ *-ait* et *regard-* ⊕ *Pierre*. Ces combinaisons ne sont plus basées sur des unités : nous ne considérons pas que *Marie ... -ait* ou *regard- ... Pierre* forment des unités. Il n'y a donc plus de dualité entre la structure de connexion et l'ensemble des unités syntaxiques considérées : on ne peut plus déduire les unités syntaxiques de la structure proposée. Nous discuterons de l'utilité d'introduire néanmoins des critères distributionnels dans l'encadré 10.6 *Quelle structure pour quels critères ?*.

Dans la suite de ce chapitre, nous continuerons à travailler uniquement avec des combinaisons basées sur les unités syntaxiques et nous travaillerons essentiellement avec le grain des mots.

Encadré 9.7 : Les limites de la dualité

Timothy Osborne (2019) propose d'appeler CATENA ('chaîne' en latin) toute *portion connexe* d'un arbre de dépendance. (Le terme est un peu trompeur, puisque les catenas peuvent brancher et ne pas être stricto sensu des chaînes.) Les catenas sont toutes les unités obtenues lorsqu'on découpe l'arbre de dépendance en morceaux en coupant des dépendances. Les catenas comprennent la quasi-totalité des unités qui jouent un rôle dans la langue : non seulement tous les constituants considérés par les grammaires de constituants, y compris les projections intermédiaires (voir la section 11.9 sur l'*Arbre de constituants binaire*), mais aussi les formes verbales complexes (*a mangé*), les collocations (*avoir besoin*), les locutions (*sur le point* (*de* Vinf)) ou encore les nucléus verbaux dont nous montrerons le rôle dans l'extraction (*le livre que tu **veux que** je **lise***) et d'autres phénomènes au chapitre 19 du vol. 2. Osborne tire argument du fait que ces unités peuvent ainsi être facilement déduites d'un arbre de dépendance pour justifier le fait qu'un arbre de dépendance encode la structure syntaxique de manière plus satisfaisante qu'un arbre de constituants (voir la section 9.17 sur l'*Analyse en constituants immédiats*).

Nous pensons néanmoins qu'il y a un problème méthodologique à vouloir partir d'un arbre de dépendance pour en déduire les unités de la langue. D'une part, la définition d'un arbre de dépendance est basée sur une structure de connexion qui est une façon de représenter de manière structurée et condensée l'ensemble des unités syntaxiques et il semble difficile de définir cette structure sans avoir défini au préalable ce qu'est une unité syntaxique ; ce ne sont donc pas les unités qui se déduisent de l'arbre de dépendance, c'est l'arbre de dépendance qui se déduit de l'ensemble des unités considérées. D'autre part, la définition d'un arbre de dépendance est *plus complexe* que l'identification des unités syntaxiques et fait appel à de nombreux critères (les critères utilisés pour l'identification des unités syntaxiques, mais aussi les critères distributionnels (déjà évoqués dans l'encadré 9.6 sur *Critères et finesse de la structures de connexion*) et d'autres critères encore que nous introduirons au chapitre 10). Ces critères permettent en particulier de mettre en évidence une hiérarchie qui n'est pas nécessaire pour définir les unités syntaxiques. En raison de la prise en compte de critères supplémentaires, les catenas d'un arbre de dépendance ne sont pas toutes des unités syntaxiques et il n'y a donc pas de dualité parfaite entre l'ensemble des unités syntaxique et la structure de dépendance. Certaines des propriétés utilisées pour définir l'arbre de dépendance (comme les critères distributionnels) ne sont pas aisément transférables en des propriétés des unités et certaines des catenas de l'arbre de dépendance n'ont pas d'intérêt théorique a priori. Par exemple, pour une phrase comme *Le chien dort*, il faudra connecter *dort* à *chien* ou à *le* pour obtenir un arbre de dépendance, mais ni *le dort*, ni *chien dort* n'est une unité intéressante. (Voir le chapitre 10 pour une discussion approfondie des critères qui permettent de construire un arbre de dépendance.)

9.15 Arbre de fragmentation

Il n'est pas nécessaire d'identifier toutes les unités syntaxiques pour obtenir la structure de connexion d'un énoncé. Une des façons d'obtenir les unités syntaxiques et la structure de connexion qui leur correspond est de procéder par décompositions successives d'un énoncé. On commence par chercher des décompositions possibles de l'énoncé en deux unités syntaxiques, puis l'on choisit une des décompositions. Pour chacune des deux unités obtenues, on recommence : on cherche des décompositions possibles en deux unités et on en choisit une. Et ainsi de suite, jusqu'à arriver aux unités minimales (par exemple les mots ou les syntaxèmes). Une série successive de décompositions est appelée une FRAGMEN-TATION de l'énoncé et l'ensemble des unités obtenues dans une fragmentation donnée en sont les FRAGMENTS.

Donnons des exemples de fragmentations de l'énoncé (6) *Cet étudiant veut acheter un livre de syntaxe.* Nous limitons nos fragmentations aux unités autonomisables.

(16) a. $((cet \oplus étudiant) \oplus (veut \oplus acheter)) \oplus ((un \oplus livre) \oplus (de \oplus syntaxe))$

　　 b. $(cet \oplus étudiant) \oplus (veut \oplus (acheter \oplus (un \oplus (livre \oplus (de \oplus syntaxe)))))$

　　 c. $((cet \oplus étudiant) \oplus veut) \oplus ((acheter \oplus (un \oplus livre)) \oplus (de \oplus syntaxe))$

On peut représenter une fragmentation par une structure arborescente, appelée un ARBRE DE FRAGMENTATION : chaque nœud de l'arbre représente un fragment, les feuilles de l'arbre étant les fragments minimaux considérés (les mots dans notre exemple). Les branches de l'arbre représentent la relation entre un fragment et un des deux sous-fragments obtenus lors de la décomposition. Nous donnons l'arbre de fragmentation de la première de nos trois fragmentations.

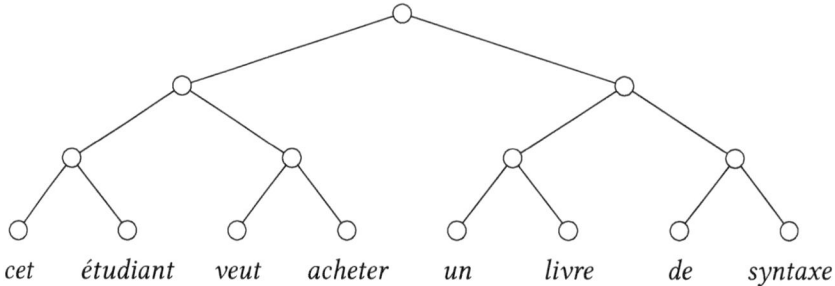

FIGURE 9.14 – L'arbre pour la fragmentation (16a)

9.16 De la fragmentation à la connexion

On peut définir la structure de connexion d'un énoncé à partir de toutes les fragmentations possibles de cet énoncé. Il suffit de prendre toutes les combinaisons obtenues, puis de sélectionner parmi les ensembles de combinaisons équivalentes l'instance minimale. Si cette méthode est la plus efficace du point de vue théorique, ce n'est pas celle que l'on utilise en pratique. Il est inutile de considérer toutes les fragmentations, toutes les unités et toutes les combinaisons qu'induit un énoncé que l'on souhaite analyser. Il suffit en fait de calculer *n'importe quelle fragmentation* de l'énoncé, puis d'obtenir la structure de connexion par des raffinements successifs des combinaisons de cette fragmentation. Il suffit, pour chaque combinaison A $\oplus$ B et pour une décomposition de A en X $\oplus$ Y, de regarder si l'une des combinaisons X $\oplus$ B ou Y $\oplus$ B peut raffiner la combinaison A $\oplus$ B. On va ainsi raffiner chaque connexion jusqu'à obtenir une combinaison minimale qui ne peut plus être raffinée.

Prenons l'exemple de la section précédente et l'arbre de fragmentation que nous avons dessiné. On veut raffiner la combinaison A ⊕ B avec A = *cet étudiant* et B = *veut acheter*. A se décompose en X ⊕ Y avec X = *cet* et Y = *étudiant*. Aucune des deux combinaisons *cet veut acheter* et *étudiant veut acheter* ne forme une unité syntaxique et on ne peut donc raffiner ainsi. À l'inverse, B se décompose en *veut* ⊕ *acheter* et *cet étudiant veut* est une unité syntaxique. On peut donc raffiner la combinaison A ⊕ B en A ⊕ *veut*. En continuant ainsi, on obtient la structure de connexion de la figure 9.11.

Encadré 9.8 : Graphe à bulles et polygraphe

Pour représenter une structure de connexion comme celle de la figure 9.11, nous avons utilisé une structure que nous proposons d'appeler un GRAPHE À BULLES. Rappelons qu'un *graphe* est un ensemble d'éléments, appelés *nœuds*, reliés deux à deux par des liens, appelés *arêtes* (voir l'encadré 3.2 sur *Graphe et arbre*). Dans un graphe à bulles, les *sommets* d'une arête peuvent être des *bulles* contenant plusieurs nœuds. Une arête qui relie des nœuds simples est dite ÉLÉMENTAIRE et une arête dont un des sommets au moins est une bulle est NON ÉLÉMENTAIRE.

Les structures de connexion ne sont pas n'importe quels graphes à bulles. D'une part, les bulles ne se chevauchent pas, c'est-dire que deux bulles sont ou bien disjointes ou bien incluses l'une dans l'autre. D'autre part, la structure a une propriété de *connexité* (voir l'encadré 3.2 pour cette notion) : la structure est formée de grandes bulles qui forment un réseau connexe et l'intérieur de chaque bulle est lui-même un réseau connexe de bulles et ceci jusqu'aux bulles élémentaires que sont les nœuds.

Enfin, les structures de connexion ont généralement la propriété de binarité suivante : chaque bulle se décompose en deux bulles connectées entre elles. Il est alors possible d'utiliser un autre mode de représentation, où les bulles ne sont pas explicitées : un lien dont le sommet est une bulle composée de deux sous-bulles connectées entre elles sera attribué au lien entre les deux sous-bulles. On obtient une nouvelle structure, que nous appelons un POLYGRAPHE, où une arête peut avoir pour sommet un nœud ou une arête. Nous donnons ci-dessous une version polygraphique de la structure connexion de la section précédente.

FIGURE 9.15 – Polygraphe représentant une structure de connexion

Encadré 9.9 : Cycle de connexions

Il peut arriver qu'une unité ABC possède comme sous-unités à la fois AB, BC et AC et que les trois combinaisons A ⊕ B, B ⊕ C et A ⊕ C soient possibles, ce qui donne un *cycle* (non orienté) de connexions. (On verra, lorsqu'on considérera la dépendance et que les connexions sont orientées, qu'il ne peut pas s'agir d'un cycle orienté ; voir la section 10.3 sur *Structure de dépendance et arbre de dépendance*.) Cette situation se rencontre avec les exemples suivants de la figure 9.16.

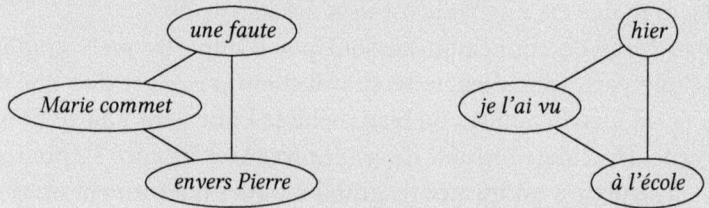

a. *Marie commet une faute envers Pierre.*   b. *Je l'ai vu hier à l'école.*

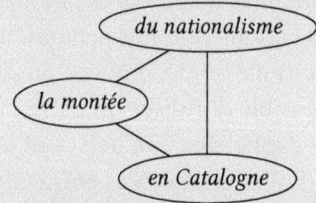

c. *la montée du nationalisme en Catalogne*

FIGURE 9.16 – Structures de connexion avec cycle

Dans la phrase de la figure 9.16a, on peut à la fois considérer comme acceptables les unités syntaxiques *commet une faute, commet envers Pierre* et *une faute envers Pierre.* Il s'ensuit que le rattachement du complément *envers Pierre* à *une faute* plutôt qu'à *commet* est incertain, que l'un ou l'autre ne change pas le sens.

La deuxième phrase, figure 9.16b, pose les mêmes problèmes. Il est assez clair que *hier* et *à l'école* sont tous deux des compléments connectés à la construction verbale (*je l'ai vu hier, je l'ai vu à l'école*), mais par ailleurs *hier à l'école* semble aussi fonctionner comme unité syntaxique (*C'est hier à l'école que je l'ai vu*; *Tu l'as vu? Oui, hier à l'école.*)

L'exemple de la figure 9.16c est du même type encore. S'agit-il du *nationalisme en Catalogne* dont on évoque la montée ou bien du nationalisme dont on considère *la montée en Catalogne.* Peu importe, le sens est à peu près le même et le locuteur n'a pas vraiment les moyens de choisir une connexion plutôt que l'autre. Comme bien sûr *la montée* et *du nationalisme* sont connectés, on a, à nouveau, un cycle potentiel.

Le fait que les trois connexions sont possibles ne signifie pas que les trois connexions coexistent dans la production ou l'analyse de ces exemples. Il est probable que la prosodie produite par le locuteur privilégie une décomposition plutôt qu'une autre et donc une connexion plutôt qu'une autre. On peut penser que, une fois que le destinataire d'un tel énoncé a récupéré une structure connexe satisfaisante, il ne cherche pas à voir s'il pourrait encore la compléter pour obtenir des cycles. En conclusion, nous pensons que la structure syntaxique d'un énoncé peut être potentiellement cyclique, que la manipulation de structures cycliques ne pose pas de problèmes théoriques ou pratiques particuliers, mais nous ne pouvons pas savoir si les locuteurs manipulent ou non des structures syntaxiques cycliques lorsqu'ils produisent ou analysent un énoncé.

9.17 Analyse en constituants immédiats

La fragmentation d'un énoncé est à la base de l'ANALYSE EN CONSTITUANTS IMMÉDIATS (ACI) initiée par Leonard Bloomfield (1933) et popularisée à la fin des années 1950 par la formalisation qu'en a donnée Noam Chomsky (1957) (voir l'encadré 12.19 sur les *Grammaires de réécriture*). L'ACI fait une hypothèse supplémentaire par rapport à l'approche que nous développons : elle suppose qu'*une seule fragmentation* d'un énoncé est *légitime* et que cette unique fragmentation définit les constituants de l'énoncé. L'arbre de fragmentation correspondant est appelé un ARBRE DE CONSTITUANTS. (Cet arbre est aussi souvent appelé *arbre syntagmatique*, mais nous ne retiendrons pas ce terme qui ne correspond pas à l'usage que nous faisons, à la suite de Saussure, du terme *syntagme*. Voir l'encadré 8.2 *À chacun son syntagme*.)

Henry Gleason (1955), qui est l'un des auteurs qui a défini l'arbre de constituant avec le maximum de rigueur, est explicite sur la nécessité de choisir une fragmentation parmi toutes celles possibles. Le début de sa définition est tout à fait compatible avec la notre :

> « Nous pouvons, comme première hypothèse, considérer que chacun des [mots de l'énoncé considéré] a une relation énonçable avec chaque autre mot. Si l'on peut décrire ces interrelations complètement, on aura décrit la syntaxe de l'énoncé dans son intégralité. [...] On pourrait commencer par marquer ces paires de mots qui sont ressenties comme ayant les relations les plus étroites. »

Puis sans justification aucune, il ajoute :

> « Nous allons aussi imposer la règle que chaque mot peut être marqué comme appartenant à seulement une telle paire. »

Il poursuit en déclarant que la méthode pour trouver la meilleure paire parmi toutes celles possibles est « le problème de base de la syntaxe » (« the basic problem of syntax »), tout en admettant que sa méthode est un peu désordonnée et ne fonctionne pas complètement.

Nous ne partageons pas le point de vue de Gleason et ses contemporains. Nous avons sciemment donné une définition peu restrictive de la notion d'*unité syntaxique*. La plupart des linguistes de la seconde moitié du 20e siècle, et notamment les courants théoriques dit générativistes, issus de l'école chomskyenne, ont défendu que seules les unités qu'ils appellent les CONSTITUANTS SYNTAXIQUES sont des unités syntaxiques légitimes. Nous pensons pour notre part que les constituants syntaxiques sont des unités syntaxiques particulières, certes remarquables, mais qu'il n'y a pas lieu de ne pas considérer les autres unités syntaxiques.

Obtenir une seule décomposition suppose d'avoir des critères beaucoup plus restrictifs que les nôtres pour la définition des unités syntaxiques. Si l'on se place dans ce cadre, on ne peut plus proposer de décomposer *un livre de syntaxe* à la fois en *un* ⊕ *livre de syntaxe* et en *un livre* ⊕ *de syntaxe*. **Il faut choisir entre les deux décompositions.** Une telle approche suppose par exemple que l'énoncé *Cet étudiant veut acheter un livre de syntaxe* peut être décomposé en *cet étudiant* ⊕ *veut* *acheter un livre de syntaxe* à l'exclusion de toute autre décomposition. Il faut donc proposer des critères qui fassent de ces deux fragments les deux seuls fragments acceptables (du point de vue de ces critères). Nous pensons que c'est difficile et, qui plus est, inutile. (Nous discuterons cette question en long et en large au chapitre 11.) Au contraire, en considérant toutes les fragmentations possibles d'un énoncé, on obtient une structure plus riche et finalement plus simple.

Les constituants sont des unités syntaxiques particulières, plus difficiles à caractériser que les unités syntaxiques en général. Il faut pour caractériser les constituants des critères additionnels et notamment faire intervenir la notion de tête dont il sera question au chapitre 10. Dans le chapitre 11, nous verrons qu'il est possible de caractériser, parmi toutes les fragmentations possibles, différentes fragmentations correspondant à un arbre de constituants et que ces fragmentations, accompagnée de l'indication des têtes, permettent de récupérer directement la structure de connexion et donc les autres fragmentations.

Nous présenterons dans l'encadré 11.9 la *Syntaxe X-barre* qui est la version la plus aboutie de l'ACI.

Encadré 9.10 : Traitement cognitif des connexions

Bien que cela soit en dehors de notre champ de compétence, nous nous risquons à faire des hypothèses sur le traitement cognitif des connexions. Nous venons de dire que nous pensons que les locuteurs construisent des connexions. La question qui se pose est : entre quoi les locuteurs créent-ils des connexions ? Ou dit autrement : quelle instance des connexions les locuteurs construisent-ils ?

La syntaxe de dépendance traditionnelle répond, à la suite de Tesnière, que les connexions se font entre mots (voir la citation de Tesnière à la section 9.5 : « Entre [tout mot] et ses voisins, l'esprit aperçoit des **connexions** »). La Grammaire générative, basée sur l'analyse en constituants immédiats, répond que les locuteurs connectent les syntaxèmes pour former des constituants de plus en plus gros et que la phrase entière est obtenue par la combinaison de deux constituants que sont le sujet et le groupe verbal. Il est clair pour nous que la syntaxe de dépendance est beaucoup plus proche de la réalité cognitive. On peut néanmoins raisonnablement se demander si toutes les connexions se font entre mots. Existe-t-il des connexions qui s'instancient entre des syntaxèmes inclus dans des mots distincts ? Existe-t-il des connexions qui s'instancient entre des unités plus larges que le mot ?

Il est généralement admis que les locuteurs traitent les énoncés de manière INCRÉMENTALE, c'est-à-dire au fur et à mesure qu'ils les perçoivent. Une expérience classique est celle des GARDEN PATHS (en anglais *to lead somebody up the garden path* signifie 'mener quelqu'un en bateau'). Lisez les deux phrases suivantes :

(17)   a. *L'espion reconduit à la frontière un diplomate américain.*

b. *L'espion reconduit à la frontière est un diplomate russe.*

Lorsqu'on suit le mouvement des yeux d'un lecteur (on appelle cette méthode l'*eye-tracking* 'traçage oculaire'), on observe une saccade régressive sur la deuxième phrase, c'est-à-dire que lorsque le lecteur tombe sur le deuxième verbe, la forme verbale *est*, il revient sur *reconduit*, puis repart sur *est*. Ceci tend à prouver que l'analyse est globalement incrémentale, que les mots sont analysés et connectés au fur et à mesure de la lecture, mais que toute analyse qui est infirmée par la suite nécessite un RETOUR EN ARRIÈRE (angl. *backtracking*) pour détricoter l'analyse en cours.

Le fait que l'analyse soit globalement incrémentale n'induit pas nécessairement que les syntaxèmes sont systématiquement traités les uns après les autres. Il est probable que les locuteurs traitent le texte par *petits blocs successifs* et que ces blocs contiennent quelques mots. Donc, d'une part, le locuteur va connecter ces blocs entre eux (voir notamment la stratégie d'analyse de l'encadré 12.10 sur le *Flux de dépendances*) et d'autre part, il va les décomposer en syntaxèmes et éventuellement raffiner les connexions.

La *prosodie* joue certainement un grand rôle : elle permet, nous pensons, de segmenter une production et d'indiquer pour chacun des segments obtenus qu'il peut être traité indépendamment de la suite et recevoir une structure connexe. La prosodie sert donc (en plus de ses autres fonctions liées à l'expressivité ou au marquage de l'illocution) à guider le traitement de la chaîne parlée par l'interlocuteur.

Prenons un exemple :

(18)   *L'autre jour, j'ai rencontré quelqu'un que j'avais pas revu depuis l'école primaire.*

Même si *l'autre jour* est détaché et que le reste de l'énoncé forme une unité plus cohésive (un noyau, nous verrons), on n'attend pas d'avoir la totalité du noyau pour connecter *l'autre jour* à la construction verbale. Le complément d'objet direct de RENCONTRER est un groupe substantival assez long : *quelqu'un que j'avais pas revu depuis l'école primaire*. Même s'il faut avoir traité l'ensemble de ce groupe pour savoir 'ce que j'ai rencontré', on n'a pas besoin d'attendre d'avoir traité la relative pour connecter *j'ai rencontré* à *quelqu'un*. Il est d'ailleurs assez probable que l'énoncé (18) soit segmenté prosodiquement de la façon suivante : *l'autre jour | j'ai rencontré quelqu'un | que j'avais pas revu | depuis l'école primaire*, puisque les groupes accentuels tendent à faire autour de 6 syllabes, et qu'il faut que, à chaque frontière de groupe accentuel (marquées ici par des « | »), l'ensemble de ce qui précède reçoive une analyse syntaxique complète. Chacun des quatre groupes prosodiques peut recevoir une analyse complète indépendamment des autres groupes, puis être connecté aux autres, ce qui donne la structure de la figure 9.17.

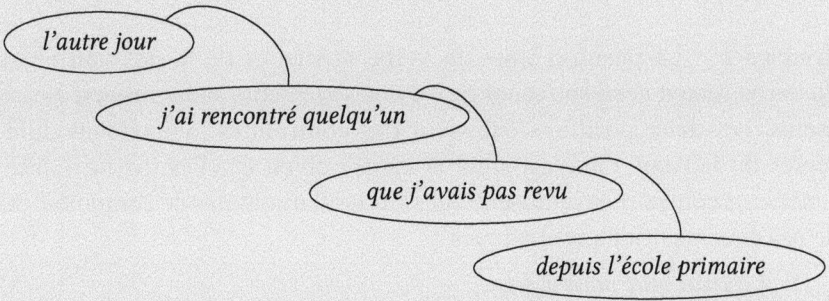

FIGURE 9.17 – Structure de connexion induite par la prosodie

Nous pouvons dire pour conclure que la représentation de l'organisation syntaxique d'un énoncé par une structure de connexions présente des avantages pour qui voudrait étudier plus avant le traitement cognitif de la parole et de la lecture, permettant de rendre compte des connexion à différents niveaux de granularité, d'attribuer des analyses à n'importe quelle portion d'un énoncé et donc de modéliser la construction de la structure de connexion avec des instanciations des connexion par des combinaisons entre différents types d'unités.

Exercices

Exercice 1.

    a. Expliquez quelles contraintes syntaxiques agissent sur la réalisation du sens 'rapide' dans les deux phrases suivantes :

        (1) *Zoé a jeté un coup d'œil **rapide** dans la pièce.*

        (2) *Zoé a regardé **rapidement** dans la pièce.*

    b. Quelles contraintes syntaxiques agissent sur la réalisation du sens 'épée' dans les deux phrases suivantes ?

        (3) *Manier une **épée** peut être dangereux.*

        (4) *Le maniement d'une **épée** peut être dangereux.*

Exercice 2.   La position sujet du verbe PLAIRE et de la position objet du verbe AIMER correspondent aux mêmes éléments sémantiques. Néanmoins, ces deux positions subissent des contraintes syntaxiques différentes du fait que l'une est sujet et l'autre objet. Quelles (petites) différences ces contraintes induisent-elles sur les paradigmes de commutation de ces deux positions syntaxiques ?

    (1) ***Le chocolat** plaît à Jean.*

    (2) *Jean aime **le chocolat**.*

Exercice 3.   Donner la liste des unités syntaxiques autonomisables (c'est-à-dire plus grandes ou égales à un mot) de l'énoncé :

    (1) *Cet étudiant veut acheter un livre de syntaxe.*

Exercice 4.   En utilisant le Test d'autonomisabilité illocutoire, déterminer les unités syntaxiques autonomisables des énoncés suivants et en déduire la structure de connexion correspondante.

    (1) *Ça a commencé bien des années plus tard.*

    (2) *le plus haut mur du monde.*

Exercice 5. On propose la structure de connexion de la figure 9.18 pour *Le chat dort sur le lit.* Cette structure est donnée sous forme de polygraphe (voir l'encadré 9.8).

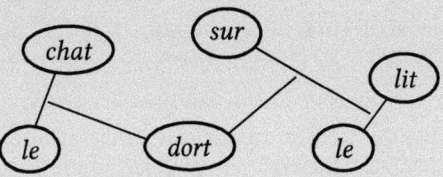

FIGURE 9.18 – Structure de connexion polygraphique

a. Quelles sont les unités qu'on peut déduire de cette structure ?

b. À quels critères répond cette structure de connexion ?

Lectures additionnelles

L'organisation de nos chapitres doit beaucoup aux travaux d'Igor Mel'čuk et notamment son ouvrage de 1988. Celui-ci considère trois types de critères pour définir la structure syntaxique : les critères A décident si deux mots se combinent entre eux, les critères B lequel des deux mots est la tête du syntagme qu'ils forment, les critères C quelle est la relation qui les unit. Le présent chapitre est ainsi consacré aux combinaisons et donc aux critères A. Nous avons étendu l'analyse de Mel'čuk en ne limitant pas la connexion aux combinaisons de mots. Les critères B seront étudiés au chapitre 10 sur *Tête et dépendance*. Les critères C seront abordés plus tard, dans le chapitre 17 du vol. 2 sur *Les relations syntaxiques*.

L'autonomisabilité prosodique et plus généralement la relation entre une structure de dépendances syntaxique et la structure prosodique a été étudiée par Piet Mertens dans sa thèse en 1987. Pour un travail plus récent, on pourra consulter son article de 2008. Pour un travail précurseur sur les liens entre prosodie et syntaxe de dépendance, citons le travail d'Henri

Weil (1844) sur lequel nous reviendrons. Lacheret-Dujour & Beaugendre (1999) propose une présentation de la *Prosodie du français*.

Lucien Tesnière utilise des bulles dans ses représentations syntaxiques. Une formalisation des arbres à bulles est proposée par Kahane (1997). La définition de la structure de connexion par raffinement d'une fragmentation est proposée par Gerdes & Kahane (2011). La définition de la connexion comme une classe d'équivalence de combinaisons est développée dans Kahane (2018). Le lien historique entre connexion et analyse en constituants immédiats, chez Henry A. Gleason comme chez ses prédécesseurs, est étudié par Mazziotta & Kahane (2017). Timothy Osborne a consacré plusieurs articles aux catenas ; voir par exemple l'article de 2012 et son ouvrage de 2019.

Sur le traitement cognitif de la syntaxe, on consultera les travaux précurseurs de Janet D. Fodor et de son étudiante Lyn Frazier. Dans leur article de 1978, elles défendent l'idée que les énoncés sont traités par petits paquets d'environ six mots qui sont ensuite connectés entre eux. Cette étude est suivie en 1982 et 1994 d'une analyse du traitement des phrases avec garden-path par l'analyse des mouvements oculaires, où il est défendu que l'énoncé n'est pas réanalysé, mais que le destinataire répare sa première analyse après avoir identifié la source de l'erreur.

Fodor, Janet D. & Atsu Inoue. 1994. The diagnosis and cure of garden paths. *Journal of Psychologuistic Research* 23(5). 407-434.

Frazier, Lyn & Janet D. Fodor. 1978. The sausage machine : A new two-stage parsing model. *Cognition* 6(4). 291-325.

Frazier, Lyn & Keith Rayner. 1982. Making and correcting errors during sentence comprehension : Eye movements in the analysis of structurally ambiguous sentences. *Cognitive Psychology* 14. 178-210.

Gerdes, Kim & Sylvain Kahane. 2011. Defining dependency (and constituency). In *Proceedings of the first international conference on Dependency Linguistics (Depling)*, 17-27.

Gleason, Henry A. 1955. *An introduction to descriptive linguistics*. New York : Holt, Rinehart & Wilston.

Kahane, Sylvain. 1997. Bubble trees and syntactic representations. In *Proceedings of the fifth conference on Mathematics of Language (MoL)*, 70-76. Association for Computational Linguistics (ACL).

Kahane, Sylvain. 2018. Une approche mathématique de la notion de structure syntaxique : Raisonner en termes de connexions plutôt que d'unités. *TAL* 59(1). 13-37.

Mazziotta, Nicolas & Sylvain Kahane. 2017. To what extent is immediate constituency analysis dependency-based? A survey of foundational texts. In *Proceedings of the fourth international conference on Dependency Linguistics (Depling)*, 116-126. ACL.

Mel'čuk, Igor. 1988. *Dependency syntax : Theory and practice*. Albany : State University of New York Press.

Mertens, Piet. 1987. *L'intonation du français : De la description linguistique à la reconnaissance automatique*. Katolieke universiteit te Leuven. (Thèse de doctorat).

Mertens, Piet. 2008. Syntaxe, prosodie et structure informationnelle : Une approche prédictive pour l'analyse de l'intonation dans le discours. *Travaux de Linguistique* 56(1). 97-124.

Osborne, Timothy, Michael Putnam & Thomas Gross. 2012. Catenae : Introducing a novel unit of syntactic analysis. *Syntax* 15(4). 354-396.

Citations originales

Citations de la section 9.17.

Gleason (1955 : 129–130) :

> We may, as a first hypothesis, consider that each of [the words of the considered utterance] has some statable relationships to each other word. If we can describe these interrelationships completely, we will have described the syntax of the utterance in its entirety. [...] We might start by marking those pairs of words which are felt to have the closest relationship. [...] We will also lay down the rule that each word can be marked as a member of only one such pair.

Corrections des exercices

Corrigé 1.

a. Dans le premier cas, *rapide* se combine avec la locution nominale *coup d'œil*, ce qui explique la réalisation comme adjectif. Dans le deuxième cas, la combinaison a lieu avec le verbe REGARDER, ce qui entraine la réalisation par l'adverbe *rapidement*.

b. Dans le premier cas, *une épée* est le complément d'objet direct de la forme infinitive du verbe MANIER. Dans le deuxième cas, *une épée* est le complément du nom *maniement* ; dans ce cas, *une épée* doit d'abord se combiner avec la préposition DE avant de se combiner avec *maniement*.

Corrigé 2. Les deux positions acceptent des groupes substantivaux, des infinitives (*lire le soir*) et des propositions complétives (*qu'il pleuve le matin*). On observe deux différences dans les paradigmes. D'une part, les pronoms sujets et objets sont différents : *il plaît à Marie* vs *Marie l'aime*. D'autre part, seule la position sujet accepte des infinitives en *de* : **De lire le soir** *plaît à Marie* vs **Marie aime de lire le soir.*

Corrigé 3. Les unités syntaxiques autonomisables de cet énoncé sont :

— les 8 mots : *cet, étudiant, veut, acheter, un, livre, de, syntaxe* ;

— 4 segments de deux mots : *cet étudiant, veut acheter, un livre, de syntaxe* ;

— 3 segments de trois mots : *cet étudiant veut, acheter un livre, livre de syntaxe* ;

— 3 segments de quatre mots : *cet étudiant veut acheter, veut acheter un livre, un livre de syntaxe* ;

— 1 segment de cinq mots : *acheter un livre de syntaxe* ;

— 2 segments de six mots : *cet étudiant veut acheter un livre, veut acheter un livre de syntaxe* ;

— l'énoncé complet : *cet étudiant veut acheter un livre de syntaxe.*

Corrigé 4.

a. *bien des années plus tard* forme un syntagme, puisqu'il peut être la réponse à la question « *Ça a commencé quand ?* ». À la même question, on peut répondre *des années plus tard*, *bien plus tard* ou *plus tard*, voire juste *tard*, mais pas *bien des années*, *bien*, *des années* ou *plus*. On en déduit que *bien* et *des années* se combinent avec *plus tard*. Il est plus difficile de déterminer si *bien* et *des années* se combinent avec *plus* ou *tard*, puisque ni *des années plus*, ni *des années tard* n'est acceptable. On peut néanmoins remarquer qu'on trouve un groupe substantival précédant *plus* dans d'autres contextes : *Il habite un étage plus haut* ; *Fais-le deux centimètres plus large*. Par contre, on ne peut jamais combiner un groupe substantival avec *tard* sans la présence de *plus*, ce qui nous permet de conclure que *des années* se combine avec *plus*. Si *bien* peut se combiner aussi bien avec *plus* que *tard*, il semble, au vu du sens, que c'est avec *plus* qu'il se combine ici. Cela nous donne la structure de connexion de la figure 9.19.

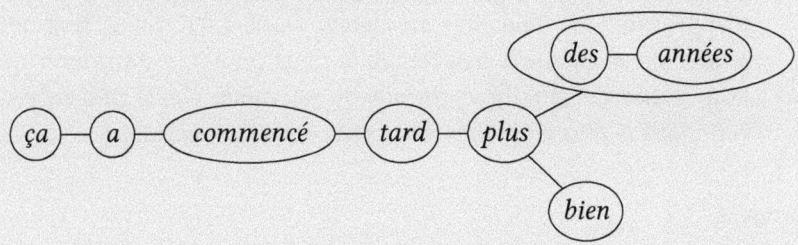

FIGURE 9.19 – Structure de connexion

b. La fragmentation du syntagme *le plus haut mur du monde* pose plusieurs problèmes. Nous avons déjà traité le cas des adjectifs épithètes et expliqué pourquoi *le haut* n'est pas un fragment acceptable. Mais c'est plus compliqué avec *le plus haut*, puisqu'on a *le mur le plus haut*. On peut argumenter que *le* dans *le plus haut mur* est bien l'article, car il commute avec un déterminant défini (démontratif ou possessif) : *ce plus haut mur, mon plus vieil ami*. Ce qui n'est pas le cas quand *le plus haut* forme une unité syntaxique et un groupe adjectival postposé au nom : *le mur notre plus haut*. On aurait donc, pour *le plus haut mur*, la structure de connexion de la figure 9.20a.

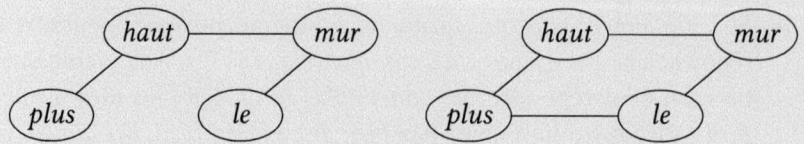

FIGURE 9.20 – Deux analyses pour le superlatif

Mais on peut aussi accepter que dans cette construction *le* joue un double rôle : à la fois article défini (*le mur*) et marqueur du superlatif (le plus), ce qui donne la structure cyclique de la figure 9.20b.

Un autre problème d'analyse vient du modifieur *du monde*. Il ne s'agit pas d'un complément du nom *mur*, puisque #*mur du monde*, s'il est acceptable, n'a pas le sens requis. Ceci est confirmé par le fait qu'on a *le mur le plus haut du monde* et pas #*le mur du monde le plus haut* (Test de déplacement). De même, *du monde* n'est pas un modifieur de l'adjectif, car l'absence du superlatif donne un sens inapproprié : #*le haut mur du monde*. Donc, bien que le fragment *le plus du monde* soit inacceptable, nous pouvons considérer que la présence du modifieur *du monde* est validé par la présence du superlatif *le plus* et que les deux sont donc connectés.

Corrigé 5.

a. Les unités induites sont les mots, ainsi que *le lit, sur le lit, le chat, le chat dort, dort sur le lit* et la phrase entière.

b. Ces unités obéissent aux critères d'autonomisabilité. En particulier, *sur* ne peut apparaître sans son complément *le lit*. Avec des critères supplémentaires, comme les critères distributionnels que nous allons présenter dans le chapitre suivant, il serait possible d'affiner la structure.

10 Tête et dépendance : Hiérarchiser la structure syntaxique

10.1 Hiérarchie

Les syntaxèmes, mots et autres unités syntaxiques ne sont pas seulement connectés les uns aux autres : certains dominent les autres et leur imposent leurs propriétés syntaxiques (catégorie, forme, fonction, place). Nous avons largement argumenté l'existence d'une structure syntaxique hiérarchique lorsque nous avons étudié les exemples *Pierre a été malade pendant deux semaines* et *La maladie de Pierre a duré deux semaines* dans le chapitre 3. Nous renvoyons le lecteur à cette discussion. De nouveaux éléments seront donnés dans la suite de ce chapitre. En particulier :

— les contraintes distributionnelles ;

— la rection ;

— la hiérarchie sémantique ;

— les contraintes sur l'ordre des mots.

Avant cela, nous allons introduire un peu de terminologie, en nous basant sur la notion de connexion, introduite au chapitre précédent.

10.2 Tête et dépendance

La hiérarchie de la structure syntaxique se traduit par une asymétrie des combinaisons entre unités, lesquelles combinent alors une unité hiérarchiquement supérieure à une unité qui lui est assujettie.

Définition 10.1 : dépendance (syntaxique)

Une *connexion hiérarchisée* est appelée une DÉPENDANCE (SYNTAXIQUE).

Définition 10.2 : gouverneur, dépendant

Si A et B sont connectés et que A est hiérarchiquement supérieur à B, on dit que A GOUVERNE B et que B DÉPEND de A. Ou encore que A est le GOUVERNEUR (SYNTAXIQUE) de B et que B est un DÉPENDANT (SYNTAXIQUE) de A. En général, un élément peut avoir un nombre quelconque de dépendants, mais il n'a qu'un seul gouverneur.

En syntaxe de dépendance, depuis les travaux fondateurs de Lucien Tesnière, les dépendances syntaxiques lient des mots entre eux. Dans notre approche, les dépendances, comme les connexions, peuvent être considérées entre n'importe quelles unités syntaxiques et une même dépendance peut être décrite de façon plus ou moins fine en l'attribuant à des unités syntaxiques plus ou moins larges (voir la section 9.12 sur *La connexion et ses instances*). Nous manipulerons des structures de granularité variable : parfois les mots seront les nœuds de la structure, mais parfois nous considérerons des unités plus fines (les syntaxèmes) ou des unités plus larges (voir la section 11.2 sur l'*Arbre de Beauzée-Gladkij*).

Une dépendance est représentée par une *flèche* qui va *du gouverneur vers le dépendant* ou encore simplement en positionnant le *gouverneur au dessus du dépendant*. Nous illustrons cela avec l'énoncé *Marie parle* où le verbe *parle* gouverne *Marie*.

FIGURE 10.1 – Deux représentations d'une dépendance

Le sens de la flèche, du gouverneur vers le dépendant, est une convention. Comme toute convention, elle est en partie arbitraire. Il aurait été tout à fait possible d'orienter les flèches dans l'autre sens, comme certains auteurs l'ont fait. Nous adoptons ici la convention qui est la plus largement répandue.

La représentation avec le gouverneur au dessus est également arbitraire, même si l'on est largement habitué aujourd'hui à une telle représentation de la hiérarchie (voir par exemple l'organigramme des responsabilités dans une entreprise).

Dans ses premiers schémas en 1934, Tesnière adoptait une autre convention : il plaçait l'élément dominant au centre « de même que le soleil est au centre du système solaire » (voir l'encadré 10.3 sur l'*Historique des représentations syntaxique par des diagrammes en dépendance*).

Nous allons introduire un autre terme à ne pas confondre avec *gouverneur*.

Définition 10.3 : tête d'une unité syntaxique

On appelle TÊTE d'une unité syntaxique U toute sous-unité de U qui n'est gouvernée par aucune autre sous-unité de U.

Notre définition de la tête reste vague sur la nature exacte de l'unité tête. De même qu'une connexion peut-être appréhendée à différent niveau de granularité, la tête d'une unité peut être appréhendée à différent niveau de granularité. Il peut s'agir d'un syntaxème, d'un mot, ou même d'un constituant beaucoup plus large dans le cadre des grammaires de constituants. Il n'y a pas forcément d'opposition entre ces différents choix, mais simplement différentes vues sur une même réalité. Plus la tête est petite, plus l'analyse est fine a priori, mais une information plus précise sur l'extension exacte de la tête peut souvent être déduite d'autres éléments dans la représentation syntaxique.

Les grammaires de dépendance traditionnelles font l'hypothèse que toute unité possède un unique mot tête. Nous considérons pour notre part que la nature de la tête dépend de la granularité de l'analyse et qu'on peut considérer, selon les finalités de l'analyse, une unité plus fine que le mot (un syntaxème) comme une unité plus large. Par ailleurs, il peut arriver que plusieurs éléments possèdent des propriétés de tête : on parle alors de CO-TÊTES (voir la section 10.19 sur *Nom et déterminant comme co-têtes*).

Les notions de tête et de gouverneur renvoient au même concept, mais adoptent des points de vue différents. Si A et B forment à eux deux une unité syntaxique dont A est la *tête*, alors A est le *gouverneur* B. Inversement, si A est le *gouverneur* B, alors A et B forment une unité syntaxique ensemble et A en est la *tête*. Autrement dit, hiérarchiser une connexion revient donc à décider de quel côté est sa tête.

On aura noté que pour une unité syntaxique U donnée, *la tête de U est un élément de U*, en quelque sorte l'élément le plus important de U du point de vue de la syntaxe, tandis que *le gouverneur de U est un élément extérieur à U*. (On peut se souvenir, pour ne pas confondre les deux termes, que la tête d'une personne fait toujours partie de cette personne.) Illustrons ces notions avec *une très jolie valise* et U = *très jolie*. La tête de U est *jolie*, tandis que le gouverneur de U est *valise* (voir la figure 10.2).

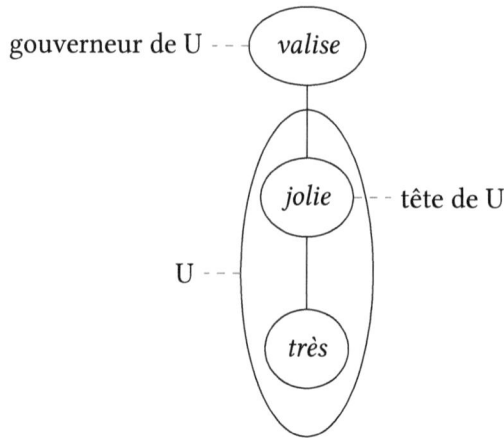

FIGURE 10.2 – Gouverneur vs tête

Concluons cette section en soulignant une propriété fondamentale que nous exploiterons pour identifier la tête d'une unité : le *gouverneur* d'une unité U est *connecté à la tête* de U.

Encadré 10.1 : Historique des notions de dépendance et de tête

Le premier grammairien à utiliser le terme « dépendance » dans un sens grammatical est semble-t-il un grammairien arabe, *Ibn Mada*, qui vécut en Espagne (alors sous domination arabe) entre 1119 et 1195. Il est connu pour son livre, intitulé *La réfutation des grammairiens*, dans lequel il s'attaque à des sujets qui sont toujours d'actualité. Il critique l'utilisation de formes invisibles sous-jacentes et notamment l'introduction d'un zéro pour le nominatif. Il se prononce aussi en faveur d'une indépendance de la syntaxe et de la sémantique et contre une justification sémantique ou une interprétation cognitive des règles grammaticales : « Et pourquoi l'agent est-il au nominatif? La réponse correcte est [...] que c'est ainsi que parlent les

Arabes. » Comme nous l'avons dit, il utilise le terme تعلّق *ta'alluq*, qui se traduit par *être accroché à*, *dépendre de*, *être connecté à*, *joindre*, *attachement*, *amour du monde*, *dépendance*, *connexion*, *relation*, et même *obsession*. Il préfère ce terme à عمل *ᶜamal* 'opération, gouverner', le terme utilisé communément à son époque en grammaire pour décrire des relations entre le gouverneur et le dépendant. Selon Ibn Mada, le gouverneur n'opère pas sur ses dépendants, il y a seulement une relation, une dépendance. Il va même jusqu'à appeler hérétique toute utilisation de *ᶜamal* car, selon lui, des mots ne peuvent agir sur d'autres mots et déclencher une flexion. Comme l'utilisation de *ta'alluq* était essentiellement un changement terminologique pour une notion établie de longue date sous le terme de *ᶜamal*, le terme de *dépendance* n'a pas vraiment pris avant le 20ᵉ siècle et les travaux de Lucien Tesnière, qui lui donnaient une assise théorique forte (bien que Tesnière lui-même utilise le terme de *connexion*).

L'importance d'une analyse de type dépendentiel pour la description de phénomènes grammaticaux était par contre établie bien avant Ibn Mada. On attribue généralement à *Sibawayh*, le grand grammairien perse travaillant sur l'arabe, la première modélisation grammaticale en termes de dépendances entre mots et notamment en ce qui concerne l'attribution des cas aux noms dépendant d'un verbe. Sibawayh vécut de 760 à 796 et on raconte qu'il est mort, très jeune, de la fureur qui l'a saisi lors d'un débat sur la grammaire de l'arabe (premier accident de travail d'un linguiste ☻). Il est le fondateur d'une tradition grammaticale qui reste aujourd'hui vivace.

Avant l'avènement de la tradition grammaticale arabe, on analysait déjà la structure des phrases en faisant référence à des liens hiérarchisés entre les mots. La plus vieille grammaire étendue qu'on connaît, les descriptions du sanskrit par l'immense linguiste indien *Pāṇini* au 4ᵉ siècle avant notre ère, introduit la notion de *karaka* pour désigner les relations entre verbes et noms, qui sont classées en six classes différentes en se basant sur des critères sémantiques autant que syntaxiques. Parmi ces classes de liens, on trouve déjà l'agent/sujet (*karta*) et le patient/objet (*karma*). Il faudra de toute façon attendre le 20ᵉ siècle pour une distinction claire entre les notions syntaxiques de *sujet* et *objet* d'une part et les notions sémantiques d'*agent* et de *patient* d'autre part (voir l'encadré sur *Sujet, agent, thème* au chapitre 17 du vol. 2).

Généralement, on constate qu'une analyse en termes de dépendances s'est imposée pour pratiquement toute analyse grammaticale jusqu'à l'apparition de l'analyse en constituants immédiats au 20e siècle, en particulier pour des langues flexionnelles et à ordre libre, comme le sanskrit, l'arabe ou encore l'allemand.

L'idée d'une analyse syntaxique complète d'un énoncé apparaît, à notre connaissance au début du 18e siècle, en France. Il est probable que l'impulsion donnée au 17e siècle par la parution de la *Grammaire de Port-Royal* (Arnauld & Lancelot 1660), puis de la *Logique de Port Royal* (Arnauld & Nicole 1662) a été déterminante. En 1709 paraît la *Grammaire françoise sur un plan nouveau* de *Claude Buffier* qui comprend plusieurs analyses très élaborées. Malgré le caractère très moderne de ses analyses, Buffier reste relativement peu connu, probablement en raison d'une terminologie qui ne distingue pas clairement les relations syntaxiques de la morphologie. Si l'on remplace, dans les citations qui suivent, *régime* par *complément* ou *dépendant*, on voit que les analyses de Buffier sont de parfaites analyses en dépendance :

> « Tous les noms ou même tous les mots qui servent ainsi à particulariser la signification d'un autre mot, sont le régime de ce mot : comme si je dis *un ami de plaisir*, la signification d'*un ami* est particularisée par le mot *de plaisir* ; c'est pourquoi *de plaisir* est le régime d'*un ami*. » (p. 57)

> *Dieu agit avec justice. Avec* est un mot qui n'a point de sens déterminé et complet par lui-même ; mais par le mot *justice* dont il est ici suivi et qui en est le régime. » (p. 73)

Les analyses de Buffier, comme celles qui suivront tout au long du 18e siècle, sont données de manière discursive (c'est-à-dire sans schéma), ce qui les rend plus difficiles à saisir. Nous nous proposons d'en étudier une en détail dans l'exercice 1 à la fin de ce chapitre.

Dans son ouvrage de 1747, *Les Vrais principes de la langue françoise, ou la Parole réduite en méthode*, l'abbé *Gabriel Girard* utilise le terme *dépendance* dans un sens compatible avec la définition moderne :

> « J'abandonne toutes les observations qu'on pourrait faire sur le Style, pour me borner uniquement à ce qui regarde l'union grammaticale des mots. Cette sorte d'union établit entre eux un RÉGIME,

qui est très distingué de ce que je viens de nommer style ; ce dernier consistant dans des rapports de convenance [= relation d'accord] dont le goût fait choix pour la conduite du discours, et l'autre dans des rapports de dépendance soumis aux règles pour la construction de la phrase. » (p. 87, nous modernisons l'orthographe)

Mais Girard préfère néanmoins parler de régime plutôt que de dépendance :

> « Le Régime n'est autre chose que le concours des mots pour les expressions d'un sens ou d'une pensée. Dans ce concours de mots il y en a qui tiennent le haut bout ; ils en régissent d'autres, c'est-à-dire qu'ils les assujettissent à certaines lois : il y en a qui se présentent d'un air soumis ; ils sont *régis* ou tenus de se conformer à l'état et aux lois des autres ; et il y en a qui sans être assujettis ni assujettir d'autres, n'ont de lois à observer que celle de la place dans l'arrangement général. » (p. 87)

(L'idée, exprimée à la fin de cette citation, qu'il y a des mots qui n'entrent pas dans la rection, sera reprise par l'Approche pronominale et conduira à la distinction entre micro et macrosyntaxe ; voir partie VI.)

Nicolas Beauzée, dans l'article « Régime » de l'*Encyclopédie* (1765), va introduire la distinction entre la notion de *complément* et le régime proprement dit (c'est-à-dire « la forme particulière que doit prendre un complément grammatical d'un mot, en conséquence du rapport particulier sous lequel il est alors envisagé »), critiquant au passage l'emploi du terme *régime* par Girard. Beauzée est ainsi le premier à distinguer clairement *dépendance syntaxique* et *dépendance morphologique* (voir encadré suivant). De même que ses prédécesseurs, Beauzée ne dessine pas de diagrammes syntaxiques, mais il fait une description détaillée de la structure syntaxique qui est similaire aux diagrammes que proposera Aleksej Gladkij plus de deux siècles plus tard (1968), diagrammes que nous appellerons pour cette raison des arbres de Beauzée-Gladkij (voir la section 11.2 sur l'*Arbre de Beauzée-Gladkij*) :

> « Par exemple, dans cette phrase, *nous avons à vivre avec des hommes semblables à nous* : ce dernier *nous* est le *complément* de la préposition *à* ; *à nous* est celui de l'adjectif *semblables* ; *semblables à nous* est le *complément* total du nom appellatif *les hommes* ; *les hommes*

semblables à nous, c'est la totalité du *complément* de la préposition *de.* »

Mieux encore, Beauzée distingue le *complément grammatical* ou *initial*, qui est un mot, du *complément logique* ou *total*, qui en est la projection (voir la section 10.20 sur *Dominance et projections maximales*), montrant ainsi le passage d'un arbre de Beauzée-Gladkij à un arbre de dépendance (que nous détaillerons tout au long du chapitre 11) :

> « Par exemple, dans cette phrase, *avec les soins requis dans les circonstances de cette nature ;* le mot *nature* est le *complément* grammatical de la préposition *de : cette nature* en est le *complément* logique : la préposition *de* est le *complément* initial du nom appellatif *les circonstances ;* et *de cette nature* en est le *complément* total : *les circonstances*, voilà le *complément* grammatical de la préposition *dans ;* et *les circonstances de cette nature* en est le *complément* logique. »

Il faut néanmoins remarquer que le sujet n'est pas considéré comme un dépendant du verbe, ce que souligne le choix même du terme *complément* (voir la discussion dans le chapitre 17 du vol. 2). Beauzée énonce même la *projectivité* (voir la section 12.7 sur la *Projectivité*), notant que les compléments logiques/totaux tendent à être continus.

On peut considérer que Beauzée est le premier linguiste à donner une description claire d'une structure de dépendance. Cette description est faite à base de mots et ne trouve pas encore de traduction graphique, mais elle n'en reste pas moins une véritable analyse en dépendance. Cette opinion converge avec celle de Jean-Claude Chevalier, qui considère dans son monumental ouvrage de 1968 sur l'histoire de la syntaxe de 1530 à 1750 qu'avec Beauzée s'achève la définition de la notion actuelle de *complément.*

Les idées de Beauzée doivent beaucoup à celles de *Dumarsais* qui rédigea onze ans plus tôt l'article « Construction » de l'*Encyclopédie* (1754). Dans cet article, Dumarsais décrit la dépendance en utilisant le terme *détermination :*

> « Un mot doit être suivi d'un ou de plusieurs autres mots déterminants, toutes les fois que par lui-même il ne fait qu'une partie de l'analyse d'un sens particulier ; l'esprit se trouve alors dans la nécessité d'attendre et de demander le mot déterminant, pour avoir tout

le sens particulier que le premier mot ne lui annonce qu'en partie. [...] Quelqu'un me dit que *le Roi a donné;* ces mots *a donné* ne font qu'une partie du sens particulier, l'esprit n'est pas satisfait, il n'est qu'ému, on attend, ou l'on demande, 1° *ce que le Roi a donné*, 2° *à qui il a donné.* On répond, par exemple, à la première question, que *le Roi a donné un régiment :* voilà l'esprit satisfait par rapport à la chose donnée; *régiment* est donc à cet égard le déterminant de *a donné,* il détermine *a donné.* On demande ensuite, *à qui le Roi a-t-il donné ce régiment* ? on répond *à monsieur N.* ainsi la préposition *à,* suivie du nom qui la détermine, fait un sens partiel qui est le déterminant de *a donné.* »

(Voir l'exercice 2 pour un autre exemple d'analyse de Dumarsais.)

Sans que le terme *complément* ne soit utilisé de façon aussi systématique, Dumarsais ébauche la distinction entre complément grammatical et complément logique qui sera ensuite élaborée par Beauzée et qui préfigure la distinction actuelle entre une analyse en dépendance et une analyse en constituants :

> « On peut considérer une proposition ou grammaticalement ou logiquement : quand on considère une proposition grammaticalement, on n'a égard qu'aux rapports réciproques qui sont entre les mots; au lieu que dans la proposition logique, on n'a égard qu'au sens total qui résulte de l'assemblage des mots. »

Enfin, on doit également à Dumarsais, l'idée reprise par Tesnière (voir la section 9.5 sur *La connexion : première approche*) que le sens naît des *connexions* entre les mots :

> « Il faut d'abord établir comme un principe certain, que les mots n'ont entre eux de rapport grammatical, que pour concourir à former un sens dans la même proposition, et selon la construction pleine; car enfin les terminaisons des mots et les autres signes que la Grammaire a trouvés établis en chaque langue, ne sont que des signes du rapport que l'esprit conçoit entre les mots, selon le sens particulier qu'on veut lui faire exprimer. Or dès que l'ensemble des mots énonce un sens, il fait une proposition ou une énonciation. Ainsi celui qui veut faire entendre la raison grammaticale de quelque phrase, doit commencer par ranger les mots selon l'ordre successif de leurs

rapports, par lesquels seuls on aperçoit, après que la phrase est finie, comment chaque mot concourt à former le sens total. » (article
« Concordance », *Encyclopédie*, 1753).

L'idée d'une hiérarchie est également développée par l'abbé *Roch-
Amboise Sicard*, qui dans son ouvrage de 1801, *Élémens de grammaire générale appliqués à la langue française*, présente sa *théorie du chiffre* : « On
désigne certaines prépositions par le chiffre 4, et leur complément, par le
chiffre 5. » (p. 106), mais le sujet est considéré comme dominant le verbe :
« On désigne le sujet par le chiffre 1, qui est censé être l'expression d'une
moitié de l'*unité*. On désigne la qualité [= l'objet] par le même chiffre, qui
représente l'autre moitié de la même *unité*. On désigne le mot-lien, qui est
le verbe, par le chiffre 2. » (p. 105).

La théorie du chiffre de Sicard semble avoir été reprise par le grammairien américain *James Brown*, puis par le linguiste danois *Otto Jespersen*,
qui en a fait une *théorie des rangs*, dont le verbe est absent ! Jespersen, qui
a eu une grande influence sur ses contemporains, et notamment Tesnière,
écrit dans *The Philosophy of Language* en 1924 (chapitre VII) :

> « Dans toute dénomination composite d'une chose ou d'une per-
> sonne, nous voyons toujours qu'il y a un mot d'importance suprême
> auquel les autres sont joints ou subordonnés. Ce mot principal est
> défini (qualifié, modifié) par un autre mot, qui à son tour est défini
> (qualifié, modifié) par un troisième mot, etc. Nous sommes ainsi ame-
> nés à établir différents « rangs » de mots selon leurs relations mu-
> tuelles comme défini ou définissant. Dans la combinaison (*un*) *temps
> extrêmement chaud*, le mot *temps*, qui est évidemment l'idée princi-
> pale, peut être appelé primaire ; *chaud*, qui définit *temps*, secondaire ;
> et *extrêmement*, qui définit *chaud*, tertiaire. »

Jespersen va appliquer sa théorie des rangs à une analyse formelle
d'un grand nombre d'exemples dans *Analytic Syntax* publié en 1937. Par
exemple, *It will learn it soon enough* 'Il va apprendre ça suffisamment tôt'
est analysé S V O 3 4, indiquant ainsi que *enough*$_4$ modifie *soon*$_3$.

L'existence d'une hiérarchie s'est également exprimée à travers la notion de *tête* (angl. *head*), dont on peut faire remonter l'introduction au
grammairien anglais *Henry Sweet* (1891, *A new English Grammar*, sections
40 and 41) :

> « **40.** La relation la plus générale entre des mots dans une phrase est,
> du point de vue logique, celle de **mot-ajout** et **mot-tête**, ou, comme
> on peut aussi dire, de **modifieur** et **modifié**. Ainsi dans les phrases
> *les hommes grands ne sont pas toujours forts, tous les hommes ne sont*
> *pas forts, grand, fort* et *tous* sont des mots-ajouts modifiant le sens
> du mot-tête *hommes*. De même *foncé, rapide, rapidement* sont des
> mots-ajouts dans *rouge foncé, il a un pas rapide, il marche rapidement*.
> *Stone* 'pierre' est un mot-ajout dans *stone wall, wall of stone*, parce
> qu'il modife (défini) le sens de *wall* 'mur'. De même, *book* (*books*) est
> un mot-ajout dans *book-seller* 'marchand de livres', *bookselling, sale*
> *of books* 'vente de livres', *he sells books* 'il vend des livres', *he sold*
> *his books* 'il a vendu ses livres', les mots-têtes correspondants étant
> *seller, selling, sells, sold*. »

Comme on peut le voir dans cette citation suivante, Sweet bascule du
concept de tête à celui de gouverneur :

> « **41.** [...] La distinction entre mot-ajout et mot-tête est seulement
> relative : un même mot peut être un mot-tête dans une phrase ou un
> contexte et un mot-ajout dans un autre, et un même mot peut être
> mot-tête et mot-ajout en même temps. Ainsi dans *il est très fort, fort*
> est un mot-ajout de *il* et en même temps mot-tête du mot-ajout *très*,
> lequel peut lui-même être un mot-tête, comme dans *il est pas très*
> *fort*. »

L'équivalence entre les notions de tête et de dépendance est formellement montrée par *Yves Lecerf* dans un rapport de 1960. Cette équivalence
est présentée en détail dans le chapitre 11.

La première formalisation de la notion de tête revient probablement
à *Leonard Bloomfield*. Dans sa grande œuvre, *Language*, publiée en 1933
et considérée à juste titre comme l'ouvrage fondateur de la syntaxe de
constituants, Bloomfield consacre davantage d'énergie à définir la notion
de tête que celle de constituant. Il y distingue notamment les CONSTRUC-
TIONS ENDOCENTRIQUES (celles qui ont une tête) des CONSTRUCTIONS EXO-
CENTRIQUES (celles qui n'en ont pas) :

> « Toute construction syntaxique met en jeu deux (ou parfois plus)
> formes libres combinées en un syntagme (angl. *phrase*), que l'on peut
> appeler le syntagme *résultant*. Le syntagme résultant peut n'apparte-

nir à la classe distributionnelle (*form-class*) d'aucun constituant. Par exemple, *John ran* n'est ni une expression nominative (comme *John*), ni une expression verbale finie (comme *ran*). Par conséquent, nous dirons que la construction anglaise acteur-action est *exocentrique* : le syntagme résultant n'appartient à la classe distributionnelle d'aucun constituent immédiat. Inversement, le syntagme résultant peut appartenir à la même classe distributionnelle que l'un (ou plus) des constituants. Par exemple, *poor John* est une expression nominale propre, comme l'est le constituant *John* ; les formes *John* et *poor John* ont, dans l'ensemble, les mêmes fonctions. En conséquence, nous dirons que la construction anglaise caractère-substance (comme dans *poor John, fresh milk*, etc.) est une construction *endocentrique.* »

On notera que la construction *sujet-verbe* (appelée par Bloomfield *actor-action*) est considérée comme exocentrique, une analyse qui s'est perpétuée depuis la *Grammaire de Port Royal* (Arnauld & Lancelot 1660) et qui va se maintenir dans les grammaires de constituants jusqu'à l'avènement de la syntaxe X-barre à la fin des années 1970 (voir l'encadré 11.10 sur la *Syntaxe X-barre*).

La « CENTRALITÉ DU VERBE » et le fait que la relation sujet-verbe est exocentrique est, elle, défendue par le linguiste hongrois *Sámuel Brassai* dès 1863 :

> « Assis au début, au milieu ou à la fin de la phrase, quel que soit l'endroit où il lui plaît d'être, se trouve le verbe, relié par des liens sémantiques à ses vassaux, les dépendants. [...] L'autorité du verbe n'est pas dictatoriale et ses vassaux ne sont pas des esclaves, mais ont des relations légiférées avec leur seigneur et les uns avec les autres ; ils possèdent chacun un certain degré d'autonomie et un certain rang, avec un féodalisme dont le slogan, comme aux temps historiques, est *nulle terre sans seigneur* [en français dans le texte].» (d'après une traduction en anglais du hongrois dans l'article *Constituency or dependency ? Notes on Sámuel Brassai's syntactic model of Hungarian* d'András Imrényi 2013).

Lucien Tesnière, dès son article de 1934, défend avec véhémence la centralité du verbe :

> « Une phrase se présente comme un système solaire. Au centre, un

verbe qui commande tout l'organisme de même que le soleil est au centre du système solaire. »

Il insiste sur le fait que le sujet dépend du verbe comme les autres actants, considérant ainsi la combinaison *sujet-verbe* comme endocentrique :

> « L'opposition du sujet et du prédicat empêche ainsi de saisir l'équilibre structural de la phrase, puisqu'elle conduit à isoler comme sujet un des actants, à l'exclusion des autres, lesquels se trouvent rejetés dans le prédicat pêle-mêle avec le verbe et tous les circonstants. [...] L'opposition du sujet et du prédicat masque en particulier le caractère interchangeable des actants, qui est à la base du mécanisme des voix actives et passive. » (1959 : chapitre 49)

(Le terme *prédicat* est à prendre ici dans un sens particulier dont nous discuterons à nouveau dans l'encadré *Fonctions syntaxiques et prédicat* au chapitre 17 du vol. 2.) Dans ses premiers diagrammes syntaxiques, Tesnière place le verbe au centre (voir l'encadré 10.3 sur l'*Historique des représentations syntaxiques par des diagrammes en dépendance*).

Premièrement, Tesnière n'a pas introduit le terme de *dépendance*. Comme nous l'avons dit au chapitre précédent, Tesnière utilise le terme de *connexion*, une connexion liant toujours pour lui un élément *régissant* à un élément *subordonné*. Quant à la structure qu'il associe à une phrase, il l'appelle un STEMMA. Deuxièmement, le stemma n'est pas un arbre de dépendance, mais une structure de dépendance dont certains liens ne sont pas hiérarchisés. À côté de la « connexion », qui est donc une dépendance chez lui, Tesnière considère deux autres types de relations syntaxiques, considérées comme exocentriques : la *translation* et la *jonction*. En conséquence, le stemma n'est pas non plus un graphe, puisqu'en cas de translation, le gouverneur de la translation a la translation complète pour dépendant et non l'un des éléments en relation de translation. Comme nous sommes sur des positions assez proches de Tesnière, nous aurons l'occasion de revenir sur la translation et la jonction et d'expliquer pourquoi il peut être envisagé de ne pas les considérer comme des relations hiérarchiques. La translation est discutée à la section sur *La translation syntaxique* du chapitre 16 du vol. 2. Quant à la jonction, elle fait l'objet d'un chapitre entier, le chapitre 18 du vol. 2.

L'idée que toutes les constructions sont endocentriques va être défendue plus tard, dans les années 1960–1970, aussi bien du côté de la syntaxe de dépendance avec l'école de Moscou (voir l'ouvrage d'*Igor Mel'čuk*, *Dependency Syntax*, de 1988, qui reprend des travaux publiés en russe dans les années 1960–1970), que du côté de la syntaxe de constituants avec la syntaxe X-barre (voir l'ouvrage éponyme de *Ray Jackendoff* de 1977). On est ensuite revenu sur cette position en remarquant que, si l'on peut toujours se donner des critères pour attribuer une tête à chaque connexion (comme le fait Mel'čuk par exemple), il faut néanmoins reconnaître que ces critères ne s'appliquent pas de la même façon avec toutes les constructions et que dans un certain nombre de constructions un deuxième élément peut avoir des propriétés de tête. C'est la position que nous défendrons ici.

Il faut aussi signaler que c'est seulement à partir de la fin des années 1970 que les linguistes vont répertorier de manière systématique les critères qui permettent de caractériser la tête (ou ce qui revient à peu près au même, la dépendance). On trouve des critères syntaxiques explicites pour définir la dépendance dans un article remarquable de *Paul Garde* de 1977 (voir discussion dans l'exercice 4) et une tentative de définition systématique de la dépendance dans l'ouvrage d'*Igor Mel'čuk* de 1988. L'article d'*Arnold Zwicky* de 1985, intitulé *Heads*, reste fameux pour avoir répertorié les différents critères de définition de la tête et montré comment ils coïncidaient ou non selon les constructions. *Richard Hudson* répond à Zwicky dans un article de 1987 en corrigeant certaines analyses et en montrant que les critères sont beaucoup plus convergents que ne le dit Zwicky.

Nous poursuivons cette discussion dans l'encadré 10.3 consacré à l'*Historique des représentations syntaxiques par des diagrammes en dépendance* et l'encadré 11.8 consacré à l'*Historique des représentations syntaxiques par des diagrammes en constituants*.

Encadré 10.2 : Dépendances morphologique, syntaxique et sémantique

Nous nous intéressons dans cet ouvrage à la syntaxe et lorsque nous parlons de dépendance, il s'agit évidemment de DÉPENDANCE SYNTAXIQUE. Igor Mel'čuk a contrasté cette notion avec celles de dépendances morphologique et sémantique.

Les DÉPENDANCES SÉMANTIQUES sont les *relations prédicat-argument* qui existent entre les signifiés des sémantèmes. Par exemple, un verbe à l'infinitif n'a jamais de sujet, mais il possède toujours un argument sémantique qui peut être restitué par une paraphrase où le verbe est à une forme finie. Par exemple, si on compare *Marie promet à Pierre de venir* et *Marie permet à Pierre de venir*, dans le premier cas 'Marie' est l'argument de 'venir' (*Marie promet qu'elle viendra*) et dans le deuxième cas 'Pierre' est l'argument de 'venir' (*Marie permet que Pierre vienne*) (voir figure 10.3). Dans les deux cas, la dépendance sémantique ne correspond pas à une dépendance syntaxique, car ni *Marie de venir*, ni *à Pierre de venir* ne sont des unités syntaxiques. Les dépendances sémantiques sont à nouveau considérées dans le chapitre 13 sur la *Syntaxe profonde*, où nous étudions en particulier les distorsions entre structures syntaxique et sémantique qui entraînent des non-correspondances entre dépendances syntaxiques et sémantiques.

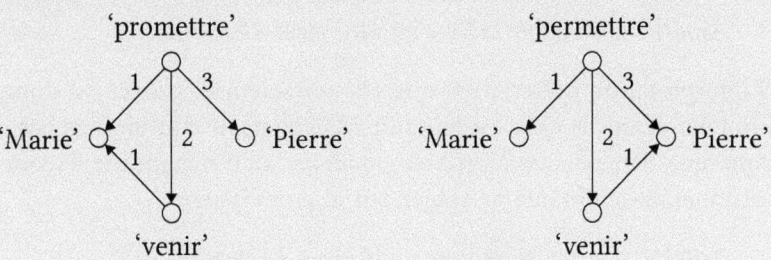

a. *Marie promet à Pierre de venir*   b. *Marie permet à Pierre de venir*

FIGURE 10.3 – Représentations sémantiques

On parle de DÉPENDANCE MORPHOLOGIQUE dès que le « choix » d'un *syntaxème flexionnel* n'est pas libre, mais dépend du choix d'un autre syntaxème (voir la section 7.8 *Collocation et choix liés* pour le choix non libre d'un lexème). Cela concerne les phénomènes accord et le régime. Pour l'ACCORD, donnons considérons les exemples suivants : (*le fauteuil est blanc-∅* vs *la chaise est blanche*; *ce truc est génial-∅* vs *ces trucs sont géniaux*. Dans le cas de *blanc* vs *blanche*, le syntaxème flexionnel d'accord en genre sur l'adjectif BLANC est contrôlé par le genre du nom, c'est-à-dire par le syntactique d'un lexème, alors que dans le cas de *génial* vs *géniaux*, le syntaxème flexionnel d'accord en nombre porté par l'adjectif GÉNIAL est contrôlé par le syntaxème de nombre du substantif (voir néanmoins la discussion de l'encadré 8.6 sur les *Syntaxèmes discontinus*). Pour le RÉGIME, donnons un exemple en allemand : dans les phrases *Ich sehe einen Mann* 'je vois un homme' vs *Ich helfe einem Mann* 'j'aide un homme', la forme du complément diffère : dans la première, l'article est à l'accusatif (*einen Mann*), tandis que dans la deuxième, il est au datif (*einem Mann*), ce qui se traduirait littéralement par 'j'aide à un homme'). Le régime est un syntaxème dont la présence est imposée par un gouverneur à son dépendant ; dans nos deux exemples en allemand, le verbe impose à son complément un morphème de cas (cas accusatif pour SEHEN 'voir' et datif pour HELFEN 'aider').

On parle de dépendance morphologique seulement quand la contrainte morphologique est incontournable. Cela exclut les cas d'accord d'un pronom anaphorique lorsque la référence du pronom peut être choisie librement. Donnons un exemple :

(1) *Amélie veut rendre le livre qu'elle vient d'acheter.*

Ici l'interprétation préférée est que *elle* renvoie à *Amélie* et est donc au féminin parce que *Amélie* est féminin. Mais nous ne considérons pas cela comme une dépendance morphologique, car rien n'empêche d'avoir ici un pronom masculin (même si bien sûr le sens change) :

(2) *Amélie veut rendre le livre qu'il vient d'acheter.*

De même que les dépendances sémantiques, les dépendances morphologiques correspondent généralement à des dépendances syntaxiques. Les régimes et les accords servent précisément à marquer des dépendances syntaxiques (voir l'encadré 4.3 sur *Un exemple – l'accord – de la description à l'explication*). Mais certaines dépendances morphologiques se font néanmoins à distance. Tel est le cas de l'accord *belle* et *Amélie* dans la phrase suivante :

(3)   **Amélie** *aimerait pouvoir rester* **belle**.

Remarquons qu'ici, la dépendance morphologique ne correspond pas à une dépendance syntaxique, mais elle correspond bien à une dépendance sémantique, puisque 'Amélie' est l'argument sémantique du prédicat adjectival 'beau'. Certains considèrent qu'il n'y a pas en fait de dépendance morphologique directe entre *Amélie* et *belle*, et donc pas de dépendance morphologique à distance, mais plutôt une série de dépendances morphologique locales : à chaque étape, l'accord se fait localement avec un pronom zéro « sujet » du verbe ou de l'adjectif, lequel est lié à un autre pronom et cela de manière récursive jusqu'à la source de l'accord.

(4)   **Amélie**$_i$ *aimerait* ε_i *pouvoir* ε_i *rester* ε_i **belle**.

Les pronoms zéros sont marqués par des ε et la coréférence par la présence d'un même indice *i*. Cette analyse est ce qu'on appelle la THÉORIE DU LIAGE.

On notera que les principes qui définissent les dépendances morphologiques et sémantiques sont également utilisés (de manière secondaire) pour définir les relations syntaxiques (voir la section 10.13 sur le *Critère sémantique de non-effacement* et l'encadré 10.8 sur les « *Déterminants complexes* »), en raison de la forte coïncidence de ces notions.

10.3 Structure de dépendance et arbre de dépendance

Au chapitre précédent, nous avons présenté la structure de connexion, qui peut être un *graphe* ou plus généralement un graphe à bulles ou un *polygraphe* (voir l'encadré 9.8 *Graphe à bulles et polygraphe*). Les connexions sont des liens syntaxiques non hiérarchisés : elles lient deux unités syntaxiques sans attribuer de rôle particulier à l'un ou l'autre. (Plus exactement, les connexions représentent des ensembles de connexion et lient en fait des ensembles d'unités d'entre elles. Nous laissons de côté ce point ici, mais nous y reviendrons quand nous comparerons *Constituance et dépendance* au chapitre 11.)

> **Définition 10.4 : structure de dépendance, structure de dépendance partielle**
>
> Une STRUCTURE DE DÉPENDANCE est une structure du même type qu'une *structure de connexion*, mais dont certains liens syntaxiques sont des dépendances, c'est-à-dire des *liens hiérarchisés* liant un gouverneur à un dépendant. La structure de dépendance est dite PARTIELLE quand au moins une connexion n'est pas hiérarchisée.

Pour que la structure de dépendance représente une *hiérarchie*, il ne suffit pas que chaque lien soit hiérarchisé. Il faut que la structure possède une autre propriété, l'*acyclicité*, c'est-à-dire qu'elle ne doit pas contenir de cycles orientés (voir l'encadré 3.2 *Graphe et arbre*). Autrement dit, une structure de dépendance ne contient pas de *cycles de dépendances*, c'est-à-dire de boucles que l'on peut parcourir de gouverneur en dépendant pour revenir au même point. (Nous verrons une exception au chapitre 19 du vol. 2 lorsque nous étudierons les pronoms interrogatifs et relatifs.)

L'acyclicité n'exclut pas les cycles non orientés de connexions. Si l'on reprend les exemples discutés dans l'encadré 9.9 *Cycle de connexions* et qu'on hiérarchise les connexions, on obtiendra les structures de dépendance de la figure 10.4, qui comme on le voit ont des cycles de connexion, mais pas de cycles de dépendances.

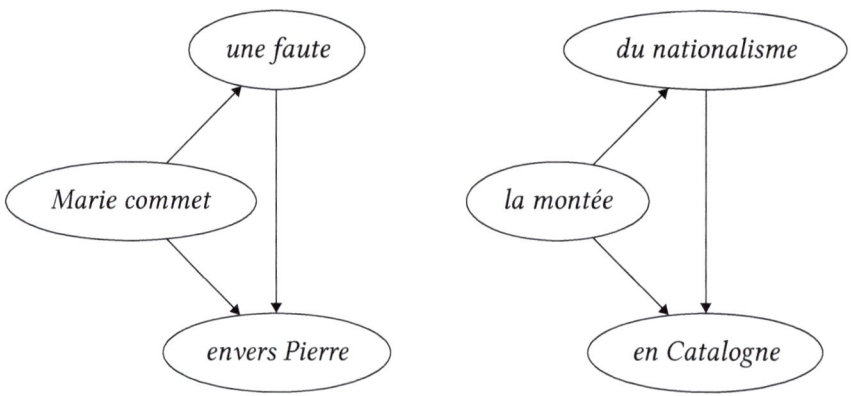

a. *Marie commet une faute envers Pierre*   b. *la montée du nationalisme en Catalogne*

FIGURE 10.4 – Cycles non orientés

La présence de cycles non orientés dans une structure de dépendance entraîne que certains nœuds ont deux gouverneurs. (On parle alors de *dag, directed acyclic graph*). Dans cet ouvrage, nous ne considérerons quasiment que des structures sans cycle et pour lesquelles *tout nœud possède au plus un gouverneur*. Plus précisément, lorsque tout nœud a exactement un gouverneur (à l'exception d'un nœud qu'on appelle la racine), la structure est un arbre : l'ARBRE DE DÉPENDANCE (voir l'encadré 1.1 sur l'*Arbre de dépendance*).

Notons pour conclure cette section que l'on utilise généralement une terminologie différente lorsqu'on parle de la tête d'une unité syntaxique U et de l'élément qui lui correspond dans la structure S de dépendance de U. Ainsi appelle-t-on RACINE de S le nœud de S qui correspond à la *tête* de U.

Encadré 10.3 : Historique des représentations syntaxiques par des diagrammes en dépendance

Si les analyses en dépendance sont déjà bien développées au 18e siècle (voir la section 10.1 sur l'*Historique des notions de dépendance et de tête*), les représentations des analyses syntaxiques par des diagrammes n'apparaissent qu'au 19e siècle. Le premier auteur à utiliser extensivement des diagrammes pour l'enseignement de la grammaire est l'abbé Louis Gaultier (1746-1818), dont l'*Atlas de grammaire* publié en 1817 contient une grande variété de diagrammes à visée pédagogique et tout particulièrement un diagramme tabulaire encodant des fragments d'analyse en dépendance (Gaultier 1817 : 11). Nous présentons dans la figure 10.5 un diagramme similaire, extrait de l'introduction des *Élémens de grammaire* publié en 1829 par ses élèves et précédé de la description suivante :

> « Pour faire l'analyse grammaticale, il faut avoir une feuille de papier, une ardoise ou un tableau noir partagé en dix colonnes. Dans une marge à gauche, on écrira les mots de la phrase à analyser les uns au-dessous des autres. Dans la première colonne, on indiquera à laquelle des trois parties primitives du discours, et dans la seconde à laquelle des dix parties secondaires du discours chaque mot appartient ; dans la troisième, la quatrième et la cinquième, on marquera le genre, le nombre et le cas des noms ; dans la sixième, la septième, la huitième et la neuvième, on indiquera le nombre, la personne, le temps en général et le mode du verbe personnel. Dans la dixième, on indiquera toutes les divisions et les subdivisions des dix parties du discours. »

C'est la cinquième colonne qui nous intéresse tout particulièrement, puisqu'elle contient un encodage d'un fragment de structure de dépendance : on y voit que le nom *Paul* est le *nominatif* (c'est-à-dire le *sujet*) de *vient* et que le pronom *le* est l'*accusatif* (c'est-à-dire l'*objet*) de *voir*. Ce type d'encodage a été redécouvert au 21ᵉ siècle et systématisé pour l'encodage des arbres de dépendance (voir l'encadré 12.5 sur *Format tabulaire et treebanks*).

	1	2	3	4	5	6	7	8	9	10
Paul	nom.	subst.	masc.	sing.	nom. de *vient*	. . .	. . .	, . .	. . .	pro.
ne	part.	adv.	. . .	. . .	. . .	. . .	. . .	. .·.	. : .	nég.
vient	verb.	pers.	. . .	. . .	. . .	sin 5.	3ᵉ p.	pré.	ind.	2ᵉ c. neut.
plus	part.	adv.	. . .	. . .	. . .	. . .	. . .	. . .	. . .	nég.
le	nom.	pro.	masc.	sing.	acc. de *voir*	. . .	. . .	·. . .	. . .	pers.
voir.	verb.	inf.	. . .	. . .	. . .	. . .	. . .	. . .	. . .	3ᵉ c. act.

FIGURE 10.5 – Diagramme d'après Gaultier (1817)

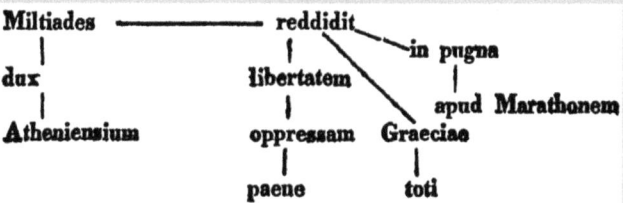

Miltiades, dux Atheniensium, toti Graeciae libertatem paene oppressam in pugna apud Marathonem reddidit.
'Miltiades, le chef des Athéniens, rendit à toute la Grèce la liberté dont elle avait été gravement privée en livrant bataille à Marathon.'

FIGURE 10.6 – Diagramme de Billroth (1832 : 102)

La première représentation dépendentielle que nous connaissons est un diagramme, unique (figure 10.6), proposé par le philosophe et grammairien allemand Johann Billroth dans sa grammaire du latin (*Lateinische Syntax*) publiée en 1832, à seulement 24 ans (il décédera à 28 ans).

Stephen W. Clark est le premier grammairien à réellement exploiter des diagrammes dépendentiels dans sa grammaire de l'anglais de 1847 intitulé *The science of the English grammar : A practical grammar in which words, phrases, and sentences are classified to their offices, and their relation to each other, illustrated by a complete system of diagrams* 'La science de la grammaire anglaise : une grammaire pratique dans laquelle les mots, les syntagmes et les phrases sont classés selon leurs fonctions et leurs relations les uns aux autres par un système complet de diagrammes'. Dans les représentations de Clark, les connexions ne sont pas représentées en tant que telles : un mot qui en « qualifie » un autre (pour reprendre les termes de Clark) est placé dans une bulle sous la bulle de son gouverneur. Les prépositions, comme *by* 'par' ou *of* 'de' dans la figure 10.7, reçoivent une forme particulière indiquant qu'elles servent à « connecter » deux mots. Le sujet, le verbe et l'objet direct sont placés au même niveau, comme ici *ressources* and *are developed*. Les groupes prépositionnels sont entourés par des bulles en pointillés. Les analyses de Clark sont d'une grande cohérence et ses représentations de la coordination ou de l'extraction, sur lesquelles nous reviendrons dans les chapitres 18 et 19 du vol. 2, sont remarquables. Il leur manque juste le développement théorique que proposera plus tard Tesnière.

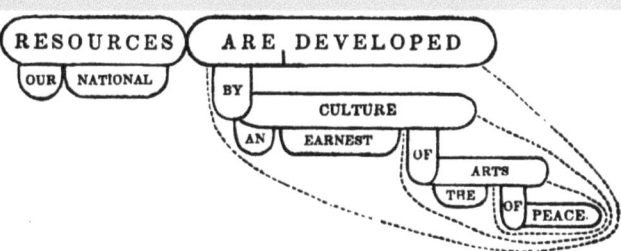

Our national resources are developed by an earnest culture of the arts of peace.
'Nos ressources nationales sont développées grâce à une sérieuse culture des arts de la paix.'

FIGURE 10.7 – Diagramme de Clark (1847 : 17)

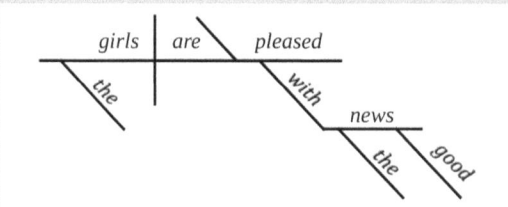

The girls are pleased with the good news.
'Les filles sont enchantées par la bonne nouvelle.'

FIGURE 10.8 – Diagramme de Reed & Kellogg (1877)

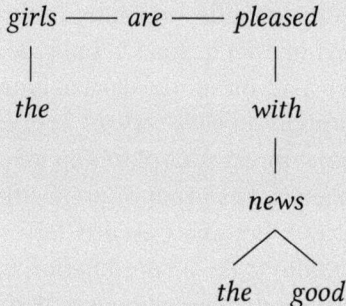

FIGURE 10.9 – Interprétation du diagramme de Reed & Kellogg

Ce ne sont pas les diagrammes de Clark qui sont passés à la postérité, mais ceux de ses suiveurs, *Alonzo Reed* et *Brainerd Kellogg*. Leurs diagrammes, proposés pour la première fois en 1877 et toujours utilisés aujourd'hui par certains enseignants d'anglais, sont équivalents à ceux de Clark, mais utilisent des conventions différentes : les mots ne sont plus placés dans des bulles, mais au-dessus de segments de traits. Les verbes et les noms reçoivent des segments horizontaux, comme *pleased* 'enchanté' ou *news* 'nouvelles' dans le diagramme de la figure 10.8, tandis que les autres mots, comme la préposition *with* 'avec' ou l'adjectif *good* 'bon', reçoivent des segments en diagonal. Comme chez Clark, le sujet le verbe et l'objet sont au même niveau. Les connections apparaissent de manière plus explicite à la jointure de deux segments. La connexion entre le sujet et le verbe (*girls – are pleased*) est symbolisée par un trait vertical et celle entre l'auxiliaire et le participe (*are – pleased*) par un trait oblique. On peut traduire cette structure dans les conventions utilisées ici, en réifiant les connexions et en mettant en évidence le fait que certaines connexions ne sont pas hiérarchisées (voir la figure 10.9).

En 1883, dans un livre sur la grammaire allemande (*Zur Methodik des deutschen Unterrichts* 'Sur la méthodologie de l'enseignement de l'allemand'), *Franz Kern* propose de véritables arbres de dépendance. Voici ce qu'il écrit : « Le mot déterminant dépend de celui qu'il détermine ou, en d'autres termes, est régi par lui. On désigne (graphiquement, par un schéma) la dépendance d'un mot à un autre par un trait partant vers le bas du mot régissant et allant vers le mot régi (ou dépendant) [figure de gauche] ou encore sans mot par de simples relations grammaticales [figure de droite]. » Ce texte est accompagné des deux figures 10.10 pour la phrase *Eine alte Kirche wurde ausgebessert* 'Une vielle église a été réparée'. Dans la figure de gauche figurent les mots de la phrase, le complexe verbal n'étant pas décomposé. Dans la figure de droite, l'article (appelé *Adj. (Zeiger)* 'adjectif (pointeur)') et l'adjectif qualificatif (*Adjektiv*) dépendent du mot sujet (*Subjektswort*) qui dépend du verbe fini (*Finites Verbum*).

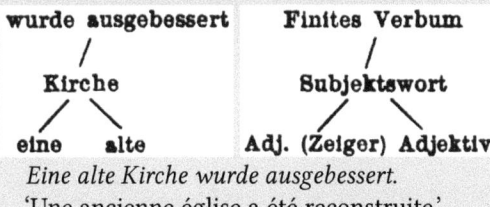

Eine alte Kirche wurde ausgebessert.
'Une ancienne église a été reconstruite.'

FIGURE 10.10 – Arbres de dépendance de Kern (1883 : 10)

La notion de *valence* a été introduite par le sémioticien anglais Charles S. Peirce dans un article de 1897. Peirce compare la possibilité qu'a le verbe *give* 'donner' de se combiner avec trois éléments (*John gives John to John*) avec la possibilité qu'à l'atome d'azote N de se combiner avec trois atomes d'hydrogène H pour donner une molécule d'ammoniac NH_3. Cette métaphore de la connexion entre mots par la connexion entre atomes est accompagnée de la figure 10.11. Peirce remarque que contrairement aux connections chimiques les connections entre mots (il s'agit plutôt de connexions sémantiques que syntaxiques) sont asymétriques, ce que semble confirmer son diagramme, où les connexions partent du mot *gives* mais s'arrêtent à la bulle de *John*. (Voir la section 10.7 sur *Distribution et valence* pour la suite de la discussion.)

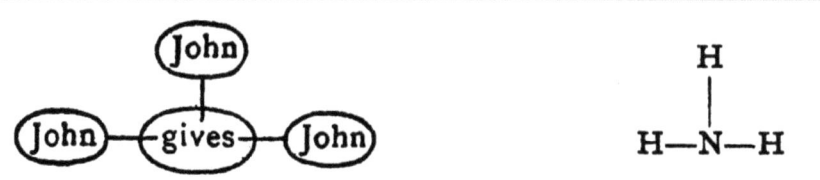

FIGURE 10.11 – Schéma valenciel de Peirce (1897)

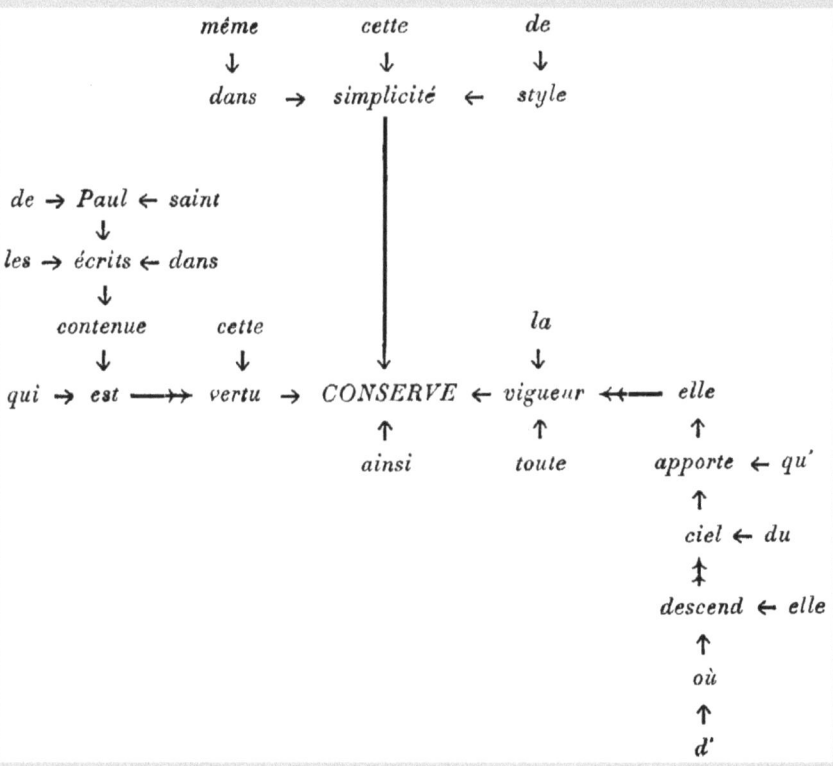

Ainsi cette vertu céleste, qui est contenue dans les écrits de saint Paul, même dans cette simplicité de style, conserve toute la vigueur qu'elle apporte du ciel d'où elle descend. (Bossuet)

FIGURE 10.12 – Diagramme (tronqué) de Tesnière (1934)

C'est à Lucien Tesnière qu'on attribue les bases théoriques de la syntaxe de dépendance, exposées brièvement dans son article de 1934, *Comment construire une syntaxe*, puis en détail dans son ouvrage posthume de 1959, *Éléments de syntaxe structurale*. On notera, dans l'analyse suivante de 1934, que Tesnière considère la préposition comme dépendant du nom qu'elle introduit. (Le diagramme contient par ailleurs une erreur, qui n'est pas dans le manuscrit de Tesnière : le lien entre *apporte* et *vigueur* a été erronément attribué à *elle*.)

Si cette analyse contient déjà des symboles spéciaux (comme les flèches à double pointe ⇸ pour les relatives), ce n'est que plus tard que Tesnière introduira les symboles en T pour la translation, comme dans la figure 10.13a, proposée par Tesnière pour « *Écrivez dans le livre de votre ami*! ». Les structures de l'ouvrage de 1959 ne sont plus totalement hiérarchiques comme le montre notre interprétation polygraphique de la représentation dans la figure 10.13b.

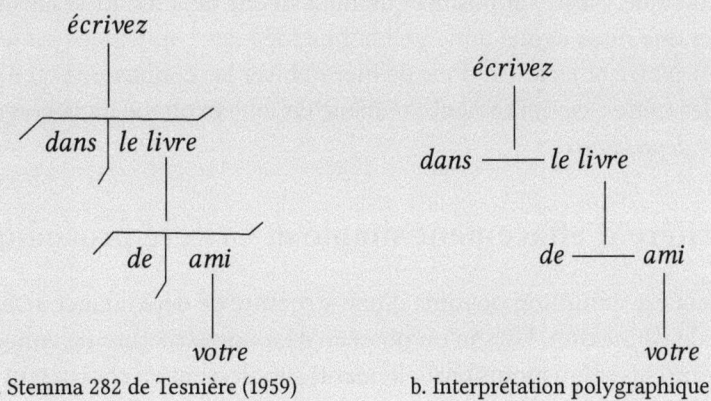

a. Stemma 282 de Tesnière (1959)   b. Interprétation polygraphique

FIGURE 10.13 – Interprétation polygraphique d'un stemma

10.4 Arbre et représentation planaire

Il est essentiel de rappeler que la *représentation par un arbre* (*de dépendance*) sert uniquement à encoder une *structure hiérarchique* liant des nœuds entre eux par des relations père-fils. Dès qu'un arbre est représenté sur une feuille plane, les nœuds frères (c'est-à-dire ayant le même père) doivent être placés les uns à côté des autres et apparaissent donc comme ordonnés. Cet ordre sur les nœuds frères, imposé par la *représentation planaire*, est souvent utilisé pour encoder d'autres informations comme la saillance syntaxique (chez Tesnière par exemple) (voir le chapitre 15 du vol. 2) ou la saillance communicative (chez les Pragois) (voir l'encadré 12.15 sur l'*Ordre communicativement dirigé*). Un arbre avec un ordre sur les nœuds frères est une structure plus riche qu'un simple arbre. Les arbres que nous considérons dans ce chapitre sont des *arbres non ordonnés*. Il faut se les imaginer dans l'espace, libérés de la feuille, comme des *mobiles* suspendus dans l'air et dont les nœuds peuvent tourner librement autour de leur gouverneur.

Pour en faciliter la lecture, nous placerons généralement les nœuds de nos arbres dans l'ordre qu'ils occupent dans la phrase, mais cet ordre n'a aucune pertinence lorsque l'arbre est considéré en tant que tel et nos lecteurs devront essayer d'en faire abstraction. Libérez les arbres de la feuille ! Faites-les tourner dans votre tête !

Nous allons maintenant voir comment définir l'arbre de dépendance. Pour cela nous allons introduire différents critères permettant d'identifier la tête d'une unité syntaxique. Nous supposons que nous avons déjà identifié les unités syntaxiques et que nous avons donc une bonne idée des connexions en jeu (voir le chapitre 9). Notre objectif est donc de hiérarchiser les connexions ou d'identifier les têtes des unités, ce qui revient au même comme expliqué dans la section 10.2 sur *Tête et dépendance*.

10.5 Critère d'effacement simple et Critère prosodique

Une première définition possible d'une structure de dépendance se base sur la structure de connexion. Lorsqu'on possède déjà une structure de connexion, on peut la hiérarchiser (au moins partiellement) simplement en choisissant un nœud racine dans la structure. Tout se passe alors comme si on attrapait la structure par ce nœud et qu'on la suspendait. Les connexions sont ainsi orientées en étant parcourues à partir de la racine.

Illustrons cela avec la phrase :

(5) *Pierre veut inviter Marie demain.*

Si l'on a la structure de connexion de cette phrase et qu'on peut établir que *veut* est la tête (voir la section 10.6 suivante), on obtient immédiatement une structure de dépendance par le procédé que nous venons de décrire, comme le montre la figure 10.14. La flèche blanche indique le nœud par lequel on attrape la structure pour la hiérarchiser. Ce nœud va gouverner les nœuds auxquels il est connecté, lesquels vont gouverner à leur tour les nœuds auxquels ils sont connectés et ainsi de suite.

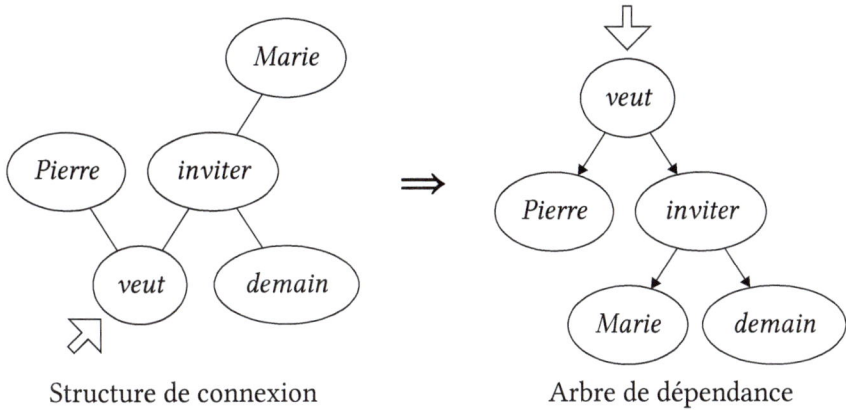

Structure de connexion   Arbre de dépendance

FIGURE 10.14 – Hiérarchisation d'une structure de connexion

Si la structure de connexion n'a que des connexions élémentaires (voir l'encadré 9.8 *Graphe à bulles et polygraphe*) et pas de cycles, on obtient un arbre de dépendance, comme dans l'exemple précédent.

Baser ainsi la dépendance sur la connexion, revient à donner une importance première aux propriétés définitoires des unités syntaxiques, l'AUTONOMISABILITÉ ILLOCUTOIRE et l'AUTONOMISABILITÉ PROSODIQUE (voir la section 9.8 *Unité syntaxique autonomisable*). Traduit pour le repérage de la tête d'une unité, ces deux critères deviennent le Critère d'effacement simple et le Critère prosodique.

L'autonomisabilité illocutoire donne le critère suivant.

Définition 10.5 : Critère d'effacement simple

CRITÈRE D'EFFACEMENT SIMPLE : si l'unité AB est *gouvernée* par X et que B peut être *effacé*, mais pas A, alors A est la *tête* de AB et B dépend de A.

Dire que B peut être effacé et pas A lorsque AB est gouverné par X revient à dire que XA peut former une unité (illocutoirement) autonome, mais pas XB et donc que X est connecté à A. Comme X est le gouverneur de AB, on en déduit que A est la tête de AB.

On peut illustrer l'application du Critère d'effacement simple sur le syntagme *demain matin* dans la phrase *Pierre part demain matin.* On a donc X = *part,* A = *demain* et B = *matin.* Une fois établi que X est la tête de la phrase et gouverne donc AB, alors on en déduit que B dépend de A, car B est effaçable (*Pierre part demain*), mais pas A (**Pierre part matin*).

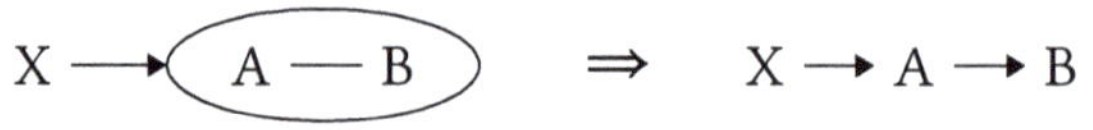

$$ X \longrightarrow \overline{(A - B)} \quad \Rightarrow \quad X \rightarrow A \rightarrow B $$

FIGURE 10.15 – Application du Critère d'effacement simple

Attention : la présence d'un gouverneur est essentielle dans la formulation du critère d'effacement simple. On trouve souvent la *mauvaise formulation* suivante : le dépendant d'une connexion est l'élément qui peut le plus facilement être effacé. Cette propriété n'est valable qu'en présence d'un gouverneur. Si AB est un énoncé autonome ou plus généralement si AB n'est pas gouverné on peut très bien effacer la tête de AB. Par exemple, dans *Zoé chantait* (A = *chantait,* B = *Zoé*), on peut effacer A et pas B (*Zoé* peut former un énoncé autonome, mais pas *chantait*), alors que c'est A qui est la tête !

Passons maintenant à l'autonomisabilité prosodique, le deuxième critère qui nous a permis de définir la structure de connexion. L'autonomisabilité prosodique donne le critère suivant.

Définition 10.6 : Critère prosodique

CRITÈRE PROSODIQUE : si X est le gouverneur de AB et si X peut *former une unité prosodique* avec A sans B (sans changer significativement le sens), alors A est la *tête* de l'unité AB.

Le critère prosodique reste d'une utilisation marginale et nous n'en donnerons pas d'exemple d'application.

Les deux critères que nous venons de proposer sont insuffisants pour plusieurs raisons.

Premièrement, ils ne s'appliquent que dans le cas où l'on étudie une unité qui possède un gouverneur. Ils ne peuvent donc pas être utilisés pour déterminer la tête d'un énoncé. Ce point va être étudié dans la section suivante.

Deuxièmement, il est assez courant que deux éléments qui se combinent soient indissociables, à l'intérieur du mot bien sûr (*chant-ons*), mais aussi en dehors, comme *le* et *chien* dans *le chien dort*. Dans ce cas, le Critère d'effacement simple ne s'applique pas, pas plus que le Critère prosodique en général.

Troisièmement, le Critère d'effacement simple est inopérant si B est un dépendant obligatoire de A. C'est le cas pour une combinaison comme *à Marie*, où A = *à* ne peut pas s'employer sans son complément B et ne peut donc jamais former une unité XA avec le gouverneur X de AB. C'est encore le cas pour les formes verbales finies de langues comme le français : en effet, pour *Marie dormait*, il n'est pas possible de vérifier si A = *dormait* peut former une unité avec un éventuel gouverneur X, puisque A ne s'emploie jamais sans un sujet B. Ceci a d'ailleurs amené Leonard Bloomfield (qui fut le premier, dans son ouvrage *Language* de 1933, à proposer des critères pour définir la tête) à considérer que ces constructions sont EXOCENTRIQUES, c'est-à-dire sans tête (voir l'encadré 10.1 sur l'*Historique des notions de dépendance et de tête*.)

Les limites du Critère d'effacement simple et du Critère prosodique nous amènent à introduire d'autres critères plus puissants. Dans les critères que nous venons de considérer, le gouverneur X de l'unité AB que l'on étudie est fixé. On regarde seulement ce qui se passe dans une phrase donnée, sans faire varier X, A ou B. Cela confère à ces critères une grande simplicité d'utilisation, mais c'est aussi une limite. L'analyse distributionnelle va nous permettre de donner une version plus riche et plus fiable du Critère d'effacement : le *Critère distributionnel avec effacement positif*, présenté dans la section 10.8 sur les *Critères distributionnels avec effacement*. Nous verrons dans l'encadré 10.5 un cas de *Tête effaçable*, où le Critère d'effacement simple s'applique, mais est contredit par d'autres critères plus puissants.

10.6 Tête d'un énoncé

Comme nous l'avons vu à la section précédente, nous avons des critères pour identifier la tête d'une unité dès qu'on connaît son gouverneur, mais ces critères ne peuvent pas s'appliquer pour caractériser la tête d'un énoncé. Or, tant qu'on n'a pas identifié celle-ci et qu'on n'a pas un premier gouverneur, on ne peut pas appliquer le Critère d'effacement simple ou le Critère prosodique.

L'identification de la tête d'un énoncé repose sur les propriétés de l'énoncé en tant que tel, à savoir le fait qu'il fait l'objet d'une énonciation dirigée vers un interlocuteur et qu'il possède donc une FONCTION ILLOCUTOIRE. Cette notion repose sur le constat que produire un énoncé est une véritable action de la part du locuteur (on parle d'ACTES DE LANGAGE, à la suite des travaux d'Alan Gardiner (1932), John Austin (1962) et John Searle (1969)), qui attend généralement en retour une action du ou des destinataire(s) (voir également la contribution de Bloomfield (1933) dans la section 2.3 sur *Sens et intention communicative*).

On considère traditionnellement quatre principaux types d'énoncés : ASSERTION, QUESTION, INJONCTION et EXCLAMATION.

— assertion : « *Il pleut.* » ; « *J'ai mal au ventre.* » ;
— question : « *Comment faire ?* » ; « *Est-ce un problème ?* » ;
— injonction : « *Laissez ça ici !* » ; « *Chut !* » ;
— exclamation : « *Aie !* » ; « *Comme c'est sympa !* ».

Les assertions peuvent être acceptées ou refusées par le destinataire ; elles se caractérisent par le fait de pouvoir être falsifiées par « *C'est faux.* » ou au contraire validées par « *C'est vrai.* ». Par exemple, si quelqu'un nous dit « *J'ai mal au ventre.* », on peut lui répondre « *C'est faux.* », mais s'il dit « *Aie !* », ce n'est plus possible. De même, on ne peut pas répondre « *C'est faux.* » a une question ou une injonction. Les questions attentent une réponse. Les injonctions attendent généralement un acte non verbal. Les exclamations attendent simplement d'être partagées par le destinataire éventuel.

La fonction illocutoire a souvent un marquage spécifique. Les éléments qui servent à marquer la fonction illocutoire sont appelés des MARQUEURS ILLOCUTOIRES. La fonction illocutoire de l'énoncé conditionne son contexte, caractérise le type d'action que va effectuer en retour l'interlocuteur : acquiescer, répondre, obéir, etc. En conséquence, on considère que l'élément de l'énoncé qui porte la fonction illocutoire est la tête de l'énoncé.

Définition 10.7 : Critère illocutoire

CRITÈRE ILLOCUTOIRE. Les *marqueurs illocutoires* sont *portés* par la *tête syntaxique* de l'énoncé et la caractérisent.

Le Critère illocutoire est un cas particulier de critère distributionnel, puisque la marque illocutoire contrôle le contexte dans lequel va se trouver l'énoncé et notamment l'énoncé suivant comme on l'a vu précédemment et donc la distribution de l'énoncé (voir la section 10.7 sur *Distribution et valence* pour la notion de *distribution*).

En français, le principal marqueur illocutoire est la prosodie (transcrit à l'écrit par des signes de ponctuation comme « ? » ou « ! »). Mais pour les énoncés à tête verbale en français, il existe d'autres marques. Voyons sur un exemple :

(6)   *Pierre a dormi.*

Cet énoncé est une assertion. Comme toute assertion, on peut la nier en répondant « *C'est faux* ». La négation de cet énoncé (c'est-à-dire un énoncé ayant pour sens 'il est faux que Pierre a dormi') peut s'exprimer en français par un double marquage *ne...pas* qui vient se placer autour de l'auxiliaire et semble bien identifier comme la tête :

(7)   *Pierre **n'a pas** dormi.*

On peut également faire varier la fonction illocutoire et transformer cet énoncé en une question ou une injonction. Ce changement de de fonction illocutoire peut s'accompagner de changements de forme :

(8)   a. *Pierre **a-t-il** dormi ?*
      b. ***Aie** dormi (quand je reviens) !* (vieilli)

Une question peut prendre la FORME dite INTERROGATIVE, qui se caractérise par la présence d'un ENCLITIQUE (*-t-il* dans notre exemple). Une injonction peut s'exprimer par une forme verbale particulière : l'IMPÉRATIF (ici *aie*, forme impérative du verbe AVOIR). C'est encore une fois l'auxiliaire qui est touché, ce qui confirme son statut de tête.

On peut par la même méthode identifier la tête d'une phrase complexe avec deux verbes finis. Cette tête est traditionnellement appelée le VERBE PRINCIPAL. Considérons :

(9)   *Marie pense que Pierre dort.*

La forme interrogative est *Marie pense-t-elle que Pierre dort ?* et pas **Marie pense que Pierre dort-il ?* On en déduit que *pense* est la forme verbale principale et que *dort* est une forme verbale subordonnée.

Définition 10.8 : subordination, proposition subordonnée

La SUBORDINATION est simplement le terme traditionnel pour désigner la *dépendance d'une forme verbale* à un autre élément. Une proposition dont le verbe est subordonné est appelée une PROPOSITION SUBORDONNÉE.

On appelle PROPOSITION une unité de taille maximale dont la *tête* est une *forme verbale*. Nous donnerons une définition plus précise de la proposition dans la section 10.20 sur *Dominance et projections maximales*.

L'identification de la subordination nous procure un nouveau test pour repérer la tête d'une proposition (voir le *Critère rectionnel* à la section 10.11 *Tête interne et critère rectionnel*). En effet, certains verbes imposent un mode particulier à leur subordonné. Par exemple, si l'on subordonne au verbe FALLOIR la proposition *Pierre a dormi*, on obtient *Il faut que Pierre **ait** (dormi quand je reviens)*. Comme on le voit, encore une fois, c'est l'auxiliaire qui hérite ici de la marque de subordination, à savoir le MODE SUBJONCTIF (*ait* est une forme subjonctive de AVOIR), ce qui confirme à nouveau son statut de tête syntaxique de la proposition.

On peut encore utiliser ces différents critères pour repérer que certains énoncés n'ont pas une tête verbale. Comparons les deux phrases suivantes :

(10)   a. *Heureusement, Pierre a dormi.*

        b. *Heureusement que Pierre a dormi.*

On peut subordonner le premier énoncé, mais pas le deuxième :

(11)   a. *Je crois que, heureusement, Pierre a dormi.*

        b. * *Je crois qu'heureusement que Pierre a dormi.*

Comme il apparaît par ailleurs que le verbe CROIRE peut subordonner n'importe quelle proposition à l'indicatif, on peut supposer que la phrase (11) introduite par *heureusement que* ne peut pas être subordonnée car le verbe n'en est pas la tête. On en déduit que *heureusement* est la tête de la phrase et subordonne la proposition *Pierre a dormi* (ce que confirme l'emploi de la conjonction de subordination *que*).

Le même type de raisonnement permet d'identifier la tête d'une proposition dans n'importe quelle langue a priori (voir l'encadré qui suit).

Encadré 10.4 : Tête d'un énoncé dans une langue inconnue

Comme nous l'avons dit dans les sections précédentes, l'identification de la tête d'un énoncé est un préalable à la hiérarchisation de la structure.

Nous allons considérer le cas de deux langues non apparentées, l'anglais et le coréen. Le cas du wolof sera présenté dans la section 10.11 sur *Tête interne et critère rectionnel*.

Commençons par l'*anglais*, qui est une langue très proche du français, mais dont le fonctionnement est quand même assez différent. Considérons l'énoncé *Peter has slept* 'Pierre a (déjà) dormi'. Comme en français, la négation va sur l'auxiliaire sur lequel elle se cliticise :

(12) *Peter **hasn't** slept.*

'Pierre n'a pas dormi.'

Quant à la question, elle est normalement formée par l'antéposition de l'auxiliaire :

(13) ***Has** Peter slept ?*

'Pierre a-t-il dormi ?'

On peut considérer que cette place particulière de l'auxiliaire le marque comme la tête. D'ailleurs, un verbe ordinaire ne peut recevoir directement la négation, ni être antéposé. Le passage à une forme interrogative ou négative nécessite l'introduction de l'auxiliaire DO 'faire' :

(14) a. *Peter slept.*

'Pierre a dormi.'

   b. ***Did** Peter sleep ?*

'Pierre a-t-il dormi ?'

   c. *Peter **didn't** sleep.*

'Pierre n'a pas dormi.'

Comme on le voit, la forme passé *slept* passe à la forme infinitive. L'auxiliaire lui-même hérite de la finitude (*did* est la forme passé de DO) et constitue donc la tête de la phrase quand il est présent. En l'absence d'auxiliaire, c'est la forme verbale simple qui est la tête, puisque c'est elle qui est affectée lorsque l'auxiliaire est introduit. On notera que l'auxiliaire, bien qu'il soit la tête de la phrase, peut dans certains cas se cliticiser sur le sujet (c'est-à-dire perdre la possibilité de recevoir un accent tonique et former un mot prosodique avec le dernier mot du sujet) :

(15) a. *Peter's sleeping = Peter is sleeping*

'Pierre est en train de dormir', litt. Pierre est dormant.

   b. *Peter's eaten = Peter **has** eaten*

'Pierre a (déjà) mangé.'

En *coréen*, le verbe principal d'un énoncé est caractérisé par un marqueur de politesse qu'il est le seul à pouvoir porter. Cette particule s'ajoute optionnellement sur le verbe principal, mais jamais sur un verbe subordonné. Le coréen utilise essentiellement des constructions à verbe support (voir l'encadré 7.3 sur *Verbes supports et unités grammaticales*) avec le verbe HADA 'faire'. Dans la phrase suivante, le sens 'aimer' est ainsi lexicalisé par le nom SARANG 'amour' et le sens 'croire' par le nom SAENGGAK 'pensée', tous deux « verbalisés » par le verbe HADA. La deuxième occurrence de HADA peut porter le morphème de politesse *yo*, mais pas la première. (Nous reviendrons sur les marqueurs illocutoires du coréen dans l'encadré *Des prédicatifs uniquement locutifs assertifs* du chapitre 16 du vol. 2.)

(16) a. 철수가   나를   사랑한다고
         Ch'ŏlsu-ga   na-rŭl   sarang-ha-ndago
         Ch'ŏlsu-NOM moi-ACC amour-faire-PRES.INF
         생각해(-요)
         saenggak-hae(-yo)
         pensée-faire(-POLITESSE)
         'Je crois que Cholsu m'aime'

     b. *철수가   나를   사랑해-요다고
         Ch'ŏlsu-ga   na-rŭl   sarang-hae-yo-dago
         Ch'ŏlsu-NOM moi-ACC amour-faire-POLITESSE-PRES.INF
         생각해(-요)
         saenggak-hae(-yo)
         pensée-faire(-POLITESSE)

10.7 Distribution et valence

En nous basant sur la structure de connexion et en déterminant la tête de la proposition grâce aux marqueurs illocutoires, nous venons de voir que nous pouvions obtenir une structure de dépendance, qui peut tout de même rester partielle si certaines connexions ne sont pas élémentaires. Nous allons voir que l'on peut raffiner cette structure en ajoutant des critères additionnels. Les premiers de ces critères sont les critères distributionnels que nous présenterons dans les sections suivantes. Nous devons avant cela introduire les notions de *distribution* (voir l'encadré 5.5 sur *L'identification des unités de la langue*, où il a été question d'analyse distributionnelle) et de *valence* (voir l'encadré 10.3 *Historique des représentations syntaxiques par des diagrammes en dépendance* pour un début de discussion).

Définition 10.9 : distribution

La DISTRIBUTION d'une unité est l'*ensemble des contextes* ou *environnements* où peut se trouver cette unité.

Deux remarques essentielles sont à faire concernant la distribution.

La première remarque concerne le fait que notre analyse distributionnelle est faite sur un objet *structuré*. Ici, ce qui nous intéresse, c'est le contexte syntaxique, c'est-à-dire les éléments avec lesquels on se combine, et pas le contexte linéaire, c'est-à-dire les éléments qui sont à coté. Notre distribution est donc une DISTRIBUTION SYNTAXIQUE. Nous nous intéressons à la distribution des unités au sein de la structure syntaxique.

La distribution d'une unité est liée à sa valence.

Définition 10.10 : valence (syntaxique)

La VALENCE (SYNTAXIQUE) d'une unité syntaxique est la *capacité* qu'à cette unité *à se combiner* avec d'autres unités syntaxiques. La valence est avant tout une *valence potentielle*, à contraster avec la *valence réalisée*, lorsque l'unité est utilisée dans un contexte donné.

Cette métaphore de la valence est inspirée de la chimie et de la capacité qu'à un atome à *se combiner avec d'autres atomes pour former des molécules* (voir la contribution de Peirce (1897) dans l'encadré 10.3 sur l'*Historique des représentations syntaxiques par des diagrammes en dépendance*, ainsi que les formules utilisées par Jespersen (1937), évoquées dans l'encadré 10.1 sur l'*Historique des notions de dépendance et de tête*). Mais alors que les connexions entre atomes sont symétriques (chaque atome fournit un électron de même nature), les connexions entre unités sont doublement asymétriques : *asymétrie syntaxique*, puisqu'elles lient un gouverneur à un dépendant, et *asymétrie sémantique*, puisqu'elle lient un prédicat à un argument. L'asymétrie sémantique nous amène à distinguer *actants* et *modifieurs*, que nous définissons dans la section 13.2.

Nous allons nous intéresser ici à l'asymétrie syntaxique. Ceci nous amène à distinguer deux parties dans la valence.

Définition 10.11 : valence supérieure

La VALENCE SUPÉRIEURE d'une unité syntaxique U est la *position syntaxique* occupée par le *gouverneur* de U, cette position étant elle-même caractérisée par le *paradigme* des éléments qui peuvent l'occuper.

Définition 10.12 : valence inférieure

A l'inverse, la VALENCE INFÉRIEURE d'une unité syntaxique est l'ensemble des positions syntaxiques qui *dépendent* potentiellement de cette unité.

Les notions de valences supérieure et inférieure ont été introduites par Igor Mel'čuk, qui les nomme *valence passive* et *valence active*. Nous préférons éviter le terme de *valence passive*, un peu trompeur dans le cas des modifieurs, qui prennent leur gouverneur syntaxique dans leur valence sémantique (voir la section 13.4 sur la *Structure prédicative des sémantèmes*).

La deuxième remarque que nous souhaitons faire concernant notre définition de la distribution est que nous utilisons l'analyse distributionnelle pour caractériser la tête d'une unité. Nous cherchons donc à repérer dans le contexte syntaxique d'une unité le contexte qui caractérise plus particulièrement la tête, c'est-à-dire la valence supérieure. Quand nous parlons de distribution d'une unité, nous parlons donc généralement uniquement de sa valence supérieure.

Illustrons ce dernier point par un exemple (volontairement simple et donc un peu simpliste). Considérons l'énoncé *Une très vieille dame habite ici* et l'unité syntaxique *vieille dame* qu'il contient. Aucun des deux mots *vieille* et *dame* ne contrôle à lui seul l'intégralité de la distribution de l'unité qu'ils forment ensemble, car *vieille* est connecté à *très* (*très vieille*) et *dame* est connecté à *une* et *habite* (*une dame habite ici*). Bien sûr, une fois que l'on sait que *habite* est la tête de la phrase, on en déduit que c'est *dame* qui contrôle la valence supérieure de *vieille dame* et en est donc la tête.

On ne dira jamais assez qu'on ne peut *déterminer la tête* d'une unité syntaxique U par la distribution qu'*une fois qu'on a déterminé la valence supérieure* de U, c'est-à-dire qu'on a déterminé qui parmi les éléments auxquels U est connecté gouverne U. Considérer la distribution sans avoir au préalable distingué valence inférieure et supérieure peut conduire à des erreurs méthodologiques. Il y a là un cercle vicieux dans lequel il faut éviter de rentrer, puisqu'on ne peut appliquer de critère distributionnel pour déterminer la tête d'une unité sans savoir où se trouve son gouverneur. Autrement dit, il s'agit d'un critère pour déterminer la hiérarchie qui ne peut s'appliquer qu'en connaissant déjà une partie de la hiérarchie.

Notons qu'il n'est pas toujours aisé de déterminer la valence supérieure d'une unité. Considérons le nom *chien* dans *le chien dort*. On sait que *le* et *chien* se combine ensemble et que *le chien* est le sujet de *dort*. On peut dont dire qu'être sujet fait partie de la valence supérieure de *le chien*, mais cela ne nous dit pas où la valence supérieur de *chien* seul, vu qu'il est indissociable de *le* dans cette construction. Si l'on décrète que pouvoir être sujet d'un verbe fait partie de la valence supérieure du nom, le problème est biaisé, puisque, en un sens, on a déjà décidé que le nom est la tête du groupe qu'il forme avec le déterminant (on trouve cette erreur méthodologique dans l'ouvrage de référence d'Igor Mel'čuk de 1988). On ne peut donc déterminer complètement la valence supérieure du nom seul tant qu'on n'a pas déterminé qui du nom ou du déterminant est la tête du groupe qu'ils forment ensemble. Nous verrons comment aborder cette difficulté dans la section 10.16 sur « *Nom ou déterminant comme tête ?* ».

10.8 Les critères distributionnels avec effacement

Les critères distributionnels s'appliquent à une unité syntaxique U dont on connaît la *valence supérieure*, c'est-à-dire le *paradigme des gouverneurs possibles* (voir la section 10.7 qui précède). On veut déterminer la tête d'une unité U qui est décomposable et qui est donc une combinaison libre d'unités A et B (U = A ⊕ B). Autrement dit, on veut savoir qui de A ou B est la tête de U (et donc si A dépend de B ou l'inverse).

Nous allons voir deux types de critères distributionnels. Les premiers, les critères distributionnels avec effacement supposent, pour être appliqués, que A et B ne sont *pas mutuellement indissociables*, c'est-à-dire que l'on peut utiliser A sans B ou B sans A. (Nous reviendrons sur les propriétés d'indissociabilité dans le chapitre 15 du vol. 2 , lorsque nous définirons la notion de *mot*.)

> **Définition 10.13 : Critère distributionnel avec effacement positif**
>
> Critère distributionnel avec effacement positif. Si U = A ⊕ B et A est autonomisable (et donc B est effaçable), plus la *valence supérieure* de A est similaire à celle de U, plus A est susceptible d'être la *tête* de U.

> **Définition 10.14 : tête distributionnelle**
>
> Une sous-unité A de U qui est identifiée comme tête par un critère distributionnel est appelée une tête distributionnelle de U.

Le Critère distributionnel avec effacement positif généralise le Critère d'effacement simple vu à la section 10.5 sur *Critère d'effacement simple et critère prosodique*. Le Critère d'effacement simple s'applique à une unité U à l'intérieur d'un énoncé donné, sans faire varier le gouverneur de U. Ici on considère la distribution de U, c'est-à-dire tous les gouverneurs potentiels de U.

Illustrons le critère par l'exemple de U = *demain matin* avec A = *demain* et B = *matin*. Ici A et B sont effaçables et on peut donc comparer la valence supérieure de A, B et U = A ⊕ B. Il est facile de voir que *demain* et *demain matin* ont la même valence supérieure : ils peuvent par exemple tous les deux être modifieurs d'un verbe (*Pierre part demain (matin).*) et tous les deux se comporter comme un groupe substantif ordinaire et être sujet d'un verbe (*Demain (matin) me paraît le moment idéal.*) ou être complément d'un préposition (*la réunion de demain (matin)*). Cette valence supérieure est différente de la valence supérieure de *matin*, qui ne peut apparaître dans aucun de ces contextes sans être combiné avec un déterminant. On en déduit que *demain* est la tête de U.

> **Définition 10.15 : Critère distributionnel avec effacement négatif**
>
> Critère distributionnel avec effacement négatif. Si U = A ⊕ B et A est autonomisable (et donc B est effaçable), plus la *valence supérieure* de A est différente de celle de U, plus B est susceptible d'être la *tête* de U.

Le Critère distributionnel avec effacement négatif est particulièrement utile dans les cas où le Critère d'effacement simple ne s'applique pas. Reprenons l'exemple de U = *à Marie*. Ici *Marie* n'est pas effaçable, puisque *à* n'est pas autonomisable. Par contre, *à* est effaçable, on peut donc comparer les valences supérieures de *Marie* et *à Marie*. Ces deux unités ont des valences supérieures complètement différentes. Par exemple, *Marie* peut être sujet (*Marie dort*) ou complément d'objet (*J'ai vu Marie*) et la commutation avec *à Marie* est impossible (**A Marie dort* ; **J'ai vu à Marie*). On en déduit que *à* est la tête de *à Marie*.

Le même raisonnement est applicable à *Marie dormait*. Ici encore, *Marie* n'est pas effaçable, mais *dormait* l'est. Comme *Marie* et *Marie dormait* n'ont absolument pas la même valence supérieure, on en déduit que *dormait* est bien la tête de la proposition *Marie dormait*.

Le critère distributionnel avec effacement négatif est équivalent à la propriété suivante : *un dépendant ne modifie pas la valence supérieure de son gouverneur*. En effet, si A gouverne B et que B modifie la valence supérieure de A, alors A et A ⊕ B n'ont pas la même valence supérieure, donc A n'est pas la tête de A ⊕ B d'après le Critère distributionnel avec effacement négatif, ce qui contredit le fait que A gouverne B.

Encadré 10.5 : Tête effaçable

Il arrive quelquefois que le Critère d'effacement simple et le Critère distributionnel avec effacement positif se contredisent. On parle alors de TÊTE EFFAÇABLE. L'exemple le plus clair est celui de la conjonction de subordination *that* en anglais. Voyons un exemple :

(17)   a. *Mary thinks that Peter slept.* 'Mary pense que Pierre dormait.'

   b. *Mary thinks Peter slept.* 'Mary pense que Pierre dormait.'

La conjonction *that* est bien effaçable, ce qui pourrait conduire, en vertu du Critère d'effacement simple, à considérer que *thinks* est directement connecté à *slept* et donne la structure de connexion de la figure 10.16. Mais cela contredit le Critère distributionnel avec effacement, car *that Peter slept* n'a pas la même valence supérieure que *Peter slept* : si les deux peuvent dépendre de *Mary thinks*, seul *Peter slept* peut former un énoncé déclaratif ou bien se combiner avec une conjonction comme *if* 'si' ou *whether* 'si (oui ou non)'. Comme un dépendant ne peut modifier la valence supérieure de son gouverneur, il est donc clair que *that* n'est pas un dépendant du verbe *slept*, d'où l'arbre de dépendance de la figure 10.17. (Voir l'encadré 10.10 sur la *Co-occupation* pour une autre analyse de *that*.) De tels cas sont rares et le Critère d'effacement simple reste un critère simple généralement fiable.

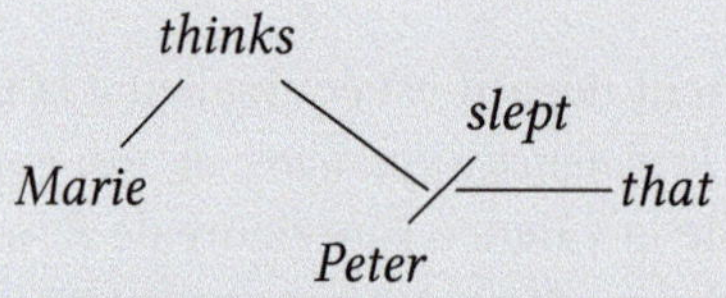

FIGURE 10.16 – Structure de connexion de (17a)

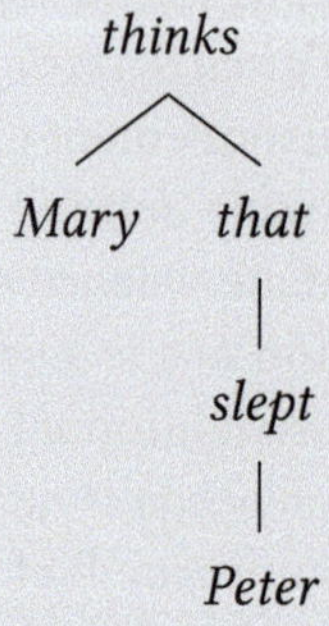

FIGURE 10.17 – Arbre de dépendance (17a)

10.9 Le Critère distributionnel sans effacement

Les critères distributionnels avec effacement ne sont applicables à une unité U = A ⊕ B que si A ou B est effaçable. Ils ne peuvent donc être appliqués pour des unités dont les composantes sont mutuellement indissociables comme le radical et sa désinence dans U = *chant-ons*. On peut utiliser alors un autre critère distributionnel, applicable dans tous les cas.

Définition 10.16 : Critère distributionnel sans effacement

CRITÈRE DISTRIBUTIONNEL SANS EFFACEMENT. Si U = A ⊕ B et A commute avec des A', on peut comparer la valence supérieure de U avec les U' = A' ⊕ B. Plus les valences supérieures des U' sont différentes de la valence supérieure de U, plus A est susceptible d'être la tête de U.

(Voir l'exercice 4 de ce chapitre et sa correction pour la première formulation, à notre connaissance, du Critère distributionnel sans effacement, due à Paul Garde en 1977.)

Si l'on applique ce critère à une unité U = A ⊕ B dont on veut déterminer la tête, on considèrera le paradigme des éléments A' qui commutent avec A et le paradigme des éléments B' qui commutent avec B et on comparera la valence supérieure de U = A ⊕ B avec celles des U' = A' ⊕ B et des U" = A ⊕ B', ce qui revient à étudier le paradigme des unités X qui peuvent ou pas gouverner ces différentes unités. On regardera ainsi laquelle des deux commutations, celle sur A ou celle sur B, a le plus d'impact sur la valence supérieure de U. Si les A ⊕ B' ont la même valence supérieure que A ⊕ B, mais pas les A' ⊕ B, on en déduira que A gouverne B, c'est-à-dire que A est la tête de la combinaison U = A ⊕ B.

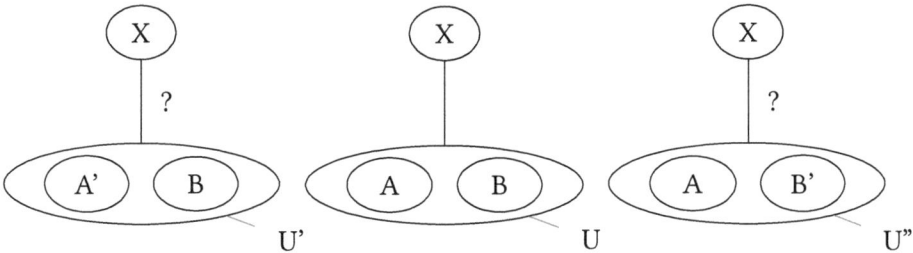

FIGURE 10.18 – Application du Critère distributionnel sans effacement

Montrons par un exemple comment s'applique le critère. Considérons U = *(nous) chantons* qui est la combinaison du lexème A = CHANTER de signifiant *chant-* et de la désinence verbale B = *-ons*. (Nous laissons de côté le sujet *nous*, qui est clairement dépendant de la forme verbale, pour nous concentrer sur la forme verbale elle-même.) On peut faire commuter A avec les autres lexèmes verbaux et B avec les autres désinences verbales. Quel que soit le lexème verbal A' considéré, l'unité U' = A' ⊕ B garde la même valence supérieure que U, celle d'une proposition à l'indicatif, qui peut être aussi bien une phrase complète qu'une proposition subordonnée à un verbe qui impose l'indicatif (*Je sais que nous chantons*). Par contre, ni U, ni U' ne pourra être subordonné à un verbe qui demande le subjonctif (**Je veux que nous chantons* vs *Je veux que nous chantions*). Par contre, la commutation de B avec un subjonctif B' donnera à U" une valence supérieure différente de U. Même le changement du présent en futur change la valence supérieure, puisqu'il existe des contextes où le futur est impossible (*Si nous chantons, les gens vont partir* vs **Si nous chanterons, les gens vont partir*). La commutation de B avec un infinitif (*chanter*) ou avec un participe (*chanté* ou *chantant*) modifie encore davantage la valence supérieure de la forme verbale. Nous en concluons que, sans aucun doute possible, c'est la désinence du verbe et non le verbe lui-même qui contrôle la valence supérieure d'une forme verbale.

Le Critère distributionnel sans effacement peut toujours s'appliquer, à la différence des Critères distributionnels avec effacement s'appliquent. Néanmoins, le Critère distributionnel sans effacement est plus difficile à utiliser que les Critères distributionnels avec effacement, pour lesquels il n'y a que trois unités à tester (A, B et U = A ⊕ B) et non toutes les unités obtenues en faisant varier A ou B. Mais le Critère distributionnel sans effacement est aussi plus puissant et donc plus fiable. Notons pour finir, le Critère distributionnel avec effacement négatif apparaît comme un cas limite du Critère distributionnel sans effacement, où on effectue une commutation par le vide.

10.10 Tête faible

Reprenons l'exemple de U = *à Marie*, avec A = *à* et B = *Marie*. Le Critère distributionnel avec effacement négatif (vu à la section 10.8) nous a permis de déterminer que A = *à* est une tête distributionnelle. Voyons maintenant ce que nous dit le Critère distributionnel sans effacement sur les propriétés de tête de A et B. Le syntagme U peut dépendre de TÉLÉPHONER (*Pierre téléphone à Marie*), mais si on commute A = *à* avec une autre préposition (*de Marie, sur Marie*), le syntagme peut continuer à dépendre d'un verbe (*Pierre rêve de Marie, Pierre compte sur Marie*), mais pas du verbe TÉLÉPHONER. On en déduit à nouveau que la préposition *à* est une tête distributionnelle et qu'elle ne dépend donc pas du substantif B. (Pour l'utilisation du terme *substantif*, voir la section 10.16 « *Nom ou déterminant comme tête ?* ».) Avant d'en conclure que le substantif B dépend de la préposition A, il faut regarder ce qui se passe quand on commute le substantif B.

Le substantif B = *Marie* peut commuter avec beaucoup de groupes substantivaux sans que cela n'affecte la valence supérieure du groupe (*Pierre téléphone à une amie/à tout le monde/aux autres/...*), mais B peut difficilement commuter avec un inanimé (*Pierre téléphone à quelqu'un* ; [?*]*Pierre téléphone à quelque chose*). De plus, B peut commuter avec un infinitif, mais pas dans ce contexte (*Pierre commence à partir* vs **Pierre téléphone à partir*). On en déduit que la préposition *à* est plutôt la tête distributionnelle, mais que le substantif contrôle quand même une partie de la distribution.

> **Définition 10.17 : tête faible**
>
> Lorsqu'un deuxième élément contrôle également la distribution de l'unité U, la tête de U est dite FAIBLE.

Le groupe prépositionnel est donc une unité à tête faible. Ceci nous permet de postuler la structure de dépendance de la figure 10.19, où la connexion non hiérarchisée entre *à* et *Marie* est représentée par un lien horizontal. La relation de dépendance entre *téléphone* et *à Marie* est associée au lien horizontal, selon les conventions polygraphiques utilisées pour les structures de connexion (voir l'encadré 9.8 *Graphe à bulles et polygraphe*).

Si on veut obtenir une structure d'arbre, on privilégiera la position de tête de la préposition comme dans la figure 10.19.

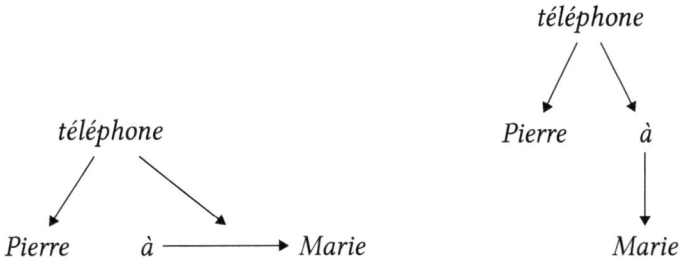

FIGURE 10.19 – Deux analyses pour *Pierre téléphone à Marie*

Notons qu'on peut objecter que la préposition est une tête faible en considérant qu'il y a en fait plusieurs prépositions À, certaines dont le complément est un substantif, d'autres dont le complément peut ou doit être un infinitif. Dans ce cas, on considère que les verbes TELÉPHONER (*téléphoner à Marie*) et COMMENCER (*commencer à arriver*) régissent des prépositions *à* différentes et il n'est plus nécessaire de dire que le complément de la préposition contrôle la valence supérieure du groupe prépositionnel.

Encadré 10.6 : Quelle structure pour quels critères ?

En définissant la structure de connexion à partir de critères caractérisant les unités autonomisables (illocutoirement et/ou prosodiquement), nous obtenons une structure qui encode ces mêmes unités (voir la section 9.14 sur la *Structure de connexion*). Par contre, si l'on ajoute des critères pour raffiner la structure, celle-ci n'encode plus les unités autonomisables, comme nous l'avons déjà mentionné dans l'encadré 9.7 sur *Les limites de la dualité.* C'est ce qui se passe avec les critères introduits dans ce chapitre, critères qui nous ont permis d'obtenir une structure de dépendance plus fine que la structure de connexion. On peut néanmoins récupérer l'information sur les unités autonomisables en indiquant quelles dépendances ne peuvent être coupées, c'est-à-dire en indiquant pour chaque dépendant s'il est optionnel ou obligatoire.

On peut maintenant se demander quel est l'intérêt d'introduire de nouveaux critères et de raffiner ainsi la structure. Il ne faut pas perdre de vue les objectifs qui prévalent à la définition d'une structure syntaxique. L'un des principaux objectifs de la structure syntaxique est de servir de support à l'écriture des règles de la grammaire. Nous devons donc privilégier la structure qui permet d'exprimer le plus simplement possible les principales contraintes qui pèsent sur la formation des énoncés. C'est pour cela que nous souhaitons que les éléments qui se contraignent les uns les autres soient liés dans la structure. Définir la structure à partir de critères distributionnels nous permettra d'assurer les *contraintes distributionnelles* — qui peut se combiner avec qui — par des RÈGLES LOCALES, c'est-à-dire des règles qui s'appliquent à une portion bien circonscrite de la structure.

Ajoutons encore que la structure que nous associons à un énoncé représente seulement les propriétés de notre énoncé vis-à-vis des critères appliqués. Lorsque nous construisons la structure en fonction des résultats des critères, nous devons faire des compromis entre le désir d'encoder l'ensemble des informations données par l'application des critères et la nécessité d'obtenir une représentation suffisamment simple pour être lisible et traitable de manière automatique. La question de savoir si cette structure a une quelconque pertinence cognitive ne peut recevoir de réponse avec la démarche que nous suivons. Les structures que nous construisons sont le résultat de calculs faits par le linguiste, qui sont quand même assez éloignés des calculs que fait le locuteur quand il communique.

Nous reviendrons sur ces questions dans la section 10.22 sur la *Multiplicité des analyses en dépendance.*

10.11 Tête interne et critère rectionnel

La *tête distributionnelle* est aussi appelée la TÊTE EXTERNE, parce que c'est l'élément qui est « visible » de l'extérieur d'une unité syntaxique (par le gouverneur de l'unité). On peut opposer aux critères externes de l'effacement et de la distribution des critères internes, que nous appellerons les CRITÈRES RECTIONNELS. Ceux-ci s'appliquent à la combinaison de deux éléments, indépendamment des contextes où peut être placée l'unité formée par leur combinaison et donc sans regard pour ce qui se passe à l'extérieur de cette combinaison.

Définition 10.18 : tête interne, régissant

On appelle TÊTE INTERNE d'une combinaison l'élément qui semble imposer à l'autre sa forme, sa catégorie ou sa position linéaire. La tête interne est encore appelée le RÉGISSANT et l'élément qui dépend de lui est dit RÉGI.

Par exemple, le verbe TÉLÉPHONER impose à son complément d'être combiné avec la proposition À (*Pierre téléphone à Marie*), tandis que le verbe REGARDER demande un complément nu (*Pierre regarde Marie*).

Définition 10.19 : régime

La contrainte que le régissant impose au régi, ainsi que l'expression de cette contrainte (par un syntaxème de cas, une préposition ou une place linéaire par exemple) est appelée le RÉGIME.
À noter que l'on parle aussi bien du *régime du régissant*, pour désigner l'ensemble des contraintes qu'il impose à ses dépendants, que du *régime du régi*, pour désigner la forme particulière que lui impose son gouverneur.

Une préposition imposée par un régime, comme la préposition À imposée par le verbe TÉLÉPHONER à son complément, est appelée une PRÉPOSITION RÉGIME.

Le Critère rectionnel permet par exemple de confirmer que l'auxiliaire est bien la tête d'une forme verbale complexe. Comparons :

(18) a. *Pierre a dormi longtemps.*

b. *Pierre va dormir longtemps.*

On voit que l'auxiliaire AVOIR du passé impose au verbe lexical d'être au participe passé, tandis que l'auxiliaire ALLER du futur impose au verbe d'être à l'infinitif. On en déduit que l'auxiliaire régit le verbe auxilié.

Une formulation inverse du Critère rectionnel est le Critère d'indépendance des co-dépendants. On appelle CO-DÉPENDANTS deux éléments qui dépendent du même gouverneur.

Définition 10.20 : Critère d'indépendance des co-dépendants

CRITÈRE D'INDÉPENDANCE DES CO-DÉPENDANTS. Un élément *n'impose pas* à un *co-dépendant* sa forme, sa catégorie ou sa position linéaire.

Un élément peut toutefois occuper la place habituellement dévolue à un de ses co-dépendants, mais il ne contrôle pas la place où celui-ci est déplacé. On observe ceci par exemple dans la construction dite de l'*inversion locative*, où un complément locatif vient occuper la position préverbale habituellement dévolue au sujet, le sujet étant alors placé après le verbe, comme dans les exemples suivants :

(19) a. *De là serait née sa vocation musicale.*

     b. *Parmi les navires concernés figurent aussi une dizaine de thoniers français.*

Illustrons l'application du Critère d'indépendance des co-dépendants par la question de la tête des propositions en wolof, une langue Niger-Congo parlée au Sénégal. Le verbe en wolof est quasiment invariable, mais il peut se combiner avec un certain nombre de particules verbales. La question est alors : ces particules doivent-elles être traitées comme des adverbes modifiant le verbe ou comme des auxiliaires régissant le verbe ? Ces particules verbales modifient la distribution du verbe (par exemple, les particules ne sont pas possibles dans les constructions relatives), ce qui en fait donc des têtes distributionnelles. Mais elles ont une autre propriété qui en fait aussi des têtes internes. En effet, chaque particule promeut un élément différent en première position : la particule *a* maintient le sujet en première position (20a), la particule *la* promeut un complément (20b), la particule *na* promeut le verbe lui-même (20c) et enfin la particule *da* occupe la première position (20d). (Dans les gloses qui suivent, le signe = indique la cliticisation de la particule qui suit. La forme *y*, glosée IMPF, est un syntaxème d'imperfectif, *ñu* est le pronom sujet 3ᵉ personne du pluriel, et *am* est un déterminant indéfini.)

(20) a. *ñu=**a**=y*   *lekk*   *am*   *xar*
            S3PL=PART=IMPF manger INDF mouton
            'C'est eux qui mangent un mouton.'

b. *am xar* **la**=*ñu=y* *lekk*

INDF mouton PART=S3PL=IMPF manger

'C'est un mouton qu'ils mangent.'

c. *lekk* **na**=*ñu=y* *am xar*

manger PART=S3PL=IMPF INDF mouton

'Ils mangent un mouton.', litt. C'est manger qu'ils [font à] un mouton.

d. **da**=*ñu=y* *lekk* *am xar*

PART=S3PL=IMPF manger INDF mouton

'(Le fait est que) ils mangent un mouton.'

En plus, la particule *la* autorise la réalisation d'un sujet lexical post-verbal, tandis que les particules *na* et *da* l'interdisent. Ces propriétés montrent que les particules ne peuvent pas être dépendantes du verbe, en raison du Critère d'indépendance des co-dépendants : un dépendant du verbe ne peut imposer sa place à un autre dépendant du verbe comme le font les particules verbales.

Notons pour terminer que lorsque les critères pour identifier la tête interne et la tête externe se contredisent, ce sont les critères distributionnels (avec et sans effacement) et la tête externe que nous privilégions.

10.12 Critère de la tête sémantique

La tête syntaxique d'une unité syntaxique n'est en général pas seulement saillante du point de vue distributionnel : elle est aussi saillante du point de vue sémantique et constitue alors ce qu'on appelle la tête sémantique de l'unité.

Définition 10.21 : tête sémantique

La TÊTE SÉMANTIQUE d'une unité U est l'élément de U qui résume à lui seul le sens de U, qui en détermine la catégorie ontologique.

Par exemple, la tête sémantique de *poisson-chat* est *poisson*, car un poisson-chat est un type de poisson et pas un type de chat. À l'inverse, *enseignant-chercheur* apparaît comme exocentrique, car un enseignant-chercheur est autant un enseignant qu'un chercheur. (Voir l'encadré 8.7 sur les *Constructions N N*.)

La tête sémantique d'une proposition est le verbe. Ainsi la proposition *Zoé invite ses copains à son anniversaire* décrit-elle avant tout une invitation dont Zoé, ses copains et l'anniversaire sont des participants.

Un autre exemple : *un livre rouge* a pour tête sémantique *livre*, car un livre rouge est avant tout un livre et pas un objet rouge. On peut par exemple s'en convaincre avec :

(21) *Le livre rouge est plus beau que les autres.*

En effet, ici clairement, *les autres* renvoie aux autres livres et pas aux autres objets rouges. (On notera au passage que cette asymétrie disqualifie les formalisations logiques symétriques qui voient *un livre rouge* comme un *x* tel que *x* est un livre **et** *x* est rouge. Voir Higginbotham 1985 pour une discussion.)

La tête sémantique d'une unité syntaxique n'est pas toujours sa tête syntaxique : la notion de tête sémantique privilégie les sémantèmes lexicaux vis-à-vis des éléments grammaticaux. Ainsi la tête sémantique de *Zoé a invité ses copains à son anniversaire* reste le verbe lexical INVITER et n'est pas l'auxiliaire AVOIR qui marque le passé. De la même façon, la tête sémantique d'un groupe substantival comme *le chien de Marie* privilégie le nom tête CHIEN au détriment du déterminant LE. (Voir aussi le cas des « *Déterminants complexes* » dans l'encadré 10.8.)

La notion de tête sémantique est donc une notion distincte de celle de tête syntaxique (voir la section sur les *Distorsions sémantique-syntaxe* dans le chapitre 13). Néanmoins lorsque les critères pour déterminer la tête syntaxique sont insuffisants, on peut, si l'on souhaite à tout prix choisir une tête, utiliser les critères sémantiques.

10.13 Critère sémantique de non-effacement

On ne confondra pas la notion de tête sémantique avec celle de GOUVERNEUR SÉMANTIQUE (voir l'encadré 10.2 sur les *Dépendances morphologique, syntaxique et sémantique*). Ainsi dans *livre rouge*, dans la relation sémantique entre 'livre' et 'rouge', c'est bien 'rouge' qui fonctionne comme prédicat et prend 'livre' comme argument ('rouge' désigne une propriété qui comme toute propriété est la propriété de quelque chose, alors que 'livre' désigne un objet dont la couleur n'est pas définitoire). On dira donc que *livre* est la tête sémantique de *livre rouge*, tandis que 'rouge' est le gouverneur sémantique de 'livre', qui est son argument ou dépendant sémantique.

Un élément X comme *rouge* qui prend son gouverneur syntaxique comme argument sémantique, c'est-à-dire qui est à la fois dépendant syntaxique et gouverneur sémantique d'un élément Y est appelé MODIFIEUR de Y (voir la section 13.4 sur la *Structure prédicative des sémantèmes*). Les modifieurs sont toujours effaçables a priori, car ils ne sont pas indispensables à leur gouverneur syntaxique. Ceci nous donne un nouveau critère sémantique qui est le pendant du Critère d'effacement simple (il s'applique quand le Critère d'effacement simple ne s'applique pas) et que nous appelons donc le Critère sémantique de non-effacement.

Définition 10.22 : Critère sémantique de non-effacement

CRITÈRE SÉMANTIQUE DE NON-EFFACEMENT : si l'unité U = AB est gouvernée syntaxiquement par X, que A est *non effaçable* dans ce contexte (c'est-à-dire qu'on n'a pas XB) et que A est le *gouverneur sémantique* de B, alors A est une *tête syntaxique* de U.

Autrement dit, si A est non effaçable, il ne peut être un modifieur de B. Comme il est le gouverneur sémantique de B, il ne peut être son dépendant syntaxique et il a donc des propriétés de tête.

Prenons un exemple. On s'intéresse à U = *sur la table* dans l'énoncé suivant :

(22)   *Pierre a posé le livre sur la table.*

Ici 'sur' est un prédicat binaire qui exprime une relation de localisation entre 'livre' et 'table' et prend donc 'table' comme argument. Comme A = *sur* est le gouverneur sémantique de B = *la table* et que A est non effaçable, A est une tête syntaxique de U.

D'après le Critère d'effacement simple, si B est effaçable, alors A est une tête syntaxique, indépendamment de savoir si A gouverne sémantiquement B ou pas. Le critère du gouverneur sémantique est donc vraiment intéressant quand ni A, ni B n'est effaçable dans un contexte donné.

On peut encore appliquer le critère au cas des formes verbales comme *chant-ait*. C'est la flexion qui gouverne sémantiquement le lexème verbal : le temps verbal exprime un sens fondamentalement prédicatif ('avoir lieu dans le passé') dont le signifié du lexème verbal est l'argument. Nous verrons une autre application pour le cas de la connexion déterminant-nom à la section 10.18 sur le « *Déterminant comme tête ?* ».

Encadré 10.7 : Distorsions sémantique-syntaxe

Indépendamment de la question des éléments grammaticaux, il existe certaines configurations de deux éléments lexicaux où tête syntaxique et tête sémantique ne semblent pas se correspondre. On parle alors de DIS-TORSIONS (en anglais de MISMATCHES) (voir le chapitre 13 pour d'autres exemples de distorsions sémantique-syntaxe et notamment la section 13.8 sur *Un dernier cas de distorsion structurelle : l'insertion modificative*). Le plus flagrant des exemples de ce type est mis en évidence par la paire minimale suivante, déjà utilisée à de nombreuses reprises par des linguistes (le Dictionnaire de l'Académie Française de 1798 contient déjà deux entrées séparées pour VERRE en tant que contenant et contenu) :

(23)   a. *Félix achète un verre à vin* (*et le casse*).

        b. *Félix achète un verre de vin* (*et le boit*).

On peut supposer que ces deux exemples ont la même structure syntaxique, que dans les deux cas *un verre* est la tête syntaxique de l'objet de *achète* et que *vin* est complément de la préposition *à* ou *de* et dépend de *un verre* par l'intermédiaire de cette préposition. Par contre, du point de vue sémantique, les situations sont très différentes : si ce que Félix casse est bien un verre, ce qu'il boit est du vin. Dans *un verre de vin*, *un verre* sert uniquement à mesurer la quantité de vin et pas à déterminer la catégorie ontologique de la chose désignée par le syntagme *un verre de vin* (voir la notion de *tête sémantique* dans la section 10.12 sur le *Critère de la tête sémantique*). On en déduit donc que la tête sémantique de *verre à vin* est *verre*, tandis que la tête sémantique de *verre de vin* est *vin*. Il y a ainsi une distorsion sémantique-syntaxe dans la phrase *Félix achète/boit un verre de vin*. Nous représentons ci-dessous son arbre de dépendance syntaxique et son graphe sémantique (pour ce dernier on consultera les chapitres 3 et 13) (figure 10.20).

Un autre cas de distorsion est illustré par l'exemple suivant :

(24)   *Il paraît que le président était au courant.*

Nous savons que la tête syntaxique de cette phrase est la forme verbale *paraît*. Pourtant, à une telle déclaration, un interlocuteur peut répondre « *Non, je ne crois pas.* », ce qui en général voudra dire 'je ne crois pas que le président était au courant' et non pas 'je ne crois pas qu'il paraît que le président est au courant'. Autrement dit, tout se passe comme si *il paraît que* était un modifieur de *le président était au courant*. Cet emploi du verbe PARAÎTRE a déjà été qualifié de RECTEUR FAIBLE pour cette raison par Claire Blanche-Benveniste (1989). Ce verbe s'emploie d'ailleurs dans une autre construction, plus orale, où non seulement il n'est pas la tête sémantique, mais il n'est plus non plus la tête syntaxique, la relation de rection n'étant plus exprimée :

(25) *Le président était au courant, il paraît.*

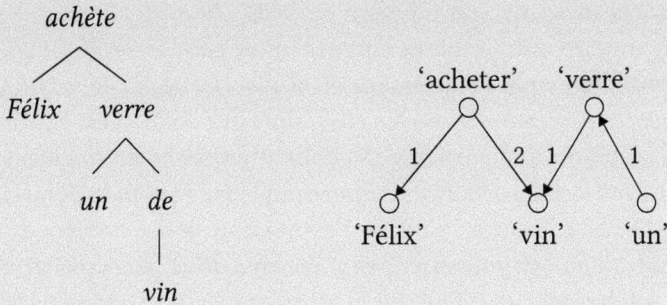

FIGURE 10.20 – Représentations syntaxique et sémantique de (23b)

On notera également que dans d'autres langues, notamment une langue agglutinante comme le japonais, un sens comme 'il paraît' est réalisé par un affixe verbal. Ainsi, le verbe 通じる *tsūjiru* 'comprendre' est suivi d'une série d'affixes modaux terminant sur そうだ *sōda* 'il paraît'.

(26) 議長は事情に通じていた**そうだ**。
      Gichō-wa   jijō-ni
      président-TOP circonstances-DAT
      *tsūjite-ita-**sōda**.*
      saisir-être_en_train.PASSÉ-**paraît**.
      'Il **paraît** que le président était au courant.'

Donnons un dernier exemple qui montre que le choix de la tête syntaxique dépend parfois davantage de la façon dont le lexique de la langue est organisé que d'un choix conscient du locuteur. Voici un exemple classique de distorsion lors d'une traduction :

(27)   a.   *Antoine traversa la rivière à la nage.*

   b.   *Anthony swam across the river.*

   litt. 'Anthony nagea à travers la rivière.'

Cette *réorganisation syntaxique* a été décrite par Tesnière (1959 : chapitre 131) et nommé par lui MÉTATAXE. Le phénomène a été rendu fameux par les études de Leonard Talmy (voir son article de 1983, *How language structures space*, ou son ouvrage de 2000, *Toward a cognitive semantics*). Talmy montre que certaines langues (dites *path-incorporating*), comme le français, favorisent l'expression du *déplacement* par le verbe (*entrer, sortir, monter, descendre, traverser,* etc.), alors que celui-ci est exprimé par une préposition ou une particule dépendant du verbe en anglais (*in, out, up, down, accross,* etc.). D'autres langues (dites *manner-incorporating*), comme l'anglais, favorisent à l'inverse l'expression de la *manière* dont le mouvement a lieu (*swim* 'nager', *run* 'courir', *drive* 'se déplacer en voiture', *bike* 'se déplacer en vélo', etc.), alors que celle-ci est généralement exprimée par un modifieur en français (*à la nage, en courant, en voiture, en vélo,* etc.). Il ne s'agit pas à proprement parler d'un exemple de distorsion syntaxe-sémantique (puisque finalement chaque langue adapte sa hiérarchie sémantique et syntaxique à son lexique dans ce cas), mais plutôt d'une illustration du fait que la hiérarchie syntaxique ne découle pas seulement d'une hiérarchie de l'information à communiquer, mais aussi de propriétés de la langue qui sert à l'exprimer.

10.14 Synthèse des critères pour la tête syntaxique

Bien qu'il nous reste encore un critère à présenter (le Critère de recouvrement), le moment nous semble venu de faire une synthèse des différents critères pour déterminer la tête d'une unité syntaxique. Nous considérons onze critères, six purement syntaxiques et cinq mettant en jeu d'autres niveaux d'analyse.

Les *six critères purement syntaxiques* pour déterminer la tête syntaxique d'une unité U sont par ordre d'importance :

— le *Critère distributionnel sans effacement* : la tête syntaxique de U est l'élément qui contrôle la valence supérieure de U (section 10.9) et porte en conséquence les marques caractéristiques de la position syntaxique occupée par U ; la tête syntaxique d'un énoncé U est l'élément qui porte les marques caractéristiques de l'illocution (section 10.6) ;

— le *Critère distributionnel avec effacement positif* : un élément autonomisable de U ne peut être la tête syntaxique de U que s'il a une valence supérieure similaire à celle de U (section 10.8).

— le *Critère distributionnel avec effacement négatif* : un élément (éventuellement non autonomisable) de U est une tête syntaxique si son effacement modifie la valence supérieure de U (section 10.8).

— le *Critère d'effacement simple* : la tête syntaxique de U est l'élément qui peut le plus facilement former une unité syntaxique avec le gouverneur de U, ce qui revient à effacer les autres éléments de U (section 10.5).

— le *Critère rectionnel* : la tête syntaxique de U est l'élément qui peut imposer aux autres éléments de U leur forme, leur catégorie ou leur place linéaire (section 10.11).

— le *Critère d'indépendance des co-dépendants* : un élément n'impose pas à ses co-dépendants leur forme, leur catégorie ou leur place linéaire (section 10.11).

Les cinq autres critères concernent les relations avec les autres niveaux d'analyse. Ils reposent sur l'hypothèse qu'il existe une certaine similitude entre les différents niveaux d'organisation de l'énoncé et que donc, si les critères purement syntaxiques ne sont pas déterminants, autant maximiser cette similitude. Voici donc, par ordre d'importance, *cinq critères additionnels* pour déterminer la tête syntaxique d'une unité U :

— le *Critère sémantique de non-effacement* : un élément non effaçable qui gouverne sémantiquement les autres composantes de U est une tête syntaxique (section 10.13)

— le *Critère de recouvrement* (ou *Critère topologique*) : la tête syntaxique de U n'est généralement pas recouverte par une connexion entre deux éléments de U (section 10.21) ;

— le *Critère prosodique* : la tête syntaxique de U est l'élément qui peut le plus facilement former une unité prosodique avec le gouverneur de U (section 10.5) ;

— le *Critère morphologique* : la tête syntaxique de U tend à contrôler les marques morphologiques du gouverneur de U (encadré 10.8) ; la réciproque – le fait que le gouverneur de U contrôle les marques morphologiques de la tête de U – est déjà exprimé dans le Critère distributionnel sans effacement ;

— le *Critère de la tête sémantique* : la tête syntaxique de U est généralement l'élément de U qui résume à lui seul le sens de U (section 10.12).

10.15 Les cas problématiques

Dans l'ensemble, les critères pour l'attribution de la tête d'un syntagme sont assez convergents. Par exemple, on s'accorde en général pour dire que l'objet dépend du verbe sans qu'il n'y ait de réelles discussions sur ce point (à l'exception néanmoins des constructions à verbes supports que nous discutons dans l'encadré 10.9 *Quand le dépendant contrôle son gouverneur*). Même pour le sujet, tout le monde semble aujourd'hui d'accord pour dire qu'il dépend de la forme verbale et la discussion porte plutôt sur la granularité de la représentation et la question de savoir si le sujet dépend d'un seul des éléments de la forme verbale (la désinence) ou s'il dépend du tout.

Il existe néanmoins un certain nombre de cas problématiques qui sont au centre des discussions sur la notion de tête. Voici les principaux cas discutés dans ce chapitre ou dans la partie V du vol. 2 :

— les *marqueurs de rection* : nous avons déjà évoqué dans ce chapitre la question de la tête de *à Marie* dans *Pierre téléphone à Marie*. Le même genre de question se pose pour la conjonction de subordination *que* dans *Pierre pense que Marie dort*, d'autant que le verbe régi peut être porteur d'une marque de rection (le subjonctif), comme dans *Il faut que Pierre dorme*, et qu'il contrôle donc en partie la valence supérieure (voir aussi la discussion sur les *Têtes effaçables* dans l'encadré 10.5). Ces questions seront à nouveau traitées dans le chapitre 16 du vol. 2 lorsque nous discuterons la translation.

— la *coordination* : quelle est la tête de *Marie et Pierre* dans *J'ai invité Marie et Pierre* ? À peu près toutes les configurations ont été envisagées : 1) la construction est symétrique et *Marie* et *Pierre* sont des co-têtes ; 2) la construction est asymétrique et le premier conjoint, *Marie*, est l'unique tête ; 3) la conjonction de coordination est l'unique tête. Cette question sera étudiée dans un chapitre entièrement consacré à la coordination et aux autres constructions de ce type , le chapitre 18 du vol. 2 sur les *Listes*.

— la *relative* : quelle est la tête de la relative *à qui tu parlais* dans la phrase *La fille à qui tu parlais habite dans ma rue* ? S'agit-il du pronom relatif ou bien du verbe principal de la relative ? Cette question sera discutée en détail au chapitre 19 du vol. 2 consacré à l'*Extraction*, dont la relativisation est un cas particulier.

— le *déterminant* : quelle est la tête de *le chien* dans *Le chien dort* ? Le déterminant ou le nom ? Nous abordons cette question très controversée dans les prochaines sections.

Encadré 10.8 : « Déterminants complexes »

Le français possède des syntagmes de la forme « N *de* N » ou « Adv *de* N », comme *un tas de gens* ou *trop de gens*, où le nom qui suit *de* est clairement la *tête sémantique* (section 10.12) : *un tas de gens* désigne des gens, pas un tas. De plus, dans ces constructions, l'accord se fait généralement avec le nom qui suit *de*, ce qui, en vertu du *Critère morphologique*, désigne également ce nom comme tête :

(28)   a.   *Un tas de lettres **ont** été écrites depuis le front pendant la guerre de 14.*

    b.   *La plupart de ces gens **sont** d'accord avec moi.*

Une première analyse consiste à traiter le segment qui précède le nom comme un DÉTERMINANT COMPLEXE en raison de ces propriétés sémantique et morphologique et de la commutation apparente avec un déterminant, comme le montre la commutation possible ici de *un tas de* avec *plusieurs* :

(29)   *Plusieurs lettres ont été écrites depuis le front pendant la guerre de 14.*

L'argument de la commutation est fragile et ne peut être retenu. D'une part, *un tas de* n'est pas réellement une unité syntaxique (en tout cas ce n'est pas une unité autonomisable) et d'autre part la commutation n'est plus possible dès qu'il y a une coordination :

(30)   a.   ***Un tas de** lettres et **de** paquets sont arrivés aujourd'hui.*

    b.   * ***Plusieurs** lettres et **de** paquets sont arrivés aujourd'hui.*

Si l'analyse de *un tas de* comme déterminant ne peut être retenue, reste la question de savoir qui du nom *tas* ou de *lettres* gouverne l'autre dans *un tas de lettres*. Bien que, comme nous venons de le voir, les critères morphologique et sémantique donnent l'avantage à *lettres*, on peut considérer que c'est bien *tas* qui est la tête syntaxique. Cela tient au fait que *de*, dans *un tas de lettres*, est une préposition régie par *tas* (Critère rectionnel). Les arguments pour cela sont que, d'une part, *de* doit être répété en cas de coordination, comme on l'a vu en (30). Et que, d'autre part, *de lettres* se pronominalise par le pronom *en* (*j'en ai écrit un tas*), comme pour les autres emplois, clairement régis, de *de* (*j'en rêve*). Remarquons que les critères distributionnels ne s'appliquent pas vraiment (nous comparons deux noms, donc deux items de distribution comparable a priori) et le Critère d'effacement simple n'est pas non plus concluant, puisque le premier nom peut être effacé (*des lettres ont été écrites depuis le front ; ces gens sont d'accord avec moi*), comme le second (*? un tas ont été écrites depuis le front ; la plupart sont d'accord avec moi*). (Remarque : nous pouvons considérer que *de* est un amalgame *de* + *des* dans *un tas de lettres* ; cf. *il parle de lettres* et pas **il parle de des lettres*.)

Le cas des constructions « Adv *de* N » est similaire. Ici aussi, *de* apparaît bien comme une préposition régime, comme le montre les fonctionnements de la coordination et de la pronominalisation :

(31) a. *J'ai mangé trop **de** chocolat et **de** pain.*

   b. *J'**en** ai mangé trop.*

On peut aussi noter que l'adverbe peut régir un complément qui se place au-delà du nom, ce qui est une raison supplémentaire pour supposer qu'il gouverne le nom (voir la section 10.21 sur le *Critère de recouvrement*) :

(32) a. *Il a fourni **trop** d'efforts **pour abandonner maintenant**.*

   b. *Il a envoyé **plus** de lettres **que nécessaire**.*

Ceci conduit donc à considérer l'adverbe comme la tête du syntagme et à proposer pour les phrases en (31) les structures de la figure 10.21.

Il faut néanmoins noter que le syntagme « Adv *de* N » n'est pas toujours continu :

(33) *J'ai **trop** mangé **de chocolat**.*

Et pour les adverbes négatifs, il peut même ne pas pouvoir être continu dans certains cas :

(34) a. *Je n'ai **jamais** mangé **de chocolat**.*

   b. ** Je n'ai mangé jamais de chocolat.*

Ceci peut amener à se demander si dans cette dernière construction, *de chocolat* dépend bien de l'adverbe ou s'il ne dépend pas du verbe, ce qui est l'analyse traditionnelle, *de* étant alors déclaré déterminant négatif (voir la discussion sur les différents emplois de *de* dans l'encadré sur *Les articles indéfinis du français* du chapitre 15 du vol. 2). Cet argument n'est plus tenable en l'absence d'un verbe, où le segment « Adv *de* N » forme clairement une unité syntaxique :

(35) *Merci, **jamais de chocolat** pour moi la semaine. **Trop de chocolat** le week-end.*

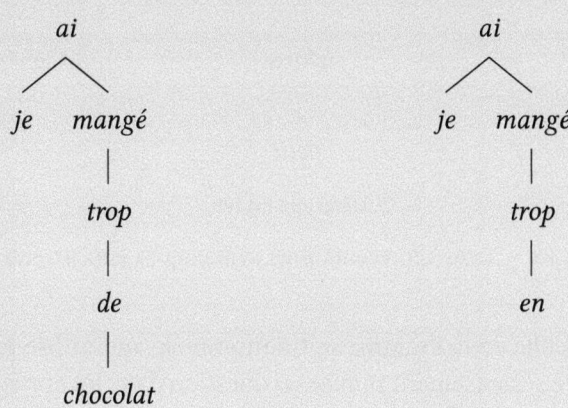

FIGURE 10.21 – Arbre de dépendance pour un « déterminant complexe »

10.16 Nom ou déterminant comme tête?

Le déterminant et le nom forment avec leurs dépendants une unité que nous appelons le GROUPE SUBSTANTIVAL. Le groupe substantival est souvent appelé GROUPE NOMINAL OU GROUPE DÉTERMINATIF, selon que l'on considère que sa tête est le nom ou le déterminant. Nous avons choisi à dessein un terme neutre qui ne présuppose aucune des deux analyses. Qui plus est ce terme est conforme au choix terminologique fait en typologie qui distingue généralement SUBSTANTIF (une unité qui peut référer à une substance) et NOM (une catégorie lexicale). (Pour plus de détails, voir la section sur *Substantifs et noms* du chapitre 16 du vol. 2.)

La question de savoir qui du nom ou du déterminant est la tête est une question complexe qui a fait couler beaucoup d'encre. Il existe trois réponses possibles (et pas deux) : a. le nom est la tête, b. le déterminant est la tête, c. les deux ont des propriétés de têtes et sont des co-têtes. Considérons l'exemple :

(36)   *Le petit chien dort.*

Nous proposons dans la figure 10.22 une structure pour chacune des trois options.

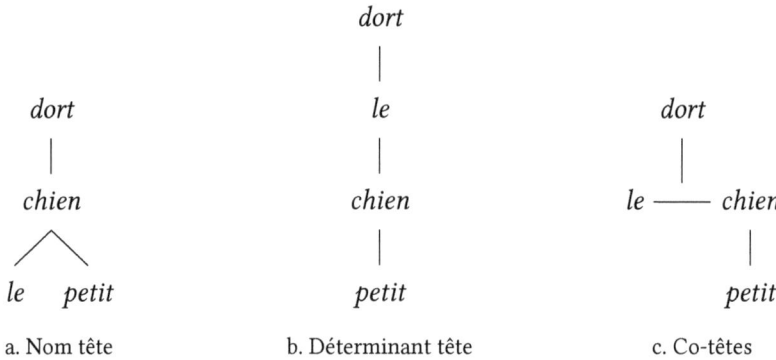

FIGURE 10.22 – Trois représentations syntaxiques concurrentes pour (36)

L'option a est celle de la grammaire traditionnelle, qui utilise le terme *groupe nominal*. Elle a été sérieusement remise en question dans les années 1980, notamment par Richard Hudson (1984) et la thèse de Steven Abney (1987) qui défendait l'hypothèse du groupe déterminatif (*DP-hypothesis*) (option b), et par l'adoption ensuite du DP (*Determiner Phrase*) par la Syntaxe X-barre en lieu et place du NP (*Noun Phrase*). L'option c est sérieusement envisagée par Lucien Tesnière (1959), qui considère que les articles sont des indices qui marquent le rôle nominal du nom, et qui donc traite *le chien* comme un nucléus translatif, lequel est représenté horizontalement, comme dans notre structure c de la figure 10.22 (voir l'encadré 10.3 sur l'*Historique des représentations syntaxiques par des diagrammes en dépendance*, ainsi que la section 10.10 *Tête faible*).

Nous allons discuter les arguments pour les différentes options.

10.17 Nom comme tête ?

Le choix du nom comme tête du groupe substantival (option a de la section précédente) prend comme argument principal que, en l'absence de critères syntaxiques décisifs, c'est la tête sémantique qui doit primer, laquelle est le nom. De plus, des restrictions de sélection s'exercent sur le nom, puisque certains verbes par exemple ne peuvent prendre que des noms humains comme argument :

(37) a. *Personne ne pense ça.*

     b. [??] *Rien ne pense ça.*

Le cas le plus net de contrôle de la valence supérieure par le nom est celui des *noms temporels*, qui peuvent modifier un verbe :

(38) a. *Elle est venue trois jours / quelques minutes / un samedi matin.*

     b. * *Elle est venue trois tables / quelques amis / une cuillère.*

Cette opposition montre bien que la valence supérieure de *trois jours* est déterminée par *jour* et non par *trois* (Van Langendonck 1994) (Critère distributionnel sans effacement). Le même argument vaut pour des noms comme *fois* qui ont la valence supérieure d'un adverbe tout en se combinant avec toute sorte de déterminants comme un nom ordinaire. Dans l'exemple qui suit, *trois fois* occupe une position tout à fait inhabituelle pour un groupe substantif, puisqu'il modifie l'adverbe *plus* :

(39) *Il a bu **trois fois plus** de vin que les autres.*

Par ailleurs, un certain nombre de noms s'utilisent sans déterminant (*lundi, maman, avril, Paris, Sylvain,* etc.) et peuvent recevoir un déterminant sans que cela change leur valence supérieure (Critère distributionnel avec effacement positif) : *le lundi, ma maman, le Paris de mon enfance, le Sylvain que je connaissais,* etc.

Un des arguments les plus utilisés pour le déterminant comme tête est l'*unicité du déterminant.* Il est vrai que le déterminant est un élément particulier du groupe substantival, par sa position initiale notamment. Néanmoins, son unicité reste discutable. D'abord, beaucoup de langues n'ont pas de déterminants (notamment les langues slaves, qui sont les langues maternelles de beaucoup de linguistes qui ont influencé le développement de la syntaxe de dépendance) et dans ces langues le nom est donc incontestablement la tête du groupe substantival. Similairement, les langues germaniques, qui possèdent bien des déterminants, utilisent le nom nu à l'indéfini lorsqu'il est massif ou pluriel (autrement dit, il n'y a pas de morphème traduisant les articles français *du* et *des*). C'est le cas en anglais :

(40) *He drinks milk / girly cocktails.*

     'Il boit **du** lait / **des** cocktails de midinettes.'

Ces configurations pourraient s'analyser à l'aide d'un déterminant zéro (c'est-à-dire sans réalisation phonologique), mais elles militent quand même en faveur d'une analyse en groupe nominal, beaucoup plus simple. En effet, si le déterminant est effaçable sans que la valence supérieure ne change, il n'est pas la tête distributionnelle (Critère distributionnel avec effacement positif).

Le français présente lui aussi des données problématiques pour l'unicité du déterminant :

(41) a. *mes deux amis*

  b. *mes amis*

  c. *deux amis*

Doit-on considérer que dans *deux amis*, *deux* est déterminant ? Mais alors, dans *mes deux amis*, y a-t-il deux déterminants ? Ou bien s'agit-il d'un autre *deux* ? Cette dernière solution est la solution la plus souvent proposée (*deux* serait adjectif en (41a) et déterminant en (41c)), mais elle est difficilement défendable étant donné que *deux* a absolument la même position linéaire et la même contribution sémantique que *mes* soit ou non présent et qu'il en va de même de tous les éléments qui peuvent commuter avec lui, comme *quelques* ou *différents* (voir l'exercice 5 du chapitre 12). Une application stricte du Critère distributionnel avec effacement positif nous oblige à conclure que *mes deux amis* et *deux amis* ont la même valence supérieure et que donc *mes* n'est pas la tête distributionnelle. Voir l'encadré 10.11 sur les *Grammèmes comme tête* pour les différentes structures syntaxiques possibles de *mes deux amis*.

Encadré 10.9 : Quand le dépendant contrôle son gouverneur

Il existe d'autres arguments pour le nom comme tête que nous n'avons pas retenus. Parmi ceux-ci, il est souvent avancé que le nom contrôle son déterminant. On dit A CONTRÔLE B lorsque A réduit le paradigme des B par rapport à ce qui serait attendu.

Les noms massifs prennent comme article indéfini DU et non UN : *du sable* vs [#]*un sable* (voir le chapitre 15 du vol. 2 pour une description détaillée des articles du français). De plus, ils sont non comptables et excluent donc tous les déterminants quantifieurs : [#]*deux sables*, [#]*plusieurs sables* (ces expressions sont possibles, mais *sables* est alors interprété comme désignant des 'types de sable'; voir la section 13.3.3.6 sur *Les sémantèmes cachés*).

Cela ne permet pas d'en déduire que le nom est gouverneur, car il est tout à fait possible qu'un dépendant contrôle son gouverneur. Ceci est assez courant dans les *collocations* (voir la section 7.8 *Collocation et choix lié*). Dans les constructions à verbe support (**pousser** *un cri*, **mener** *une lutte*, **donner** *un avis*, **poser** *une question*, etc.), un nom prédicatif *contrôle lexicalement* le choix du verbe, alors qu'il en est le complément d'objet. Dans les constructions locatives (*aller* **sur** *la plage*, **dans** *la montagne*, **à** *la campagne*, **en** *Chine*, **chez** *le docteur*, etc.), le nom sélectionne la préposition locative, alors qu'il en est le complément. Le dépendant peut aussi contrôler son gouverneur dans les *phénomènes d'accord* : ainsi le sujet contrôle l'accord du verbe qui le gouverne.

10.18 Déterminant comme tête ?

Le choix du déterminant comme tête du groupe substantival (option b de la section 10.16 *Nom ou déterminant comme tête ?*) repose sur différents arguments. D'abord, une analogie entre la proposition et le groupe substantival : si l'on considère que l'auxiliaire, qui porte les grammèmes du verbe, est la tête de la proposition, on peut être amené à considérer que l'article, qui a aussi un rôle essentiellement grammatical, est la tête du groupe substantival (les théories issues du générativisme parlent alors de TÊTES FONCTIONNELLES pour désigner ces éléments et les opposent aux têtes lexicales). On notera qu'en français, en plus d'être le porteur de la définitude, c'est phonologiquement l'article qui porte le nombre et non le nom (*le chat* /ləʃa/ *les chats* /leʃa/) (pour plus de détail voir la discussion dans le chapitre 15 du vol. 2 sur les *Catégories nanosyntaxiques*). En allemand, l'article porte plus régulièrement le cas que le nom et contrôle ainsi la valence supérieure du groupe substantival (**der** *Mann*, 'l'homme' au nominatif, sera sujet, tandis que **den** *Mann*, à l'accusatif, sera objet). En français aussi, l'article est en quelque sorte porteur du cas, si l'on considère les *amalgames* entre les prépositions *à* et *de*, marqueurs de cas, et les articles comme des *formes casuelles* de l'article : *le lit* vs (*aller*) **au** *lit* vs (*sortir*) **du** *lit* ; *les amis* vs (*parler*) **aux** *amis* vs (*parler*) **des** *amis* ; **des** *jouets* vs (*parler*) **de** *jouets*. En appliquant le Critère distributionnel sans effacement, on en déduit que l'article est la tête, car la commutation de *le* par *au* ou *du* (ou de *der* par *den* en allemand) change la valence supérieure.

Un deuxième argument exclut de traiter l'article comme un dépendant ordinaire du nom. Rappelons qu'un dépendant ne doit pas changer la valence supérieure de son gouverneur. Or il existe des positions syntaxiques où le déterminant est obligatoire et d'autres où il est au contraire proscrit.

(42) a. ***La syntaxe*** *est utile.*

     b. * *Syntaxe est utile.*

     c. *Nous parlons* **syntaxe**.

     d. * *Nous parlons la syntaxe.*

On en déduit que *la syntaxe* et *syntaxe* n'ont pas la même valence supérieure, et donc que *la* est la tête. (Critère distributionnel avec effacement négatif).

Il existe encore d'autres contextes où seul le nom nu est possible, comme après la préposition *sauf* en début de phrase :

(43) a. ***Sauf abonnement*** *souscrit pour une durée déterminée [...], le client peut interrompre son abonnement à tout moment par lettre recommandée avec demande d'accusé de réception.* (moncompte.lemonde.fr)

     b. ***Sauf sursaut*** *d'ici à un prochain « sommet » européen en avril, les historiens dateront certainement de cette affaire, de ces années 2015–2016, le début de la décomposition de l'Europe.* (lemonde.fr, à propos de la crise des réfugiés syriens)

     c. * *Sauf l'abonnement ...*

     d. * *Sauf un sursaut ...*

Dans le même ordre d'idée, il existe des déterminants qui ne sont possibles que dans certains contextes (Critère distributionnel sans effacement), comme *de* qui s'utilise uniquement dans un contexte négatif ou *ni* qui requiert en plus un deuxième conjoint :

(44) a. *Bernd ne mangeait pas* **de** *viande.*

     b. * *Bernd mangeait de viande.*

     c. *Bernd ne mangeait* **ni** *viande,* **ni** *poisson.*

     d. * *Bernd (ne) mangeait ni viande.*

Une autre analyse est de considérer que *de* n'est pas un déterminant, mais une préposition régie par *pas* (voir l'encadré 10.8 sur les « *Déterminants complexes* »), et que *ni* est une conjonction de coordination, mais on est alors ramené au premier point, à savoir des positions où le déterminant est proscrit, ce qui est aussi un argument pour le déterminant comme tête (Critère distributionnel avec effacement négatif).

Un troisième argument est la possibilité pour certains déterminants de pouvoir être utilisés sans le nom, comme *plusieurs, certains, un, deux …* (Critère d'effacement positif) :

(45) a. **Plusieurs amis** *sont restés dormir.*

  b. *(Des amis sont venus.)* **Plusieurs** *sont restés dormir.*

On peut répondre à ça qu'il s'agit dans le deuxième cas d'un pronom de même forme que le déterminant et que, pour d'autres déterminants, le pronom correspondant n'a pas la même forme :

(46) **Chaque ami** *a payé sa part.*

(47) *(Des amis sont venus.)* **Chacun** / **Chaque a payé sa part.*

Reste que de manière générale, les pronoms, qui forment à eux seuls des groupes substantivaux, sont issus de déterminants, soit qu'ils aient la même forme comme *plusieurs*, soit une forme morphologiquement dérivée comme *chacun* (de *chaque* + *un*) ou *celui* (de *ce* + *lui*). On peut d'ailleurs retourner cette analyse, comme le suggère Richard Hudson (2006 : 192), et considérer que ce ne sont pas les déterminants qui ont des emplois de pronoms, mais que c'est les pronoms qui ont des emplois de déterminants. Autrement dit, les déterminants sont des pronoms transitifs (c'est-à-dire prenant un complément nominal nu), certains ayant un complément obligatoire (comme *des* ou *chaque*) et d'autres ayant un complément optionnel (comme *un* ou *plusieurs*) (critère rectionnel). (Voir l'encadré 10.10 sur la *Co-occupation* pour une analyse qui va dans la même direction.)

En allemand, tout déterminant (autre que *ein* 'un' ou *kein* 'aucun') peut s'utiliser sans le nom, c'est-à-dire comme pronom (Critère distributionnel avec effacement positif) :

(48) *Ich habe* **den/diesen Apfel** *weggeschmissen.*

  'J'ai jeté **la/cette pomme**.'

(49) *Ich habe* **den/diesen** *weggeschmissen.*

  'Je l'ai jetée. / J'ai jeté **celle-là**.'

On peut à nouveau postuler un pronom de forme identique pour chaque déterminant, mais cette analyse est mise à mal par l'existence de purs pronoms comme *ihn*. Les deux types d'éléments ont d'ailleurs des distributions différentes, puisque, plus facilement encore qu'en français, les déterminants s'emploient avec un adjectif et sans nom, ce qui est exclu pour le pronom pur :

(50) *Ich habe **den/diesen faulen** weggeschmissen.*

‘J’ai jeté **la/celle pourrie**.’

(51) *Ich habe **ihn** (*faulen) weggeschmissen.*

‘Je l’ai jetée.’

Un autre argument encore concerne les « déterminants complexes » (voir l’encadré 10.8 éponyme) comme *trop de* ou *des tas de* :

(52) *Félix a invité **trop d’amis** / **des tas d’amis**.*

Ces segments excluent l’article défini ([?]*trop des amis ou *des tas des amis), mais ils acceptent la présence d’un déterminant possessif (*trop de mes amis,* [?]*des tas de mes amis*). Ces données montrent que *les amis* et *mes amis* n’ont pas la même valence supérieure, ce qui est un argument pour le déterminant comme tête (Critère distributionnel sans effacement).

Nous avons vu que les noms propres pouvaient éventuellement prendre un déterminant (*le Paris de mon enfance*), ce que nous avons utilisé comme argument pour le nom comme tête (voir la section 10.17 sur le *Nom comme tête*). Une analyse plus fine des données peut conduire à la conclusion inverse. En fait, les noms propres ne peuvent pas être facilement modifiés sans l’ajout d’un déterminant : [?]**Paris de mon enfance était magnifique,* [?]**Sylvain que je connaissais avait beaucoup de cheveux,* [?]**Maman de Zoé est en retard*. Cette remarque sur les noms propres s’applique aussi à certains pronoms (dont on défendra dans le chapitre 16 du vol. 2 qu’ils forment les uns comme les autres des *substantifs*), comme le montre le cas de *quelqu’un*, qui ne peut pas être modifié par un adjectif sans l’ajout d’un marqueur (on dit *quelqu’un de sympa* et pas ^{??}*quelqu’un sympa*). Le rôle de *le* dans *le Paris de mon enfance* est finalement assez paradoxal : alors que son rôle est normalement de permettre à un nom d’occuper une position de substantif (on dit qu’il translate le nom en substantif, voir le chapitre 16 du vol. 2), en se combinant à un mot qui est déjà substantif comme *Paris*, il permet à ce mot d’être rétrogradé au statut de nom et de pouvoir être modifié comme un nom. Le déterminant contrôle ainsi la présence possible ou non d’un modifieur sur le nom propre. D’après le Critère d’indépendance des co-dépendants (voir la section 10.11 sur *Tête interne et critère rectionnel*), le déterminant ne se comporte donc pas comme un dépendant du nom.

Un dernier critère joue en faveur du déterminant comme tête, le *Critère sémantique de non-effacement* (voir la section 10.13 éponyme). Les déterminants sont des prédicats qui prennent le nom comme argument : quand on dit *deux personnes*, cela signifie que ‘personne’ est au nombre de ‘deux’. De même, *le chien* signifie que 'chien' est « défini », c'est-à-dire identifiable parmi les référents potentiels. En conséquence, puisque le déterminant est non effaçable, ce n'est pas un modifieur et comme il est le gouverneur sémantique, il ne peut pas être dépendant. Il est donc une tête syntaxique.

10.19 Nom et déterminant comme co-têtes

Il est temps de conclure notre étude de la tête du groupe substantival. Comme on le voit, les données sont complexes et il est difficile de défendre que seul le nom ou seul le déterminant est la tête du groupe substantival. La troisième solution qui consiste à les considérer comme *co-têtes* est donc la plus séduisante, bien qu'elle oblige à manipuler une structure de dépendance qui n'est plus un arbre.

Notons encore que, si l'on veut vraiment un arbre de dépendance, le choix entre les deux arbres possibles – celui où le déterminant dépend du nom et celui ou le nom dépend du déterminant – n'est pas non plus fondamental. En effet, ce *choix* reste *local* dans l'arbre et le passage d'une structure à l'autre est toujours possible et facile à réaliser, en inversant tout simplement les positions du nom et du déterminant. On peut alors voir ce choix comme une simple convention de notation : donner le statut de tête au déterminant privilégie les contraintes grammaticales, tandis que prendre le nom comme tête est un choix plus intuitif, car plus sémantique.

Bien que l'analyse comme co-tête nous semble la meilleure, dans la suite, il nous arrivera souvent de travailler avec un arbre de dépendance en choisissant généralement le nom comme tête du groupe substantival.

Encadré 10.10 : Co-occupation

Nous appelons CO-OCCUPATION d'une position syntaxique la *grammaticalisation* d'un phénomène de liste ou d'entassement. L'ENTASSEMENT, que nous étudierons en détail dans le chapitre 18 du vol. 2, est la possibilité pour un élément de venir s'entasser sur un autre élément et d'occuper ainsi la même position, comme dans une coordination.

Il nous semble que les propriétés particulières de la combinaison du nom et du déterminant, qui ont tous les deux des traits de tête, pourraient résulter d'un phénomène de co-occupation à l'origine. Rappelons que le latin n'a pas de déterminant et que les articles du français ont des origines diverses : *un* est un numéral et *le* vient du pronom démonstratif *ille* 'ça'. Le même pronom a d'ailleurs aussi donné le pronom personnel *il/le/lui*. On peut donc postuler que la présence de l'article découle au départ d'une co-occupation de la position substantivale par un nom et un pronom : *le livre*, du latin *ille liber*, signifiant d'abord 'ça livre', chacun des deux éléments, *le* et *livre*, pouvant occuper seul la position en ancien français. La construction déterminant-nom serait donc clairement à l'origine une construction à deux têtes, de deux éléments venant occuper conjointement la même position. Puis l'usage aurait fini par imposer cette co-occupation jusqu'à rendre les deux éléments indissociables.

On peut se demander au passage jusqu'à quel point le pronom et l'article *le* sont devenus deux lexèmes distincts en français moderne. Considérons les données suivantes :

(53) a. *Je vois **le** livre rouge.*

  b. *Je vois **le** rouge.*

  c. *Je **le** vois.*

Le pronom latin *ille* en se grammaticalisant a perdu de sa substance phonique et doit se cliticiser sur un l'élément à sa droite dans le groupe substantival (par *se cliticiser sur*, nous voulons dire 'former un groupe accentuel avec' ; voir le chapitre 14 du vol. 2). Si celui-ci est absent, il se place devant le verbe, comme en (53a), et peut ainsi continuer à se cliticiser sur l'élément qui le suit. Une telle explication amène à considérer que le pronom *le* de (53c) est le même signe linguistique que l'article *le* du (53). Si tel est le cas, contrairement à ce qu'on avance habituellement, le groupe substantival *le rouge* en (53b) n'est pas elliptique, mais simplement un cas où le pronom gouverne un adjectif. (Lequel pronom ne pourrait pas d'ailleurs gouverner un complément de nom ou une relative : en effet, *le livre de syntaxe* se pronominalise en *celui de syntaxe* et non **le de syntaxe*, peut-être encore pour des problèmes de cliticisation, la préposition *de*, non accentuable, n'étant pas un hôte adéquat.)

On peut donner d'autres exemples de co-occupation potentielle. Le lexème *tout*, dont la syntaxe est si atypique, est un bon candidat :

(54)   *J'appelle **tous** mes amis.*

Sa position devant le déterminant en fait un adjectif pour le moins atypique. Il est parfois analysé comme un pré-déterminant, c'est-à-dire un
élément qui se combinerait avec les déterminants définis (ainsi que *un*
comme dans *Ils ont rasé tout un village*), mais cela n'expliquerait pas qu'il
puisse également cooccurrer avec un pronom comme dans :

(55)   a.   *Je **les** appelle **tous**.*

         b.   *Je prends **tout** ça.*

Il nous semble plus simple de considérer qu'il s'agit dans les deux cas d'un
pronom qui vient co-occuper la position syntaxique d'un groupe substantival.

    La conjonction de subordination *que*, comme la conjonction de subordi-
nation *that* pour l'anglais, semble également relever d'une co-occupation
au départ. La situation est un peu différente dans les deux langues. En
français, la conjonction *que* est liée étymologiquement au pronom interrogatif *quoi* dont elle est la forme faible (c'est-à-dire non accentuée, d'où
le changement de voyelle, le même qui fait passer de *moi* à *me*). On peut,
en suivant Pierre Le Goffic (1993), considérer que le *que* moderne reste
davantage lié qu'on ne le pense habituellement à ce pronom interrogatif.
En effet, à côté de :

(56)   *Marie pense **que** Pierre dort.*

on a :

(57)   *Marie pense **quoi** ? Pierre dort.*

On peut alors imaginer comment la complétive s'est construite : par co-
occupation de la position d'objet du verbe PENSER par le pronom QUOI et
par une proposition (*Pierre dort* dans notre exemple). Puis « *quoi Pierre
dort* » s'est figé pour donner la forme moderne *que Pierre dort*, où les deux
éléments, la conjonction *que* et le verbe fini, sont indissociables.

    En anglais, la conjonction est étymologiquement liée au démonstratif
that 'ça', mais le phénomène est similaire :

(58)   a.   *Mary thinks **that** : Peter is sleeping.*

             'Mary pense ça : Peter dort.'

b. *Mary thinks **that** Peter is sleeping.*
'Mary pense que Peter dort.'

À la différence du français, la co-occupation n'est pas obligatoire et la proposition subordonnée peut occuper seule la position d'objet du verbe THINK 'penser' : *Mary thinks Peter is sleeping.* Il n'y a pas lieu de parler ici d'effacement de la conjonction *that* (comme on le dit souvent), mais simplement de CO-OCCUPATION OPTIONNELLE.

On peut penser que, dans la plupart des langues, certains marqueurs de position syntaxique sont, comme l'article pour le groupe substantival ou la conjonction pour la complétive, les versions grammaticalisées d'éléments qui à l'origine pouvaient occuper seuls la position.

Encadré 10.11 : Les grammèmes comme tête

Nous avons discuté du nom ou du déterminant comme tête du groupe substantival. Mais il existe une autre solution encore. Nous avons vu que la flexion du verbe pouvait être considérée comme la tête de la proposition et prendre le sujet comme dépendant (voir la section 10.9 sur *Le Critère distributionnel sans effacement*). Une analyse similaire peut être proposée pour le nom. Les deux catégories flexionnelles du nom sont la définitude et le nombre (voir le chapitre 15 du vol. 2 sur les *Catégories flexionnelles*). On peut alors proposer, pour *les deux amis*, l'arbre de dépendance de la figure 10.23, où les nœuds sont occupés par des syntaxèmes et les grammèmes gouvernent les lexèmes.

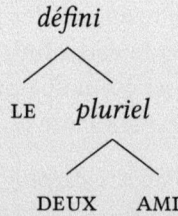

FIGURE 10.23 – Arbre de dépendance avec les grammèmes comme têtes

Si on ramène maintenant cette structure à une structure de dépendance entre mots, on a deux façons de la réduire :

— soit on amalgame les grammèmes avec le lexème qui est porteur de la même valeur (LE avec le défini, DEUX avec le pluriel) (figure 10.24) ;

— soit on considère que ces grammèmes sont des flexions du nom et on les amalgame avec lui (figure 10.25).

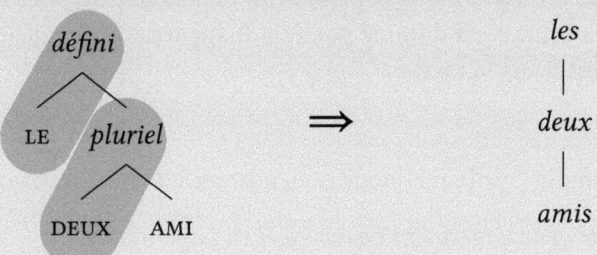

FIGURE 10.24 – Amalgame des grammèmes avec le lexème qui porte la même valeur

FIGURE 10.25 – Amalgame des grammèmes avec le nom

Comme on le voit, on retombe ainsi sur les deux arbres qu'on aurait obtenu en décidant soit que le déterminant est la tête, soit que le nom est la tête. Ceci est encore une façon de dire que le choix du nom ou du déterminant comme tête est finalement secondaire, puisqu'on peut voir ça comme deux réductions différentes d'une même analyse sous-jacente.

10.20 Dominance et projections maximales

La dépendance induit une autre relation : la DOMINANCE (voir l'encadré 10.12 qui suit sur *Dépendance, dominance et transitivité* pour une définition formelle).

Définition 10.23 : dominance (syntaxique)

Nous dirons qu'un nœud B est DOMINÉ par le nœud A si B = A ou bien si B dépend de A ou bien si B dépend d'un dépendant de A et ainsi de suite. Autrement dit, B est dominé par A si B appartient au *sous-arbre de dépendance* dont A est la racine.

Prenons un exemple (sur lequel nous reviendrons à de nombreuses reprises).

(59)   *Beaucoup de gens aimeraient passer Noël en Laponie.*

L'arbre de dépendance de (59) est donné dans la figure 10.26. Les éléments dominés par le nœud *passer* sont *passer* lui-même, *Noël, en* et *Laponie*. Ce sont les nœuds du sous-arbre de racine *passer*, donné dans la figure 10.27.

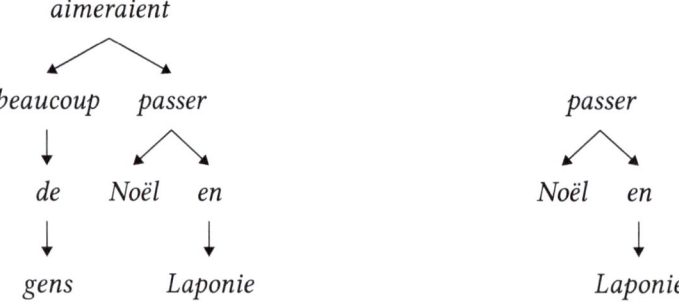

FIGURE 10.26 – Arbre de dépendance

FIGURE 10.27 – Sous-arbre de racine *passer*

Définition 10.24 : projection maximale

L'*unité syntaxique* formée par les *nœuds dominés* par un nœud A est appelée la PROJECTION MAXIMALE de A.

La projection maximale de *passer* est l'unité syntaxique *passer Noël en Laponie*.

On dit simplement la PROJECTION de A lorsqu'on ne considère pas d'autres types de projections (voir la section 11.10 sur les *Projections partielles et ordre de saillance* pour une discussion sur les projections en général).

Dans la grammaire traditionnelle, les projections maximales sont appelées des GROUPES : GROUPE PRÉPOSITIONNEL (*depuis ce matin*), GROUPE ADJECTIVAL (*très facile à comprendre*), GROUPE ADVERBIAL (*beaucoup trop vite*), GROUPE SUBSTANTIVAL (*la petite maison dans la prairie*), etc. La projection maximale de la forme verbale est la PROPOSITION (*Beaucoup aimeraient ça.*). Pour le terme de *groupe verbal*, dont nous ne faisons pas usage, nous renvoyons à l'encadré 11.11 éponyme.

Attention : dans beaucoup d'ouvrages de linguistique, le terme *syntagme* est utilisé (en traduction du terme anglais *phrase*) pour désigner les groupes. Il est alors dit *syntagme nominal* (angl. *noun phrase*) pour *groupe nominal*. Nous rejetons cet emploi du terme *syntagme*, que nous utilisons dans son sens originel (celui donné par Saussure) d'unité obtenue par une combinaison syntagmatique, qui peut être une projection maximale ou ne pas en être une.

Dans notre terminologie, groupe et syntagme sont deux notions bien distinctes : *Marie* forme un groupe substantival sans être pour autant un syntagme (il n'y a pas de combinaison), tandis que *aimeraient passer* est un syntagme, mais pas un groupe dans notre exemple (59).

Si l'on adopte une représentation syntaxique très granulaire où les syntaxèmes flexionnels occupent des positions distinctes des lexèmes, on distinguera les PROJECTIONS FLEXIONNELLES des PROJECTIONS LEXICALES. Les projections flexionnelles sont généralement appelées les PROJECTIONS FONCTIONNELLES dans la littérature en raison de la Syntaxe X-barre qui appelle catégories fonctionnelles les éléments qui ont uniquement une fonction grammaticale (voir l'encadré 11.10 sur la *Syntaxe X-barre*).

Encadré 10.12 : Dépendance, dominance et transitivité

En termes mathématiques, un arbre de dépendance représente une *relation binaire* sur l'ensemble des mots, qu'on appelle la RELATION DE DÉPEN-

DANCE. Intuitivement, une relation binaire est un appariement d'éléments deux à deux. (En mathématique, le terme *relation* désigne un ensemble, comme la *relation conjugale*, et pas des éléments de cet ensemble, comme la relation entre Marie et Pierre Curie.)

Donnons une définition plus formelle. Si E est un ensemble, on note E × E l'ensemble des couples sur E. Par exemple, si E = { *a,b* }, alors E × E = { (*a,a*), (*a,b*), (*b,a*), (*b,b*) }. On appelle RELATION BINAIRE sur E tout sous-ensemble de E × E. Si R est une relation binaire sur E, on privilégie la notation *a* R *b* pour dire que les éléments *a* et *b* de E sont en relation par R (plutôt que de dire que le couple (*a,b*) est élément de R). Toute relation binaire peut être représentée par un graphe orienté, appelé le GRAPHE DE LA RELATION ; dont les nœuds sont les éléments de E et une arête de *a* vers *b* représente la relation entre les nœuds *a* et *b* (*a* R *b*). La figure suivante représente le graphe de la relation R = { (1,2), (2,1), (1,3), (3,3) }.

(60)   Graphe de R :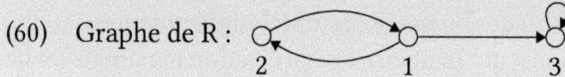
                        2   1   3

L'arbre de dépendance est ainsi le *graphe de la relation de dépendance*. Ainsi l'arbre de dépendance de la figure 10.26 est le graphe de la relation R = { (*de, gens*), (*beaucoup, de*), (*aimeraient, beaucoup*), (*aimeraient, pas-ser*), (*passer, Noël*), (*passer, en*), (*en, Laponie*) }, où chaque couple est de la forme (gouverneur, dépendant). (Plus précisément, un arbre est un graphe pointé, c'est-à-dire un graphe dont un nœud a été pointé comme la racine de l'arbre. Voir l'encadré 3.2 sur *Graphe et arbre*.)

Voyons maintenant comment définir la RELATION DE DOMINANCE. Avant cela, nous devons présenter quelques propriétés typiques des relations que nous exploiterons.

Une relation binaire R sur E est dite RÉFLEXIVE si tout élément de E est en relation avec lui-même (pour tout *a* dans E, on a *a* R *a*). Une relation binaire R sur E est dite SYMÉTRIQUE si à chaque fois que *a* R *b*, on a aussi *b* R *a*. Une relation binaire R sur E est dite TRANSITIVE si à chaque fois que *a* R *b* et *b* R *c*, on a aussi *a* R *c*. La réflexivité, la symétrie et la transitivité correspondent aux configurations suivantes :

(61) a. Réflexivité :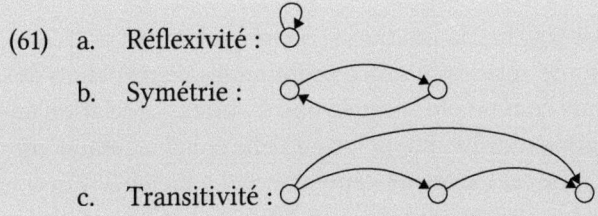

     b. Symétrie :

     c. Transitivité :

La relation de dépendance n'est ni réflexive, ni symétrique, ni transitive. Elle est même à l'opposé de ça, puisqu'on n'a jamais une configuration des types précédents dans un arbre de dépendance. Mais on peut construire à partir de la relation de dépendance une relation réflexive et transitive, et c'est justement la relation de dominance.

La RELATION DE DOMINANCE est la *clôture transitive et réflexive de la relation de dépendance*. En d'autres termes, il s'agit de la plus petite relation transitive et réflexive qui contienne la relation de dépendance. Elle est obtenue en ajoutant les configurations correspondant à la transitivité et la réflexivité sur l'arbre de dépendance jusqu'à saturation (c'est en ce sens qu'il s'agit d'une *clôture* pour la transitivité et la réflexivité).

Formellement, la CLÔTURE TRANSITIVE ET RÉFLEXIVE d'une relation binaire R est la relation R* définie par : $a\,R^*\,b$ s'il existe $n+1$ nœuds $a_0, a_1,\ldots, a_n$ (pour un entier quelconque $n \geq 0$) tels que $a = a_0$, $b = a_n$ et $a_i\,R\,a_{i+1}$ pour tout i compris entre 0 et $n-1$. Autrement dit, $a\,R^*\,b$ s'il existe un chemin orienté de a à b dans le graphe de la relation R (de longueur éventuellement nulle pour $n = 0$).

De même que nous avons construit la relation de dominance à partir de la relation de dépendance, on peut construire la relation de dépendance à partir de la relation de dominance. Pour montrer cela, nous devons d'abord étudier les propriétés de la relation de dominance.

La relation de dominance est non seulement réflexive et transitive, mais elle est aussi antisymétrique, comme l'est la relation de dépendance. L'antisymétrie est un cas particulier de l'acyclicité. Une relation est ANTISYMÉTRIQUE si la configuration (61b) correspondant à la symétrie n'apparaît jamais, c'est-à-dire s'il n'existe pas de nœuds a et b distincts avec $a\,R\,b$ et $b\,a$.

Une relation réflexive, antisymétrique et transitive est appelée une RELATION D'ORDRE. Il s'agit d'un ordre au sens où on l'entend pour les nombres quand on dit « $3 \leq 7$ » : la relation $\leq$ est une relation d'ordre sur les nombres entiers. Toute relation d'ordre ordonne les éléments en déclarant certains éléments comme plus grands que d'autres. La relation de dominance est une relation d'ordre. Rappelons qu'elle étend la relation de dépendance dont le graphe est l'arbre de dépendance. La racine de l'arbre de dépendance domine tous les autres nœuds et est donc le plus grand élément de la relation de dominance, tandis que les feuilles sont les plus petits éléments. La relation de dominance est une relation d'ordre PARTIELLE : elle est partielle dans le sens où tous les nœuds ne sont pas ordonnés les uns par rapport aux autres. Par exemple, si deux nœuds sont frères dans l'arbre de dépendance (c'est-à-dire qu'ils ont le même gouverneur), alors aucun des deux ne domine l'autre.

Toute relation d'ordre sur un ensemble fini induit une RELATION DE PRÉCÉDENCE. Le prédécesseur de 5 pour la relation $\leq$ est 4, c'est-à-dire le plus grand des nombres strictement plus petit que 5. Plus généralement, un prédécesseur de l'élément *a* pour une relation d'ordre quelconque est un plus grand élément parmi les éléments plus petits que *a*. Pour un ordre partiel, un élément peut avoir plusieurs prédécesseurs (et plusieurs successeurs). Pour la relation de dominance, le successeur d'un nœud est son gouverneur et ses prédécesseurs sont ses dépendants. La relation de dépendance est donc la *relation de précédence induite par la relation de dominance*.

En conclusion, la donnée d'une relation de dépendance ou d'une relation de dominance revient au même. Il s'agit de deux façons équivalentes de définir une même hiérarchie. Chacune des deux relations est immédiatement déductible de l'autre.

10.21 Critère de recouvrement

Une dernière façon de caractériser une tête repose sur l'organisation linéaire ou TOPOLOGIE (traditionnellement appelée l'ORDRE DES MOTS) (voir le chapitre 12 entièrement consacré au sujet). Le Critère de recouvrement est un cas particulier de la propriété de projectivité que nous présenterons à la section 12.7 sur *Projectivité et dépendance projective*. L'idée générale est que les dépendants tendent à se placer à côté de leur gouverneur. Cela n'est pas toujours possible si le gouverneur B a beaucoup de dépendants et il est donc possible qu'un autre dépendant de B se place entre B et son dépendant C. Mais par contre, il n'est généralement pas possible que le gouverneur A de B se place entre B et son dépendant C.

Définition 10.25 : Critère de recouvrement

Critère de recouvrement. Si A est *entre* B et C et que B et C sont connectés, alors il est peu probable que A gouverne B. Ou dit autrement, si A gouverne B, alors la connexion entre B et un de ses dépendants C ne peut généralement *pas recouvrir* A.

Le Critère de recouvrement revient à rejeter autant que possible la configuration présentée dans 10.28 (ainsi que la configuration symétrique où les positions de B et C sont inversées). Il s'agit d'un critère topologique, prenant en compte l'ordre linéaire, qui est aussi appelée le *Critère topologique pour l'identification de la tête*. Il existe d'autres critères topologiques, utilisés dans l'identification des connexions, comme le *Test de déplacement* (section 9.13 *Tests pour la connexion*).

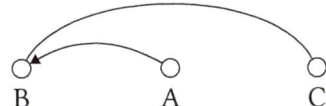

B   A   C

FIGURE 10.28 – Configuration rejetée par le Critère de recouvrement

Illustrons cela avec la relation sujet-verbe et considérons les données suivantes :

(62) a. *Le chien blanc dort.*

  b. * *Le chien dort blanc.*

  c. *Le chien dort depuis ce matin.*

  d. *Depuis ce matin, le chien dort.*

Nous testons ici la connexion entre A = *dort* et B = *le chien*. On voit que la dépendance entre B et son dépendant C = *blanc* ne peut pas recouvrir A. Ceci est, d'après le Critère de recouvrement, un indice du fait que *dort* gouverne *le chien* obligeant *le chien blanc* à être entièrement d'un des deux côtés du verbe. À l'inverse, le fait de pouvoir placer le complément *depuis ce matin*, qui dépend de *dort*, à gauche de *le chien* est un indice du fait que *le chien* ne gouverne pas *dort*, toujours d'après le Critère de recouvrement.

Ce test ne fonctionne qu'avec certaines constructions. Même dans le cas que nous venons d'étudier, il est possible de violer la projectivité et de placer un dépendant du sujet au delà du verbe (voir l'exemple *une belle est entrée qui voulait les acheter* que nous étudions dans la section 12.7).

10.22 Multiplicité des analyses en dépendance

Arrivé à la fin de ce chapitre qui présente l'outil principal de notre analyse syntaxique, à savoir la dépendance, le lecteur aura noté que nous ne définissons pas une unique structure de dépendance pour chaque énoncé, mais un ensemble de structures possibles. Nous avons déjà évoqué la nécessité de pouvoir considérer une analyse à différents niveaux de granularité et en prenant en compte plus ou moins de critères (voir l'encadré 9.6 sur *Critères et finesse de la structures de connexion*). Une dépendance ne lie pas seulement deux mots ou deux syntaxèmes : elle lie deux côtés de l'énoncé et ces deux côtés peuvent être appréhendés avec plus ou moins de précision. Nous continuerons à développer ce point au chapitre suivant lorsque nous introduirons les constituants.

Le passage de la connexion à la dépendance, en raison de l'abondance de critères définissant la tête, introduit de nouveaux paramètres de variation de la structure : le fait de favoriser tel ou tel critère peut amener à des choix de représentations syntaxiques légèrement différents (voir l'encadré 10.6 *Quelle structure pour quels critères?*). Ces choix dépendent généralement des objectifs que l'on se fixe : objectif pédagogique (proposer une représentation graphique permettant de communiquer avec l'élève, l'étudiant ou le collègue), objectif pratique (avoir une analyse qui puisse servir de base à des calculs permettant par exemple de simuler l'analyse ou la synthèse d'énoncés) ou objectif théorique (tenter de modéliser les productions possibles d'un locuteur ou, de façon plus ambitieuse, modéliser ce qui se passe dans le cerveau d'un locuteur lorsqu'il parle).

L'*objectif pédagogique* nous pousse à proposer des représentations facilement interprétables, quitte à ne pas présenter une analyse dans toute sa complexité. C'est certainement ce qui amène de nombreux auteurs à n'utiliser que des arbres pour leurs analyses, même s'il y a ici et là des indices que les connexions ne sont pas toujours si clairement hiérarchisées, et à considérer les relations entre les mots plutôt qu'entre les syntaxèmes.

L'*objectif pratique* amène aussi à rechercher la simplicité. Inutile d'introduire plus de détails que nécessaire pour les calculs qu'on envisage. Ici encore, de nombreux chercheurs en traitement automatique vont privilégier des arbres, structures pour lesquelles les algorithmes sont bien mieux maîtrisés.

Concernant l'*objectif théorique*, nous devons souligner que nous n'avons pas les moyens de prouver que telle ou telle analyse est bien celle que fait notre cerveau, ni même de prouver que notre cerveau construit des structures, et encore moins que notre cerveau construit des structures comme celles que nous présentons. Nous pouvons néanmoins, à l'intérieur d'un modèle formel d'une langue donnée, montrer que le choix d'une structure plutôt qu'une autre permet de faire de meilleures prédictions sur les capacités de production des locuteurs.

Si l'on peut donc associer différentes structures à un même énoncé, il faut aussi comprendre que, à l'inverse, *une même structure peut avoir différentes interprétations.* La « sémantique » associée à une dépendance n'est en rien univoque : elle dépend complètement des critères qui servent à définir la tête. Quand nous postulons une dépendance entre *une foule* et *de gens* dans *une foule de gens applaudissent* (voir l'encadré 10.8 sur les « *Déterminants complexes* ») que voulons-nous dire ? Que *une foule* contrôle la valence supérieure de *une foule de gens* ? (plutôt non) Que *une foule* régit *de gens* ? (plutôt oui) (Voir la section 13.8 sur *Un dernier cas de distorsion structurelle : l'insertion modificative* qui permettra de comprendre pourquoi ce genre de dépendance pose problème.) Il n'est même pas toujours sûr qu'une dépendance donnée vérifie bien les critères qu'on a retenus : elle peut résulter de compromis généraux, par exemple sur la nécessité d'avoir une structure arborescente pour nos calculs.

Cela ne doit pas donner l'impression que les structures que nous proposons sont arbitraires. Il existe clairement de mauvaises analyses des phénomènes syntaxiques : par exemple, des analyses qui oublieraient des connexions qui répondent clairement aux critères que nous nous sommes fixés ou qui en ajouteraient qui n'y répondent pas. Par ailleurs, même s'il existe des cas problématiques dont l'analyse peut varier en fonction des critères retenus, la plupart des connexions sont indiscutables et clairement hiérarchisées. Et lorsque plusieurs solutions semblent possibles, on peut souvent montrer que certaines structures sont plus simples, moins redondantes que d'autres tout en ayant le même contenu informationnel et donc faire des choix bien argumentés.

Dans les chapitres suivants, il nous arrivera de faire varier la représentation choisie en fonction de la nature des phénomènes étudiés et de nos exigences pédagogiques.

10.23 Dépendance, constituance et topologie

Nous avons maintenant terminé la définition de ce qu'est une structure de dépendance en introduisant d'abord la connexion (dans le chapitre 9), puis en montrant comment hiérarchiser les connexions en dépendances en introduisant la notion de tête (dans ce chapitre). Dans le prochain chapitre, nous montrerons qu'un arbre de dépendance induit naturellement un arbre de constituants et nous étudierons l'équivalence entre les deux types de structure. Ceci nous amènera à présenter d'autres méthodes pour définir la structure de dépendance. À la fin du chapitre 11, nous verrons comment construire la structure syntaxique d'exemples complexes en combinant différentes méthodes. Le chapitre 12 sera consacré à la linéarisation de la structure syntaxique et à la structure topologique qui en découle. Le chapitre 13 présentera les liens entre structure syntaxique et structure sémantique au travers de la structure syntaxique profonde. Certaines constructions, comme la coordination ou la relativisation, feront l'objet de chapitres séparés dans la partie V du vol. 2 sur la *Microsyntaxe*, qui est le domaine de la rection et donc le domaine d'excellence de la dépendance.

Exercices

Exercice 1. (Structures de Buffier.) Nous donnons ci-après une analyse faite par Claude Buffier au début du 18e siècle. Nous vous proposons de traduire graphiquement cette analyse à l'aide d'un diagramme. Vous représenterez par des flèches les relations entre les unités syntaxiques considérées par Buffier.

« *Un homme qui étourdit les gens qu'il rencontre avec de frivoles discours a coutume de causer beaucoup d'ennui à tout le monde.* Je dis que dans ce discours, tous les mots sont pour modifier le nom *un homme*, et le verbe *a coutume*, et que c'est en cela que consiste tout le mystère et toute l'essence de la syntaxe des langues : 1° le nom *un homme*, est modifié d'abord par le *qui* déterminatif : car il ne s'agit pas ici d'un homme en général, mais d'*un homme* marqué et déterminé en particulier par l'action qu'il fait d'*étourdir* ; de même il ne s'agit pas d'un homme *qui étourdit* en général, mais *qui étourdit* en particulier *les gens*, et non pas les gens en général, mais en particulier les gens *qu'il rencontre*. Or cet homme qui étourdit ceux qu'il rencontre, est encore particularisé par *avec des discours*, et *discours* est encore particularisé par *frivoles*. On peut voir le même dans la suite de la phrase : *a coutume* est particularisé par *de causer*, *de causer* est particularisé par ses deux régimes, par son régime absolu, savoir, *beaucoup d'ennui*, et par son régime respectif, *à tout le monde.* Voilà donc comment tous les mots d'une phrase quelque longue qu'elle soit, ne sont que pour modifier le nom et le verbe. » (Buffier 1709 : 84, nous modernisons l'orthographe)

Exercice 2. (Structures de Dumarsais.) Nous donnons ci-après une analyse faite par Claude Chesneau dit Dumarsais dans l'article « Construction » de l'*Encyclopédie* de Diderot et d'Alembert. Nous vous proposons de traduire graphiquement cette analyse à l'aide d'un diagramme. Vous représenterez par des bulles les unités syntaxiques considérées par Dumarsais ; les termes relationnels seront associés à des flèches entre les bulles et les termes non relationnels seront traités comme des étiquettes des bulles.

« *Celui qui me suit, dit Jésus-Christ, ne marche point dans les ténèbres* : considérons d'abord cette phrase ou cet assemblage de mots grammaticalement, c'est-à-dire selon les rapports que les mots ont entre eux ; rapports d'où résulte le sens : je trouve que cette phrase, au lieu d'une seule proposition, en contient trois.

1°. *Celui* est le sujet de *ne marche point dans les ténèbres* ; et voilà une proposition principale ; *celui*, étant le sujet, est ce que les Grammairiens appellent *le nominatif du verbe. Ne marche point dans les ténèbres*, c'est l'attribut ; [...] *ne point* est la négation, qui nie du sujet l'action de marcher dans les ténèbres.

Dans les ténèbres, est une modification de l'action de celui qui marche, *il marche dans les ténèbres* ; *dans* est une préposition qui ne marque d'abord qu'une modification ou manière incomplète ; c'est-à-dire que *dans* étant une préposition, n'indique d'abord qu'une espèce, une sorte de modification, qui doit être ensuite singularisée, appliquée, déterminée par un autre mot, qu'on appelle par cette raison *le complément* de la préposition : ainsi *les ténèbres* est le complément de *dans* ; et alors ces mots, *dans les ténèbres*, forment un sens particulier qui modifie *marche*, c'est-à-dire qui énonce une manière particulière de marcher.

2°. *Qui me suit*, ces trois mots font une proposition incidente qui détermine *celui*, et le restreint à ne signifier que le disciple de Jésus-Christ, c'est-à-dire celui qui règle sa conduite et ses mœurs sur les maximes de l'Evangile : ces propositions incidentes énoncées par *qui*, sont équivalentes à un adjectif.

Qui est le sujet de cette proposition incidente ; *me suit* est l'attribut ; *suit* est le verbe ; *me* est le déterminant ou terme de l'action de *suit* [...]

3°. *Dit Jésus-Christ,* c'est une troisième proposition qui fait une incise ou sens détaché ; c'est un adjoint : en ces occasions la construction usuelle met le sujet de la proposition après le verbe : *Jésus-Christ* est le sujet et *dit* est l'attribut. » (Dumarsais 1754, article « Construction », *Encyclopédie*)

Exercice 3. (Analyse distributionnelle.) Montrer que les formes verbales infinitives ont une valence supérieure proche de celle des groupes substantifs. Montrer qu'il existe néanmoins des différences. (On pourra regarder les contextes proposés par des verbes comme POUVOIR, VOULOIR ou TENTER.)

Exercice 4. (Critères de Garde.) Dans son article de 1977, Paul Garde propose les trois critères suivants pour considérer que B est la tête de l'unité AB :

1. dans un contexte donné, A peut être supprimé, non B :

$$X\,(AB) \rightarrow X\,(B) \text{ et non } {}^*X\,(A)$$

2. dans un contexte donné, A peut être remplacé par autre chose, B ne le peut pas :

$$X\,(AB) \rightarrow X\,(A'B) \text{ et non } {}^*X\,(AB')$$

3. une modification du contexte entraîne un changement de B, non de A :

$$X\,(AB) \rightarrow Y\,(AB') \text{ et non } {}^*Y\,(A'B)$$

Montrer qu'il s'agit, dans l'intention, des critères distributionnels avec et sans effacement, mais que, pour être corrects, les critères doivent être énoncés et formalisés de manière légèrement différente.

Exercice 5. On considère les données suivantes :

(1) *Je prends les deux livres.*

(2) *Je prends les deux.*

(3) *Je les prends tous les deux.*

(4) *Je les prends tous.*

(5)   ?* *Je les prends les deux.* (possible uniquement avec un détachement de *les deux*)

(6)   * *Je prends tous les deux.*

Ces données nous permettent-elles de statuer sur la tête de l'unité *tous les deux* ?

Exercice 6.   Montrer que le nom FOIS possède une valence supérieure différente des autres noms du français.

Exercice 7.   (Tête d'une forme verbale complexe.)
  a. Montrer que dans une forme verbale composée comme *a dormi*, c'est le verbe auxiliaire qui régit le participe passé et non l'inverse.
  b. Pourquoi ne retenons-nous pas le fait que certains verbes, comme ARRIVER, prennent l'auxiliaire ÊTRE et non AVOIR au passé composé comme un critère pertinent pour décider qui de l'auxiliaire ou du participe est la tête de la forme verbale composée ?

Exercice 8.   (Tête d'une forme verbale simple.) La distribution des formes verbales infinitives du français est différente de celle des formes finies. Ceci plaide pour considérer la désinence comme la *tête externe* des formes verbales. Quels sont les arguments pour considérer aussi le syntaxème d'infinitif comme la *tête interne* de la proposition infinitive ?

Exercice 9.   (Apposition modificative.) On étudie les groupes substantifs de la phrase « *Le journal Libération a publié un article sur l'affaire Dreyfus.* ». Comment déterminer la tête de chacun des groupes *le journal Libération* et *l'affaire Dreyfus* ? Montrer que seuls les critères topologique et sémantique s'appliquent réellement.

Exercice 10.   (Structures de dépendance.) Construire la structure de dépendance de n'importe quel énoncé dans n'importe quelle langue constitue un exercice d'application de ce chapitre. Nous proposons de chercher la structure syntaxique des exemples suivants :

(1)   *J'y suis particulièrement sensible.*

(2) *Un tiers des participants seront éliminés dès que le jeu commencera.*

(3) *Ma voiture n'a pas voulu démarrer ce matin.*

(4) *Le professeur est arrivé deux minutes après la sonnerie.*

(5) *Ma chemise a l'air moins blanche qu'avant.*

(6) *Epuisée par sa course, Zoé a préféré s'arrêter pour souffler un peu.*

(7) *Seuls mes amis peuvent accepter une telle demande.*

Chacun de ces exemples illustre un problème de syntaxe que l'on tentera d'identifier et de résoudre. D'autres problèmes plus complexes, comme la coordination ou les pronoms relatifs, seront présentés dans les chapitres 18 et 19.

Exercice 11. (Construction causative du français.) La construction causative en FAIRE V_{inf} (V_{inf} = verbe à l'infinitif) du français est particulièrement problématique. Elle possède deux propriétés remarquables.

Premièrement, dans cette construction, le sujet du verbe à l'infinitif introduit par FAIRE est rétrogradé et sa nouvelle fonction dépend de la valence du verbe. Le sujet retrogradé peut être :

— soit complément d'objet direct : *Zoé fait dormir **les enfants**.*

— soit complément d'objet indirect : *Zoé fait manger la soupe **aux enfants**.*

— soit complément oblique (dit d'agent) : *Zoé fait porter un livre à Luc **par les enfants**.*

Deuxièmement, les compléments de la construction se cliticisent devant le verbe FAIRE, qu'il s'agisse du sujet retrogradé ou des compléments régis par le V_{inf} : *Zoé **la leur** fait manger.*

La question est de savoir si le *sujet retrogradé* dépend de FAIRE ou du V_{inf}. Voir quels sont les critères qui s'appliquent et conclure.

Exercice 12. (Compléments locatifs en allemand.) Les prépositions locatives peuvent être suivies d'un groupe substantival au datif ou à l'accusatif en allemand. Le datif donne une interprétation statique au groupe prépositionnel, tandis que l'accusatif lui donne une interprétation dynamique/directionnelle. Ceci est illustré par la paire suivante :

(1)   *Helga joggt oft   in   **diesem** Stadion.*
      Helga court souvent dans ce.DAT   stade   (où la course a lieu).

(2)   *Helga joggt in   **dieses** Stadion.*
      Helga court dans ce.ACC stade   (où la course se termine).

Certains verbes ne permettent qu'un des deux cas :

(3)   *Wolfgang ist in der   Schule.*
          Wolfgang est à la.DAT école.

(4)   * *Wolfgang ist in die   Schule.*
          Wolfgang est à la.ACC école.

(5)   *Thomas zählt   auf seine Mutter.*
          Thomas compte sur sa.ACC mère.

(6)   #?? *Thomas zählt   auf seiner Mutter.*
          Thomas compte sur sa.DAT mère

          signifie au mieux 'Th. compte en étant assis sur sa mère.'

Qu'est-ce que toutes ces données nous disent sur la tête du groupe prépositionnel ?

Exercice 13. (Construction génitive en allemand et en anglais.) En allemand, le complément de nom est au génitif (au lieu d'être marqué par une préposition, comme *de* en français) : *das Haus Olafs* 'la maison d'Olaf', litt. la maison Olaf.GEN. Mais ce complément génitif peut aussi venir à la place du déterminant comme en anglais : all. *Olafs Haus*, angl. *Olaf's house* 'la maison d'Olaf'. Quels arguments ces constructions donnent-elles pour ou contre le déterminant comme tête ? Comment les analyseriez-vous ?

Lectures additionnelles

Pour une présentation très complète des critères définissant la tête d'une dépendance syntaxique, on consultera Mel'čuk (1988 : 129–140) ou le volume 2 de Mel'čuk & Milićević (2014), ainsi que l'article de Paul Garde (1977) (voir exercice 4). Voir Kahane (à para.) pour une étude critique des critères proposés par Mel'čuk. Sur la notion de tête, Zwicky (1985) reste une référence incontournable, que l'on doit compléter par la réponse donnée par Hudson (1987). Les ouvrages de Richard Hudson sur sa *Word Grammar* et notamment Hudson (2006) constituent de bonnes introductions à la dépendance.

Il existe de nombreux écrits sur le choix entre nom ou déterminant comme tête du groupe substantival, parmi lesquels Hudson (1984), Abney (1987), Van Langendonck (1994), Hudson (2006) ou encore Osborne (2021).

Ceux qui s'intéressent aux écrits anciens pourront trouver les ouvrages de Buffier, Girard ou Beauzée sur le site de la Bibliothèque Nationale de France ou sur Google Books (voir Kahane (2020) pour une étude critique). L'*Encyclopédie* de Diderot et D'Alembert, avec les articles de Dumarsais et Beauzée, est également disponible sur le site de l'Académie des Sciences. Il existe diverses ressources en ligne concernant les diagrammes de Reed & Kellogg et la grammaire de Reed & Kellogg est régulièrement rééditée ! Kouloughli (1999) discute de la notion de dépendance dans les grammaires arabes et montre qu'il s'agit davantage de rection morphologique que syntaxique, ce qui rejoint le point de vue de Chevalier (1968) qui date la version contemporaine de la notion de complément des travaux de Beauzée. Les anedoctes concernant Ibn Mada et Sibawayh sont extraites de Versteegh (2013 : chapitre 11). Imrényi & Mazziotta (2020) propose une collection d'articles sur les travaux en dépendance avant l'ouvrage fondateur de Tesnière (1959). Concernant les travaux de Tesnière lui-même, on pourra consulter l'introduction à la traduction en anglais de 2015 de Kahane & Osborne (2015).

Les actes de langage et la fonction illocutoire sont introduits dans les ouvrages de Gardiner (1932), Bloomfield (1933), Austin (1962) et Searle (1969).

Abney, Steven. 1987. *The English noun phrase in its sentencial aspect.* MIT. (Thèse de doctorat).

Austin, John L. 1962. *How to do things with words.* Cambridge : Harvard University Press. [Traduction française : *Quand dire, c'est faire*, 1991, Paris : Éditions du Seuil.]

Chevalier, Jean-Claude. 1968. *Histoire de la syntaxe : Naissance de la notion de complément dans la grammaire française (1530–1750).* Paris : Droz.

Diderot, Denis & Jean Le Rond D'Alembert. 1751-1772. *Encyclopédie ou Dictionnaire raisonné des sciences, des arts et des métiers.* (28 volumes). Édition en ligne de l'Académie des Sciences.

Garde, Paul. 1977. Ordre linéaire et dépendance syntaxique : Contribution à une typologie. *Bulletin de la Société de Linguistique de Paris* 72(1). 1-26.

Gardiner, Alan. 1932. *Speech and language.* Oxford : The Clarendon Press.

Hudson, Richard. 1984. *Word grammar.* Oxford : Blackwell.

Hudson, Richard. 1987. Zwicky on heads. *Journal of Linguistics* 23(1). 109-132.

Hudson, Richard. 2006. *Language networks : The new word grammar.* Oxford : Oxford University Press.

Imrényi, András & Nicolas Mazziotta. 2020. *Chapters of Dependency Grammar : A historical survey from antiquity to Tesnière* (Studies in Language Companion Series 212). Amsterdam/Philadelphia : John Benjamins.

Kahane, Sylvain. 2020. How dependency syntax found its modern form in the French Encyclopedia : From Buffier (1709) to Beauzée (1765). In András Imrényi & Nicolas Mazziotta (éd.), *Chapters of Dependency Grammar : A historical survey from antiquity to Tesnière.* Amsterdam/Philadelphia : John Benjamins.

Kahane, Sylvain. À para. Towards an inductive approach of the Mel'čukian model : Illustration by the criteria for the syntactic head. In Leonid Iomdin, Jasmina Milićević & Alain Polguère (éd.), *Festschrift in Honor of Igor Mel'čuk.*

Kahane, Sylvain & Timothy Osborne. 2015. Translators' introduction. In *Lucien Tesnière, Elements of structural syntax*, xxix-lxxiv. Amsterdam/Philadelphia : John Benjamins.

Kouloughli, Djamel Eddine. 1999. Y a-t-il une syntaxe dans la tradition arabe ? *Histoire Épistémologie Langage* 21(2). 45-64.

Mel'čuk, Igor. 1988. *Dependency syntax : Theory and practice.* Albany : State University of New York Press.

Mel'čuk, Igor & Jasmina Milićević. 2014. *Introduction à la linguistique.* 3 volumes. Paris : Hermann.

Osborne, Timothy. 2021. NPs, not DPs : The NP vs. DP debate in the context of dependency grammar. *Acta Linguistica Academica* 68. DOI : 10.1556/2062.2021.00001.

Searle, John. 1969. *Speech acts.* Cambridge : Cambridge University Press. [Traduction française : *Les actes de langage*, 1972, Paris : Hermann.]

Tesnière, Lucien. 1959. *Éléments de syntaxe structurale.* Paris : Klincksieck.

Van Langendonck, Willy. 1994. Determiners as heads ? *Cognitive Linguistics* 5(3). 243-259.

Versteegh, Kees. 2013. *Landmarks in linguistic thought III : The Arabic linguistic tradition.* New York : Routledge.

Citations originales

Citations de l'encadré 10.1

In any composite denomination of a thing or person [...], we always find that there is one word of supreme importance to which the others are joined as subordinates. This chief word is defined (qualified, modified) by another word, which in its turn may be defined (qualified, modified) by a third word, etc. We are thus led to establish different "ranks" of words according to their mutual relations as defined or defining. In the combination *extremely hot weather* the last word *weather,* which is evidently the chief idea, may be called primary ; *hot,* which defines *weather,* secondary, and *extremely,* which defines *hot,* tertiary.   (Jespersen 1924 : 96)

Adjunct-words and Head-words.

40. The most general relation between words in sentences from a logical point of view is that of **adjunct-word** and **head-word**, or, as we may also express it, of **modifier** and **modified**. Thus in the

sentences *tall men are not always strong, tall men are not strong, tall, strong,* and *all* are adjunct-words modifying the meaning of the head-word *men.* So also *dark, quick, quickly* are adjunct-words in *dark red, he has a quick step, he walks quickly. Stone* is an adjunct-word in *stone wall, wall of stone,* because it modifies (defines) the meaning of *wall.* So also *book (books)* is an adjunct-word in *book-seller, bookselling, sale of books, he sells books, he sold his books,* the corresponding head-words being *seller, selling, sale, sells, sold.*

41. The distinction between adjunct-word and head-word is only a relative one : the same word may be a head-word in one sentence or context, and an adjunct-word in another, and the same word may even be a head-word and an adjunct-word at the same time. Thus in *he is very strong, strong* is an adjunct-word to *he,* and at the same time head-word to the adjunct-word *very,* which, again, may itself be a head-word, as in *he is not very strong.*   (Sweet 1891 : 16)

Every syntactic construction shows us two (or sometimes more) free forms combined in a phrase, which we may call the *resultant* phrase. The resultant phrase may belong to a form-class other than of any constituent. For instance, *John ran* is neither a nominative expression (like *John*) nor a finite verb expression (like *ran*). Therefore we say that the English actor-action construction is *exocentric* : the resultant phrase belongs to the form-class of no immediate constituent. On the other hand, the resultant phrase may belong to the same form-class as one (or more) of the constituents. For instance, *poor John* is a proper-noun expression, and so is the constituent *John*; the forms *John* and *poor John* have, on the whole, the same functions. Accordingly, we say that the English character-substance construction (as in *poor John, fresh milk,* and the like) is an *endocentric* construction.
        (Bloomfield 1933 : section 12.10)

Citations de l'encadré 10.3

Die Abhängigkeit eines Wortes von einem andern bezeichnet man (graphisch, durch ein Schema) durch einen von dem regierenden Wort nach unten gezogenen Strich, an dessen Ende das regierte (oder abhängige) Wort steht [...] oder ohne Worte durch bloße grammatische Bezeichnungen [...].   (Kern 1883 : 10)

Corrections des exercices

Corrigé 1. Nous proposons de traduire l'analyse de Buffier par le diagramme de la figure 10.29, où les flèches représentent les relations du type « est déterminé par » ou est « est particularisé par ». Notons que, à l'exception du cas de *avec des discours*, les deux termes de la relation sont à chaque fois clairement donnés par Buffier. Nous représentons pour cette raison la relation entre *avec des discours* et son gouverneur par une flèche discontinue.

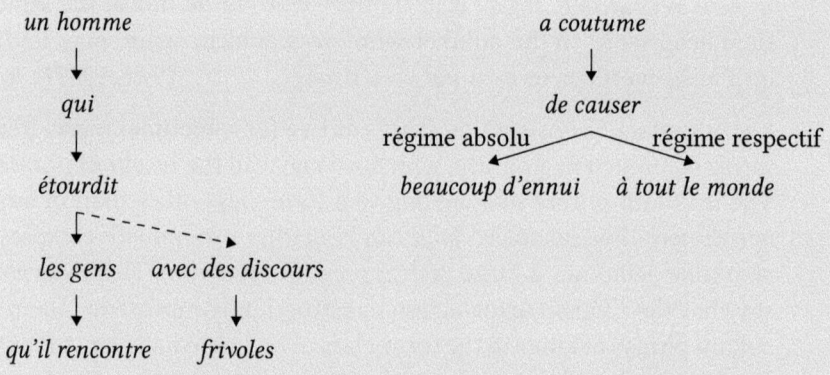

FIGURE 10.29 – Diagramme d'après Buffier (1709)

Corrigé 2. Du Marsais propose une analyse hybride entre dépendance et constituance immédiate. Il semble hésiter entre les deux approches et utilise notamment le même terme *sujet* pour désigner la relation entre le groupe sujet et le groupe verbal (*Celui* est le sujet de *ne marche point dans les ténèbres*) et pour désigner un constituant de la proposition (*Qui me suit*, ces trois mots font une proposition incidente [...] *Qui* est le sujet de cette proposition incidente). Dans la figure 10.30, nous associons les étiquettes fonctionnelles à des flèches lorsque Du Marsais en fait des relation de de dépendance et à des bulles lorsqu'il les associe à une relation de constituance immédiate.

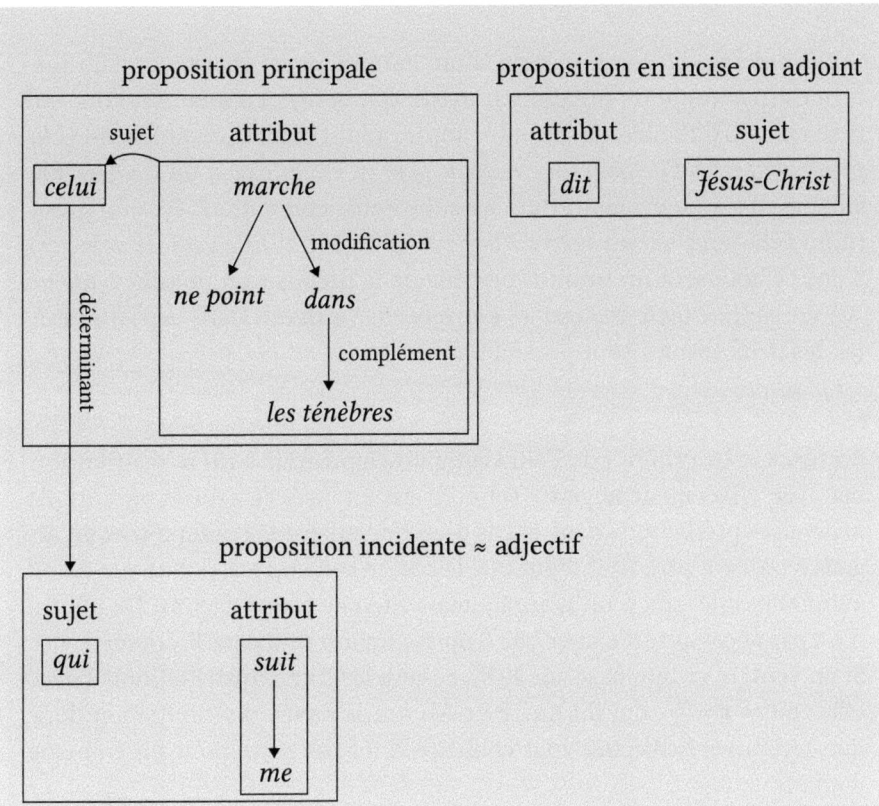

FIGURE 10.30 – Diagramme d'après Dumarsais (1754)

Corrigé 3. Le fait que les infinitifs commutent avec des groupes substantifs est déjà souligné par Buffier (1709 : 59) :

> « Ce que les Grammaires appellent communément des verbes, comme *aimer, lire, dormir*, font de véritables noms substantifs ; bien qu'ils aient des propriétés particulières. Car enfin ils signifient un sujet dont on peut parler ; ils sont souvent le *nominatif* [= *sujet*] des verbes et même leur *régime* [= *complément*] ; ils sont par conséquent de vrais noms. En effet quand on dit, *Avouer sa faute est la réparer* ; *avouer* est ici le sujet dont on parle, et se trouve le nominatif du verbe *est*. Et quand on dit *je veux avouer ma faute : avouer* est le véritable régime du verbe *je veux* ; comme *ma faute* est le régime de *avouer*. »

Néanmoins, la commutation d'un infinitif avec un groupe substantif n'est pas toujours possible. Il existe des verbes comme POUVOIR qui peuvent très difficilement prendre un substantif comme complément (*Elle peut voyager* vs *Elle peut tout* vs [?]*Elle peut ça* vs *Elle peut un voyage*). Par ailleurs, si avec certains verbes, les substantifs commutent avec un infinitif nu (*Elle veut un voyage* vs *Elle veut voyager* vs *Elle veut de voyager*), d'autres imposent un infinitif précédé de la préposition DE (*Elle tente un voyage* vs *Elle tente voyager* vs *Elle tente de voyager*). Dans la position sujet, les deux formes sont possibles (*Voyager est un plaisir* vs [?]*De voyager est plaisir*).

Corrigé 4. Le critère 1 de Paul Garde vise a priori le Critère distributionnel avec effacement négatif. Tel qu'il est énoncé, ce critère va faire de mauvaises prédictions dans le cas d'un tête effaçable (comme *that* en anglais, voir l'encadré 10.5). Pour que le critère soit correct, il faut que A soit autonomisable, sinon on n'aura jamais X(A) de toutes façons. De plus, il n'est pas nécessaire d'exiger que B puisse figurer seul dans le contexte visé. Si on veut un critère basé sur X(B), ce sera le Critère distributionnel avec effacement *positif*, qui dit que B et AB ont la même distribution et donc que X(AB) → X(B) pour *tout* contexte X (et pas juste pour un contexte donné).

Nous pouvons reformuler le Critère distributionnel avec effacement négatif dans le style de Garde comme suit ;

1'. bien que A soit autonomisable, dans un contexte donné, B ne peut pas être supprimé :

$$X(AB) \text{ et non } {}^*X(A).$$

Cette condition dit en fait que la valence supérieure de AB n'est pas incluse dans celle de A. Pour être tout à fait complet, il faudrait ajouter la possibilité dy cas inverse où on a X(A) et non *X(AB).

Les critères 2 et 3 visent le Critère distributionnel sans effacement. Il s'agit à notre connaissance de la première tentative de formulation de ce critère. La quantification sur les contextes doit être précisée comme précédemment. Le critère 2 dit deux choses : d'une part, que A peut être remplacé par un A' dans n'importe quel contexte (à condition évidemment que A' puisse se combiner avec B dans au moins un contexte et que A et

A' s'excluent mutuellement). Comme pour le critère 1, il n'est pas nécessaire de spécifier que A ne vérifie pas la condition que B vérifie (et donc d'éliminer la possibilité de co-têtes). On peut alors reformuler les critères 2 et 3 de Garde de la façon suivante :

2'. dans un contexte donné, B ne peut pas être remplacé par autre chose :

$$X \, (AB) \text{ et } {}^*X \, (AB').$$

3'. une modification du contexte entraîne un changement de B :

$$^*Y \, (AB) \text{ et } Y \, (AB').$$

Ajoutons encore deux remarques. Premièrement, les deux critères sont quasiment équivalents. Le critère 2' dit que la valence supérieure de AB n'est pas incluse dans celle de AB', tandis que le Critère 3' dit à l'inverse que la la valence supérieure de AB' incluse dans celle AB. Deuxièmement, il est nécessaire d'assurer que B et B' commutent et donc s'excluent mutuellement, c'est-à-dire, dans le style de Garde, que ${}^*X(ABB')$.

Notons enfin que Garde demande que toutes les propriétés soient vérifiées simultanément. Nous considérons pour notre part qu'une seule de ces propriétés confère un statut de tête à B.

Corrigé 5.   On voit que dans le contexte *Je les prends* __ , U = *tous les deux* peut commuter avec A = *tous*, mais pas avec B = *les deux*. Par ailleurs, dans le contexte *Je prends* __ , B est possible, mais pas U ou A. Autrement dit, U et A ont la même distribution, différente de B. Toutes ces données concordent pour désigner A = *tous* comme la tête de U. Notons que ceci n'est pas l'analyse habituelle qui voit plutôt *tous* dans *tous les deux* comme un adjectif modifieur différent du pronom *tous*. Voir l'encadré 10.10 sur la *Co-occupation* pour une discussion sur le statut de TOUT.

Corrigé 6.   Le nom FOIS combiné avec un déterminant se comporte comme un groupe adverbial (*Il vient en avril et en mai* vs *Il vient plusieurs fois*) et plus difficilement comme un groupe substantif, même s'il peut être sujet (*Une fois suffit* ; *Cette fois sera la bonne*). Voir la section 10.17 sur le « *Nom comme tête ?* ».

Corrigé 7.

    a. Nous avons vu que dans la section 10.9 sur *Le Critère distributionnel sans effacement* que la désinence verbale contrôle la distribution de la forme verbale. Pour cette raison, c'est l'auxiliaire et sa désinence qui contrôle la distribution d'une forme verbale complexe, tandis que la désinence du verbe lexicale est elle imposée par l'auxiliaire (Critère rectionnel, section 10.11). Voir d'autres arguments dans la section 10.6 *Tête d'un énoncé.*

    b. Nous avons vu dans l'encadré 10.9 que le dépendant peut contrôler son gouverneur. Le choix de l'auxiliaire est un cas particulier de contrôle du gouverneur par un dépendant.

Corrigé 8.   L'infinitif bloque la réalisation du sujet du verbe. D'après le Critère d'indépendance des co-dépendants (section 10.11), un élément ne peut pas bloquer la réalisation d'un co-dépendant. Le syntaxème d'infinitif ne peut donc être dépendant du lexème verbal.

Corrigé 9.   Une unité comme U = *le journal Libération* avec A = *le journal* et B = *Libération* met en défaut les critères distributionnels, car A et B peuvent commuter avec U. On peut appliquer un critère topologique : en français, à l'exception de quelques adjectifs, les compléments d'un nom se placent à sa droite, ce qui laisse supposer que B dépend de A. Le Critère de la tête sémantique (section 10.12) désigne également A comme la tête : *l'affaire Dreyfus* est une affaire, tandis que *Dreyfus* est une personne.

Corrigé 10.   Pour chacun des exemples, nous allons pointer le phénomène le plus intéressant et proposer une modélisation.

En (1), Oo remarque que le clitique *y* commute avec un groupe prépositionnel comme *à ça* qui forme un syntagme avec *sensible* (*sensible à ça*). On a donc *particulièrement* ← *sensible* → *y*.

En (2), si l'on traite les déterminants comme dépendant du nom, le groupe substantival sujet s'analyse *un* ← *tiers* → *de* → *participants* → *les*. Le reste s'analyse : *seront* → *éliminés* → *dès* → *que* → *commencera* → *jeu* → *le*.

En (3), la négation du français est constituée de deux mots qui se placent avant et après une forme finie. C'est un argument essentiellement topologique qui nous fait choisir de faire dépendre *pas* de l'auxiliaire : *ne ← a → pas*. On note en effet qu'on peut insérer une unité après, mais plus difficilement avant *pas* : *elle n'a pas, comme tu sais, voulu démarrer* vs [??]*elle n'a, comme tu sais, pas voulu démarrer*.

En (4), la difficulté concerne le syntagme *deux minutes*. Celui-ci dépend de *après*, puisqu'il forme un syntagme avec lui (*deux minutes après*) et que la distribution du tout est celle de *après* (*il est arrivé après* vs *il est arrivé deux minutes*). La « préposition » APRÈS a donc deux compléments : *deux ← minutes ← après → sonnerie → la*.

En (5), on remarque *qu'avant* peut former un syntagme avec *moins* (*moins qu'avant*), mais pas avec *blanche* (**blanche qu'avant*). On a donc : *blanche → moins → que → avant*. On notera également que l'adjectif *blanche* est en position d'attribut, car il s'accorde avec le sujet *ma chemise* et non avec *l'air*. Il devient du coup difficile de décider si *blanche* dépend de *a* ou de *air*. Ici un argument topologique, l'impossibilité de permuter *l'air* et *blanche* (**elle a blanche l'air*) peut nous faire préférer la dépendance à *air*.

En (6), le problème est le rattachement de *épuisée par sa course*. Malgré le fait que *épuisée* s'accorde avec *Zoé*, il paraît difficile de considérer qu'ils forment un syntagme. En particulier, *Zoé* peut commuter avec *elle* qui n'accepte pas de dépendant a priori. On peut noter que *épuisée par sa course* peut être déplacé (*Zoé a préféré s'arrêter, épuisée par sa course*). Nous considérons donc qu'*épuisée par sa course* dépend du verbe.

En (7), la question est la position syntaxique de *seuls*. Il n'est pas parfaitement clair que *seuls* se combine avec *mes amis* (*Qui peut accepter une telle demande ? - *[??]*Seuls mes amis*). On notera que *mes amis* doit être pronominalisé par *eux* et pas par *ils* et qu'on préfère alors l'ordre inverse (**Seuls ils peuvent accepter* vs [?]*Seuls eux peuvent accepter* vs *Eux seuls peuvent accepter*). Ceci semble indiquer que SEUL se combine bien avec le substantif sujet, puisqu'il en contrôle la forme et la place. Notons maintenant que la tête de ce groupe n'est pas non plus très claire : en position sujet, *seuls mes amis* commute avec *mes amis* et pas avec *seuls*, ce qui ferait de *seuls* le dépendant de *mes amis* (Critère d'effacement simple, section 10.5). Mais dans d'autres positions, *mes amis* ne commute plus avec *seuls mes amis* : **J'invite seuls mes amis* ; **Je parle à seuls mes amis*. Au final, si l'on privilégie le Critère distributionnel avec effacement positif sur le Critère d'effacement simple, c'est donc plutôt *seuls* qui semble être la tête de la combinaison *seuls mes amis*, *mes amis* étant le complément obligatoire de *seuls*.

Corrigé 11. La construction causative FAIRE V_{inf} du français est très cohésive et il n'est pas certain que la question posée soit légitime : on peut considérer que le sujet rétrogradé dépend du complexe verbal et pas précisément d'un des deux verbes. En particulier, dans *Zoé fait dormir les enfants*, on peut difficilement considérer comme valide *fait les enfants* ou *dormir les enfants* et donc le Critère d'autonomisabilité ne s'applique pas. Le critère le plus utile semble être le Critère rectionnel : la réalisation du sujet rétrogradé comme objet direct, indirect ou oblique dépend complètement de la valence du V_{inf} et le désigne donc comme gouverneur. En effet, le sujet retrogradé aura la fonction d'objet direct si celle-ci n'est pas occupée (même si le verbe est transitif : *Zoé a fait manger les enfants*), il sera objet indirect si le V_{inf} a un objet direct mais pas d'objet indirect réalisé et il sera complément oblique en PAR sinon. Le critère de recouvrement s'applique et désigne plutôt FAIRE, puisque les pronoms clitiques ne se placent pas sur le V_{inf}. Mais comme les compléments du V_{inf} se cliticisent aussi sur FAIRE, cela n'invalide pas le choix du V_{inf} comme tête. Notons tout de même la possibilité d'énoncés tels que *Zoé lui fait parler à Max*, avec deux compléments d'objet indirects, où le clitique *lui* correspond nécessairement au sujet retrogradé et *à Max* au destinataire des paroles, ce qui indique une plus grande proximité du sujet retrogradé avec FAIRE.

Corrigé 12. Les exemples de complément locatif en allemand montrent que le cas du groupe substantival contrôle en partie la distribution du groupe prépositionnel. On en déduit que la préposition est une tête faible (voir la section 10.10), puisque la préposition comme son complément ont des propriétés de tête du groupe prépositionnel.

Corrigé 13. Les données de l'allemand montrent que le complément génitif (ici *Olafs*) peut occuper aussi bien une position claire de dépendant (*das Haus Olafs*), que la position déterminative (*Olafs Haus*). Ceci tendrait à indiquer que la position déterminative, bien qu'obligatoire, peut être occupée par un dépendant du nom et que donc le déterminant n'est pas nécessairement la tête. La contrainte sur le caractère obligatoire du déterminant serait davantage de nature topologique (voir le chapitre 12) que syntaxique.

En anglais, les données sont différentes puisqu'un complément génitif comme *Olaf's* est uniquement possible en position déterminative et il devient plus difficile de le traiter comme un dépendant du nom. Ajoutons à cela qu'en anglais, le complément génitif peut s'employer sans le nom : *We'll see each other at Olaf's* 'On se verra chez Olaf', ce qui, d'après le Critère d'effacement simple (section 10.5), lui confère des propriétés de tête.

11 Constituance et dépendance : Différentes représentations de la combinaison

11.1 De la dépendance à la constituance

Les arbres de dépendance sont rejetés par certains linguistes sous prétexte qu'ils lient des mots, alors que les relations mettent aussi en jeu des groupes. C'est là une interprétation très réductrice des arbres de dépendances. Nous avons déjà répété à plusieurs reprises que chaque connexion ou dépendance couvre en fait un *ensemble de combinaisons équivalentes* (voir la section 9.12 *La connexion et ses instances*). Nous allons montrer dans ce chapitre que les arbres de dépendance induisent naturellement des structures de constituants et qu'inversement, une structure de constituants peut permettre de récupérer une structure de dépendance. Les deux approches sont à notre avis complémentaires et l'analyse d'une phrase complexe nécessite généralement d'*identifier des unités* et de les décomposer (approche de type constituance) autant que de chercher à *lier entre elles des unités* déjà identifiées (approche de type dépendance).

Notons encore que nous introduisons, dans ce chapitre, *deux types d'arbres de constituants*, qu'il est parfois difficile de distinguer, car ils utilisent exactement le même formalisme de représentation. Ces deux types d'arbres, l'ARBRE DE CONSTITUANTS PLAT (section 11.4) et l'ARBRE DE CONSTITUANTS BINAIRE (section 11.9), sont définis selon des principes différents et la correspondance avec les structures de dépendance permet de mieux comprendre ce qui les distingue. D'autres structures, équivalentes à l'un ou l'autre de ces arbres de constituants, sont également introduites dans ce chapitre.

11.2 Arbre à la Beauzée-Gladkij

Reprenons l'exemple introduit à la section 10.20 sur *Dominance et projections maximales* :

(1)   *Beaucoup de gens aimeraient passer Noël en Laponie.*

Nous donnons à nouveau son arbre de dépendance dans la figure 11.1.

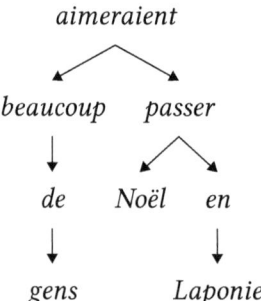

FIGURE 11.1 – Arbre de dépendance

Dans un arbre de dépendance, les dépendances sont représentées par des *liens entre des mots*. Ces liens, qui suggèrent la combinaison entre le mot gouverneur et le mot dépendant, *ne sont qu'une des instances de la dépendance*, qui en tant que connexion hiérarchisée représente un ensemble de combinaisons (voir la section 9.12 sur *La connexion et ses instances*). Parmi les instances de la dépendance, il y en a une autre qui est importante, la *combinaison entre le mot gouverneur et la projection maximale du mot dépendant* (voir la section 10.20 sur *Dominance et projections maximales* pour la définition de la projection, ainsi que l'encadré 10.12 sur *Dépendance, dominance et transitivité*).

Dans notre exemple, *aimeraient* a pour dépendant *beaucoup* et *passer*. Mais *qui* aimeraient passer Noël en Laponie ? *Beaucoup de gens.* Et *ce que* beaucoup de gens aimeraient, ce n'est pas juste *passer*, mais bien *passer Noël en Laponie*. Ainsi les deux dépendances qui partent de *aimeraient* doivent-elles être vues avant tout comme des dépendances vers les groupes *beaucoup de gens* et *passer Noël en Laponie*, comme illustré par la figure 11.2.

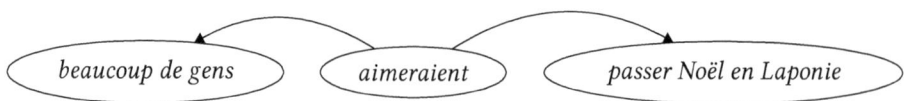

FIGURE 11.2 – Lien entre le mot *aimeraient* et les projections de ses dépendants

Cette *double interprétation du dépendant, comme mot et comme groupe*, est déjà bien dégagée par Nicolas Beauzée dans l'article *Régime* de l'Encyclopédie de 1765 (voir l'encadré 10.1 sur l'*Historique des notions de dépendance et de tête*). Elle est aussi sous-jacente chez Lucien Tesnière, qui considère le « nœud » tantôt comme un mot, tantôt comme un groupe. Dans les stemmas, il instancie les nœuds par des mots et définit la dépendance comme une relation entre mots (« dans la phrase *mon ami parle*, *mon* dépend de *ami*, qui dépend à son tour de *parle* » (Tesnière 1959 : chapitre 2). Mais il définit pourtant le nœud « comme l'ensemble constitué par le régissant et par tous les subordonnés qui, à un degré quelconque directement ou indirectement, dépendent de lui et qu'il noue ainsi en quelque sorte en un seul faisceau » (Tesnière 1959 : chapitre 3).

Cette ambivalence du dépendant trouve sa première interprétation graphique avec la représentation proposée par Aleksej Gladkij en 1968, où les projections sont explicites (voir la figure 11.3).

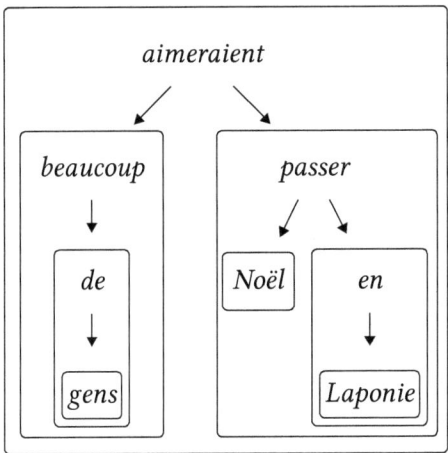

FIGURE 11.3 – Arbre de Beauzée-Gladkij

Cette représentation, que nous appellerons désormais un ARBRE DE BEAUZÉE-GLADKIJ, n'est pas un arbre au sens mathématique du terme, mais un arbre à bulles (voir l'encadré 9.8 *Graphe à bulles et polygraphe*) : les dépendants ne sont plus des nœuds élémentaires, mais des ensembles de nœuds, représentés par des bulles. Si l'on compare l'arbre de Beauzée-Gladkij avec l'arbre de dépendance, on voit que chaque nœud a été remplacé par sa *projection maximale*. Laquelle projection est elle-même analysée, avec un nœud tête dont dépendent des projections, et ainsi de suite.

On aura noté que *l'arbre de Beauzée-Gladkij est absolument équivalent à l'arbre de dépendance*. Il ne contient aucune information supplémentaire, il ne fait qu'expliciter les projections maximales, qui étaient déjà implicitement présentes dans l'arbre de dépendance.

11.3 Arbre de constituants plat

L'arbre de Gladkij induit lui-même une nouvelle structure. Oublions les dépendances et gardons uniquement les projections maximales : on obtient alors uniquement un *emboîtement* d'unités.

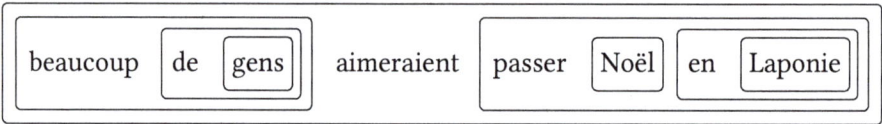

FIGURE 11.4 – Emboîtement (de constituants majeurs)

Il est d'usage d'appeler les unités dans une telle structure les constituants (voir l'encadré 11.1 sur *Le terme constituant*).

> **Définition 11.1 : structure de constituants, constituant, constituant majeur**
>
> Une structure représentant un emboîtement d'unités syntaxiques est appelée une STRUCTURE DE CONSTITUANTS. Les unités considérées dans une telle structure sont appelées les CONSTITUANTS. Les constituants qui correspondent aux *projections maximales* sont appelés les CONSTITUANTS MAJEURS.

L'emboîtement de la figure 11.4 peut être représenté sous la forme d'un *parenthésage*. Voir la figure 11.5, où nous alternons deux types de parenthèses pour des raisons de lisibilité.

([*beaucoup* (*de* [*gens*])] *aimeraient* [*passer* (*Noël*) (*en* [*Laponie*])])

FIGURE 11.5 – Parenthésage (de constituants majeurs)

Notons néanmoins que le parenthésage ne peut être défini que sur une suite ordonnée d'éléments. Bien que nous ayons représenté l'emboîtement ci-dessus en remettant les mots dans l'ordre de la phrase, nous ne nous intéressons pas à l'ordre linéaire pour l'instant et un emboîtement de constituants peut être considéré indépendamment de l'ordre des mots.

Notre structure de constituants peut encore être représentée d'une autre façon : sous la forme d'un *arbre* (voir l'encadré 3.2 *Graphe et arbre*), que nous appellerons l'ARBRE DE CONSTITUANTS PLAT, car il ne contient que les constituants majeurs et il est donc *le plus plat des arbres de constituants que l'on peut considé-rer.* Nous les représentons selon l'usage avec les mots dans l'ordre linéaire, mais *nous ne nous intéressons* pour l'instant *qu'à la structure d'arbre*, c'est-à-dire la structure hiérarchique définie par l'arbre (l'ordre linéaire sera considéré au cha-pitre suivant, voir notamment l'encadré 12.18 sur l'*Arbre de constituants ordonné*). Dans la figure 11.6, chaque constituant, qui était représenté par une boîte dans la figure 11.4, est ici représenté par le symbole ⊡. Les liens entre ces boîtes et les nœuds qui en dépendent représentent les relations d'emboîtement, encore appe-lée RELATIONS PARTIE-TOUT.

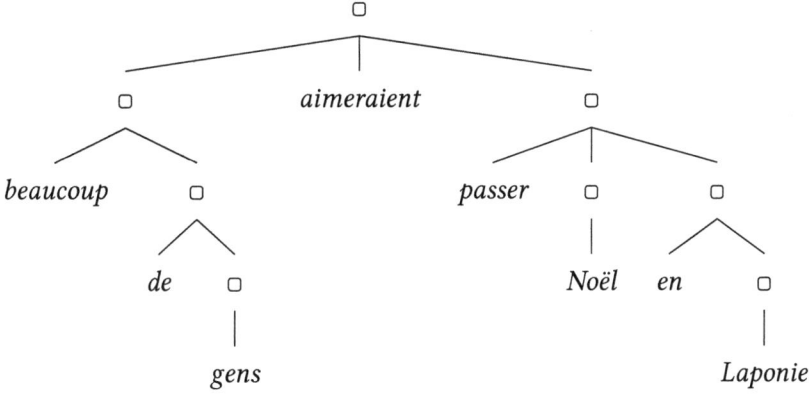

FIGURE 11.6 – Arbre de constituants plat

C'est le mathématicien Yves Lecerf, qui a le premier construit un tel arbre, en 1960, immédiatement après la publication de l'ouvrage de Tesnière en 1959, et qui a établi l'équivalence entre les arbres de dépendance et cette sous-famille d'arbres de constituants. Il est facile de voir que l'arbre de constituants plat est équivalent à l'arbre de Beauzée-Gladkij.

Encadré 11.1 : Le terme *constituant*

Le terme *constituant* a été introduit par Leonard Bloomfield en 1933 dans son ouvrage *Language*. Bloomfield s'intéresse à la décomposition des unités et il utilise le terme pour désigner les *constituants immédiats* d'une unité (voir la section 9.17 *Analyse en constituants immédiats*). Au départ, le terme est donc prédicatif : un constituant est toujours *le constituant immédiat d'une autre unité* (il *constitue* une partie de cette unité). Ensuite, le terme a été utilisé pour désigner l'ensemble des unités obtenues par l'analyse en constituants immédiats. Le terme n'est alors plus prédicatif : *un constituant est un type d'unité.* C'est dans ce dernier emploi que nous utilisons le terme *constituant*. Nous considérons plusieurs types de constituants : les constituants majeurs, qui sont les projections maximales (voir la section 11.3), auxquels s'ajoutent des constituants intermédiaires obtenus par l'analyse en constituants immédiats (voir la section 11.9 sur l'*Arbre de constituants binaire*).

La conséquence de ce choix terminologique est que, pour désigner les unités qui résultent de la décomposition d'un constituant C, on parle aujourd'hui de sous-constituants de C (et non plus de constituants immédiats de C).

11.4 Arbre de constituants avec têtes

Un arbre de constituants plat possède une propriété particulière : chaque nœud intérieur (correspondant donc à une boîte) possède parmi ses fils un *unique nœud terminal* – une feuille de l'arbre. (Dans notre exemple, les nœuds terminaux sont occupés par des mots, car nous avons décidé de ne pas poursuivre la décomposition au-delà. Ce choix est indépendant de la discussion présente qui reste valable quelle que soit la granularité de notre analyse.) Cette propriété d'unicité permet d'interpréter ce *nœud terminal* comme la *tête du constituant*. L'arbre de constituants plat est donc implicitement un ARBRE DE CONSTITUANTS AVEC TÊTES.

Il est d'usage dans les arbres de constituants avec têtes (plats ou pas) d'expliciter laquelle des relations partie-tout entre ce constituant et ses sous-constituants est la relation avec la tête. Cela est indiqué par un T dans l'arbre de la figure 11.7. Un arbre de constituants avec têtes est dit PLAT lorsque la tête de chaque constituant est un nœud terminal. Nous contrasterons ce type d'arbre avec les arbres X-barre et les arbres de l'analyse en constituants immédiats, qui peuvent être enrichis de têtes, mais sont binaires et non pas plats en général (voir la section 11.9 sur l'*Arbre de constituants binaire*). Nous présentons à cette occasion une autre convention pour l'encodage de la tête dans l'encadré 11.10 sur la *Syntaxe X-barre*.

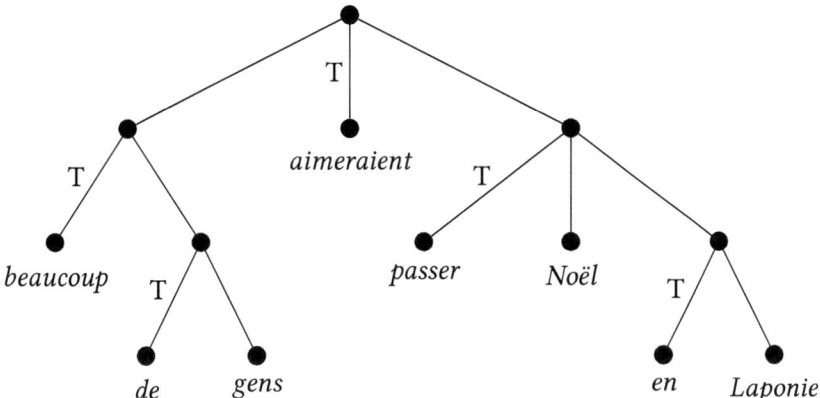

FigURE 11.7 – Arbre de constituants plat avec explicitation des têtes

11.5 Équivalence par la méthode de Lecerf

L'arbre de constituants plat est équivalent à l'arbre de Beauzée-Gladkij et donc à l'arbre de dépendance dont nous sommes partis. Pour reconstruire l'arbre de dépendance, rien n'est plus simple : il suffit d'identifier chaque nœud intérieur avec son nœud tête, comme le montre le diagramme de la figure 11.8. Les nœuds qui vont fusionner sont dans un même cadre gris dans la partie haute et remplacés par un unique nœud dans la partie basse.

Au final, nous avons montré la parfaite *équivalence entre* un *arbre de dépendance* et un *arbre de constituants plat*. La méthode que nous avons utilisée pour passer de l'un à l'autre, dans un sens comme dans l'autre est due initialement à Lecerf. Nous appellerons cette méthode la MÉTHODE DE LECERF ou MÉTHODE PAR AGRÉGATION DES PROJECTIONS.

11.6 Construire un arbre de dépendance par décomposition

Dans les chapitres 9 et 10, nous avons montré comment construire l'arbre de dépendance d'un énoncé en construisant d'abord une structure de connexion, puis en raffinant et hiérarchisant cette structure grâce à différents critères permettant d'identifier les têtes des unités.

Une autre méthode consiste à construire d'abord un arbre de constituants. Cette méthode suppose que l'on ait repéré l'unité maximale que l'on veut analyser (ce qui n'est pas sans difficulté comme nous le verrons dans le chapitre 20 du vol. 2). Appelons cette unité une phrase selon l'usage. Voici la méthode.

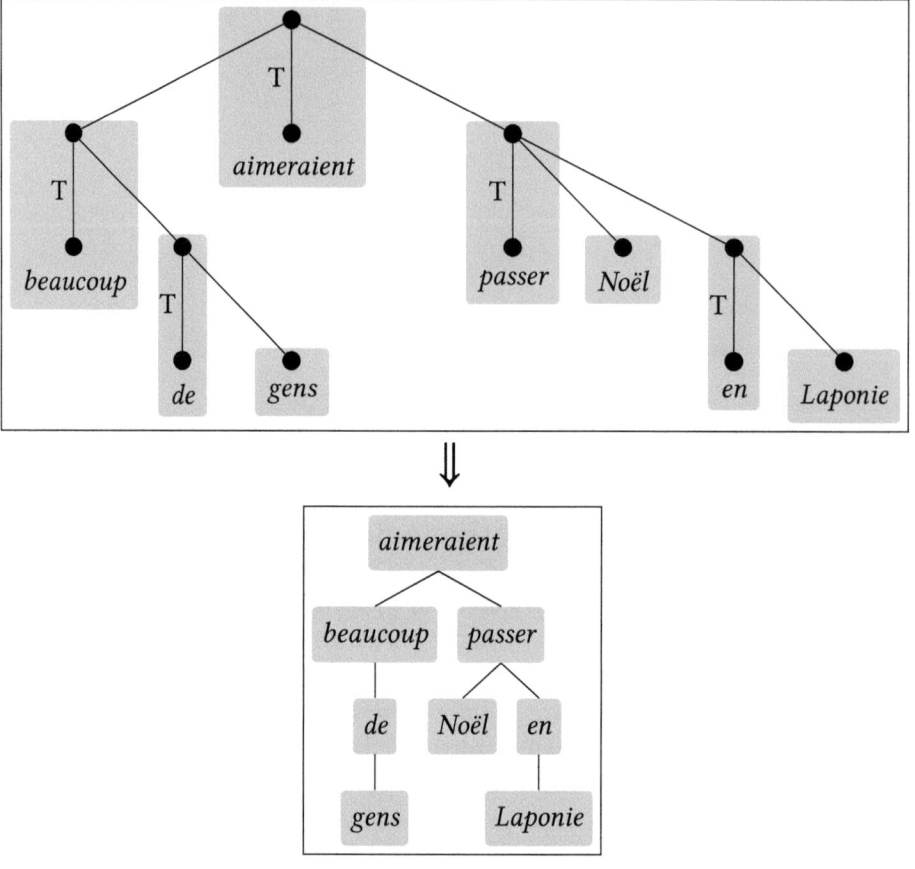

FIGURE 11.8 – Retour à l'arbre de dépendance

A chaque étape, on a une unité U à décomposer. À la première étape, il s'agit de la phrase que l'on veut analyser. Pour décomposer U, on doit d'abord *repérer la tête* de U (les critères restent les mêmes que ceux que nous avons présentés dans le chapitre 10). On enlève alors cette tête et on regarde ce que sont les morceaux qui restent. Autrement dit, on repère les *sous-unités maximales de U privé de sa tête* : ces unités sont les CONSTITUANTS MAJEURS de U. On recommence la même procédure avec les unités obtenues. Ainsi de suite, jusqu'à ce qu'on arrive à des unités indécomposables. (Pour plus de détails sur ce type de méthode, voir le principe d'une *Décomposition récursive* dans l'encadré 11.2 qui suit).

Illustrons le procédé avec l'exemple (1) de la section 11.2 utilisé tout au long de ce chapitre.

On repère la tête de cette phrase par les critères exposés au chapitre précédent et notamment dans la section 10.6 : il s'agit de l'unique forme verbale finie, *aimeraient*. Les deux plus grandes unités syntaxiques, une fois ce verbe retiré, sont alors *beaucoup de gens* et *passer Noël en Laponie*. Ces unités syntaxiques peuvent être repérées grâce aux critères d'autonomisabilité illocutoire (voir la section 9.8 sur l'*Unité syntaxique autonomisable*) : elles forment des unités illocutoirement autonomisables dont le signifié est équivalent à celui qu'elles ont dans la phrase. Nous verrons dans les sections suivantes de nouveaux critères permettant d'identifier les constituants majeurs.

Cette première étape nous donne la décomposition suivante :

(2)   ([*beaucoup de gens*] *aimeraient* [*passer Noël en Laponie*])

On peut ensuite décomposer chacune des deux unités obtenues de la même façon. La tête de *passer Noël en Laponie* est la forme verbale *passer*. On voit que *Nöel* et *en Laponie* forment deux unités, notamment en appliquant le critère de déplacement (voir la section 9.13 sur les *Tests pour la connexion*) : *passer en Laponie Noël* est possible (et encore meilleur si on alourdit le deuxième constituant : *passer en Laponie un agréable Noël*). La tête de *beaucoup de gens* est *beaucoup* (Critère rectionnel). On a donc la décomposition suivante :

(3)   ([*beaucoup* (*de gens*)] *aimeraient* [*passer* (*Noël*) (*en Laponie*)])

Encore une étape et nous aurons obtenu le parenthésage complet en constituants majeurs de figure 11.5 et donc l'arbre de constituants plat, à partir duquel nous savons construire l'arbre de dépendance, comme nous l'avons montré à la section précédente.

Encadré 11.2 : Décomposition récursive

Le procédé de décomposition que nous venons de présenter est dit RÉ-CURSIF. Le terme a un sens similaire à celui que peut avoir *recours* dans *faire un recours*, c'est-à-dire 'demander à ce que la procédure recommence'). La particularité d'un PROCESSUS RÉCURSIF est que, à la fin de chaque ÉTAPE, on se trouve avec une ou des situations similaires à celle qu'on avait au début de l'étape. Dans notre cas, chaque étape commence par un constituant à décomposer et se termine avec de nouveaux constituants à décomposer.

La RÉCURSIVITÉ des constructions est une propriété essentielle des langues, bien dégagée par Noam Chomsky dès ses premiers travaux (*Structures syntaxiques* en 1957). La langue se caractérise non seulement par une structure hiérarchique, mais par le fait que l'organisation à n'importe quel niveau de décomposition de la phrase s'apparente à l'organisation au niveau supérieur.

Cela est très net dans des langues comme l'anglais ou le français où la structure d'une proposition subordonnée est exactement la même que celle de la phrase complète. Cela est un peu moins vrai dans d'autres langues comme le coréen, où le verbe principal porte des marques spécifiques (voir la section 10.4 sur la *Tête d'un énoncé dans une langue inconnue*), ou comme l'allemand, où l'ordre des mots dans une subordonnée est différent de celui de la principale (voir la section 12.25 sur la *Structure topologique de l'allemand*). Néanmoins, même dans ces langues, la structure d'un groupe substantif reste exactement la même qu'il dépende du verbe principal ou du verbe d'une relative se trouvant elle-même dans une groupe substantif.

Il a été avancé que certaines langues pourraient ne pas avoir de récursivité, comme le pirahã, parlé dans la forêt amazonienne. Cette langue n'aurait pas de subordination et il pourrait ne pas y avoir une structure enchâssée dans une structure identique (voir les *Lectures additionnelles* en fin de chapitre).

11.7 Combinaison *vs* décomposition

Nous avons introduit deux grandes familles de méthodes pour construire la structure syntaxique.

La première famille de méthodes comprend des *méthodes ascendantes*, comme la méthode présentée aux chapitres 9 et 10. Ces méthodes reposent sur la *combinaison des unités* : les unités se combinent pour former des unités plus grandes, ce que nous représentons par des *connexions* entre les unités et des *dépendances* lorsque cette connexion est hiérarchisée. Elles seront appelées MÉTHODES de construction d'un arbre de dépendance PAR COMBINAISON.

La deuxième famille de méthodes comprend des *méthodes descendantes*, comme la méthode de Lecerf développée plus haut (section 11.5) et la méthode par déréification développée plus bas (section 11.12). Ces méthodes reposent sur la *décomposition des unités* : les unités peuvent être décomposées en des unités plus petites, ce que nous représentons par des relations partie-tout, également appelée RELATIONS DE CONSTITUANCE. Elles seront appelées MÉTHODES de construction d'un arbre de dépendance PAR DÉCOMPOSITION.

Les deux familles de méthodes conduisent à la même analyse structurelle, bien qu'elles suggèrent des modes de représentations différents. Nous allons continuer à étudier cette question en détail. Nous verrons que les méthodes descendantes permettent d'introduire de nouveaux critères pour le calcul de la structure syntaxique, qu'on appelle traditionnellement les TESTS DE CONSTITUANCE, puisqu'ils sont supposés caractériser les constituants. Nous proposerons à la fin de ce chapitre de combiner les deux approches pour tirer le meilleur de chacune.

Encadré 11.3 : Les limites des méthodes par décomposition

Nous avons vu, dans la section 9.16 *De la fragmentation à la connexion*, qu'on pouvait construire la structure de connexion *à partir de n'importe quelle fragmentation* de l'énoncé en raffinant ensuite les connexions en s'appuyant sur d'autres fragmentations. Rappelons qu'une fragmentation est une décomposition récursive de l'énoncé, laquelle s'apparente à une analyse en constituants immédiats (ACI), si ce n'est que les fragments ne sont pas nécessairement les constituants considérés par l'ACI traditionnelle.

Dans la méthode de Lecerf, nous sommes partis d'une décomposition particulière guidée par la notion de tête, puisque, à chaque étape, nous identifions la tête avant de décomposer une unité. Nous souhaitons montrer ici que le calcul de l'arbre de dépendance par agrégation des constituants avec leur tête ne fonctionne pas pour n'importe quelle décomposition.

Considérons l'exemple suivant :

(4) *Léa a invité Théo.*

Nous allons considérer deux fragmentations différentes. La figure 11.9 donne l'analyse en constituants immédiats la plus courante et l'arbre de dépendance qui lui correspond, qui est conforme à l'analyse en dépendance attendue.

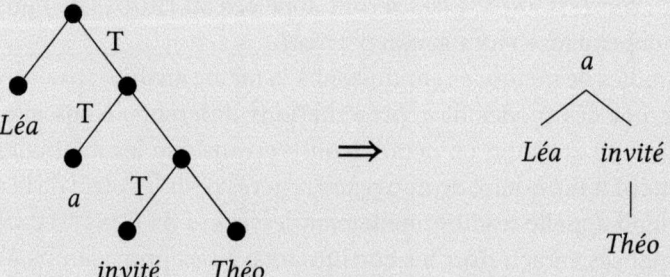

FIGURE 11.9 – Un arbre de constituants binaire avec têtes pour (4) et l'arbre de dépendance correspondant

Notons au passage que la méthode de Lecerf, qui nous permet de construire l'arbre de dépendance à partir de l'arbre de constituants avec têtes, ne s'applique pas qu'à des arbres de constituants plats. Ici, l'auxiliaire *a* est la tête d'un nœud qui est lui-même la tête de la racine de l'arbre : il faudra donc agréger les trois nœuds de cette branche pour obtenir l'arbre de dépendance, l'auxiliaire *a* héritant ainsi de deux dépendants, le sujet *Léa* et le participe passé *invité*.

Partons maintenant d'une autre fragmentation, comme dans la figure 11.10.

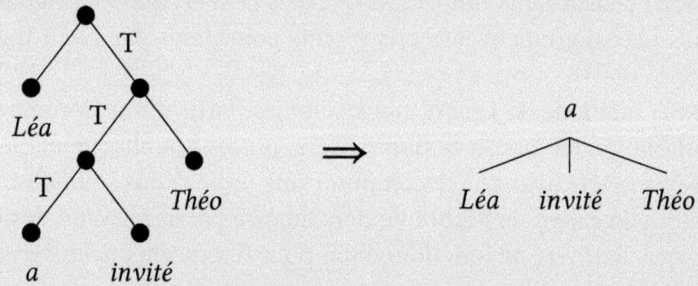

FIGURE 11.10 – Une autre fragmentation pour (4) et l'arbre de dépendance correspondant

En partant de cet arbre de constituants avec têtes (il s'agit bien formellement d'une structure d'arbre de constituants avec têtes), il est impossible
d'attribuer comme précédemment le sujet *Léa* à l'auxiliaire et l'objet *Théo*
au verbe lexical *invité*, et ceci quels que soient les choix de tête que nous
fassions ; nécessairement, l'élément du syntagme *a invité* qui sera choisi
comme tête héritera de tous les dépendants.

Cet exemple montre que la méthode de Lecerf aboutit à l'analyse en dépendance souhaitée uniquement si l'on part de certaines fragmentations.
Or la deuxième fragmentation que nous avons considérée est également
une fragmentation compatible avec notre premier arbre de dépendance,
où *a* et *invité* sont également connectés et forment donc un syntagme. Ne
pas considérer cette deuxième fragmentation suppose d'avoir des critères
pour privilégier la décomposition *a invité Théo* en *a* $\oplus$ *invité Théo* plutôt
qu'en *a invité* $\oplus$ *Théo*. Nous ne pensons pas que cela soit possible sans un
raisonnement complexe qui passe nécessairement par la prise en compte
de la notion de tête. Nous y reviendrons dans l'encadré 11.6 directement
consacré à la question « *Pas de structure de constituants sans la notion de
tête ?* ». Rappelons que nous avons une autre méthode par décomposition
qui consiste à raffiner l'arbre de fragmentation et qui aboutit au bon arbre
de dépendance quelle que soit la fragmentation dont on part (voir la section 9.16 *De la fragmentation à la connexion*).

11.8 Les tests de constituance

Nous allons présenter un certain nombre de tests qui permettent de *caractériser les constituants majeurs* et qu'on appelle traditionnellement les TESTS DE
CONSTITUANCE.

Rappelons que les *constituants majeurs* sont les *projections maximales*. Ce qui
distingue l'approche « constituant » de l'approche « projection » est la façon de
construire les unités. La construction des projections maximales suppose que l'on
a identifié la structure de dépendance au préalable, alors que la construction des
constituants majeurs ne présuppose pas que l'on connaisse la structure interne,
ni même la tête d'un constituant pour l'identifier. Il peut y avoir des avantages
à déterminer certains constituants majeurs avant de construire leur structure
interne.

Les constituants majeurs qui dépendent d'un verbe peuvent généralement être clivés ou semi-clivés, donnant ainsi un premier test de constituance appelé le TEST DE CLIVAGE (le clivage en tant que tel sera étudié dans le chapitre 19 du vol. 2 ; les limites du Test de clivage sont discutées dans la section 11.5 sur *Le statut des tests de constituance*). Formellement, le clivage d'une proposition consiste à promouvoir une unité syntaxique X et rétrograder le reste Y de la proposition pour obtenir une proposition de la forme « *c'est* X *qui/que* Y ». Voici ce que donne le clivage des trois constituants dépendant du verbe *va* dans l'exemple suivant :

(5)   a. **Fred** *va chez son neveu pour les vacances.* → *C'est Fred* **qui** *va chez son neveu pour les vacances.*

b. *Fred va* **chez son neveu** *pour les vacances.* → *C'est chez son neveu* **que** *Fred va pour les vacances.*

c. *Fred va chez son neveu* **pour les vacances.** → *C'est pour les vacances* **que** *Fred va chez son neveu.*

Ce test caractérise *exactement les constituants majeurs*. En particulier, il n'est pas possible de cliver deux constituants en même temps :

(6)   *Fred va* **chez son neveu pour les vacances.** → **C'est chez son neveu pour les vacances* **que** *Fred va.*

Les constituants majeurs présentent aussi de bonnes propriétés vis-à-vis de la pronominalisation, notamment les groupes substantifs et certains groupes prépositionnels qui peuvent être pronominalisés par des pronoms personnels ou des pronoms interrogatifs (voir l'encadré 11.4 qui suit à propos des *Limites des tests de pronominalisation*). Certains pronoms ne prennent pas de dépendants : c'est le cas des pronoms personnels, comme *il/elle*, *on* ou *ça*. La substitution d'une unité syntaxique par un tel pronom ne sera donc possible que si celle-ci n'a pas de dépendant :

(7)   a. *Louis lit* **son livre** *de syntaxe.* → **Louis* **le** *lit de syntaxe.*

b. *Louis lit* **son livre de syntaxe.** → *Louis* **le** *lit.*

On en déduit qu'une unité substituable par un tel pronom est nécessairement une projection maximale. On obtient ainsi un test, le TEST DE PRONOMINALISATION, qui est un test de constituance. Ce test est un cas particulier du *Test de commutation* (voir la section 9.7), qui permet de vérifier qu'un segment du texte est une unité syntaxique. la commutation avec un élément qui ne peut pas avoir de dépendant permet de s'assurer que l'unité n'a pas de dépendant et est donc un constituant majeur.

Voyons sur l'exemple (1) comment fonctionnent les tests de constituance dont nous venons de parler. Une première salve de tests permet d'identifier *beaucoup de gens* comme un constituant, puisque celui-ci est substituable par un pronom personnel et par un pronom interrogatif et qu'il est clivable :

(8) a. Pronom personnel : ***Ils** aimeraient passer Noël en Laponie.*

  b. Pronom interrogatif : ***Qui** aimerait passer Noël en Laponie ? Beaucoup de gens.*

  c. Clivage : ***Il y a** beaucoup de gens **qui** aimeraient passer Noël en Laponie.*

Pour le clivage, nous avons utilisé la construction « *il y a* X *qui* Y », qui est la seule possible avec un sujet indéfini (voir les limites du Test de clivage dans l'encadré 11.5 sur le *Le statut des tests de constituance*).

Passons maintenant au complément *passer Noël en Laponie* du verbe *aimeraient* : celui-ci est pronomisable et semi-clivable. Le semi-clivage est une variante du clivage, préférable lorsque X est une proposition subordonnée et qui donne une proposition de la forme « *ce que* Y, *c'est* X ».

(9) a. Pronom personnel : *Beaucoup de gens aimeraient **ça**.*

  b. Interrogation : ***Qu'est ce-que** beaucoup de gens aimeraient ? Passer Noël en Laponie.*

  c. Semi-clivage : ***Ce que** beaucoup de gens aimeraient, **c'est** passer Noël en Laponie.*

Cette première étape nous donne la décomposition suivante :

(10) (*beaucoup de gens*) *aimeraient* (*passer Noël en Laponie*)

On peut ensuite décomposer chacune des deux unités obtenues de la même façon. La pronominalisation et le semi-clivage permettent par exemple d'identifier *en Laponie* comme un constituant :

(11) a. Pronom personnel : *Passer Noël **là**.*

  b. Interrogatif : *Passer Noël **où** ? En Laponie.*

  c. Semi-clivage : ***Là où** beaucoup de gens aimeraient passer Noël, **c'est** en Laponie*

De même pour *beaucoup de gens*, on identifie *beaucoup* comme la tête, notamment par la pronominalisation de *de gens* :

(12) Pronom personnel : *Il y **en a beaucoup** qui aimeraient passer Noël en Laponie.*

Nous obtenons bien au final le parenthésage attendu :

(13) ((*beaucoup* (*de gens*)) *aimeraient* (*passer* (*Noël*) (*en Laponie*))

Encadré 11.4 : Les limites des tests de pronominalisation

Plusieurs remarques s'imposent concernant les tests de pronominalisation.

Première remarque : Si le Test de pronominalisation appliqué avec des *pronoms personnels* ne reconnaît que des constituants majeurs, ce n'est pas le cas avec tous les pronoms ou proformes : à chaque fois, la substitution reconnaît une unité syntaxique (voir la section 9.7 sur le *Test de commutation*), mais pas nécessairement un constituant. Tel est le cas de la substitution par *celui* :

(14) *Louis lit **son livre** de syntaxe.* → *Louis lit **celui** de syntaxe.*

Le cas de *one* en anglais est intéressant, puisque, d'après plusieurs linguistes (voir les *Lectures additionnelles*), celui-ci peut se substituer à n'importe quelle projection du nom, y compris des projections discontinues :

(15) *Jane has a **big** black **dog**, and Bill has a brown **one**.*
'Jane a un **gros chien** noir et Bill un (gros chien) marron.'

Notons que *one* s'utilise toujours avec un déterminant, ce qui pour le coup en fait véritablement un pro-nom et pas un pro-substantif. (En fait, ce qu'on appelle traditionnellement un pronom, comme *il*, est le substitut d'un substantif et pas d'un nom. Les véritables pro-noms, qui peuvent remplacer un nom, sont rares dans les langues où le nom se caractérise par la combinaison obligatoire avec un déterminant.)

On applique souvent le Test de pronominalisation avec des pronoms interrogatifs, mais il faut savoir que les pronoms interrogatifs prennent parfois des dépendants :

(16) a. *Qu'as tu vu d'intéressant ?* ← *Tu as vu **quelque chose** d'intéressant.*

b. *Qui vient que je connais ?* ← *Une personne que je connais vient.*

En conséquence, la substitution par un pronom interrogatif n'assure pas que l'unité syntaxique reconnue soit une projection maximale.

Deuxième remarque : ce test ne peut pas être appliqué à tous les constituants majeurs. Il fonctionne très bien pour les groupes substantivaux. Il fonctionne pour certains groupes prépositionnels, mais pas tous :

(17) a. *Fred va **chez son neveu** pour les vacances.* → *Fred y va pour les vacances.*

b. *Fred va chez son neveu **pour les vacances.*** → ??

Il fonctionne pour certaines infinitives (celles qui commutent avec un groupe substantival), mais pas toutes :

(18) a. *Lise parle **de reprendre le piano** depuis longtemps.* → *Lise **en** parle depuis longtemps.*

b. *Lise recommence **à jouer du piano** depuis hier.* → ??

Le test ne fonctionnera pas bien pour des groupes adjectivaux, qui n'ont une proforme que dans la position prédicative, utilisée seulement marginalement :

(19) *Cette représentation est **équivalente à un arbre.*** → *?Cette représentation **l**'est.*

Conclusion : le Test de pronominalisation n'est *pas un test de constituance a priori*. Il le devient a posteriori, une fois qu'on a identifié les pronoms qui ne peuvent pas avoir de dépendants. Il ne permet pas de décider quels types d'unités sont ou non des constituants majeurs avant d'avoir introduit des notions préalables comme la dépendance. Ce n'est qu'après avoir décidé quels types d'unités on veut considérer comme des constituants, que l'on peut tester chaque pronom pour voir s'il se substitue ou non à ces unités et constitue donc un test (avec des surprises comme dans le cas des pronoms interrogatifs). Ce test a néanmoins une réelle valeur pratique et pédagogique, une fois inventorié ce avec quoi se substitue chaque pronom. Mais, disons-le encore, il n'a *aucune valeur théorique* pour caractériser les constituants.

Prenons un dernier exemple. À la différence du français, l'anglais possède une proforme pour les verbes, à savoir le verbe DO 'faire' :

(20)   *Tim **plans to stay in China for a while**.* → *Tim **does**.*

'Tim **projette de rester en Chine un moment**.' → litt. 'Tim **fait**.'

Comme tous les tests de substitution par une proforme, il caractérise des unités syntaxiques. Mais il ne permet pas de statuer sur le statut de cette unité en tant que projection maximale. Or ce test est souvent utilisé par les générativistes pour affirmer que le groupe verbal (voir l'encadré 11.11 sur *Le groupe verbal*) est un constituant majeur. C'est évidemment faire les choses à l'envers : c'est parce que ces linguistes ont décidé (peu importe si c'est à bon escient ou non) que le groupe verbal est un constituant qu'ils voient dans la substitution par la proforme DO un test de constituance.

Encadré 11.5 : Le statut des tests de constituance

Nous avons proposé une méthode pour construire l'arbre de constituants qui repose crucialement sur la notion de tête, puisque, avant de *décomposer un constituant*, nous cherchons *d'abord sa tête*. En d'autres termes, nous construisons directement un arbre de constituants avec têtes, lequel est formellement équivalent à un arbre de dépendance.

La question qu'on peut alors se poser est : est-il possible de construire un arbre de constituants sans faire référence à la notion de tête et sans utiliser les critères qui permettent d'identifier la tête d'une unité ? En d'autres termes, a-t-on des tests suffisamment fiables pour identifier les constituants directement ?

Un certain nombre de tests, appelés les *tests de constituance*, ont bien été proposés. Comme nous l'avons vu dans l'encadré précédent, le Test de pronominalisation permet de repérer certains types d'unités syntaxiques, notamment les groupes substantivaux, à condition d'être utilisé avec les bons pronoms. Et en plus, il ne permet pas, loin s'en faut, de caractériser tous les constituants. Nous avons également vu le Critère d'autonomi-sabilité illocutoire et le Critère d'autonomisabilité prosodique, qui nous ont permis de construire la structure de connexion (voir la section 9.8 sur l'*Unité syntaxique autonomisable*); ces tests caractérisent toutes les unités syntaxiques autonomisables et pas seulement les constituants. Le Test de déplacement et le Test d'insertion peuvent également être utilisés pour caractériser certaines unités (voir la section 9.13 sur les *Tests pour la connexion*), mais leur utilisation reste marginale.

Étudions plus en détail le cas du Test de clivage (présenté à la sec-tion 11.8), qui est l'un des tests de constituance les plus puissants qui soit. Ce test est censé caractériser les constituants majeurs qui dépendent d'un verbe. En fait, ce test s'applique aussi à des constituants qui ne dépendent pas directement du verbe principal (voir le chapitre 19 du vol. 2 pour plus de détails sur les positions accessibles au clivage), comme ici *à sa sœur* qui dépend de *parler*, lui même dépendant de *a l'intention d'essayer de* :

(21) *C'est **à sa sœur** que Fred a l'intention d'essayer de **parler en premier**.*

Mais surtout, le clivage ne s'applique pas à tous les types de consti-tuants majeurs. Pour les complétives, le semi-clivage est mieux adapté :

(22) *Fred espère **que son neveu l'invitera**.*
      → ?*C'est que son neveu l'invitera **que** Fred espère.*
      → *Ce que Fred espère, **c'est** que son neveu l'invitera.*

Le Test de clivage ne fonctionne pas non plus très bien pour les indéfinis, le test en « *il y a* X *qui/que* Y » pouvant le remplacer :

(23) ***Beaucoup de gens** aimeraient venir.*
      → ??*C'est beaucoup de gens **qui** aimeraient venir.*
      → *Il y a beaucoup de gens **qui** aimeraient venir.*

Enfin, le Test de clivage ne permet pas de dégager d'unités syntaxiques en cas de négation :

(24) a. *Raoul n'a jamais **d'argent** sur lui.*
          → **C'est d'argent **que** Raoul n'a jamais sur lui.*

      b. *Raoul n'a **jamais d'argent** sur lui.*
          → **C'est jamais d'argent **que** Raoul a sur lui.*

En conclusion, ce test, même s'il est l'un des plus précis, reste partiel. Il ne caractérise pas tous les constituants majeurs et il ne caractérise pas que des constituants majeurs dépendant du verbe principal. Comme pour le Test de pronominalisation, ce test n'a *pas de valeur théorique* pour déterminer quels types d'unités syntaxiques sont des constituants. C'est encore une fois dans l'autre sens que les choses se font : c'est parce que nous avons déjà défini la structure syntaxique et que nous savons quelles unités syntaxiques sont des projections maximales que nous pouvons savoir quelles sont les contraintes sur le clivage et comment l'utiliser comme test.

Il n'y a donc *pas de tests* (ou de combinaisons de tests) qui permettent de *reconnaître exactement les constituants*, quelle que soit la définition qu'on en donne. Il n'y a certainement pas de tests qui permettent de reconnaître tous les constituants de la Syntaxe X-barre (voir l'encadré 11.9 sur *Binarité, construction et connexion*) et seulement ceux-là. Il n'y a pas non plus de tests qui permettent de reconnaître toutes les projections maximales et seulement les projections maximales. Tous les tests de constituance ont leurs limites et ne s'appliquent que partiellement.

Si nous mettons sérieusement en doute les tests de constituance comme outils théoriques (permettant de montrer que la constituance est une notion primitive), nous ne mettons pas en doute leur intérêt pratique et pédagogique. Ces tests peuvent et doivent être utilisés pour élaborer la structure syntaxique. À défaut de caractériser « les constituants », ils caractérisent certaines unités syntaxiques qu'il est toujours utile de pouvoir repérer (voir la section 11.15 *Combiner les méthodes ascendante et descendante*). Il est aussi intéressant de noter qu'ils sont finalement davantage en adéquation avec une analyse en dépendance qu'avec des analyses en constituance du type Syntaxe X-barre, et ceci pour deux raisons. Premièrement, comme on l'a vu, certains tests caractérisent d'autres unités syntaxiques que les constituants traditionnels (par exemple la pronominalisation, avec des pronoms comme *celui* ou même les pronoms interrogatifs dans certains cas). Deuxièmement, certains types de constituants, et notamment les constituants intermédiaires de la Syntaxe X-barre, ne vérifient quasiment aucun des tests et sont impossibles à caractériser de cette façon (ce qui met d'ailleurs en doute l'intérêt de les introduire dans la structure).

Encadré 11.6 : Pas de structure de constituants sans la notion de tête ?

Dans l'encadré 11.5 qui précède, nous avons mis en doute la possibilité d'avoir des tests permettant de définir les constituants sans faire intervenir la notion de tête. Derrière cette question s'en cache une autre : *quelles sont les notions primitives en syntaxe* ?

La domination des modèles basés sur la syntaxe de constituants dans la deuxième moitié du 20e siècle a pu donner l'impression que la notion de constituant était une notion primitive, d'autant qu'il était clairement affirmé dès le départ que des notions autrefois considérées comme primitives, comme la notion de *sujet syntaxique*, pouvaient être ramenées à une configuration dans la structure de constituants (voir l'encadré 11.9 sur *Binarité, construction et connexion* et l'encadré 11.10 sur la *Syntaxe X-barre*).

Nous avons déjà évoqué que les analyses en constituants traditionnelles privilégiaient la décomposition de *a invité Théo* en *a* ⊕ *invité Théo* sur la décomposition *a invité* ⊕ *Théo*, et que cela ne nous semblait pas possible sans considérer dès le départ la notion de tête et la structure de dépendance qui en découle (voir l'encadré 11.3 sur *Les limites des méthodes par décomposition*). Effectivement, aucun des tests de constituance présentés plus haut ne permet de privilégier une décomposition *a* ⊕ *invité Théo*. Ce sont des critères tels que la rection ou le contrôle de la valence supérieure qui permettent seulement de préférer ce découpage (voir la section 10.12 sur *Tête interne et rection*).

Le fait que les constituants majeurs ne sont pas des primitives devient encore plus net si on prend une forme verbale simple plutôt qu'une forme complexe et qu'on pousse la décomposition jusqu'aux syntaxèmes. Considérons à nouveau l'exemple (4). Dans la structure de la figure 11.11 ci-dessous (qui est la structure défendue par la Syntaxe X-barre, voir l'encadré 11.11 sur *Le groupe verbal*), le sujet dépend de la flexion, tandis que l'objet dépend du lexème verbal (IP désigne un groupe flexionnel, angl. *inflection phrase*).

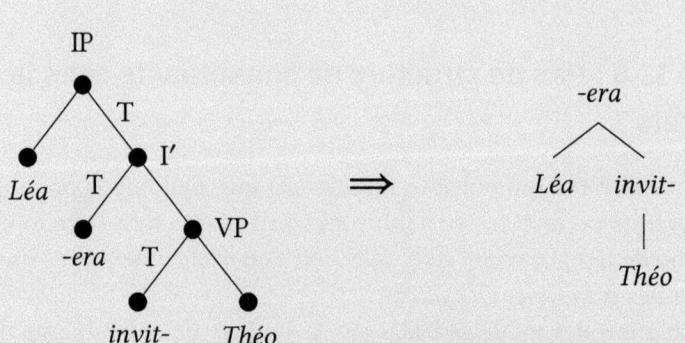

FIGURE 11.11 – Un arbre X-barre et l'arbre de dépendance correspondant

La structure de constituants de la figure 11.11 et l'arbre de dépendance correspondant ne peuvent donc être obtenus qu'à condition de décomposer le syntagme *invitera Théo* en *-era* ⊕ *invit- Théo* (c'est-à-dire « flexion ⊕ INVITER THÉO », avec d'autres notations) à la place de la bien plus naturelle décomposition en *invitera* ⊕ *Théo* (qui amènerait à avoir l'objet qui dépend de la flexion et non du lexème verbal ; voir à nouveau l'encadré 11.3 sur *Les limites des méthodes par décomposition*).

Notre propos n'est pas de rejeter l'analyse faite par la Syntaxe X-barre, mais simplement de souligner que cette analyse ne peut être faite sans considérer la notion de tête comme une notion primitive nécessaire à la définition des constituants. Pour notre part, nous définissons les constituants comme des projections et notre définition des constituants repose crucialement sur la notion de tête, puisque, à chaque étape, nous devons d'abord identifier la tête pour pouvoir ensuite identifier les constituants majeurs.

11.9 Arbre de constituants binaire

Nous avons donné une première définition d'un arbre de constituants basée sur les projections maximales. Nous avons appelé cet arbre l'arbre de constituants plat (voir la section 11.4). Cet arbre est *plat* dans le sens où chaque nœud terminal (correspondant à un mot) est directement la tête de sa projection maximale et qu'il n'y a donc *pas de constituants intermédiaires* entre un mot et le constituant majeur dont il est la tête. Il s'agit du plus simple arbre de constituants avec

418

têtes équivalent à un arbre de dépendance donné : les seuls constituants sont les projections maximales et les têtes (les mots dans nos exemples).

Un tel arbre a des avantages (la simplicité), mais il a aussi un inconvénient : il ne représente pas de manière explicite les connexions et le fait que les *connexions des unités* se font *deux à deux*. Cela a amené de nombreux linguistes utilisant les arbres de constituants comme mode de représentation syntaxique à préconiser d'avoir des ARBRES DE CONSTITUANTS BINAIRES (voir l'encadré 11.8 sur l'*Historique des représentations syntaxiques par des diagrammes en constituants* et l'encadré 11.9 sur *Binarité, construction et connexion*). Un arbre est BINAIRE si chaque nœud intérieur a exactement deux fils. L'arbre de constituants binaire le plus standard correspondant à l'exemple (1) est donné dans la figure 11.12.

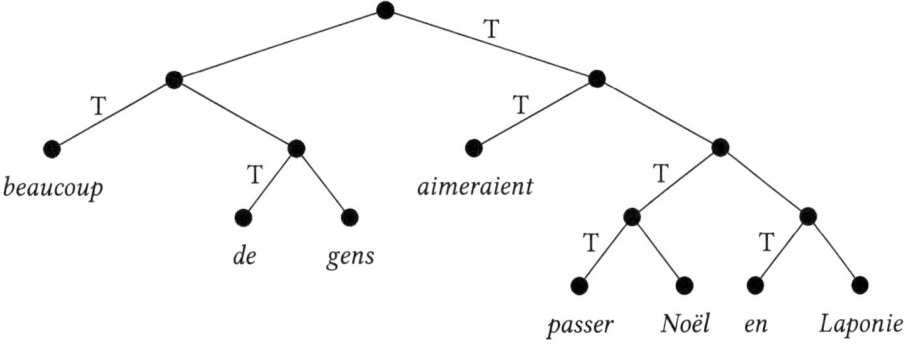

FIGURE 11.12 – Arbre de constituants binaire avec têtes

Dans un tel arbre, chaque décomposition correspond à une connexion, comme nous le montrerons plus en détail dans les sections 11.11 sur *Arbre de constituants binaire et polygraphe* et 11.12 sur *Polygraphe orienté et arbre de dépendance*. Voici le parenthésage correspondant à l'arbre de la figure 11.12 avec les connexions indiquées en plus.

$$(beaucoup \oplus (de \oplus gens)) \oplus (aimeraient \oplus ((passer \oplus Noël) \oplus (en \oplus Laponie)))$$

FIGURE 11.13 – Parenthèsage (de constituants) binaire

Dans un arbre de constituants binaire, un nœud terminal (mot ou syntaxème selon la granularité de l'analyse) peut être la tête de plusieurs constituants : ainsi, dans l'arbre de la figure 11.12, *passer* est à la fois la tête de *passer Noël* et de *passer Noël en Laponie* et *aimeraient* est la tête de *aimeraient passer Noël en Laponie* et de la phrase entière.

Définition 11.2 : projection, projection maximale, constituant majeur, constituant intermédiaire

Les différents constituants dont un nœud terminal est la tête sont appelés ses PROJECTIONS. Le plus grand constituant dont un nœud terminal est la tête est sa PROJECTION MAXIMALE et ce constituant est dit MAJEUR. Les constituants entre un nœud terminal et sa projection maximale sont appelés des CONSTITUANTS INTERMÉDIAIRES.

Définition 11.3 : arbre de constituants stratifié, stratification

Un arbre de constituants binaire contient davantage de « strates » qu'un arbre plat. Nous dirons qu'il est davantage STRATIFIÉ et l'opération qui consiste à ajouter des constituants intermédiaires est appelée la STRATIFICATION

11.10 Projections partielles et ordre de saillance

On peut définir, à partir d'un nœud d'un arbre de dépendance, différentes unités qu'on appelle ses projections.

Définition 11.4 : projection partielle

Nous appelons PROJECTION PARTIELLE d'un nœud A d'un arbre de dépendance toute unité syntaxique obtenue en prenant A et les nœuds dominés par *une partie des dépendants* de A.

Autrement dit, une projection partielle de A est obtenue en *coupant* éventuellement *certaines des dépendances* qui partent de A et en gardant tout ce qui reste dominé par A. Par exemple, si l'on prend l'exemple de l'arbre de dépendance de la figure 11.1, les projections partielles de *passer* sont *passer Noël* (on a coupé la dépendance vers *en*), *passer en Laponie* (on a coupé la dépendance vers *Noël*) et *passer* (on a coupé les deux dépendances).

Les constituants intermédiaires sont toujours des projections partielles. Mais toutes les projections partielles ne sont pas considérées comme des constituants (intermédiaires) par les analyses en constituants. Il est très généralement considéré que la projection partielle du verbe sans son sujet (*aimeraient passer Noël en Laponie* dans l'exemple (1)) forme un constituant (appelé le groupe verbal), mais pas la projection partielle du verbe sans son objet (*beaucoup de gens aimeraient*).

Pour obtenir un arbre de constituants binaire à partir d'un arbre de dépendance, il faut décider dans quel ordre les dépendants seront regroupés avec leur gouverneur. Ainsi pour obtenir l'arbre de constituants binaire plus haut, il faut regrouper *aimeraient* d'abord avec son objet (*passer Noël en Laponie*), puis avec son sujet (*beaucoup de gens*). De même, on regroupera *passer* avec un premier dépendant (le plus proche, *Noël*), puis avec un deuxième (*en Laponie*).

On peut poser une relation d'ordre sur les dépendances que nous appelons l'ORDRE DE SAILLANCE (*l'élément le plus saillant* est celui qui *rejoint son gouverneur en premier*). La relation d'ordre converse est appelée l'ORDRE D'OBLICITÉ (*l'élément le plus oblique* est celui qui *rejoint son gouverneur en dernier*).

Alors qu'un arbre de dépendance correspond naturellement à un arbre de constituants plat, la donnée d'un ordre de saillance permet de *stratifier* cet arbre : la donnée d'un *arbre de dépendance* avec *en plus* un *ordre de saillance* est équivalente à la donnée d'un *arbre de constituants binaire avec têtes*. La figure 11.14 reprend notre arbre de dépendance préféré en y ajoutant l'indication de l'ordre de saillance.

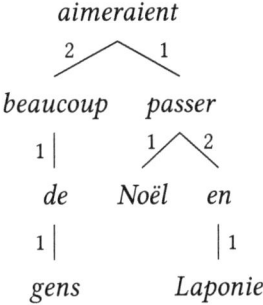

FIGURE 11.14 – Arbre de dépendance avec ordre de saillance

Cet ARBRE DE DÉPENDANCE AVEC ORDRE DE SAILLANCE permet de regrouper chaque nœud avec ses dépendants dans un certain ordre et de privilégier certaines projections partielles, comme le montre le diagramme de la figure 11.15. L'emboîtement d'unités syntaxiques ainsi obtenu n'est autre que l'arbre de constituants binaire avec têtes de la figure 11.12.

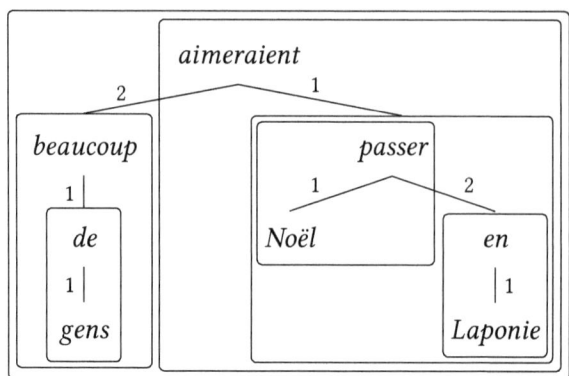

FIGURE 11.15 – Arbre de dépendance avec projections (maximales et partielles) équivalent à un arbre de constituants avec têtes binaire

L'ordre de saillance que nous avons introduit dans la figure 11.14 est celui qui permet de récupérer les arbres de constituants standard. Dans le cadre des grammaires de constituants, le sujet est toujours considéré comme le plus oblique des actants du verbe. Nous verrons dans le chapitre 17 du vol. 2 un autre ordre de saillance basé sur les propriétés des relations syntaxiques. Le sujet est justement l'actant qui possède le plus de « bonnes » propriétés et donc l'actant le plus saillant pour cet ordre. Les deux résultats ne se contredisent pas nécessairement si l'on considère que le sujet se trouve « aspiré » par la flexion à la différence des compléments.

Encadré 11.7 : Dépendance et constituance se complètent

On dit parfois qu'un arbre de dépendance contient moins d'information qu'un arbre de constituants car il ne contient pas de projections partielles. Mais, comme on le voit, on peut facilement ajouter cette information par l'ajout d'un ordre de saillance et un étiquetage des dépendances comme dans la structure de la figure 11.14. À l'inverse, *un arbre de constituants ne contient structurellement pas d'information sur la tête* : cette information doit aussi être ajoutée, soit par un étiquetage des relations partie-tout (notre T), soit par un étiquetage des nœuds (les X, X′ et XP de la Syntaxe X-barre, voir l'encadré 11.10 sur la *Syntaxe X-barre*). Dépendance et constituance se complètent donc.

Si les arbres de dépendance enrichis d'un ordre de saillance sont équivalents aux arbres de constituants (binaires ou non) enrichis de la notion de tête, il n'en reste pas moins qu'*arbres de dépendance et arbres de constituants ne sont pas équivalents* et que le choix repose donc sur leur différence : de l'ordre de saillance ou de la notion de tête, *quelle notion voulons-nous encoder structurellement* ? La réponse ne fait aucun doute pour nous : *la notion de tête*, et c'est ce qui détermine notre forte préférence pour les structures de dépendance.

S'il est clair que la notion de tête est fondamentale, il n'est pas certain que l'ordre de saillance soit utile à la modélisation syntaxique et encore moins qu'il doive être encodé structurellement par une stratification de la structure. Nous pensons même que l'ordre de saillance induit par la stratification des arbres de constituants traditionnels n'est pas pertinent et que construire une structure comme celle de la section 11.9, où le sujet se combine obligatoirement en dernier avec le verbe, est difficilement justifiable (voir notre discussion dans l'encadré 9.10 sur le *Traitement cognitif des connexions*). Il existe au contraire de nombreux arguments pour considérer que le sujet est le plus saillant des dépendants du verbe, puisque c'est le dépendant du verbe qui a le plus de « bonnes » propriétés (voir le chapitre 17 du vol. 2 sur les *Relations syntaxiques*).

Encadré 11.8 : Historique des représentations syntaxiques par des diagrammes en constituants

Si l'on excepte l'unique diagramme en dépendance de Billroth de 1832 (voir l'encadré 10.3 sur l'*Historique des représentations syntaxiques par des diagrammes en dépendance*), les premiers diagrammes présentant des analyses syntaxiques apparaissent à notre connaissance dans l'ouvrage de Frederick A. P. Barnard de 1836, *Analytic Grammar with Symbolic Illustrations*. Dans cette grammaire de l'anglais, le savant américain, alors âgé de 27 ans, professeur dans un asile pour sourds et muets et lui-même atteint de problèmes de surdité, propose un certain nombre de signes graphiques pour représenter les parties du discours. Mais ce qui nous intéresse surtout ici est qu'il utilise ces symboles pour décrire la structure complète d'une phrase. Barnard remarque qu'un syntagme peut se comporter de la même façon qu'un mot : par exemple, dans l'exemple qui suit, *in disposition*, litt. 'en caractère', se comporte comme un adverbe. Ceci est indiqué dans le diagramme par une accolade horizontale qui regroupe *in* et *disposition* et par le symbole ⊤ associé à ce groupe, qui est le même que celui associé aux mots *never* 'jamais' et *very* 'très' et désigne donc un adverbe.

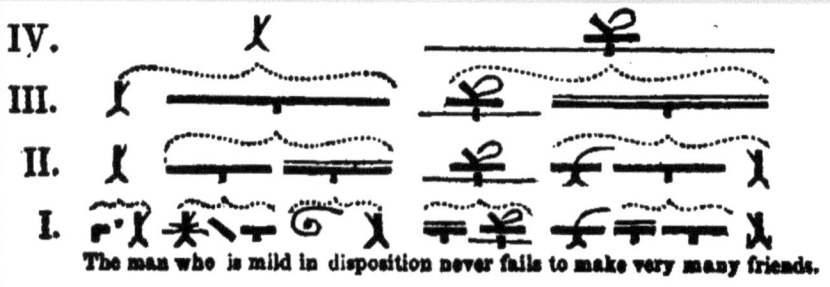

The man who is mild in disposition never fails to make very many friends.
'L'homme qui est doux de caractère n'échoue jamais à se faire de très nombreux amis.'

FIGURE 11.16 – Diagramme de Barnard (1836)

De la même façon, la relative *who is mild in disposition* 'qui est doux de caractère' se comporte comme un adjectif (cf. le symbole ⊤ également associé à *mild* 'doux' et *many* 'nombreux') et sa combinaison avec *the man* 'l'homme' se comporte comme un nom (Ⴟ); de même, *to make very many friends* 'à se faire vraiment beaucoup d'amis' se comporte comme un adverbe et sa combinaison avec *never fails* 'n'échoue jamais' comme un verbe (Ⴤ). Par contre, Barnard ne considère pas la proposition comme équivalente au verbe et reste avec une structure sujet-prédicat pour la proposition que l'on retrouve de la grammaire de Port-Royal à la Grammaire générative (voir l'encadré sur *Fonctions syntaxiques et prédicat* du chapitre 17 du vol. 2). Le diagramme qu'il propose peut néanmoins être considéré comme un premier exemple d'arbre de constituants et même d'arbre de constituants avec tête, puisque les étiquettes indiquent la catégorie de la tête comme en Syntaxe X-barre (voir l'encadré 11.10 sur la *Syntaxe X-barre*).

Il semble que les contemporains de Barnard n'aient pas vraiment vu la portée de ces diagrammes et il faut attendre plus d'un siècle pour que, en 1943, dix ans après la publication de *Langage* de Bloomfield, Eugene Nida propose à nouveau des structures de constituants, dans une thèse intitulée *A Synopsis of English Syntax*. Les structures proposées par Nida sont en fait des polygraphes (voir l'encadré 9.8 sur *Graphe à bulles et polygraphe*) où chaque lien représente une connexion binaire et où les liens peuvent avoir pour sommet d'autres liens. Nida va ensuite enrichir son système, dans la republication de sa thèse en 1966, en ajoutant des symboles sur les liens (voir la figure 11.17) : les liens marquées d'une croix (×) représentent une construction exocentrique, tandis que les liens marqués d'une flèche (⟨ ou ⟩) représentent une construction endocentrique, la flèche pointant vers la tête. Dans le diagramme ci-dessous, *the* et *men* sont connectés par un lien ⟩ indiquant que *the* dépend de *men*, puis *by* est lié à ce lien par un lien × indiquant que la construction n'a pas de tête. Une telle représentation est équivalente à un arbre de constituants binaire (voir la section 11.11 sur *Arbre de constituants binaire et polygraphe*).

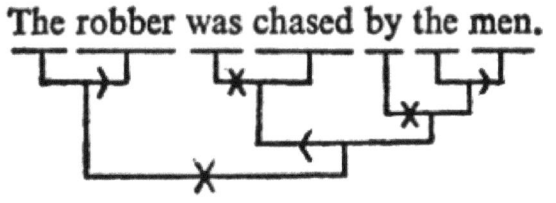

The robber was chased by the men. 'Le voleur a été poursuivi par les hommes.'

FIGURE 11.17 – Représentation syntaxique de Nida (1966)

Une représentation similaire a été proposée dans les années 1950 par Charles Hockett (voir son ouvrage *A course in modern linguistics* de 1958). Cette représentation, connue aujourd'hui sous le nom de BOÎTES DE HO-CKETT n'est pas un arbre (au sens où les branches ne sont pas explicites), mais plutôt un emboîtement de constituants, assez proche de l'arbre de dépendance avec projections intermédiaires de la figure 11.15. Dans le diagramme de la figure 11.18, les unités de bases sont les syntaxèmes (on notera la décomposition de la forme verbale *wants* en *want-* ⊕ *-s*) et les intonèmes (les « signes » prosodiques) sont discrétisés (c'est-à-dire représentés par des symboles, ici 2, 3, 1 et ↓) et également intégrés à la décomposition. Il s'agit en fait d'une décomposition assez proche de la structure syntaxique X-barre qui ré-émergera 20 ans plus tard (voir l'encadré 11.10 sur la *Syntaxe X-barre*), si ce n'est que Hockett considère encore que la combinaison *sujet-verbe* est endocentrique. Le diagramme peut être enrichi de symboles ⊘ ou ⊖ indiquant, comme chez Nida, la dépendance (voir figure 11.19).

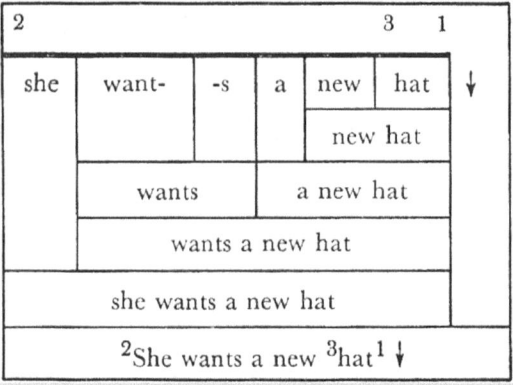

She wants a new hat. 'Elle veut un nouveau chapeau.'

FIGURE 11.18 – Boîtes de Hockett (1958 : 169)

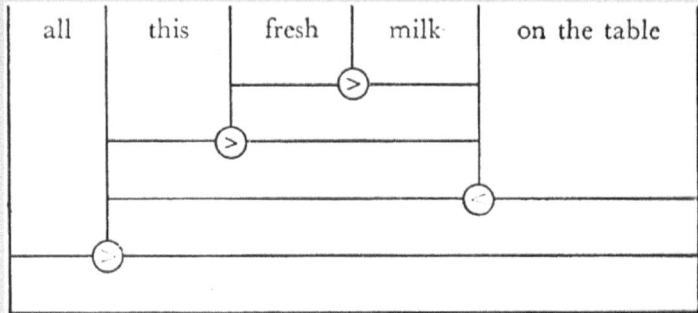

all this fresh milk on the table 'tout ce lait frais sur la table'

FIGURE 11.19 – Boîtes de Hockett 1958 : 188 avec marquage des dépendances

Dans les représentations de Hockett, chaque module de trois cases (voir figure 11.20) est à lire comme une *construction*, comme le remarque Hockett (1958 : 161), dans le chapitre *Form classes and constructions*. Une telle analyse est contemporaine des grammaires de réécriture de Chomsky (voir l'encadré 12.12 sur la *Grammaire de réécriture*) et son objectif est absolument similaire. On notera néanmoins que la représentation de Hockett met autant en avant la combinaison de A et B que la relation partie-tout de A ou de B avec le tout C qu'ils forment.

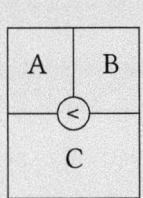

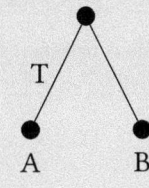

a. Construction chez Hockett

b. Construction dans un arbre de constituants avec tête

FIGURE 11.20 – Deux représentations de la même construction

On attribue généralement l'introduction des arbres de constituants à Noam Chomsky. On en trouve quelques-uns dans son article de 1955 et un dans *Syntactic Structures* de 1957, que nous reproduisons dans la figure 11.21a. De manière assez surprenante, cet arbre a été remplacé, dans la réédition de 2002, par le diagramme de la figure 11.21b. Ce nouveau diagramme n'est pas stricto sensu un arbre. Il apparaît dans le chapitre 4 intitulé *Phrase structure* 'Structure syntagmatique', où Chomsky introduit les règles de réécriture, comme *Sentence → NP + VP*. Dans ce diagramme, il n'y a pas, comme dans les arbres de constituants ordinaires, de relations partie-tout entre le nœud *Sentence* et les constituants immédiats *NP* et *VP*. Au lieu de cela, il y a un lien entre *NP* et *VP*, correspondant au symbole + de la règle et que l'on peut interpréter comme un lien de connexion, ainsi qu'un lien entre le nœud *Sentence* et le lien de connexion, correspondant à l'opération de réécriture représentée par le symbole → dans la règle. Le diagramme est donc un polygraphe.

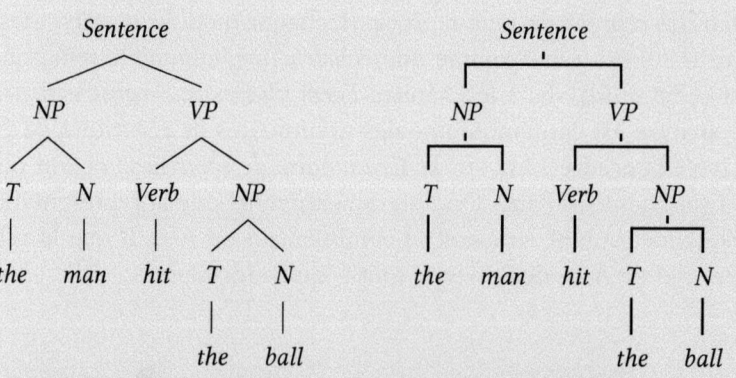

a. Arbre de constituant de 1957   b. Diagramme polygraphique de 2002

The man hit the ball. 'L'homme frappa le ballon.'

FIGURE 11.21 – Deux versions d'une structure de dérivation par Chomsky

Alors que la version 2002 de l'arbre de 1957 est fondamentalement binaire, la binarité n'est plus exigée dans les arbres de *Aspects of the Theory of Syntax*, publié en 1965 (voir un exemple dans la figure 11.22 avec des branchements unaires, binaires et ternaires). Elle réapparaîtra dans les travaux suivants et notamment la Syntaxe X-barre.

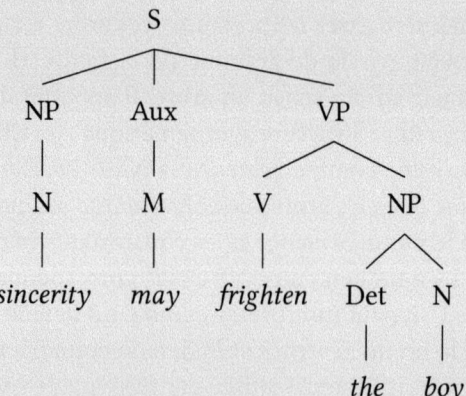

Sincerity may frighten the boy 'La sincérité peut effrayer le garçon'

FIGURE 11.22 – Arbre syntaxique de Chomsky (1965)

Encadré 11.9 : Binarité, construction et connexion

L'exigence de BINARITÉ des arbres de constituants est antérieure à l'usage de la représentation en arbre. L'idée qu'une décomposition représente une CONSTRUCTION élémentaire est déjà bien présente dans *Language* de Leonard Bloomfield (1933). Bloomfield donne l'exemple de la construction *actor-action*, que l'on pourrait appeler la construction *subjectale*, pour reprendre un terme proposé par Igor Mel'čuk (1988). Autrement dit, il existe dans la phrase ordinaire une combinaison remarquable qui est celle du sujet avec le prédicat verbal (qu'on le conçoive comme le verbe seul ou comme un « groupe verbal », cela ne change rien pour nous, en termes de connexion). Cette construction (il s'agit bien d'une construction, au sens où on l'entend encore aujourd'hui, par exemple dans les GRAMMAIRES DE CONSTRUCTIONS) (voir les *Lectures additionnelles*) est bien binaire, mettant en relation deux éléments, le sujet et le prédicat verbal. Selon les formalismes, cette construction sera représentée par une connexion ou une décomposition (voir la figure 11.23).

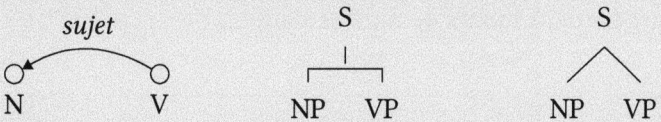

FIGURE 11.23 – Trois représentations de la construction subjectale

Le premier diagramme de la figure 11.23 dit qu'il y a une unité dont la tête est un nom (N) qui dépend d'un verbe (V) par une relation *sujet*, le deuxième diagramme (version 2002 de Chomsky 1957) dit qu'il y a un groupe nominal (NP, *noun phrase*) et un groupe verbal (VP, *verbal phrase*) qui se connectent pour former ensemble une phrase (S, *sentence*), tandis que le troisième diagramme dit que la phrase S possède deux composantes, un NP et un VP. Même si cela n'apparaît pas au premier regard, il s'agit de trois représentations de la même construction. Qui plus est, ces trois descriptions sont moins éloignées qu'il n'y paraît à première vue : comme on l'a déjà vu dans le chapitre 9 sur la *Connexion* et comme on le verra à nouveau dans la section 11.11 sur *Arbre de constituants binaire et poly-graphes*, on passe de l'une à l'autre en réifiant ou déréifiant les relations partie-tout de la relation *sujet*.

L'exigence de binarité est une propriété partagée par de nombreuses analyses en constituants et par les analyses en dépendance : de la même façon que les constructions sont encodées, dans un arbre de dépendance, par des *dépendances*, c'est-à-dire des *relations liant deux à deux des mots*, les constructions seront encodées, dans un arbre de constituants binaire, par des *décompositions binaires*, c'est-à-dire des *combinaisons deux à deux de constituants*, .

La principale différence entre les deux approches concerne la façon dont les différentes constructions sont repérées dans la structure. Dans le cadre de la syntaxe de dépendance, les constructions sont distinguées par l'étiquetage fonctionnel des dépendances (voir le chapitre 17 du vol. 2 sur les *Relations syntaxiques*) et donc par une dénomination explicite de la construction : ainsi l'étiquette *sujet* sur la dépendance plus haut indique qu'il s'agit de la construction subjectale. Dans le cadre de la syntaxe de constituants, les primitives sont les catégories et le repérage entre les constructions est fait par la configuration et les catégories : ainsi le sujet est le NP sous S, tandis que l'objet est le NP sous VP (voir la figure 11.24 qui compare les deux modes de représentation).

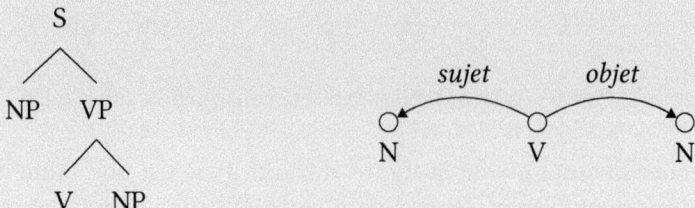

FIGURE 11.24 – Deux représentations des constructions subjectale et objectale

Encadré 11.10 : Syntaxe X-barre

La Syntaxe X-barre est la version la plus aboutie de l'*Analyse en Constituants Immédiats* (ACI) (voir la section 9.17 éponyme). Elle est développée à partir des années 1970 par Noam Chomsky et son étudiant Ray Jackendoff.

L'innovation majeure de la Syntaxe X-barre est que *tout constituant* est considéré comme étant la *projection d'une tête*. Dans les versions précédentes de l'ACI, la phrase était décomposée en un groupe substantival et un groupe verbal (cf. la fameuse règle S → NP VP), ce qui en faisait un constituant exocentrique. Le fait que tout constituant ait une tête rend la Syntaxe X-barre extrêmement proche d'une analyse en dépendance. (Seule la coordination est encore parfois traitée comme une construction symétrique dont les conjoints sont les co-têtes ; voir l'encadré 11.13 sur les *Deux types d'arbres de constituants*.)

La deuxième caractéristique de la Syntaxe X-barre est que les *nœuds de base* sont des *syntaxèmes* et non des mots. Il y a donc deux types de constituants considérés, les *projections lexicales*, dont la tête est un lexème, et les *projections* dites *fonctionnelles* dont la tête est un syntaxème flexionnel (une catégorie fonctionnelle dans les termes de la Syntaxe X-barre).

La troisième caractéristique de la Syntaxe X-barre est que l'arbre de constituants est *ordonné* et aucun constituant n'est discontinu, ce qui, pour les raisons que nous avons exposé dans l'encadré 9.3 *De la non-séparation des ordres au mouvement*, entraîne la présence de nombreuses positions occupées par des traces co-indicés avec d'autres positions.

La quatrième caractéristique de l'arbre X-barre est qu'il est *binaire*. Ainsi la combinaison de chaque dépendant avec son gouverneur correspond à une décomposition binaire différente, ce qui, d'une certaine façon, rapproche encore plus cet arbre d'un arbre de dépendance (voir l'encadré 11.9 qui précède). La conséquence est que si un syntaxème a beaucoup de dépendants, il sera la tête d'autant de projections. Si le syntaxème est de catégorie X, sa *projection maximale* est notée XP (*X Phrase*) et ses *projections intermédiaires* X′ (à l'origine elles étaient notées $\overline{X}$, avec une ou plusieurs barres au-dessus de X, d'où le nom de Syntaxe X-barre).

431

La Syntaxe X-barre considère de plus que l'élément sous XP a des propriétés différentes des éléments sous X' : le premier est un *spécifieur*, alors que les autres sont des *compléments* (voir la figure 11.25). Dans certaines versions de la Syntaxe X-barre (Jackendoff 1977), les ajouts (ou modifieurs) sont structurellement distingués des compléments actanciels par l'ajout d'un niveau de stratification supplémentaire dans la configuration de base (c'est-à-dire que XP porte une « barre » supplémentaire).

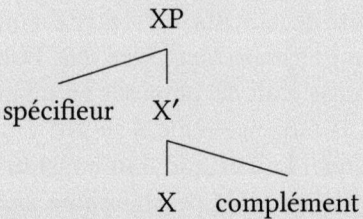

FIGURE 11.25 – Configuration de base de la Syntaxe X-barre

En conclusion, l'arbre de constituants de la Syntaxe X-barre est assez différent des arbres de constituants plats. Les deux sont des *arbres de constituants avec têtes*, mais le dernier ne contient que des projections maximales, qui, qui plus est, peuvent former des constituants discontinus. L'arbre X-barre ne repose pas vraiment sur des tests de constituance (qui, comme on l'a vu dans l'encadré 11.4, caractérisent essentiellement les projections maximales), mais sur des *principes configurationnels*. En d'autres termes, plus la géométrie d'un arbre permet de prédire de propriétés syntaxiques de l'énoncé qu'il représente, plus l'arbre a de raisons d'être. Ainsi, par exemple, le fait que le groupe substantival qui suit *mange* possède des propriétés différentes dans les deux phrases suivantes devrait conduire à des configurations différentes, ce qui amène à compliquer à dessein la structure :

(25)   a. *Pierre mange le pain.*

        b. *Pierre mange la nuit.*

Dans l'approche que nous développons ici, ces deux énoncés auront la même « structure » syntaxique (c'est-à-dire le même squelette structurel), mais les groupes substantivaux *le pain* et *la nuit* auront des fonctions totalement différentes (voir le chapitre 17 du vol. 2 sur les *Relations syn-taxiques*).

On peut s'étonner du fait que la Syntaxe X-barre, dont l'objectif est de rendre compte des propriétés syntaxiques par des configurations géo-métriques, n'ait pas cherché à encoder structurellement une notion aussi fondamentale que la notion de *tête*, ce que font pourtant assez simplement les structures de dépendance !

Encadré 11.11 : Le groupe verbal

Le terme *groupe verbal* (angl. *verb phrase*, *VP*) n'est pas utilisé de ma-nière consistante dans la littérature. Ce terme désigne selon les auteurs deux notions différentes, que nous appellerons VP1 et VP2 :

— VP1 est une *projection partielle* de la *forme verbale* sans son sujet ;

— VP2 est la *projection maximale* du *lexème verbal*.

Les deux notions sont souvent confondues, alors qu'elles renvoient à des constituants différents (voir la figure 11.26) et à des cadres théoriques dif-férents.

VP2 est une notion théoriquement valable, mais qui suppose que l'on travaille avec la *granularité des syntaxèmes*. Il y a alors lieu de considérer que le sujet dépend plutôt de la flexion (voir l'encadré 9.6 sur *Critères et finesse de la structures de connexion*) et donc la *projection maximale du lexème verbal* est bien VP2, c'est-à-dire un constituant qui ne contient pas le sujet. On notera néanmoins que VP2 n'est pas une unité autonomisable (puisque le lexème verbal n'apparaît jamais sans flexion) et qu'elle n'est donc qu'un objet théorique servant à expliciter, dans le cadre de l'analyse en constituants, que la réalisation du sujet est davantage liée à la nature de la flexion qu'à celle du lexème. Il y a, à notre avis, des moyens plus simples et plus directs d'indiquer le lien entre le sujet et la désinence verbale.

VP1 est une notion sans grand intérêt théorique de notre point de vue. Il s'agit d'un constituant intermédiaire (VP1 est le I' de l'analyse de droite de la figure 11.11), qui résulte d'une stratification qui nous semble peu justifiée. En effet, rien ne permet de considérer que la forme verbale se combine d'abord avec ses autres dépendants avant de se combiner avec son sujet et donc de donner ainsi un statut spécial au sujet.

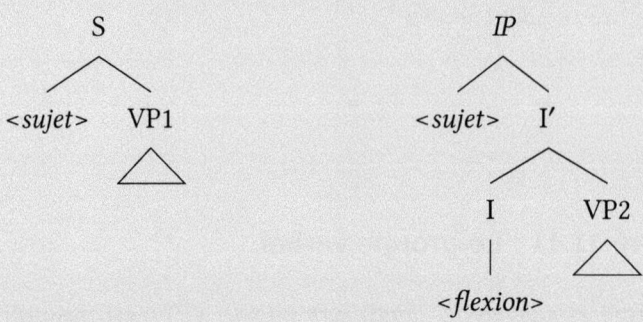

FIGURE 11.26 – Configurations syntaxiques caractérisant respective-ment VP1 et VP2

Dernière remarque qui pourrait expliquer l'introduction de VP1 dans les analyses en constituants : l'anglais (qui est la langue la plus étudiée et la plus enseignée) a un *constituant topologique* du type VP1 (voir les *Exercices* du chapitre 12). Mais il est clair que la plupart des langues n'ont pas du tout cette configuration topologique et que, de toute façon, cela ne justifie pas l'introduction de VP1 dans la structure syntaxique au sens propre (que nous distinguons de la structure topologique).

11.11 Arbre de constituants binaire et polygraphe

Nous avons vu deux usages possibles de la représentation de la structure syntaxique par un arbre de constituants avec têtes : l'*arbre de constituants plat* et l'*arbre de constituants binaire*. (Nous confirmerons qu'il s'agit bien de deux usages différents du même formalisme dans l'encadré 11.14 sur *Deux types d'arbres de constituants*, où nous montrons l'interprétation différente du branchement ter-naire dans les deux conventions de représentation).

Nous avons vu que l'arbre de constituants plat pouvait être déduit trivialement (c'est-à-dire par un procédé de conversion automatique pure, sans ajout d'aucune information) d'un arbre de dépendance, ce qui n'est pas le cas de l'arbre de constituants binaire, qui nécessite d'ajouter un ordre de saillance sur les dépendances. Cela pourrait laisser penser que l'arbre de constituants plat est plus proche de l'arbre de dépendance : c'est vrai si on se place du point de vue formel, mais ça ne l'est pas si on se place du point de vue théorique. Comme on l'a vu dans l'encadré 11.10, il y a derrière l'*exigence de binarité*, le souci de dégager les différentes constructions syntaxiques, de les isoler les unes des autres. Et ce souci est commun avec les grammaires de dépendances. Nous allons montrer cela maintenant en repartant de l'exemple (1) et de son arbre binaire le plus standard, donné dans la figure 11.12.

On peut interpréter chaque branchement binaire comme une connexion entre deux unités. Comme nous l'avons vu à la section 9.10 *Représenter les combinaisons*, on peut représenter la combinaison A ⊕ B aussi bien par un lien entre A et B que par une bulle entourant A et B. Passer à un branchement binaire revient à *réifier* les relations partie-tout entre A et B et l'unité qu'ils forment ensemble (voir l'encadré 11.12 qui suit pour des compléments sur la notion de réification). Ici nous proposons de faire l'inverse, c'est-à-dire de *déréifier* les relations partie-tout qui constituent les branches d'un arbre de constituants. Comme, en plus, chaque branchement binaire indique une tête (la branche T), la déréification permet de récupérer une connexion orientée, c'est-à-dire une dépendance. Ceci est illustré dans la figure 11.27.

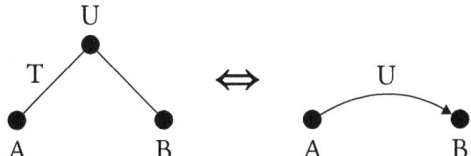

FIGURE 11.27 – Passage d'un branchement binaire à une dépendance par déréification des relations partie-tout

Si l'on applique la déréfication à toutes les relations partie-tout de l'arbre de constituants binaire de la figure 11.12, on obtient la structure de la figure 11.28. Cette structure est un POLYGRAPHE (voir définition formelle dans l'encadré 9.8 sur *Graphe à bulles et polygraphe*) : ce n'est pas exactement un graphe, puisqu'un arc ne lie pas forcément deux nœuds (les nœuds sont les mots), mais il peut lier d'autres arcs entre eux ou un arc et un nœud. De plus, ce polygraphe est ORIENTÉ, puisque chaque arc du graphe lie un gouverneur à un dépendant. Enfin ce polygraphe est implicitement ORDONNÉ, dans le sens où les nœuds du polygraphe sont disposés selon un ordre linéaire (celui des mots dans la phrase). De telles structures ont été proposées par le linguiste américain Eugene Nida dès 1943, comme on l'a vu dans l'encadré 11.8 sur l'*Historique des représentations syntaxiques par des diagrammes en constituants*.

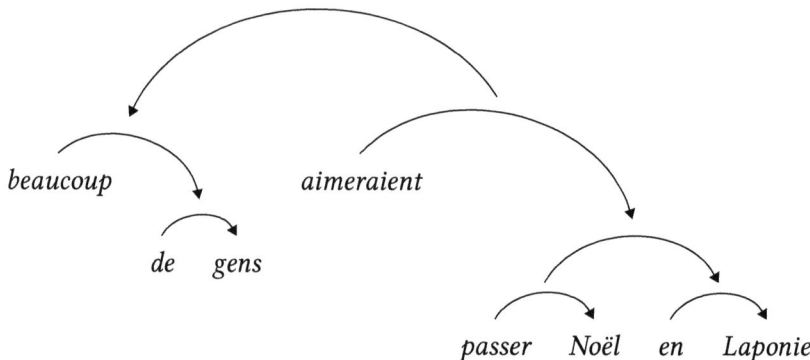

FIGURE 11.28 – Polygraphe orienté et ordonné

Encadré 11.12 : Réification et transitivité

Nous appelons RÉIFICATION, du latin *res* 'chose', l'opération qui consiste à rendre concret un élément virtuel d'une structure, comme un point de contact entre deux objets. Pour mieux comprendre ce qu'est la réification, donnons un autre exemple, emprunté à la représentation sémantique des constructions transitives. Considérons une phrase élémentaire telle que :

(26)   *Marie frappe Pierre.*

Il y a là ce qu'on appelle un verbe transitif, *frappe*, qui exprime une action d'un élément (*Marie*) sur un autre (*Pierre*). On dira encore que *Marie* est l'*agent* de l'action et *Pierre* le *patient*. Il y a alors plusieurs façons de représenter graphiquement le « sens » de cette phrase. Nous en proposons trois dans la figure 11.29.

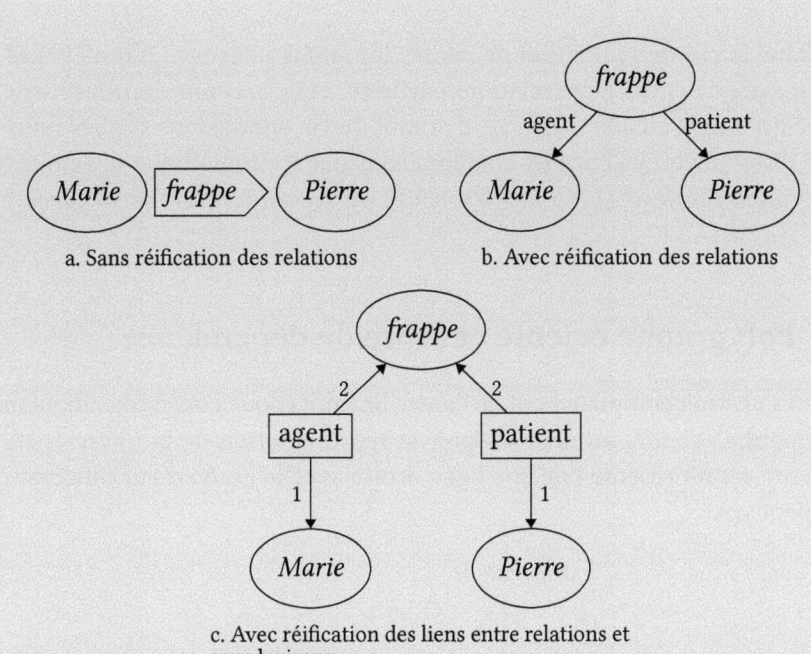

a. Sans réification des relations

b. Avec réification des relations

c. Avec réification des liens entre relations et sens lexicaux

FIGURE 11.29 – Trois niveaux de réification pour la représentation du sens de (26)

Dans la représentation a, *frappe* est directement modélisé comme une action de Marie sur Pierre : *frappe* (*Marie, Pierre*). Dans la représentation b, les relations qui lient *frappe* à *Marie* et *Pierre* sont explicitées et nommées *agent* et *patient*. Dans la représentation c, les relations agent et patient sont vues comme des objets à part entière reliant les mots de la phrase : agent (*Marie, frappe*) + patient (*Pierre, frappe*). On l'aura deviné, les trois représentations sont des réifications successives des relations d'une même structure.

Si toute structure peut-être réifiée à l'infini, comment choisir le bon niveau de réification ? Faire de la relation entre deux objets un objet en soi n'a d'intérêt que si l'on veut considérer ce nouvel objet en tant que tel et lui attribuer des propriétés. Dans le cas de la transitivité, on peut préférer la représentation b qui explicite les relations d'agent et de patient et permet donc d'en parler, par exemple pour décrire la voix passive (voir la section 13.2 sur *Argument, actant et modifieur*).

Dans le cas de la relation de connexion, nous pensons qu'il n'est pas nécessaire d'expliciter les relations partie-tout que la connexion entretient avec les unités qu'elle connecte, d'autant que la connexion est pour nous une classe d'équivalence de combinaisons qui mettent en jeu des unités de granularité variée (voir la section 9.12 sur *La connexion et ses instances*).

11.12 Polygraphe orienté et arbre de dépendance

Si l'on s'abstrait complètement de l'ordre linéaire et que l'on garde uniquement le polygraphe orienté, on peut adopter la représentation de la figure 11.30, où chaque arc est représenté par une ligne droite avec le gouverneur au-dessus de son dépendant.

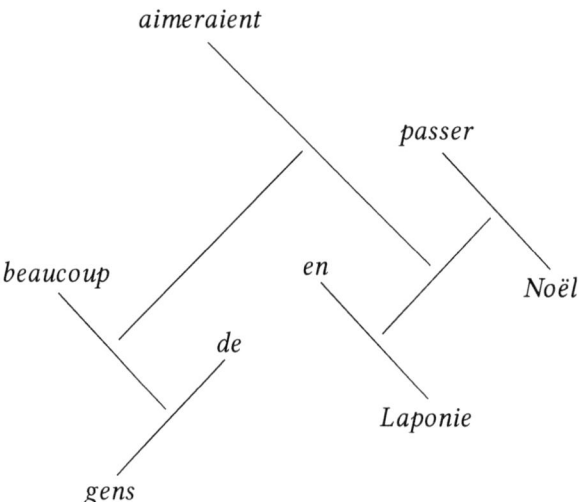

FIGURE 11.30 – Polygraphe orienté (non ordonné)

Bien que cela n'apparaisse pas au premier coup d'œil, cette structure est un extrait de la structure de la figure 11.28 : c'est le même *polygraphe orienté* que précédemment, mais sans l'ordre des mots et avec une autre convention de repré- sentation : au lieu d'indiquer la hiérarchisation de la connexion par une flèche, celle-ci est indiquée en plaçant le gouverneur au-dessus du dépendant. Or ce polygraphe orienté, qui a donc été extrait automatiquement de l'arbre de consti- tuants binaire en mettant en évidence les connexions, est très proche d'un arbre de dépendance. Pour obtenir l'arbre de dépendance, il suffit de *faire glisser chaque dépendance* le long des dépendances sur lesquelles elle s'appuie, comme montré dans la figure 11.31. Nous retombons ainsi sur l'arbre de dépendance de départ (voir figure 11.1).

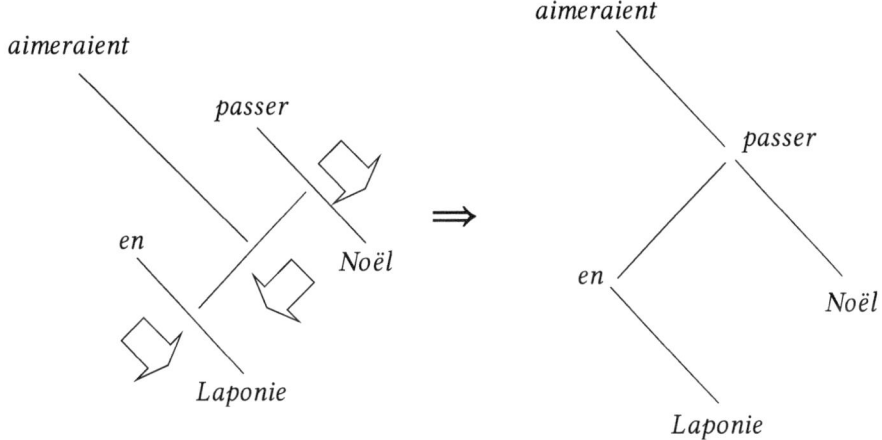

FIGURE 11.31 – Passage du polygraphe orienté à un arbre de dépendance par « glissade »

Nous appellerons MÉTHODE PAR DÉRÉIFICATION la méthode que nous venons de présenter, qui permet de passer d'un arbre de constituants binaire avec têtes à un arbre de dépendance. La méthode par déréification peut s'appliquer à des arbres de constituants dont certains branchements décrivent des constructions exocentriques et n'ont donc pas de marquage de la tête. Dans l'exemple *le petit chien dort* (déjà étudié dans la section 10.16 *Nom ou déterminant comme tête?*), si l'on ne décide pas qui de l'article *le* ou du nom *chien* est la tête du groupe substantival, on obtient par déréification une connexion non orientée, qu'on ne peut pas faire « glisser » comme on l'a fait précédemment pour les connexions orientées. Comme le montre la figure 11.32, nous retombons sur le polygraphe de la figure 10.22, que nous avions proposé pour l'analyse d'une construction exocentrique.

11.13 Comparaison des méthodes par décomposition

Nous avons présenté deux *méthodes par décomposition* pour passer d'un arbre de constituants à un arbre de dépendance : la méthode de Lecerf ou méthode par agrégation des projections d'une part et la méthode par déréification d'autre part.

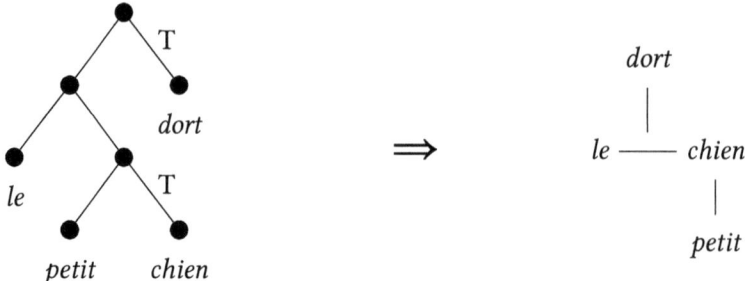

FIGURE 11.32 – Conversion d'un arbre de constituants avec marquage partiel des têtes en une structure de dépendance par la méthode de déréification

Les deux méthodes sont différentes et s'appliquent à des types d'arbres de constituants différents : la *méthode de Lecerf* s'applique uniquement à des arbres de constituants avec têtes, puisqu'elle repose crucialement sur l'agrégation des projections d'une même *tête* ; la *méthode par déréification* s'applique à n'importe quel type d'arbre de constituants, mais elle ne donne des *connexions binaires* que si elle est appliquée à un arbre binaire (voir l'encadré 11.13 pour le cas des branchements ternaires).

Néanmoins lorsque les deux méthodes sont appliquées à un arbre de constituants *binaire avec têtes*, elles donnent le *même arbre de dépendance* (voir les *Exercices*).

11.14 Équivalences entre structures

Nous avons présenté un grand nombre de structures plus ou moins équivalentes. La figure 11.33 rassemble ces différentes structures.

La partie droite de la figure montre le passage d'un arbre de dépendance à *un arbre de constituants plat*, puis retour à l'arbre de dépendance, tandis que la partie gauche montre le passage d'un arbre de dépendance à un *arbre de constituants binaire avec têtes*, puis retour à l'arbre de dépendance.

Chaque flèche ⇒ ou ⇔ entre deux structures symbolise une opération de conversion élémentaire permettant de passer d'une structure à une autre, soit dans les deux sens (⇔), soit dans un sens uniquement (⇒). Dans la plupart des cas, l'opération ne nécessite l'ajout d'aucune information et les deux structures sont équivalentes (nous ne considérons pas l'ordre linéaire sur les mots qui est des fois présent dans la structure et d'autres fois non). C'est le cas dans toute la partie droite de la figure, où toutes les structures sont équivalentes entre elles. Il

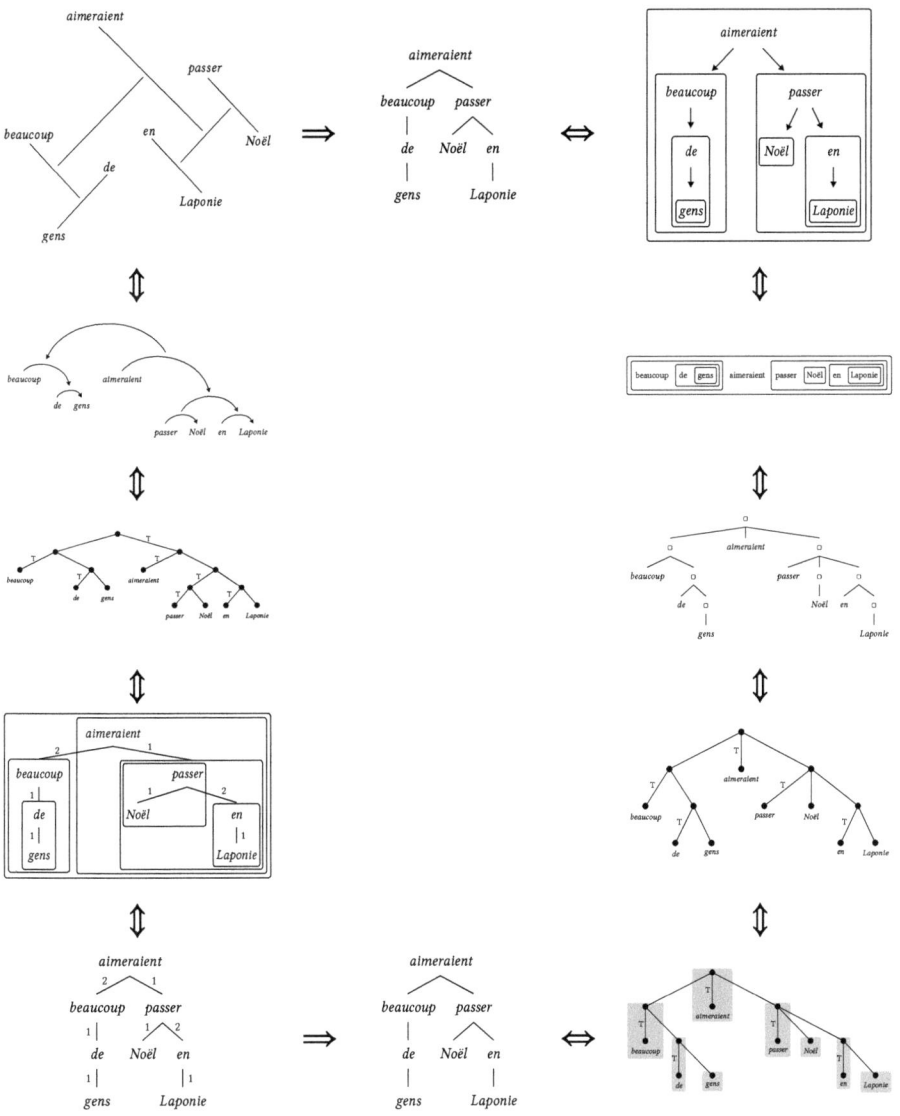

FIGURE 11.33 – Équivalence entre les différentes représentations de la structure syntaxique de (1)

s'agit de *structures de constituants plates*. De la même façon, toutes les structures de la partie gauche sont équivalentes entre elles. Il s'agit de *structures de constituants binaires avec têtes*. Elles contiennent une information supplémentaire qui est la stratification. Cette stratification, qui permet d'ordonner les branchements non binaires d'une même tête, est indiquée dans la partie basse de la figure par l'ajout de l'ordre de saillance, lequel disparaît dans la partie haute, lorsque les « glissades » sont effectuées sur le polygraphe et qu'on revient à l'arbre de dépendance.

Encadré 11.13 : Deux types d'arbres de constituants

Nous avons présenté dans ce chapitre deux types d'arbres de constituants avec têtes : les arbres de constituants plats et les arbres de constituants binaires comme ceux de la Syntaxe X-barre. On peut penser que tout arbre de constituants plat peut être « binarisé » en introduisant des constituants intermédiaires. En fait, la différence est plus profonde et il s'agit à notre avis de deux façons assez différentes d'utiliser le même formalisme. La différence apparaît lorsqu'on regarde les branchements ternaires.

Dans un arbre plat, les branchements ternaires sont courants. Ils apparaissent dès qu'un mot a au moins deux dépendants. Reprenons l'exemple de *passer Noël en Laponie*, qui se décompose en trois morceaux, une tête (*passer*) et ses deux dépendants (*Noël* et *en Laponie*) (voir la section 11.4 sur les *Arbres de constituants avec têtes*).

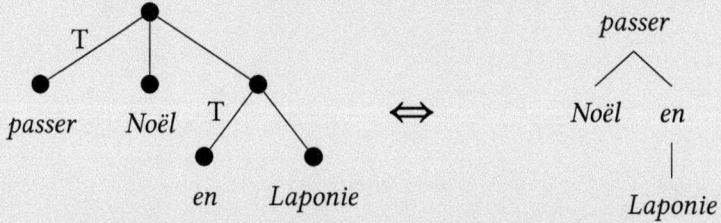

FIGURE 11.34 – Branchement ternaire et correspondance par la méthode de Lecerf

En appliquant la méthode de Lecerf à l'arbre plat à gauche de la figure 11.34, on obtient l'arbre de dépendance à droite. Comme on le voit, le branchement ternaire est interprété comme deux connexions binaires, la connexion entre *passer* et *Noël* et la connexion entre *passer* et *en Laponie*.

Dans un arbre binaire, il en va tout autrement, puisque, comme nous l'avons montré ci-dessus (voir la section 11.11 sur *Arbres de constituants binaire et polygraphe*), *chaque branchement correspond à une unique connexion*. Si un tel arbre contient un branchement ternaire, il doit être interprété comme une *connexion ternaire* (voir l'encadré 9.5 éponyme). La Syntaxe X-barre, qui revendique l'usage des arbres binaires, s'est aventurée à proposer des branchements ternaires pour la coordination (notamment dans l'ouvrage de Jackendoff 1977). Cette analyse est ce qu'on appelle l'*analyse symétrique de la coordination* (voir le chapitre 18 du vol. 2) : dans *Marie et Pierre dorment*, les conjoints (c'est le nom que l'on donne aux éléments coordonnés, *Marie* et *Pierre*) sont considérés comme des co-têtes, qui contribuent à égalité à la distribution du syntagme (lequel déclenche un accord pluriel du verbe). Une représentation à la Jackendoff (1977) est proposée dans la partie gauche de la figure 11.35. La structure de dépendance de droite peut être obtenue en appliquant la méthode de conversion par déréification à l'arbre de constituants à gauche. Le branchement ternaire de gauche donne une connexion ternaire, où *Marie* et *Pierre* occupent des positions symétriques (puisqu'ils sont co-têtes), tandis que la conjonction *et* occupe une troisième position, comme « dépendant » des co-têtes. Nous pouvons représenter cette connexion ternaire en suivant la convention de représentation utilisée par Tesnière dans son article de 1934 *Comment construire une syntaxe ?* : les deux conjoints *Marie* et *Pierre* sont au même niveau, reliés par une connexion horizontale, et la conjonction, qui est le troisième « sommet » de cette connexion, est placé en dessous.

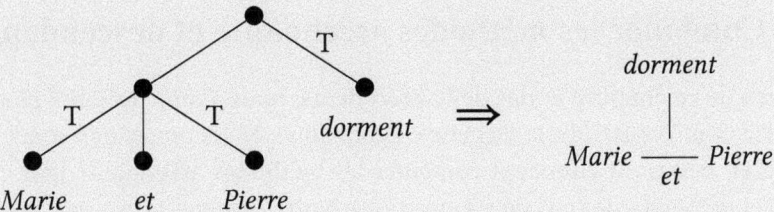

FIGURE 11.35 – Branchement ternaire et correspondance par la méthode de déréification

On trouve aussi une représentation de l'analyse symétrique de la co-ordination chez Hockett 1958. Nous adoptons les conventions de Hockett à notre exemple dans la figure 11.36. Dans le branchement ternaire pour la coordination, la conjonction occupe une position particulière, marquée par la forme particulière de la case, et les conjoints sont traités de façon symétrique. (Nous avons ajouté une marque de dépendance entre le sujet et le verbe, pour que notre analyse soit absolument équivalente aux deux précédentes, mais nous rappelons que Hockett traite la connexion sujet comme exocentrique.)

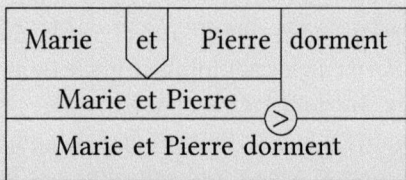

FIGURE 11.36 – Analyse de la coordination à la Hockett (1958)

En conclusion, on note que *le formalisme des arbres de constituants est ambigu* : il ne permet pas de distinguer une analyse plate (on ne souhaite pas considérer de constituants intermédiaires) et une connexion ternaire (on souhaite indiquer que les éléments ne se combinent pas toujours par deux, mais parfois par trois). Celui des structures de dépendance le permet, à condition de considérer des structures qui ne sont plus entièrement hiérarchisées et qui contiennent des connexions ternaires.

11.15 Combiner les méthodes ascendante et descendante

A l'issu de ce chapitre et des deux précédents, nous avons présenté plusieurs méthodes pour construire la structure syntaxique. Nous aimerions conclure ce chapitre en montrant comment combiner les méthodes ascendante (par combinaison) et descendante (par décomposition). Notre présentation visait jusque-là à montrer le bien-fondé d'un certain nombre de représentations syntaxiques et leurs équivalences totales ou partielles. Mais nous n'avons pas suffisamment montré comment les différentes méthodes peuvent interagir et comment, en pratique, on peut procéder pour construire une représentation syntaxique lorsqu'on est confronté à un texte à analyser.

Nous allons prendre un exemple (on peut démarrer avec des exemples plus simples ☺) (tiré du poème *La vie antérieure* des *Fleurs du mal* de Beaudelaire) :

(27)   *C'est là que j'ai vécu dans les voluptés calmes,*
       Au milieu de l'azur, des vagues, des splendeurs
       Et des esclaves nus, tout imprégnés d'odeurs,
       Qui me rafraîchissaient le front avec des palmes,
       Et dont l'unique soin était d'approfondir
       Le secret douloureux qui me faisait languir.

Nous allons analyser cet exemple en procédant aussi bien par décomposition que par combinaison. Nous pouvons effectuer quatre types d'opérations.

> Nous pouvons repérer des *unités syntaxiques*, pas seulement des projections maximales ou partielles. Toute unité repérée peut être parenthésée ou entourée d'une bulle.

Illustration sur notre exemple : on peut par exemple s'appuyer sur la prosodie, la ponctuation ou, dans le cas d'un poème comme ici, sur le découpage en vers. Ces unités sont, en raison de leur autonomisabilité prosodique, des unités syntaxiques. En considérant que les vers et que les segments entre deux virgules sont des unités, nous obtenons le parenthésage suivant :

(28)   [*c'est là que j'ai vécu dans les voluptés calmes*]
       [[*au milieu de l'azur*] [*des vagues*] [*des splendeurs*]]
       [[*et des esclaves nus*] [*tout imprégnés d'odeurs*]]
       [*qui me rafraîchissaient le front avec des palmes*]
       [*et dont l'unique soin était d'approfondir*]
       [*le secret douloureux qui me faisait languir*]

Plein d'autres découpages sont possibles. On voit en tout cas que même si notre exemple paraissait très complexe au départ, on s'est maintenant ramené à l'étude de segments beaucoup plus raisonnables.

> Nous pouvons repérer des *connexions* entre unités. Dès qu'une connexion est repérée, on peut tracer un arc entre deux bulles.

Notre exemple est finalement assez simple, puisque chacune des unités que nous avons dégagées à la première étape se connecte à la précédente !

(29) [*c'est là que j'ai vécu dans les voluptés calmes*]
    –[[*au milieu de l'azur*]–[*des vagues*]–[*des splendeurs*]]
    –[[*et des esclaves nus*]–[*tout imprégnés d'odeurs*]]
    –[*qui me rafraîchissaient le front avec des palmes*]
    –[*et dont l'unique soin était d'approfondir*]
    –[*le secret douloureux qui me faisait languir*]

Pour vérifier que deux unités se connectent bien, il suffit de vérifier que leur combinaison donne un segment autonomisable.

> Pour toute unité syntaxique, nous pouvons repérer sa *tête* et, par exemple la souligner.

Cette étape est plus complexe et amène à des discussions. Il faut en particulier décider quel élément est la tête dans des groupes coordonnés comme [*et des esclaves nus*] ou dans une proposition relative comme [*qui me rafraîchissaient le front avec des palmes*]. Voir pour cela les chapitres 18 et 19 du vol. 2. Pour d'autres unités, sans être forcément triviale, la question peut être rapidement résolue en appliquant les tests : par exemple la tête de [*tout imprégnés d'odeurs*] est *imprégnés* car *tout* est effaçable et *d'odeurs* est régi par le verbe IMPRÉGNER dont il est le complément d'agent (*les odeurs imprègnent quelque chose*). Nous différons donc certaines décisions et obtenons pour le début de notre exemple :

(30) [*c'<u>est</u> là que j'ai vécu dans les voluptés calmes*]
    –[[*<u>à</u> le milieu de l'azur*]–[*<u>de</u> les vagues*]–[*<u>de</u> les splendeurs*]]
    –[[*et <u>de</u> les esclaves nus*]–[*tout <u>imprégnés</u> d'odeurs*]]

On aura noté que certaines formes qui étaient des amalgames ont été décomposées. On vérifie en particulier que *des* contient bien la préposition DE par la commutation avec *de ces*.

> Pour toute connexion, nous pouvons repérer sa tête et la hiérarchiser pour en faire une *dépendance*.

La première unité contient le verbe principal de la phrase et est donc la racine de la structure, ce qui nous hiérarchise un certain nombre de connexions. Pour les autres, le Critère d'effacement simple suffit.

(31) [*c'est là que j'ai vécu dans les voluptés calmes*]
   → [[*à le milieu de l'azur*] → [*de les vagues*] → [*de les splendeurs*]]
   → [[*et de les esclaves nus*] → [*tout imprégnés d'odeurs*]]

Ces différentes étapes peuvent bien sûr être réalisées à tour de rôle et à plusieurs reprises.

> A chaque fois qu'une unité est décomposée en de nouvelles unités, on pourra chercher à *raffiner les connexions* qu'elle entretient. Quand toutes les connexions d'une unité auront été attribuées à ses sous-unités, on pourra même effacer les frontières de cette unité.

Ainsi les frontières de l'unité [*et des esclaves nus tout imprégnés d'odeurs*] peuvent être effacées dès qu'on a établi que [*et de les esclaves nus*] se combinent avec [*de les splendeurs*].

(32) [*c'est là que j'ai vécu dans les voluptés calmes*]
   → [*à le milieu de l'azur*] → [*de les vagues*] → [*de les splendeurs*]
   → [*et de les esclaves nus*] → [*tout imprégnés d'odeurs*]
   ↘ [*qui me rafraîchissaient le front ...*]

> Dès qu'on a repéré la tête d'une unité, on pourra plus facilement en trouver les sous-unités (voir la section 11.6 sur *Construire un arbre de dépendance par décomposition*).

Par exemple, une fois repérée la tête de [*tout imprégnés d'odeurs*], on a immédiatement :

(33) *tout* ← *imprégnés* → [*d'odeurs*]

Nous arrêtons là l'analyse de notre exemple. Les grands principes de l'analyse ont été donnés et nous terminons avec quelques remarques générales.

11.16 Enseigner la syntaxe

Les enseignements de syntaxe formelle se limitent en général à une partie des moyens qui précèdent. Lorsqu'on travaille en syntaxe de constituants, on demandera aux étudiants de reconnaître des projections, principalement maximales. Cela signifie que, parmi les quatre outils qui précèdent, on ne s'autorisera que l'usage du premier à savoir repérer des unités, et en plus il faudra se limiter à certaines unités seulement.

Les enseignements traditionnels en syntaxe de dépendance, eux, proposent de tracer des dépendances entre mots. Cela signifie que parmi les moyens précédents, on se limitera à tracer des connexions, uniquement entre mots, et à les orienter.

Nous proposons pour notre part de combiner tous les moyens. *Toute unité syntaxique est bonne à repérer.* Il n'est pas nécessaire de se limiter aux mots, comme en syntaxe de dépendance ou aux projections comme en syntaxe de constituants. Certaines séquences du type (Prép) (Dét) (Adj)* N (Adj)* (préposition-déterminant-nom, avec éventuellement des adjectifs avant ou après le nom) sont très facilement repérables (voir la discussion sur les AMAS dans l'encadré 12.23 sur les *Constituants topologiques intermédiaires*). On pourra donc commencer par entourer les séquences de ce type. C'est ce que nous avons fait lorsque nous avons analysé *la faible déclivité de la vallée de la Seine en Ile-de-France* dans la section 10.13 sur les *Tests pour la connexion*. Si l'on prend l'exemple (27), il est difficile pour un novice de repérer immédiatement le groupe substantival *les esclaves nus, tout imprégnés d'odeurs, qui me rafraîchissaient le front avec des palmes, et dont l'unique soin était d'approfondir le secret douloureux qui me faisait languir*, alors qu'on repérera beaucoup plus facilement les différents amas qui constituent ce groupe : [*les esclaves nus*], [*tout imprégnés d'odeurs*], etc. C'est seulement à la fin de l'analyse, quand toutes les unités auront été connectées, que le groupe substantival en entier émergera.

Nous pensons que le moyen le plus élégant pour représenter la structure finale est d'utiliser une structure de dépendance (et nous espérons en avoir convaincu le lecteur ; voir aussi l'encadré 11.14). Il n'y a néanmoins aucune raison de proscrire les méthodes de l'analyse en constituants, bien au contraire. Il est tout à fait possible de combiner les deux méthodes et de gagner ainsi en simplicité. L'arbre de Beauzée-Gladkij est notamment une représentation que les novices en syntaxe formelle comprennent bien et qui est moins abstraite pour eux qu'un pur arbre de constituants ou un pur arbre de dépendance. Cette représentation a en plus l'avantage de présenter simultanément les constituants et les dépendances et d'être ainsi le support idéal pour une discussion sur la distinction entre catégories et relations syntaxiques (voir les chapitres 16 et 17).

Pour conclure, insistons encore une fois sur le fait qu'il n'y a pas une méthode unique pour découvrir la structure syntaxique d'un énoncé. On peut procéder aussi bien de *manière descendante* (*décomposer une unité*, notamment en repérant sa tête) comme de *manière ascendante* (*connecter deux unités* pour former une unité plus grande).

Encadré 11.14 : Constituance ou dépendance ?

Nous avons montré dans ce chapitre que les arbres de dépendance et les arbres de constituants avec têtes étaient deux modes de représentation de la structure syntaxique plus ou moins équivalents : les deux types de structures rendent compte de la façon dont les unités se combinent ou se décomposent (les connexions) et du fait que ces combinaisons sont généralement asymétriques et forment une structure hiérarchique (les têtes et les dépendances). Malgré cette équivalence formelle, les deux types de structures ont des implications théoriques différentes. Nous allons discuter ici des conséquences de cette différence en voyant les avantages et inconvénients des deux types de structures.

Têtes syntaxiques

Nous avons déjà souligné (voir la section 11.10 sur *Projections partielles et ordre de saillance*) que les arbres de dépendance mettent en avant la notion de tête, qui est encodée configurationnellement par les dépendances, alors que les arbres de constituants avec têtes mettent en avant l'ordre de saillance (dans leur version binaire, c'est-à-dire stratifiée). Etant donné l'importance de la notion de tête, nous pensons que c'est là un avantage fort pour les arbres de dépendances.

Constructions exocentriques

La possibilité de ne pas encoder de tête ou de considérer des co-têtes est généralement considérée comme un avantage des arbres de constituants. Nous avons vu au chapitre précédent et à nouveau ici qu'il est tout a fait possible de considérer des connexions non hiérarchisées, à côté de dépendances (c'est-à-dire de connexions hiérarchisées), dans une structure de dépendance. Cela suppose néanmoins de travailler avec des polygraphes, c'est-à-dire des « graphes » où des arêtes peuvent relier d'autres arêtes, tandis que cela peut être encodé dans un arbre de constituants sans perdre la structure d'arbre. C'est la contrepartie du fait que la notion de tête n'est pas encodée configurationnellement dans les arbres de constituants.

Unités syntaxiques

Les arbres de constituants mettent en avant certaines unités syntaxiques, à savoir les projections maximales, ainsi que des projections partielles lorsque l'arbre est stratifié. Les arbres de dépendance considèrent également les projections maximales (qui correspondent aux sous-arbres de l'arbre de dépendance). Les arbres de dépendance permettent par ailleurs de considérer toutes sortes d'autres unités syntaxiques : en fait, *toute portion connexe* de l'arbre de dépendance est une *unité syntaxique potentielle* (voir la section 9.14 sur la *Structure de connexion* et l'encadré 9.7 sur *Les limites de la dualité*). Il ne semble pas de ce point de vue que les constituants intermédiaires des grammaires de constituants soient des unités plus intéressantes que les autres, comme le montre le fait qu'elles ne vérifient en général aucun des tests de constituance. Par contre, d'autres unités, comme les amas ou les nucléus (voir le chapitre 19 du vol. 2 sur l'*Extraction*), jouent un rôle important dans la grammaire. Or les nucléus, qui sont des chaînes immédiatement visibles dans l'arbre de dépendance, sont beaucoup plus cachés dans un arbre de constituants.

Connexions

Les connexions sont présentes dans les deux structures, mais les arbres de dépendance combinent des mots ou des syntaxèmes, tandis que les arbres de constituants combinent des constituants. Autrement dit, les instances des connexions sont plus fines dans un arbre de dépendance que dans un arbre de constituants. Ceci est pour nous un avantage majeur des arbres de dépendance.

Notons par ailleurs que si le dépendant d'une connexion peut en général être interprété comme la projection maximale, c'est-à-dire un constituant majeur, il y a des cas où cela est plus discutable. Comparons :

(34)   a. *Les linguistes qui étaient fatigués ont quitté la conférence.*

        b. *Les linguistes, qui étaient fatigués, ont quitté la conférence.*

Si dans le premier exemple, le sujet du verbe doit être compris comme le constituant *les linguistes qui étaient fatigués,* dans le deuxième exemple, *qui étaient fatigués,* bien qu'étant toujours dépendant de *les linguistes* ne fait plus vraiment partie du sujet du verbe *ont quitté.* Il y a deux prédications indépendantes sur *les linguistes* : d'une part, *les linguistes ont quitté la conférence,* et d'autre part, *les linguistes étaient fatigués,* qui est au second plan et sert de justification à la prédication principale. Il n'en reste pas moins que, dans les deux cas, la proposition relative *qui étaient fatigués* dépend de *les linguistes* et forme un constituant majeur avec son gouverneur.

Ordre des mots

L'ordre des mots est plus facilement lisible dans un arbre de constituants, à tel point qu'il est même difficile d'envisager l'arbre de constituants indépendamment de l'ordre linéaire. Nous adoptons nous-mêmes un arbre de constituants pour représenter la structure topologique (voir le chapitre suivant). Nous pensons par contre que les combinaisons syntaxiques doivent être clairement distinguées des relations de contiguïtés (voir la section 9.4 sur *Structures syntaxiques et structures topologiques*) et que ne pas le faire conduit immanquablement à introduire la notion de mouvement (voir l'encadré 9.3 *De la non-séparation des ordres au mouvement*). En d'autres termes, les arbres de constituants peinent à rendre compte simplement des *structures non projectives,* sauf à introduire la notion de *constituant discontinu,* qui fait alors perdre tous les avantages de l'arbre de constituants du point de vue de l'ordre des mots. Le chapitre 12 sera entièrement consacré à ces questions et à la définition d'une structure de constituants topologique distincte de la structure syntaxique.

Interface sémantique-syntaxe

Nous avons vu aux chapitres 3 et 7 qu'une partie de la sémantique des énoncés pouvait être saisie par un graphe de relations prédicat-argument, lequel graphe s'apparente à une structure de connexion, c'est-à-dire à un arbre de dépendance dont on aurait retiré la hiérarchie. Ceci est très net quand on regarde des paraphrases comme *Pierre a été malade pendant deux semaines* vs *La maladie de Pierre a duré deux semaines* (étudiées au chapitre 3). De ce point de vue, la structure sémantique est beaucoup plus proche d'un arbre de dépendance que d'un arbre de constituant. L'interface sémantique-syntaxe sera évoquée plus en détail dans le chapitre 13 sur la *Syntaxe profonde*.

Portée

Lorsqu'on considère un exemple tel que *la première voiture rouge que j'ai vue*, on remarque que l'adjectif *première* qui modifie *voiture* **porte** sur *voiture rouge que j'ai vue* et pas seulement sur *voiture*, dans le sens que la voiture dont on parle n'est pas première parmi toutes les voitures, mais seulement parmi les voitures rouges que j'ai vues. De tels phénomènes sont appelés des phénomènes de PORTÉE. Les phénomènes de portée montrent que certaines combinaisons se font avec des groupes. On peut représenter cela par le parenthésage suivant :

(35) [*la* [*première* [[*voiture rouge*] *que j'ai vue*]]]]

et donc par une analyse par un arbre de constituants stratifié. De la même façon, en comparant :

(36) a. *les voitures coréennes chères*
      b. *les voitures chères coréennes*

on voit que l'interprétation est différente selon que *coréennes* est dans la portée de *chères* ou l'inverse (les voitures coréennes chères ne sont pas nécessairement des voitures chères dans l'absolu). Ces phénomènes de portée peuvent tout de même être encodés dans un arbre de dépendance, à condition d'ajouter un ordre de combinaison avec la tête (voir la partie haute de la figure 11.37, qui reprend les conventions de l'encodage d'un ordre de saillance vu à la section 11.10), ou par un polygraphe, en indiquant que le second adjectif se combine avec le résultat de la combinaison du premier adjectif avec le nom (voir la partie basse de la figure 11.37).

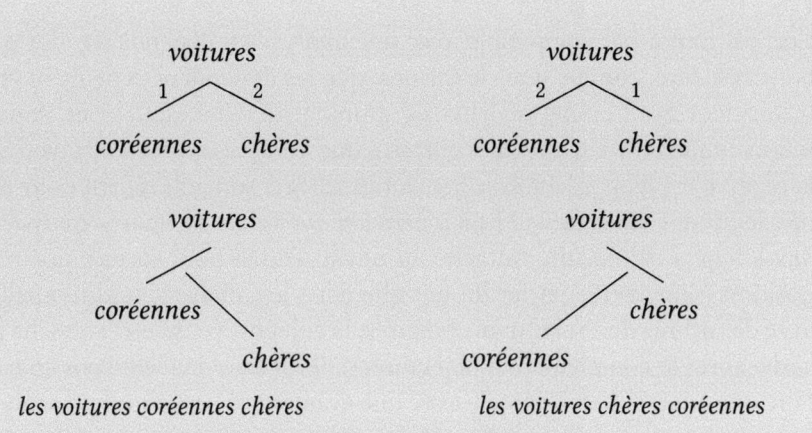

FIGURE 11.37 – Structures de dépendance avec portée

Les structures de constituants, qui encodent la portée de manière plus simple, semblent avoir un avantage. Reste à savoir si les phénomènes de portée relèvent de la syntaxe et doivent être encodés dans la structure syntaxique ou bien s'il s'agit uniquement de phénomènes sémantiques indépendants de la structure syntaxique. Par exemple, dans une phrase telle que *Un numéro est attribué à chaque participant*, le sujet est dans la portée de l'objet, ce qui va contre l'analyse en constituants usuelle, puisque *à chaque participant* devrait être combiné avec *un numéro est attribué*.

Traitement cognitif

Nous avons déjà discuté du traitement cognitif des connexions au chapitre précédent (voir l'encadré 9.10 sur le *Traitement cognitif des connexions*). Revenons rapidement sur ce point avec l'exemple suivant :

(37) *J'ai rencontré un américain qui habite en Chine depuis deux ans.*

Une telle phrase peut être découpée prosodiquement de la façon suivante :

(38) *j'ai rencontré un américain | qui habite en Chine | depuis deux ans*

Les connections entre ces groupes seront créées incrémentalement au fur et à mesure de l'écoute (ou de la lecture) :

(39) *(j'ai rencontré un américain)* → *(qui habite en Chine)* → *(depuis deux ans)*

Ceci est tout à fait compatible avec une analyse en dépendance, dès que l'on considère, comme nous le faisons, que les dépendances peuvent être instanciées à différents niveaux de granularité. Une analyse en constituants immédiats suggère au contraire une analyse totalement inversée : la relative est d'abord analysée, puis rattachée à son antécédent pour former le groupe substantival [*un américain qui habite en Chine depuis deux ans*], lequel est ensuite rattaché au noyau verbal pour former une proposition (sans même parler du fait que dans les analyses traditionnelles avec des arbres de constituants binaires, le sujet est censé être rattaché au verbe après le complément d'objet direct). Il est tout de même possible de faire une analyse incrémentale avec une grammaire basée sur une analyse en constituants immédiats. Un tel algorithme a été proposé par Jay Earley en 1970 : il consiste à anticiper les constituants qui peuvent suivre un mot donné et à ouvrir de tels constituants pour les remplir ensuite par les mots qui sont analysés. Mais on voit bien qu'une telle analyse est moins naturelle qu'une analyse en dépendance.

Exercices

Exercice 1.   Nous proposons le parenthésage en constituants majeurs suivant :

> ([*son* ([*petit*] *chat*)] *est* [*allergique* (*à* [*la* (*moquette*)])])

En déduire un arbre de constituants plat, puis un arbre de dépendance en appliquant la méthode de Lecerf.

Exercice 2.   Comparer :

a. *Louise va partir en Italie.*

b. *Louise veut partir en Italie.*

Étudiez le statut de constituant de *partir en Italie* dans ces deux exemples. Montrez que les tests donnent des résultats différents. Qu'en déduit-on sur le plan théorique ?

Exercice 3. Quel est l'intérêt du point de vue théorique d'utiliser des arbres de constituants qui sont binaires ?

Exercice 4. Analysez aussi finement que vous le pouvez (sans descendre en deçà des mots) la phrase suivante de Marcel Proust extraite de *Du côté de chez Swan* :

> *à l'instant même où la gorgée mêlée des miettes du gâteau toucha mon palais, je tressaillis, attentif à ce qui se passait d'extraordinaire en moi.*

En déduire une structure de dépendance et un arbre de constituants binaire.

Exercice 5. On s'intéresse à la construction *de X à Y*, illustrée par des exemples comme *le train de Paris à Marseille* ou *il travaille du lundi au vendredi*. À quelle hypothèse nous conduit l'application du Test de déplacement (voir la section 9.13 *Tests pour la connexion*) ? Cette hypothèse est-elle confirmée par d'autres tests ? Comment analyser alors la construction ?

Lectures additionnelles

Concernant l'analyse en constituants immédiats, on consultera les ouvrages de Bloomfield (1933), Gleason (1955) et Hockett (1958), plusieurs fois cités déjà, ainsi que l'article de Wells (1947). Les ouvrages plus tardifs ont tendance à prendre l'ACI pour acquise et n'en discutent pas les fondements. C'est en particulier le cas des travaux de Chomsky (1957, 1965). Pour l'origine des diagrammes en constituants, on consultera Barnard (1836), Nida (1943) et Chomsky (1955, 1957). Nida (1966) est une édition de sa thèse sur l'ACI soutenue en 1936, dans laquelle a été ajouté un chapitre introductif comprenant des dizaines de diagrammes syntaxiques. La Syntaxe X-barre est introduite dans l'article de Chomsky (1970) et l'ouvrage de Jackendoff (1977). Les liens entre l'ACI et la syntaxe de dépendance sont étudiés dans un article de Mazziotta & Kahane (2017).

Les Grammaires de construction (angl. *Construction Grammars*) ont repris la notion traditionnelle de *construction* (voir l'article « Construction » de l'*Encyclopédie* par Dumarsais 1754 ou Bloomfield 1933) tout en la généralisant pour englober tous les types de signes linguistiques. On pourra consulter, parmi une abondante littérature, Goldberg (2006).

Les tests de constituance sont présentés dans la plupart des ouvrages de linguistique basé sur la syntaxe de constituants. Pour une présentation des tests de constituance dans le cadre de la syntaxe de dépendance et une large bibliographie sur ces tests, on pourra consulter le livre de Timothy Osborne (2019).

Les arbres de Beauzée-Gladkij ont été décrits dans l'entrée *Régime* de l'Encyclopédie de 1765 et diagrammatisés par Gladkij (1968) dans un article écrit en russe.

Dans l'encadré 11.2 sur la *Décomposition récursive*, nous avons évoqué le pirahã, une langue parlée par une tribu d'Amazonie, qui a été étudiée par le linguiste Dan Everett. Nous renvoyons à un remarquable article en ligne du New Yorker de 2007, écrit par John Colapinto, sur ce linguiste et la controverse qu'il a soulevé à propos du caractère non récursif de cette langue.

Ceux qui s'intéressent à l'algorithmique d'Earley pourront lire l'article original d'Earley (1970) ; celui-ci est également décrit dans de nombreux ouvrages d'introduction à la théorie des langages formels.

Barnard, Frederick A. P. 1836. *Analytic grammar, with symbolic illustration.* New York : E. French.

Bloomfield, Leonard. 1933. *Language.* New York : Henry Holt.

Chomsky, Noam. 1955. Three models for the description of language. *IRE Transactions on Information Theory* 2(3). 113-124.

Chomsky, Noam. 1957. *Syntactic structures.* Cambridge : MIT Press. [Traduction française de M. Bradeau : *Structures syntaxiques*, 1969, Paris : Éditions du Seuil.]

Chomsky, Noam. 1965. *Aspects of the theory of syntax.* Cambridge : The MIT Press. [Traduction française de J.-Cl. Milner : *Aspects de la théorie syntaxique*, 1971, Paris : Éditions du Seuil.]

Chomsky, Noam. 1970. Remarks on nominalization. In Alec P. Marantz (éd.), *On the nature of grammatical relations*, 184-221. Waltham, Mass : Ginn & Co.

Colapinto, John. 2007. Has a remote Amazonian tribe upended our understanding of language ? *The New Yorker online.* http://www.newyorker.com/magazine/2007/04/16/the-interpreter-2.

Earley, Jay. 1970. An efficient context-free parsing algorithm. *Communication of the ACM* 13(2). 94-102.

Gladkij, Aleksej V. 1968. Ob opisanii sintaksičeskoj struktury predloženija [Sur la description de la structure syntaxique d'une phrase] (résumé en anglais). *Computational Linguistics (Budapest)* 7. 21-44.

Gleason, Henry A. 1955. *An introduction to descriptive linguistics.* New York : Holt, Rinehart & Wilston.

Goldberg, Adele E. 2006. *Constructions at work : The nature of generalization in language.* Oxford : Oxford University Press.

Jackendoff, Ray. 1977. $\overline{X}$ *syntax : A study of phrase structure.* Cambridge : MIT Press.

Mazziotta, Nicolas & Sylvain Kahane. 2017. To what extent is immediate constituency analysis dependency-based ? A survey of foundational texts. In *Proceedings of the fourth international conference on Dependency Linguistics (Depling)*, 116-126. ACL.

Nida, Eugene. 1943. *Morphology : The descriptive analysis of words.* Ann Arbor : University of Michigan Press.

Nida, Eugene. 1966. *A synopsys of English syntax.* London/The Hague : Mouton & Co.

Osborne, Timothy. 2019. *A Dependency Grammar of English : An introduction and beyond.* Amsterdam/Philadelphia : John Benjamins.

Wells, Rulon S. 1947. Immediate constituents. *Language* 23(2). 81-117.

Corrections des exercices

Corrigé 1. On obtient l'arbre de dépendance suivant :

petit ← *chat* ← *son* ← *est* → *allergique* → *à* → *la* → *moquette*

Corrigé 2. Dans l'exemple b, *partir en Italie* peut être interrogé (*Que veut Louise ? – Partir en Italie.*) et semi-clivé (*Ce que veut Louise, c'est partir en Italie.*), mais ce n'est pas possible en a (**Que va Louise ? ; *Ce que va Louise, c'est partir en Italie.*). Dans une analyse en dépendance, nous dirons que *va partir* est très cohésif et qu'il n'est pas possible de séparer *va* et *partir*, sans voir pour autant à remettre en question que *partir en Italie* est une unité et que donc *partir* se combine avec *en Italie*. Dans une analyse en constituants, il n'est pas possible de considérer à la fois *va partir* et *partir en Italie* comme des unités syntaxiques, ce qui est un problème.

Corrigé 3. Un branchement binaire peut être interprété comme une connexion binaire et donc comme une construction élémentaire. Nous avons montré dans la section 11.11 et les suivantes comment les nœuds intérieurs d'un arbre de constituants binaires pouvaient être interprétés comme des connexions, puis des dépendances en cas de marquage d'un sous-constituant tête.

Corrigé 4. En s'appuyant sur le découpage prosodique proposé par les virgules, on obtient un premier découpage : [*à l'instant même où la gorgée mêlée des miettes du gâteau toucha mon palais*] [*je tressaillis*] [*attentif à ce qui se passait d'extraordinaire en moi*]. On peut ensuite continuer à réduire :

(i) [[*à l'instant même*] – [[*où*] [[*la gorgée*] – [*mêlée des miettes du gâteau*]] – [*toucha*] – [*mon palais*]]
[[[*je*] – [*tressaillis*]] [*attentif*] – [[*à ce qui*] – [*se passait*] – [*d'extraordinaire*] [*en moi*]]

Nous proposons finalement la structure de dépendance de la figure 11.38. Nous laissons sous-spécifiée la tête de la relation déterminant-
nom, ainsi que la relation entre le pronom relatif et verbe principal des
propositions relatives.

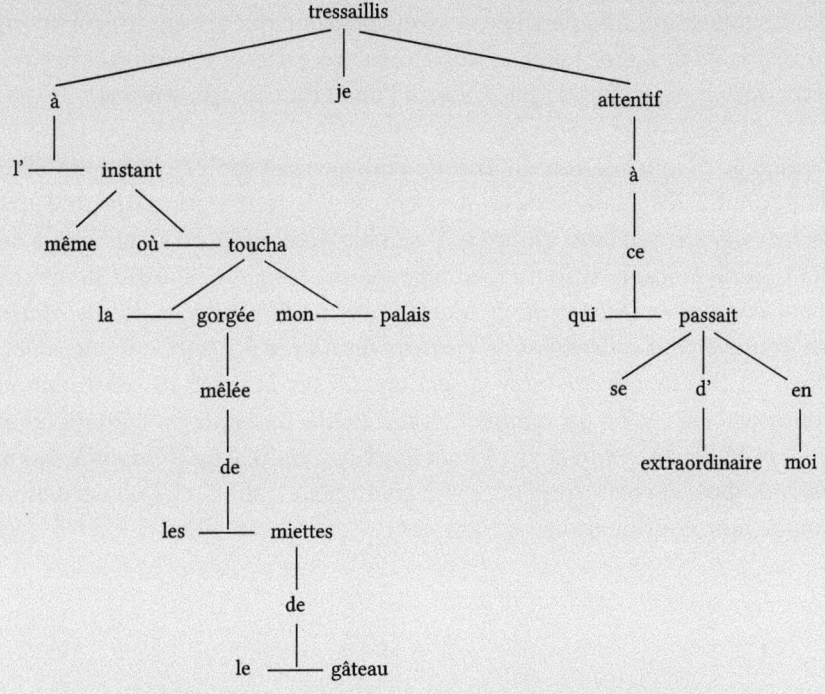

FIGURE 11.38 – Structure de dépendance polygraphique

Pour construire un arbre de constituants binaire, il faut décider dans
quel ordre combiner chaque mot avec ses dépendants. La combinaison
avec une co-tête a nécessairement lieu après les combinaisons avec les dépendants. Par exemple, si nous prenons la portion *à l'instant même où la
gorgée mêlée des miettes du gâteau toucha mon palais*, on obtient la structure (ii), où le déterminant est le dernier élément à se combiner avec le
nom :

(ii)   [*à* (*l'* [(*instant même*) (*où* [*la* (*gorgée* [*mêlée des miettes du gâteau*]
)] [*toucha* (*mon palais*)])])]

Nous devons également décider dans quel ordre regrouper les trois dépendants de la tête de la phrase, *tressaillis*. Dans ce cas, l'analyse standard regroupera probablement le sujet *je* en premier, car les deux autres dépendants sont des éléments détachés prosodiquement. Concluons en rappelant que la stratification de la structure de constituants ne nous semble pas une question très pertinente. Nous pensons que le regroupement en constituants doit être fait à un autre niveau d'analyse en utilisant des critères de cohésion syntaxique. Ce sera l'objet du chapitre suivant.

Corrigé 5. L'application du Test de déplacement montre l'impossibilité de permuter les syntagmes en À et en DE : **le train à Marseille de Paris*, **il travaille au vendredi du lundi*. Il semble donc qu'il ne s'agisse pas de deux groupes prépositionnels indépendants, lesquels peuvent généralement commuter (*Elle parle de Marie à Zoé* vs *Elle parle à Zoé de Marie*, *un timbre de ma collection à 10 euros* vs *un timbre à 10 euros de ma collection*). Le Test de clivage (voir la section 11.8 sur *Les tests de constituance*) confirme cela : **c'est au vendredi qu'il travaille du lundi* vs **c'est du lundi qu'il travaille au vendredi* vs *c'est du lundi au vendredi qu'il travaille*. Nous verrons dans le chapitre 18 du vol. 2 qu'on peut traiter cette construction comme une coordination.

12 La topologie : Ordre des mots, linéarisation et regroupements

12.1 La linéarité de la langue

Une des caractéristiques de la langue est la LINÉARITÉ de la chaîne parlée : les sons sont prononcés les uns à la suite des autres et il en va ainsi en général des unités de la langue et notamment des mots et des syntaxèmes. Les syntaxèmes, sauf rares exceptions (voir encadré ci-dessous), se suivent selon un ORDRE LINÉAIRE. (Un ordre linéaire est encore dit TOTAL, car *tous les éléments sont ordonnés les uns par rapport aux autres.*)

La PLACE (LINÉAIRE) qu'occupe chaque syntaxème dans l'ordre linéaire participe pleinement au sens de l'énoncé. Elle peut permettre de décider comment les unités sont combinées, et même si une combinaison est possible ou non. Par exemple, on peut envisager de placer les trois mots *Marie, Pierre* et *poursuit* selon 6 ordres linéaires différents :

(1) a. *Marie poursuit Pierre*

　　 b. *Pierre poursuit Marie*

　　 c. *Pierre Marie poursuit*

　　 d. *Marie Pierre poursuit*

　　 e. *poursuit Marie Pierre*

　　 f. *poursuit Pierre Marie*

Seules les combinaisons (1a) et (1b) portent des sens clairs en français. Et ces sens sont différents : les *fonctions syntaxiques* de *Marie* et *Pierre*, sujet *vs* objet du verbe POURSUIVRE, et les rôles sémantiques qu'ils expriment, agent *vs* patient du prédicat 'poursuivre', sont *attribués en fonction de la place* des unités dans la phrase : l'élément devant le verbe est interprété comme sujet, celui après le verbe comme objet.

Les autres combinaisons ne sont pas nécessairement dépourvues de sens (si un étranger prononçait ces énoncés, on pourrait au moins comprendre qu'il s'agit d'une histoire de poursuite entre Pierre et Marie), mais elles ne respectent pas la syntaxe du français. Il est clair que la description précise d'une langue doit inclure les *contraintes sur l'ordre* des syntaxèmes et sur la façon dont ils se regroupent. C'est ce que nous appelons la topologie, du grec *topos+logos* 'étude des lieux'. Ce chapitre a comme but de proposer un modèle, appelé MODÈLE TOPOLOGIQUE ou INTERFACE SYNTAXE-TOPOLOGIE, permettant d'exprimer facilement les différentes contraintes qui existent selon les langues dans la correspondance entre la structure syntaxique et la représentation qui exprime l'ordre linéaire et les regroupements linéaires, que nous appelons la STRUCTURE TOPOLOGIQUE.

Encadré 12.1 : Les exceptions à la segmentabilité

Nous venons d'insister sur la linéarité de la langue et le fait que les syntaxèmes sont essentiellement prononcés les uns à la suite des autres. On appelle cette dernière propriété la SEGMENTABILITÉ : la chaîne linéaire est segmentable en une succession d'unités élémentaires (voir la section 9.4 *Structure syntaxique et structure topologique*).

La segmentabilité possède un certain nombre d'exceptions.

Prosodie

Malgré le caractère linéaire de la chaîne parlée, il est possible de jouer sur les différents paramètres du son pour communiquer deux informations simultanément. Ainsi, certains éléments de sens, comme par exemple les marqueurs d'interrogation ou de doute, ou la mise en avant de certains éléments de sens sont réalisés en utilisant la prosodie (l'intonation et le rythme – la mélodie de la phrase). Ces unités – les PROSODÈMES – sont dites SUPRA-SEGMENTALES, car elles se superposent à la chaîne des unités segmentales que sont les phonèmes. À noter que la prosodie véhicule aussi, en plus de cela, des informations utiles pour le calcul des regroupements des unités linguistiques et que les émotions du locuteur modifient également de manière significative la prosodie.

Fusion

Dans les langues flexionnelles, certaines combinaisons de syntaxèmes *fusionnent* en un unique morphe, tant et si bien qu'on ne peut plus discerner les signifiants des différents syntaxèmes et qu'il n'y a donc plus d'ordre entre eux (voir la section 6.12 sur *Amalgame, alternance et méga-morphe*). Il existe aussi des syntaxèmes qui s'enchevêtrent, comme dans la conjugaison des langues sémitiques, où les lexèmes verbaux sont réalisés par des consonnes et la flexion par des voyelles intercalées (voir l'enca-dré 8.9 sur les *Syntaxèmes discontinus*). Pour une typologie des différents cas de non-segmentabilité des syntaxèmes flexionnels, voir l'encadré sur les *Langues isolantes, agglutinantes et flexionnelles* du chapitre 14 du vol. 2).

Phrasèmes

Si les syntaxèmes sont globalement continus (à l'exception des situa-tions rappelées ci-dessus), ce n'est pas le cas des sémantèmes. Les phra-sèmes peuvent être réalisés par des configurations de syntaxèmes qui ne se placeront pas nécessairement les uns à côté des autres : *il ne **brisa** pas immédiatement **la glace**, « Fais pas **ci**, fais pas **ça**! »*. Il faut néanmoins remarquer que la réalisation de sémantèmes discontinus passe presque uniquement par le recours à des constructions syntaxiques qui sont utili-sées par ailleurs pour réaliser des combinaisons libres de syntaxèmes et qui s'appliquent aux différentes composantes du sémantème (voir le cha-pitre 7 sur *Sémantèmes et syntaxèmes*).

Langues des signes

Il est important de souligner que les contraintes sur la linéarité sont l'apanage des *langues vocales* (c'est-à-dire utilisant la voix comme canal de communication) et de leurs contreparties écrites. Les *langues des signes*, réalisées par des gestes dans l'espace à trois dimensions, échappent en par-tie à la contrainte de linéarité. Il est possible en réalisant le signe associé à un sens donné ('chien', 'voiture', 'maison', 'maladie', etc.) de produire en même temps toutes sortes de modifieurs en adaptant la réalisation du geste : un chien agressif ou au contraire affectueux, une voiture rapide ou aux mouvements chaotiques, une grande maison, etc. Cette particula-rité des langues des signes par rapport aux langues vocales est générale-ment appelée l'ICONICITÉ : il s'agit de la possibilité de réaliser des signes iconiques, c'est-à-dire qui ont une ressemblance avec l'objet qu'il dénote. Même sans utiliser l'iconicité, la réalisation d'un signe verbal comme 'demander' (réalisé en joignant les mains à plat en langue des signe française) indiquera en fonction de l'orientation du geste (vers le locuteur, l'interlocuteur ou un autre point de l'espace) qui demande à qui, sans qu'il soit nécessaire d'ajouter des pronoms. La diathèse du lexème est donc réalisée en même temps que le lexème. C'est bien la réalisation du signal dans un espace tridimensionnel qui permet de cumuler autant d'informations en un seul geste.

12.2 Ordre des mots *vs* topologie

On renvoie traditionnellement à la branche de la syntaxe qui s'intéresse aux questions d'ordre en parlant d'ORDRE DES MOTS. Nous préférons parler de TOPOLOGIE et cela pour au moins trois raisons.

Premièrement, nous considérons que les unités minimales de la syntaxe sont les syntaxèmes et non les mots et donc que les questions d'ordre commencent avec l'ordre des syntaxèmes à l'intérieur des mots.

Deuxièmement, nous ne nous intéressons pas seulement à l'ordre relatif des syntaxèmes (ou des mots ou des unités syntaxiques en général), mais plus généralement à la POSITION qu'occupent ces éléments dans une structure qui est plus riche qu'un simple ordre linéaire. C'est ce que désigne la topologie, qui est l'étude des lieux ou places (du grec *topos* 'lieu').

Troisièmement, le terme *topologie* (du grec *logos* 'étude'), à la différence de *ordre des mots*, renvoie clairement à un domaine d'étude de la langue ; il permet de plus de dériver l'adjectif *topologique* et de parler par exemple de *structure topologique*, de *constituant topologique* ou de *niveau topologique*.

Le terme *topologie* provient de la tradition grammaticale allemande, où le terme est d'usage depuis le milieu du 20e siècle (voir l'encadré 12.26 sur *l'Historique de la description topologique*). Les mathématiques ont également un sous-domaine nommé *topologie*, qui s'intéresse aussi lui aussi à la façon dont les éléments se placent les uns par rapport aux autres dans des ensembles munis d'une structure, mais sans rapport direct avec la topologie linguistique.

12.3 Place linéaire et position syntaxique

Toute unité linguistique (phonologique, morphologique, syntaxique ou séman-tique) émise en contexte, dès qu'elle est segmentable, a une place dans l'ordre linéaire. Dans tout cet ouvrage, nous opposons les termes PLACE (LINÉAIRE) et POSITION (STRUCTURALE) : *place* est toujours associé à un lieu dans l'ordre li-néaire, tandis que *position* est associé à un lieu dans une structure plus complexe. On peut penser, comme moyen mnémotechnique, à une personne assise sur une chaise : cette personne peut changer de position sans changer de place. Les syn-taxèmes sont comme des personnes assises sur des chaises les unes à la suite des autres : chacun à une place sur une chaise et peut adopter une position par-ticulière en s'adressant à son voisin de gauche ou de droite ou à quelqu'un de plus éloigné ; il peut changer de position en restant à la même place (on parlera d'AMBIGUÏTÉ SYNTAXIQUE) ou changer de place en gardant la même position (on parlera d'ORDRE LIBRE).

Nous avons défini aux chapitres précédents la structure syntaxique. La po-sition d'un élément dans la structure syntaxique est appelée sa POSITION SYN-TAXIQUE. La syntaxe s'intéresse aux combinaisons libres (voir la section 8.4 sur *Syntaxe et morphologie*) et la position syntaxique d'un élément indique donc avec quoi il se combine, sans référence à l'ordre linéaire. Deux éléments occupent la même position syntaxique s'ils jouent un rôle similaire et s'excluent mutuelle-ment. Ainsi dans les trois phrases de (2), les unités *Marie*, *la* et *qui* occupent la même position syntaxique, car elles correspondent toutes à la personne que Pierre regarde et elles *s'excluent mutuellement*, comme le montre (3).

(2) a. *Pierre regarde **Marie**.*

  b. *Pierre **la** regarde.*

  c. ***Qui** Pierre regarde-t-il ?*

(3) a. * *Pierre **la** regarde **Marie**.*

  b. * ***Qui** Pierre **la** regarde-t-il ?*

  c. * ***Qui** Pierre regarde-t-il **Marie** ?*

Cette impossibilité pour les unités *Marie, la* et *qui* de cooccurrer implique qu'elles *occupent une même position à un certain niveau structurel*, et cela alors qu'elles n'occupent pas la même place. Ceci nous permet de conclure que la place linéaire et la position syntaxique sont bien deux notions distinctes.

12.4 Position topologique

Nous venons de voir que des éléments occupant la même position syntaxique pouvaient être à des places linéaires différentes. À l'inverse, des éléments de positions syntaxiques différentes peuvent venir occuper la même place linéaire.

Par exemple, en français, le sujet du verbe se place généralement devant le verbe, comme en (4a), mais il est parfois possible que le sujet se place après le verbe, notamment lorsqu'un complément locatif est placé devant le verbe, comme en (4b).

(4) a. **Des guirlandes** *pendaient au plafond.*

b. **Au plafond** *pendaient des guirlandes.*

On peut ici considérer que le complément locatif vient occuper la place qu'occupe usuellement le sujet, puisqu'il n'est pas possible que le sujet se place après le verbe si le locatif ne vient pas devant le verbe :

(5) a. *?? Pendaient au plafond des guirlandes.*

b. *?* Pendaient des guirlandes au plafond.*

Par ailleurs, lorsque le locatif et le sujet sont tous les deux devant le verbe, le locatif est obligatoirement dans une position détachée, avec un contour prosodique particulier, sanctionné à l'écrit par une virgule :

(6) *Au plafond, des guirlandes pendaient.*

Lorsque le locatif est entre le sujet et le verbe, il est immédiatement interprété comme faisant partie du sujet :

(7) *# Des guirlandes au plafond pendaient.*

Cette exclusion mutuelle dans un lieu de l'ordre linéaire laisse supposer qu'un tel lieu est plus qu'une simple place, qu'il y a de la structure qui est en jeu. Cette structure, nous l'appellerons la STRUCTURE TOPOLOGIQUE et un lieu de cette structure, comme celui où *des guirlandes* et *au plafond* commutent devant le verbe, sera appelé une POSITION TOPOLOGIQUE. On peut ainsi reformuler ce que nous venons de dire concernant le sujet et le complément locatif : en français, il existe devant le verbe fini une position topologique qui accueille en général le sujet, mais qui peut être aussi remplie par un complément locatif, le sujet allant dans ce cas dans une autre position topologique.

Encadré 12.2 : Le cas des langues V2

Il existe différentes langues, dites V2, où la tête de la phrase, généralement un verbe, occupe nécessairement la *deuxième place*. Autrement dit, il existe devant le verbe une unique position topologique qui doit être remplie par une et une seule unité syntaxique. Tel est le cas des langues germaniques.

Contrairement au français, où toute phrase peut contenir un nombre quelconque de compléments circonstanciels antéposés au verbe, l'allemand contraint toute phrase déclarative à avoir un unique constituant devant le verbe. Et contrairement au français, ce constituant n'a pas plus à être le sujet que n'importe quel autre dépendant du verbe. Ainsi la phrase française *Malheureusement, Peter se crotte encore le nez* permet-elle des traductions à ordres variés. Parmi elles :

(8)   a.   *Peter popelt leider   mal wieder   in   seiner*
           Peter creuse malheureusement une fois de plus dans son
           Nase.
           nez.

      b.   *Leider popelt Peter mal wieder in seiner Nase.*

      c.   *Mal wieder popelt leider Peter in seiner Nase.*

      d.   *In seiner Nase popelt leider mal wieder Peter.*

Par contre, une traduction qui suivrait le même ordre des mots que la phrase française initiale serait agrammaticale :

(9)   * *Leider Peter popelt mal wieder in seiner Nase.*

Ceci parce que *leider* 'malheureusement' et *Peter* ne forment pas ensemble un seul constituant. Ce constituant initial de toute phrase déclarative de l'allemand est dit occuper le CHAMP INITIAL (ou *Vorfeld* 'pré-champ'). Le verbe fini juste après est dit être en position V2.

Le champ initial (mis entre crochets dans les exemples suivants) peut être occupé par un seul constituant quelle que soit sa complexité, y compris un participe passé comme dans les exemples suivants :

(10) a. *[In   seiner Nase gepopelt] hat leider*
       Dans son   nez creusé   a   malheureusement
       mal wieder   Peter.
       une fois de plus Peter.
       'Peter s'est malheureusement à nouveau crotté le nez.'

    b. *[Vor   allen mal wieder   in   seiner Nase zu popeln*
       Devant tous une fois de plus dans son   nez   de creuser
       gewagt] hat leider   Peter.
       osé   a   malheureusement Peter.
       'Peter a malheureusement une fois de plus osé se crotter le nez
       devant tout le monde.'

Nous présenterons plus en détail la modélisation de l'ordre des mots en allemand dans l'encadré 12.24 sur *La structure topologique de l'allemand*.

Comme nous l'avons montré dans la section 12.4 qui précède, le français possède aussi une forme de syntaxe V2 avec une position devant le verbe qui doit être occupée soit par le sujet, soit par un complément locatif en cas d'inversion du sujet. De ce point de vue, le français conserve des traces d'une syntaxe germanique héritée de l'époque où le latin a évolué en roman, puis en ancien français par l'intégration de peuples germaniques dans l'espace latinophone. Lorsqu'un groupe important de locuteurs non natifs est contraint de parler une nouvelle langue (ici le latin), il en adopte le lexique, tout en conservant partiellement la syntaxe de sa langue d'origine (ici des langues germaniques, et notamment le francique, la langue des Francs).

On retrouve des restes de ce caractère V2 en anglais, qui est aussi une langue d'origine germanique (voir l'exercice 7 sur la topologie de l'anglais). Les langues germaniques ne sont pas les seules langues V2 de par le monde : on peut mentionner par exemple le breton, une langue celtique, ou le wolof, une langue Niger-Congo parlée au Sénégal. Le serbe, une langue slave, possède un phénomène comparable avec un amas de clitiques qui vient se placer en deuxième position.

12.5 Linéarisation

Il est important de souligner que nous concevons l'ordre des syntaxèmes comme le résultat d'un processus nécessaire dans l'expression du sens. Le sens n'est pas linéaire a priori (ni même hiérarchisé, voir la section 3.5 sur la *Structure hiérarchique*), mais l'usage du canal vocal oblige à un encodage linéaire de l'information. La question de l'ordre des syntaxèmes est donc vue comme un processus de LINÉARISATION de l'information.

La linéarisation est modélisée comme une correspondance entre deux structures de niveaux différents : une structure hiérarchique non ordonnée – la structure syntaxique (voir le chapitre 10) – et une structure ordonnée. Cette idée est centrale dans les *Éléments de syntaxe structurale* de Lucien Tesnière (1959), qui distingue l'*ordre structural* et de l'*ordre linéaire*. On trouve déjà chez Claude Buffier (1709) la distinction entre syntaxe et style, puis chez Dumarsais entre syntaxe et construction. Voici ce que ce dernier en dit dans l'article « Construction » de l'*Encyclopédie* :

> « Je crois qu'on ne doit pas confondre *construction* avec *syntaxe*. Construction ne présente que l'idée de combinaison et d'arrangement. Cicéron a dit selon trois combinaisons différentes, *accepi litteras tuas, tuas accepi litteras*, et *litteras accepi tuas* : il y a là trois *constructions*, puisqu'il y a trois différents arrangements de mots ; cependant il n'y a qu'une syntaxe ; car dans chacune de ces constructions il y a les mêmes signes des rapports que les mots ont entre eux, ainsi ces rapports sont les mêmes dans chacune de ces phrases. » (Dumarsais 1754 : 72)

Nous allons étudier la question de la linéarisation de la structure syntaxique dans la suite de ce chapitre. Nous défendons l'idée que cette étape de linéarisation ne consiste pas seulement à ordonner les unités syntaxiques, syntaxèmes et autres, mais qu'elle induit une structure, avec un emboîtement de constituants, que nous appelons les CONSTITUANTS TOPOLOGIQUES. Ceux-ci jouent un rôle dans la linéarisation et le calcul de l'ordre des mots, mais aussi dans le calcul de la prosodie (voir l'encadré 12.23 sur *Topologie et prosodie*).

La partie de la grammaire qui assure la correspondance entre la structure syntaxique et la structure topologique, et donc en particulier la linéarisation, s'appelle le MODÈLE TOPOLOGIQUE. Dans la suite, nous allons présenter le cadre général de la construction d'un modèle topologique et nous construirons notamment les modèles topologiques du français et de l'allemand.

Encadré 12.3 : Une représentation syntaxique non ordonnée ?

La linéarisation est une étape dans le processus de synthèse d'un énoncé à partir d'un sens (voir l'encadré 2.1 sur *La langue comme correspondance sens-texte* et le chapitre 3 sur la *Production d'un énoncé*). Nous pensons que l'information à communiquer par un locuteur, qui va constituer le sens de son message, n'est pas linéarisée, ni même hiérarchisée a priori. C'est le processus de communication qui oblige à linéariser. La STRUCTURE COMMUNICATIVE, qui encode la façon dont l'information est structurée pour être communiquée (voir l'encadré 3.3 sur *Les composantes du sens*), joue ainsi dans de nombreuses langues un rôle primordial dans l'ordre des syntaxèmes (voir l'encadré 12.15 sur l'*Ordre communicativement dirigé*).

Nous considérons que la structure communicative fait partie de la représentation du sens à communiquer et ceci quelle que soit la langue, alors que l'ordre linéaire, qui en découle parfois directement, ne fait pas lui-même partie du sens. En procédant ainsi, nous pouvons nous abstraire des idiosyncrasies d'une langue particulière et nous rapprocher d'une représentation du sens plus universelle. Une telle représentation permet alors de modéliser la traduction ou le paraphrasage (qui est une traduction intra-langue) : en effet, des traductions ou paraphrases peuvent partager le même sens et des structures communicatives similaires, tout en ayant des ordres linéaires très différents (voir l'encadré 12.8 sur l'*Ordre dominant*).

Même si l'on admet que le sens est non ordonné, on est en droit de se demander pourquoi nous considérons une *représentation syntaxique non ordonnée* (l'arbre de dépendance) entre le sens et l'ordre linéaire.

Premièrement, on a vu qu'il est possible de définir une structure hiérarchique qui rende compte de propriétés importantes de l'énoncé sur la combinaison des unités entre elles (voir le chapitre 9) et de considérer cette structure indépendamment de l'ordre linéaire.

Deuxièmement, il y a de bonnes raisons de penser que la structure hiérarchique est bien un intermédiaire entre le sens et l'ordre linéaire. Avant tout parce que le sens est multidimensionnel, la structure hiérarchique bidimensionnel et l'ordre linéaire unidimensionnel (voir l'encadré 3.6 *Du sens au texte : de 3D à 1D*). Pour cette raison, nous pensons qu'il est plus simple de modéliser le passage d'une structure sémantique à une structure linéairement ordonnée en procédant en deux étape : le passage du sens à une structure hiérarchique, déjà évoquée au chapitre 3 et étudiée en détail au chapitre 13 et le passage de cette stryctrure hiérarchique à un ordre linéaire étudiée ici et formalisée dans la suite de ce chapitre. Il serait beaucoup moins simple de passer directement du sens à un ordre linéaire.

Cette dernière affirmation doit quand même être modulée : dans le processus de synthèse d'un texte à partir d'un sens, l'ordre linéaire semble parfois prévaloir sur la structure hiérarchique. On a notamment cette impression lorsqu'on compare des constructions de français oral avec des constructions plus écrites, comme dans ces exemples classiques :

(11)   a. *Moi, mon frère, son vélo, le guidon, il est cassé.*
       b. *Le guidon du vélo de mon frère est cassé.*

Comme on le voit dans l'énoncé (11a), le plus oral des deux, chaque élément de sens forme un îlot rectionnel indépendant et cet énoncé échappe ainsi à une structure hiérarchique complète, à l'inverse de l'énoncé (11b). On est en droit de se demander si dans ce premier énoncé, la structure communicative n'a pas d'abord permis de construire une structure topologique avec des places qu'on est ensuite venu remplir avec de petits segments organisés hiérarchiquement. Cela ne remet toutefois pas en cause la possibilité de considérer la structure linéaire et la structure hiérarchique indépendamment l'une de l'autre.

Dire que l'on peut considérer ces deux structures indépendamment l'une de l'autre ne signifie absolument pas qu'elles soient indépendantes l'une de l'autre. Bien au contraire, elles se contraignent l'une l'autre par un ensemble de propriétés qui constituent les règles du modèle topologique. Dans la suite, nous allons donc nous intéresser au « produit » de ces deux structures, l'arbre de dépendance ordonné.

Encadré 12.4 : Mouvement et ordre de base

Notre conception de l'ordre des syntaxèmes s'oppose à une autre conception, celle de la grammaire générative, développée autour de Noam Chomsky depuis la fin des années 1950. Dans cette conception, une unique structure syntaxique de base *ordonnée* est postulée pour chaque construction de chaque langue. Les différents ordres observés sont obtenus par des MOUVEMENTS au sein de la structure syntaxique de base.

La notion de mouvement repose sur l'idée que tout changement de place linéaire est aussi un changement de position syntaxique. Nous distinguons pour notre part position topologique et position syntaxique : à chaque position syntaxique correspondent au moins autant de positions topologiques qu'il y a de placements possibles. Que l'on considère *le livre que Zoé lit* ou *le livre que lit Zoé*, le nom *Zoé* occupe toujours la même position syntaxique de sujet de la forme verbale *lit* ; seule sa position topologique change. Autrement dit, à partir de la structure syntaxique commune à ces deux syntagmes, on aura deux linéarisations possibles.

Nous renvoyons également à l'encadré 9.3 *De la non-séparation des ordres aux mouvements*, où nous montrons que l'introduction du mouvement dans un modèle linguistique est une conséquence immédiate de la non-distinction de la position syntaxique et de la place linéaire, caractéristique des modèles générativistes. Dans ces modèles, il est supposé que toute construction possède un *ordre de base*. Ainsi en français, l'ordre de base entre le verbe et son sujet est l'ordre sujet-verbe (*Zoé lit un livre*). Lorsque le sujet est après le verbe (*le livre que lit Zoé*), on parle traditionnellement de *sujet inversé*. C'est une terminologie traditionnelle, mais problématique, car elle suggère qu'il y a une opération d'*inversion* (*le livre que Zoé lit → le livre que lit Zoé*) à partir de l'ordre de base.

Nous rejetons pour notre part la notion d'ordre de base. Nous considérons qu'il y a un processus de linéarisation qui permet de calculer à partir d'une structure syntaxique non ordonnée différents ordres possibles. Il est bien sûr possible qu'un des ordres soit *privilégié*, voire *obligatoire*, et nous parlerons alors d'ORDRE DOMINANT (voir l'encadré 12.8 sur l'*Ordre dominant* et l'encadré 12.14 sur *Les langues dites à ordre libre*). L'ordre dominant est un *ordre par défaut*, généralement peu marqué communicativement, mais qui ne sert en aucun cas de base au calcul des autres ordres possibles.

L'idée d'un ordre de base et la notion d'inversion par rapport à l'ordre de base remonte au moins au 18ᵉ siècle. L'article « Inversion » de l'*Encyclopédie* écrit par Nicolas Beauzée et publié en 1765 s'inscrit parfaitement dans son temps en faisant référence à un ordre analytique supposé l'ordre naturel de la pensée et donc universel :

> « C'est l'ordinaire dans toutes ces langues que le sujet précède le verbe, parce qu'il est dans l'ordre que l'esprit voie d'abord un être avant qu'il en observe la manière d'être ; que le verbe soit suivi de son complément, parce que toute action doit commencer avant que d'arriver à son terme ; que la préposition ait de même son complément après elle, parce qu'elle exprime de même un sens commencé que le complément achève. »

Voir également, dans l'encadré 12.15 *Ordre communicativement dirigé*, la distinction entre langues analogues et langues transpositives introduite par Girard (1747).

Néanmoins, à cette époque déjà, le débat est vif et d'autres linguistes ont une approche beaucoup plus nuancée, comme Dumarsais, qui dans l'article « Construction » de l'*Encyclopédie* publié en 1754, souligne que, s'il peut y avoir un ordre dominant, celui-ci est avant tout acquis :

> « La construction simple est aussi appelée construction naturelle, parce que c'est celle que nous avons apprise sans maître, par la seule constitution mécanique de nos organes, par notre attention et notre penchant à l'imitation. [...] Telle est la relation établie entre la pensée et les mots, c'est-à-dire, entre la chose et les signes qui la font connaître : connaissance acquise dès les premières années de la vie, par des actes si souvent répétés, qu'il en résulte une habitude que nous regardons comme un effet naturel. »

12.6 Arbre de dépendance ordonné

Nous avons vu au chapitre 10 comment représenter la structure syntaxique à l'aide d'un arbre de dépendance. Nous envisageons la linéarisation comme la correspondance entre un arbre de dépendance (non ordonné) et un ordre linéaire.

> **Définition 12.1 : arbre de dépendance ordonné**
>
> La structure combinant un arbre de dépendance et un ordre linéaire sur les nœuds de cet arbre est appelé un ARBRE DE DÉPENDANCE ORDONNÉ.

Si nous reprenons l'exemple des chapitres précédents (*Beaucoup de gens aimeraient passer Noël en Laponie*), nous devons mettre en correspondance les deux structures de la figure 12.1, où l'ordre linéaire est représentée par la relation de précédence qui unit les nœuds successifs (sur le lien entre la relation d'ordre et la relation de précédence, on pourra consulter l'encadré 10.20 sur *Dépendance, dominance et transitivité*).

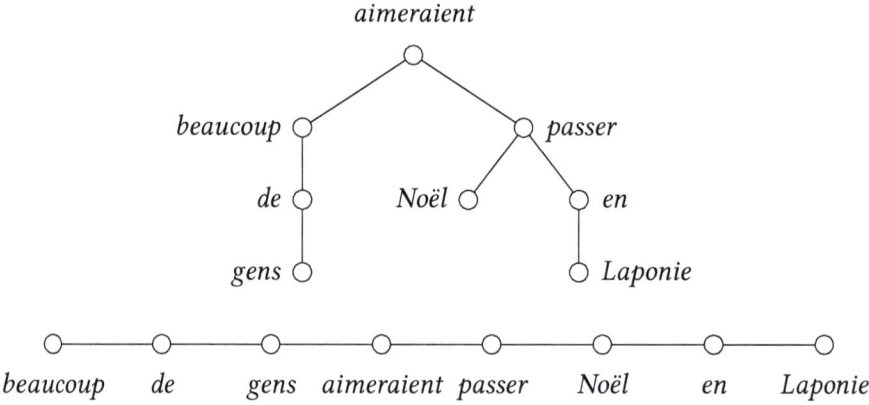

FIGURE 12.1 – Arbre de dépendance et ordre linéaire

On peut représenter la correspondance entre les deux structures, l'arbre de dépendance et l'ordre linéaire, en alignant les nœuds qui se correspondent deux à deux, comme dans la figure 12.2. Cette représentation qui apparaît dans les travaux d'Yves Lecerf (1960), sera appelée l'ARBRE DE DÉPENDANCE PROJETÉ ou la REPRÉSENTATION À LA LECERF de l'arbre de dépendance ordonné. Dans cette représentation, les deux structures en correspondance sont bien séparées et la correspondance est représentée de manière explicite par des lignes verticales (en pointillée), que Lecerf appelle des PROJETANTES.

L'ordre linéaire et l'arbre de dépendance sont en fait deux structures sur *un même ensemble* d'éléments. Une structure combinant ainsi deux structures est appelée une STRUCTURE PRODUIT en mathématique. Une représentation de la struc-

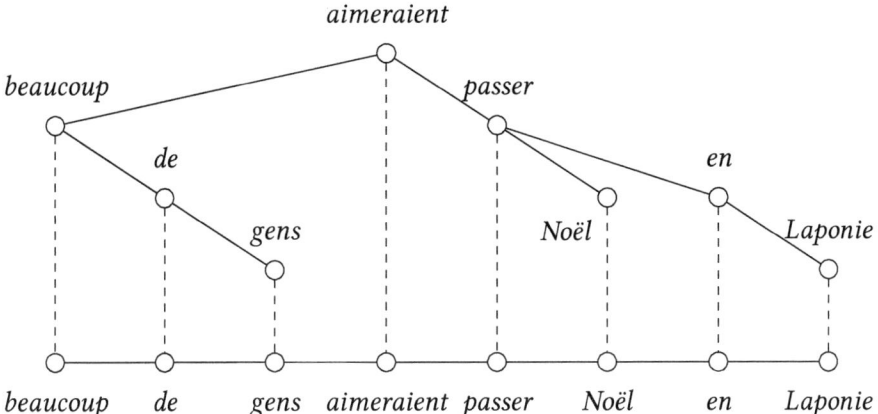

FIGURE 12.2 – Arbre de dépendance projeté ou représentation à la Lecerf d'un arbre de dépendance ordonné

ture produit que forment ensemble l'ordre linéaire et l'arbre de dépendance est donnée dans la figure 12.3. Dans cette représentation, introduite par Richard Hudson (1984), toutes les dépendances sont représentées dans le même demi-plan au-dessus de la ligne formée par la chaîne linéaire. Une dépendance verticale (sans gouverneur) vient en plus marquer la position de la racine de l'arbre de dépendance. L'intérêt de cette dépendance apparaîtra clairement lorsque nous parlerons de projectivité (section 12.7 sur *Projectivité et dépendances projectives*). Nous appellerons cette représentation l'ARBRE DE DÉPENDANCE EN LIGNE ou la REPRÉSENTATION À LA HUDSON d'un arbre de dépendance ordonné.

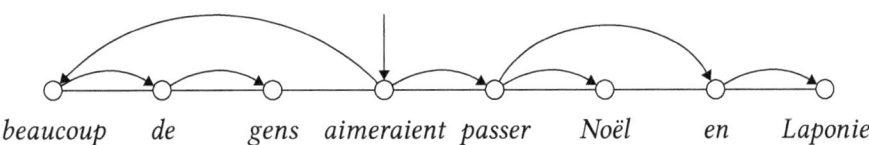

FIGURE 12.3 – Arbre de dépendance en ligne ou représentation à la Hudson d'un arbre de dépendance ordonné

Encadré 12.5 : Format tabulaire et treebanks

Un arbre de dépendance ordonné peut être encodé dans un FORMAT TABULAIRE comme dans la table 12.1.

TABLE 12.1 – Encodage tabulaire d'un arbre de dépendance ordonné

Identifiant	Mot	Catégorie	Gouverneur	Fonction
1	Beaucoup	Adverbe	4	sujet
2	de	Préposition	1	complément
3	gens	Nom	2	complément
4	aimeraient	Verbe	0	racine
5	passer	Verbe	4	objet
6	Noël	Nom	5	objet
7	en	Préposition	5	complément
8	Laponie	Nom	7	complément

Ce tableau a 5 colonnes. La deuxième contient les mots de la phrase dans l'ordre. Pour chacun de ces mots, on peut donner autant d'informations qu'on veut : ici on donne leur catégorie syntaxique dans la troisième colonne. La première colonne attribue un identifiant à chaque mot. Grâce à cet identifiant, on peut faire référence à n'importe quel mot de la même phrase. Ainsi dans la quatrième colonne, on indique pour chaque mot quel est son gouverneur. On peut ensuite ajouter des informations sur cette relation : la dernière colonne indique la fonction syntaxique que remplit chaque mot par rapport à son gouverneur.

Le tableau se lit donc ainsi : le mot 5 est *passer*. Ce mot est un verbe qui a pour gouverneur le mot 4 dont il est l'objet. Le mot 4 est *aimeraient*. Ce verbe est la racine de l'arbre de dépendance. Il n'a donc pas de gouverneur, ce qu'on indique par un identifiant 0 dans la colonne du gouverneur.

On peut représenter l'information contenue dans la table 12.1 par la structure étiquetée de la figure 12.4.

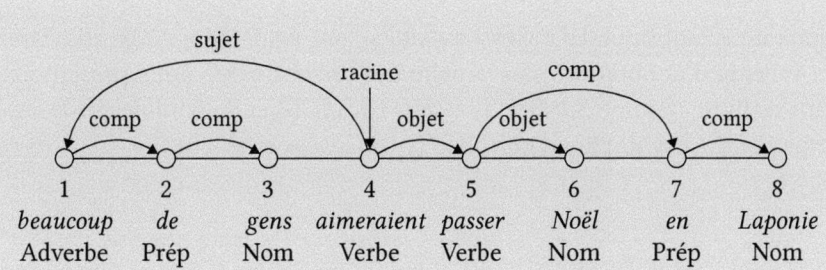

FIGURE 12.4 – Arbre de dépendance ordonné étiqueté

Un format tabulaire de ce type a été imaginé par l'abbé Louis Gaultier pour enseigner la grammaire au début du 19e siècle (voir l'encadré 10.3 sur l'*Historique des représentations syntaxiques par des diagrammes en dépendance*). Un format tabulaire appelé FORMAT CoNLL (d'après la conférence éponyme en apprentissage automatique, *Conference in Natural Language Learning*) a été adopté à partir de 2006 comme standard pour l'encodage des analyses en dépendance sur des corpus de textes (voir Buchholz & Marsi 2006). Ce format extrêmement économique, inspiré du format proposé un an plus tôt par Hall & Nivre (2006), est un des éléments qui a contribué à populariser l'analyse en dépendance dans le domaine du traitement automatique des langues et tout particulièrement de l'analyse syntaxique automatique (voir la section 4.6 sur *Modélisation des langues et ordinateur*).

Les corpus annotés avec des arbres de dépendance sont appelés des CORPUS ARBORÉS EN DÉPENDANCE ou BANQUES D'ARBRES DE DÉPENDANCE ou encore, en anglais, *dependency treebanks*. Ils servent pour des études sur les propriétés d'une langue donnée, aussi bien qu'à l'apprentissage automatique d'outils logiciels comme des analyseurs syntaxiques automatiques. Il existe aujourd'hui des treebanks en dépendance pour un grand nombre de langues. La plus importante collection de treebanks actuelle est la collection *Universal Dependencies* (*UD*), entièrement accessible en ligne à l'adresse https://universaldependencies.org. Cette collection, développée depuis 2014, comprend des corpus annotés en dépendance pour plus d'une centaine de langues et ne cesse de grossir (voir Nivre et al. 2016). De plus, tous ces treebanks sont annotés dans un même schéma d'annotation âprement discuté par l'ensemble de la communauté scientifique UD. Ces treebanks sont également convertis dans un schéma d'annotation plus proche des analyses que nous présentons dans ce livre, nommé *Surface-Syntactic UD* (*SUD*) et disponible sur le site https://surfacesyntacticud.github.io (voir Gerdes et al. 2018).

Encadré 12.6 : Notation polonaise inverse

Nous allons nous intéresser à la structure d'un calcul algébrique élémentaire et voir que le rapport entre une structure arborescente et l'ordre n'est pas qu'une question interne à la linguistique. La question a d'ailleurs intéressé les mathématiciens avant les linguistes.

Considérons la formule algébrique $(7 \times 19) + (5 \times 31)$. Pour effectuer ce calcul, il faut nécessairement effectuer les deux multiplications avant de les sommer, ce que l'on peut représenter, comme dans la figure 12.5, par un diagramme où le résultat de chaque calcul intermédiaire est donné sous une barre horizontale.

On peut alors donner une représentation arborescente de la structure de ce calcul. Les signes + et × représentent des opérateurs binaires qui combinent deux nombres pour en fournir un troisième. Ces opérateurs ont donc deux arguments à l'image d'un verbe transitif et une représentation similaire, par un arbre de dépendance, peut être adoptée. La figure 12.6 donne l'arbre de dépendance de notre formule.

De telles structures de dépendance pour les formules ont été introduites à la suite des travaux du logicien polonais Jan Łukasiewicz, qui a montré en 1921 qu'il y avait plusieurs façons d'encoder linéairement une formule. Une première façon est celle que nous utilisons quand nous écrivons la formule sous la forme $(7 \times 19) + (5 \times 31)$, où à chaque fois l'opérateur binaire a été placé entre ses deux dépendants. Cette écriture, dite INFIXÉE, nécessite des parenthèses pour ne pas être ambiguë : en effet, $7 \times 19 + 5 \times 31$ peut tout aussi bien correspondre à $7 \times (19 + (5 \times 31))$ ou bien $(7 \times (19 + 5)) \times 31$.

Une autre écriture, dite ÉCRITURE POLONAISE ou PRÉFIXÉE, consiste à lire l'arbre de dépendance de la formule en ramassant toujours le gouverneur avant ses dépendants et les dépendants de gauche à droite : $+ \times 7\ 19$

× 5 31 . Cette formule n'est pas ambiguë, malgré l'absence de parenthèses : il suffit de connaître l'ARITÉ de chaque symbole, c'est-à-dire le nombre d'arguments et donc de dépendants qu'il a pour reconstruire l'arbre (voir les *Exercices* en fin de chapitre). Les opérateurs + et × sont BINAIRES, c'est-à-dire d'arité 2, tandis que les nombres sont d'arité 0.

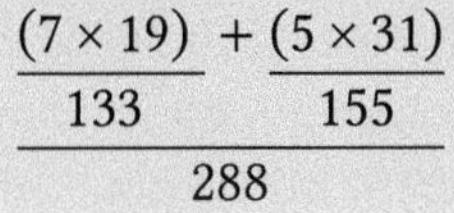

$$\frac{\underbrace{(7 \times 19)}_{133} + \underbrace{(5 \times 31)}_{155}}{288}$$

FIGURE 12.5 – Calcul du résultat de la formule (7 × 19) + (5 × 31)

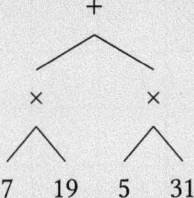

FIGURE 12.6 – Arbre de dépendance de la formule (7 × 19) + (5 × 31)

La LECTURE POSTFIXÉE OU POLONAISE INVERSE, où le gouverneur est ramassé après ses dépendants, est particulièrement appropriée au calcul et utilisée par les calculateurs automatiques, y compris certaines machines à calculer d'usage courant : en effet, pour effectuer le calcul 7 19 × 5 31 × +, il suffit d'empiler les nombres au fur et à mesure de la lecture et à la lecture de chaque opérateur binaire d'effectuer l'opération sur les nombres des deux lignes qui précèdent en les supprimant (voir la figure 12.7).

Ces différentes stratégies pour passer d'une structure hiérarchique à un ordre linéaire se retrouvent dans les langues naturelles (voir l'encadré 12.7 qui suit). Ceci montre la nécessité de distinguer, pour les calculs comme pour les énoncés linguistiques, la structure et son encodage linéaire. Notre calcul, encodé par la formule (7 × 19) + (5 × 31), aussi bien que par les formules + × 7 19 × 5 31 ou 7 19 × 5 31 × +, est toujours le même calcul quelle que soit la convention qui sert à l'encoder linéairement. Autrement dit, la structure du calcul n'est pas ordonnée : seule la structure hiérarchique encodée par l'arbre de dépendance est pertinente. (Avec des opérateurs non commutatifs, comme la soustraction ou la division, l'ordre sur les fils d'un opérateur peut également être pertinent.) L'ordre linéaire résulte uniquement d'une convention d'encodage. Ceci est en grande partie vrai des langues naturelles : l'ordre linéaire des syntaxèmes imposé par la grammaire d'une langue donnée est une convention pour encoder la structure syntaxique de l'énoncé propre à cette langue. La structure syntaxique d'un énoncé, qui indique comment les éléments de cet énoncé se combinent les uns aux autres, est une structure qui est fondamentalement indépendante de l'ordre conventionnellement utilisé pour l'encoder linéairement.

7			
19			
× ▸ *133*	*133*		
	5		
	31		
	× ▸ *155*		
		+ ▸ *288*	

FIGURE 12.7 – Calcul du résultat de la formule 7 19 × 5 31 × +

Encadré 12.7 : Langues à têtes finales et langues à têtes initiales

Les travaux en typologie, notamment le travail fondateur de Joseph Greenberg (*Universals of Language*, 1963), puis l'étude de Matthew S. Dryer (1992) sur plus de 500 langues, ont pu montrer une corrélation entre la place du verbe dans la phrase et la place du nom dans le groupe nominal ou de l'adjectif dans le groupe adjectival : ainsi les langues qui placent le verbe en fin de phrase tendent très fortement à placer les noms en fin de groupe nominal et vice versa.

Plus d'un siècle avant, Henri Weil (1844) a anticipé ces résultats en classant les langues selon la place de la tête par rapport à ses dépendants. Il distingue ainsi les LANGUES DESCENDANTES où la tête précède ses dépendants (et où en avançant dans la phrase on descend dans l'arbre et on s'éloigne de la racine) des LANGUES MONTANTES où la tête suit ses dépendants (et où en avançant dans la phrase on monte dans l'arbre et on se rapproche de la racine). Lucien Tesnière, en comparant près de 200 langues (comme on peut le voir dans ses archives conservées à la Bibliothèque National de France), a repris cette classification en distinguant, dans son ouvrage posthume de 1959, les LANGUES CENTRIFUGES (du latin *centrum* 'centre' et *fugio* 'fuir') où les dépendants suivent leur gouverneur des LANGUES CENTRIPÈTES (de *peto* 'tendre vers') ou les dépendants précèdent leur tête. On préfère parler aujourd'hui de LANGUES À TÊTES FINALES et de LANGUES À TÊTES INITIALES (et en anglais de *head-final* et *head-initial languages*).

Nous allons comparer des langues représentatives de ces deux tendances, en nous basant sur l'exemple suivant en *français* et ses traductions en *coréen* et en *arabe standard*. Les syntaxèmes flexionnels dans les gloses de (12) sont : Q = translatif en qualificatif, SG = singulier, PL = pluriel, NOM = nominatif, ACC = accusatif, IND = indicatif, PRS = présent, DEF = défini, INDEF = indéfini, MASC = masculin.

(12) a. *Les étudiants très motivés organisent une conférence*
        internationale.

   b. 매우 의욕적인   학생들이   국제
      maeu euiyokjeok-i-n haksaeng-deul-i kukje
      très   motivé-être-Q étudiant-PL-NOM international
      학회를   조직한다
      hakhoi-leu   jojikha-nda
      conférence-ACC organiser-IND.PRS

   c. *junaðʕimu*   *atʃ-tʃulāb-u*
      organiser.PRS.3SG.MASC DEF-étudiant.PL-NOM
      al-mutaħammis-ūna   *ʒiddan muʔtamar-a-n*
      DEF-enthousiasmé.PL-NOM très   conférence.SG-ACC-INDEF
      dawlij-a-n
      international.SG-ACC-INDEF

Le coréen est une langue à têtes finales : la traduction de (12a) en coréen donne la phrase (12b) où tous les gouverneurs se trouvent à droite
de leurs dépendants, comme on peut le voir dans la figure 12.8. La même
phrase traduite en arabe standard en (12c) possède une structure inversée : comme on peut le voir dans la figure 12.9, tous les gouverneurs se
trouvent devant leurs dépendants, y compris le verbe qui se trouve au
tout début de la phrase. L'arabe standard est une langue à têtes initiales,
même si, notamment sous l'influence des arabes dialectaux, eux-mêmes
influencés par le français et l'anglais, il y a beaucoup exceptions à la règle
du placement de la tête en premier. Les notions de « têtes initiales » et
« têtes finales » doivent être vue comme des tendances, plutôt que des
règles absolues.

Le français est une langue intermédiaire. L'arbre de dépendance linéa-
risé de la phrase (12a) possède des dépendances dans les deux directions,
comme le montre la figure 12.10.

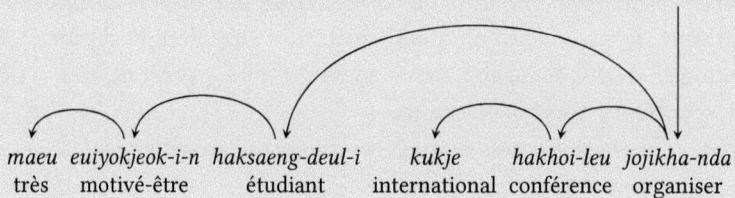

FIGURE 12.8 – Arbre de dépendance de la phrase (12b) en coréen

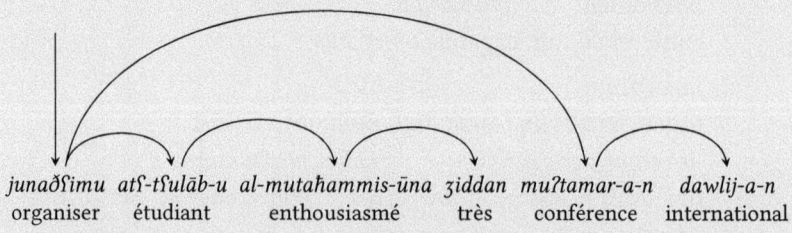

FIGURE 12.9 – Arbre de dépendance de la phrase (12c) en arabe standard

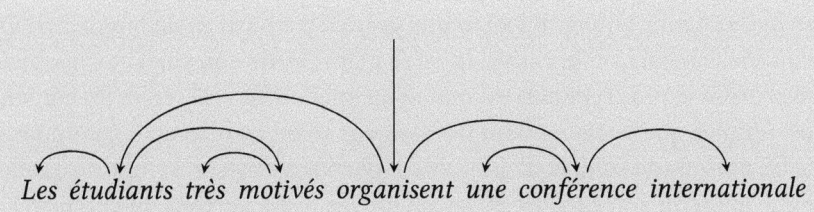

FIGURE 12.10 – Arbre de dépendance de la phrase (12a)

Encadré 12.8 : Classification des langues selon l'ordre entre V, S et O

Depuis les travaux de Greenberg, il est d'usage de classer les langues selon l'ordre dominant entre le verbe (V), son sujet (S) et son objet (O). On considère qu'il y a un ORDRE DOMINANT lorsqu'un des six ordres possibles entre V, S et O domine significativement les autres. C'est le cas du français où l'ordre SVO domine largement. La place des S et O pronominaux n'est pas prise en compte, car celle-ci diffère parfois de l'ordre dominant, comme en français où la cliticisation de l'objet (*il la regarde*) entraine un ordre SOV.

Le *World Atlas of Language Structures online* (https://wals.info) recense actuellement :

— 565 langues SOV, soit 41%

— 488 langues SVO, soit 35%

— 95 langues VSO, soit 7%

— 25 langues VOS, soit 1,8%

— 11 langues OVS, soit 0,8%

— 4 langues OSV, soit 0,3%

— et 189 langues sans ordre dominant, soit 14%.

Comme on le voit, les langues à têtes finales sont beaucoup plus répandues que les langues à têtes initiales et le sujet a nettement tendance à se placer avant l'objet. Il existe une grande proportion de langues SVO, comme le français, où le verbe tend à se placer entre son sujet et son objet, mais l'ordre le plus répandu est quand même l'ordre SOV, celui du coréen. Il est à noter que le classement des langues selon ce principe présuppose que les notions de sujet et d'objet soient pertinentes pour n'importe quelle langue et qu'on soit capable de les identifier. Nous verrons au chapitre 17 du vol. 2 sur les *Relations syntaxiques* que la question est loin d'être simple en raison de l'existence de langues dite *ergatives*. Dans le classement ci-dessus, c'est en fait l'*agent* et le *patient*, plus simple à identifier que le sujet et l'objet, qui correspondent à S et O.

Nous poursuivrons la discussion sur topologie et typologie dans l'encadré 12.14 sur les *Langues dites à ordre libre*, qui n'ont généralement pas d'ordre dominant.

12.7 Projectivité

Nous avons déjà évoquée la projectivité à deux reprises au travers du *Test d'insertion* (voir la section 9.13 sur les *Tests pour la connexion*) et du *Test de recouvrement* (voir la section 10.21 éponyme).

La PROJECTIVITÉ est une propriété qui contraint la linéarisation, c'est-à-dire la correspondance entre un arbre de dépendance et un ordre linéaire. Ce n'est ni une propriété de la structure de dépendance, ni une propriété de la structure d'ordre : c'est une *propriété* de la structure produit (voir la section 12.6 sur l'*Arbre de dépendance ordonné*), c'est-à-dire de l'*arbre de dépendance ordonné*.

Intuitivement, un arbre de dépendance dont tous les mots se placent autour de leur gouverneur est dit projectif. Donnons une première définition formelle de la projectivité.

Définition 12.2 : projectivité (1)

Un arbre de dépendance ordonné est dit PROJECTIF si chacune de ses *projections maximales* est *continue*, c'est-à-dire forme une portion continue de la chaîne linéaire.

Le terme *projectivité*, forgé par le mathématicien Yves Lecerf en 1960, renvoie directement à la notion de projection. Dire que la projection de A est continue revient à dire que les dépendants de A se sont placés autour de A et les dépendants de ses dépendants aussi et ainsi de suite et que donc l'ensemble forme un segment continu autour de A.

L'arbre de dépendance ordonné de la figure 12.11, déjà présenté dans la figure 12.3, est projectif : chaque projection maximale est continue. Par exemple, la projection de *passer*, qui est l'ensemble des mots *passer, Noël, en* et *Laponie* forme le segment *passer Noël en Laponie*, qui est un segment linéairement continu.

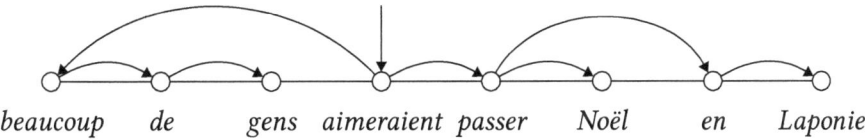

beaucoup   de   gens   aimeraient   passer   Noël   en   Laponie

FIGURE 12.11 – Arbre de dépendance projectif

La projectivité entraîne une certaine asymétrie entre les deux extrémités d'une dépendance. En effet, si A gouverne B, alors la projection de B sera entièrement d'un des deux côtés de A, tandis que la projection de A pourra très bien avoir des parties à gauche et à droite de B, comme le montre la figure 12.12. C'est sur cette asymétrie qu'est basé le Test de recouvrement (voir la section 10.21 éponyme) : un dépendant de A peut-être au-delà de B, mais l'inverse est plus rare.

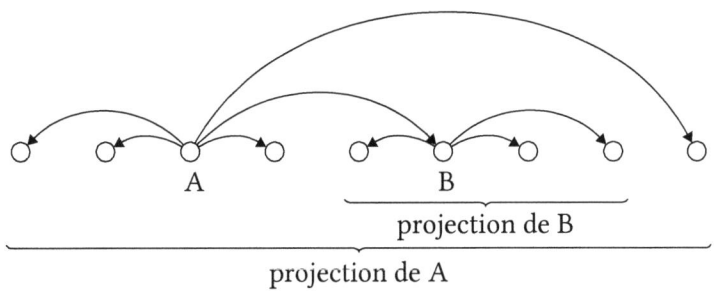

FIGURE 12.12 – Projections maximales et test de recouvrement

Il existe une autre caractérisation de la projectivité, qui peut s'observer immédiatement sur la représentation en ligne (à la Hudson) des arbres de dépendance ordonnés, où les nœuds sont placés sur une ligne et toutes les dépendances forment des arcs placés du même côté de la ligne.

> **Définition 12.3 : projectivité (2)**
>
> Un arbre de dépendance ordonné est PROJECTIF si et seulement si *les dépendances ne se coupent pas* dans la représentation en ligne.

Cela concerne également la dépendance verticale qui marque la racine et qui doit être vue comme une dépendance infinie empêchant tout autre dépendance de passer au-dessus de la racine. Autrement dit, deux configurations sont exclues d'un arbre de dépendance projectif, le croisement de deux dépendances et le recouvrement de la racine de l'arbre.

a. Croisement de dépendances   b. Recouvrement de la racine

FIGURE 12.13 – Configurations non projectives

Donnons un exemple de structure non projective :

(13)   *Un petit cordonnier qui voulait aller danser*
       Avait fabriqué de petits souliers.
       Une belle est entrée qui voulait les acheter,
       Mais le cordonnier lui a déclaré :
       « Ils seront à vous sans qu'il vous coûte un sou,
       Mais il vous faudra danser avec moi. »
       (*Le petit cordonnier*, chanson de Francis Lemarque, 1953)

Le troisième vers de cette chanson a une structure non projective, comme le montre la figure 12.14. Dans cette figure, nous faisons une analyse très peu granulaire. Toute analyse plus fine, au niveau du mot par exemple, conservera les trois mêmes dépendances et donc la configuration non projective. (Faire une analyse moins granulaire revient à *réduire* le graphe. Voir la définition de la réduction dans l'encadré qui suit.)

Comme on le voit sur la figure, la dépendance qui relie *une belle* à la relative *qui voulait les acheter* couvre la racine *est entrée* et coupe donc la dépendance verticale. Il s'en suit que le groupe substantival *une belle qui voulait les acheter* est discontinu.

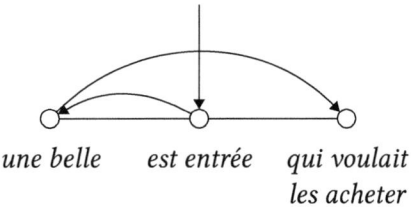

une belle   est entrée   qui voulait
les acheter

FIGURE 12.14 – Arbre de dépendance non projectif

La projectivité est en partie énoncée par Nicolas Beauzée dans l'article « Régime » de l'*Encyclopédie* publié en 1765 (voir la discussion dans l'encadré 10.1 sur l'*Historique des notions de dépendance et de tête*) : « Il ne faut jamais rompre l'unité d'un complément total, pour jeter entre ses parties un autre complément du même mot. », ce qui reviendrait effectivement à ce que le premier complément soit discontinu. Beauzée note également que les langues à ordre libre, qu'il appelle les langues transpositives, peuvent violer la projectivité : « je crois qu'il est bon de remarquer, que les règles que je viens d'assigner sur l'arrangement de divers compléments, ne peuvent concerner que l'ordre analytique qu'il faut suivre quand on fait la construction d'une phrase, ou l'ordre usuel des langues analogues comme la nôtre. Car pour les langues transpositives, où la terminaison des mots sert à caractériser l'espèce de rapport auquel ils sont employés, la nécessité de marquer ce rapport par la place des mots n'existe plus au même degré. » La notion de *langue analogue* renvoie ici aux langues ayant un ordre fixe similaire au français et supposé analogue à la pensée (voir l'encadré 12.4 sur *Mouvement et ordre de base*).

Encadré 12.9 : Projectivité et planarité

La deuxième définition de la projectivité que nous avons donnée (en termes de coupure) est un cas particulier d'une propriété plus générale des graphes que l'on appelle la PLANARITÉ. (Pour la notion de graphe voir l'encadré 3.2 sur *Graphe et arbre*.) Un graphe est dit PLANAIRE s'il peut être *dessiné dans un plan* sans qu'*aucunes de ses arêtes ne se coupent*.

Dans le cas de la projectivité d'un arbre ordonné, on s'intéresse à une propriété qui concerne la relation entre la structure d'arbre et l'ordre linéaire sur les nœuds de l'arbre. Le graphe qui nous intéresse doit donc contenir ces deux structures. Au graphe que forme l'arbre, nous allons ajouter l'ordre linéaire sous la forme d'arêtes entre deux nœuds successifs, ce qui revient à placer les nœuds du graphe sur une ligne dans l'ordre linéaire. Pour prendre totalement en compte la structure hiérarchique de l'arbre, il faut encoder le fait que l'arbre possède un nœud, la racine, qui domine tous les autres. Pour cela, on attache l'arbre par sa racine à un nœud spécial qu'on appelle le nœud à l'infini (noté ∞). Cela revient à placer les nœuds de l'arbre sur un cercle dans l'ordre linéaire avec le nœud à l'infini entre le premier et le dernier nœud. Nous appelons ce graphe le GRAPHE CIRCULAIRE pour un arbre linéairement ordonné (voir la figure 12.15).

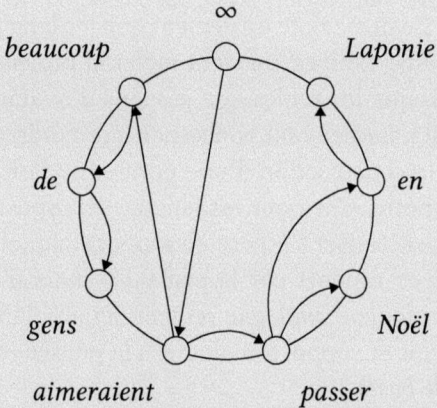

FIGURE 12.15 – Graphe circulaire pour un arbre de dépendance ordonné

Le graphe circulaire d'un arbre projectif a une propriété un peu plus forte que la planarité : il est planaire extérieur. Un graphe est dit PLANAIRE EXTÉRIEUR s'il peut être dessiné avec tous ses nœuds accessibles de l'extérieur et sans qu'aucunes de ses arêtes ne se coupent. On peut montrer que pour qu'un graphe soit planaire extérieur, il faut et il suffit qu'il ne puisse *pas* être *réduit* à un graphe particulier qu'on appelle K_4. La RÉDUCTION d'un graphe consiste à *agréger ensemble des nœuds qui sont liés*. C'est une opération importante de notre point de vue, car elle consiste à diminuer la granularité de l'analyse en considérant des unités plus grossières. Le graphe K_4 est le graphe complet à 4 nœuds, c'est-à-dire le graphe à

4 nœuds où tous les nœuds sont liés deux à deux. Les deux configurations rejetées par la projectivité sont exactement des sous-graphes K_4 du graphe circulaire, comme le montre la figure 12.16.

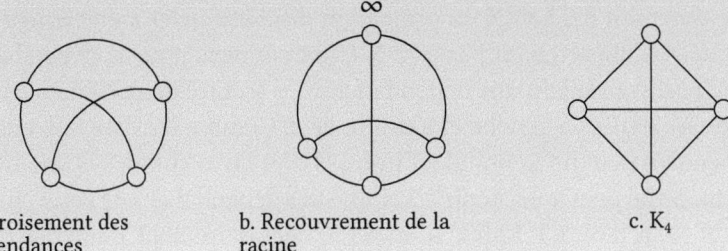

a. Croisement des
dépendances

b. Recouvrement de la
racine

c. K_4

FIGURE 12.16 – Équivalence entre K_4 et les configurations non projectives

Encadré 12.10 : Équivalence des définitions de la projectivité

On peut donner encore une autre caractérisation de la non-projectivité : un arbre de dépendance ordonné est NON PROJECTIF si et seulement s'il contient une dépendance non projective. Une *dépendance ordonnée* est NON PROJECTIVE si elle couvre un élément qui n'appartient pas à la projection de la tête de cette dépendance.

Cette définition est intéressante, car elle permet d'identifier les dépendances qui créent la non-projectivité et donc de quantifier la proportion de non-projectivité dans un corpus.

Pour un arbre de dépendance ordonné T, on a donc les trois propriétés suivantes :

P1 : T contient une dépendance non projective.

P2 : T contient un nœud dont la projection est discontinue.

P3 : T contient deux dépendances qui se coupent (dans le graphe circulaire).

Montrons l'équivalence des trois propriétés.

P1 entraîne P2 de manière triviale : en effet, si la dépendance $x \rightarrow y$ est non projective, elle couvre un élément z qui n'est pas dans la projection X de x et comme y appartient à X, X est nécessairement discontinu. Supposons maintenant P2. Soit X un projection discontinue et z un élément au milieu de X n'appartenant pas à X. X étant connexe pour la dépendance, il existe nécessairement une dépendance $x \rightarrow y$ entre deux éléments de X qui relie les parties à gauche et à droite de z. Comme il existe une chaîne de dépendances entre le nœud à l'infini et z et qu'aucun des éléments de cette chaîne ne peut appartenir à X, l'une des dépendances de cette chaîne coupe $x \rightarrow y$, d'où P3. Enfin, si on a P3, nécessairement l'une des deux dépendances qui se coupent est non projective et on a P1. Nous avons montré l'équivalence des trois propriétés.

Encadré 12.11 : Flux de dépendances

Jusque-là, nous avons considéré l'arbre de dépendance ordonné plutôt du point de vue de l'arbre, c'est-à-dire comme un arbre sur lequel on a ajouté un ordre linéaire. Nous allons maintenant regarder l'arbre de dépendance ordonné du point vue de l'ordre linéaire, c'est-à-dire comme une chaîne de mots sur laquelle on ajoute des dépendances. Ce point de vue est particulièrement pertinent lorsqu'on s'intéresse à l'analyse, c'est-à-dire à la construction des dépendances à partir de la chaîne linéaire. Il induit naturellement une nouvelle notion, que nous appelons le flux de dépendance.

Le FLUX DE DÉPENDANCES en un point de l'ordre linéaire (dans un arbre de dépendance ordonné) est l'*ensemble des dépendances* qui *relient* un *nœud à gauche* à un *nœud à droite* de ce point. Ce qu'on appelle un point de l'ordre linéaire est une position sur la ligne que forment les mots lorsqu'on les aligne de gauche à droite dans l'ordre linéaire. On s'intéresse généralement au flux entre deux mots successifs, c'est-à-dire au FLUX INTER-MOT, mais on peut aussi regarder le flux au-dessus d'un syntaxème donné.

La figure 12.17 montre les flux inter-mot pour notre exemple favori. Dans cette figure, le flux en un point de la phrase est l'ensemble des dépendances qui coupent le trait vertical en ce point. Le flux entre deux phrases est vide (à moins que l'on considère aussi des dépendances entre phrases). En toute position inter-mot de la phrase, le flux contient au moins une dépendance, car l'arbre de dépendance de la phrase est connexe. Le flux entre *de* et *gens* ou entre *passer* et *Noël* contient deux dépendances.

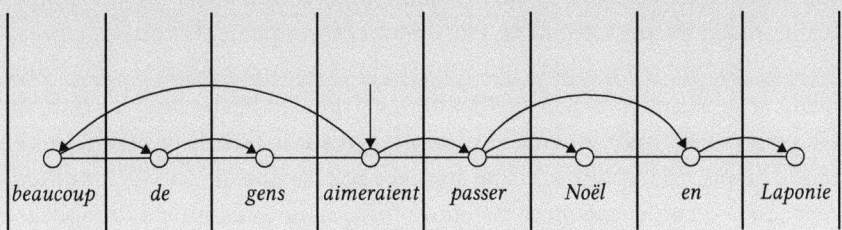

FIGURE 12.17 – Flux inter-mot

La première propriété du flux dans les langues naturelles est qu'il semble être naturellement *borné*, c'est-à-dire que le nombre de dépendances qui appartiennent simultanément au flux en n'importe quel point de la chaîne parlée ne dépasse jamais une certaine valeur. De ce point de vue, il faut distinguer deux types de configurations : les DÉPENDANCES EN BOUQUET, qui partagent une extrémité commune, et les DÉPENDANCES DISJOINTES. Les dépendances disjointes correspondent à des enchâssements centrés (angl. *center embeddings*) de syntagmes, qui s'avèrent beaucoup plus coûteux pour le traitement cognitif que les bouquets.

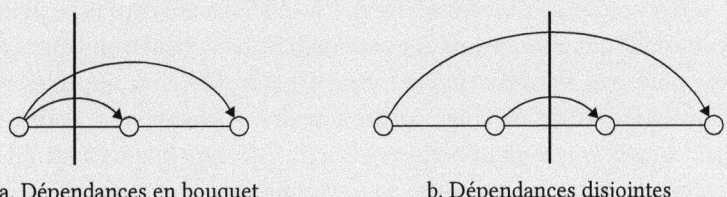

a. Dépendances en bouquet   b. Dépendances disjointes

FIGURE 12.18 – Configurations de dépendances à un point du flux

Les études faites sur la centaine de langues des treebanks Universal Dependencies (voir l'encadré 12.5 sur *Format tabulaire et treebanks*) montrent que le flux n'a jamais plus de 6 dépendances disjointes et que ce nombre n'est quasiment jamais atteint (Kahane et al. 2017). Plusieurs expériences en psychologie ont montré que le nombre de paramètres que l'on peut conserver simultanément dans sa *mémoire immédiate* dépasse rarement 7 (voir le fameux article du psychologue George A. Miller de 1956 intitulé *The magical number seven, plus or minus two : Some limits on our capacity for processing information*). Par exemple, si vous montrez pendant une fraction de seconde à une personne un écran noir avec 5 ou 6 points blancs disposés aléatoirement, elle devrait être capable de vous dire précisément le nombre de points qui sont apparus à l'écran. Mais si vous faites la même expérience avec 8 ou 9 points, cela devient beaucoup plus difficile. On peut penser que la même contrainte agit sur le flux de dépendances et rend compte du fait que nous ne sommes pas capable de *traiter simultanément* plus de 6 *dépendances disjointes* lorsque nous écoutons une phrase et l'analysons au fur et à mesure de son écoute. La même contrainte agit lorsque nous produisons un énoncé et que nous devons gérer le flux de dépendances pour assurer la cohésion de notre propos.

Nous allons maintenant préciser les liens entre le flux de dépendances et l'analyse d'un énoncé. Pour un arbre projectif, le flux en chaque point de la chaîne parlée est naturellement ordonné. Deux dépendances sont dites CONCOMITANTES si elles appartiennent ensemble au flux dans une position inter-mot. Lorsque l'arbre est projectif, deux dépendances concomitantes vérifient toujours la propriété suivante : l'un des dépendances couvre entièrement l'autre. On peut donc *ordonner le flux* de la plus petite dépendance à la plus grande et voir l'ensemble des dépendances à traiter à un moment donné comme une PILE DE DÉPENDANCES (ici *pile* fait référence à une pile d'assiettes). Cette idée a été exploitée pour le calcul automatique d'un arbre dépendance. Nous considérons que l'analyse d'une phrase se fait *incrémentalement*, c'est-à-dire en traitant les mots les uns après les autres dans leur ordre linéaire. À chaque mot traité, de nouvelles connexions sont effectuées et le flux de dépendances est mis à jour. Autrement dit, traiter un nouveau mot consiste à chercher ses connexions à gauche (c'est-à-dire parmi les mots déjà traités) et à introduire dans le flux ses connexions potentielles à droite. Dans l'absolu, le nombre d'informations à traiter devrait grossir au fur et à mesure que de nouveaux mots sont considérés. C'est là qu'intervient la projectivité : en raison des contraintes de projectivité, les connexions potentielles qui figurent dans le flux sont ordonnées. Ce sont les dernières connexions entrées dans le flux qui doivent être traitées les premières, d'où l'idée de traiter l'ensemble des dépendances comme une pile d'assiettes : la dernière dépendance potentielle entrée dans le flux est posée sur le haut de la pile. Lorsqu'un nouveau mot est traité, seul le haut de la pile est considéré et le mot courant peut ou non accepter la connexion potentielle qui s'y trouve. S'il veut accéder à une autre connexion potentielle, il faut que la connexion potentielle qui est sur le dessus de la pile soit supprimable et supprimée. La procédure d'analyse que nous venons de décrire est appelée l'ANALYSE EN FLUX. Elle a été implémentée pour la première fois avec succès par Daniel Sleator et Davy Temperley en 1993 à partir d'un formalisme en dépendance appelé la *Link Grammar*. Elle est aujourd'hui couramment utilisée par des *analyseurs automatiques* dits *basés sur les transitions* (*transition-based parsers*). (On pourra consulter la présentation de Kübler et al. (2009) sur le parsing en dépendance, même si le domaine a beaucoup évolué depuis avec les progrès de l'Intelligence Artificielle et les méthodes neuronales.)

On peut encore noter qu'un arbre de dépendance ordonné contient autant de dépendances que de positions inter-mot. (Un arbre de dépendance ordonné à n nœuds contient $n-1$ dépendances et $n-1$ positions inter-mot.) Dans le cas où l'arbre de dépendance ordonné est projectif, il existe une correspondance naturelle entre les positions inter-mot et les dépendances : en tout point de l'ordre linéaire où le flux est projectif, on peut identifier la plus petite dépendance couvrant ce point que l'on appelle la VOÛTE et associer ainsi cette position inter-mot à cette dépendance. Il est intéressant de noter que cette dépendance donne une information importante sur la position inter-mot en tant que frontière. Reprenons l'exemple au début de cet encadré. La voûte de la position inter-mot entre *gens* et *aimeraient* est la relation sujet entre *aimeraient* et *beaucoup*; la position est donc la frontière droite du sujet.

12.8 Linéarisation projective

Nous allons maintenant étudier la LINÉARISATION, c'est-à-dire la *correspondance entre la structure de dépendance syntaxique et l'ordre linéaire*, en nous plaçant dans la situation où nous voudrions ordonner un arbre de dépendance d'une langue donnée. Nous commençons par le cas, plus simple, où la linéarisation de l'arbre de dépendance donne un arbre ordonné projectif.

La projectivité contraint fortement les linéarisations possibles d'un arbre de dépendance. Elle contraint chaque nœud de l'arbre de dépendance syntaxique à rester proche de son gouverneur et donc à *se placer par rapport à son gouverneur et à ses co-dépendants* (c'est-à-dire les éléments qui dépendent du même nœud que lui).

Nous allons commencer par montrer comment le placement par rapport au gouverneur combiné avec la projectivité permet de spécifier un certain nombre d'ordres linéaires possibles, puis nous étudierons le placement par rapport aux co-dépendants dans les sections suivantes. Nous terminerons ce chapitre en étudiant la linéarisation non projective, pour laquelle le placement ne se fait plus par rapport au gouverneur.

Commençons par quelques règles de linéarisation en français :

— le sujet précède le verbe dont il dépend ;

— l'objet suit le verbe dont il dépend ;

— les compléments prépositionnels se placent après leur gouverneur ;

— le complément d'une préposition se place après celle-ci ;

— le déterminant se place avant le nom.

De telles règles sont appelées des RÈGLES DE PRÉCÉDENCE LINÉAIRE. Elles peuvent être énoncées en termes de dépendances, peu importe la granularité de la combinaison que nous considérons pour un type de connexion donné. (Elles sont souvent énoncées en termes de constituants syntaxiques, ce qui n'est pas sans poser problème, en entretenant une confusion entre constituants syntaxiques et constituants topologiques sur laquelle nous reviendrons.)

Les règles de précédence linéaire précédentes sont suffisantes pour ordonner notre exemple favori. Pour cela, nous allons partir de son arbre de dépendance, que nous avons déjà présenté plusieurs fois, et projeter les informations données par les règles directement sur l'arbre. On obtient la structure de la figure 12.19, où est indiqué, pour chaque dépendance, si le dépendant se place avant (<) ou après (>) le gouverneur.

Pour ordonner linéairement les nœuds de l'arbre, on peut par exemple parcourir l'arbre à partir de sa racine en plaçant les nœuds au fur et à mesure. On place donc d'abord le verbe *aimeraient*, puis ses deux dépendants, l'un à gauche (*beaucoup*) et l'autre à droite (*passer*) :

(14)   *beaucoup < aimeraient > passer*

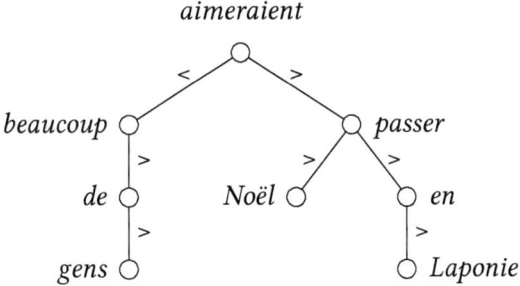

FIGURE 12.19 – Arbre de dépendance avec spécifications d'ordre

On place ensuite le dépendant de *beaucoup* à sa droite. La projectivité bloque une linéarisation telle que **beaucoup aimeraient **de gens** passer*, qui respecte pourtant les règles de placement dépendant-gouverneur. En effet, *de gens* doit se passer après *beaucoup*, mais il ne peut pas aller au-delà de *aimeraient*, car *aimeraient* n'est pas dans la projection de *beaucoup*. On a donc nécessairement :

(15)   *beaucoup > de > gens aimeraient passer*

On place ensuite les dépendants de *passer* à sa droite. À défaut de règles ordonnant les co-dépendants, on obtient deux ordres possibles : notre phrase de départ et la phrase *Beaucoup de gens aimeraient passer en Laponie Noël* (sur laquelle nous reviendrons dans l'encadré 12.10 sur les *Préférences dans l'ordre : rejet des constituants lourds*).

Comme on le voit, la projectivité et des règles indiquant l'ordre dépendant-gouverneur permettent de contrôler de manière assez précise l'ordre des mots. Nous allons voir comment compléter ces règles de base.

12.9 Linéarisation des co-dépendants

Dès qu'un nœud a plus de deux dépendants, l'un des dépendants ne pourra pas être accolé à son gouverneur. Considérons l'exemple suivant :

(16)   *Le petit garçon ne lui prêtera pas son autre gros ballon.*

Son arbre de dépendance est donné dans la figure 12.20. Nous indiquons les seules fonctions pertinentes pour la suite de discussion, à savoir *sujet* et *objet*). (Remarque : nous décidons dans cet arbre de prendre le nom comme tête du

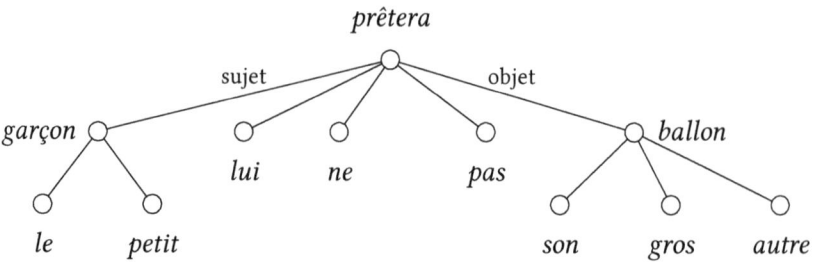

FIGURE 12.20 – Arbre de dépendance de (16)

groupe substantival. Comme nous l'avons expliqué dans le chapitre 10, le déterminant comme le nom ont des propriétés de tête. Le choix du déterminant comme tête poserait encore moins de problème pour la linéarisation.)

L'ordre dépendant-gouverneur n'est pas suffisant pour contraindre correctement les ordres possibles : il est également nécessaire d'*ordonner entre eux les co-dépendants d'un même nœud* qui se placent du même côté de leur gouverneur commun.

On peut envisager deux façons d'exprimer les règles d'ordre entre codépendants. Une première méthode consiste à considérer des règles d'*ordre des co-dépendants deux à deux* (ce serait à nouveau des *règles de précédence linéaire*). Par exemple, pour obtenir l'ordre *le petit garçon* et bannir **petit le garçon*, on indiquera que le déterminant se place devant les adjectifs qui dépendent du même nom.

Si l'on regarde maintenant, l'ordre des dépendants à gauche du verbe *prêtera*, on indiquera que le sujet se place avant les clitiques et que le clitique *ne* précède toujours les clitiques datifs (comme *lui*). Si on regarde plus précisément l'ordre des clitiques préverbaux du français, on voit qu'on a toujours *je < ne < me < le < lui < y < en <* verbe : *il me le donne, je le lui donne, il n'y en a pas*, etc. Comme l'ordre entre les clitiques est total, il est plus économique de donner directement l'ordre complet comme nous l'avons fait, que de donner les ordres des co-dépendants deux à deux (étant donné qu'il y a 8 éléments à ordonner, cela nous fait $7 \times 8/2$, soit 28 couples à ordonner).

La deuxième méthode pour ordonner les co-dépendants consiste donc à donner d'un coup l'ensemble des règles d'ordre concernant un nœud et ses dépendants. Cela peut être fait en considérant que chaque nœud de l'arbre de dépendance ouvre une *boîte ordonnée* avec des positions prévues pour les différents dépendants selon leur nature et leur fonction. Nous appellerons une telle boîte un GABARIT TOPOLOGIQUE et chacune des cases de la boîte un CHAMP TOPOLOGIQUE.

Le gabarit qu'ouvre un verbe à l'indicatif en français est donné dans la figure 12.21. Ce gabarit contient 7 champs préverbaux pour des clitiques (les champs ch-cl-X), un champ initial dont nous avons parlé au début de ce chapitre et qui accueille en général le sujet, un champ final qui accueille les compléments du verbe, un champ pour un verbe subordonné (notamment pour le participe des formes verbales complexes comme *a dormi*) précédé d'un champ adverbial (pour la négation *pas* entre autres) et des champs pré-noyau et post-noyau qui accueillent les éléments détachés à gauche et à droite (voir la partie VI sur la *Macrosyntaxe*). Les éléments qui viennent se placer dans le gabarit ouvert par le verbe vont former avec lui un constituant topologique, que nous appelons le DOMAINE VERBAL.

Domaine verbal													
ch-pré-noyau	ch-initial	ch-cl-sujet	ch-cl-ne	ch-cl-se	ch-cl-le	ch-cl-lui	ch-cl-y	ch-cl-en	ch-verbe	ch-adv	ch-vb-sub	ch-final	ch-post-noyau

FIGURE 12.21 – Gabarit topologique du domaine verbal

Les champs possèdent des CONTRAINTES D'OCCUPATION diverses. Certains champs ne peuvent recevoir qu'un seul élément, comme les champs clitiques ou le champ initial. D'autres peuvent recevoir plusieurs éléments comme le champ final où les champs pré- et post-noyau. Certains champs sont liés comme le champ initial et le champ clitique sujet qui ne peuvent être remplis tous les deux. (Voir aussi l'encadré 12.12 qui suit).

La méthode avec gabarit a l'avantage que les règles d'ordre restent finalement essentiellement des règles d'ordre d'un nœud par rapport à son gouverneur. Mais au lieu d'indiquer simplement si le dépendant va à gauche ou à droite de son dépendant (< ou >), *une règle d'ordre indique dans quel champ du gabarit ouvert par son gouverneur va chaque dépendant.* Par exemple :

— Le sujet non clitique peut aller dans le champ initial; les sujets clitiques ne vont pas dans le champ initial, car à la différence des sujets non-clitiques, ils ne peuvent pas être séparés du verbe par une *insertion* : *Félix, je pense, prêtera son ballon* vs **Il, je pense, prêtera son ballon.* En plus, les sujets clitiques déclenchent une *liaison obligatoire* (*elles attendent* [ɛlzatɑ̃d], ***[ɛlatɑ̃d]), alors qu'un sujet non-clitique n'autorise pas la liaison (*les filles attendent* [lefijatɑ̃d], ***[lefijzatɑ̃d]).

— Un pronom clitique de 1ère ou 2ème personne va dans le champ clitique ch-cl-se (*il ne **vous** le donnera pas*).

— Un complément non clitique peut aller dans le champ final.

Et ainsi de suite.

Encadré 12.12 : Un cas d'exclusion étrange

Nous avons, dans le début de ce chapitre, considéré que l'exclusion mutuelle pouvait découler soit de l'occupation d'une même position syntaxique (**Qui Pierre **la** regarde-t-il?*), soit d'une même position topologique (**Leider Peter popelt mal wieder in seiner Nase*, voir l'encadré 12.2 sur *Le cas des langues V2*). Il existe néanmoins des cas d'exclusion qui ne relèvent ni d'une situation, ni de l'autre. Tel est le cas des clitiques *te* et *lui* (et des clitiques qui appartiennent aux mêmes paradigmes). Voici les données :

(17) a. *Il te/la vendra au roi.* [ici *te* ou *la* sont objets directs]

b. *Il me/lui vendra sa fille.* [ici *me* ou *lui* sont objets indirects]

c. *Il me la vendra.*

d. *Il la lui vendra.*

e. * *Il me te vendra* (vs *Il te vendra à moi.*)

f. * *Il te lui vendra.* (vs *Il te vendra à lui.*)

L'inacceptabilité des deux derniers exemples, (17e) et (17f), ne vient pas d'une exclusion syntaxique, puisque, dans ces exemples, *te* est objet direct et *me/lui* sont objets indirects et n'occupent donc pas la même position syntaxique. Or il ne semble pas s'agir non plus d'une exclusion topologique en (17f), puisque *te* et *lui* occupent des positions topologiques différentes, l'un se plaçant avant *la* et l'autre après, comme le montrent (17c) et (17d). Tout se passe comme si *te* en tant qu'objet direct bloquait la réalisation d'un clitique objet indirect, que ce soit *me* ou *lui*), et aussi bien sûr la réalisation d'un clitique objet *le*. Nous représentons cette exclusion par le schéma de la figure 12.22, où le champ topologique de *me* objet direct couvre trois champs topologique.

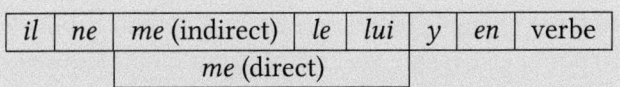

FIGURE 12.22 – Les champs clitique du domaine verbal

Le fait que cette exclusion ne puisse être clairement imputée ni à des règles syntaxiques, ni à des règles topologiques est un des arguments avancés pour considérer que la grammaire des clitiques préverbaux du français relève aujourd'hui de la conjugaison du verbe, laquelle, on le sait, est beaucoup plus irrégulière que la microsyntaxe. Nous considérons pour notre part qu'il s'agit effectivement de nanosyntaxe, sans considérer pour autant qu'il s'agit de flexion (voir le chapitre 15 du vol. 2).

12.10 Préférences dans l'ordre : rejet des constituants lourds

La méthode des gabarits, présentée à la section précédente, permet de rendre compte des contraintes d'ordre rigides, comme celles des clitiques préverbaux : ici chaque élément occupe une position précise et toute variation est agrammaticale. Mais il arrive plus couramment que l'ordre entre deux co-dépendants soit libre. Tel est le cas des compléments du verbe en français. Comme le montrent les exemples suivants, l'objet direct et l'objet indirect peuvent se placer assez librement l'un par rapport à l'autre :

(18)   a. *Félix a prêté un livre **à sa sœur**.*

   b. *Félix a prêté **à sa sœur** un livre qu'il aime bien.*

Nous modélisons cela en indiquant que les deux compléments vont dans le même champ (que nous avons appelé le champ final, voir la figure 12.21). Il y a néanmoins des préférences entre les deux ordres dont la méthode des gabarits ne rend pas compte. Ces préférences dépendent de différents paramètres, les deux principaux étant le poids et la saillance communicative.

Le POIDS d'un constituant correspond en fait à sa taille du point de vue phonologique, c'est-à-dire à son nombre de syllabes. Un constituant qui possède un grand nombre de syllabes est dit LOURD, alors qu'un petit constituant, généralement monosyllabique, est dit LÉGER. Plus un constituant est lourd, plus il a tendance à être éloigné de son gouverneur. Par exemple, en linéarisant l'arbre de dépendance de notre exemple favori, nous avons obtenu la phrase *Beaucoup de gens aimeraient passer en Laponie Noël*, qui apparaît moins naturelle que la phrase d'origine. On l'améliore nettement en alourdissant le poids de l'objet direct :

(19) *Beaucoup de gens aimeraient passer en Laponie les fêtes de fin d'année.*

Il est possible que joue ici une contrainte prosodique. Comme nous l'avons déjà vu dans la section 9.8 sur l'*Unité syntaxique autonomisable*, les constituants prosodiques sont des unités syntaxiques, c'est-à-dire des unités connexes pour la dépendance. Considérons l'exemple suivant, où *là* est séparé de son gouverneur *passer* par un co-dépendant, *les fêtes de fin d'année* :

(20) *Beaucoup de gens aimeraient passer les fêtes de fin d'année* **là**.

Un constituant qui est séparé de son gouverneur par un co-dépendant ne peut former d'unité syntaxique avec celui-ci sans inclure leur gouverneur commun. Si un constituant léger n'est pas à côté de son gouverneur, il est donc contraint soit à former une petite unité prosodique à lui-seul, soit au contraire à former une grande unité prosodique avec ses voisins qui devra inclure leur gouverneur commun. Dans l'exemple (20), soit *là* formera une unité prosodique à lui seul, soit on aura une unité prosodique incluant *passer les fêtes de fin d'année là*. Dans les deux cas, cela nuit à l'équilibre prosodique de l'énoncé. On préférera généralement l'ordre inverse (*passer là les fêtes de fin d'année*), permettant un découpage en deux unités prosodique équilibré :

(21) *Beaucoup de gens* | *aimeraient passer là* | *les fêtes de fin d'année.*

La SAILLANCE COMMUNICATIVE d'un constituant est l'importance que joue ce constituant du point de vue de l'information à communiquer. Par exemple, si on parle de la Laponie et que c'est bien l'information *Noël* que l'on souhaite mettre en avant, il devient plus naturel de produire la phrase *Beaucoup de gens aimeraient passer en Laponie Noël*. Il y a par ailleurs une corrélation entre saillance et poids, puisqu'un des moyens de rendre saillante une information est de lui donner du poids.

Ce phénomène de REJET DES CONSTITUANTS LOURDS, appelé par les générativistes *heavy constituent shift* depuis la thèse de John R. Ross (1967), a été remarqué il y a bien longtemps. Ainsi, Claude Buffier, dans sa *Grammaire françoise sur un plan nouveau* de 1709, disait (p. 313) :

> « Les régimes [= compléments] doivent être le plus près qu'il se peut du mot régissant ; ce qui feroit pas si l'on mettoit d'abord le plus long qui éloigneroit trop le plus court. »

Nicolas Beauzée développait cette remarque dans l'entrée « Régime » de l'*Encyclopédie* en 1765 (celle-là même où il définit le complément) :

> « De plusieurs *compléments* qui tombent sur le même mot, il faut mettre le plus court le premier après le mot *complété* ; ensuite le plus court de ceux qui restent, et ainsi de suite jusqu'au plus long de tous qui doit être le dernier. [...] il importe à la netteté de l'expression, *cujus summa laus perspicuitas*, de n'éloigner d'un mot, que le moins qu'il est possible, ce qui lui sert de *complément*. Cependant quand plusieurs *compléments* concourent à la détermination d'un même terme, ils ne peuvent pas tous le suivre immédiatement ; et il ne reste plus qu'à en rapprocher le plus qu'il est possible celui qu'on est forcé d'en tenir éloigné : c'est ce que l'on fait en mettant d'abord le premier celui qui a le plus de brièveté, et réservant pour la fin celui qui a le plus d'étendue. »

Mais c'est à Henri Weil (1844 : 97–102), critiquant Beauzée (critique qui s'appliquerait à bien des analyses depuis) qu'on doit, à notre avis, l'analyse la plus pertinente :

> « De plusieurs compléments qui tombent sur le même mot, donnez la forme la plus concise à celui qui suit immédiatement le mot complété et, à mesure que vous avancez, donnez aux compléments une expression plus développée et plus étendue. »

En d'autres termes, ce n'est pas parce qu'un complément est lourd qu'il doit être placé loin de son gouverneur, mais c'est parce qu'il est loin de son gouverneur qu'il doit être lourd. Weil conclut par ces mots :

> « La parole est au service de la pensée, et non pas la pensée au service de la parole. »

Encadré 12.13 : Une modélisation des contraintes de poids

Une façon de rendre contre des préférences dans l'ordre des co-dépendants est de voir certaines dépendances comme pourvu d'ÉLASTICITÉ. On peut ainsi distinguer des dépendances rigides comme la dépendance entre un clitique préverbal et le verbe dont la « longueur » est fixe et des dépendances beaucoup plus souples comme celle entre un complément non-clitique et le verbe. On peut alors se représenter les CONTRAINTES DE POIDS des constituants lourds comme véritablement exercées par les forces gravitationnelles : les différents dépendants sont comme suspendus à leur gouverneur et plus ceux-ci sont lourds, plus ils allongent la dépendance qui les relie à leur gouverneur et s'en trouvent éloignés. Considérons la phrase :

(22) *Le professeur propose aujourd'hui à ses élèves un exercice sur l'ordre des mots.*

La figure 12.23 représente comment s'étirent, en fonction de leur poids, les différentes dépendances entre le verbe *propose* et ses compléments.

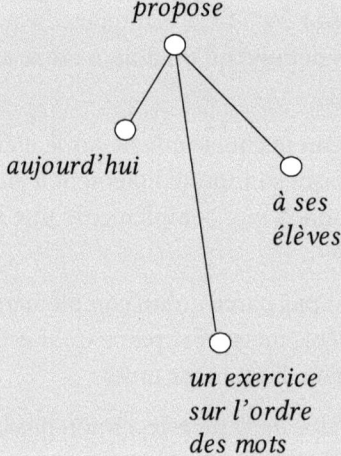

FIGURE 12.23 – Arbre de dépendance avec des dépendances élastiques

La position finale d'un dépendant se trouve alors déterminée par la « longueur » initiale de la dépendance (déterminée par la fonction et la nature du dépendant comme dans le modèle avec gabarit), l'*élasticité* de cette dépendance et différents paramètres comme le poids ou la saillance.

Encadré 12.14 : Les langues dites à ordre libre

Une langue est dite À ORDRE LIBRE quand une tête et ses dépendants (et notamment le verbe, son sujet et son objet) peuvent être dans n'importe quel ordre. Lorsque, au contraire, un seul ordre est possible, on dit que la langue est À ORDRE RIGIDE. Il existe entre les deux toute une gamme de langues à ordre plus ou moins libre ou plus ou moins rigide.

L'ordre des mots en français est particulièrement rigide, même s'il l'est un peu moins qu'en anglais. L'allemand a un ordre plus libre que le français. Par exemple, on peut traduire *Marie poursuit Pierre* par *die Marie verfolgt den Pierre* ou bien par *den Pierre verfolgt die Marie.* Les deux phrases ont le même *contenu informationnel* (voir chapitre 3), c'est-à-dire qu'elles décrivent le même état du monde : chaque fois c'est Marie qui poursuit Pierre et pas l'inverse. Le repérage des dépendants du verbe est effectué en allemand grâce à un SYSTÈME CASUEL, c'est-à-dire des marques sur certains mots du syntagme substantival qui n'ont pas d'autre rôle que justement d'indiquer la relation qu'entretient le syntagme avec le verbe. Ce sont avant tout les déterminants qui portent l'information casuelle en allemand (voir la section 10.18 sur le « *Déterminant comme tête?* »). Dans notre exemple, le fait que *den Pierre* soit l'objet est marqué par le cas accusatif du déterminant masculin singulier *den* (qui s'oppose à la forme nominative *der* de l'article défini).

L'ordre des mots en allemand n'est cependant pas totalement libre, au sens où seuls deux des six ordres possibles entre les trois mots correspondant à *Marie, Pierre* et *poursuit* sont possibles pour une phrase déclarative. Il existe d'autres langues, comme les langues slaves ou le grec moderne, où les six ordres des trois mots sont acceptables et désignent le même état du monde. Voici un exemple du russe :

(23)   a. *Vanya prigotovil malinu*

         'Vanya a préparé les framboises'

         'Ce que Vanya a préparé, c'est les framboises'

     b. *Prigotovil Vanya malinu*

         'Ce qu'a préparé Vanya, c'est les framboises'

c. *Malinu prigotovil Vanya*

'C'est les framboises qu'a préparé Vanya'

d. *Malinu Vanya prigotovil*

'C'est les framboises que Vanya a préparé'

e. *Prigotovil malinu Vanya*

'Ce qu'il a préparé, c'est les framboises, Vanya'

f. *Vanya malinu prigotovil*

'Vanya, c'est les framboises qu'il a préparé'

Nous avons donné ici les traductions en français lorsque ces phrases répondent à une question sous-jacente telle *Qu'a préparé Vanya?*, c'est-à-dire que *malinu* 'les framboises' est le RHÈME (ce qu'on dit), tandis que *Vanya prigotovil* 'Vanya a préparé' est le THÈME (ce dont on parle). Les six ordres en russe s'accompagnent évidemment de légères différences de sens, relevant de la structure communicative (voir l'encadré suivant), similaires à celles que montrent leurs traductions en français. Il n'en reste pas moins que les six ordres sont possibles.

Si on regarde les traductions françaises, on remarque que les variations entre ces phrases sont constituées de constructions qui servent à mettre en avant un élément de la phrase. La construction clivée en « *C'est... que* », appelée CLIVÉE (voir le Test de clivage dans la section 11.3) est utilisée dans les traductions des phrases (23c), (23d) et (23f) pour mettre en valeur un élément rhématique non verbal (ici *les framboises*). À cette construction s'oppose la DISLOCATION GAUCHE, qui sert à distinguer un élément thématique, comme *Vanya* dans la traduction de la phrase (23f). Similairement, on peut aussi disloquer un élément thématique à droite, comme *Vanya* dans la traduction de phrase (23e). Enfin, la construction PSEUDO-CLIVÉE en « *Ce que ...,* c'est ... » utilisée pour les traductions des phrases (23a), (23b) et (23e), combine un clivage avec une dislocation gauche.

Notez ensuite que, abstraction faite des mots fonctionnels des différentes constructions, dans les deux langues considérées, le russe et le français, les trois mots lexicaux se trouvent toujours dans le même ordre. À cela s'ajoute que les principaux prosodèmes, qui constituent l'intonation de la phrase se ressemblent pour chacun des ordres possibles. La phrase (23b) par exemple, a une courbe intonative que l'on peut schématiser comme suit, avec une intonation montante sur le thème (*prigotovil Vanya*) et une intonation descendante sur le rhème (*malinu*).

(24)

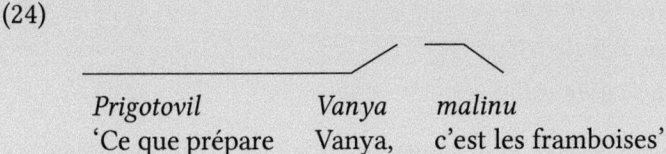

Prigotovil	*Vanya*	*malinu*
'Ce que prépare	Vanya,	c'est les framboises'

Il paraît évident qu'il existe, dans les langues naturelles, une relation entre l'existence d'un système casuel et la liberté dans le placement des arguments verbaux : il serait en effet redondant d'obliger un objet à la fois à porter un marqueur casuel d'accusatif *et* à occuper une place fixe. L'inverse, par contre, n'est pas tout à fait vrai. Une langue sans système casuel n'est pas forcément très restrictive quant à l'ordre des arguments verbaux. Un bel exemple est l'indonésien (et sa variante dialectale, le malais), qui ne connaît pas de flexion casuelle et permet pourtant une plus grande liberté de mots que d'autres langues sans flexion. Si l'ordre dominant est l'ordre SVO comme dans la phrase (25a), il est possible de postposer le sujet comme en (25b) et d'antéposer l'objet comme en (25c).

(25) a. *Ali baca buku itu.*
Ali lire livre ce
'Ali lit ce livre'

b. *baca buku itu Ali.*
lire livre ce Ali
'Il lit ce livre, Ali'

c. *buku itu Ali baca.*
livre ce Ali lire
'Ce livre, Ali le lit'

On peut comparer cette situation avec celle que propose le français à l'oral, où, avec les dislocations gauches et droites, les six ordres sont possibles sans qu'il n'y ait aucune marque casuelle indiquant les rôles syntaxiques de *Ali* et *ce livre* :

(26) a. *Ali, ce livre, il le lit.*

b. *Ali, il le lit, ce livre.*

c. *Il le lit, Ali, ce livre.*

d. *Ce livre, Ali, il le lit.*

e. *Ce livre, il le lit, Ali.*

f. *Il le lit, ce livre, Ali.*

C'est la sémantique de LIRE et le caractère animé de *Ali* et non animé de *ce livre* qui permet de savoir qui est sujet ou objet du verbe.

Encadré 12.15 : Ordre communicativement dirigé

Les *langues à ordre rigide* (voir l'encadré qui précède) sont généralement des langues où la position topologique est fortement déterminée par la fonction syntaxique et la catégorie syntaxique. Ainsi, en français, un objet direct doit nécessairement être après le verbe, à moins que ce soit un clitique, un pronom relatif ou un pronom interrogatif. Autrement dit, en français, l'ordre linéaire est utilisé pour marquer la fonction syntaxique et permettre le repérage de l'objet par rapport au sujet. Nous dirons que de telles langues ont un ORDRE SYNTAXIQUEMENT DIRIGÉ.

A l'inverse dans *les langues à ordre libre*, la fonction syntaxique joue peu de rôle, puisque, quelle que soit la fonction syntaxique, tous les ordres sont possibles. Il ne faut pas croire pour autant que l'ordre dans ces langues soit non motivé et que tous les ordres se valent. Il existe un *principe d'économie* qui veut que les langues cherchent à en dire le maximum avec le minimum de moyens : il n'est donc même pas imaginable qu'un moyen aussi disponible que l'ordre linéaire ne soit pas exploitée par la grammaire. À quelle fin est alors utilisé l'ordre linéaire quand il ne sert pas à exprimer la fonction syntaxique ?

Il semble que, dès que l'ordre n'est pas syntaxiquement dirigé, il serve principalement à exprimer la STRUCTURE COMMUNICATIVE (voir l'encadré 3.3 sur *Les composantes du sens*) et en particulier à indiquer de quoi on parle et ce qu'on en dit (l'OPPOSITION THÈME/RHÈME) et ce que l'on souhaite contraster (la FOCALISATION). Les langues à ordre libre sont donc généralement des langues à ORDRE COMMUNICATIVEMENT DIRIGÉ.

Nous avons vu, dans l'encadré qui précède, que le russe permettait tous les ordres possibles du verbe avec son sujet et son objet. Les traductions que nous avons proposées montrent que ces variations d'ordres correspondent en français à des constructions telles que le clivage ou la dislocation. En français, le clivage sert à marquer un *rhème focalisé* : autrement dit, dans la phrase *C'est les framboises **que** Vanya préfère*, non seulement *les framboises* est rhématique (ce qu'on dit, l'information qui est communiquée, c'est *les framboises*), mais en plus cette information est FOCALISÉE, c'est-à-dire qu'elle est contrastée avec tous les autres éléments qui pourraient occuper cette position : c'est les framboises que Vanya préfère, à l'exclusion de toutes les autres choses pertinentes dans le contexte d'énonciation. La dislocation gauche quant à elle sert à marquer un *thème focalisé* : autrement dit, dans la phrase *Les framboises, Vanya aime ça*, non seulement *les framboises* est thématique (ce dont on parle, ce qui est le thème de l'information que je vais communiquer, c'est *les framboises*), mais en plus cette information est focalisée, c'est-à-dire qu'elle est contrastée avec tous les autres éléments qui pourraient occuper cette position dans le contexte d'énonciation : les framboises, il aime ça, les autres fruits rouges, c'est moins sûr.

Domaine principal		
thème-foc	rhème	thème

FIGURE 12.24 – Gabarit topologique de la phrase en russe

On peut postuler qu'en russe, l'ordre linéaire de la phrase obéit au gabarit de la figure 12.24. Le verbe en fonction de sa valeur communicative va venir dans un des trois champs. Les dépendants qui on la même valeur communicative que lui se placeront dans le même champ, tandis que ceux qui ont d'autres valeurs iront dans d'autres champs. La prosodie viendra souligner cette répartition avec une intonation montante sur le thème focalisé, descendante sur le rhème et généralement plate sur le thème.

C'est à Henri Weil, dans sa thèse publiée en 1844 (déjà mentionnée dans l'encadré 12.7 sur les *Langues à têtes finales et langues à têtes initiales* et dans l'encadré 12.10 sur les *Préférences dans l'ordre : rejet des constituants lourds*), que l'on doit d'avoir introduit les notions de thème et rhème et d'avoir noté que trois facteurs pouvaient influencer l'ordre des mots : la structure de dépendance, la structure communicative et la prosodie. En comparant le français, l'anglais, l'allemand, le turc, le chinois, le latin et le grec ancien, il remarque que certaines langues ont un ordre davantage contrôlé par la syntaxe (les langues dites à ordre rigide) et d'autres davantage contrôlé par la structure communicative (les langues dites à ordre libre).

Encadré 12.16 : Les autres usages de l'ordre linéaire

Nous venons de voir, dans les deux encadrés qui précèdent, les deux principaux usages de l'ordre linéaire : le marquage de la fonction syntaxique et le marquage de la structure communicative. Il existe trois autres usages de l'ordre linéaire.

Premièrement, certains syntaxèmes peuvent avoir des contraintes de placement très particulières. En arabe, par exemple, le déterminant défini se place devant le nom (*al-ʔawlaad-u*, DEF-enfant-NOM.PL 'les enfants'), alors que l'indéfini se place après (*ʔawlaad-u-n*, enfant-NOM.PL-INDEF 'des enfants'). En français, certains adjectifs tendent à se placer devant le verbe (*un **petit** ballon*), certains se placent obligatoirement après (*un ballon **rouge***), tandis que, pour d'autres encore, l'ordre est relativement libre (*un superbe ballon*; *un ballon superbe*). Certains adjectifs peuvent avoir selon leur acception des placements différents : *un homme grand* (un homme grand parmi les hommes) vs *un grand homme* (un homme grand dans l'humanité), *un marié jeune* (une personne jeune parmi les mariés) vs *un jeune marié* (une personne jeune dans son mariage).

Deuxièmement, les mêmes éléments lexicaux peuvent selon l'ordre déclencher des constructions différentes. Tel est le cas en russe : le numéral se place normalement devant le nom, comme dans *sto metrov* 'cent mètres', mais on peut aussi placer le numéral après le nom. Néanmoins, il s'agit d'une autre construction, car le sens change : *metrov sto* 'approximativement cent mètres'.

Troisièmement, les différences d'ordre des mots entraînent des différences de portée et donc de sens : *Le lundi, Pierre travaille à Paris* (chaque
lundi Pierre est à Paris) vs *À Paris, Pierre travaille le lundi* (quand Pierre
n'est pas à Paris on ne sait pas ce qu'il fait le lundi). On peut imputer la
différence de sens des deux phrases à une différence de structure communicative : dans la première *lundi* est un thème focalisé, alors que c'est *à
Paris* dans la deuxième. Néanmoins, la différence de portée entraîne aussi
une différence de sens informationnel, puisque les deux phrases peuvent
correspondre à des situations du monde différentes.

12.11 Modèle topologique

Nous avons défini le modèle topologique comme le module grammaticale assurant la linéarisation (voir la section 12.5 sur la *Linéarisation*). Mais quand on
nomme ce module le modèle topologique, on fait généralement référence à une
modélisation basée sur les gabarits et induisant une structure topologique. Nous
allons présenter ce modèle plus en détail.

Nous avons donné le gabarit topologique du verbe à l'indicatif en français dans
la figure 12.21. Nous donnons le gabarit topologique du nom en français dans
la figure 12.25. Le nom possède un champ final à sa droite où les compléments
peuvent se placer assez librement (avec des préférences en fonction de leur poids
et de leur saillance), tandis que l'ordre à gauche du nom est assez rigide : ainsi, un
syntagme comme *les deux seules autres petites tables* n'accepte pas d'autre ordre
que celui qu'il a. Voir l'encadré 12.17 sur la *Topologie du groupe substantival en
français*.

Domaine nominal								
ch-tout	ch-article	ch-num	ch-seul	ch-autre	ch-adj	ch-nom	ch-deN	ch-final

FIGURE 12.25 – Gabarit topologique du domaine nominal

Voyons maintenant comment linéariser un arbre de dépendance. Nous redon-
nons dans la figure 12.26 l'arbre de dépendance discuté dans la section 12.9 sur
La linéarisation des co-dépendants.

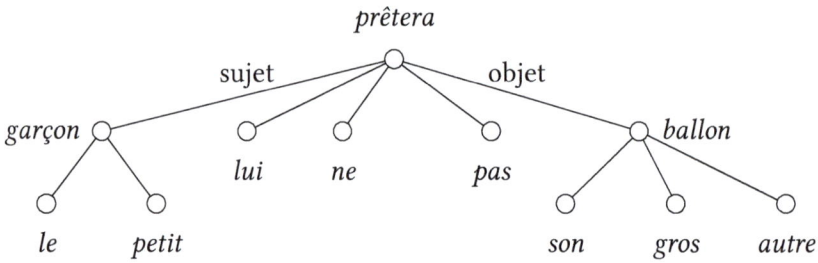

FIGURE 12.26 – Arbre de dépendance de (16)

Nous procédons en parcourant l'arbre de dépendance à partir de la racine. On commence donc par considérer le verbe *prêtera* qui va ouvrir un domaine verbal. Les règles d'ordre indiquent pour chaque dépendant dans quel champ il peut aller en fonction de sa nature et de sa fonction : un sujet peut aller dans le champ ch-initial, un clitique dans un champ ch-cl-X, etc. On obtient au final la configuration suivante (où les champs non remplis ne sont pas représentés) :

(27) | garçon | ne | lui | **prêtera** | pas | ballon |

Chaque mot va ensuite ouvrir dans la position qu'il occupe un constituant topologique qui accueillera ses dépendants. Le gabarit du constituant dépendra de la nature de l'élément qui l'ouvre et du champ qu'il occupe (pour le rôle joué par le champ dans le choix du gabarit, voir le cas des adjectifs du français dans l'encadré 12.17 qui suit, et celui des verbes en allemand dans l'encadré 12.24 sur *La structure topologique de l'allemand*). Ainsi les noms *garçon* et *ballon* vont-ils ouvrir des domaines nominaux, pour accueillir leurs dépendants, et donner l'ordre final suivant :

(28)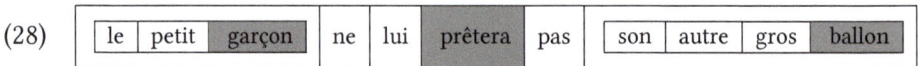

On notera qu'en plus de l'ordre linéaire, nous avons obtenu une structure avec des constituants emboîtés.

Définition 12.4 : structure topologique

La structure d'*emboîtement* que forme les *constituants topologiques* est appelée la STRUCTURE TOPOLOGIQUE. Dans une structure topologique, chaque constituant occupe un *champ topologique*.

La structure topologique est un ARBRE DE CONSTITUANTS ORDONNÉ, c'est-à-dire un arbre de constituants avec un ordre linéaire sur les fils de chaque nœud (voir l'encadré 12.18 sur l'*Arbre de constituants ordonné*). Dans le cas de la structure topologique, l'ordre linéaire sur les fils d'un nœud est donné par le gabarit du constituant, qui est une liste linéairement ordonnée de champs. Les structures topologiques se distinguent notamment des arbres de constituants syntaxiques par le fait que chaque constituant est associé à un champ topologique.

La structure topologique de l'exemple (16) est donnée sous la forme d'un emboîtement de constituants en (28) et sous forme d'arbre dans la figure 12.27. La deuxième représentation comporte en plus des étiquettes catégorielles sur les constituants topologiques. Il est encore possible d'enrichir la représentation en ajoutant le nom du champ occupé par chaque constituant sur la relation partie-tout avec le constituant père.

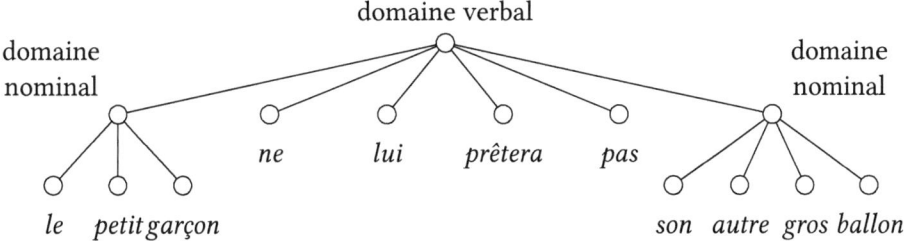

FIGURE 12.27 – Arbre topologique

Encadré 12.17 : Topologie du groupe substantival en français

Dans le gabarit pour le nom de la figure 12.25 figure un champ ch-deN, juste après le champ qu'occupe le nom. Il existe en effet une contrainte d'ordre qui concerne les compléments en *de* N (préposition DE suivi d'un *nom nu*, c'est-à-dire sans déterminant). Prenons l'exemple des dépendants possibles du syntagme *une chemise*. Nous pouvons modifier *une chemise* par *pour homme, en coton* ou *pour le sport*. Chacun de ces trois compléments peut aussi être réalisé par un complément en *de* N : *d'homme, de coton, de sport*. Contrairement à leurs équivalents, les compléments en *de*

N supportent très mal d'être séparé du nom : alors qu'on dira (29a), on dira difficilement (29b) et on préférera (29c).

(29)   a.   *une chemise orange en coton*

     b.   ?? *une chemise orange de coton*

     c.   *une chemise de coton orange*

Il semble également difficile de réaliser deux compléments en *de* N, comme en (30a). Quand on réalise un complément en *de* N avec un autre complément prépositionnel, le complément en *de* N doit précéder l'autre : (30b) est préférable à (30c) et (30d) à (30e).

(30)   a.   ?? *une chemise de coton de sport*

     b.   *une chemise de coton pour le sport*

     c.   ?? *une chemise pour le sport de coton*

     d.   *une chemise de sport en coton*

     e.   ?? *une chemise en coton de sport*

Pour les autres dépendants postposés au nom (adjectifs, compléments prépositionnels, participiales, relatives), nous considérons qu'ils vont tous dans un même champ, car leur ordre est relativement libre et semble suivre avant tout des contraintes de poids. Ainsi un adjectif se placera plutôt avant un complément prépositionnel (*un mur ancien en pierre*), mais pour peu que cet adjectif soit un peu plus lourd, il se place sans difficulté après le complément prépositionnel (*un mur en pierre très ancien*).

L'ordre des éléments antéposés au nom est lui très contraint. De plus, seul des groupes adjectivaux légers peuvent être antéposés : on a (31a) et (31b), mais pas (31c), où *haut de trois mètres* doit obligatoirement être postposé au nom comme en (31d) (voir aussi l'encadré 12.13 sur *Une modélisation des contraintes de poids*).

(31)   a.   *un **haut** mur*

     b.   *un **très haut** mur*

     c.   * *un **haut de trois mètres** mur*

     d.   *un mur **haut de trois mètres***

Du point de vue du modèle topologique, cela signifie que l'adjectif *haut* n'ouvre pas un domaine adjectival complet lorsqu'il est antéposé, mais

un DOMAINE RÉDUIT où ne figure pas le champ final qui accueille normalement les compléments de l'adjectif. Voir la figure 12.28 : le domaine
adjectival complet est utilisé à droite du verbe comme en (31d), tandis que
le domaine réduit est utilisé à gauche du verbe comme en (31a) et (31b), ce
qui bloque (31c), puisqu'il n'y a pas de place pour le complément prépositionnel de l'adjectif.

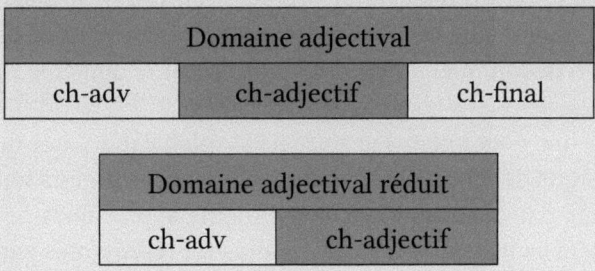

FIGURE 12.28 – Gabarits pour les domaines adjectivaux

Quant à l'ordre relatif des adjectifs antéposés, évoqué à la section 12.11,
il semble aller des *éléments à valeur référentielle* à des *adjectifs qualificatifs*.
Ces derniers qualifient le référent, en précisent la nature, tandis que les
premiers précisent la nature de la référence elle-même : l'article indique
si le référent est connu ou pas, le numéral donne le nombre de référents,
des adjectifs comme *seul* ou *autre* permettent de positionner le référent
dans l'ensemble des référents potentiels.

Encadré 12.18 : Arbre de constituants ordonné

En définissant la structure topologique dans la section 12.11 sur le *Modèle topologique*, nous avons introduit rapidement la notion d'ARBRE DE
CONSTITUANTS ORDONNÉ. Nous allons préciser la nature de cette structure et les modes de représentation associés.

L'ordre linéaire sur les fils de chaque nœud interne de l'arbre induit un unique *ordre linéaire sur les feuilles* de l'arbre. Et réciproquement, l'ordre linéaire sur les feuilles suffit à récupérer l'ordre linéaire sur les fils de chaque nœud interne. La preuve est relativement simple : pour ordonner deux feuilles, il faut rechercher leur premier ancêtre commun, lequel est unique. L'ordre sur les deux feuilles considérées est le même que celui des deux fils de leur ancêtre commun qui se trouvent sur les deux branches qui mènent à elles. Par exemple, pour ordonner *garçon* et *ne* dans l'exemple (16), il faut remonter à leur ancêtre commun qui est le nœud du domaine verbal. On en déduit que *garçon* est avant *ne*, car le domaine nominal est avant *ne*.

La preuve que nous venons de faire n'est valable que parce que nous ne considérons que des constituants *continus*. Les constituants topologiques sont continus par définition. Les constituants syntaxiques peuvent être discontinus, mais ils ne pourront pas alors être représentés par des structures de constituants ordonnés (voir l'encadré 9.3 *De la non-séparation des ordres au mouvement*).

Contrairement au cas des arbres de dépendance ordonnés dont les nœuds sont totalement ordonnés, l'*ordre* sur les nœuds d'un arbre de constituants est *partiel*, puisque deux constituants qui sont dans une relation de partie-tout ne peuvent être dans une relation de précédence l'un par rapport à l'autre et que donc une telle spécification d'ordre ne serait pas pertinente.

Nous allons maintenant discuter un point important concernant la représentation des arbres de constituants ordonnés. On peut voir les « nœuds » de l'arbre de constituants ordonné non pas comme de simples nœuds, mais comme des segments ayant un début et une fin. N'oublions pas que les nœuds d'un arbre de constituants sont des constituants d'un énoncé et que les constituants d'un énoncé sont des segments continus de cet énoncé. On peut alors représenter les constituants comme des arcs allant d'un nœud début à un nœud fin. Lesquels nœuds correspondent en fait aux positions linéaires inter-mot (si les constituants minimaux sont les mots) (voir l'encadré 12.11 sur le *Flux de dépendances*, où il a déjà été question des positions inter-mot). Nous allons expliciter ce point en proposant deux représentation du même arbre de constituants ordonné de la phrase :

(32)   *Le chat poursuit un chien.*

La première représentation, donnée dans la figure 12.29, est la *représentation traditionnelle* d'un arbre de constituants ordonné du type Syntaxe X-barre (voir l'encadré 11.10 sur la *Syntaxe X-barre*). Dans cette représentation de l'arbre de constituants ordonné, la *structure d'arbre* est *explicite* et l'*ordre* est *implicite*, c'est-à-dire qu'il est représenté par la *position relative des nœuds sur l'axe horizontal*, mais n'est pas explicitement encodé par des relations de précédence entre nœuds.

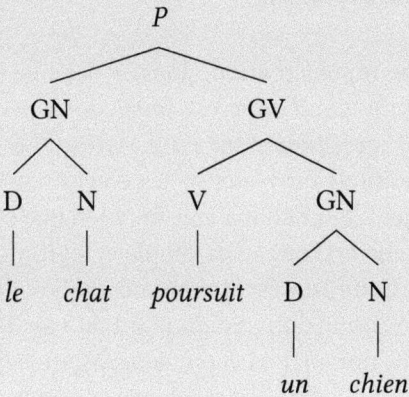

FIGURE 12.29 – Représentation traditionnelle d'un arbre de constituants ordonné (hiérarchie explicite, ordre implicite)

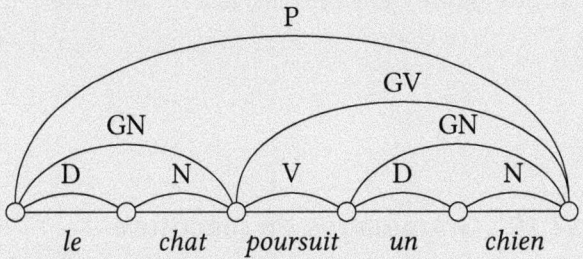

FIGURE 12.30 – Représentation en cellules d'un arbre de constituants ordonné (hiérarchie implicite, ordre explicite)

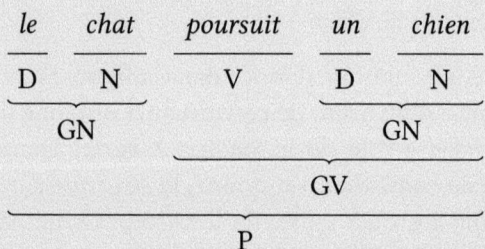

FIGURE 12.31 – Variante simplifiée de la représentation en cellules d'un arbre de constituants ordonné

Dans la deuxième représentation, donnée dans la figure 12.30, l'*ordre* est *explicite* et la *structure d'arbre* est *implicite* et peut se déduire de la *position relative des constituants sur l'axe vertical*. Les nœuds du graphe représentent les *positions inter-mot* et les constituants sont représentés par des arcs qui relient leur début à leur fin. Bien que cette représentation soit moins usuelle, elle est tout aussi simple et légitime que la représentation traditionnelle. Cette représentation, où chaque décomposition d'un constituant (chaque connexion vue du point de vue dépendentiel) forme une « cellule », sera nommée la *représentation en cellules* d'un arbre de constituants ordonné ou plus simplement un ARBRE DE CONSTITUANTS EN CELLULES. On la trouve plus souvent dans une version simplifiée, où les positions inter-mot restent implicites, comme dans la figure 12.31.

Notons qu'il est possible de combiner la représentation traditionnelle avec la représentation en cellules et d'expliciter à la fois la structure hiérarchique d'arbre et l'ordre linéaire dans une même représentation.

Encadré 12.19 : Grammaires de réécriture

L'une des premières modélisations mathématiques de la grammaire est la GRAMMAIRE DE RÉÉCRITURE proposée par Noam Chomsky (1957) (voir l'encadré 4.5 sur *Calcul symbolique et grammaires catégorielles* pour les toutes premières grammaires formelles). Notre modèle topologique, au travers de ses gabarits, prolonge ce formalisme. Nous commençons par présenter ce formalisme avant d'en expliquer les limites et de montrer l'intérêt d'introduire un modèle plus riche comme le modèle topologique.

Exemple

Bien qu'on puisse utiliser les grammaires de réécriture pour définir des grammaires de dépendances, il s'agit au départ d'un formalisme introduit pour écrire des grammaires de constituants. Voici un exemple pour ceux qui ne connaissent pas encore ce formalisme. Les RÈGLES (dites DE RÉÉCRITURE) sont de la forme :

(33) $P \rightarrow GN\,GV$ $V \rightarrow$ *attrape* | *poursuit*
      $GV \rightarrow V\,GN$ $N \rightarrow$ *chat* | *chien*
      $GN \rightarrow D\,N$ $D \rightarrow$ *le* | *un*

Avec de telles règles, on peut produire des phrases telles que *le chat poursuit un chien* ou *le chien attrape le chat*. Les règles de droite sont des RÈGLES LEXICALES (par exemple *attrape* ou *poursuit* sont des constituants de type V). Les règles de gauche sont des RÈGLES SYNTAGMATIQUES qui disent comment un constituant se décompose. Par exemple, la règle $P \rightarrow$ GN GV dit qu'une phrase P peut se décomposer en un groupe nominal GN suivi d'un groupe verbal GV. Lue autrement, elle dit comment les constituants se combinent : la combinaison d'un GN suivi d'un GV donne un P. La règle $P \rightarrow$ GN GV ne dit pas seulement que P se décompose en GN et GV, mais aussi que GN précède GV et que l'extension de P est égale à la somme des extensions de GN et GV.

On peut réinterpréter les règles syntagmatiques comme des STRUCTURES ÉLÉMENTAIRES, c'est-à-dire des portions de la structure finale, un arbre de constituants ordonné dans notre cas, qui, assemblées, permettent de reconstituer la structure finale. La figure 12.32 donne un exemple pour la règle de réécriture $P \rightarrow$ GN GV. Nous utilisons les deux modes de représentation d'un arbre de constituants ordonné présentés dans l'encadré précédent.

a. Représentation en arbre   b. Représentation en cellules

FIGURE 12.32 – La règle de réécriture P → GN GV vue comme une structure élémentaire

Avec les règles proposées en (33), et en les considérant comme des structures élémentaires qu'on assemble, on peut générer l'arbre de constituants de la phrase *Le chat poursuit un chien* donné dans l'encadré qui précède. Chaque portion élémentaire de l'arbre, composée d'un nœud et de ses fils, correspond exactement à une règle de réécriture. Ainsi le sommet de l'arbre, avec le nœud P et ses deux fils GN et GV, est validé par la règle P → GN GV.

Critiques

Nous souhaitons faire trois critiques concernant une grammaire de constituants comme celle qui précède (qui sert toujours de base à de nombreux modèles linguistiques).

Passons rapidement sur la première, puisqu'elle a déjà fait abondamment l'objet de ce livre : nous pensons qu'il est plus judicieux de penser la syntaxe d'une langue en termes de connexions et de dépendances qu'en termes de constituants (voir le chapitre 9 sur la connexion où nous discutons les problèmes que cela pose de vouloir privilégier une fragmentation parmi toutes celles possibles), bien que, comme nous l'avons montré (chapitre 11), les deux approches sont en grande partie équivalentes.

La deuxième critique concerne le fait de vouloir *exprimer simultanément la constituance immédiate* (le fait qu'une phrase P peut être décomposée en un GN et un GV) *et l'ordre linéaire* (le fait que GN < GV). Ceci peut encore se comprendre pour des langues à ordre rigide comme l'anglais, mais est difficilement justifiable pour des langues à ordre libre, où l'ordre linéaire dépend peu des relations syntaxiques (voir l'encadré 12.15 sur *Ordre communicativement dirigé*). Cette critique a été faite dès les années 1970 et les modèles qui ont émergé au début des années 1980, notamment GPSG (*Generalized Phrase Structure Grammar*), la Grammaire syntagmatique généralisée de Gerald Gazdar, bien que toujours basée sur une grammaire de réécriture, séparaient clairement les RÈGLES dites DE DOMINANCE IMMÉDIATE des RÈGLES DE PRÉCÉDENCE LINÉAIRE entre constituants.

La troisième critique permet de saisir une différence essentielle entre les *grammaires* dites *syntagmatiques* (*Phrase Structure Grammars* ou PSG) et les grammaires topologiques. Les règles de précédence linéaire des PSG sont des règles de précédence entre constituants, comme par exemple GN < GV. Or le sujet du verbe n'est pas nécessairement un groupe nominal (***Qu'il vienne** me surprendrait ; **Partir maintenant** serait plus judicieux*). Il faut donc distinguer la catégorie et la fonction syntaxique. On peut remplacer cette règle par Sujet < V. C'est déjà mieux, mais les grammaires topologiques vont encore plus loin. Comme nous l'avons déjà souligné, en français, le sujet n'est pas toujours devant le verbe, mais pour qu'il n'en soit pas ainsi, il faut qu'un autre élément vienne occuper sa place. Il ne faut donc pas seulement *déconnecter la catégorie de la fonction syntaxique*, mais aussi *déconnecter la fonction syntaxique de la position topologique* (c'est-à-dire du *champ* dans notre modélisation). Une grammaire topologique décompose la règle Sujet < V en deux règles : 1) il existe un champ préverbal qui doit être rempli par un et un seul élément et 2) le sujet peut occuper le champ préverbal. (Le fait que le sujet occupe occupe généralement le champ préverbal n'est pas dit dans la règle : cela découle du fait que les règles qui placent le sujet dans un autre champ sont très contraintes et donc rarement déclenchées.)

12.12 Projection topologique et émancipation

Comme nous venons de le voir, le modèle topologique, en plus d'assurer la linéarisation de l'arbre de dépendance, lui associe un arbre de constituants ordonné, la structure topologique. En cas de *linéarisation projective*, cet arbre est en fait l'*arbre de constituants syntaxiques plat* obtenu à partir des projections maximales des nœuds de l'arbre de dépendance (voir la section 11.4 sur l'*Arbre de constituants plat*).

Nous allons maintenant nous intéresser à la *linéarisation non projective*. Dans ce cas, certaines projections maximales ne sont pas continues. Nous allons voir comment associer un arbre de constituants ordonné avec des constituants continus à un arbre de dépendance, qu'il soit projectif ou non.

Définition 12.5 : projection topologique

Pour chaque nœud x d'un arbre de dépendance ordonné, nous définissons la PROJECTION TOPOLOGIQUE de x comme le plus grand *segment continu* contenant x qui corresponde à une portion connexe de l'arbre de dépendance ayant x pour racine.

Lorsque l'arbre de dépendance est projectif, la projection maximale de chaque nœud est continu et donc la projection topologique d'un nœud est sa projection maximale. Mais, dès qu'un arbre de dépendance est non projectif, la projection topologique de certains nœuds n'est plus leur projection maximale. Reprenons l'exemple (13) de la section 12.7 :

(34)   *Une belle est entrée qui voulait les acheter.*

La projection topologique de *une belle* est *une belle*, alors que sa projection maximale est *une belle qui voulait les acheter*. Par contre, la projection topologique de *est entrée* est bien la phrase entière et donc la projection maximale de *est entrée*.

Les projections topologiques associées à un arbre de dépendance ordonné donné forment un arbre de constituants ordonné. Nous appelons cet arbre l'ARBRE TOPOLOGIQUE induit par l'arbre de dépendance ordonné. Il s'agit en général de l'arbre sous-jacent à la structure topologique (qui contient en plus des étiquettes sur la nature des constituants et les champs qu'ils occupent, voir la section 12.11 sur le *Modèle topologique*). Nous verrons dans l'encadré 12.21 un cas d'*Émancipation projective*, où l'arbre topologique ne correspond pas à la structure topologique. Par ailleurs, la structure topologique peut être plus riche que l'arbre topologique induit dès que l'on considère des constituants topologiques intermédiaires (voir la section 12.13 éponyme).

Nous donnons, dans la figure 12.33, l'arbre topologique à partir d'un arbre de dépendance à gros grains de l'exemple (34). Notons qu'il s'agit d'un arbre de constituants avec tête, puisque chaque constituant topologique est la projection d'une tête. Nous explicitons dans la représentation de cet arbre l'ordre linéaire entre les feuilles afin de bien spécifier qu'il s'agit d'un arbre de constituants ordonné, à ne pas confondre avec un arbre de constituants syntaxiques, comme introduit au chapitre 11 et qui n'est pas ordonné.

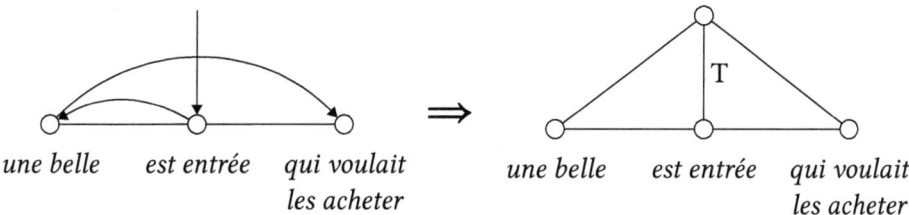

FIGURE 12.33 – Arbre de dépendance ordonné et arbre de constituants topologiques induit

Un arbre de dépendance ordonné induit donc deux arbres de constituants avec têtes : un arbre de constituants syntaxiques et un arbre de constituants topologiques. Nous donnons, dans la figure 12.34, l'arbre de constituants syntaxiques de notre exemple.

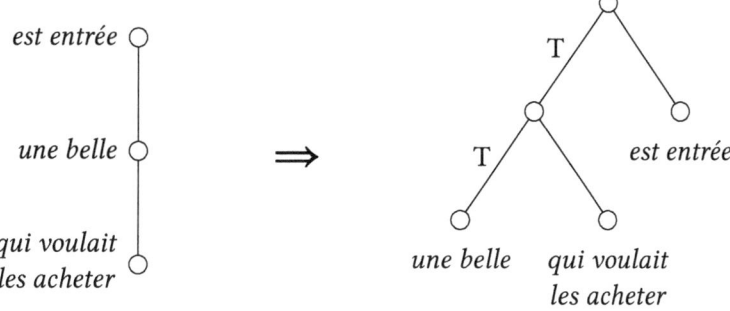

FIGURE 12.34 – Arbre de dépendance et arbre de constituants syntaxiques induit

La comparaison entre l'arbre topologique induit et l'arbre de constituants syntaxiques nous amène à introduire de nouveaux concepts. Comme on le voit dans les figures 12.33 et 12.34, la relative *qui voulait les acheter* n'est pas à la même position dans les deux arbres : dans l'arbre syntaxique, la relative est un nœud fils du groupe substantival dont *une belle* est la tête, alors que dans l'arbre topologique, elle est un nœud fils de la phrase entière dont *est entrée* est la tête. Autrement dit, la relative ne s'est pas positionnée par rapport à son gouverneur syntaxique *une belle*, mais par rapport au gouverneur de celui-ci, *est entrée*. Elle n'est pas dans la projection topologique de son gouverneur syntaxique, mais dans celle d'un ancêtre plus lointain.

Définition 12.6 : élément émancipé, hôte topologique, visiteur topologique

Un nœud de l'arbre de dépendance qui n'est pas dans la projection topologique de son gouverneur syntaxique est dit ÉMANCIPÉ. La tête de la projections topologique à laquelle il appartient est son HÔTE TOPOLOGIQUE. Si l'on prend maintenant le point de vue de l'hôte topologique, nous dirons qu'un élément qui vient se placer dans la projection topologique d'un nœud sans en être un dépendant syntaxique est un VISITEUR TOPOLOGIQUE.

Dans notre exemple, la relative *qui voulait les acheter* est un élément émancipé. Elle est un visiteur topologique de la forme verbale *est entrée*, qui est en retour son hôte topologique.

L'hôte topologique d'un élément émancipé est toujours un de ses *ancêtres dans la structure syntaxique*, c'est-à-dire soit le gouverneur de son gouverneur, soit un élément de la chaîne qui relie celui-ci à la racine de l'arbre de de dépendance. Un élément émancipé ne se place pas par rapport à son gouverneur, mais par rapport à son hôte topologique. En conséquence, la dépendance qui unit un élément émancipé à son gouverneur syntaxique est nécessairement *non projective* (voir l'encadré 12.10 sur l'*Équivalence des définitions de la projectivité*).

Encadré 12.20 : Non-projectivité en français

Nous allons présenter les principaux cas de non-projectivité en français et voir comment les modéliser.

Montée des clitiques

Considérons les exemples suivants :

(35) a. *Zoé **lui** a parlé.*

b. *Zoé **y** est sensible.*

c. *Zoé **le** fait appeler par un ami.*

d. *Zoé **en** a envie.*

e. *Zoé **en** achète une dizaine.*

Dans tous ces exemples, le clitique se place sur le verbe fini (son hôte topologique), alors qu'il est régi par un dépendant de ce verbe, qui peut être un participe dans une forme verbale complexe (*a parlé*), un adjectif dans une construction copulative (*est sensible*), un infinitif dans une construction causative (*fait appeler*), un nom prédicatif dans une construction à verbe support (*a envie*) ou même un objet direct dans une construction transitive (*achète une dizaine*).

Autrement dit, le gouverneur syntaxique du clitique n'offre pas de place au clitique, forçant son émancipation. Un participe passé, par exemple, ne peut jamais accueillir des clitiques, qu'il dépende d'un verbe, comme précédemment, ou qu'il dépende d'un nom (*le livre donné à Zoé* vs **le livre lui donné*). Il va donc ouvrir un constituant avec un gabarit différent de celui d'un verbe fini, le *domaine verbal réduit*, présenté dans la figure 12.35.

Domaine verbal réduit				
ch-adv	ch-verbe	ch-adv	ch-vb-sub	ch-final

FIGURE 12.35 – Gabarit topologique du domaine verbal réduit

Un infinitif peut normalement accueillir des clitiques (*Zoé veut l'appeler*), mais pas quand il est dans la construction causative (*Zoé le fait appeler* vs **Zoé fait l'appeler*). Il ouvrira dans ce cas un constituant réduit comme celui d'un participe passé.

Comparatif et superlatif

Les constructions comparatives et superlatives des adjectifs en français peuvent être illustrées par :

(36)   a. *un plus beau livre **que le mien***

       b. *le plus beau livre **du monde***.

Dans ces constructions, le complément à droite du nom dépend de *plus* comme le montre le changement complet de sens lorsque celui-ci est supprimé (#*un beau livre que le mien* ; #*le beau livre du monde*), ainsi que la possibilité de le séparer du nom (*ce livre est plus beau que le mien* ; *le livre le plus beau du monde*).

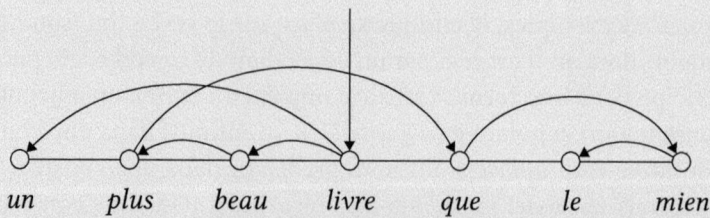

FIGURE 12.36 – Arbre de dépendance ordonné de (36a)

Le complément du superlatif s'émancipe donc, non seulement du constituant ouvert par son gouverneur *plus*, mais aussi du constituant ouvert par le gouverneur de celui-ci, *beau*, (c'est-à-dire d'un domaine adjectival réduit, voir l'encadré 12.18 sur la *Topologie du groupe substantival en français*) et venir ainsi se placer dans le champ final du domaine nominal. Ceci est à contraster avec les compléments de l'adjectif, qui ne peuvent s'émanciper de la même façon (*un livre beau à pleurer* vs [#]*un beau livre à pleurer*).

Extraction

Donnons quelques exemples de phénomènes dit d'*extraction* :

(37)   a.   ***L'année prochaine**, je pense que Zoé habitera ailleurs.*

     b.   ***A quel endroit** Zoé a-t-elle envie d'habiter ?*

     c.   *l'endroit **où** il est probable que Zoé habitera.*

Dans ces exemples, un complément est placé en tête de la proposition principale : un tel complément est dit extrait. La non-projectivité de ces exemples vient du fait que le gouverneur du complément extrait n'est pas le verbe principal, mais un verbe subordonné (*habiter/habitera*).

Nous consacrerons l'entièreté du chapitre 19 du vol. 2 à l'étude des phénomènes d'extraction, notamment lorsqu'ils mettent en jeu des pronoms interrogatifs ou relatifs. L'exemple (37a), qui illustre la TOPICALISATION d'un complément circonstanciel, peut déjà être modélisé avec les outils introduits dans ce chapitre : il s'agit d'une émancipation du complément *l'année prochaine* qui vient se placer dans le champ pré-noyau ouvert par la forme verbale à l'indicatif *pense*.

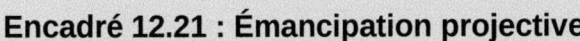

Encadré 12.21 : Émancipation projective

Il existe certains cas où, bien que la structure soit projective, on est amené à supposer une émancipation. Nous appelons de tels cas une ÉMANCIPATION PROJECTIVE. L'émancipation projective est illustrée par des exemples comme (38b) ou (38d), où le complément de nom *de ce film* a été pronominalisé par le pronom relatif *dont* ou le pronom personnel *en*.

(38) a. *La fin **de ce film** est particulièrement triste.*

   b. *un film **dont** la fin est particulièrement triste*

   c. *un film **dont** il parait que la fin est particulièrement triste*

   d. *La fin **en** est particulièrement triste.*

   e. *La fin m'**en** a ému.*

   f. *La fin semble **en** être particulièrement triste.*

Le fait que ces pronoms se substituent au complément *de ce film* permet de faire l'hypothèse qu'ils dépendent syntaxiquement du nom *fin*, bien qu'ils ne forment pas avec lui une unité autonomisable (*la fin en* ou *dont la fin* ne sont pas des unités acceptables). Les exemples (38c), (38e) et (38f), qui sont non projectifs, montrent que ces pronoms ne se placent pas par rapport au nom *fin*. Et donc qu'ils s'émancipent pour venir se placer dans un champ ouvert par le verbe. (Le cas de *dont* et des pronoms relatifs sera discuté plus en détail dans le chapitre 19 du vol. 2 sur l'*Extraction*.)

Un autre cas d'émancipation projective est illustré par notre analyse de l'ordre des mots en allemand proposé dans l'encadré 12.24 sur *La structure topologique de l'allemand*. Nous considérons que tous les dépendants non verbaux des verbes qui se trouvent dans la parenthèse droite sont émancipés, même si ceux-ci ne créent pas de dépendance non projective. C'est par exemple le cas *in seiner Nase* 'dans son nez' qui est à coté de son gouverneur *zu popeln* 'creuser' dans l'exemple (40).

Encadré 12.22 : Grammaire topologique formelle

On peut donner une version plus formelle de la grammaire topologique, à l'image des *grammaires de réécriture* (voir l'encadré 12.19 éponyme). Une GRAMMAIRE TOPOLOGIQUE assure la correspondance entre un arbre de dépendance et un ordre linéaire et elle construit une structure de constituants en même temps qu'elle assure cette correspondance. Nous allons présenter la grammaire topologique dans le sens de la linéarisation, c'est-à-dire comme le passage d'un arbre de dépendance (non ordonné) à un ordre linéaire. C'est juste un choix de présentation, puisqu'il s'agit d'une grammaire de correspondance qui met en relation les deux structures et peut être utilisée dans le sens de la synthèse comme de l'analyse (voir l'encadré 4.4 sur les *Modèles génératif, équatif et transductifs*).

Un arbre de dépendance comprend des nœuds d'une certaine catégorie reliés par des dépendances portant une certaine relation. La grammaire topologique s'appuie sur les catégories et les relations utilisées pour l'arbre de dépendance et introduit deux autres types d'éléments : des constituants topologiques et des champs. Une GRAMMAIRE TOPOLOGIQUE est donc la donnée de quatre ensembles d'étiquettes (*catégories, relations, constituants, champs*), d'un champ initial *i* et de quatre types de règles, que nous allons présenter maintenant.

Description des gabarits des constituants (topologiques)

Un constituant est un gabarit de places linéaires, c'est-à-dire une liste de champs. Les règles de ce type indiquent donc pour chaque constituant quelle est la liste des champs qui le compose. Ces règles se rapprochent des règles de réécriture d'une grammaire à la Chomsky (voir l'encadré 12.19 sur la *Grammaire de réécriture*) et l'on peut utiliser un notation similaire, $D \rightarrow f_1\ f_2 \dots f_n$, ou une représentation comme celle de la figure 12.37, où D est un type de constituant (D comme domaine) et les f_i des noms de champs (nous utilisons la lettre f pour les noms de champs, de l'angl. *field*, all. *Feld*).

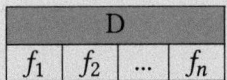

FIGURE 12.37 – Gabarit topologique du constituant D

La principale différence avec les règles de réécriture est qu'un constituant n'est pas réécrit en une liste de constituants, mais en une liste de champs, auxquels sont assignés des constituants par d'autres règles.

Description des champs

Certains champs peuvent ne recevoir qu'un élément (le champ initial du français ou de l'allemand ou les champs clitiques), tandis que d'autres peuvent recevoir un nombre quelconque d'éléments. Certains champs peuvent rester vide, tandis que d'autres ne le peuvent pas.

Règle de correspondance

Ce sont les règles qui assurent réellement la linéarisation, en indiquant, pour une dépendance donnée $x \rightarrow y$, dans quel champ f peut aller le dépendant y. La règle dépend des catégories syntaxiques C_1 et C_2 de x et y et de la relation syntaxique r entre x et y (c'est-à-dire l'étiquette de la dépendance $x \rightarrow y$). Par défaut, le nœud y se place par rapport à son gouverneur x et le champ f est donc l'un des champs du constituant ouvert par x, comme illustré dans la figure 12.38

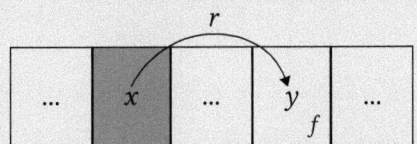

FIGURE 12.38 – Règle de correspondance : le dépendant y est placé dans le champ f du constituant ouvert par x

Une telle règle peut aussi indiquer la possibilité pour y de s'émanciper (voir la figure 12.39). On peut contrôler l'émancipation de différentes façons, par exemple en indiquant quelles frontières de constituants peut

« traverser » *y* pour se placer dans un champ d'un constituant ouvert par un ancêtre de *x*. La plupart des modèles linguistiques possèdent une opération similaire à l'émancipation pour traiter les constituants discontinus (voir l'encadré 9.3 *De la non-séparation des ordres au mouvement*). La façon dont nous contrôlons l'émancipation s'apparente aux CONTRAINTES D'ÎLOTS (angl. *island constraints*) des grammaires génératives pour contrôler le mouvement. Rappelons néanmoins que le mouvement est une opération de transformation de la structure, alors que nous gérons la question dans la correspondance entre deux représentations de niveaux différents.

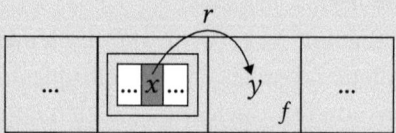

FIGURE 12.39 – Règle d'émancipation : *y* est placé dans un champ *f* hors du constituant ouvert par son gouverneur *x*

Création de constituant

À chaque fois qu'un nœud *x* de l'arbre de dépendance est placé dans un champ (par une des règles précédentes), *x* ouvre à son tour un constituant pour placer ses dépendants (voir la figure 12.40). Une règle de ce type indique donc le type de constituant D créé en fonction de la catégorie syntaxique C de *x* et du champ *f* dans lequel *x* est placé.

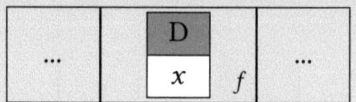

FIGURE 12.40 – Création du constituant D lorsque *x* est placé dans le champ *f*

Maintenant que nous avons présenté les quatre types de règles, nous pouvons décrire le processus de linéarisation. Au départ, on a un champ d'initialisation *i* qui est vide. On place la racine *x* de l'arbre de dépendance dans le champ *i*, où *x* crée un constituant D. Ce constituant D est associé à un gabarit topologique, c'est-à-dire une liste de champs qui pourront accueillir les dépendants de x. Les règles de correspondance vont placer les dépendants de x dans les champs de D. Ceux-ci créent à leur tour des constituants auxquels est assignée une liste de champs et ainsi de suite, jusqu'à ce qu'on arrive aux feuilles de l'arbre de dépendance, qui créent un constituant dont elles seront le seul occupant. La linéarisation est réussie si l'arbre de dépendance a pu être entièrement consommé et si la structure topologique est bien formée, c'est-à-dire si à la fin du processus aucun champ devant être obligatoirement rempli n'est vide.

Dans la grammaire formelle que nous venons de présenter, seules la nature (ou catégorie syntaxique) et la fonction syntaxique des éléments à placer ont été prises en compte. D'autres paramètres peuvent bien sûr être ajoutés et, en tout premier lieu, les valeurs communicatives (thème/rhème, focalisation, etc.). Dans de tels cas, la règle de correspondance prendra en compte, en plus de la catégorie et la fonction de l'élément à placer, son rôle communicatif.

12.13 Constituants topologiques intermédiaires

Nous avons vu qu'un verbe à l'indicatif ouvre un constituant avec un grand nombre de champs. Certains éléments doivent se placer proches du verbe, alors que d'autres sont naturellement plus éloignés. On aura également noté, dans le cas du français, que les dépendants qui se placent plus près du verbe sont plus légers, notamment les clitiques, et que l'ordre à proximité du verbe est plus contraint (les champs ne peuvent accueillir plus d'un élément). Ceci nous amène à considérer plusieurs niveaux de COHÉSION entre le verbe et ses dépendants.

Un premier niveau de cohésion est le MOT : les syntaxèmes à l'intérieur du mot sont *indissociables* et *inséparables* comme nous le verrons dans la partie 4 consacrée à la *Nanosyntaxe*. Autour du verbe s'amassent d'autres mots avec un *ordre très rigide* : clitiques préverbaux, adverbes comme *pas*, participe dépendant d'un auxiliaire. Nous appellerons cette unité, que nous étudierions au chapitre 19 du vol. 2, l'AMAS VERBAL. Un troisième niveau de cohésion est celui de la PROPO-SITION avec les champs initiaux et finaux qui vont accueillir le sujet et les compléments du verbe. On appelle encore cette unité le DOMAINE MICROSYNTAXIQUE du verbe. Au-delà peuvent encore se placer d'autres éléments qui sont détachés prosodiquement du verbe et n'entretiennent pas nécessairement de relation de rection avec le verbe. Dans l'exemple (39), le groupe substantif *l'itinéraire que je vous indique* ne porte aucune marque qui indique sa fonction et il sera nécessairement détaché prosodiquement de la proposition qui suit, bien qu'il forme indéniablement une seule assertion avec lui (voir partie VI). On parlera alors de DOMAINE MACROSYNTAXIQUE.

(39)   *ah oui non là l'itinéraire que je vous indique hein vous en avez pour cinquante minutes* (oral, service de renseignement téléphonique)

On peut considérer chacune des unités que nous venons de dégager comme autant de CONSTITUANTS TOPOLOGIQUES INTERMÉDIAIRES. Ceci nous amène à décomposer le *domaine verbal* (voir la section 12.9 sur la *Linéarisation des co-dépendants*) en un enchâssement de plusieurs constituants, comme dans la figure 12.41.

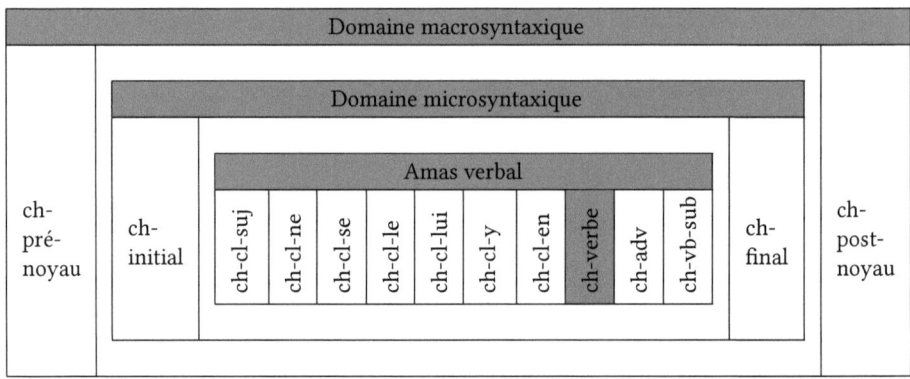

FIGURE 12.41 – Constituants topologiques enchâssés ouverts par un verbe en français

Cette décomposition ne change pas grand-chose au fonctionnement du modèle topologique lui-même, si ce n'est qu'au lieu d'ouvrir un seul constituant, un verbe ouvrira successivement un domaine macrosyntaxique, un domaine microsyntaxique, puis un amas verbal (et encore un constituant non représenté dans la figure 12.41 pour le placement des syntaxèmes au sein du mot). Par ailleurs, dès qu'un dépendant du verbe ne sera pas placé dans le dernier constituant ouvert, il devra s'émanciper de celui-ci pour atteindre les constituants supérieurs.

Les avantages potentiels de ce découpage du domaine verbal sont multiples. Premièrement, en découpant ainsi le domaine verbal, on peut utiliser indépendamment ses différents morceaux. Nous pensons que dans certains cas le verbe n'ouvre qu'une partie des constituants : ainsi, comme nous le verrons au chapitre 19 du vol. 2, un verbe subordonné placé dans l'amas verbal de son gouverneur (dans le champ ch-vb-sub de la figure 12.41) n'ouvrira lui-même qu'un constituant de type amas verbal. Cette propriété sera également illustrée dans l'encadré 12.24 où nous présentons la *Structure topologique de l'allemand*. Nous verrons également au chapitre 19 du vol. 2 que le verbe principal d'une relative n'ouvre probablement pas de domaine macrosyntaxique.

Le deuxième avantage concerne le calcul de la prosodie. Les constituants intermédiaires marquent différents niveaux de cohésion et donc les frontières de ces constituants correspondent généralement à des coupures prosodiques de profondeurs différentes, la frontière du domaine microsyntaxique étant toujours clairement marquée prosodiquement (voir l'encadré suivant).

Encadré 12.23 : Topologie et prosodie

Nous avons déjà évoqué la prosodie et discuté des contraintes entre la structure syntaxique et la structure prosodique dans la section 9.8 sur l'*Unité syntaxique autonomisable*. Nous y avons postulé que, à l'exception du cas des clitiques, les unités prosodiques sont des portions connexes de la structure syntaxique (c'est-à-dire des catenas pour reprendre le terme introduit dans l'encadré 9.7 sur *Les limites de la dualité*), ce qui nous a permis de postuler le *Test d'autonomisabilité prosodique*.

À ces contraintes s'ajoutent des contraintes plus topologiques qui concernent la cohésion des unités et que nous avons présentées dans la section précédente. Certains constituants topologiques comme les amas sont très cohésifs et acceptent difficilement d'être rompus par une frontière prosodique. À l'inverse, les différentes unités du domaine macrosyntaxique forment normalement des unités prosodiques distinctes. À l'intérieur du domaine microsyntaxique, les choses sont plus complexes et dépendent beaucoup de la structure communicative. Par ailleurs, il existe des contraintes propres à chaque langue : en français, par exemple, les groupes accentuels tendent à être particulièrement équilibrés et font autour de 6 ou 7 syllabes (cette longueur est aussi dépendante du débit de parole).

En prenant en compte ces différentes contraintes, on peut faire d'assez bonnes prédictions sur les prosodies possibles. Cela dit, les locuteurs prennent certaines libertés avec la prosodie et appliquent souvent un principe de complémentarité et de compensation qui veut que la prosodie tendra à compenser une absence de marquage syntaxique (notamment lorsque la structure est syntaxiquement ambiguë), mais pourra être plus relâchée quand la structure syntaxique est claire.

Encadré 12.24 : La structure topologique de l'allemand

Nous avons déjà esquissé le modèle topologique de l'allemand dans l'encadré 12.2 sur *Le cas des langues V2*. La plupart des règles de l'ordre des mots en allemand se comprennent facilement en considérant qu'une phrase déclarative est constituée de 5 champs consécutifs qui forment le domaine principal.

Domaine principal				
	parenthèse gauche		parenthèse droite	
Vorfeld	gauche	Mittelfeld	droite	Nachfeld

FIGURE 12.42 – Gabarit topologique du domaine principal de l'allemand

Le verbe principal de la phrase, c'est-à-dire le verbe qui porte le mode indicatif, se place dans la 2e position, appelée *parenthèse gauche*, après l'unique constituant occupant le *champ initial* ou *Vorfeld* 'pré-champ'. Les dépendants verbaux vont généralement dans la *parenthèse droite*. La parenthèse gauche entoure avec la parenthèse droite, le *champ du milieu* ou *Mittelfeld*. Un *champ final* ou *Nachfeld* suit la parenthèse droite. Les *champs* dits *majeurs* – Vorfeld, Mittelfeld et Nachfeld – accueillent les différents groupe substantivaux ou adverbiaux.

Considérons la phrase (40) et son arbre de dépendance, donné dans la figure 12.43.

(40) *Leider hat Peter mal wieder   in   seiner Nase zu popeln*
      Hélas a Peter une fois de plus dans son nez de creuser
      gewagt vor   der   ganzen Familie.
      osé   devant toute la   famille
      'Peter a malheureusement osé à nouveau se crotter le nez devant toute la famille.'

La racine de l'arbre de (40), l'auxiliare *hat* 'a' va dans la parenthèse gauche, tandis que le participe *gewagt* 'osé' va dans la parenthèse droite, où il entraîne avec lui le verbe infinitif *zu popeln* 'de creuser', qui se place devant lui. Les verbes de la parenthèse droite ne peuvent pas accueillir leur dépendants substantivaux et adverbiaux, qui vont donc s'émanciper et se placer dans le domaine principal. Un des constituants doit occuper le Vorfeld : ici c'est *leider* qui occupe cette place, mais n'importe quel autre constituant aurait pu prendre la place. Le constituant *vor der ganzen Familie* 'devant toute la famille' peut aller dans le Nachfeld, car il est assez lourd (et un placement dans le Mittelfeld séparerait trop les deux parenthèses). Des constituants légers comme *mal wieder* ou le sujet *Peter* préfèrent rester dans le Mittelfeld.

FIGURE 12.43 – Arbre de dépendance de (40)

Les propositions subordonnées, complétives et relatives, ont une structure réduite, sans Vorfeld, et l'élément qui introduit la proposition, le complémenteur ou le pronom relatif, occupe la parenthèse gauche. En conséquence, le verbe principal de la subordonnée va dans la parenthèse droite.

(41) *Ich glaube,* [*dass Peter mal wieder   in   seiner Nase zu*
      Je crois   [que Peter une fois de plus dans son   nez   de
      popeln₃ gewagt₂ hat₁].
      creuser osé   a   ]
      'Je crois que Peter a osé se crotter le nez à nouveau.'

Dans l'exemple (41), il y a trois verbes dans la parenthèse droite de la subordonnée, que nous avons numérotés de 1 à 3 pour bien montrer que c'est le verbe principal qui est en dernier. Le placement des verbes dans la parenthèse droite est contraint et peut aussi être décrit par une structure topologique, que nous nommons l'*amas verbal*. Il est composé de trois champs : le *champ supérieur* ou *Oberfeld*, le champ tête et le *champ infé-rieur* ou *Unterfeld* (voir la figure 12.44). Le placement le plus courant est celui illustré en (41), où chaque verbe subordonné se place à gauche de son gouverneur, c'est-à-dire dans le champ Oberfeld.

Amas verbal		
Oberfeld	champ tête	Unterfeld

Figure 12.44 – Gabarit topologique de l'amas verbal en l'allemand

Sans rentrer dans tous les détails de l'amas verbal, remarquons que pour certains verbes, en particulier les modaux, le placement dans l'Unterfeld est préférable à l'Oberfeld :

(42)   a. $^?$ *Ich glaube,* [*dass Peter mal wieder   in   seiner Nase*
Je   crois   [que Peter une fois de plus dans son   nez
popeln$_3$ gekonnt$_2$ hat$_1$].
creuser pu   a   ]

b.   *Ich glaube,* [*dass Peter mal wieder   in   seiner Nase hat$_1$*
Je   crois   [que Peter une fois de plus dans son   nez a
popeln$_3$ können$_2$].
creuser pu   ]

'Je crois que Peter a pu se crotter le nez à nouveau.'

Dans l'exemple (42a), on observe l'ordre standard dans la parenthèse droite : l'infinitif *popeln* 'creuser' se place dans l'Oberfeld du participe *gekonnt* 'pu', lui-même placé dans l'Oberfeld de l'auxiliaire *hat* 'a'. On préfère en fait b, où un « ersatz » d'infinitif (all. *Ersatzinfinitiv*), *kön-nen* 'pouvoir', est réalisé au lieu du participe et où celui-ci est placé dans l'Unterfeld de l'auxiliaire, tandis que *popeln* 'creuser' se place à nou-veau dans l'Oberfeld de son gouverneur. Cette construction est appelée l'*Oberfeldumstellung* 'conversion du champ supérieur'. Pour certains lo-cuteurs de l'allemand, le verbe *popeln* peut se placer dans l'Oberfeld de l'auxiliaire, non occupé par le dépendant direct de l'auxiliare. Cette nou-velle construction, avec l'auxiliaire entre les deux verbes à l'infinitif, est appelée le *Zwischenstellung* 'positionnement intermédiaire' :

(42) c. *Ich glaube,* [*dass Peter mal wieder   in   seiner Nase*
Je crois   [que Peter une fois de plus dans son   nez
popeln₃ hat₁ können₂].
creuser a   pu   ]
'Je crois que Peter a pu se crotter le nez une fois de plus.'

Q

Encadré 12.25 : L'anglais comme langue de référence

Peu d'approches théoriques distinguent, comme nous le faisons, la structure syntaxique de la structure topologique. Nous pensons que la non-prise en compte de la topologie doit beaucoup au fait que l'anglais sert de langue de communication dans le monde scientifique et donc de langue de référence de très nombreux travaux en linguistique. Or l'anglais est, du point de vue typologique (c'est-à-dire lorsqu'on prend en compte la diversité des langues), une langue particulièrement « exotique ». En effet, l'anglais a un ordre des mots singulièrement rigide, avec non seulement une position fixe du sujet devant le verbe, mais aussi l'obligation de placer l'objet direct avant les autres compléments. Cette particularité permet de postuler une sorte de groupe verbal (voir l'encadré 11.11 sur *Le groupe verbal*) au niveau topologique en anglais.

Le fait que la structure syntaxique et la structure topologique soient si fortement liées en anglais peut amener à les identifier et donc à considérer aussi un constituant syntaxique VP (*verb phrase*) au niveau syntaxique, comme le font les générativistes. Mais, cela va plus loin, car les mêmes générativistes considèrent que toutes les langues devraient avoir un VP. Les langues qui autorisent le placement du sujet entre le V et l'objet, contredisant de fait l'existence d'un VP, sont alors dites *non-configurationnelles*. Certains linguistes, dont Chomsky, considèrent qu'il y a bien un VP sous-jacent, mais que les syntaxèmes sont systématiquement déplacés en surface (voir l'encadré 9.4 sur *Linéarisation et mouvement*). C'est une analyse que nous rejetons totalement.

Encadré 12.26 : Historique de la description topologique

Nous avons déjà mentionné à deux reprises la contribution de Gabriel Girard (1747) à la modélisation de l'ordre des mots. Son ouvrage contient une dizaine de *règles de précédence linéaire* remarquablement formalisées. Par exemple :

> « Première Règle. – Dans la forme expositive, le Subjectif marche ordinairement devant l'Attributif : celui-ci y précède à son tour l'Objectif et le Terminatif, lorsqu'ils sont énoncés par des expressions formelles et non simplement désignés par des pronoms personnels ou relatifs. »

Cette règle indique que, dans la phrase déclarative (= expositive), le sujet (= Subjectif) se place devant le prédicat verbal (= Attributif), qui lui-même précède l'objet direct (= Objectif) et l'objet indirect (= Terminatif), à moins que ceux-ci ne soient des pronoms personnels ou relatifs. Les règles suivantes de Girard indiquent que le sujet se place après le verbe dans les propositions en incise (Règle II), que le sujet peut se placer après le verbe en l'absence d'un objet direct ou quand celui-ci est un pronom (Règle III), etc.

Le modèle topologique, avec ses gabarits de places fixes, s'est développé au siècle suivant en Allemagne. Simon Herling (1821) propose la première théorie globale sur la structure hiérarchique des phrases complexes de l'allemand basée sur des gabarits de places fixes. Oskar Erdmann (1886) poursuit le travail de Herling en énumérant les types d'éléments que ces places peuvent contenir, donnant ce que Höhle (2019) propose d'appeler le système de Herling-Erdmann et qu'on appelle plus souvent aujourd'hui la *théorie des champs topologiques*. Le terme *Feld* 'champ' pour désigner ces places dans la phrase apparaît pour la première fois chez Erich Drach (1937) dans un livre intitulé *Grundgedanken der Deutschen Satzlehre* 'Idées fondamentales de la phrase allemande' destiné aux enseignants de l'allemand comme langue maternelle et langue étrangère. Le livre de Drach prône, avec une teinte légèrement nationalisante propre à l'époque, une émancipation de la grammaire allemande, qui était jusqu'à là sous une influence latine forte, en faveur d'une « construction d'une présentation et d'un système de règles basé sur la nature de la langue allemande ». Gunnar Bech (1955) a adapté par la suite la terminologie de Drach pour décrire la structure interne de l'amas verbal.

Le modèle topologique a été appliqué par Povl Skårup (1975) à la description de l'ordre des mots en ancien français, montrant l'influence des langues germaniques sur l'émergence du français contemporain. Gerdes & Kahane (2006) proposent le modèle topologique pour le français présenté dans ce chapitre, qui s'appuie notamment sur les travaux sur la macrosyntaxe de Claire Blanche-Benveniste (1990). Le modèle topologique a aussi été appliqué à des langues clairement non germaniques, comme dans la description par Donohue & Sag (1999) du warlpiri, une langue aborigène d'Australie à ordre très libre.

La question de l'ordre des mots a été peu traitée dans les premières grammaires formelles. Dans les grammaires de constituants, l'ordre linéaire est intégré à la structure syntaxique et toute variation de l'ordre des mots suppose un changement de structure syntaxique (voir l'encadré 9.3 *De la non-séparation des ordres au mouvement*). Il faudra attendre le début des années 1980 pour que soient proposées des grammaires de constituants où les *règles de précédence linéaire* sont séparées des règles de sous-catégorisation, notamment avec le modèle GPSG (*Generalized Phrase Structure Grammar*, Gazdar et al. 1985), qui donnera ensuite HPSG (*Head-driven Phrase Structure Grammar*, Pollard & Sag 1987). Le modèle topologique de l'allemand sera formalisé pour la première fois par Andreas Kathol (1995) dans le cadre de HPSG.

Dans le cadre des grammaires de dépendance, Mel'čuk & Pertsov (1987) proposent une liste très complète des constructions de l'anglais et des règles de précédence linéaire qui vont avec. Le modèle topologique sera formalisé en grammaire de dépendance simultanément par Duchier & Debusmann (2001) et Gerdes & Kahane (2001) (voir la formalisation proposée dans l'encadré 12.22 sur la *Grammaire topologique formelle*).

Exercices

Exercice 1.

a. Qu'est-ce que la topologie ?

b. À quel endroit du modèle linguistique le modèle topologique intervient-il dans un modèle stratificationnel comme la théorie Sens-Texte (voir la section 4.5 *Modularité et stratification* et l'encadré 4.6 *La Théorie Sens-Texte*) ?

c. Pourquoi rejetons-nous la notion d'ordre de base ?

Exercice 2. (Ordre préfixé et postfixé.)

a. On considère l'expression préfixée × 3 + × 12 5 7. Donner l'arbre de dépendance correspondant et en déduire une expression infixée et postfixée.

b. On considère l'expression postfixée 1 5 √ + 2 /. Sachant que √ (racine carrée) est un opérateur unaire (c'est-à-dire d'arité 1), donner l'arbre de dépendance correspondant à cette expression. En déduire l'écriture traditionnelle de ce nombre (qui n'est autre que le nombre d'or).

Exercice 3. (Projectivité.) Construire la structure de dépendance de la phrase suivante et vérifier qu'elle est non projective :

À *cette heure-là, je pense qu'il est déjà parti.*

Exercice 4. (Théorie des graphes.) Le graphe K_4 n'est pas planaire extérieur (voir l'encadré 12.9 sur *Projectivité et planarité*). Montrer qu'il est néanmoins planaire et que donc tous les graphes de 4 nœuds ou moins sont planaires. Chercher les graphes non-planaires les plus simples à 5 et à 6 nœuds.

Exercice 5. (Topologie du groupe substantival en français.) On s'intéresse plus particulièrement au placement des déterminants et des numéraux en français. Comment rendre compte des données suivantes dans un modèle topologique?

    a.   *les/mes/ces/deux/quelques/des/plusieurs amis sont venus*

    b.   *les/mes/ces deux/quelques amis sont venus*

    c.   * *les mes/ces/des/plusieurs amis sont venus*

    d.   * *amis sont venus*

Exercice 6. (Interrogation en français.) On observe un contraste entre le fonctionnement des interrogatifs *à qui* et *que* :

    a.   *À qui parle-t-elle?*

    b.   *À qui Marie parle-t-elle?*

    c.   *Que dit-elle?*

    d.   * *Que Marie dit-elle?*

Comment expliquer cette différence de comportement dans le cadre d'un modèle topologique?

Exercice 7. (Topologie de l'anglais.) L'anglais possède une classe de verbes que l'on appelle les MODAUX qui comprend les auxiliaires BE 'être' et HAVE 'avoir' et quelques verbes à valeur modale, comme CAN 'pouvoir', MUST 'devoir', WILL (auxiliaire du futur) ou WOULD (auxiliaire du conditionnel), qui ont la particularité d'être invariables, ainsi que la proforme DO 'faire'. Ces verbes ont également des propriétés distributionnelles qui les distinguent des autres verbes. Premièrement, les adverbes se placent de préférence après les modaux et avant les verbes ordinaires :

(1)   a.   *Mary often calls Peter.* 'Marie appelle souvent Pierre.'

       b.   ?? *Mary calls often Peter.*

       c.   *Mary would often call Peter.* 'Marie appellerait souvent Pierre.'

       d.   ?? *Mary often would call Peter.*

Deuxièmement, dans les interrogatives, le sujet se place entre le modal et le verbe, et en cas d'absence de modal, DO est introduit :

(2)   a.   *Would Mary call Peter?* 'Marie appellerait-elle Pierre?'

      b.   * *Calls Mary Peter?*

      c.   *Does Mary call Peter?* 'Marie appelle-t-elle Pierre?'

La position initiale peut aussi être occupée par un pronom interrogatif :

(3)   a.   *Why would Mary call Peter?* 'Pourquoi Marie appellerait-elle Pierre?'

      b.   *Who does Mary call?* 'Qui Marie appelle-t-elle?'

Troisièmement, la négation se place obligatoirement sur un modal et donc comme dans le cas de l'interrogation, DO doit être introduit en l'absence d'un autre modal :

(4)   a.   *Mary would not call Peter.* 'Marie n'appellerait pas Pierre.'

      b.   * *Mary calls not Peter.*

      c.   *Mary does not call Peter.* 'Marie n'appelle pas Pierre.'

Quatrièmement, le sujet peut être inversé dans certains cas :

(5)   a.   *Never does Mary call Peter.* 'Jamais Marie n'appelle Pierre.'

      b.   *Here are two nice people.* 'Ici sont deux chouettes personnes.'

Rappelons également que, en anglais, l'objet direct doit précéder tous les autres compléments. De quelle façon un modèle topologique de l'anglais peut-il rendre compte de ces propriétés?

Exercice 8.   (Topologie de l'allemand.) Les exemples que nous avons présentés dans l'encadré 12.24 acceptent encore d'autres ordres, comme, par exemple :

> *In   seiner Nase zu popeln hat Peter mal wieder   gewagt.*
> dans son   nez   de creuser a   Peter une fois de plus osé
> 'Peter a à nouveau osé se crotter le nez.'

Comment pouvez-vous intégrer cet exemple au modèle topologique de l'allemand ?

Exercice 9. Ce que nous avons fait pour le français, l'allemand, le russe ou l'anglais peut être fait pour n'importe quelle langue a priori. Nous avons déjà écrit des modèles topologiques pour l'arabe, le chinois ou le wolof. Vous pouvez essayer d'écrire un fragment de modèle topologique pour la langue de votre choix et nous l'envoyer.

Lectures additionnelles

Comme nous l'avons déjà mentionné au chapitre 10, on peut consulter en ligne la plupart des ouvrages anciens. On trouvera facilement Buffier (1709), Girard (1747), Gaultier (1817), Weil (1844), ainsi que les articles de Beauzée et Dumarsais dans l'*Encyclopédie* de Diderot et D'Alembert (voir le chapitre 10).

Les premiers travaux sur le modèle topologique sont en allemand : Erdmann (1886), Drach (1937), Bech (1955). Pour des travaux plus récents sur l'ordre des mots, nous avons mentionné Gazdar et al. (1985), Pollard & Sag (1994), Mel'čuk & Pertsov (1987), Kathol (1995), ainsi que les articles de Bresnan et al. (2007), Duchier & Debusmann (2001) et Gerdes & Kahane (2001, 2006). Sur la structure communicative et son rôle dans l'ordre des mots, nous renvoyons à Lambrecht (1994) et Mel'čuk (2001).

Pour les travaux typologiques sur l'ordre des mots, on consultera l'article original de Greenberg (1963) et l'étude et le travail très complet de Dryer (1992), ainsi que les cartes et les différents articles consacrés à l'ordre des mots sur le site https://wals.info, une base de données typologique où sont répertoriés 192 traits pour plus de 2500 langues (Haspelmath et al. 2005) !

Bresnan, Joan, Anna Cueni, Tatiana Nikitina & R. Harald Baayen. 2007. Predicting the dative alternation. In Gerlof Bouma, Irene Krämer &

Joost Zwarts (éd.), *Cognitive foundations of interpretation*, 69-94. Amsterdam : Royal Netherlands Academy of Arts & Sciences.

Dryer, Matthew S. 1992. The Greenbergian word order correlations. *Language* 68(1). 81-138.

Duchier, Denys & Ralph Debusmann. 2001. Topological dependency trees : A constraint-based account of linear precedence. In *Proceedings of the 39th Annual Meeting of the Association for Computational Linguistics*. Association for Computational Linguistics (ACL).

Gazdar, Gerald, Ewan Klein, Geoffrey Pullum & Ivan Sag. 1985. *Generalized Phrase Structure Grammar*. Cambridge : Harvard University Press.

Gerdes, Kim & Sylvain Kahane. 2001. Word order in German : A formal dependency grammar using a topological hierarchy. In *Proceedings of the 39th Annual Meeting of the Association for Computational Linguistics*. Association for Computational Linguistics (ACL).

Gerdes, Kim & Sylvain Kahane. 2006. L'amas verbal au cœur d'une modélisation topologique du français. *Lingvisticae Investigationes* 29(1). 75-89.

Greenberg, Joseph H. 1963. Some universals of grammar with particular reference to the order of meaningful elements. In J. H. Greenberg (éd.), *Universals of language*, 73-113. Cambridge : MIT Press.

Haspelmath, Martin, Matthew S. Dryer, David Gil & Bernard Comrie (éd.). 2005. *The world atlas of language structures*. Oxford : Oxford University Press.

Kathol, Andreas. 1995. *Linearization-based German syntax*. The Ohio State University. (Thèse de doctorat).

Lambrecht, Knud. 1994. *Information structure and sentence form : Topic, focus, and the mental representations of discourse referents*. Cambridge : Cambridge University Press.

Mel'čuk, Igor. 2001. *Communicative organization in natural language*. Amsterdam/Philadelphia : John Benjamins.

Mel'čuk, Igor & Nicolaj Pertsov. 1987. *Surface syntax of English : A formal model within the meaning-text framework*. Amsterdam/Philadelphia : John Benjamins.

Pollard, Carl & Ivan A. Sag. 1994. *Head-Driven Phrase Structure Grammar*. Chicago : University of Chicago Press.

Corrections des exercices

Corrigé 1.

a. La topologie est l'étude du placement des unités syntaxiques, c'est-à-dire l'étude de l'ordre des mots, mais aussi des syntaxèmes à l'intérieur des mots.

b. Le modèle linguistique décrit la correspondance entre le sens et le texte. Le modèle topologique décrit la linéarisation, c'est-à-dire la correspondance entre la structure syntaxique (non ordonnée) et la chaîne linéaire. Ou dans sa version plus élaborée entre une structure de dépendance syntaxique et un arbre de constituants topologiques.

c. Certaines langues ont un ordre dominant, comme l'ordre SVO en français. Néanmoins considérer un ordre de base revient à considérer que tous les autres ordres sont obtenus par des transformations de l'ordre base. Cela revient à dire que lorsque le sujet est après le verbe en français, celui-ci a été inversé. Même s'il peut nous arriver de conserver la terminologie et de parler de « sujet inversé », nous ne considérons pas qu'il y a eu une inversion. Nous considérons que le sujet a été placé directement dans cette position. La notion d'ordre de base est directement liée à des modèles, comme la Grammaire générative, qui ne considère pas de structure syntaxique dissociée d'un ordre linéaire sur les mots.

Corrigé 2.

a. Le premier symbole, ×, est la racine de l'arbre. Son premier dépendant est 3. Le symbole suivant, +, est la racine du deuxième dépendant, et ainsi de suite. La formule est donc $3 \times ((12 \times 5) + 7)$ sous forme infixée et $3\ 12\ 5 \times 7 + \times$ sous forme postfixée.

b. La formule est $(1 + \sqrt{5}) / 2$ sous forme infixée et $/ + 1 \sqrt{\ } 5\ 2$ sous forme préfixée.

Corrigé 3.   Le syntagme *à cette heure-là* dépend de *parti* et couvre donc la racine de l'arbre *pense*.

Corrigé 4. Le graphe K_4 est planaire : il suffit de prendre une des diagonales et de la faire passer par l'extérieur du carré. C'est le plus complexe des graphes à 4 nœuds et donc tous les graphes à 4 nœuds ou moins sont planaires. Le plus petit graphe non planaire à 5 nœuds est K_5, le graphe complet à 5 nœuds. Le plus petit graphe non planaire à 6 nœuds est $K_{3,3}$, le graphe où 3 nœuds sont liés aux 3 autres (voir la figure 12.45). On vérifiera que, si on retire un seul de leurs liens, ces graphes deviennent planaires.

FIGURE 12.45 – Les plus petits graphes non planaires

Le mathématicien polonais Kazimierz Kuratowski a établi en 1930 la caractérisation suivante des graphes planaires : un graphe est *planaire* si et seulement s'il ne peut être réduit ni à K_5, ni à $K_{3,3}$.

On pourra consulter les pages de la Wikipédia sur les graphes planaires et planaires extérieurs.

Corrigé 5. On observe trois paradigmes de « déterminants » : 1) *les, mes, ces*; 2) *des, plusieurs*; 3) *deux, quelques*. Les éléments de types 1 et 3 peuvent cooccurrer, tandis que ceux de types 2 excluent les autres. Les noms communs doivent obligatoirement être accompagnés d'au moins un éléments d'un de ces trois types. Les éléments de type 1 sont les déterminants définis, ceux de type 2 les déterminants indéfinis. Quant à ceux de type 3, ce sont des quasi-déterminants, puisqu'ils peuvent se placer entre un déterminant défini et le nom et qu'ils n'ont pas de valeur intrinsèquement définie ou indéfinie, mais ils prennent une valeur indéfinie en l'absence d'un déterminant défini. On peut modéliser cette distribution en considérant deux champs topologiques : un pour les déterminant définis, suivi d'un pour les quasi-déterminants, avec la condition qu'un des deux champs au moins doit être occupé. Les déterminants indéfinis occuperaient quant à eux les deux champs en même temps. (Ou ce qui revient au même, ils occupent le champ des quasi-déterminants, mais excluent, pour des raisons sémantiques, la cooccurrence avec un déterminant défini.)

Corrigé 6. Les pronoms interrogatifs se placent au début du domaine microsyntaxique, devant le sujet (dans *Marie, à qui parle-t-elle?*, *Marie* est détaché et n'occupe plus la position sujet). Le pronom interrogatif *que* est la forme faible du pronom *quoi* (comme *me* avec *moi*). C'est un clitique qui doit obligatoirement être dans l'amas verbal (comme *me*). Autrement dit, le pronom interrogatif *que* doit à la fois être en tête du domaine microsyntaxique et dans l'amas verbal, ce qui écrase tout ce qui se trouve entre les deux et en particulier le champ initial qu'occuperait le sujet. Nous développerons une analyse similaire dans le chapitre 19 du vol. 2 sur l'*Extraction* pour expliquer les différences d'ordre entre propositions principale et relative.

Corrigé 7. Les modaux de l'anglais occupent un champ topologique différent de celui des verbes. Le domaine microsyntaxique de la phrase déclarative est donné dans la figure 12.46.

Domaine microsyntaxique					
ch_initial	ch_modal	ch_adv	ch_verbal	ch_objet	ch_compl

FIGURE 12.46 – Domaine verbal microsyntaxique de l'anglais

Le sujet va dans le champ initial, sauf quand celui-ci est occupé par un pronom interrogatif, une négation ou un locatif, ou quand il reste vide dans une interrogative totale. Le champ modal peut rester vide quand le sujet occupe le champ initial et qu'il n'y a pas la négation *not* dans le champ adverbial. Lorsque le champ initial est occupé par un autre élément, le sujet va dans le champ adverbial. Dans les interrogatives, le sujet ne peut pas occuper le champ initial, qui peut rester vide en l'absence d'un pronom interrogatif. Le champ modal doit obligatoirement être occupé si le sujet n'est pas dans le champ initial.

Corrigé 8. Cet exemple montre qu'un constituant à tête verbale, comme *in seiner Nase zu popeln* 'de se crotter le nez', peut également venir se placer dans le Vorfeld. Nous avons vu un cas similaire dans l'exemple (10a), où un verbe au participe passé est placé dans le Vorfeld. Il suffit d'indiquer, dans la règle de correspondance de placement dans le Vorfeld, quelles sont la catégories syntaxiques qui sont éligibles. Il n'est pas nécessaire d'aménager davantage le modèle.

13 La syntaxe profonde : Entre syntaxe et sémantique

13.1 Sémantique, syntaxe profonde, syntaxe de surface

La SYNTAXE PROFONDE étudie le lien entre le niveau syntaxique et le sens. C'est le contrepoint de la topologie qui s'intéresse au lien entre le niveau syntaxique et le texte.

La structure syntaxique proprement dite, qui décrit comment se combinent les syntaxèmes, est aussi appelée la STRUCTURE SYNTAXIQUE DE SURFACE, par contraste avec la syntaxe profonde. La structure sémantique, et plus précisément la structure prédicative (voir la section 3.2 *Partir d'un sens*), décrit les relations prédicat-argument entre les sémantèmes. La syntaxe profonde s'intéresse à la correspondance entre la structure sémantique et la structure syntaxique de surface, c'est-à-dire à l'INTERFACE SÉMANTIQUE-SYNTAXE. Cette correspondance est décrite au travers d'une structure qu'on appelle la structure syntaxique profonde.

> **Définition 13.1 : structure syntaxique profonde, relation syntaxique profonde**
>
> La STRUCTURE SYNTAXIQUE PROFONDE d'un énoncé est une structure qui indique comment les *sémantèmes* de cet énoncé *se combinent*. Les RELATIONS SYNTAXIQUES PROFONDES entre les sémantèmes indiquent à la fois la nature de la relation sémantique et de la relation syntaxique entre eux.

Donnons un premier exemple de structure syntaxique profonde, en la contrastant avec la structure syntaxique de surface et la structure prédicative sémantique (voir la figure 13.1).

(1)   *Zoé a tenu la jambe à la prof pendant une heure.*

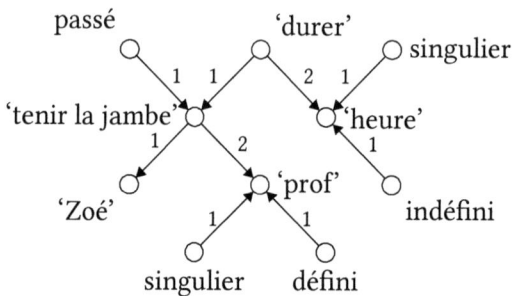

a. Structure prédicative sémantique

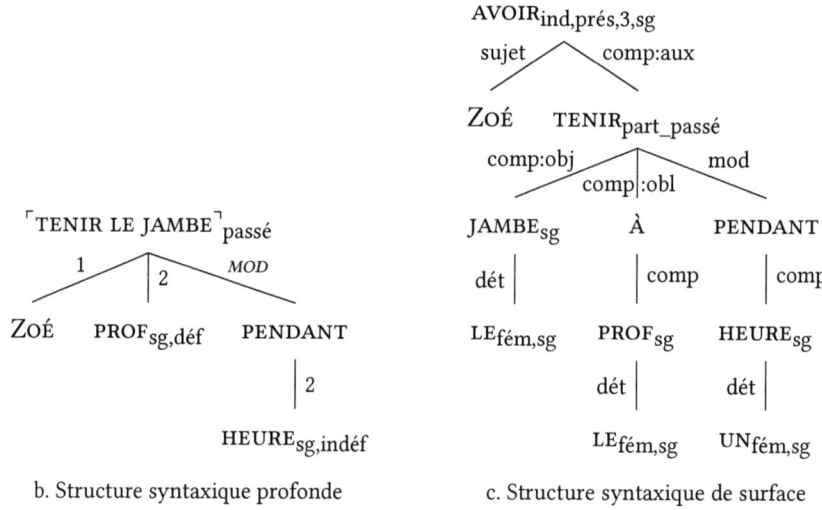

b. Structure syntaxique profonde

c. Structure syntaxique de surface

FIGURE 13.1 – Structures pour (1)

Dans l'exemple (1), ⌜TENIR LA JAMBE⌝ est un phrasème (voir la section 7.6 sur le *Phrasème*) avec le sens de 'retenir quelqu'un en lui imposant une discussion inopportune'. C'est-à-dire qu'il s'agit d'un sémantème complexe, qui forme un seul nœud dans la structure syntaxique profonde, mais correspond à plusieurs syntaxèmes et donc plusieurs nœuds dans la structure syntaxique de surface. Les conventions utilisées dans la structure syntaxique profonde seront explicitées dans la suite. On notera tout de suite que les articles, qui sont des lexèmes très grammaticalisés, sont considérés comme la réalisation par défaut d'un sémantème de définitude. Rappelons que les signifiés des sémantèmes lexicaux ou lexies sont indiqués entre guillemets simples ('prof', 'tenir la jambe', ...). Les signifiés des sémantèmes grammaticaux ou grammies peuvent être désignés par des termes (singulier, passé, ...) ou par des paraphrases ('un', 'avant maintenant', ...).

On peut voir la structure syntaxique profonde essentiellement comme une *projection de la structure prédicative sur la structure syntaxique de surface* et donc comme une structure syntaxique de surface dont la granularité serait celle des sémantèmes. Néanmoins les relations syntaxiques profondes indiquent à la fois les connexions syntaxiques et les relations prédicat-argument, qui peuvent, dans certains cas, ne pas se superposer aux connexions syntaxiques.

On peut aussi voir la structure syntaxique profonde, à l'inverse, comme une projection de la structure syntaxique sur la structure prédicative, c'est-à-dire comme une *structure sémantique hiérarchisée*. La structure syntaxique profonde se distingue néanmoins de la structure sémantique par la nature des unités en jeu : si la structure sémantique représente a priori un sens et donc la combinaison des signifiés des sémantèmes, la structure syntaxique profonde représente la combinaison des sémantèmes proprement dits, c'est-à-dire d'unités lexicales et grammaticales. Nous allons préciser ce point dans la section suivante.

Encadré 13.1 : Historique de la notion de syntaxe profonde

La distinction entre syntaxe profonde et syntaxe de surface telle que nous la concevons est due aux travaux d'Igor Mel'čuk dans le cadre de la Théorie Sens-Texte. Pour Mel'čuk, la structure syntaxique profonde est une structure intermédiaire entre la structure sémantique et la structure syntaxique de surface. Dans son cadre théorique (voir l'encadré 4.6 sur *La*

Théorie Sens-Texte), le passage du sens au texte est modélisé par un premier ensemble de règles qui transforme la structure sémantique, laquelle comprend les relations prédicat-argument entre signifiés lexicaux, en une structure syntaxique profonde arborescente, qui est ensuite transformée en la structure syntaxique de surface. Plutôt qu'une structure intermédiaire, nous préférons voir la structure syntaxique profonde comme un témoin de la correspondance entre la structure sémantique et la structure syntaxique de surface (voir l'encadré 13.3 sur *Lexique syntaxique et interface sémantique-syntaxe*).

L'idée d'une structure syntaxique profonde, appelée STRUCTURE TECTOGRAMMATICALE (voir l'encadré 13.3 pour l'origine du terme), est également présente dans les travaux des Pragois réunis autour de Petr Sgall, qui est l'un des premiers, si ce n'est le premier linguiste (voir son article de 1967), à défendre l'idée d'un modèle stratifié des langues, avec différents niveaux de représentation en correspondance les uns avec les autres. On retrouve également un niveau de représentation profond dans un des modèles post-générativistes, la *Lexical Functional Grammar* (LFG) de Ronald Kaplan et Joan Bresnan (1982) : ici une structure syntaxique en constituants, la c-*structure*, encode la syntaxe de surface et est opposée à une structure de dépendance dite STRUCTURE FONCTIONNELLE, la f-*structure*, qui s'apparente à une structure syntaxique profonde.

L'opposition terminologique entre structure profonde (*deep structure*) et structure de surface (*surface structure*) a également été utilisée par Noam Chomsky (1965) dans le cadre de la Grammaire générative-transformationnelle. L'usage est différent : la structure profonde n'est pas réellement un niveau de représentation différent de la structure de surface, mais une structure syntaxique sous-jacente à la structure de surface, la structure de surface étant obtenue par l'application (éventuelle) de transformations sur la structure profonde. Alors que la structure profonde de Mel'čuk est clairement une structure qui manipule des sémantèmes et pas des syntaxèmes, la structure profonde de Chomsky manipule les mêmes unités que sa structure de surface. De plus, chez Mel'čuk, la structure syntaxique profonde est un arbre de dépendance non ordonné, l'ordre linéaire n'étant introduit qu'au moment de l'interface entre la syntaxe de surface et le texte, tandis que chez Chomsky, la structure profonde et la structure de surface sont des structures de constituants ordonnées. Il s'ensuit des discussions théoriques, qui nous semblent sans fondement, sur l'*ordre de base* des constructions syntaxiques, l'ordre de base étant l'ordre dans lequel les éléments se trouvent dans la structure profonde avant que des transformations ne les déplacent vers leur position en surface (voir l'encadré 12.4 sur *Mouvement et ordre de base*).

13.2 Argument, actant et modifieur

Les *relations syntaxiques de surface* comme les *relations sémantiques* sont *asymétriques* : les relations syntaxiques de surface lient un gouverneur à un dépendant, tandis que les relations sémantiques lient un prédicat à un argument. Cette *double asymétrie* entraîne qu'il existe deux grands types de RELATIONS SYNTAXIQUES PROFONDES (voir les figures 3.12 et 3.13 du chapitre 3 *Produire un énoncé*).

Définition 13.2 : relation actancielle, actant

La relation entre deux sémantèmes est dite ACTANCIELLE quand l'un des sémantèmes est *à la fois le dépendant syntaxique et l'argument sémantique* de l'autre sémantème. Le sémantème dépendant est appelé un ACTANT du sémantème gouverneur.

Définition 13.3 : relation modificative, modifieur

La relation entre deux sémantèmes est dite MODIFICATIVE quand l'un des sémantèmes est *à la fois le gouverneur syntaxique et l'argument sémantique* de l'autre sémantème. Le sémantème dépendant est appelé un MODIFIEUR du sémantème gouverneur.

Le terme *modifieur* est également utilisé pour désigner les sémantèmes qui ont la capacité de modifier un autre sémantème. Nous dirons ainsi que les adjectifs, les adverbes, les prépositions et les conjonctions de subordination sont des modifieurs.

Les relations modificatives sont étiquetées MOD dans les structures syntaxiques profondes. Les relations actancielles sont numérotées dans l'ORDRE D'OBLICITÉ croissante. L'ordre d'oblicité et son inverse, l'ORDRE DE SAILLANCE, seront définis dans le chapitre 17 du vol. 2. Disons ici que plus une relation a de « bonnes » propriétés, plus elle est saillante : le sujet est la relation la plus saillante, suivie du complément d'objet direct, puis du complément d'objet indirect et des compléments obliques. Le sujet est donc le premier actant du verbe. Pour les modifieurs, le gouverneur syntaxique est considéré comme le premier « actant » : ce n'est pas à proprement parler un actant (puisque ce n'est pas un dépendant syntaxique), mais nous nous permettons cet abus de langage car, lorsqu'un modifieur est « verbalisé », son gouverneur devient le sujet de la construction (*une maison verte*, *la maison est verte*). L'actant le plus saillant d'un modifieur (comme *(une personne) heureuse de sa réussite*) est donc appelé son deuxième actant.

Nous n'avons pas encore donné de définition de ce qu'est un argument d'un sémantème. Nous tenterons de le faire dans la section 13.4 sur la *Structure prédicative des sémantèmes*. Nous allons nous intéresser ici un peu plus à la relation entre arguments et actants. Les arguments d'un sémantème sont numérotés en fonction de sa diathèse de base.

Définition 13.4 : diathèse, diathèse de base

La DIATHÈSE d'un sémantème dans un énoncé donné est la correspondance entre les arguments du sémantème et leurs positions syntaxiques dans l'énoncé. On peut généralement déterminer, pour chaque sémantème, une DIATHÈSE DE BASE, qui correspond à la construction la plus courante et la moins marquée dans la langue.

En français, un verbe transitif possède deux diathèses principales : la DIATHÈSE ACTIVE, où l'agent est réalisé comme sujet, comme en (2a), et la diathèse passive où c'est le patient, comme en (2b).

(2) a. *Un chien poursuit Zoé.*

    b. *Zoé est poursuivie par un chien.*

La diathèse active est la diathèse de base en français pour les verbes, puisqu'elle est plus courante et nettement moins marquée que la diathèse passive, qui recourt, elle, à un auxiliaire et une préposition. C'est donc l'agent qui sera le premier argument d'un verbe transitif en français et le patient le deuxième argument. (Voir le chapitre 17 du vol. 2 pour une discussion plus approfondie sur les notions de sujet, d'agent, et de patient et le cas des langues ergatives, où la diathèse passive peut être la diathèse de base.)

Définition 13.5 : redistribution, voix

On appelle REDISTRIBUTION toute construction qui suppose un changement de diathèse par rapport à la diathèse de base. On appelle VOIX les grammies qui ont pour unique signification le marquage de la diathèse.

La grammie qui marque la diathèse passive (en français, ÊTRE + $V_{\text{part-passé}}$) est appelée la VOIX PASSIVE ou plus simplement le PASSIF. Nous y reviendrons à la section 13.3.3. Le passif est en français une redistribution : le premier actant de la diathèse passive est le deuxième argument du verbe.

Les relations actancielles et modificatives ne sont pas les seules relations syntaxiques profondes. Nous verrons dans la suite (et notamment dans la section 13.6 et les suivantes) qu'il existe des cas où les relations syntaxiques de surface et les relations sémantiques ne se superposent pas, ce qui nous amènera à considérer deux autres types de relations syntaxiques profondes, que nous appellerons par abus de langage, les RELATIONS SYNTAXIQUES PURES et les RELATIONS SÉMANTIQUES PURES (bien qu'il s'agisse de relations syntaxiques profondes).

Les structures syntaxiques profondes contiennent également des relations de coréférence et des relations d'ancrage, dont nous discuterons dans la section 13.3 et l'encadré 13.4.

Lorsque nous étudierons les listes paradigmatiques (chapitre 18 du vol. 2) et la macrosyntaxe (chapitre 20 du vol. 2), nous introduirons encore d'autres relations syntaxiques profondes.

13.3 Les unités (potentielles) de la syntaxe profonde

L'objectif de la syntaxe profonde est d'étudier les combinaisons entre sémantèmes, c'est-à-dire les unités lexicales et grammaticales qui ont une contribution sémantique. Les unités de base de la structure syntaxique profonde sont donc avant tout les sémantèmes. Mais plusieurs questions se posent et nous allons donc passer en revue les unités qui se trouvent nécessairement dans la structure, celles qui n'y apparaissent pas explicitement et celles qui pourraient y apparaître.

13.3.1 Les unités de la syntaxe profonde

13.3.1.1 Les sémantèmes lexicaux

Ce sont les *unités lexicales* ou *lexies*. Les lexies peuvent correspondre, du coté syntaxique, à un lexème ou à un phrasème composé de plusieurs lexèmes, comme ⌜TENIR LA JAMBE⌝ dans l'exemple (1). Elles peuvent éventuellement contenir des grammèmes, comme la lexie TRAVAUX (*Il y a des* **travaux** *dans ma rue.*), qui contient un pluriel inhérent (ce sens de TRAVAUX n'existe pas au singulier ; il serait inapproprié de dire *#Il y a un travail dans ma rue.*).

Du côté sémantique, les lexies ont un signifié bien déterminé et sont donc des unités non ambiguës, qui sont associées à des acceptions précises de lexèmes. (Dans nos représentations, nous n'indiquons pas quelle acception de chaque unité lexicale est considérée, car cela nécessite d'avoir un lexique de référence qui attribue un numéro à chaque acceptation.)

13.3.1.2 Les sémantèmes grammaticaux

Ce sont les *unités grammaticales* ou *grammies*. Une grammie peut correspondre du coté syntaxique à un grammème, comme l'imparfait, ou à une combinaison de grammèmes et de lexèmes, l'un des grammèmes se combinant avec un lexème ne faisant pas partie de la grammie. Ce dernier cas peut être illustré par l'accompli, formé en français d'un auxiliaire, AVOIR ou ÊTRE, et d'un grammème de participe passé (voir la figure 13.2).

(3)   *J'ai peur d'avoir répondu trop vite.*

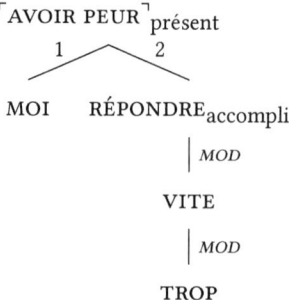

FIGURE 13.2 – Structure syntaxique profonde de (3)

(Il existe une autre acception de *avoir peur* qui est une collocation, où PEUR est modifiable et *avoir* commute avec FAIRE : *j'ai une peur bleue des araignées.* Mais le sens figuré, sans déterminant, utilisé en (3) est bien un phrasème ⌜AVOIR PEUR⌝.)

13.3.2 Les unités de la syntaxe de surface qui ne sont pas des unités de la syntaxe profonde

13.3.2.1 Les lexèmes polysémiques

Nous avons défini les syntaxèmes sur des critères purement syntaxiques. Un lexème, c'est-à-dire un syntaxème lexical, peut tout à fait être polysémique et correspondre à plusieurs sémantèmes. Dans ce cas, c'est une acception précise du lexème, correspondant à un sens particulier, qui figure dans la structure syntaxique profonde. Autrement dit, en analyse, la désambiguïsation lexicale se fait dans le passage de la syntaxe de surface à la sémantique.

13.3.2.2 Les lexèmes qui font partie d'un phrasème

Dans ce cas, le lexème n'apparaît pas en tant que tel : c'est le phrasème qui sera une unité minimale de la structure syntaxique profonde, comme ⌜AVOIR PEUR⌝ dans la figure 13.2.

13.3.2.3 Les régimes

Les syntaxèmes qui marquent la relation syntaxique entre deux sémantèmes n'apparaissent pas explicitement dans la structure syntaxique profonde. Ils ne correspondent pas à un choix séparé du locuteur, mais sont imposés par le régime du gouverneur. C'est le cas de la préposition À dans l'exemple (1), qui est imposé par le régime de ⌜TENIR LA JAMBE⌝. C'est aussi le cas des syntaxèmes flexionnels de cas, comme le nominatif porté par les pronoms personnel sujet en français (cf. *je* = MOI$_{nominatif}$, dans l'exemple (3)).

13.3.2.4 Les syntaxèmes d'accord

Les syntaxèmes flexionnels qui marquent l'accord, comme l'accord en genre des adjectifs du français (*maison blanche*), n'ont pas de contribution sémantique. Ces syntaxèmes servent généralement à marquer des relations syntaxiques. Le cas de l'accord en nombre entre le nom et l'article (*les chevaux*) est plus complexe, car il y a bien un sémantème de pluriel, qui correspond à deux syntaxèmes (voir l'encadré 7.1 « *Constructions verbales et accords : signes vides ?* ».) Nous positionnons le sémantème sur le nom, puisque c'est sur le nom que porte sémantiquement le nombre (même si en français, le nombre est morphologiquement marqué avant tout sur l'article).

13.3.3 Les unités potentielles de la syntaxe profonde

13.3.3.1 Les fonctions lexicales pour les collocatifs

Les collocatifs sont des sémantèmes, mais leur choix est contraint par la base de la collocation et leur sens dans le contexte de la collocation est généralement différent de leur sens habituel. Dans l'exemple (4), FAIRE et BLEU sont des collocatifs de PEUR, qui expriment respectivement des sens de causation ('Zoé cause que j'ai peur') et d'intensification ('Ma peur est intense'), auxquels nous assignons les signifiés génériques 'causer' et 'intense' dans la représentation sémantique de la figure 13.3a. À partir de là deux choix sont possibles : on peut introduire des lexies FAIRE et BLEU particulières, utilisées avec les sens 'causer' et 'intense' dans le contexte de PEUR. Ou bien, comme le propose Igor Mel'čuk, considérer que FAIRE et BLEU sont des lexèmes qui réalisent en surface les valeurs d'un « sémantème » plus abstrait, qu'il appelle des FONCTIONS LEXICALES (voir l'encadré 7.4 sur les *Fonctions lexicales*) et que nous nommons Caus et Magn dans la figure 13.3b (voir la section 13.6 sur le *Contrôle* pour la flèche hachée).

(4)   *Zoé m'a fait une peur bleue.*

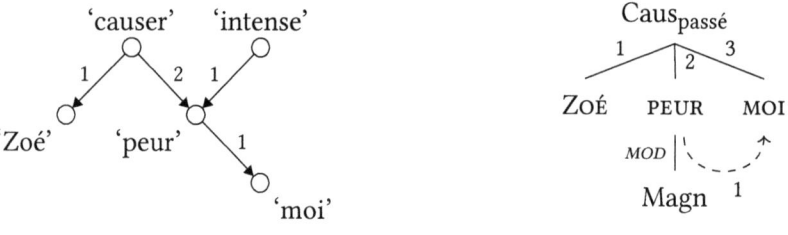

a. Structure prédicative sémantique   b. Structure syntaxique profonde

FIGURE 13.3 – Structures avec fonctions lexicales de (4)

13.3.3.2 Les translatifs purs

Les TRANSLATIFS sont des syntaxèmes dont la fonction est de permettre à un lexème d'une catégorie donnée d'occuper une position syntaxique dont les éléments prototypiques appartiennent à une autre catégorie (voir le chapitre 16 du vol. 2 sur les *Catégories microsyntaxiques*). Ainsi dans l'exemple (5a), la copule ÊTRE permet à l'adjectif SYMPA de se comporter comme un prédicat verbal et d'occuper la position de complément du verbe PENSER. Une autre construction est possible, (5b), sans copule, et la synonymie entre les deux constructions montre l'absence de contribution sémantique de la copule. Un translatif sans réelle contribution sémantique est dit PUR.

(5)   a. *Ali trouve que Zoé est sympa.*

      b. *Ali trouve Zoé sympa.*

Malgré l'absence de contribution sémantique des translatifs purs, nous décidons de les faire figurer dans la structure syntaxique profonde, car on peut considérer que le fait de ne pas utiliser, dans une position donnée, une lexie de la catégorie attendue est un choix du locuteur (souvent contraint par l'absence d'une possible réalisation dans la catégorie attendue du sens à lexicaliser) et que ce choix induit une lexicalisation particulière dans la position considérée. De plus, dans un cas comme celui de SYMPA dans (5a), le fait que l'adjectif soit combiné avec un translatif en verbe entraîne la présence d'une grammie de temps, le présent dans cet exemple, dont le choix est en partie libre. Il existe plusieurs possibilités pour modéliser la copule dans la structure syntaxique profonde de (5a). Dans la figure 13.4a, nous représentons la copule comme un opérateur V de verbalisation, tandis que, dans la figure 13.4b, nous lui attribuons une véritable position dans la structure (ce qui nous rapproche davantage de la structure syntaxique de surface). Dans ce deuxième cas, nous utilisons l'étiquette Pred, comme 'prédicatif', comme le propose Mel'čuk. La flèche hachée représente une dépendance sémantique qui n'est pas réalisée par une dépendance syntaxique entre les mêmes éléments. Nous y reviendrons dans la section 13.6 sur le *Contrôle*.

Notons que la conjonction de subordination QUE est également un translatif pur (de verbe en substantif). Nous aurions donc pu aussi l'introduire dans les représentations de la figure 13.4. Nous ne l'avons pas fait, car on considère que la conjonction de subordination QUE fait partie du régime de TROUVER.

Notons également que les translatifs peuvent en plus être des collocatifs : tel est le cas des verbes supports qui permettent à des noms prédicatifs d'occuper des positions verbales (***poser** une question*, ***faire** une sieste*, ***pousser** un cri*, etc. Voir l'encadré 7.3 sur les *Verbes supports et unités grammaticales*).

13.3.3.3 Les sémantèmes constructionnels

Il existe des syntaxèmes qui n'expriment pas des sens proprement dits, mais qui ont à voir avec la structure communicative, la façon dont on présente l'information (voir l'encadré 13.2). Nous considérons qu'il s'agit de sémantèmes d'un

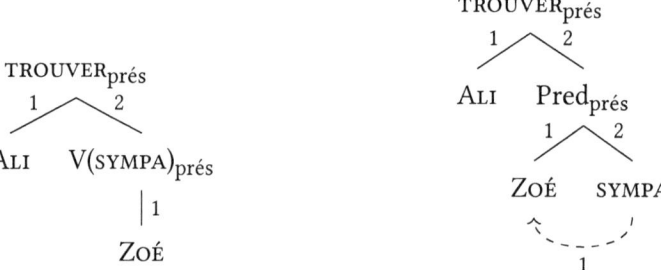

a. Avec la copule comme opérateur   b. Avec un nœud lexical pour la copule

FIGURE 13.4 – Deux représentations pour la structure syntaxique profonde de (5a) avec une copule

type particulier, que nous appelons les SÉMANTÈMES CONSTRUCTIONNELS. Nous distinguons ceux comme le clivage, qui sont réalisés par des lexèmes et des grammèmes distincts de la forme verbale et que nous traitons comme des lexies, et ceux comme le passif, qui sont réalisés par un grammème sur le verbe et que nous traitons comme des grammies.

Nous avons déjà parlé du clivage dans la section 11.8 sur *Les tests de constituance* et dont nous reparlerons dans le chapitre 19 du vol. 2. Le clivage, réalisé par *c'est* X *qui/que* Y, s'applique à une proposition Y dont il promeut l'un des éléments X. Il possède donc deux actants : l'élément promu X est le premier actant et la proposition Y privée de cet élément est le deuxième actant.

(6)   a. *C'est Zoé* **qui** *viendra.*

b. *C'est* à *Zoé* **que** *j'ai parlé.*

Nous modélisons le clivage comme une lexie que nous appelons « clivage ». Les structures syntaxiques profondes des exemples (6) sont données dans la figure 13.5.

Passons à notre deuxième exemple de sémantème constructionnel, le passif. Il s'agit d'une redistribution qui a pour effet de promouvoir l'objet d'un verbe transitif dans la position sujet et d'effacer ou de rétrograder le sujet du verbe. En français, il est réalisé par un grammème de participe passé sur le verbe, généralement combiné avec la copule ÊTRE. En conséquence de cette redistribution, le deuxième argument du verbe devient le premier actant, tandis que le premier argument est rétrogradé dans un rôle que nous notons ∞. (Nous utilisons cet étiquette pour indiquer que le COMPLÉMENT RÉTROGRADÉ, appelé COMPLÉMENT D'AGENT par la grammaire traditionnelle, occupe toujours une position plus oblique que les autres actants. Nous y reviendrons lorsque nous parlerons du causatif dans la section 13.7.)

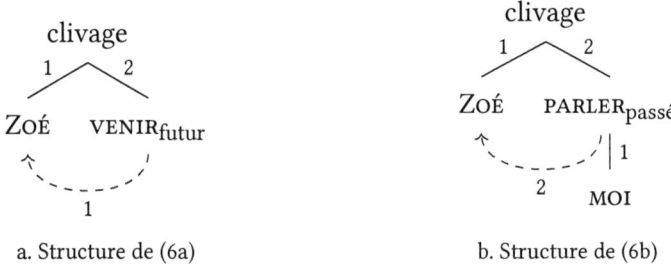

a. Structure de (6a)   b. Structure de (6b)

FIGURE 13.5 – Structures syntaxiques profondes pour le clivage

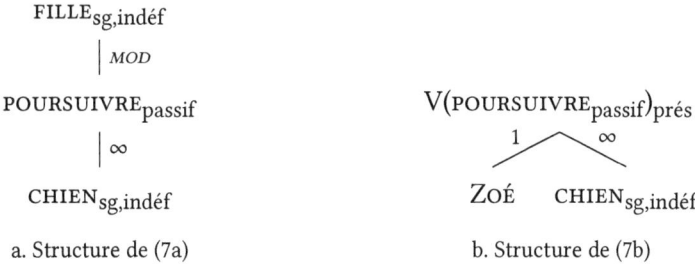

a. Structure de (7a)   b. Structure de (7b)

FIGURE 13.6 – Structures syntaxiques profondes pour le passif

(7)   a. *une fille poursuivie par un chien*

     b. *Zoé est poursuivie par un chien.*

Nous faisons le choix de traiter le passif complet en ÊTRE + $V_{part\text{-}passé}$ comme la combinaison d'une grammie que nous appelons le passif et qui est réalisée par le grammème du participe passé, comme en (7a), et d'une translation d'adjectif en verbe réalisée par la copule ÊTRE. La grammie du passif assure, elle, une translation du verbe en adjectif, puisque le participe passif peut modifier un nom, et une redistribution, puisque le deuxième actant du verbe est promu comme gouverneur et le premier actant est rétrogradé. Dans la figure 13.6a, nous notons cette grammie « passif », mais il est aussi possible de la noter Adj_2, c'est-à-dire comme la réalisation d'une translation en adjectif promouvant le deuxième actant. Les notations POURSUIVRE$_{passif}$ et Adj_2(POURSUIVRE) sont donc à peu près équivalentes, la deuxième notation étant plus générale. Le passif en ÊTRE est analysée comme une double translation, du verbe en adjectif par la grammie du passif, puis d'adjectif en verbe par la copule (voir la figure 13.6b).

En français, la valence active est la valence de base du verbe et cette valence n'est pas marquée, la forme du verbe étant la même que celle des verbes intransitifs. Nous considérons, en conséquence, qu'il n'y a pas de grammie de l'actif.

559

13.3.3.4 Les pronoms

Certains pronoms résultent du dédoublement d'un nœud sémantique, comme le pronom *elle* en (8a). Le pronom n'est donc pas un sémantème standard, puisqu'il n'a pas de signifié distinct qui apparaisse dans la structure sémantique, comme on le voit dans la structure prédicative de la figure 13.7 commune aux deux exemples en (8).

(8)   a. *Zoé pense qu'elle viendra.*

   b. *Zoé pense venir.*

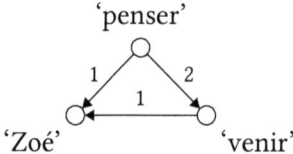

FIGURE 13.7 – Structure prédicative avec un cycle commune à (8a) et (8b)

La représentation que nous proposons pour (8a) est d'indiquer qu'il y a un sémantème « pro » coréférent avec Zoé. La coréférence est indiquée par une flèche bidirectionnelle en pointillé (voir la figure 13.8a). Ce lien indique que le sémantème « pro » provient du dédoublement du sémantème 'Zoé' et il permet d'assurer l'accord de « pro » avec Zoé au niveau syntaxique de surface. Dans le cas de (8b), où il n'y a pas de pronom, nous indiquons, dans la figure 13.8b, que la dépendance entre le verbe subordonné et son premier argument est uniquement sémantique (par une flèche hachée, voir la section 13.6 sur le *Contrôle*).

a. Structure de (8a)   b. Structure de (8b)

FIGURE 13.8 – Structures syntaxiques profondes dans le cas d'un cycle

D'autres représentations plus proches de la sémantique ont été proposées : Mel'čuk propose une représentation commune pour les deux phrases de (8), avec deux nœuds Zoé lié par un lien de coréférence. Une alternative à cette représentation est de garder un seul nœud Zoé et d'avoir deux gouverneurs syntaxiques pour ce nœud, ce qui donne une structure de dag (*directed acyclic graph*, voir l'encadré 3.2 sur *Graphe et arbre*).

13.3.3.5 La finitude-mode

On appelle FINITUDE-MODE la catégorie comprenant les grammèmes indicatif, subjonctif, impératif, infinitif, participe présent et participe passé. À l'exception de l'impératif, ces grammèmes n'ont généralement pas de contribution sémantique. Par exemple, l'indicatif ou l'infinitif sur le verbe VENIR dans les exemples (8) est imposé par le verbe PENSER qui le régit et nous ne le faisons donc pas figurer dans les structures syntaxiques profondes de ces exemples. Cette décision est tout de même discutable, car même si l'indicatif et l'infinitif n'ont pas ici de contribution sémantique, le choix de l'indicatif plutôt que l'infinitif a des conséquences sur la présence d'un sémantème de temps et sur la réalisation d'un pronom.

La question se pose aussi pour l'indicatif sur le verbe principal. Nous considérons que la réalisation d'un verbe à l'indicatif n'est pas réellement un choix du locuteur et ne correspond pas à l'expression d'un sens particulier. Ce n'est pas tout à fait vrai, puisque le choix de l'indicatif (*Tu fais ce que tu veux.*) s'oppose à celui de l'impératif (*Fais ce que tu veux !*) ou du subjonctif (*Qu'il fasse ce qu'il veut !*) et indique qu'il s'agit d'une assertion ou d'une question et pas d'une injonction.

Il existe des cas où l'infinitif possède réellement une contribution sémantique et n'est pas imposé par le régime d'un verbe. C'est par exemple le cas dans l'exemple (9a) : la grammie infinitif de *fumer* en position sujet réalise une valeur générique du premier argument de FUMER, que l'on peut aussi exprimer en français avec le pronom ON, comme le montre la paraphrase avec (9b).

(9)   a. *Fumer est dangereux pour la santé.*

   b. *Quand on fume, on met sa santé en danger.*

Nous donnons dans la figure 13.9a les représentations sémantique et syntaxique profonde de (9). Nous représentons le sens générique par une étiquette « générique ». Ce sens est exprimé par grammie infinitif dans la structure syntaxique profonde. Notons que l'infinitif n'apparaît pas dans la structure syntaxique profonde quand il ne s'agit pas d'un sémantème comme ici (voir la figure 13.8b).

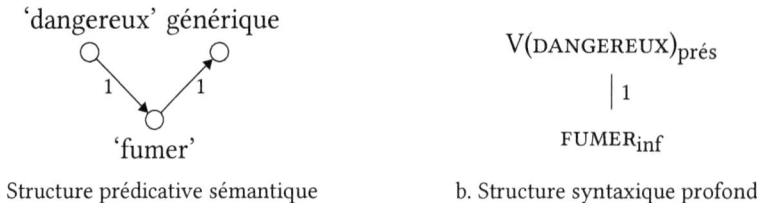

a. Structure prédicative sémantique   b. Structure syntaxique profonde

FIGURE 13.9 – Structures pour (9)

Concernant le grammème de participe passé, nous avons déjà donné des exemples et vu qu'il pouvait faire partie d'une grammie complexe exprimant le passé ($\text{AVOIR}_{\text{présent}}$ + $V_{\text{part-passé}}$) ou l'accompli (AVOIR + $V_{\text{part-passé}}$) ou qu'il pouvait réaliser la grammie du passif (voir la figure 13.6).

Le grammème de participe présent, lui, est utilisé dans deux emplois en français : comme un translatif pur de verbe en adjectif, comme en (10a), ou comme un translatif de verbe en adverbe dans la grammie complexe EN + $V_{\text{part-présent}}$, comme en (10b). Comme expliqué dans la section 13.3.3, nous traitons les translatifs purs comme des opérateurs dans la structure syntaxique profonde : le participe présent est ainsi représenté par les opérateurs Adj et Adv dans la figure 13.10. Il serait également possible de nommer les grammies correspondantes. Une grammie assurant la translation d'un verbe en adverbe est généralement appelée un GÉRONDIF.

(10)   a.   *un chemin suivant la rivière*

        b.   *Ali est allé à la poste en suivant la rivière.*

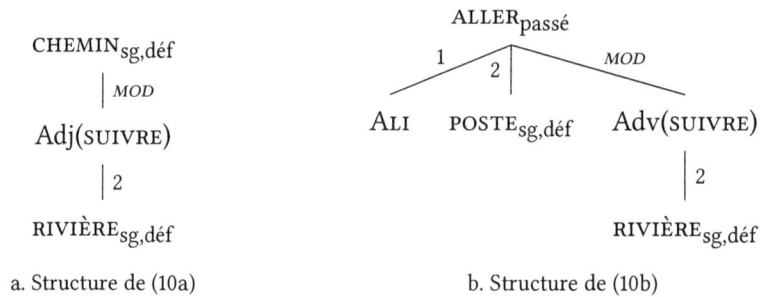

a. Structure de (10a)   b. Structure de (10b)

FIGURE 13.10 – Structures syntaxiques profondes pour le participe présent

13.3.3.6 Les sémantèmes cachés

Nous appelons SÉMANTÈMES CACHÉS des sens qui naissent d'une configuration particulière sans être réellement réalisés par un syntaxème. Notre premier exemple est illustré par une construction particulière du russe relevée par Mel'čuk (1988 : 141). En russe, le numéral se place normalement avant le nom. Il est néanmoins possible de placer le numéral après le nom, mais cela change le sens : le numéral est alors interprété comme une valeur approximative. C'est donc l'ordre des mots qui est signifiant.

(11) a. *Ja polučil desjat' rublej.*

'J'ai reçu dix roubles.'

b. *Ja polučil rublej desjat'.*

'J'ai reçu environ dix roubles.'

Nous indiquons cette valeur par un sémantème « approx », qui se combine avec le numéral (voir la figure 13.11). Plus généralement, nous représentons les sémantèmes cachés comme des sémantèmes opérationnels s'appliquant à un autre sémantème.

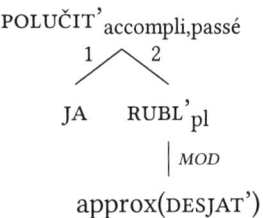

FIGURE 13.11 – Structure syntaxique profonde pour le sémantème configurationnel de (11b)

La DISLOCATION, gauche ou droite, est un cas de sémantème constructionnel, comme le clivage, mais qui, à la différence du clivage, n'a pas vraiment de marqueur lexical : une dislocation met généralement en jeu un pronom qui reprend l'élément disloqué, mais le pronom n'est pas en soi le signifiant d'une dislocation (nous verrons d'ailleurs un cas dans l'encadré 13.2 de dislocation droite sans reprise pronominale).

(12) *Zoé, j'ai l'intention de lui parler.*

Nous considérons que les dislocations gauche et droite sont des sémantèmes cachés, que nous notons « disloc-g » ou « disloc-d » (voir la figure 13.12). La contribution sémantique de la dislocation gauche sera discutée dans l'encadré 13.2 et la subtile différence de sens entre dislocations gauche et droite sera étudiée dans le chapitre 20 du vol. 2.

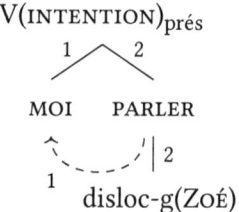

FIGURE 13.12 – Structure syntaxique profonde pour la dislocation gauche de (12)

Un dernier exemple de sémantème caché est celui des conversions massif-comptable. Un nom comme VIN ou SABLE est dit MASSIF, car on ne compte pas le vin ou le sable et que du vin séparé en deux donne toujours du vin.

(13)   a. *Zoé a bu du vin.*

      b. *Zoé a goûté un bon vin.*

Dans l'exemple (13a), nous considérons que VIN ne se combine pas avec une grammie de nombre, car le grammème de singulier ne résulte pas d'un choix et ne s'oppose pas à un grammème de pluriel (voir la figure 13.13a). Pour quantifier du vin ou du sable, on doit ajouter un « classifieur » : *deux **bouteilles** de vin, trois **kilos** de sable*. On peut néanmoins combiner les massifs directement avec des numéraux, mais alors le nom X est interprété comme dénotant un « type de X ». Nous considérons donc que dans l'exemple (13b) se cache un sémantème opérationnel, « type » (voir la figure 13.13b). On notera aussi, dans les exemples (13), le contraste entre l'indéfini réalisé par DU pour les massifs et par UN pour les comptables. (L'opposition entre défini et indéfini sera étudiée au chapitre 15 du vol. 2.)

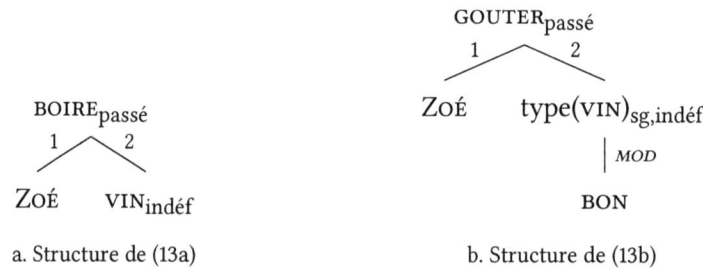

a. Structure de (13a)   b. Structure de (13b)

FIGURE 13.13 – Structures syntaxiques profondes pour la conversion massif-comptable

Encadré 13.2 : Structure communicative et syntaxe profonde

La STRUCTURE COMMUNICATIVE, encore appelée *information packaging* 'emballage de l'information' en anglais, est une composante de la représentation sémantique qui se superpose à la structure prédicative pour indiquer comment l'information doit être communiquée (voir l'encadré 3.3 sur *Les composantes du sens*). La principale composante de la structure communicative est la partition thème-rhème : le RHÈME est *ce qu'on dit*, l'information qui est réellement communiquée, tandis que le THÈME désigne *ce dont on parle*, ce à propos de quoi le rhème communique une information.

Nous avons vu que, dans les langues dites à ordre libre, l'ordre des mots peut être utilisé pour encoder la structure communicative (avec le support de la prosodie). Par contre, dans les langues à ordre plus strict, comme le français, il existe des constructions dédiées pour exprimer la structure communicative. Nous en avons introduit deux dans la section 13.3 sur *Les unités (potentielles) de la syntaxe profonde* : le clivage et la dislocation. Le clivage est l'expression d'un RHÈME FOCALISÉ, c'est-à-dire un rhème que l'on souhaite contraster avec les informations concurrentes. À l'inverse, la dislocation gauche marque un THÈME FOCALISÉ, indiquant que c'est à propos de cet élément et pas d'un autre que l'information est communiquée.

(14) a. *C'est **à Zoé** que je parle* (et ce n'est pas à quelqu'un d'autre).

  b. ***Zoé**, je ne lui parle pas* (les autres, je leur parle).

Nous avons fait le choix d'indiquer explicitement les constructions qui sont déclenchées, puisqu'elles peuvent mettre en jeu des unités lexicales, comme le clivage, et/ou faire intervenir une réorganisation de la structure syntaxique de surface, comme les dislocations. Les exemples en (15) montrent, par exemple, que si l'argument de l'adjectif EXCELLENT est disloqué, alors il n'est plus nécessaire de translater l'adjectif en verbe pour réaliser cet argument. Voir la figure 13.14 qui donne les structures syntaxiques profondes correspondantes.

(15) a. *Excellent, ce café !*

  b. *Ce café est excellent.*

EXCELLENT $\qquad$ V(EXCELLENT)$_{\text{prés}}$

$1\,|$ $\qquad\qquad$ $1\,|$

disloc-d(CAFÉ$_{\text{sg}}$) $\qquad$ CAFÉ$_{\text{sg}}$

MOD $|$ $\qquad\qquad$ *MOD* $|$

CET $\qquad\qquad\qquad$ CET

a. Structure de (15a) $\qquad$ b. Structure de (15b)

FIGURE 13.14 – Structures syntaxiques profondes avec et sans dislocation

A la différence du français, dans d'autres langues, comme les langues slaves, la structure communicative ne déclenche pas de modifications de la structure syntaxique proprement dite, mais va être réalisée par des variations dans l'ordre des mots (voir l'encadré 12.14 sur *Les langues dites à ordre libre*). On peut considérer que, dans ce cas, la structure communicative n'est pas consommée par l'interface sémantique-syntaxe et qu'elle devra être prise en compte directement par le module topologique. On peut donc décider de ne pas la mentionner dans la structure syntaxique profonde. C'est ce qu'on fera dans un modèle distribué où les différents niveaux de représentation peuvent communiquer entre eux et où la grammaire topologique peut accéder à des informations de niveau sémantique. Dans un modèle stratifié, la structure communicative devra être recopiée aux différents niveaux de représentation jusqu'à ce qu'elle soit consommée et elle apparaîtra donc dans les représentations syntaxiques profonde et de surface.

13.4 Structure prédicative des sémantèmes

Les sens linguistiques fonctionnent comme des prédicats qui prennent d'autres sens comme arguments. Lorsque deux sémantèmes sont combinés, nous constatons que, à l'exception des *Listes* que nous discuterons dans le chapitre 18 du vol. 2, l'un des deux est l'argument de l'autre. Cette propriété, que nous ne pouvons pas démontrer, nous permet de postuler la structure prédicative des différents sémantèmes.

> **Définition 13.6 : valence sémantique, structure prédicative, régime**
>
> La STRUCTURE PRÉDICATIVE du sémantème est l'*ensemble des positions argumentales* qu'il ouvre. La VALENCE SÉMANTIQUE d'un sémantème est le *nombre d'arguments sémantiques* que possède le sémantème. Le RÉGIME du sémantème est l'*ensemble des contraintes syntaxiques de surface* s'appliquant sur ses arguments.

Nous adoptons une définition très sémantique des arguments. Les arguments correspondent à des éléments essentiels dans la *définition du sens* d'un sémantème. Par exemple, un verbe comme VENDRE, comparé à DONNER, est considéré comme quadrivalent : quelqu'un donne quelque chose à quelqu'un, mais pour vendre il faut en plus recevoir un *montant* en échange. Le verbe LOUER quant à lui est pentavalent, puisque, contrairement à la vente qui est une cession pleine, la location se fait pour une *durée* déterminée.

Les arguments peuvent aussi être caractérisés par des contraintes de réalisation particulières au niveau syntaxique de surface. Par exemple, le montant pour un verbe comme VENDRE est réalisé par un complément direct (*elle l'a vendu 100 euros*) qui peut en plus commuter avec l'adjectif CHER (*elle l'a vendu cher*). Ces propriétés montrent qu'il ne s'agit pas d'un modifieur. Les modifieurs verbaux peuvent être combinés avec la plupart des verbes, ce qui n'est évidemment pas le cas d'un tel complément.

Nous allons étudier la structure prédicative des différents sémantèmes en procédant par parties du discours en commençant par les verbes, les noms, puis les modifieurs.

13.4.1 Les verbes

La valence des verbes est la plus étudiée. Nous en avons déjà donné quelques exemples. Il existe des *verbes avalents*, comme les verbes météorologiques PLEUVOIR ou NEIGER, des *verbes monovalents* comme DORMIR ou COURIR, des *verbes bivalents* comme MANGER ou PENSER. (Evidemment, tous ces verbes sont polysémiques et quand nous disons que tel verbe a telle valence, nous faisons référence à l'acception la plus courante de ce verbe. Le verbe COURIR, par exemple, est monovalent dans *courir pour rester en forme*, mais bivalent dans *courir les filles* ou *courir après son bus*.)

Parmi les compléments locatifs, on distingue les modifieurs qui indiquent le lieu et le moment du procès d'arguments qui indiquent une destination. Par exemple, ALLER est bivalent (quelqu'un va quelque part), METTRE est trivalent (quelqu'un met quelque chose quelque part). Certains cas sont délicats à trancher : par exemple, le complément *à la bibliothèque* en (16) est un modifieur s'il indique le lieu où je travaille aujourd'hui, mais il est un argument si (16) est utilisé pour dire 'je suis un employé de la bibliothèque'. (On notera aussi qu'il s'agit de deux acceptions différentes du lexème TRAVAILLER.)

(16) *Je travaille à la bibliothèque.*

13.4.2 Les noms

Les noms posent un problème délicat. Un nom comme SŒUR est bivalent : il exprime la relation entre deux personnes et le sens de 'sœur' ne peut être défini sans faire intervenir ces deux personnes : quelqu'un est la sœur de quelqu'un. Néanmoins son premier argument ne peut être exprimé que lorsque le nom est translaté en verbe comme en (17a). Lorsque SŒUR occupe une position nominale, comme en (17b), seul son deuxième argument est exprimable. On dit, dans ce cas, que le nom INTÈGRE son premier argument, le nom désigne le premier argument lui-même.

(17) a. *Zoé est la sœur de Luce.*

b. *La sœur de Luce dort.*

Dans le représentation syntaxique profonde de (17a) dans la figure 13.16a, nous indiquons explicitement le fait que SŒUR est translaté en verbe (par l'ajout de l'opérateur V). C'est seulement dans ce cas que le sémantème SŒUR peut réaliser son premier argument.

a. Structure de (17a)   b. Structure de (17b)

FIGURE 13.15 – Structures sémantiques d'un nom intégrant son premier actant

On peut considérer, comme l'on fait les logiciens depuis au moins Frege (1892), que tous les noms intègrent un premier actant, qui ne peut être réalisé que lorsque le nom est utilisé comme attribut du sujet. Cependant la plupart des noms ne sont

FIGURE 13.16 – Structures syntaxiques profondes d'un nom intégrant son premier actant

quasiment jamais utilisés comme attribut du sujet. De plus, lorsque le nom est défini, il s'agit souvent d'une PROPOSITION ÉQUATIVE, où le verbe ÊTRE indique l'identité de deux choses, comme en (18).

(18)   *Mars est la troisième planète du système solaire.*

Dans ce cas, nous considérons que le verbe ÊTRE est un sémantème indiquant l'équation entre ses deux actants (voir la figure 13.17, où on notera que DE est traité comme un sémantème exprimant le sens 'appartenir').

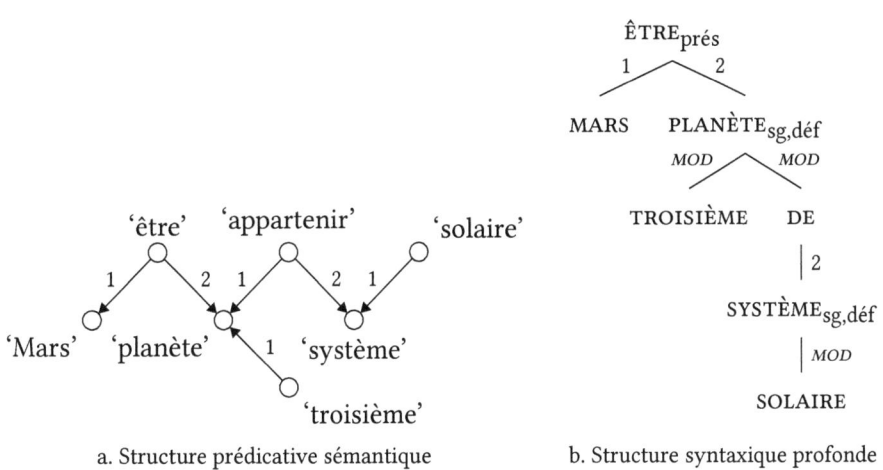

a. Structure prédicative sémantique   b. Structure syntaxique profonde

FIGURE 13.17 – Structures pour (18)

Il existe aussi des noms qui sont fondamentalement prédicatifs. Par exemple, un nom comme QUESTION est parallèle au verbe QUESTIONNER : X *questionne* Y *à propos de* Z, *la question de* X *à* Y *à propos de* Z. Il peut être utilisé dans des constructions à verbes support : X ***pose une question*** Y, Y ***répond*** *à la question* de X. Nous considérons donc que le nom QUESTION est un nom trivalent et nous numérotons les actants du nom QUESTION comme ceux du verbe QUESTIONNER.

13.4.3 Les modifieurs

Les adjectifs, les adverbes, les prépositions ou les conjonctions de subordination sont intrinsèquement des MODIFIEURS, c'est-à-dire des sémantèmes, qui dépendent syntaxiquement de leur premier argument. Des adjectifs comme ROUGE ou BEAU désigne des propriétés d'une entité et ne peuvent être définis sans faire intervenir cette entité. Des adverbes comme VITE ou FACILEMENT désigne des propriétés d'un procès et ne peuvent être définis sans faire intervenir ce procès. Une conjonction de subordination comme PARCE QUE est bivalente : elle indique une relation de cause à effet entre deux faits. Des prépositions comme SUR ou CHEZ exprime également la relation entre deux éléments (*quelque chose est sur quelque chose ; quelque chose est chez quelqu'un*) et sont donc bivalentes (voir les figures 13.18a et b). Une préposition comme AVANT est même trivalente : ***son anniversaire est deux jours*** *avant* **Noël**. Les prépositions peuvent intégrer leur premier actant comme les noms, lorsqu'elles sont l'actant d'un verbe de mouvement (voir la figure 13.18c).

(19) a. *Luce est chez Zoé.*

   b. *Luce dort chez Zoé.*

   c. *Luce va chez Zoé.*

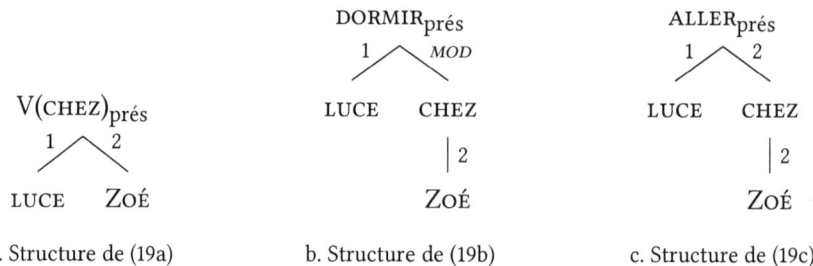

a. Structure de (19a) b. Structure de (19b) c. Structure de (19c)

FIGURE 13.18 – Structures syntaxiques profondes pour la préposition CHEZ

Les adjectifs ou les adverbes peuvent aussi occuper une position actancielle, comme dans (20a) et (20c). Ils intègrent alors leur premier argument : on comparera les deux emplois de FRANÇAIS dans la figure 13.19. (On notera le traitement de la préposition DE comme un translatif Adj, permettant au nom LAIT d'occuper une position où un adjectif est attendu.)

(20)   a. *la production **française** de lait*

     b. *une tomate française*

     c. *Luce s'est **mal** comporté.*

     a. Structure de (20a)   b. Structure de (20b)

FIGURE 13.19 – Structures syntaxiques profondes pour un adjectif

13.4.4 Les sémantèmes grammaticaux

Les grammies sont toujours des prédicats unaires, qui prennent une lexie comme unique argument. La grammie exprime une propriété associée à la lexie : par exemple, un temps passé exprime que le procès décrit par le verbe a lieu avant maintenant, un nombre pluriel exprime qu'il y a plus d'une entité dénotée par le nom. Dans la représentation sémantique, on peut d'ailleurs faire figurer aussi bien le terme associé à la grammie (passé ou pluriel) que la glose lexicale ('avant maintenant' ou 'plus d'un').

D'autres exemples sont donnés dans les exercices. Les conjonctions de coordination seront étudiées dans le chapitre 18 du vol. 2 et les marqueurs de discours et les interjections dans le chapitre 20 du vol. 2. Dans le chapitre 16 du vol. 2, nous discuterons des parties du discours et nous verrons qu'il existe des langues avec une organisation différente des catégories et notamment des langues, comme le nahuatl, où les sémantèmes « nominaux » sont toujours prédicatifs.

13.5 Lexique syntaxique

Un LEXIQUE est une liste d'entrées lexicales associées à des informations. Pour les sémantèmes, on considère deux lexiques.

Définition 13.7 : lexique sémantique, lexique syntaxique

Un LEXIQUE SÉMANTIQUE associe à chaque lexie une description de son sens, tandis qu'un LEXIQUE SYNTAXIQUE associe à chaque lexie une description de son syntactique, c'est-à-dire de sa combinatoire syntaxique.

Les dictionnaires monolingues traditionnels, avec des définitions associées à chaque lexie, constituent des lexiques sémantiques. (Les définitions ne sont pas la seule façon de représenter le sens lexical, mais cela nous emmènerait trop loin de notre sujet de développer ce point.)

Nous nous intéressons ici au lexique syntaxique. Chaque lexie y est associée à une description de la réalisation de ses arguments. Une telle description est traditionnellement appelée un TABLEAU DE RÉGIME.

Définition 13.8 : tableau de régime

Un TABLEAU DE RÉGIME de la lexie L indique la correspondance entre les arguments sémantiques de L et leur réalisation en syntaxe de surface. Il indique pour chaque argument de la lexie L quelle relation syntaxique le lie à L, à quelle catégorie il peut appartenir et quel régime L lui impose.

Dans la Grammaire générative, les tableaux de régime sont appelés des CADRES DE SOUS-CATÉGORISATION (angl. *sub-categorization frame*). (Le terme vient du fait que chaque régime définit une sous-catégorie, au sens où les verbes transitifs forment une sous-catégorie de la catégorie des verbes.)

Nous donnons dans la figure 13.20 quelques exemples de tableaux de régime. Chaque colonne correspond à un actant pour lequel on indique sa fonction et son régime, à moins qu'il soit gouverneur. À chaque fonction correspond des propriétés par défaut : par exemple le sujet est obligatoire et les compléments sont facultatifs ; on indique donc explicitement lorsqu'un complément est obligatoire. Le cas du verbe à montée SEMBLER est expliqué dans la section 13.7 sur la *Montée*.

Nous verrons dans le chapitre 17 du vol. 2 sur les *Relations syntaxiques* que chaque relation syntaxique est associée à un faisceau de propriétés. Par exemple, la relation sujet en français suppose un accord du verbe, un placement particulier, l'absence de préposition, un marquage casuel des pronoms personnels (*je, tu, il, on*, etc.), ainsi que des propriétés de contrôle ou de redistribution que nous ne décrirons pas ici. On peut donc voir l'utilisation des relations syntaxiques dans le tableau de régime comme un moyen de décrire de façon synthétique une partie des propriétés syntaxiques d'un argument.

⌐TENIR LA JAMBE⌐ : X *tient la jambe à* Y

• nature : V

X = 1	Y = 2
• fonction : sujet • régime : N	• fonction : complément d'objet indirect • régime : *à* N, Pro_{datif} • obligatoire

SEMBLER : X *semble* Y

• nature : V

X = +1	Y = 2
• fonction : sujet • régime : N • montée : 1er actant de Y	• fonction : complément • régime : V_{inf} • obligatoire

QUESTION : *question de* X *à* Y *sur* Z

• nature : N

X = 1	Y = 2	Z = 3
• fonction : complément • régime : *de* N, Pro_{poss}	• fonction : complément • régime : *à* N	• fonction : complément • régime : *sur* N, *à propos de* N

CHEZ : [X] *chez* Y

• nature : Prép

X = 1	Y = 2
• gouverneur • nature : V, N	• fonction : complément • régime : N • obligatoire

HEUREUX : [X] *heureux de* Y

• nature : Adj, généralement postposé

X = 1	Y = 2
• gouverneur • nature : N	• fonction : complément • régime : *de* V_{inf}, *que* V_{subj}

FIGURE 13.20 – Tableaux de régime de ⌐TENIR LA JAMBE⌐, SEMBLER, QUESTION, CHEZ, HEUREUX

Encadré 13.3 : Lexique syntaxique et interface sémantique-syntaxe

Avec un lexique syntaxique, il devient possible à partir d'une structure syntaxique profonde de reconstituer la structure syntaxique de surface. En fait, chaque tableau de régime constitue la description d'une structure élémentaire mettant en correspondance un fragment de structure prédicative avec un fragment de structure syntaxique de surface. En combinant ces fragments de structure, on peut construire en même temps la structure prédicative et la structure syntaxique de surface. (Pour obtenir une structure syntaxique de surface complète, il faudra aussi des règles de grammaires associées aux sémantèmes grammaticaux, notamment ceux qui opèrent des redistributions comme le passif.) On peut alors interpréter la structure syntaxique profonde comme le témoin de ces combinaisons, comme une structure indiquant quelle lexie s'est combinée avec quelle autre et dans quelle position argumentale.

L'idée d'interpréter le témoin de la production ou de l'analyse d'un énoncé comme une structure linguistique remonte aux premières heures des grammaires formelles. Dans les grammaires catégorielles, le calcul associé à une suite de mots prouvant que cette suite est bien une phrase peut être interprété comme la structure syntaxique de cette phrase (voir l'encadré 4.5 *Calcul symbolique et grammaires categorielles*). Une idée similaire a été exploitée par Chomsky dans ses premiers travaux : les grammaires de réécriture de Chomsky (1957) génèrent des suites de mots (voir l'encadré 12.19 sur la *Grammaire de réécriture*). Le processus qui permet de produire une phrase par l'application successive de règles de réécriture est appelé une DÉRIVATION. Le témoin de cette dérivation est une structure hiérarchique qui décrit quelle règle doit s'appliquer après quelle règle et que Chomsky appelle l'ARBRE DE DÉRIVATION de la phrase et qu'il interprète comme la structure syntaxique de la phrase. Autrement dit, dans ces modèles, la structure syntaxique est le « témoin » du fait que la suite de mots est une phrase.

L'idée de voir la construction d'une structure par la combinaison de structures élémentaires remonte aux grammaires d'arbres, déjà évoquées dans l'encadré 4.4 sur les *Modèles génératif, équatif et transductif*, et à la plus célèbre d'entre elles, la *Tree Adjoining Grammar* (Grammaire d'adjonction d'arbre), plus simplement appelée TAG, portée par les travaux du linguiste indo-américain Aravind Joshi, à partir de l'article de 1975. Chaque unité lexicale est associée à une structure élémentaire, un petit bout d'arbre, qui permet de décrire la combinatoire de l'unité lexicale. Une suite de mots est alors une phrase si les structures élémentaires associées aux unités lexicales (il peut s'agir de plusieurs mots, si l'unité lexicale est un phrasème, mais aussi si son régime comprend des mots) peuvent se combiner pour former une structure bien formée, qui est appelée la STRUCTURE DÉRIVÉE et qui est interprétée comme la structure syntaxique. Il existe deux opérations de combinaison des arbres élémentaires, la SUBSTITUTION et l'ADJONCTION, qui correspondent aux relations actancielles et modificatives de la structure syntaxique profonde. La STRUCTURE DE DÉRIVATION, qui est le témoin de la dérivation et enregistre comment les structures élémentaires se sont combinées, peut alors être vue comme la structure syntaxique profonde.

On retrouve déjà la distinction entre structure dérivée et structure de dérivation dans un article du mathématicien Haskell Curry de 1961. Celui-ci nomme *structure phénogrammaticale* la structure dérivée, celle qui est construite et que l'on peut observer, et *structure tectogrammaticale* la structure sous-jacente, qui indique comment la construction a eu lieu. Les termes ont été repris par Petr Sgall dans le cadre du modèle pragois (voir l'encadré 13.1 sur l'*Historique de la notion de syntaxe profonde*).

Les grammaires d'arbres ont également été utilisées en GRAMMAIRE DE DÉPENDANCE pour produire des arbres de dépendance. Nous présentons dans la figure 13.23 un fragment de grammaire pour l'interface sémantique-syntaxe permettant de produire la phrase (1). Dans ce formalisme, initialement proposé par Alexis Nasr en 1995, puis développé dans les travaux de Sylvain Kahane (notamment Kahane 2002, Kahane & Lareau 2005, Kahane 2015), les sémantèmes sont associés à des structures élémentaires qui sont des fragments d'arbres syntaxiques de surface. Dans la figure 13.21, les positions syntaxiques des arbres élémentaires sont associées à des polarités blanches ou noires : les polarités noires indiquent des positions instanciées par le sémantème, qu'il s'agisse des syntaxèmes qui composent le sémantème ou ceux qui font partie du régime qu'il impose à d'autres ; les polarités blanches indiquent des positions argumentales qui devront être instanciées par la combinaison avec la position noire d'une autre structure élémentaire. Les positions des lexèmes sont indiquées par des ronds et celles des grammèmes par des losanges. Le losange blanc de la structure élémentaire de PROF indique qu'il doit recevoir un grammème de définitude qui lui sera donné par son déterminant. Plus précisément, la figure 13.21 montre la combinaison des structures élémentaires de PROF et du défini et le résultat, qui est une structure saturée dont toutes les polarités sont noires. (La grammaire a été simplifiée, nous n'avons pas introduit les grammèmes de nombre.)

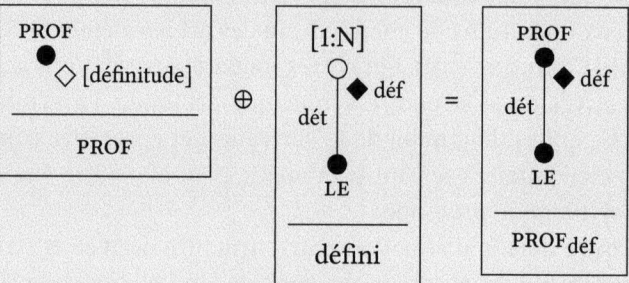

FIGURE 13.21 – Combinaison des structures élémentaires d'une lexie et d'une grammie

La figure 13.23 donne l'ensemble des règles nécessaires à la production de l'arbre syntaxique de surface de la phrase (1). Le losange blanc de la structure élémentaire de ⌐TENIR LA JAMBE⌐ indique qu'il doit recevoir un grammème de mode-temps. Celui-ci sera instancié par la grammie de passé, qui comporte un auxiliaire. La dépendance sujet en pointillé de la structure de l'auxiliaire AVOIR consommera la dépendance sujet ⌐TENIR LA JAMBE⌐ avec lequel il se combinera, assurant ainsi la montée du sujet sur l'auxiliaire, qui sera donc un pur dépendant syntaxique de AVOIR tout en restant l'argument sémantique de ⌐TENIR LA JAMBE⌐. Les positions argumentales de chaque sémantème sont numérotées ; ainsi, l'arbre élémentaire de PENDANT comporte deux positions argumentales : le premier argument doit être un verbe qui est gouverneur syntaxique, tandis que le deuxième argument est un nom qui est complément, ce qu'indiquent les étiquettes [1:V] et [2:N]. Enfin, la règle « déclaration », qui initie le processus de dérivation, demande à ce que la racine de l'arbre syntaxique de surface soit un verbe à l'indicatif.

La structure dérivée qui résulte de la combinaison des 9 structures élémentaires de la figure 13.23 est donnée dans la figure 13.24. On notera que toutes les polarités blanches ont été saturées par une polarité noire, ce qui indique que la dérivation peut s'arrêter. Cette structure dérivée correspond à la structure syntaxique de surface de (1), que nous avons donné dans la figure 13.1c. (Il manque les grammèmes de nombres que nous n'avons pas introduits pour simplifier. Notons aussi qu'il reste à appliquer des règles d'accord, qui concernent la bonne formation de la structure syntaxique de surface et pas directement l'interface sémantique-syntaxe.)

La façon dont les structures élémentaires se sont combinées les unes avec les autres est décrit par la structure de dérivation de la figure 13.22. Chaque structure élémentaire est représentée par le nom du sémantème auquel elle correspond. Les flèches sont orientées du sémantème prédicat vers son argument, qui vient saturer une des positions blanches du prédicat. Les flèches vers le bas, où le prédicat gouverne syntaxiquement son argument, sont des relations actancielles, tandis que les flèches vers le haut, où le prédicat dépend de son argument, sont des relations modificatives. On retrouve donc bien la structure syntaxique profonde de (1), donnée initialement dans la figure 13.1b.

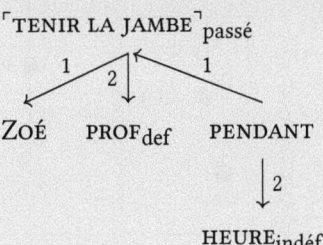

FIGURE 13.22 – Structure de dérivation de (1) par la grammaire de la figure 13.23

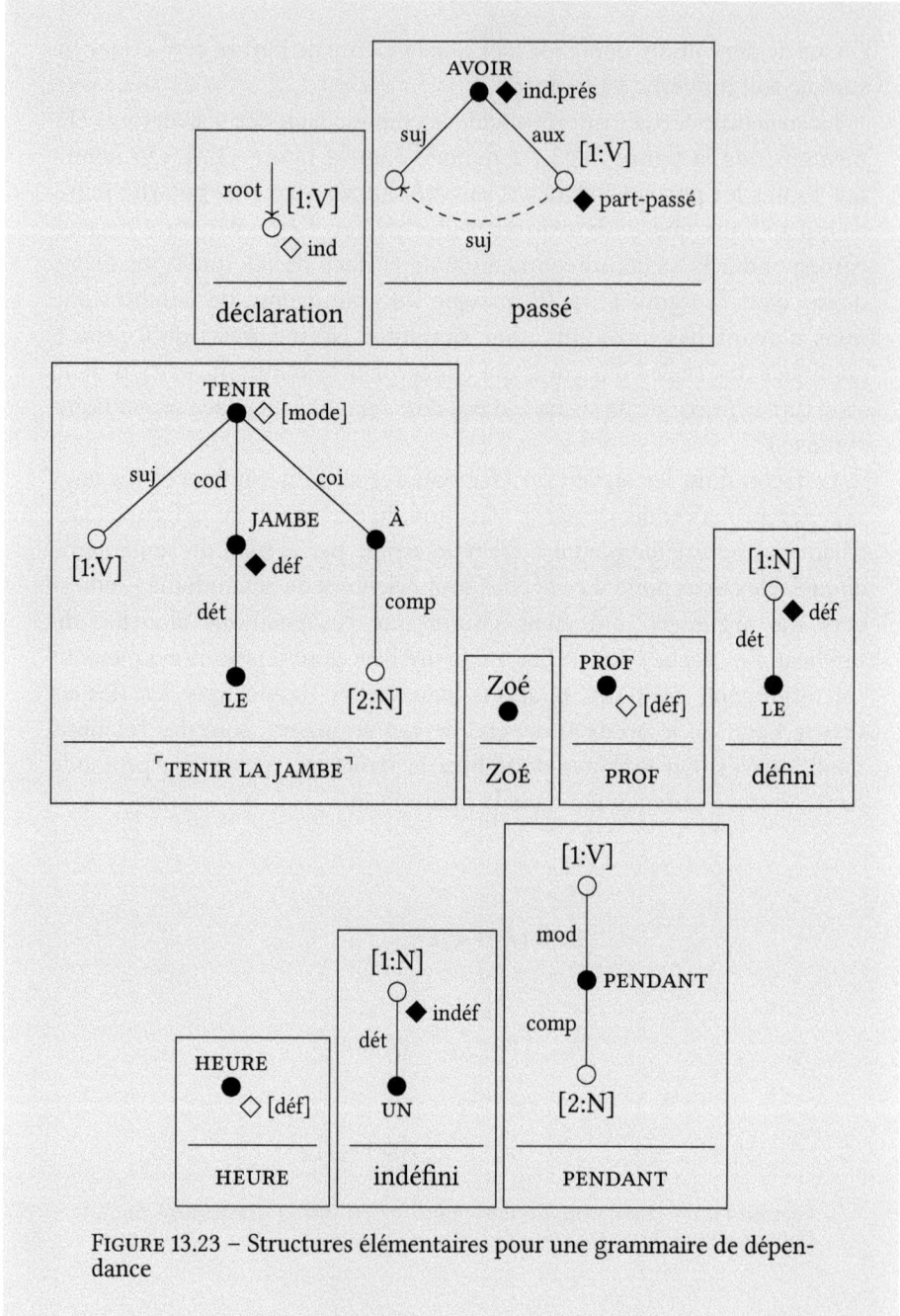

FIGURE 13.23 – Structures élémentaires pour une grammaire de dépen-dance

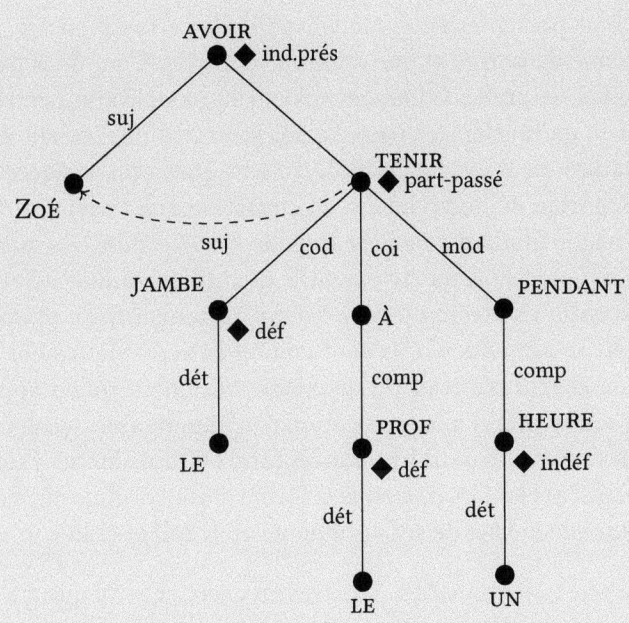

FIGURE 13.24 – Structure dérivée de (1) par la grammaire de la figure 13.23

Encadré 13.4 : Ancrage et portée des quantifieurs

Les quantifieurs posent un problème intéressant, auquel les logiciens se sont beaucoup intéressés, depuis les travaux fondateurs de Gottlob Frege (1892). Le problème peut être illustré par la paire d'énoncés suivante.

(21)   a. *Tous les étudiants ont résolu un exercice.*

       b. *Un exercice a été résolu par tous les étudiants.*

Ces deux énoncés n'ont pas la même interprétation a priori. Dans le premier, l'interprétation privilégiée est que chaque étudiant a résolu un exercice, sans que ce soit a priori le même exercice, tandis que dans le deuxième, le même exercice a été résolu par l'ensemble des étudiants.

Nous allons présenter deux modélisation de cette différence, une classique en terme de portée et une en terme d'ancrage, qui nous paraît plus simple et plus naturelle. Commençons par la modélisation en termes de portée. On dit qu'un élément B est dans la PORTÉE d'un élément A, lorsque l'interprétation de B est fonction de A. En (21a), on considère que 'un' est dans la portée de 'tous' lorsqu'on considère que l'exercice résolu est propre à chaque étudiant. Dans ce type de modélisation, les quantifieurs 'tous' et 'un' (appelés respectivement le quantifieur universel et le quantifieur existentiel) se voient associer deux arguments : un premier argument qui est le nom auquel ils sont combinés syntaxiquement et qu'on appelle leur RESTRICTION et un deuxième argument qu'on appelle leur portée et qui comprend une prédication. On obtient alors les descriptions sémantiques suivantes pour les énoncés (21a) et (21b), données sous forme textuelle en (22a) et (22b), puis sous la forme d'une formule où chaque prédicat est suivi de la liste de ses arguments en (22a') et (22b').

(22) a. Pour tout étudiant x, il existe un exercice y tel que x a résolu y.

a'. tout(x, étudiant(x), un(y, exercice(y), résoudre(x, y)))

b. Il existe un exercice y tel que, pour tout étudiant x, x a résolu y.

b'. un(y, exercice(y), tout(x, étudiant(x), résoudre(x, y)))

Bien que cette modélisation soit aujourd'hui largement dominante, elle nous semble à la fois inutilement compliquée et non totalement satisfaisante. Pour comprendre pourquoi la notion de portée ne fonctionne pas complètement, considérons l'exemple suivant.

(23) *Ali et Zoé ont acheté une pizza et bu une bière.*

Cet énoncé montre à nouveau que les groupes indéfinis (ici *une pizza* et *une bière*) peuvent avoir plusieurs interprétations : une interprétation possible est que Ali et Zoé ont acheté en tout une pizza et deux bières, qu'ils ont partagé la pizza et bu chacun une bière. Cette double « interprétation » de l'article UN peut difficilement être résolue en termes de portée dans ce cas, puisqu'il n'y a pas de quantifieur, mais simplement un groupe sujet coordonné et que les deux groupes indéfinis sont dans la même « portée ». On parle plutôt dans ce cas d'interprétation collective ou distributive du groupe coordonné *Ali et Zoé*. Mais comme on le voit ce groupe peut avoir en même temps une interprétation COLLECTIVE vis-à-vis de la première prédication (*acheter une pizza*) et DISTRIBUTIVE vis-à-vis de la deuxième prédication (*boire une bière*).

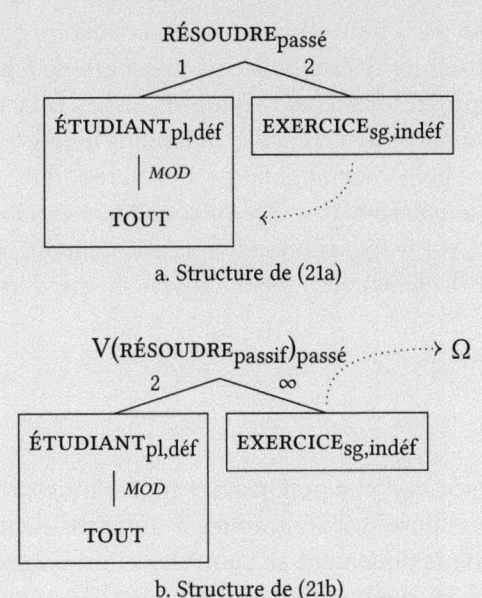

a. Structure de (21a)

b. Structure de (21b)

FIGURE 13.25 – Structure référentielle avec ancrage

Nous proposons une autre modélisation qui résout les différents problèmes. Cette modélisation est basée sur un *concept inverse de la notion de portée*, que nous appelons l'ANCRAGE. Le problème est, selon nous, la question du calcul du référent des indéfinis. Les groupes substantifs indéfinis vont construire leur référent en s'ancrant dans un monde : il peut s'agir du monde construit par le discours précédent (qu'on appelle l'univers du discours) ou d'un monde ouvert par un autre élément de l'énoncé. Dans l'exemple (23), les groupes indéfinis *une pizza* et *une bière* peuvent soit s'ancrer dans l'univers du discours et alors il y a un seul élément, soit s'ancrer sur *Ali et Zoé* et alors il y a deux éléments. Dans le cas de (21a), *un exercice* peut s'ancrer sur *tous les étudiants* et alors un exercice pour chaque étudiant est considéré, ou bien *un exercice* s'ancre sur l'univers du discours et il y a un seul exercice en tout. Dans le cas de (21b), *un exercice* occupe une position plus saillante que *tous les étudiants* et peut donc moins facilement s'ancrer sur ce dernier. (Cela n'est pas impossible, comme le montre un exemple tel que *Un garde du corps accompagnait chaque représentant.*)

L'ancrage ne fait pas à notre avis partie de la structure prédicative, mais fait partie de la structure référentielle, qui se superpose à la structure prédicative. Nous représentons dans la figure 13.25 la STRUCTURE RÉFÉREN-TIELLE des deux énoncés de (21). Nous indiquons le référent des groupes substantifs par des boîtes rectangulaires. Le référent d'un groupe pluriel, comme *tous les étudiants* ou *Ali et Zoé*, introduit une variable qui parcourt l'ensemble dénoté et sur lequel un indéfini peut s'ancrer. Nous indiquons l'ancrage par une flèche en pointillé. L'univers du discours est noté Ω.

13.6 Contrôle

La notion de CONTRÔLE est une notion assez générale : il y a contrôle dès qu'un élément de l'énoncé impose des contraintes à un autre élément. Les éléments qui sont connectés syntaxiquement se contrôlent l'un l'autre, puisque chacun restreint le paradigme de commutation de l'autre. Par exemple, dans *maison verte*, la forme adjectivale *verte* impose à son gouverneur d'être un nom féminin au singulier, tandis que la forme nominale *maison* impose à son dépendant adjectival de s'accorder en genre et en nombre. Nous nous intéressons ici à une forme de contrôle particulière entre des éléments sans lien syntaxique de surface.

Définition 13.9 : construction à contrôle, verbe à contrôle

On appelle CONSTRUCTION À CONTRÔLE une construction où un élément X est l'argument de deux éléments Y et Z en même temps, dont un avec lequel il n'a pas de lien syntaxique (de surface). Lorsque Y est un verbe recteur qui subordonne un verbe infinitif Z, Y est appelé un VERBE À CONTRÔLE quand Y contrôle Z en lui imposant le contrôle d'un des actants X de Y.

Ce phénomène est illustré par les exemples classiques suivants.

(24)   a.   *Zoé promet à Ali de venir.*

         b.   *Zoé permet à Ali de venir.*

         c.   *Zoé propose à Ali de venir.*

Dans chacun de ces exemples, le verbe VENIR, qui est à l'infinitif, ne peut pas réaliser son premier actant comme sujet. (Nous parlons bien du premier actant potentiel et pas du premier argument, car, si le verbe est passivé, c'est son deuxième argument qui devient premier actant et sera contrôlé par le verbe recteur, comme dans *Zoé permet à Ali d'être accompagné par un ami*.). Il y a néanmoins un élément de la phrase qui réalise le premier actant de VENIR et le choix de cet élément est contraint par le verbe régissant VENIR : PROMETTRE impose son sujet comme premier actant de VENIR ('il est promis que Zoé vienne'), PERMETTRE impose son complément ('il est permis que Ali vienne'), PROPOSER impose une réalisation plus lâche par son sujet et/ou son complément ('il est proposé que Zoé ou Ali vienne, l'un ou l'autre, ou les deux').

Nous représentons la relation syntaxique profonde entre le verbe infinitif et son premier actant par une flèche hachurée indiquant qu'il s'agit d'une RELATION SÉMANTIQUE PURE, qui n'a pas de contrepartie en syntaxe de surface (voir la figure 13.26 où sont proposées les structures syntaxiques profondes des exemples (24a) et (24b)).

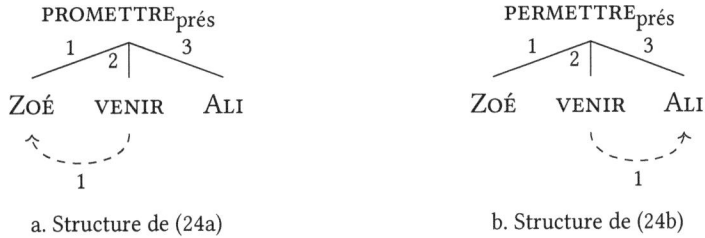

a. Structure de (24a)   b. Structure de (24b)

FIGURE 13.26 – Structures syntaxiques profondes avec un verbe à contrôle

Les constructions à contrôle se produisent quand la structure prédicative contient un cycle (non orienté). Ce cycle doit être réalisé en syntaxe de surface par un arbre, c'est-à-dire par une structure acyclique. Il faut donc couper le cycle quelque part.

Reprenons l'exemple (8) :

(25) a. *Zoé pense qu'elle viendra.*

b. *Zoé pense venir.*

La structure prédicative de ces paraphrases, qui a été donnée dans la figure 13.7, contient un cycle. Il y a deux façons de couper ce cycle. La première façon est de *couper au niveau d'un nœud sémantique*, comme 'Zoé' : le nœud est alors dédoublé dans la structure syntaxique et on obtient un lien de coréférence entre les deux réalisations syntaxiques de 'Zoé' (voir la figure 13.8a). La deuxième façon est de *couper au niveau de la dépendance sémantique* et c'est ce qui donne la construction à contrôle (voir la figure 13.7b). Nous illustrons ces deux solutions dans la figure 13.27.

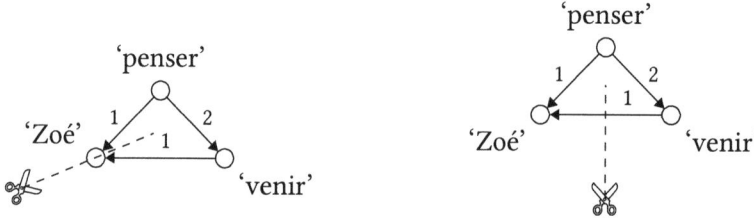

a. Au niveau d'un nœud   b. Au niveau d'une dépendance

FIGURE 13.27 – Deux façons de couper un cycle dans un graphe sémantique

Les *constructions à verbes support* sont aussi des constructions à contrôle. Nous reprenons deux exemples donnés dans l'encadré 7.3 sur *Verbes supports et unités grammaticales*.

(26) a. *Marie se prend une gifle.*

b. *Pierre donne une gifle à Marie.*

Le nom GIFLE est un nom prédicatif qui possède trois arguments : *la gifle de Pierre à Marie (à propos de Z)*. Dans une construction à verbe support, le nom prédicatif contrôle les actants du verbe support, la contribution sémantique de ce dernier étant quasi nulle. On peut voir le verbe support comme un réification de la relation sémantique, c'est-à-dire un élément lexical qui réalise la relation sémantique et lui donne ainsi un poids sémantique plus important.

Nous proposons dans la figure 13.28 la structure syntaxique profonde des exemples (26). Le verbe support ⌜SE PRENDRE⌝ est modélisé par une fonction lexicale Oper$_2$, terme introduit par Igor Mel'čuk signifiant qu'il s'agit d'un opérateur qui *réifie* le 2e argument du nom prédicatif. Comme on le voit dans la figure, nous avons une dépendance sémantique pure 2 entre les noms GIFLE et MARIE qui est donc réalisée en surface par l'intermédiaire de la fonction lexicale Oper$_2$. Le verbe support DONNER a deux actants contrôlés par le nom GIFLE : il est noté Oper$_{12}$ car il réalise comme actants les arguments 1 et 2 du nom GIFLE. Il y a ainsi deux dépendances sémantiques pures 1 et 2 réalisées par l'intermédiaire du verbe support Oper$_{12}$. Les indices 1 et 2 indique que l'argument 1 du nom prédicatif est réalisé dans la position la plus saillante du verbe support (un Oper$_{12}$ est avant tout un Oper$_1$) et que l'argument 2 est également réalisé comme troisième actant du verbe support (le nom prédicatif étant, par définition, le deuxième actant d'un Oper).

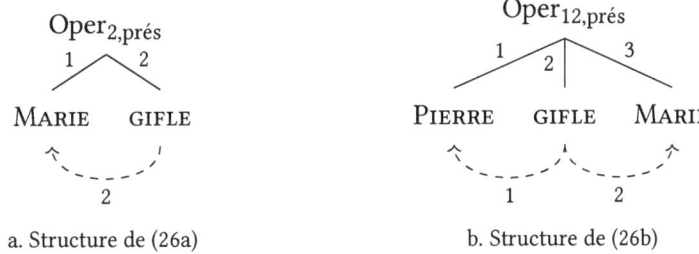

a. Structure de (26a)   b. Structure de (26b)

FIGURE 13.28 – Structures syntaxiques profondes de constructions à verbe support

13.7 Montée

La montée est une construction qui ressemble au contrôle, mais s'en distingue. Cette différence est bien illustrée par la paire suivante.

(27)   a. *Zoé veut dormir.*

     b. *Zoé semble dormir.*

Le premier énoncé est une construction à contrôle, vue dans la section précédente. Le deuxième énoncé se distingue sémantiquement du premier par le fait que le verbe SEMBLER ne contrôle pas son propre sujet. Alors qu'on comprend que Zoé veut quelque chose en (27a), on ne peut pas considérer que Zoé semble quelque chose. Cette différence sémantique s'illustre par plusieurs contrastes.

1) Le verbe à contrôle peut s'utiliser sans le verbe subordonné dans une réponse partielle, mais pas le verbe à montée :

    (28)   a. *Est-ce que Zoé dort ? Non, mais elle veut.*

        b. ** Est-ce que Zoé dort ? Oui, elle semble.*

2) Le clivage ou le pseudo-clivage du verbe subordonné est possible avec un verbe à contrôle, mais pas avec un verbe à montée :

(29)   a.   *Ce que Zoé veut, c'est dormir.*

         b.   * *Ce que Zoé semble, c'est dormir.*

3) A l'inverse, le verbe à montée se combine à un verbe impersonnel, mais pas le verbe à contrôle :

(30)   a.   * *Il veut pleuvoir.*

         b.   *Il semble pleuvoir.*

4) Le verbe à montée peut également se combiner avec un phrasème verbal qui inclut son sujet comme ⌜LA MOUTARDE MONTER AU NEZ⌝ (voir la section 7.5 sur la *Décomposition en sémantèmes*, où nous avons étudié ce phrasème) :

(31)   a.   * *La moutarde veut lui monter au nez.*

         b.   *La moutarde semble lui monter au nez.*

Il apparaît donc que le sujet du verbe à montée SEMBLER n'est pas son argument sémantique. Ceci est confirmé par la paraphrase entre (27b) et les phrases suivantes, où le sens 'sembler' a clairement un seul argument sémantique :

(32)   a. *Il semble que Zoé dorme.*

         b. *Zoé dort, semble-t-il.*

On considère alors que le verbe SEMBLER possède un unique actant qui est son complément verbal et que son sujet est réalisé par la « montée » (angl. *raising*) du premier actant de son complément.

Définition 13.10 : construction à montée, verbe à montée

On appelle CONSTRUCTION À MONTÉE une construction où un élément X n'est pas contrôlé par son gouverneur syntaxique Y, mais par un dépendant Z de Y. On dit alors que X est monté sur Y. Lorsque Y est un verbe recteur qui subordonne un verbe infinitif Z, Y est appelé un VERBE À MONTÉE.

Le verbe SEMBLER assure la montée d'un « sujet » en position sujet. Il existe aussi des verbes qui permette la montée en position objet, comme le verbe TROUVER. La paraphrase entre les deux phrases de (33) (qui reprennent celles de (5)) montre que ce verbe possède deux arguments et qu'il y a bien montée de Zoé en position de complément d'objet de TROUVER en (33a).

(33)   a. *Ali trouve Zoé sympa.*

   b. *Ali trouve que Zoé est sympa.*

La figure 13.29 propose une représentation de la structure syntaxique profonde des exemples (27b) et (33a). (La structure syntaxique de (33b) a été donnée dans la figure 13.4.) Le dépendant non contrôlé par le verbe est un QUASI-ACTANT : qui se voit imposer un régime par le verbe et un dépendant syntaxique, même s'il n'est pas un argument sémantique. Nous indiquons les quasi-actants par une étiquette actancielle à laquelle nous ajoutons un signe +.

a. Structure de (27b)   b. Structure de (33a)

FIGURE 13.29 – Structures syntaxiques profondes de constructions avec un verbe à montée

Les constructions avec auxiliaires peuvent être vues comme des cas particuliers de constructions à montée : en effet, l'auxiliaire exprime lexicalement une grammie qui a le verbe auxilié comme argument, tandis que le sujet de l'auxiliaire résulte de la montée du premier actant du verbe. Ceci est illustré en (34a), où l'auxiliaire AVOIR du passé a pour sujet Zoé et pour unique actant le verbe COURIR, dont il spécifie le moment du procès. Néanmoins, nous ne représentons pas les grammies par des nœuds séparés des lexies et la représentation syntaxique profond comportera un nœud COURIR$_{\text{passé}}$ avec un lien actanciel vers Zoé.

(34)   a. *Zoé a couru.*

   b. *Zoé fait rire **Ali**.*

   c. *Zoé fait manger du tofu **à Ali**.*

   d. *Zoé **le** fait rire.*

   e. *Zoé le **lui** fait manger.*

La construction causative en (34b) et (34c) illustre un autre cas potentiel de montée du sujet, cette fois-ci en position de complément du verbe FAIRE. Nous préférons dire « cas potentiel », sans être plus affirmatif, car la très grande cohésion de la construction FAIRE V$_{inf}$ ne permet pas de décider clairement de quel verbe, FAIRE ou V, dépend le sujet rétrogradé de V. Comme le montre les exemples (34d) et (34e), le sujet rétrogradé se cliticise sur FAIRE, mais c'est aussi le cas du complément d'objet de MANGER en (34e). De plus, la fonction du sujet rétrogradé de V dépend de la valence de V : il s'agit d'un complément d'objet direct quand V n'a pas de complément, comme avec RIRE en (34b), et d'un complément d'objet indirect quand V a déjà un complément d'objet direct, comme avec MANGER en (34c). Autrement dit, tout se passe comme si les actants de V et le sujet rétrogradé étaient les actants d'un même verbe. Pour ces raisons, nous considérons qu'il s'agit d'une construction avec auxiliaire : le causatif est traité en syntaxe profonde comme une grammie (voir la figure 13.30), à l'instar d'autres redistributions comme le passif (voir la figure 13.6). La relation syntaxique profonde du sujet rétrogradé reçoit l'étiquette ∞, déjà introduite dans la discussion sur le passif de la section 13.3.3 sur *Les unités potentielles de la syntaxe profonde*, car, comme on le voit, le sujet rétrogradé doit toujours être plus oblique que les autres actants de V.

a. Structure prédicative sémantique   b. Structure syntaxique profonde

FIGURE 13.30 – Structures pour la construction causative (34b)

13.8 Un dernier cas de distorsion structurelle : l'insertion modificative

On appelle DISTORSIONS SÉMANTIQUE-SYNTAXE tous les cas où la structure prédicative et la structure syntaxique de surface ne se superposent pas. Il y a distorsion sémantique-syntaxe dès que les sémantèmes et les syntaxèmes ne se correspondent pas un à un : c'est le cas s'il y a des syntaxèmes vides qui marquent l'accord ou le régime ou s'il y a des sémantèmes complexes, composés de plusieurs syntaxèmes (voir la section 13.3). On distingue ces distorsions dues à la non-correspondance entre unités des DISTORSIONS STRUCTURELLES, lorsque *les relations prédicatives et les dépendances syntaxiques de surface ne se superposent pas*.

Nous avons déjà vu deux cas de distorsions structurelles, que sont le contrôle et la montée. Nous allons en étudier un troisième, que nous appelons l'*insertion modificative*. Ce cas de distorsion est illustré par l'exemple (35), déjà discuté dans l'encadré 10.7 sur les *Distorsions sémantique-syntaxe*.

(35)   *Félix boit un verre de vin.*

Dans cet exemple, la tête sémantique et la tête syntaxique de l'unité *un verre de vin* sont distinctes : VIN est la tête sémantique, puisque 'vin' est l'argument sémantique de 'boire' (Félix boit du vin), tandis que VERRE est la tête syntaxique. En fait, 'un verre' indique la quantité de vin qui a été bu et prédique donc sur 'vin'. Mais au lieu que VERRE soit réalisé comme un modifieur de VIN et VIN comme l'actant de BOIRE, VERRE vient gouverner VIN et s'insérer entre BOIRE et VIN.

Définition 13.11 : insertion modificative, modifieur inséré

Nous appelons INSERTION MODIFICATIVE une construction où un élément X gouverne syntaxiquement Y, mais Y est la tête sémantique de l'unité qu'ils forment ensemble. Autrement, si Z est le gouverneur syntaxique de cette unité, Z a X pour dépendant syntaxique, mais c'est Y qu'il contrôle. L'élément X est qui est venu s'insérer entre Z et Y est appelé un MODIFIEUR INSÉRÉ.

L'insertion modificative a été bien modélisée dans le cadre de TAG (voir l'encadré 13.3 sur *Lexique syntaxique et interface sémantique-syntaxe*), où elle a été nommée l'*adjonction prédicative* (contrastée avec l'adjonction dite *modificative* des modifieurs ordinaires). Nous ne retenons pas ce terme, car nous considérons que tout modifieur est un prédicat sémantique qui s'adjoint sur son argument. La particularité des modifieurs insérés n'est pas de prédiquer, mais de *gouverner syntaxiquement leur premier argument* (tout en fonctionnant sémantiquement comme des modifieurs).

Nous proposons pour l'insertion modificative la représentation de la figure 13.31b. La figure 13.31a montre le processus d'insertion. L'insertion de VERRE entre BOIRE et VIN entraîne que le lien actanciel 2 entre BOIRE et VIN est dédoublé

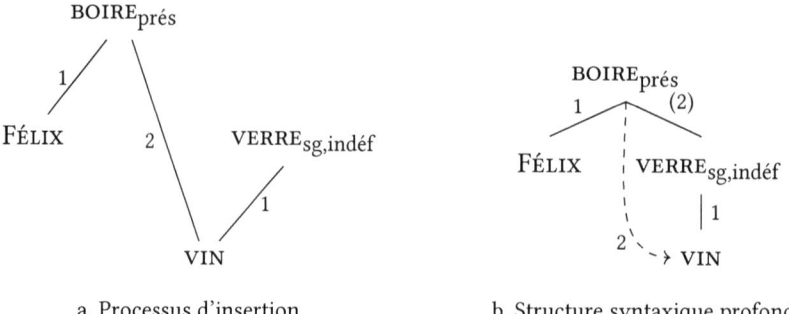

a. Processus d'insertion   b. Structure syntaxique profonde

FIGURE 13.31 – Insertion modificative de (35)

en lien purement syntaxique entre BOIRE et VERRE, que nous étiquetons (2), et un lien entre BOIRE et VIN, qui est maintenant un lien purement sémantique.

L'insertion modificative concerne aussi les déterminants et en tout premier lieu les dits « déterminants complexes » comme en (36a) (voir l'encadré 10.8 sur les *« Déterminants complexes »*).

(36)   a. *Félix a lu **plus de la moitié** du livre.*

        b. *Félix veut acheter **ce** livre.*

L'exemple (36a) montre de plus que les modifieurs insérés peuvent s'insérer de manière récursive, puisque dans cet exemple MOITIÉ vient s'insérer sur LIVRE, puis l'adverbe PLUS s'insère sur MOITIÉ, comme on le voit dans la structure syntaxique profonde de la figure 13.32a. Si l'on considère que les déterminants sont la tête du groupe substantif, comme nous l'avons défendu dans la section 10.18 « *Déterminant comme tête ?* », alors il faut également considérer que le déterminant CET s'est inséré dans l'exemple (36b). Cette analyse est proposée dans la figure 13.32b et est à contraster avec l'analyse de la figure 13.14, où le nom est considéré comme la tête du groupe substantif et CET est traité comme un modifieur ordinaire.

13.9 Les différents types de relations syntaxiques profondes

En guise de conclusion de ce chapitre, nous souhaitons récapituler les différents types de relations considérées au niveau syntaxique profond. Nous avons au final 6 types de relations syntaxiques profondes à proprement parler :

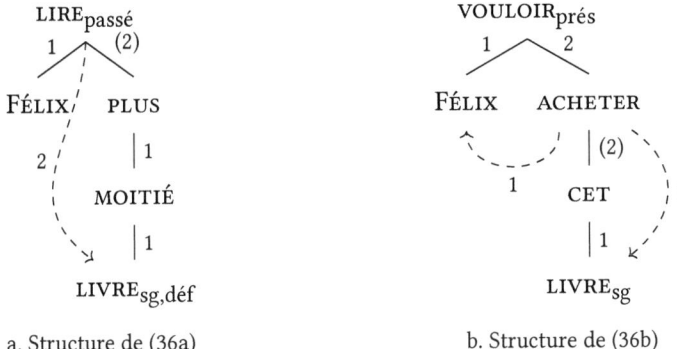

a. Structure de (36a)   b. Structure de (36b)

FIGURE 13.32 – Structures syntaxiques profondes de déterminants insérés

— les relations actancielles, où une relation sémantique et une relation syntaxique se superposent et sont orientées de la même façon; elles sont étiquetées 1, 2, 3, etc. ou encore ∞ pour un actant rétrogradé;

— les relations modificatives, où une relation sémantique et une relation syntaxique se superposent, mais ont des orientations inverses; elles sont étiquetées *MOD*;

— les relations lexie-grammie, qui sont aussi des cas où une relation sémantique et une relation syntaxique se superposent, mais que nous annotons différemment en raison du statut particulier de la connexion syntaxique entre lexies et grammies;

— les relations entre un opérateur et son argument, que nous utilisons pour la translation syntaxique et pour les sémantèmes cachés; ces relations généralisent les relations lexie-grammie, puisque les grammies fonctionnent comme des opérateurs prenant la lexie comme argument;

— les relations syntaxiques pures, qui ne se superposent pas à une relation sémantique; elles sont étiquetées +1, +2, etc., lorsqu'il s'agit de quasi-actants résultant d'une montée, ou (1), (2), etc., lorsqu'il s'agit de positions actancielles où un modifieur s'est inséré;

— les relations sémantiques pures qui ne se superposent pas à une relation syntaxique; elles sont représentées par des flèches hachurées et sont numérotées comme les relations actancielles.

On peut encore ajouter à cette liste deux relations qui appartiennent à la structure référentielle :

— les relations de coréférence, qui indiquent la scission d'un nœud sémantique ; elles sont représentées par une flèche bidirectionnelle en pointillés ;

— les relations d'ancrage, qui indiquent l'ancrage du référent d'un indéfini
sur un autre élément de la structure ou sur l'univers du discours ; elles
sont représentées par une flèche en pointillés.

D'autres exemples de structures syntaxiques profondes seront donnés dans le
chapitre 18 du vol. 2 sur les *Listes paradigmatiques* et le chapitre 19 du vol. 2 sur
l'*Extraction*.

Le volume 1 de *Syntaxe théorique et formelle* se termine ici. Le volume 2 ren-
trera plus en détail dans la structure syntaxique de surface (sans oublier les structures topologique et syntaxique profonde) en s'intéressant d'abord à la *nanosyntaxe* et à la notion de mot et de catégorie flexionnelle, puis à la *microsyntaxe* et
aux catégories lexicales ou parties du discours, aux relation syntaxiques et à deux
phénomènes complexes, l'extraction et la coordination, et enfin à la *macrosyntaxe*
et à la notion controversée de phrase.

Exercices

Exercice 1. (modifieurs *vs* actants) Pour les compléments de nom suivants, déterminer s'il s'agit d'un actant ou d'un modifieur.

(1) *la réponse de Zoé*

(2) *le portrait de Zoé*

(3) *la main de Zoé*

(4) *la trousse de Zoé*

(5) *le chat de Zoé*

(6) *une huître de Bretagne*

(7) *le phare du Cap Fréhel*

Exercice 2. Reprenons notre exemple de base du chapitre 10 :

Beaucoup de gens aimeraient passer Noël en Laponie.

Donner la structure prédicative sémantique et la structure syntaxique profonde de cet exemple.

Exercice 3. Pour les exemples suivants, déterminez quels sont les sémantèmes, puis proposez une représentation syntaxique profonde. On notera que ces exemples contiennent un sémantème caché.

(1) *Zoé, faut qu'on y aille!*

(2) *Il y a de l'œuf sur ma chemise.*

Exercice 4. On considère la construction suivante :

Je ne comprends rien à ce problème.

a. Montrer que les éléments qui peuvent commuter avec *rien* forme un paradigme très réduit que vous décrirez et tenterez de caractériser.

b. Quel est la contribution sémantique de *rien* dans cette construction?

c. Bien que *rien* soit réalisé en position d'objet direct, pourquoi peut-on considérer qu'il s'agit d'un modifieur?

Exercice 5. (noms temporels) Quels problèmes posent les noms temporels pour la modélisation? Comment modéliser les énoncés suivants en syntaxe profonde?

(1) *Je viendrai la semaine prochaine.*

(2) *Il a dormi deux heures.*

Exercice 6. Nous nous intéressons à la construction suivante.

Luc casse les œufs dans un bol.

a. Montrer que le complément locatif *dans un bol* n'est pas un modifieur ordinaire indiquant les circonstances du procès.

b. Comment modéliser cette construction?

Exercice 7. Nous nous intéressons à la construction suivante, appelée *tough-movement* par les générativistes. (Le terme comporte un jeu de mots puisque *tough movement* évoque à la fois un problème épineux qui concerne des adjectifs comme *tough*, qui signifie 'dur, coriace, épineux'.)

(1) *un livre difficile à lire*

(2) *Ce livre est difficile à lire.*

   a. En utilisant la paraphrase avec « *Lire ce livre est difficile* », montrer qu'il s'agit potentiellement d'une construction à montée.

   b. Donner la structure prédicative sémantique et la structure syntaxique profonde de ces exemples.

Exercice 8.   La synonymie entre les deux phrases suivantes est un peu étrange si on regarde les choses de près.

(1) *On doit dire la vérité.*

(2) *On ne doit pas mentir.*

Montrer qu'il y a un apparent phénomène de montée de la négation en jeu.

Lectures additionnelles

La notion de structure syntaxique profonde doit beaucoup aux travaux d'Igor Mel'čuk. Celui-ci a théorisé la notion et a aussi développé des lexiques sémantiques et syntaxiques pour le russe, puis pour le français lorsqu'il a émigré au Québec en 1977. On consultera tout particulièrement son ouvrage de sémantique en 3 volumes (2012–2015) et les dictionnaires explicatifs et combinatoires du français (1984–1999). Sa modélisation repose de façon essentielle sur la notion d'actant, à laquelle il a consacré de nombreux articles : on retiendra tout particulièrement les deux articles de 2004 (Mel'čuk 2004a,b).

Le flambeau a été repris par son étudiant, Alain Polguère, dont nous recommandons encore une fois l'ouvrage de sémantique lexicale et lexicologie. Celui-ci développe également un lexique sémantique et syntaxique électronique sous forme de réseau lexical, consultable en ligne sur https://lexical-systems.atilf.fr/spiderlex/. Dans les travaux de Mel'čuk et Polguère, l'accent est particulièrement mis sur la combinatoire lexicale restreinte décrite à l'aide des fonctions lexicales, dont nous n'avons donné qu'un très faible aperçu dans ce chapitre.

La formalisation de l'interface sémantique sous la forme d'une correspondance entre un graphe sémantique et un arbre de dépendance syntaxique de surface est développée dans le cadre de la Théorie Sens-Texte. La formalisation sous la forme d'une combinaison de structure élémentaire est développée dans les travaux de Sylvain Kahane, dont on pourra consulter le tutoriel sur la Théorie Sens-Texte et les grammaires formelles de 2001 et le mémoire d'habilitation de 2002 consacré à la formalisation de la Théorie Sens-Texte par une grammaire comme celle de l'encadré 13.3. L'article de 2015 sur *Les trois dimensions d'une modélisation formelle de la langue* présente une comparaison entre une telle grammaire et les grammaires TAG, avec notamment des exemples de distorsions sémantique-syntaxe.

Kahane, Sylvain. 2001. Grammaires de dépendance formelles et théorie Sens-Texte. In *Actes de la conférence sur le Traitement Automatique des Langues Naturelles (TALN)*, t. 2, 1-63.

Kahane, Sylvain. 2002. *Grammaire d'Unification Sens-Texte : Vers un modèle mathématique articulé de la langue*. Habilitation à diriger les recherches. Université Paris 7.

Kahane, Sylvain. 2015. Les trois dimensions d'une modélisation formelle de la langue : Syntagmatique, paradigmatique et sémiotique. *TAL* 56(1). 39-63.

Mel'čuk, Igor. 2004a. Actants in semantics and syntax I : Actants in semantics. *Linguistics* 42(1). 1-66.

Mel'čuk, Igor. 2004b. Actants in semantics and syntax II : Actants in syntax. *Linguistics* 42(2). 247-291.

Mel'čuk, Igor. 2012–2015. *Semantics : From meaning to text*. 3 volumes. Amsterdam/Philadelphia : John Benjamins.

Mel'čuk, Igor, Nadia Arbatchewsky-Jumarie, Lidija Iordanskaja, Suzanne Mantha & Alain Polguère. 1984–1999. *Dictionnaire explicatif et combinatoire du français contemporain : Recherches lexico-sémantiques*. 4 volumes. Montréal : Presses de l'Université de Montréal.

Corrections des exercices

Corrigé 1. La plupart des compléments de nom considérés sont des actants : RÉPONSE est un nom prédicatif dont Zoé est le premier argument ; PORTRAIT est un nom prédicatif à deux arguments (quelqu'un fait le portrait de quelqu'un) et Zoé peut être l'un ou l'autre des arguments ; MAIN désigne une partie du corps de quelqu'un ; TROUSSE désigne un artefact, c'est-à-dire un objet fabriqué pour être utilisé et dont l'utilisateur est donc un argument ; CHAT désigne un animal domestique, qui à ce titre possède un maître/utilisateur (un animal, lorsqu'il est domestiqué, peut être vu comme une sorte d'artefact). Il est également défendable de considérer *de Zoé* comme un modifieur dans ces deux derniers exemples. On traitera alors la préposition DE comme la réalisation d'un sémantème « possesseur ». Dans les deux derniers exemples, les compléments locatifs *de Bretagne* et *du Cap Fréhel* peuvent être clairement considérés comme des modifieurs. Nous considérons que la préposition DE est la réalisation d'un sémantème « provenance » dans le premier cas et « location » dans le deuxième.

Corrigé 2. Notre exemple de base illustre plusieurs phénomènes intéressants du point de vue de la syntaxe profonde. Deux cas de distorsion sémantique-syntaxe : un verbe à contrôle avec AIMER et une insertion modificative avec BEAUCOUP. Notons également que le complément locatif *en Laponie* fait partie de la valence de PASSER (quelqu'un passe un moment quelque part). Enfin, le nom GENS est un nom massif pluriel qui ne varie donc pas en nombre, comme d'ailleurs les noms propres NOËL et LAPONIE. Les représentations sémantique et syntaxique profonde sont données dans la figure 13.33.

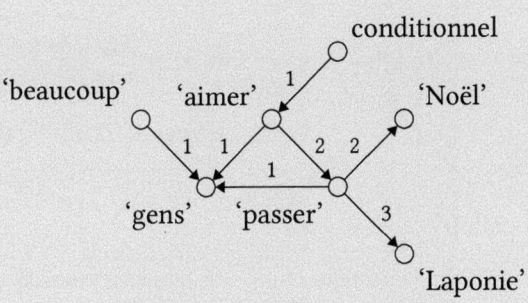

a. Structure prédicative sémantique

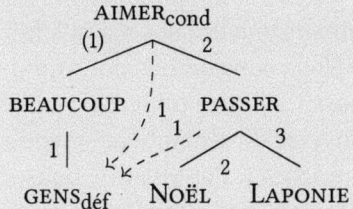

b. Structure syntaxique profonde

FIGURE 13.33 – Structures pour notre phrase préférée

Corrigé 3.

En (1), Le vocatif *Zoé* contient un sémantème caché. Il ne s'agit pas vraiment d'un dépendant de la construction verbale *faut qu'on y aille*, mais d'un élément qui se rattache directement à l'illocution et peut être paraphrasé par 'je déclare à Zoé qu'il faut qu'on y aille' (voir la figure 13.34a). Cet élément de sens n'étant pas lexicalisé, nous le traitons comme un sémantème caché « vocatif ». Par ailleurs, nous traitons ⌜Y ALLER⌝ comme un phrasème, car dans cette expression Y n'est pas a priori un pronom anaphorique correspondant à une destination précise. Enfin, le subjonctif sur ce verbe est imposé par le verbe FALLOIR et n'est donc pas un sémantème.

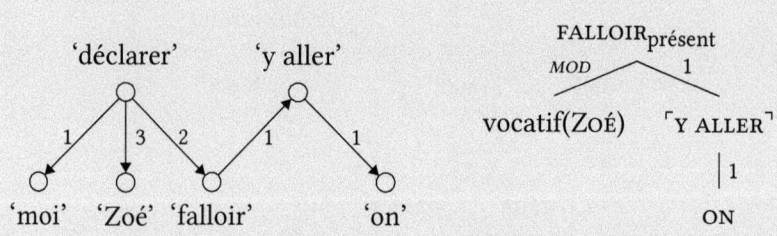

a. Structure prédicative sémantique   b. Structure syntaxique profonde

FIGURE 13.34 – Structures pour un vocatif

En (2), le nom ŒUF est un nom comptable. Il est employé comme un massif, avec le déterminant indéfini des massifs (qu'on appelle tradition- nellement le *partitif*). Nous considérons donc qu'il est combiné avec un sémantème caché « massif », qui signifie 'une matière formée de'. Ce sé- mantème joue le rôle inverse du sémantème « type », qui produit un nom comptable à partir d'un massif. Par ailleurs, nous traitons *il y a* comme la réalisation d'un phrasème ⌜IL Y AVOIR⌝ qui « verbalise » la préposition SUR. Enfin, nous traitons le possesif *ma* comme un modifieur obtenu par la combinaison du pronom MOI avec le sémantème « possesseur », qui peut être réalisé par la préposition DE (voir le corrigé de l'exercice 1) ou par un grammème comme ici.

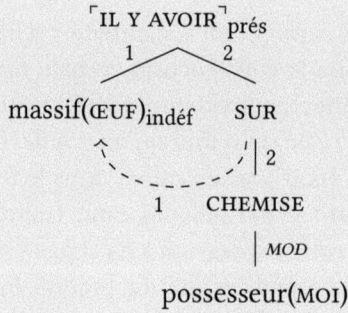

FIGURE 13.35 – Structure syntaxique profonde d'une conversion comptable-massif

Corrigé 4. Nous avons déjà présenté cette unité lexicale étrange dans l'encadré 1.4 intitulé *Le lexique : un cabinet de curiosités*. Le paradigme de commutation de *rien* comprend uniquement *quelque chose, pas grand-chose, que dalle* et les formes interrogatives *que/quoi* et *qu'est-ce que*. Nous considérons donc que ce paradigme forme un phrasème avec le verbe COMPRENDRE, phrasème que nous proposons d'appeler ⌜COMPRENDRE QUELQUE CHOSE⌝. Ce phrasème doit obligatoirement se combiner avec une négation ou une interrogation et le complément RIEN, qui est la négation de QUELQUE CHOSE, porte donc juste la valeur négative : négation + ⌜COMPRENDRE QUELQUE CHOSE⌝ = *ne rien comprendre*. Cette valeur négative fonctionne comme un modifieur.

Corrigé 5. Les noms temporels indiquent un moment (*la semaine prochaine*) ou une durée (*deux heures*). Dans les exemples donnés, ils sont utilisés comme des modifieurs de verbes. En même temps, ce sont de vrais noms, qui peuvent être utilisés, avec le même sens exactement, dans des positions où on attend un substantif : ***deux heures** suffiront pour terminer la réunion de **la semaine prochaine***. Nous considérons donc qu'il y a des sémantèmes cachés qui se combinent avec les noms temporels et permettent de les utiliser comme modifieurs. Nous nommons ces sémantèmes « moment » et « durée ». On notera que ces sémantèmes sont bi-valents : leur premier argument est le verbe et leur deuxième argument le nom temporel.

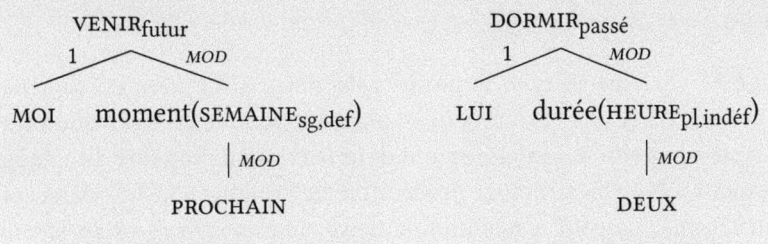

a. Structure pour un moment   b. Structure pour une durée

FIGURE 13.36 – Structures syntaxiques profondes de noms temporels modifieurs

Corrigé 6. Lorsque Luc casse des œufs, le procès n'a pas lieu dans un bol : le bol est la destination des œufs. Le verbe CASSER a ici le sens habituel 'casser', mais la construction de METTRE (*Luc met les œufs dans un bol*). On peut donc imaginer plusieurs modélisations possibles. Si l'on traite *dans un bol* comme un modifieur, il y a nécessairement un sémantème caché indiquant qu'il s'agit d'une destination. Ce sémantème, que nous nommons « destination », est une façon d'indiquer que la construction est signifiante. On peut aussi considérer que ce complément est « entré » dans la valence du verbe CASSER et qu'on a une acception trivalente de ce verbe, un CASSER$_b$, équivalent au CASSER$_a$ + destination. Cette construction, plus courante en anglais qu'en français, a été appelée la *construction résultative*. On pourra notamment consulter le livre d'Adele Goldberg (1995) qui y consacre un chapitre.

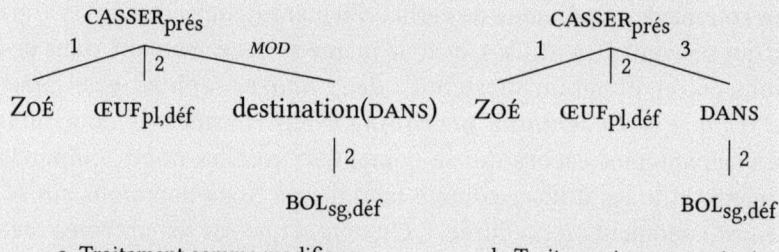

a. Traitement comme modifieur   b. Traitement comme actant

FIGURE 13.37 – Deux structures syntaxiques syntaxiques possibles pour une construction résultative

Corrigé 7. Si l'on accepte la paraphrase entre « *Ce livre est difficile à lire.* » et « *Lire ce livre est difficile* », alors on peut considérer que DIFFI-CILE reste un prédicat à un argument dans la construction dite du « tough-movement » (voir la structure prédicative de la figure 13.38c). Dans cette construction, l'adjectif a néanmoins deux actants en raison de la montée du deuxième argument de LIRE en position de premier actant de DIF-FICILE, tandis que le premier argument de LIRE est rétrogradé en position de deuxième actant. Comme il existe plusieurs adjectifs qui ont les deux constructions (FACILE, IMPOSSIBLE, UTILE ...), nous considérerons, à la suite des générativistes, qu'il s'agit d'une réorganisation de la valence de l'adjectif (plutôt que de deux acceptions du même adjectif). Dans notre cadre, une telle réorganisation résulte de la combinaison avec un sémantème constructionnel, que nous appellerons « tough-movement » (pour ne pas rompre avec la tradition). Il en résulte les structures syntaxiques profondes des figures 13.38a et b.

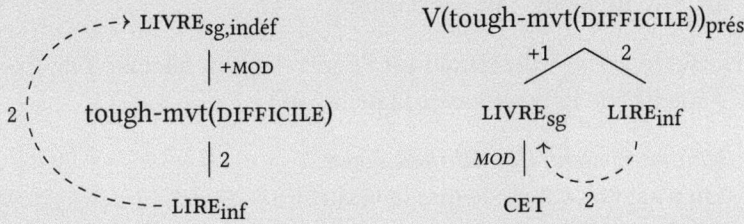

a. Structure syntaxique profonde de a   b. Structure syntaxique profonde de b

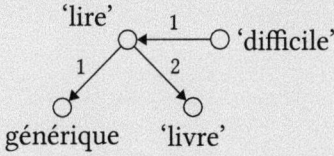

c. Structure prédicative commune

FIGURE 13.38 – Structures pour le tough-movement

Corrigé 8. « *On ne doit pas mentir.* » ne signifie pas 'il est faux qu'on doit mentir' et n'est donc pas la négation sémantique de « *On doit mentir.* ». Celle-ci serait plutôt exprimée par « *On n'est pas obligé de mentir.* » ou « *On peut ne pas mentir.* ». En fait, « *On ne doit pas mentir.* » est synonyme de « *On doit ne pas mentir.* ». Il y a donc bien un apparent phénomène de montée de la négation : la négation qui porte sémantiquement sur MEN-TIR se trouve attachée syntaxiquement au verbe recteur DEVOIR. Tesnière (1959) notait déjà ce phénomène auquel il consacre son chapitre 89 intitulé *Anticipation de la négation*. Plutôt qu'un phénomène syntaxique qui verrait véritablement une montée dans l'interface sémantique-syntaxe, il s'agit plus sûrement d'un phénomène de figement lexical associé au verbe recteur, qui, combiné à la négation, prend un sens particulier (voir par exemple Forest 1994). On retrouve ce phénomène dans de nombreuses langues. Cet exemple de l'italien montre un contraste intéressant avec le français :

> *Il caffè non mi fa dormire.*
> 'Le café m'empêche de dormir.'
> litt. Le café ne me fait pas dormir.

A l'inverse, le verbe MÜSSEN qui est l'équivalent en allemand de DEVOIR ne présente pas de figement avec la négation :

> *Man muss nicht die Wahrheit sagen.*
> 'On n'est pas obligé de dire la vérité.'
> litt. On ne doit pas dire la vérité.

Références bibliographiques

Abney, Steven. 1987. *The English noun phrase in its sentencial aspect*. MIT. (Thèse de doctorat).

Académie Française. 1798. *Dictionnaire de l'Académie Françoise revu, corrigé et augmenté par l'Académie elle-même, Augmenté d'un Supplément contenant les mots nouveaux en usage depuis la Révolution*. Paris : J. Smits et cie.

Ajduckiewicz, Kazimierz. 1935. Die syntaktische Konnexität. *Studia Philosophica* 1. 1-27. [Traduction anglaise : Syntactic connection, in Storss McCall (ed.). 1967. *Polish Logic 1920–1939*, Oxford : Oxford University Press, 207–231.]

Anderson, Stephen. 1982. Where's morphology ? *Linguistic Inquiry* 13. 571-612.

Apothéloz, Denis. 2002. *La construction du lexique français*. Paris : Ophrys.

Arnauld, Antoine & Claude Lancelot. 1660. *Grammaire générale et raisonnée, contenant les fondemens de l'art de parler*. Paris : Pierre Le Petit.

Arnauld, Antoine & Pierre Nicole. 1662. *La Logique, ou l'art de penser*. Paris : Jean Guignart, Charles Savreux, & Jean de Lavnay.

Austin, John L. 1962. *How to do things with words*. Cambridge : Harvard University Press. [Traduction française : *Quand dire, c'est faire*, 1991, Paris : Éditions du Seuil.]

Bar-Hillel, Yehoshua. 1953. A quasi-arithmetical notation for syntactic description. *Language* 29(1). 47-58.

Barnard, Frederick A. P. 1836. *Analytic grammar, with symbolic illustration*. New York : E. French.

Beard, Robert. 1995. *Lexeme-morpheme base morphology : A theory of inflection and word formation*. Albany : State University of New York Press.

Beauzée, Nicolas. 1765. Régime. In Denis Diderot & Jean Le Rond D'Alembert (éd.), *Encyclopédie*, t. 14, 5-11.

Bech, Gunnar. 1955. *Studien über das deutsche Verbum infinitum*. [Étude sur le verbe infinitif allemand]. (Volume 35 de *Kongelige danske Videnskabernes Selskab. Historisk-filologiske Meddelelser*.) Copenhague : Munksgaard.

Beck, David. 2019. Phraseology in morphology : It's a sign ! *Linguistica Atlantica* 37(2). 1-19.

Benveniste, Émile. 1962. Coup d'œil sur le développement de la linguistique. *Comptes rendus des séances de l'Académie des Inscriptions et Belles-Lettres* 106(2). 369-380.

Berrendonner, Alain. 1990. Pour une macro-syntaxe. *Travaux de linguistique (Gent)* 21. 25-36.

Billroth, Johann Gustav Friedrich. 1832. *Lateinische Syntax für die obern Klassen gelehrter Schulen.* Leipzig : Weidmann'sche Buchhandlung.

Blanche-Benveniste, Claire. 1989. Constructions verbales "en incise" et rection faible des verbes. *Recherches sur le Français Parlé* 9. 53-74.

Blanche-Benveniste, Claire. 1990. *Le français parlé : Études grammaticales.* Paris : Editions du CNRS.

Blanche-Benveniste, Claire. 2000. *Approche de la langue parlée en français.* Paris : Ophrys.

Bloomfield, Leonard. 1933. *Language.* New York : Henry Holt.

Boas, Franz. 1938. Language. In Franz Boas (éd.), *General anthropology*, 124-145. Boston : D. C. Heath & Company.

Bresnan, Joan. 2001. *Lexical Functional Syntax.* Oxford : Blackwell.

Bresnan, Joan, Anna Cueni, Tatiana Nikitina & R. Harald Baayen. 2007. Predicting the dative alternation. In Gerlof Bouma, Irene Krämer & Joost Zwarts (éd.), *Cognitive foundations of interpretation*, 69-94. Amsterdam : Royal Netherlands Academy of Arts & Sciences.

Buchholz, Sabine & Erwin Marsi. 2006. CoNLL-X shared task on multilingual dependency parsing. In *Proceedings of the tenth Conference on Computational Natural Language Learning (CoNLL-X)*, 149-164.

Buffier, Claude. 1709. *Grammaire françoise sur un plan nouveau.* Paris : Le Clerc-Brunet-Leconte & Montalant.

Callamard, Agnès. 1998. « Droits de l'homme » ou « droits humains » ?, Le sexisme à fleur de mots. *Le monde diplomatique* mars 1998. https://www.monde-diplomatique.fr/1998/03/CALLAMARD/3582.

Chevalier, Jean-Claude. 1968. *Histoire de la syntaxe : Naissance de la notion de complément dans la grammaire française (1530–1750).* Paris : Droz.

Chomsky, Noam. 1955. Three models for the description of language. *IRE Transactions on Information Theory* 2(3). 113-124.

Chomsky, Noam. 1957. *Syntactic structures.* Cambridge : MIT Press. [Traduction française de M. Bradeau : *Structures syntaxiques*, 1969, Paris : Éditions du Seuil.]

Chomsky, Noam. 1965. *Aspects of the theory of syntax.* Cambridge : The MIT Press. [Traduction française de J.-Cl. Milner : *Aspects de la théorie syntaxique*, 1971, Paris : Éditions du Seuil.]

Chomsky, Noam. 1970. Remarks on nominalization. In Alec P. Marantz (éd.), *On the nature of grammatical relations*, 184-221. Waltham, Mass : Ginn & Co.

Chomsky, Noam. 1995. *The Minimalist Program*. Cambridge : MIT Press.

Clark, Stephen W. 1847. *The science of the English grammar : A practical grammar in which words, phrases, and sentences are classified to their offices, and their relation to each other, illustrated by a complete system of diagrams*. Cincinnati : H. W. Barnes & Company.

Colapinto, John. 2007. Has a remote Amazonian tribe upended our understanding of language ? *The New Yorker online*. http://www.newyorker.com/magazine/2007/04/16/the-interpreter-2.

Costaouec, Denis & Françoise Guérin. 2007. *Syntaxe fonctionnelle : Théorie et exercices*. Rennes : Presses Universitaires de Rennes.

Curry, Haskell B. 1961. Some logical aspects of grammatical structure. In Roman Jakobson (éd.), *Structure of language and its mathematical aspects* (Proceedings of the Symposium in Applied Mathematics 12), 56-68. Providence : American Mathematical Society.

Danlos, Laurence. 1987. *Génération automatique de textes en langues naturelles*. Paris : Masson.

de Blignières, Demoyencourt, Ducrot (de Sixt) & Le Clerc ainé. 1829. *Élemens de grammaire française, extraits de la grammaire de l'abbé Gaultier*. Paris : Jules Renouard.

de Saussure, Ferdinand. 1916. *Cours de linguistique générale*. Paris : Payot.

Deutscher, Guy. 2010. Does your language shape how you think ? *New York Times Magazine* du 26 août. http://www.nytimes.com/2010/08/29/magazine/29language-t.html.

Donohue, Cathryn & Ivan A. Sag. 1999. Domains in Warlpiri. In *Proceedings of the 6th international conference on HPSG : Abstracts*, 101-106.

Drach, Erich. 1937. *Grundgedanken der deutschen Satzlehre*. [Idées fondamentales de la syntaxe allemande]. Frankfurt am Main : Diesterweg.

Dryer, Matthew S. 1992. The Greenbergian word order correlations. *Language* 68(1). 81-138.

Duchier, Denys & Ralph Debusmann. 2001. Topological dependency trees : A constraint-based account of linear precedence. In *Proceedings of the 39ᵗʰ Annual Meeting of the Association for Computational Linguistics*. Association for Computational Linguistics (ACL).

Ducrot, Oswald & Jean-Marie Schaeffer. 1995. *Nouveau dictionnaire encyclopédique des sciences du langage*. Paris : Éditions du Seuil.

Dumarsais, César Chesneau. 1753. Concordance. In Denis Diderot & Jean Le Rond D'Alembert (éd.), *Encyclopédie*, t. 3, 821-823.

Dumarsais, César Chesneau. 1754. Construction. In Denis Diderot & Jean Le Rond D'Alembert (éd.), *Encyclopédie*, t. 4, 73-92.

Earley, Jay. 1970. An efficient context-free parsing algorithm. *Communication of the ACM* 13(2). 94-102.

Erdmann, Oskar. 1886. *Grundzüge der deutschen Syntax nach ihrer geschichtlichen Entwicklung*, t. 1. [Caractéristiques de base de la syntaxe allemande selon son évolution historique]. Tübingen : J. G. Cotta.

Firth, John R. 1957. A synopsis of linguistic theory, 1930–1955. In John R Firth (éd.), *Studies in linguistic analysis*, 1-32. Oxford : Blackwell.

Fodor, Janet D. & Atsu Inoue. 1994. The diagnosis and cure of garden paths. *Journal of Psycholo. Research* 23(5). 407-434.

Forest, Robert. 1994. La négation et les verbes d'adhérence. Pour en finir avec le neg-raising. *Linx* 5. 49-58.

Fradin, Bernard. 2003. *Nouvelles approches en morphologie.* Paris : Presses universitaires de France.

Frazier, Lyn & Janet D. Fodor. 1978. The sausage machine : A new two-stage parsing model. *Cognition* 6(4). 291-325.

Frazier, Lyn & Keith Rayner. 1982. Making and correcting errors during sentence comprehension : Eye movements in the analysis of structurally ambiguous sentences. *Cognitive Psychology* 14. 178-210.

Frege, Gottlob. 1892. Über Sinn und Bedeutung [Sens et dénotation]. *Zeitschrift für Philosophie und philosophische Kritik* 100. 25-50.

Garde, Paul. 1977. Ordre linéaire et dépendance syntaxique : Contribution à une typologie. *Bulletin de la Sociéte de Linguistique de Paris* 72(1). 1-26.

Gardes-Tamine, Joëlle. 1990. *La grammaire : Phonologie, morphologie, lexicologie.* Paris : Armand Colin.

Gardiner, Alan. 1932. *Speech and language.* Oxford : The Clarendon Press.

Gaultier, Louis. 1817. *Atlas de grammaire, ou tables propres à exciter et à soutenir l'attention des enfans dans l'étude de cette science.* Paris : Jules Renouard.

Gazdar, Gerald, Ewan Klein, Geoffrey Pullum & Ivan Sag. 1985. *Generalized Phrase Structure Grammar.* Cambridge : Harvard University Press.

Gerdes, Kim, Bruno Guillaume, Sylvain Kahane & Guy Perrier. 2018. SUD or surface-syntactic universal dependencies : An annotation scheme near-isomorphic to UD. In *Proceedings of the second Universal Dependencies Workshop (UDW).* Association for Computational Linguistics (ACL).

Gerdes, Kim & Sylvain Kahane. 2001. Word order in German : A formal dependency grammar using a topological hierarchy. In *Proceedings of the 39th Annual Meeting of the Association for Computational Linguistics.* Association for Computational Linguistics (ACL).

Gerdes, Kim & Sylvain Kahane. 2006. L'amas verbal au cœur d'une modélisation topologique du français. *Lingvisticae Investigationes* 29(1). 75-89.

Gerdes, Kim & Sylvain Kahane. 2011. Defining dependency (and constituency). In *Proceedings of the first international conference on Dependency Linguistics (Depling)*, 17-27.

Girard, Gabriel. 1747. *Les vrais principes de la langue françoise ou la parole réduite en méthode*. Paris : Le Breton.

Gladkij, Aleksej V. 1968. Ob opisanii sintaksičeskoj struktury predloženija [Sur la description de la structure syntaxique d'une phrase] (résumé en anglais). *Computational Linguistics (Budapest)* 7. 21-44.

Gleason, Henry A. 1955. *An introduction to descriptive linguistics*. New York : Holt, Rinehart & Wilston.

Goldberg, Adele E. 1995. *Constructions : A construction grammar approach to argument structure*. University of Chicago Press.

Goldberg, Adele E. 2006. *Constructions at work : The nature of generalization in language*. Oxford : Oxford University Press.

Greenberg, Joseph H. 1954. A quantitative approach to the morphological typology of language. In R. F. Spencer (éd.), *Method and perspective in anthropology : Papers in honor of Wilson D. Wallis*, 192-220. Minneapolis : University of Minnesota Press. Reprinted in *International Journal of American Linguistics*, 26(3), 1960, 178-194.

Greenberg, Joseph H. 1963. Some universals of grammar with particular reference to the order of meaningful elements. In J. H. Greenberg (éd.), *Universals of language*, 73-113. Cambridge : MIT Press.

Hajič, Jan. 1998. Building a syntactically annotated corpus : The Prague Dependency Treebank. In Eva Hajičová (éd.), *Issues of valency and meaning : Studies in honour of Jarmila Panevová*, 106-132. Prague : Karolinum.

Hall, Johan & Joakim Nivre. 2006. A generic architecture for data-driven dependency parsing. In *Proceedings of the 15th Nordic Conference of Computational Linguistics (NODALIDA 2005)*, 47-56.

Harari, Yuval Noah. 2014. *Sapiens : A brief history of humankind*. London : Harvill Secker. [Traduction française : *Sapiens : Une brève histoire de l'humanité*, 2015, Paris : Albin Michel.]

Harris, Zellig S. 1951. *Methods in structural linguistics*. Chicago : University of Chicago Press.

Haspelmath, Martin. 2020. The morph as a minimal linguistic form. *Morphology* 30(2). 117-134.

Haspelmath, Martin, Matthew S. Dryer, David Gil & Bernard Comrie (éd.). 2005. *The world atlas of language structures*. Oxford : Oxford University Press.

Haspelmath, Martin & Andrea D. Sims. 2013. *Understanding morphology.* Londres : Routledge.

Herling, Simon H. A. 1821. *Uber die Topik der deutschen Sprache.* Frankfurt am Main : Varrentrapp.

Higginbotham, James. 1985. On semantics. *Linguistic Inquiry* 16(4). 547-593.

Hjelmslev, Louis T. 1964. *Omkring sprogteoriens grundlæggelse.* Copenhague : B. Lunos. [Traduction française : *Prolégomènes à une théorie du langage*, 1968, Paris : Éditions de Minuit.]

Hockett, Charles F. 1958. *A course in modern linguistics.* New York : The Macmillan Company.

Höhle, Tilman N. 2019. Der Begriff ,Mittelfeld' : Anmerkungen über die Theorie der topologischen Felder. In *Beiträge zur deutschen Grammatik : Gesammelte Schriften von Tilman N. Höhle*, 2ᵉ éd., 279-294. Berlin : Language Science Press. DOI : 10.5281/zenodo.2588357.

Hudson, Richard. 1984. *Word grammar.* Oxford : Blackwell.

Hudson, Richard. 1987. Zwicky on heads. *Journal of Linguistics* 23(1). 109-132.

Hudson, Richard. 2006. *Language networks : The new word grammar.* Oxford : Oxford University Press.

Imrényi, András. 2013. Constituency or dependency ? Notes on Sámuel Brassai's syntactic model of Hungarian. In Péter Szigetvári (éd.), *Papers in linguistics presented to László Varga on his 70th birthday*, 167-182. Budapest : Department of English Linguistics, Eötvös Loránd University.

Imrényi, András & Nicolas Mazziotta. 2020. *Chapters of Dependency Grammar : A historical survey from antiquity to Tesnière* (Studies in Language Companion Series 212). Amsterdam/Philadelphia : John Benjamins.

Jackendoff, Ray. 1977. $\overline{X}$ *syntax : A study of phrase structure.* Cambridge : MIT Press.

Jakobson, Roman. 1959. On linguistic aspects of translation. *On Translation* 3. 30-39.

Jespersen, Otto. 1917. *Negation in English and other languages.* Copenhague : B. Lunos.

Jespersen, Otto. 1924. *The philosophy of language.* Londres : Allen & Unwin.

Jespersen, Otto. 1937. *Analytic syntax.* Londres : Allen & Unwin.

Joshi, Aravind K., Leon S. Levy & Masako Takahashi. 1975. Tree adjunct grammars. *Journal of Computer and System Sciences* 10(1). 136-163.

Kahane, Sylvain. 1997. Bubble trees and syntactic representations. In *Proceedings of the fifth conference on Mathematics of Language (MoL)*, 70-76. Association for Computational Linguistics (ACL).

Kahane, Sylvain. 2001. Grammaires de dépendance formelles et théorie Sens-Texte. In *Actes de la conférence sur le Traitement Automatique des Langues Naturelles (TALN)*, t. 2, 1-63.

Kahane, Sylvain. 2002. *Grammaire d'Unification Sens-Texte : Vers un modèle mathématique articulé de la langue*. Habilitation à diriger les recherches. Université Paris 7.

Kahane, Sylvain. 2015. Les trois dimensions d'une modélisation formelle de la langue : Syntagmatique, paradigmatique et sémiotique. *TAL* 56(1). 39-63.

Kahane, Sylvain. 2018. Une approche mathématique de la notion de structure syntaxique : Raisonner en termes de connexions plutôt que d'unités. *TAL* 59(1). 13-37.

Kahane, Sylvain. 2020. How dependency syntax found its modern form in the French Encyclopedia : From Buffier (1709) to Beauzée (1765). In András Irményi & Nicolas Mazziotta (éd.), *Chapters of Dependency Grammar : A historical survey from antiquity to Tesnière*. Amsterdam/Philadelphia : John Benjamins.

Kahane, Sylvain. À para. Towards an inductive approach of the Mel'čukian model : Illustration by the criteria for the syntactic head. In Leonid Iomdin, Jasmina Milićević & Alain Polguère (éd.), *Festschrift in Honor of Igor Mel'čuk*.

Kahane, Sylvain & François Lareau. 2005. Grammaire d'Unification Sens-Texte : Modularité et polarisation. In *Actes de la conférence sur le Traitement Automatique des Langues Naturelles (TALN)*, 23-32.

Kahane, Sylvain & Timothy Osborne. 2015. Translators' introduction. In *Lucien Tesnière, Elements of structural syntax*, xxix-lxxiv. Amsterdam/Philadelphia : John Benjamins.

Kahane, Sylvain, Chunxiao Yan & Marie-Amélie Botalla. 2017. What are the limitations on the flux of syntactic dependencies ? Evidence from UD treebanks. In *Proceedings of the fourth international conference on Dependency Linguistics (Depling)*, 73-82. Association for Computational Linguistics (ACL).

Kaplan, Ronald M. & Joan Bresnan. 1982. Lexical-Functional Grammar : A formal system for grammatical representation. In Joan Bresnan (éd.), *The mental representation of grammatical relations*, 173-281. Cambridge : The MIT Press.

Kathol, Andreas. 1995. *Linearization-based German syntax*. The Ohio State University. (Thèse de doctorat).

Kern, Franz. 1883. *Zur Methodik des deutschen Unterrichts*. Berlin : Nicolaische Verlags-Buchhandlung R. Stricker.

Kouloughli, Djamel Eddine. 1999. Y a-t-il une syntaxe dans la tradition arabe ? *Histoire Épistémologie Langage* 21(2). 45-64.

Kübler, Sandra, Ryan McDonald & Joakim Nivre. 2009. Dependency parsing. *Synthesis Lectures on Human Language Technologies* 1(1). 1-127.

Kuratowski, Casimir. 1930. Sur le probleme des courbes gauches en topologie. *Fundamenta mathematicae* 15(1). 271-283.

Lacheret-Dujour, Anne & Frédéric Beaugendre. 1999. *La prosodie du français.* Paris : CNRS Éditions.

Lakatos, Imre. 1968. Criticism and the methodology of scientific research programmes. *Proceedings of the Aristotelian Society* 69. 149-186. DOI : 10.1093/aristotelian/69.1.149.

Lambek, Joachim. 1958. The mathematics of sentence structure. *The American Mathematical Monthly* 65(3). 154-170.

Lambrecht, Knud. 1994. *Information structure and sentence form : Topic, focus, and the mental representations of discourse referents.* Cambridge : Cambridge University Press.

Le Goffic, Pierre. 1993. *Grammaire de la phrase française.* Paris : Hachette.

Lecerf, Yves. 1960. Programme des conflits, modèle des conflits. *Bulletin bimestriel de l'ATALA* 1(4). 11-18.

Lemaréchal, Alain. 1997. *Zéro(s).* Paris : Presses Universitaires de France.

Liu, Haitao. 2009. 依存语法的理论与实践. [Théorie et pratique de la grammaire de dépendance]. Beijing : Kexue chubanshe.

Łukasiewicz, Jan. 1921. Logika dwuwartościowa [Two-valued logic]. *Przegląd Filozoficzny* 23. 189.

Martinet, André. 1960. *Éléments de linguistique générale.* (édition revue, corrigée et étendue en 1980). Paris : Armand Colin.

Martinet, André. 1985. *Syntaxe générale.* Paris : Armand Colin.

Mazziotta, Nicolas & Sylvain Kahane. 2017. To what extent is immediate constituency analysis dependency-based ? A survey of foundational texts. In *Proceedings of the fourth international conference on Dependency Linguistics (Depling),* 116-126. ACL.

Mel'čuk, Igor. 1988. *Dependency syntax : Theory and practice.* Albany : State University of New York Press.

Mel'čuk, Igor. 1993–2000. *Cours de morphologie générale.* 5 volumes. Montréal/-Paris : Presses de l'Université de Montréal/CNRS Éditions.

Mel'čuk, Igor. 1997. *Vers une linguistique Sens-Texte.* Paris : Collège de France.

Mel'čuk, Igor. 2001. *Communicative organization in natural language.* Amsterdam/Philadelphia : John Benjamins.

Mel'čuk, Igor. 2004a. Actants in semantics and syntax I : Actants in semantics. *Linguistics* 42(1). 1-66.

Mel'čuk, Igor. 2004b. Actants in semantics and syntax II : Actants in syntax. *Linguistics* 42(2). 247-291.

Mel'čuk, Igor. 2012–2015. *Semantics : From meaning to text.* 3 volumes. Amsterdam/Philadelphia : John Benjamins.

Mel'čuk, Igor, Nadia Arbatchewsky-Jumarie, Lidija Iordanskaja, Suzanne Mantha & Alain Polguère. 1984–1999. *Dictionnaire explicatif et combinatoire du français contemporain : Recherches lexico-sémantiques.* 4 volumes. Montréal : Presses de l'Université de Montréal.

Mel'čuk, Igor, André Clas & Alain Polguère. 1995. *Introduction à la lexicologie explicative et combinatoire.* Paris : De Boeck Supérieur.

Mel'čuk, Igor & Jasmina Milićević. 2014. *Introduction à la linguistique.* 3 volumes. Paris : Hermann.

Mel'čuk, Igor & Nicolaj Pertsov. 1987. *Surface syntax of English : A formal model within the meaning-text framework.* Amsterdam/Philadelphia : John Benjamins.

Mel'čuk, Igor & Alain Polguère. 2007. *Lexique actif du français : L'apprentissage du vocabulaire fondé sur 20 000 dérivations sémantiques et collocations du français.* Paris : De Boeck.

Mertens, Piet. 1987. *L'intonation du français : De la description linguistique à la reconnaissance automatique.* Katolieke universiteit te Leuven. (Thèse de doctorat).

Mertens, Piet. 2008. Syntaxe, prosodie et structure informationnelle : Une approche prédictive pour l'analyse de l'intonation dans le discours. *Travaux de Linguistique* 56(1). 97-124.

Mikolov, Tomas, Ilya Sutskever, Kai Chen, Greg S Corrado & Jeff Dean. 2013. Distributed representations of words and phrases and their compositionality. *Advances in neural information processing systems* 26.

Miller, George A. 1956. The magical number seven, plus or minus two : Some limits on our capacity for processing information. *Psychological Review* 63(2). 81-97.

Nasr, Alexis. 1995. A formalism and a parser for lexicalised dependency grammars. In *Proceedings of the fourth international workshop on parsing technologies (IWPT)*, 186-195. Prague : Institute of Formal & Applied Linguistics, Charles University.

Nida, Eugene. 1943. *Morphology : The descriptive analysis of words.* Ann Arbor : University of Michigan Press.

Nida, Eugene. 1966. *A synopsys of English syntax.* London/The Hague : Mouton & Co.

Nivre, Joakim, Marie-Catherine De Marneffe, Filip Ginter, Yoav Goldberg, Jan Hajic, Christopher D. Manning, Ryan McDonald, Slav Petrov, Sampo Pyysalo, Natalia Silveira et al. 2016. Universal dependencies v1 : A multilingual treebank collection. In *Proceedings of the tenth international conference on Language Resources and Evaluation (LREC)*, 1659-1666.

Osborne, Timothy. 2019. *A Dependency Grammar of English : An introduction and beyond.* Amsterdam/Philadelphia : John Benjamins.

Osborne, Timothy. 2021. NPs, not DPs : The NP vs. DP debate in the context of dependency grammar. *Acta Linguistica Academica* 68. DOI : 10.1556/2062.2021.00001.

Osborne, Timothy, Michael Putnam & Thomas Gross. 2012. Catenae : Introducing a novel unit of syntactic analysis. *Syntax* 15(4). 354-396.

Pausé, Marie-Sophie. 2017. *Structure lexico-syntaxique des locutions du français et incidences sur leur combinatoire.* Université de Lorraine. (Thèse de doctorat).

Peirce, Charles S. 1897. The logic of relatives. *The Monist* 7. 161-217.

Peirce, Charles S. 1903. *Harvard lectures on pragmatism, Collected Papers*, t. 5. paragraphes 188–189. Cambridge : Harvard University Press.

Pinker, Steven. 1996. *How the mind works.* New York : W. W. Norton & Company. [Traduction française : *Comment fonctionne l'esprit*, 2000, Paris : Odile Jacob.]

Polguère, Alain. 2003. *Lexicologie et sémantique lexicales : Notions fondamentales.* Montréal : Presses de l'Université de Montréal.

Pollard, Carl & Ivan A. Sag. 1987. *Information-based syntax and semantics* (CSLI Lecture Notes 13). Stanford : CSLI Publications.

Pollard, Carl & Ivan A. Sag. 1994. *Head-Driven Phrase Structure Grammar.* Chicago : University of Chicago Press.

Prince, Alan & Paul Smolensky. 1993. *Optimality Theory : Constraint interaction in generative grammar.* Technical report 2. Rutgers University Center for Cognitive Science.

Reed, Alonzo & Brainerd Kellogg. 1877. *Higher lessons in English.* New York : Clark & Maynard.

Ross, John R. 1967. *Constraints on variables in syntax.* Massachussets Institute of Technology. (Thèse de doctorat).

Sapir, Edward. 1915. *Abnormal types of speech in Nootka.* Memoir 62, Anthropological Series 5. Ottawa : Government Printing Bureau.

Sapir, Edward. 1921. *Language : An introduction to the study of speech.* New York : Harcourt, Brace & Co. [Traduction française de Solange-Marie Guillemen : *Le langage : Introduction à l'étude de la parole*, 1967, Paris : Payot.]

Sapir, Edward. 1973. *Selected writings of Edward Sapir in language, culture and personality.* David G. Mandelbaum (éd.). Berkeley : University of California Press.

Searle, John. 1969. *Speech acts.* Cambridge : Cambridge University Press. [Traduction française : *Les actes de langage*, 1972, Paris : Hermann.]

Sgall, Petr. 1967. Functional sentence perspective in a generative description. *Prague Studies in Mathematical Linguistics* 2. 203-225.

Sgall, Petr, Eva Hajičová & Jarmila Panevová. 1986. *The meaning of the sentence in its semantic and pragmatic aspects.* Berlin/Heidelberg : Springer.

Sicard, Roch-Amboise. 1801. *Élémens de grammaire générale appliqués à la langue française (2 volumes).* Paris : Deterville.

Skårup, Povl. 1975. *Les premières zones de la proposition en ancien français : Essai de syntaxe de position.* Copenhague : Akademisk Forlag.

Sleator, Daniel D. & Davy Temperley. 1993. Parsing English with a link grammar. In *Proceedings of the third international workshop on parsing technologies (IWPT).* Association for Computational Linguistics (ACL).

Svensson, Maria Helena. 2008. A very complex criterion of fixedness : Non-compositionality. In Sylviane Granger & Fanny Meunier (éd.), *Phraseology : An interdisciplinary perspective,* 81-93. Amsterdam/Philadelphia : John Benjamins.

Sweet, Henry. 1891. *A new English Grammar, logical and historical.* Oxford : The Clarendon Press.

Talmy, Leonard. 1983. How language structures space. In Herbert L. Jr. Pick & Linda P. Acredolo (éd.), *Spatial orientation : Theory, research, and application,* 225-282. New York : Plenum Press.

Talmy, Leonard. 2000. *Toward a cognitive semantics.* Cambridge : The MIT Press.

Tesnière, Lucien. 1934. Comment construire une syntaxe. *Bulletin de la Faculté des Lettres de Strasbourg* 7 (12ème année). 219-229.

Tesnière, Lucien. 1953. *Esquisse d'une syntaxe structurale.* Paris : Klincksieck.

Tesnière, Lucien. 1959. *Éléments de syntaxe structurale.* Paris : Klincksieck.

Tesnière, Lucien. 2015. *Elements of structural syntax.* Trad. par Timothy Osborne & Sylvain Kahane. Amsterdam/Philadelphia : John Benjamins.

Van Langendonck, Willy. 1994. Determiners as heads ? *Cognitive Linguistics* 5(3). 243-259.

Versteegh, Kees. 2013. *Landmarks in linguistic thought III : The Arabic linguistic tradition.* New York : Routledge.

von Humboldt, Wilhelm. 1836. *Über die Verschiedenheit des menschlichen Sprachbaus und seinen Einfluss auf die geistige Entwicklung des Menschengeschlechts.* Berlin : Königliche Akademie der Wissenschaften. [Traduction française par Pierre Caussat : *Introduction à l'œuvre sur le kavi et autres essais,* 1974, Paris : Éditions du Seuil.]

Weil, Henri. 1844. *De l'ordre des mots dans les langues anciennes comparées aux langues modernes.* Paris : Sorbonne. (Thèse de doctorat).

Wells, Rulon S. 1947. Immediate constituents. *Language* 23(2). 81-117.

Wierzbička, Anna. 1980. *Lingua mentalis : The semantics of natural language.* Sydney/New York : Academic Press.

Wittgenstein, Ludwig. 1953. *Philosophical investigations.* Trad. par G. E. M. Anscombe. New York : Macmillan Publishing Company.

Žolkovskij, Aleksandr & Igor Mel'čuk. 1967. O semanticeskom sinteze. *Problemy Kybernetiki [Problèmes de Cybernétique]* 19. 177-238. [Traduction française : Sur la synthèse sémantique (de textes), 1970, *T.A. Information* 2, 1–85.]

Zwicky, Arnold M. 1985. Heads. *Journal of linguistics* 21(1). 1-29.

Index des auteurs cités

Index des langues

Index des termes